Bengt Hägglund

Geschichte der Theologie

Bengt Hägglund

Geschichte der Theologie

Ein Abriß

Chr. Kaiser

Titel der Originalausgabe: Teologins Historia
En Dogmhistorisk Översikt
Dieses Werk erschien zuerst im ABCWK Gleerup Bokförlag,
Lund (Schweden)
Mit Genehmigung des Verfassers aus dem Schwedischen übersetzt
von Alfred Otto Schwede

CIP-Kurztitelaufnahme der Deutschen Bibliothek

Hägglund, Bengt:
Geschichte der Theologie: e. Abriß / Bengt Hägglund.
[Aus d. Schwed. von A. O. Schwede]. –
2. Aufl., München: Kaiser, 1990.
Einheitssacht.: Teologins historia (dt.)
(Kaiser-Taschenbücher; 79)
ISBN 3-459-01850-X

Printed in Germany
1. Aufl. 1983 Chr. Kaiser München /
Evangelische Verlagsanstalt GmbH, Berlin / DDR

Umschlag: Ingeborg Geith, München
ISSN 0931-7732
Satz: VOB Buch- und Offsetdruck, Leipzig
Druck und Bindung: Clausen & Bosse, Leck

Der Abteilung für Evangelische Theologie
der Ruhr-Universität Bochum
mit Dankbarkeit gewidmet

Inhaltsverzeichnis

Vorwort zur deutschen Ausgabe

Wenn das Buch, das in fünf Auflagen in Schweden herausgekommen ist, jetzt auch in deutscher Übersetzung erscheint, so ist dies ein Zeichen dafür, daß das Bedürfnis nach einer kurzgefaßten Übersicht über die Theologiegeschichte neben den größeren Handbüchern in der Gegenwart nicht geringer geworden ist, seit vor fünfundzwanzig Jahren die erste Auflage erschien.

Diese Arbeit beabsichtigt nicht, die verschiedenen Disziplinen der Universitätstheologie in ihrer Entwicklung darzustellen – so könnte man sich eine »Geschichte der Theologie« vorstellen –, sie will auch nicht die verschiedenen konfessionellen Traditionen erschöpfend beschreiben. Ihr Ziel ist vielmehr, den Hauptlinien der theologischen Lehrentwicklung in ihrer Wechselwirkung mit anderen Strömungen und Gedankenlinien zu folgen, um dadurch die tragenden Strukturen des vielgestaltigen lehrgemäßen Inhalts des Christentums in großen Zügen direkt und indirekt klarzulegen.

Über die methodischen Voraussetzungen dieser kurzen Einführung in die theologische literarische Tradition geben die Auszüge aus dem Vorwort zur zweiten schwedischen Auflage Auskunft.

Dem deutschen Übersetzer, Alfred Otto Schwede, wie auch der Evangelischen Verlagsanstalt Berlin und dem Verlagslektor Dr. Karl Matthiae bin ich beim Erscheinen der deutschen Ausgabe ein Dankeswort schuldig.

Lund, im September 1981 Bengt Hägglund

Aus dem Vorwort zur zweiten Auflage

Diese Darstellung der Geschichte der Theologie will eine erste Einführung in die Textaussagen der christlichen Dogmen geben und ihre Entwicklungsstadien aufzeigen. Unter »Geschichte der Theologie« wird damit derjenige Zweig der Geistesgeschichte verstanden, der sich auf die Quellen der christlichen Tradition bezieht und die Entwicklung theologischer Auffassungen untersucht, die sich in ihr widerspiegelt.

In der Theologie des Kontinents hat man zuweilen unterschieden zwischen »Dogmengeschichte«, unter der man die ältere christliche Lehrentwicklung verstand, und »Geschichte der Theologie«, unter der man lediglich die Entwicklung der christlichen Glaubensaussagen in der neueren Zeit – nach der Reformation – einordnen wollte. Diese Einteilung, die, sachlich betrachtet, wenig begründet erscheint, macht deutlich, daß der Ausdruck »Dogmengeschichte« kaum ausreicht, das hier ins Auge gefaßte Forschungsgebiet zu charakterisieren. Im Hinblick auf die heutige Einteilung der theologischen Disziplinen könnte sich auch die Bezeichnung »Geschichte der Theologie« als unzutreffend erweisen. Da mit »Theologie« aber auch die eigentliche Glaubensinterpretation sowohl in ihrer unmittelbaren Weise wie auch in der wissenschaftlich reflektierten Form bezeichnet wird, erscheint es jedoch gerechtfertigt, den Ausdruck »Geschichte der Theologie« in dem hier angeführten Sinne zu gebrauchen.

Die älteren Darstellungen der Dogmengeschichte, die etwa in den berühmten Lehrbüchern von Adolf von Harnack, Reinhold Seeberg und Friedrich Loofs vorliegen, definierten die Dogmen als kirchlich sanktionierte und als Autorität anerkannte Lehrsätze. Adolf von Harnack betrachtete sie als eine wissenschaftliche Bearbeitung der Glaubenslehren oder – um seinen bekannten Ausdruck zu gebrauchen – als »ein Werk griechischen Geistes auf dem Boden des Evangeliums«. Er sah im Dogmenwesen eine begrenzte Epoche der Kirchengeschichte, die mit der Reformation prinzipiell überwunden wurde, und beabsichtigte durch seine Darstellung auch eine Kritik des Dogmas, bei der ein Maßstab zugrunde gelegt wurde, den er im ursprünglichen Evangelium zu finden glaubte. Seeberg betrachtete die Dogmenbildung ebenfalls als eine begrenzte Epoche, die er für den Protestantismus mit der Konkordienformel bzw. auf der Synode von Dordrecht abgeschlossen fand; er sah aber in den Dogmen einen Ausdruck des Gemeindeglaubens, und er fand den kritischen Maßstab in den Dogmen selbst, sofern sie der zentralen christlichen Heilswahrheit Ausdruck verliehen. – Es muß hervorgehoben werden, daß die hier angeführten Darstellungen in der Tat nicht nur die wirklich definierten Dogmen, sondern die christliche Theologie überhaupt behandeln. Die Entwicklung in der neueren Zeit vollzog sich demgegenüber außerhalb der Dogmengeschichte, so wie man sie verstand.

In der heutigen Diskussion herrscht keine Einigkeit über die Definition des Begriffes Dogma. Im allgemeinen hat man aber dem Dogma eine weit umfassendere Bedeutung als früher zuerkannt, so daß mit Dogmengeschichte auch die heutige Entwicklung des theologischen Denkens einbegriffen wird. Dementsprechend wird das Dogma nicht nur als etwas Vergangenes betrachtet, sondern als eine gegenwärtige, mit der Verkündigung eng verbundene Größe, bald als transzendentes Offenbarungsgeschehen (so z. B. bei Karl Barth) gedacht, bald – in vagen Kategorien gefaßt – als wissenschaftliche Ergänzung der von der Kirche verkündigten Botschaft angesehen. Daß es unter solchen Umständen große Schwierigkeiten bereitet, eine klare Definition des Gebietes und der Arbeitsaufgaben für eine Dogmengeschichte von den heutigen Prämissen her zu geben, wird man leicht einsehen.

Ungeachtet dieser Schwierigkeiten erscheint es als eine wichtige Aufgabe, die Geschichte der theologischen Grundgedanken rein historisch und ohne irgendwelche wertende Aspekte oder eine vorgefaßte »Kritik« an den Dogmen in dieser oder jener Art durch die Zeiten zu verfolgen. Will man einen gemeinsamen äußeren Faktor finden oder einen leitenden Gesichtspunkt für eine derartige Forschung oder Darstellung wählen, dann erscheint es sachlich richtiger, vom ursprünglichen christlichen Bekenntnis auszugehen und nicht von dem vieldeutigen und unter sachlichen Gesichtspunkten problematischen Dogmenbegriff. Das Bekenntnis existiert von Anfang an als eine – wenn auch nicht der Form, wohl aber dem Inhalt nach – festgelegte Größe, als christliche »Glaubensregel« (vgl. J. N. D. Kelly, Early Christian Doctrines, 1958, S. 37: »a condensed summary, fluid in its wording but fixed in contents, setting out the key-point of the Christian revelation in the form of a rule« – ein verdichteter Inhalt, fließend in seinem Wortlaut, jedoch dem Inhalt nach fixiert, die Schlüsselpunkte der christlichen Offenbarung herausstellend). Diese Glaubensregel wurde in den bekannten Symbolen wiedergegeben, konnte jedoch auch in anderen Formulierungen der Glaubenslehre ausgedrückt werden. Sie erscheint in den frühkirchlichen Texten nicht in der Gestalt nachträglich formulierter Dogmen, sondern als Ausdruck der ursprünglich gegebenen Glaubenswahrheiten und als Zusammenfassung des Inhalts der Heiligen Schrift. Die Theologie der Kirche besteht darum in einer Explikation dieser ursprünglichen Glaubensregel oder dessen, was man für das Wesentliche darin ansieht.

Mit diesem Ausgangspunkt wird die Geschichte der Theologie eine Darstellung der Art und Weise, wie die christliche Glaubensregel im Lauf der Zeit und in unterschiedlichen Gesellschaften und Anschauungen interpretiert worden ist. Daß ein solcher Gesichtspunkt ständig neuer Auslegungen des christlichen Credo nicht willkürlich oder von außen her aufgezwungen ist, geht daraus hervor, daß die theologischen Intentionen im Grunde stets darauf abzielten, das christliche Bekenntnis in der einen oder anderen Weise auszudrücken und auszulegen.

In der Theologie der Kirchenväter hat sich im allgemeinen der angeführte Aspekt bewußt oder unbewußt in den dogmengeschichtlichen Darstellungen geltend gemacht, und zwar auf Grund engen Anknüpfens an die Hauptaussagen der Glaubensregel, welche die hierbei in Frage kommende Literatur auszeichnet. – Hinsichtlich der Theologie des Mittelalters und der neueren Zeit ist es natürlich und sachlich begründet, daß das Material auch im Verfolgen anderer Linien untersucht wird. Vor allem muß hier den Beziehungen zur Philosophie und überhaupt zu Vorstellungen und Denkansätzen der kulturellen Umwelt größerer Raum gewährt werden, wenn man die unterschiedlichen theologischen Anschauungen in ihrer Eigenart verstehen will. In der Geschichte der Theologie ist jedoch von Gewicht, daß die vorher genannten Aspekte zu ihrem Recht kommen. Es bleibt auf diesem Gebiet noch vieles zu erarbeiten. Wenn man die mittelalterliche oder spätere Entwicklung unter dem Gesichtspunkt betrachtet, wie die christliche Glaubensregel ausgelegt worden ist, und wenn man die Wechselwirkung zwischen Theologie und Bekenntnis studiert, die sich durch die Geschichte der Theologie hindurchzieht, zeichnet sich eine Anzahl neuer Forschungsaufgaben ab.

Lund, im Februar 1963

Die Zeit der Kirchenväter

1
Die Apostolischen Väter

Als »Apostolische Väter« pflegt man eine Anzahl kirchlicher Autoren zu bezeichnen, von denen Schriften vom Ende des ersten und Anfang des zweiten nachchristlichen Jahrhunderts erhalten sind. Diese Schriften – größtenteils Gelegenheitsschriften (Briefe, Homilien) – besitzen für uns einen besonderen Wert, weil sie die ältesten Zeugnisse des christlichen Glaubens nächst dem Neuen Testament darstellen. Sie wollen jedoch nicht Lehrdarstellungen im eigentlichen Sinne sein, weshalb man von ihnen auch kaum ein vollständiges Bild des Glaubens erwarten kann. Daher haben sie auch verhältnismäßig wenig zur theologischen Lehrentwicklung beigetragen; sie sind jedoch für die Glaubensauffassung und die kirchliche Sitte während der ersten Zeit der Gemeinde aufschlußreich.

Die wichtigsten dieser Schriften sind:

Der erste Klemensbrief, geschrieben um 95 in Rom;

die Briefe des Ignatius, sieben Briefe an verschiedene Empfänger, geschrieben um 115 auf der Reise des Ignatius nach Rom, wo ihn der Märtyrertod erwartete;

der Polycarpbrief, geschrieben um 110 in Smyrna;

der Barnabasbrief, wahrscheinlich um 130, stammt möglicherweise aus Ägypten;

der zweite Klemensbrief, in Rom oder Korinth geschrieben um 140;

der Hirt des Hermas, um 150, in Rom abgefaßt;

die Papiasfragmente, um 150, von Hierapolis in Phrygien, finden sich u. a. bei Irenäus und Eusebius;

die Zwölfapostellehre (Didachē), aus der ersten Hälfte des 2. Jahrhunderts, wahrscheinlich in Syrien verfaßt.

Allgemeine Charakteristik

Obwohl die Schriften der Apostolischen Väter hinsichtlich ihrer Abfassungszeit den Aposteln und dem Neuen Testament nahestehen, ist der Abstand von diesen nach Form und Inhalt auffallend groß. Einige von ihnen genossen sogar so hohes Ansehen, daß sie in den neutestamentlichen Kanon aufgenommen, später dann aber – und nicht aus einem Zufall – wieder ausgeschlossen wurden. Denn der Unterschied zwischen den kanonischen neutestamentlichen Schriften und den Apostolischen Vätern ist in vielen Punkten evident. Man hat den Einfluß verschiedener Apostel –

Petrus oder Paulus – wahrnehmen wollen und darüber diskutiert, von wem die betreffenden Autoren abhängig waren (Baur). Dies hat sich jedoch als eine überflüssige Frage erwiesen. Denn die Theologie der Apostolischen Väter bezieht sich nicht auf einen speziellen Apostel, sondern vermittelt ein durchschnittliches Bild vom Glauben in den ersten Gemeinden. Übereinstimmungen mit den neutestamentlichen Autoren brauchen nicht davon herzurühren, daß man von diesem oder jenem direkt etwas übernommen hat; sie ergeben sich vielmehr daraus, daß man von derselben Sache redet und denselben Glauben vertritt.

Der Unterschied zum Neuen Testament zeigt sich besonders in dem Wesenszug, den man den *Moralismus* der Apostolischen Väter zu nennen pflegt (A. Nygren verwendet in seinem Buch »Eros und Agape« dafür den Ausdruck »Nomismus«). Daß die Verkündigung des Gesetzes in diesen Schriften großen Raum einnimmt, beruht teilweise darauf, daß sie ihrer Art nach paränetisch sind und sich an neue heidenchristliche Gemeinden richten, wo es galt, die alten Gepflogenheiten durch christliche Sitte und Ordnung zu ersetzen. Hierbei griff man trotz des bestehenden Gegensatzes zum Judentum und zum Mosaischen Zeremonialgesetz teilweise auf jüdische Gesetzespredigt und jüdische Gemeindeordnung zurück. Man stellt das Evangelium als das »neue Gesetz« hin, das Christus gelehrt und womit er den Weg zum Heil gewiesen hat. Ist das alte Gesetz somit abgeschafft, veraltet, dann liegt in der Lehre und im Vorbild Christi ein neues Gesetz. Entsprechend wird das christliche Leben hauptsächlich als Gehorsam gegenüber diesem Gesetz beschrieben.

Der Moralismus liegt nun nicht in der Gesetzesverkündigung an sich, sondern in der Art und Weise, wie sie vollzogen wird. Bei den Apostolischen Vätern findet sich eine starke Tendenz, vom Gehorsam gegen das Gesetz und der Nachfolge Christi als Weg zum Heil und wesentlichen Inhalt des Christentums zu reden. Die Grundlagen des Heils sind Christi Tod und Auferstehung. Dadurch werden Vergebung der Sünden, Gabe des Lebens, Unsterblichkeit und Befreiung von den Mächten des Verderbens geschenkt. Aber selbst in den Zusammenhängen, in denen es um das Heil des Menschen geht, pflegt man dem Gesetz und dem neuen Wandel einen starken Akzent zu geben. Eine Analyse einiger oft wiederkehrender Grundbegriffe kann dies näher erläutern.

Die Gerechtigkeit wird in der Regel nicht als eine von Gott im Glauben verliehene Gabe beschrieben (vgl. Röm. 3,21f.), sondern eher als ein rechter christlicher Wandel dargelegt. Es wird zwar oft betont, daß Christus die Kraft zum Guten gibt und dieses auch bewirkt, aber gleichzeitig wird mit einer gewissen Einseitigkeit der neue Gehorsam als Voraussetzung für eine Vergebung der Sünden und für das Heil verkündigt. Letzteres wird nicht als ein Geschenk allein aus Gnade verstanden, das schon hier und jetzt im Glauben gegeben ist, sondern als etwas, das erst dem Ende des Lebens folgt und sich dann als Belohnung für den Gehorsam, die Christus-Nachfolge, erweist. Mit Ausnahmen gewisser Stellen im 1. Klemensbrief haben diese Schriften eine auffallend geringe Berührung mit Paulus und dessen Lehre von der Rechtfertigung durch den Glauben. Im Mittelpunkt steht nicht die unverdiente Gnade, sondern das neue Leben, das Christus lehrt und wozu er die Kraft verleiht. Das hängt jedoch zum Teil mit dem Charakter und Zweck der Schriften und der Tatsache zusammen, daß sie Gelegenheitsschriften sind; sie erheben keinen Anspruch darauf, den Glauben in seiner Gesamtheit darzustellen, sondern setzen eine mündliche Verkündigung voraus, bei der andere Seiten des Christentums bereits zu ihrem Recht zu kommen vermochten.

Das Heil wird mehr als Unsterblichkeit und Unvergänglichkeit aufgefaßt und weniger als Vergebung der Sünden. Eine andere Seite, die stark betont wird, ist die Erkenntnis. Christus hat Erkenntnis der Wahrheit gebracht. Er ist der von Gott gesandte Offenbarer, der uns den wahren Gott zu erkennen lehrt und uns dadurch vom Dunkel des Götzendienstes und von dem falschen Alten Bund befreit. Aber Christus ist nicht nur Lehrer, sondern selbst Gott und derjenige, der durch Tod und Auferstehung Unsterblichkeit schenkt.

Die Sünde wird beschrieben als Verderben, böse Begierde und Gefangenschaft in der Gewalt des Todes; dazu als Irrtum und Unkenntnis, während der Gedanke der Schuld weniger in Erscheinung tritt. Hier ist eine Übereinstimmung festzustellen mit dem, was über das Heil gesagt wurde, es als Unsterblichkeit oder als Erleuchtung durch die Wahrheit zu sehen. Der Gedanke des Heils als Vergebung oder Versöhnung klingt ebenfalls an – besonders bei Barnabas –, nimmt aber nicht den Raum ein wie bei Paulus oder in der protestantischen Tradition. Das Heil wird mit dem physischen Leben verbunden, als Befreiung von Tod und Vergänglichkeit. Das Leben gehört mit dem Gesetz zusammen: der Weg des Gehorsams ist der Weg zum ewigen Leben.

Die moralische Tendenz der Apostolischen Väter zeigt sich am deutlichsten in ihrer Auffassung von der Gnade (gratia, charis). Im Neuen Testament ist die Gnade die in Christus offenbarte Liebe Gottes und sein Wohlgefallen. Sie bezieht sich also auf Gott selbst und die in Christus vollbrachte Heilstat. Ein Mensch wird durch Gnade gerecht gemacht, das heißt, nicht durch seine eigenen Werke. Dieser Gnadenbegriff ist bei den Apostolischen Vätern durch einen anderen ersetzt, in dem die Gnade als Geschenk betrachtet wird, das Gott den Menschen durch Christus gibt. Dieses Geschenk, das zuweilen der von Christus geschenkten Erkenntnis *(gnōsis)* gleichgestellt wird, ist als eine dem Geist verbundene innere Kraft *(dynamis)* gedacht, durch die der Mensch nach Gerechtigkeit streben und in dem neuen Gehorsam wandeln kann. Die Gnade ist somit zwar Voraussetzung für das Heil, doch nicht im gleichen Sinne wie im Neuen Testament –, daß die Gerechtigkeit die Gabe Gottes ist, die im Glauben an Christus geschenkt wird –, sondern eher so, daß die Gnade die Kräfte verleiht, durch die der Mensch Gerechtigkeit gewinnen und das Heil erlangen kann.

Der vorstehend angeführte Gedankengang deutet darauf hin, daß der mittelalterliche Gnadenbegriff mit seiner Tendenz zur »Werklehre« sein Vorbild schon in dieser frühen Tradition hatte (vgl. Torrance, The Doctrine of Grace in the Apostolic Fathers, 1948). Es finden sich jedoch auch Äußerungen, die sich der paulinischen Rechtfertigungslehre nähern. Weiter ist in diesem Zusammenhang auch zu beachten, daß wir es hier mit paränetischen Schriften zu tun haben, die auf die Erziehung zum neuen Leben angelegt sind und stark den Ruf zum Gehorsam gegenüber den Geboten Christi als Gegengewicht gegen die heidnische Moral betonen, die in der Umwelt herrscht. Man darf also aus den Schriften der Apostolischen Väter keine allzu weitgehenden Schlüsse über die damalige christliche Verkündigung in ihrer Gesamtheit ziehen.

Schriftverständnis

Wie im Neuen Testament wird den alttestamentlichen Schriften unbestrittene Autorität zuerkannt. Ihre reiche Verwendung ist um so auffälliger, als die Schriften der Apostolischen Väter größtenteils an Heidenchristen gerichtet sind.

Man sah in der Kirche das Neue Israel, den rechten Erben der Schriften des Alten Bundes. Der wirkliche Sinn des Gesetzes und der Propheten war der geistliche, der durch das Wort und Werk Christi enthüllt worden war. Der Barnabasbrief, der besonders auf diese Frage eingeht, zeigt keine deutliche Grenze zwischen dem, was man später typologische Auslegung nennt, und einer freien allegorischen Deutung. Vom Gesetz Mose wurde angenommen, daß es bereits von Anfang an einen tieferen Sinn gehabt hätte. Wenn es zum Beispiel das Verzehren von unreinen Tieren verbietet, dann ist damit das Verbot der Sünden gemeint, die diese Tiere symbolisieren. Auch in den unbedeutendsten Details kann man Hinweise auf Christus und das Neue Testament finden (vgl. z. B. Barn. IX,8). Dahinter steht die Überzeugung von einer wörtlichen Eingebung durch den Heiligen Geist; auch äußerliche Sachangaben verhüllen, wie man glaubt, eine geistliche Weisheit, zu der die Juden mit ihrer direkten Auslegung keinen Zugang hatten.

Schon die Apostolischen Väter bieten zahlreiche Beweise dafür, daß die vier Evangelien und die Schriften der Apostel, obwohl diese noch nicht als Schriftensammlung abgegrenzt sind, als heilige Schriften von gleicher Autorität wie die Bücher des Alten Testaments angesehen wurden. Fast sämtliche in unserem Neuen Testament enthaltene Schriften werden zitiert oder angedeutet. Auch die von den Aposteln überlieferte mündliche Tradition wird als eine für den Glauben und das Leben der Gemeinden entscheidende Instanz angesehen. Nach Ignatius ist der Bischof Träger dieser autoritativen Tradition.

Gotteslehre und Christologie

Der Gottesgedanke der Apostolischen Väter ist der biblische, der auf dem Gottesbegriff des Neuen Testaments aufbaut. Gott ist der Allmächtige, der die Welt erschaffen und dem Menschen seinen Willen, seine Gerechtigkeit und seine Gnade kundgetan hat. »Fürs allererste: glaube, daß es *einen* Gott gibt, der alles erschaffen und vollendet und das Dasein aus dem Nichts gegeben hat«, heißt es im Hirt des Hermas (II, 1. Gebot). Der Glaube an den einen wahren Gott *(monos alēthinos theos)* wird eingeschärft. Eine Trinitätslehre im Sinne späterer Zeiten ist noch nicht ausgebildet, aber die trinitarische Formel kommt z. B. bei der Taufe vor; der Glaube an die Trinität ist natürlich vorhanden. Die entwickelten Vorstellungen, wie sich die drei Personen der Trinität zueinander verhalten, gehören jedoch in eine spätere Zeit.

Die Apostolischen Väter legen der Gottheit Christi großes Gewicht bei. Die Christen »singen im Wechsel Hymnen an Christus wie an Gott«, lautet eine bekannte Äußerung Plinius' d. J. in einem Brief an den Kaiser Trajan (ep. X,96). Christus ist der präexistente Gottessohn, der bei der Schöpfung mitwirkte; er ist der im Verborgenen herrschende himmlische Herr, der als Richter über Lebende und Tote erscheinen wird. Die Bezeichnung »Gott« wird direkt auf Christus angewandt, besonders in den Ignatianen. »Unser Gott, Jesus Christus, wurde von Maria nach Gottes Ratschluß empfangen, zwar aus dem Samen Davids, aber vom Heiligen Geiste« (ad Ephes. XVIII,2).

Christus ist in der Gemeinde gegenwärtig als ihr Herr, die Christen sind mit ihm vereint und haben an seinem Tod und seiner Auferstehung Anteil. Diese Einheit mit Christus wird von Ignatius stark hervorgehoben. An die Christen in Smyrna schreibt er: »Ich habe erkannt, daß ihr in einem unerschütterlichen Glauben aufgerichtet seid, wie festgenagelt an das Kreuz des Herrn Jesus Christus nach Fleisch und Geist und befestigt in der Liebe durch Christi Blut, völlig gewiß unseres Herrn, daß er in Wahrheit von Davids Samen nach dem Fleisch ist, Gottes Sohn nach Gottes Willen und Kraft« (ad Smyrn. I).

Bei Ignatius finden sich mehrere Äußerungen, die gegen judenchristliche Gnostiker gerichtet oder von solchen veranlaßt worden sind, worin er die wahre Menschlichkeit Christi betont. Das wirkliche irdische Dasein Jesu wird denen gegenüber verteidigt, die der Meinung sind, Christus habe nur zum Schein menschliche Gestalt angenommen, nur scheinbar gelitten, und sei nach der Auferstehung in den Zustand eines körperlosen Geisteswesens zurückgekehrt. Diese Anschauung wird *Doketismus* genannt (von *dokein*, zum Beispiel »nicht wie einige Ungläubige behaupten, er habe nur scheinbar gelitten *[to dokein auton peponthenai]*« Ignatius ad Smyrn. II). Seine Bekämpfung ist ein besonders bedeutsames Gebiet der urchristlichen Theologie, da diese Anschauung gerade das bestreitet, was die Grundlage der apostolischen Verkündigung ist: daß Christus in Wahrheit starb und auferstand. Das Heil ist fest mit historischen Geschehnissen verbunden, für die die Apostel Augenzeugen gewesen sind. Wenn der Doketismus den Tod und die Auferstehung nicht wahrhaben will, dann hängt das damit zusammen, daß man das Heil mit einer abstrakten Lehre und nicht mit Gottes Handeln in Christus verbindet. Der Doketismus hat mehrere Formen: entweder leugnet er Christi wahre Menschlichkeit völlig mit Hilfe der Theorie von einem Scheinleib oder er wählt bestimmte Aspekte aus Jesu Erdenleben als annehmbare Fakten aus, während die weiteren Berichte des Evangeliums übergangen werden. Der bereits im Neuen Testament bekämpfte Gnostiker *Kerinth*, der in Kleinasien auftrat, verfocht zum Beispiel die Ansicht, Christus habe den irdischen Jesus vor dem Kreuzestod verlassen. Man hielt es nämlich für unvereinbar mit der Göttlichkeit Christi, daß er gelitten haben und gestorben sein sollte. Eine andere doketische Theorie *(Basilides)* geht davon aus, daß eine Verwechslung erfolgte, so daß Simon von Cyrene an Christi Statt gekreuzigt wurde, wodurch Jesus dem Kreuzestod entgangen sei.

Nach Irenäus sollte der Zweck des Johannesevangeliums u. a. der sein, den eben erwähnten Kerinth zu widerlegen. Bezeichnend für seine Anschauung war, daß er streng zwischen dem Menschen Jesus und dem himmlischen Geistwesen Christus unterschied, das nur zeitweilig Wohnung in Jesus genommen haben konnte. Im Gegensatz dazu lehrt das Johannesevangelium, daß »das Wort Fleisch wurde«, wie auch nach dem 1. Johannesbrief Jesus identisch ist mit dem »Christus, der im Fleisch gekommen ist« (2,22; 4,2ff.).

Einem Gegensatz üblicher Art begegnen wir auch im Kampf des Ignatius gegen den Doketismus. Entgegen der Meinung, Christus habe nur zum Schein gelitten, bringt er seine Überzeugung zum Ausdruck, daß Christus wirklich von Maria geboren, wirklich gekreuzigt und wirklich selbst auferweckt worden ist. Auch nach der Auferstehung ist Christus »im Fleisch« und nicht ein »körperloser Geist« (ad Smyrn. I–III; ad Trall. X; ad Polycarp III,2; ad Ephes. VII,2).

Kirchenverständnis

In den Schriften der Apostolischen Väter zeigt sich die Konsolidierung der kirchlichen Ordnung jener Zeit. Das Bischofsamt wächst als ein besonderes, vom Presbyterkollegium getrenntes Amt heraus. Bei Ignatius ist der Bischof das Symbol der Einheit der Kirche und der Träger der apostolischen Tradition. Daher wird die Gemeinde ermahnt, sich fest um den Bischof zu scharen und sich ihm unterzuordnen. Die Einheit liegt vor allem in der gemeinsamen Lehre, und als Vertreter der rechten Lehre nimmt der Bischof eine beherrschende Stellung in der Gemeinde ein. Dieses Sammeln um die Bischöfe wird als Schutz gegen die Häresien eingeschärft, die die Einheit der Kirche zu zerbrechen drohen. Ursprünglich waren Bischof und Presbyter ein und dasselbe, nun aber erhält der Bischof eine Sonderstellung über dem Kollegium der Presbyter. Dieser sogenannte monarchische Episkopat tritt zuerst in Kleinasien in Erscheinung und wird in den Ignatianen deutlich bezeugt, während der in Rom geschriebene 1. Klemensbrief und der Hirt des Hermas noch nicht mit einer solchen den Presbytern übergeordneten Instanz rechnen. Aber auch der 1. Klemensbrief betont stark die Bedeutung des Amtes und macht den Amtsträger zum Nachfolger der Apostel. Der Gedanke einer apostolischen Sukzession entwickelt sich nach jüdischem Vorbild. Er kann zweierlei beinhalten: 1. Die Amtsträger haben die rechte Lehrtradition von den Aposteln übernommen wie die Propheten von Mose (Lehrsukzession); 2. sie sind in ununterbrochener Folge von den Aposteln und deren Nachfolgern eingesetzt worden, wie Aarons Familie das alleinige Recht besaß, in Israel Priester einzusetzen (Weihesukzession).

So entsteht eine immer fester gefügte Gemeindeordnung mit kirchlicher Jurisdiktion in der frühen christlichen Gemeinde. Diese Entwicklung hat man auf verschiedene Weise beurteilt. Der bekannte Rechtshistoriker Rudolf Sohm vertritt die These, daß jegliches Kirchenrecht dem Wesen der Kirche widerstreitet; nur der Heilige Geist soll in der Kirche regieren, weshalb die entstehenden Konstitutionen einen Abfall vom ursprünglichen Christentum bedeuten (Kirchenrecht I 1892). Dagegen hat man eingewandt, daß die Ordnung eine Notwendigkeit ist. Sie ist keine spätere Zugabe, sondern leitet ihren Ursprung aus der Zeit der Apostel her; was geschieht, ist eine Entwicklung der Ordnung zu festeren und zur Annahme neuer Formen (Seeberg). Mit Recht hat man in diesem Zusammenhang auch darauf hingewiesen, daß Geist und Amt keine Gegensätze sind, sondern zusammengehören. Daß die Kirche eine Schöpfung des Geistes ist, widerstreitet nicht einer Entstehung von Ordnung, Amt und Tradition; entsprechend gehören auch die Dienste und Ämter zum Werk des Geistes hinzu (Linton, Das Problem der Urkirche in der neueren Forschung, 1932).

Eschatologie

Die Eschatologie der Apostolischen Väter enthält den Gedanken an das nahe bevorstehende Ende der Zeiten und bei bestimmten Autoren (Papias, Barnabas) die Vorstellung von einem tausendjährigen irdischen Reich. Barnabas denkt sich nach jüdischem Vorbild einen Weltenablauf von sechs Jahrtausenden analog den sechs Schöpfungstagen. Dann folgt das siebente Jahrtausend, wenn Christus mit seinen Gläubigen auf Erden sichtbar regieren wird (Offb. 20). Erst danach tritt der achte Tag ein, die Ewigkeit, die ihr Abbild im Sonntag hat. Auch Papias vertritt die Lehre von einem irdischen tausendjährigen Reich – Millennium – und beschreibt den glückseligen Zustand, der dann herrschen wird. Später hat man diese Anschauung gewöhnlich abgelehnt (»Millenniarismus« oder »Chiliasmus«), so zum Beispiel schon bei Euseb in seiner Darstellung über Papias (Hist. eccl. III,39).

2
Die Apologeten

Die Autoren des 2. Jahrhunderts, deren Schriften dem Hauptzweck dienen, das Christentum gegen die landläufigen Beschuldigungen von Griechen und Juden zu verteidigen, werden zusammenfassend als Apologeten bezeichnet. Bei ihnen gilt das Christentum als die wahre Philosophie, als vollkommener Ersatz der griechischen Philosophie und der jüdischen Religion, die auf die Fragen des suchenden Menschen nur unzureichende Antworten zu geben vermögen. An erster Stelle unter den Apologeten steht *Justin*, genannt der Märtyrer, dessen beide Apologien aus den 50er Jahren des 2. Jahrhunderts stammen. Sein »Dialog mit dem Juden Tryphon« gehört ungefähr in die gleiche Zeit. Unter den übrigen ragen vor allem die folgenden heraus:

Aristides, der ebenfalls eine »Apologie«, die älteste der heute noch erhaltenen, geschrieben hat, *Tatian* (Oratio ad Graecos, ein Pamphlet gegen das griechische Kulturleben, um 165 geschrieben) und *Athenagoras* (De resurrectione mortuorum; Supplicatio pro christianis, beide um das Jahr 170 abgefaßt). Zur selben Gruppe können auch *Theophilus von Antiochien* (Ad Autolycum libri tres, 169–182) und der *Diognetbrief* gezählt werden, dessen Verfasser unbekannt ist, sowie die ebenfalls anonyme Schrift *Cohortatio ad Graecos* aus der Zeit vor der Mitte des 3. Jahrhunderts. Letztere ist fälschlich Justin zugeschrieben worden. Eine Reihe anderer, ebenfalls von den Apologeten verfaßter Schriften sind für uns heute verloren und nur noch dem Namen nach bekannt (vgl. z. B. Euseb, Hist. eccl. IV,3).

Allgemeines

Die Apologeten haben einen wichtigen Beitrag für die Entwicklung der Theologiegeschichte geleistet, indem sie einerseits das Christentum als die wahre Philosophie kennzeichnen, andererseits aber zugleich theologische Lehrsätze mit Hilfe von Begriffen der zeitgenössischen Philosophie zu erklären versuchen (zum Beispiel in der sogenannten Logos-Christologie). Hier zeigen sich somit die ersten Ansätze zu einer begriffsmäßigen Fixierung des christlichen Glaubens, die ersten Verbindungen zwischen Theologie und Wissenschaft, zwischen dem Christentum und der griechischen Philosophie.

Die Apologeten weisen die Beschuldigungen zurück, die gegen die Christen erhoben werden; nach Athenagoras vor allem: Gottlosigkeit, widernatürliche Laster und Staatsfeindschaft (supplicatio). Daneben richten sie zuweilen eine recht heftige Kritik gegen die griechische Kultur (Tatian, Oratio ad graecos; Theophilus). Wichtiger in dogmengeschichtlicher Hinsicht ist jedoch ihre positive Darstellung des Christentums als der wahren Philosophie.

Christentum und Philosophie

Wie man sich das Verhältnis zwischen Christentum und Philosophie dachte, zeigt die autobiographische Schilderung des Justin in seinem »Dialog mit dem Juden Tryphon«. Er stellt sich selbst vor als einer, der die Philosophie hochschätzt und in einem philosophischen System nach dem anderen nach einer befriedigenden Antwort auf deren Fragen gesucht hat. Sinn und Zweck der Philosophie ist, die rechte Erkenntnis von Gott und der Wirklichkeit zu vermitteln und durch diese Erkenntnis das Glück zu schenken. Das Ziel der Philosophie besteht in der Vereinigung des Menschen mit Gott. Justin hatte die Stoiker, Peripathetiker und Pythagoräer aufgesucht, aber sie hatten ihn nicht beeinflußt. Schließlich war er beim Platonismus gelandet und glaubte, dort die Wahrheit zu finden. Da traf er einen ihm unbekannten alten Mann, der ihn auf die alttestamentlichen Propheten verwies, die einzigen, die die Wahrheit erkannt und verkündigt hätten. »Sie haben ja nur das gelehrt, was sie, erfüllt vom Heiligen Geist, gehört und gesehen hatten.« Durch das Zeugnis des Alten wurde er von der Wahrheit des Christentums überzeugt. »In meiner Seele begann es sofort zu brennen, und ich wurde von Liebe zu den Propheten und den Männern ergriffen, die Christi Freunde sind. Ich sann über die Lehren des Mannes nach und fand darin die einzige zuverlässige und nützliche Philosophie. Dies ist der Weg und dies sind die Gründe, die mich zum Philosophen gemacht haben« (VII, VIII).

Daß das Christentum die wahre Philosophie ist, bedeutet also, daß es die einzige richtige Antwort auf die Fragen der Philosophie zu geben vermag. Die Philosophie umschließt hier auch die religiöse Frage der wahren Gotterkenntnis. Allein das Christentum kann geben, was die Philosophen suchen, jedoch nicht finden können. Dieser Gedanke bedeutet an und für sich nicht, daß das Christentum von der Philosophie abhängig und dieser untergeordnet wird, wie man zuweilen gemeint hat. Das Christentum gründet sich auf Offenbarung, und die Apologeten sind nicht der Meinung, daß die Offenbarung durch rationale Überlegungen ersetzt werden kann. In dieser Hinsicht steht das Christentum im Gegensatz zu aller Philosophie. Seine Wahrheit gründet sich nicht auf die Vernunft, sondern ist göttlichen Ursprungs. »... niemand kann über Gott und die wahre Religion unterweisen denn allein die Propheten, welche euch auf Grund göttlicher Inspiration lehren« (Cohortatio ad graecos, Schlußworte).

Dagegen läßt der Grundgedanke der Apologeten die Tendenz erkennen, den Inhalt des Christentums zu intellektualisieren. Die Vernunft *(logos)* ist dabei der im Vordergrund stehende Begriff, und der Akzent liegt auf der Vermittlung der Wahrheit.

Die Beurteilung der Philosophie kann unterschiedlich sein. Manche Apologeten sind der griechischen Philosophie gegenüber besonders kritisch eingestellt. Entsprechend soll die Offenbarung alle heidnische Weisheit ersetzen. Andere wieder denken positiver, zum Beispiel Justin. Doch auch hier ist man der Meinung, daß die Wahrheiten, die sich bei den Philosophen, zum Beispiel bei Homer, Sokrates, Plato vorfinden, im Grunde also von der Offenbarung herrühren. *Ein* Gedankengang war, daß einige der griechischen Weisen Ägypten besucht und dort Kenntnis von der prophetischen Verkündigung Israels gewonnen hatten, ein anderer, daß die heidnischen Philosophen teil an dem allen Menschen eingepflanzten »Logos spermatikos« hatten. Auch die menschliche Weisheit leitet sich daher von der Offenbarung ab, wie verstreute Strahlen der göttlichen Vernunft, die in voller Klarheit in Christus hervorleuchtete. Während die Philosophen Bruchstücke der Wahrheit besitzen, findet sich bei Christus diese in ihrer ganzen Fülle. Er ist selbst Gottes Vernunft, der menschgewordene Logos.

Die Logos-Christologie

Um die Frage zu klären, in welchem Verhältnis Christus sich zu Gott dem Vater befindet, verwenden die Apologeten nun auch in ihrer Christologie den Logosgedanken, der der zeitgenössischen Philosophie und besonders dem Stoizismus mit seiner Lehre von der Weltvernunft entnommen ist. Bei allen Menschen findet sich etwas vom Logos. Die keimartige Vernunft *(logos spermatikos)* ist in sie eingepflanzt. Aber diese Vernunft ist für die Apologeten keine allgemeine, pantheistisch gedachte Weltvernunft wie bei den Stoikern. Sie setzen den Logos Christus gleich. Daher können sie auch sagen, daß Sokrates und Plato – in dem Maße, wie sie der Vernunft Ausdruck gaben – Christen waren. Sie hatten ihre Weisheit von Christus durch die Propheten oder durch eine allgemeine Offenbarung erlangt.

Logos bedeutet sowohl »Vernunft« als auch »Wort«. Von Ewigkeit her war der Logos bei Gott als Gottes eigene Vernunft *(logos endiathetos)*. Alsdann ging diese Vernunft durch Gottes eigenen Entschluß aus Gottes Wesen als *logos prophorikos* hervor, als das »Wort«, das von Gott ausging. Dies geschah bei der Erschaffung der Welt. Gott schuf die Welt nach seiner Vernunft und durch das »Wort«, das von ihm ausging. Auf diese Weise ist Christus mit an der Erschaffung der Welt beteiligt. Er ist das »Wort«, das vom Vater geboren wurde und durch welches alles zustande kam, was da ist. Dieselbe göttliche Vernunft hat danach, als die Zeit erfüllt war, fleischliche Gestalt angenommen und ist Mensch geworden.

In dieser Anwendung des Logosgedankens findet man eine Möglichkeit, mit schon bekannten philosophischen Begriffen zu beschreiben, wie der Sohn sich im göttlichen Wesen zum Vater verhält. Christus ist wirklich Gott, und Gott ist trotzdem nicht geteilt. Wie das Wort aus der Vernunft hervorgeht oder – mit einem anderen Bild – wie der Lichtstrahl aus der Lichtquelle hervordringt, ist der Sohn vom Vater ausgegangen als der »Erstgeborene«, wobei Gott der Eine bleibt und nicht verkleinert wird. Die Logos-Christologie war ein Versuch, die schwierigste Frage des Christentums in der Sprache der Zeit auszudrücken. Man nahm einen Begriff aus der Philosophie jener Zeit und beschrieb damit das für das griechische Denken Absurde, daß Christus Gott war, ohne daß Gottes Einheit dadurch geleugnet wurde.

Es liegt in der angeführten Überlegung, daß der Logos, obwohl von Ewigkeit her in Gottes Wesen befindlich als die ihm innewohnende Vernunft *(endiathetos)*, doch erst bei der Erschaffung der Welt aus dem göttlichen Wesen hervortrat. Christus wäre somit in der Zeit oder am Anfang der Zeit geboren. Die philosophische Logoslehre schien auch die Konsequenz zu haben, daß Christus in einer untergeordneten Stellung im Verhältnis zum Vater gedacht wird. Man hat die Christologie der Apologeten daher oft »subordinatianisch« genannt (der Sohn ist dem Vater untergeordnet). So mochte sie sich wohl vom Standpunkt einer späteren Zeit her ausnehmen. Man opponierte zum Beispiel gegen den Gedanken an die Geburt des Sohnes in der Zeit (Origenes, s. u. S. 51) wie auch gegen die Anwendung der philosophischen Logoslehre in der Christologie (Irenäus). Doch ist dabei teils zu beachten, daß die Apologeten unzweideutig die Präexistenz des Logos voraussetzten, auch wenn sie sich sein Hervortreten als »Sohn« erst bei der Schöpfung dachten, und teils, daß man noch keine durchgebildete Terminologie kannte, um den Unterschied zwischen »Personen« der Trinität auszudrücken. Man hat daher auch keinen Grund, aus ihren Äußerungen eine eigentliche Subordination des Sohnes unter den Vater herauszulesen (vgl. J. N. D. Kelly, Early Christian Doctrines, S. 100ff.).

Wenn Christus als der Logos, die göttliche Vernunft, genommen wurde, dann war nur natürlich, daß man sein Wirken hauptsächlich als Lehren auffaßte. Er schenkte die rechte Erkenntnis von Gott und lehrte das neue Gesetz, das den Weg zum Leben wies. Das Heil wird mit Hilfe intellektueller und moralischer Kategorien interpretiert. Sünde ist Unwissenheit. Der Mensch hat die Freiheit, dem Guten zu folgen, aber erst von Christus empfängt er die rechte Erkenntnis des Weges zur Gerechtigkeit und zum Leben. Die Notwendigkeit, nach dem Gesetz zu leben, wird betont, und in dieser Hinsicht stimmt die Auffassung der Apologeten mit der der Apostolischen Väter überein.

Im Hinblick auf die dogmengeschichtliche Entwicklung erscheint als ihr wichtigster Einsatz der Versuch, das Christentum mit griechischer Bildung zu vereinen, was seinen hauptsächlichsten Ausdruck in der Logoslehre und ihrer Anwendung auf die Christologie findet.

3
Das Judenchristentum und der Gnostizismus

Das Judenchristentum

Der Terminus »Judenchristentum« ist vieldeutig und wird in der Forschung auf verschiedene Weise gebraucht. Er kann das palästinensische Christentum der ersten christlichen Zeit bezeichnen, das heißt die Christen jüdischer Herkunft, die in Palästina wohnten und ihr Zentrum in der Gemeinde von Jerusalem hatten (Gegensatz: Heidenchristen). Aber der Ausdruck wird zuweilen – und so soll es auch hier geschehen – gewissen von der Gemeinde in Jerusalem ausgehenden sektiererischen Richtungen vorbehalten. Diese traten als abgesonderte Gruppen in Erscheinung, nachdem die Christen von Jerusalem um das Jahr 66 in das Ostjordanland vertrieben worden waren. Bezeichnend für dieses häretische Judenchristentum, auch »Ebionismus« genannt (nach dem alttestamentlichen Wort *»ebjonim«* [»die Armen«] ursprünglich ein Ehrenname der Christen in Jerusalem), ist die Vermischung von jüdischem und christlichem Gedankengut. Wie man annimmt, sollen die Judenchristen die essenischen Klosterorden assimiliert haben, die in der Gegenwart vor allem durch die sogenannten Qumran-Funde bekannt geworden sind. Die Geschichte des Ebionismus ist im großen und ganzen in Dunkel gehüllt. Weder die erhaltenen Schriftfragmente noch die Anmerkungen der Kirchenväter geben ein detailliertes Bild von der Denkweise und den Gepflogenheiten dieser Gruppen. Einige Hauptlinien können jedoch rekonstruiert werden.

Die Ebioniten hielten fest an der Gültigkeit des Mosaischen Gesetzes – eine mildere Richtung erlegte dieses nur sich selbst auf, während eine strengere die Meinung vertrat, auch die Heidenchristen seien auf das Gesetz Mose zu verpflichten. Ein anderer für den Ebionismus bezeichnender Zug ist, daß man ein nationales Messiasreich mit Jerusalem als Mittelpunkt erwartete. Es kommt also zu einer Identifizierung von Judentum und Christentum.

Zwar betrachtete sich auch die allgemeine Kirche als eine Fortsetzung der Gemeinde des Alten Bundes, des wahren Israels, doch dies hinderte sie nicht daran, jüdisches Wesen und jüdische Gesetzesauffassung entschieden abzulehnen. Paulus bekämpfte zum Beispiel diejenigen, welche die Beschneidung wieder einführen wollten (Gal. 5), und zeigte, wie die Freiheit in Christus ein Festhalten am Weg der Gesetzesrechtfertigung ausschließt. – Die Ebioniten, die an jüdischen Vorschriften festhielten und diese als für die Gemeinde bindend betrachteten, wiesen daher auch die Deutung des Gesetzes durch Paulus zurück und nahmen seine Briefe nicht an.

In den judenchristlichen Schriften – die wichtigsten sind die sogenannten *Pseudoklementinen*, die unter anderem eine *»Predigt Petri«* und einige apokryphe Evangelien enthalten – wird Christus den alttestamentlichen Propheten gleichgestellt. In ihm offenbarte sich der »wahre Prophet«, der früher in Adam und Mose und in anderen erschienen war. Durch den Gedanken, daß Christus der neue Mose sei, wird die Einheit von Judentum und Christentum zum Ausdruck gebracht, die für den Ebionismus bezeichnend ist. Christus wurde als »ein Mensch, von Menschen geboren« (Justin, Dial. m. Tryphon, 48) oder, wie man es später oft ausdrückte, »allein als ein Mensch« *(psilos anthrōpos)* verstanden. Die Ebioniten leugneten also die Präexistenz Christi, bestimmte Richtungen auch die Inkarnation und die Jungfrauengeburt. Sie nahmen an, Jesus habe bei der Taufe den Heiligen Geist empfangen und sei dabei zum Messias und Gottessohn erwählt worden. Das Heil wurde nicht mit seinem Tod und seiner Auferstehung verbunden, sondern erst mit seiner Wiederkehr, da man ein irdisches tausendjähriges Reich erwartete.

Wegen dieser Gedanken galt der Ebionismus bereits bei den Kirchenvätern als der Prototyp einer Christologie, die Christus nur als Menschen auffaßt und annimmt, daß er erst bei der Taufe oder Auferstehung als Sohn Gottes angenommen worden ist (adoptianische Christologie), wobei alle im eigentlichen Sinn göttlichen Attribute Christi geleugnet werden.

Historisch betrachtet, hat das Judenchristentum für die Entwicklung der christlichen Theologie nur geringe Bedeutung gehabt. Es spaltete sich in verschiedene Gruppen und starb ziemlich bald aus. Man nimmt an, daß es sich nicht länger als höchstens 350 Jahre gehalten hat. Dagegen hatte es über Zwischenglieder größeren Einfluß auf den Islam, wo bestimmte ihm eigene Anschauungen in einer neuen Form wiederkehrten, zum Beispiel der Gedanke vom wahren Propheten und der Parallelismus zwischen Mose und Jesus.

Wenn das Judenchristentum die Vermischung von jüdischem und christlichem Gedankengut verkörpert, dann bedeutet der Gnostizismus die Vereinigung von hellenistischer Religion und Christentum. Der Ebionismus steht daher in scharfem Gegensatz zum Gnostizismus, besonders zu Marcion mit seiner Verwerfung des Gesetzes (siehe nächsten Abschnitt). Nichtsdestoweniger finden wir jedoch in gewissen Richtungen eine Kombination von Gnostizismus und judenchristlichen Gedanken, so zum Beispiel bei den *Elkesaiten*, wahrscheinlich nach einer Person namens *Elkesai*, möglicherweise dem Autor einer Urkunde mit diesem Namen, benannt. Ein anderes Beispiel sind die in Kol. 2 genannten Widersacher, die ebenfalls vermischte gnostische und judenchristliche Züge haben (»mit falschen und irrigen Lehren«, »ein eigener Kult«). Doch dürfte es falsch sein, die Hauptrichtungen des Judenchristentums in ihrer Art oder ihrem Ursprung nach als gnostisch zu bezeichnen (H. J. Schoeps, Theologie und Geschichte des Judenchristentums, 1949).

Der Gnostizismus

Gnostizismus ist der gemeinsame Name mehrerer verschiedener Richtungen der ersten christlichen Jahrhunderte. Er beabsichtigt – soweit es sich um die christliche Gnosis handelt –, das Christentum in ein allgemeines religionsphilosophisches System einzufügen. Die wichtigsten Elemente ihrer mythischen und kosmologischen Spekulationen sind folgende: ein strenger Dualismus zwischen der Geisteswelt und der Materie, eine allgemeine Erlösungslehre, deren Ziel die Befreiung des Geistes von der Materie ist, ein Kult mit Mysterien und anderen sakramentalen Handlungen und eine asketische oder libertinistische Ethik.

Ursprung. Über die Frage nach dem Ursprung des Gnostizismus ist viel diskutiert worden, und allem Anschein nach ist sie nicht eindeutig zu beantworten. Die gnostische Literatur ist zum größten Teil verlorengegangen. Doch ist eine Anzahl von Schriften in koptischer Übersetzung in Ägypten erhalten geblieben, wie zum Beispiel die »Pistis Sophia«, das Thomasevangelium und das »Evangelium der Wahrheit«. Die beiden letzteren Schriften sind in dem bedeutenden Manuskriptfund enthalten, der 1946 in der Nähe des Dorfes Nag Hammadi (in Oberägypten) gemacht wurde. Man fand in einem unversehrten Tonkrug 13 Codices, die nicht weniger als 48 Schriften enthielten, sämtlich gnostischen Ursprungs. Ansonsten stammt unsere Kenntnis des Gnostizismus hauptsächlich aus den Schriften der Kirchenväter, welche gnostische Autoren zitieren und sich in ihrer Polemik auch auf deren Anschauungen beziehen.

Die Kirchenväter sind sich einig, daß der Gnostizismus von Simon Magus (Apg. 8) herzuleiten ist; aber im übrigen gehen ihre Angaben auseinander. Nach einer Äußerung des Hegesippus, wiedergegeben von Euseb (IV,22), soll der Ursprung in gewissen jüdischen Sekten zu finden sein. Die späteren Kirchenväter (Irenäus, Tertullian, Hippolyt) vertreten dagegen die Ansicht, daß die Hauptquelle der gnostischen Ketzereien in der griechischen Philosophie zu finden sei (Plato, Aristoteles, Pythagoras, Zenon). Diese Angaben brauchen einander nicht zu widersprechen, wenn es sich um den auf christlichem Boden ausgebildeten Gnostizismus handelt. Dieser vereinigt nämlich äußerst unterschiedliche Strömungen zu einem synkretistischen System.

Wenn man vom Gnostizismus redet, meint man gewöhnlich vor allem die in christlicher Zeit entstandenen Systeme, die von den Kirchenvätern bekämpft werden. Doch der Gnostizismus ist bereits beim Aufkommen des Christentums als allgemeine religiöse Strömung vorhanden – als eine spekulative Erlösungslehre mit Elementen mehrerer verschiedener Religionen. Er kommt aus dem Orient und hat Anleihen bei der babylonischen und persischen Religion genommen. Die kosmologischen Mythen deuten auf babylonischen Ursprung, der durchweg vorhandene Dualismus rührt von der persischen Religion her. Der Mandäismus ist eine solche gnostische Religionsbildung auf persischem Gebiet. Dann tritt der Gnostizismus in Syrien und auf jüdischem Gebiet, insbesondere in Samarien, in Erscheinung und nimmt hier jüdische Elemente auf. Ein solcher Gnostizismus existiert zu Beginn unserer Zeitrechnung, und die Apostel treffen ihn bei Simon Magus an, der gerade in Samarien auftritt.

Auf christlichem Gebiet entsteht danach eine gnostische Anschauung, die Elemente des Christentums in sich aufgenommen hat. Sie tritt somit nicht als Feind des Christentums auf, sondern will das Christentum mit den bereits vorhandenen religiösen Spekulationen verschmelzen und auf diese Weise ein allgemeingültiges Religionssystem herausbilden. In dieser Gestalt zeigt sich der Gnostizismus während des 2. Jahrhunderts mit seinen bedeutendsten Vertretern in Syrien (Satornil), Ägypten (Basilides) und Rom (Valentin). Die späteren Systeme enthalten auch einen beträchtlichen Einschlag griechischer Religionsphilosophie. – Der Gnostizismus erwies sich lange Zeit als der gefährlichste Feind des Christentums. Die Polemik gegen ihn zog eine bis dahin ungekannte Entwicklung des theologischen Denkens innerhalb der Kirche nach sich.

Richtungen. Wie aus dem Angeführten hervorgeht, gibt es innerhalb des Gnostizismus zahlreiche verschiedene Richtungen. Sein Rahmen umfaßt mehrere unterschiedliche Mythologien und Systeme.

Simon Magus trat nach Apg. 8,9–24 in Samarien auf, wo der Gnostizismus eine seiner Wurzeln hatte. Er nannte sich »Gottes große Kraft«, gab vor, ein Messias zu sein, und verkündigte Freiheit vom Gesetz. Die Erlösung kam nicht durch Werke, sondern durch den Glauben an ihn zustande. Nach Ansicht der Kirchenväter war die Lehre des Simon Magus das Urbild aller Häresie.

Satornil trat um 100–120 in Syrien auf. Sein gnostisches System zeigt orientalischen Einfluß.

Basilides wirkte um 125 in Ägypten. Bei ihm hat der Gnostizismus einen mehr philosophischen Charakter, und der griechische Einfluß ist stärker.

Valentin, der um 135–160 in Rom wirkte, hat die klassische Darstellung des gnostischen Systems geliefert. Bei ihm tritt ebenfalls der griechische Einfluß stark hervor.

Marcion wird von den Kirchenvätern zu den Gnostikern gezählt. Seine Lehre ist in vielen wichtigen Punkten mit der der Gnostiker verwandt. Gleichzeitig ist er jedoch der Stifter einer eigenen besonderen Richtung, und sein System ist in vielerlei Hinsicht selbständig ausgebildet. Wie im folgenden eingehender gezeigt wird, ist die theologische Anschauung bei Marcion und den Gnostikern oft die gleiche. Aber es gibt einen Unterschied, den in der modernen Forschung besonders Adolf von Harnack betont hat: Während der Gnostizismus eine Religionsmischung ist, in der Christentum und griechische Philosophie miteinander verschmolzen sind, hat Marcion eine radikale Reformierung des Christentums unter Betonung gewisser paulinischer Gedanken und Beseitigung alles Jüdischen im Sinn.

Hauptgedanken. Abgesehen von Marcion enthält der Gnostizismus gewisse Hauptzüge, die allen Richtungen und Systemen eigen sind, obwohl das mythologische Gewand und die kultischen Gebräuche wechseln.

Die grundlegende Metaphysik des Gnostizismus, wie sie vor allem im System Valentins entwickelt wurde, ist unter anderem vom Kirchenvater Irenäus (Adversus haereses I) beschrieben. Sie wird in mythologischer Form unter Hypostasierung einer großen Anzahl abstrakter Begriffe wie Wahrheit, Weisheit, Vernunft dargestellt. Die Grundanschauung ist dualistisch, das heißt, man geht von einem Gegensatz zwischen Gut und Böse, der Welt des Geistes und der Welt der Materie aus.

Mit diesem Dualismus hängt es zusammen, daß der Gnostizismus zwischen dem höchsten Gott und einem niederen Gott, der die Welt geschaffen hat, unterscheidet. Der höchste Gott wird dabei ganz abstrakt als höchstes Geistwesen ohne alle näheren Bestimmungen und ohne Anknüpfung an irgendeine Offenbarung aufgefaßt. Er ist von der Welt so weit wie möglich entfernt. Er kann auch nicht der Schöpfer sein; denn man glaubt, da diese Welt böse ist, muß sie ihren Ursprung in einem niederen Geistwesen haben, bei dem sich auch das Böse vorfindet. Dieser Schöpfergott oder Demiurg ist zugleich der Gott der Juden und des Neuen Testaments. Der Gnostizismus ist Gegner des Alten Testaments, wie er auch das Gesetz ablehnt.

Der Mensch soll über das Gesetz hinaus zu einer Erkenntnis gelangen, die ihn aus der Abhängigkeit von diesem Gesetz befreit. – Vor allem in diesem Punkt bekämpfen die Kirchenväter den Gnostizismus, wobei sie den christlichen Glauben an einen Gott verteidigen, den Gott, der die Welt erschaffen und sich den Propheten offenbart hat.

Die Gotteslehre des Gnostizismus verbindet sich mit umfassenden Spekulationen über die Geistwelt und die Entstehung der materiellen Welt, der sogenannten Äonenlehre. Valentin zum Beispiel rechnet mit dreißig Äonen, die in einem theogonischen Prozeß aus der Gottheit hervorgegangen sind. Aus dem untersten der Äonen ist durch einen Fall die materielle Welt entstanden. Der höchste Gott oder Urvater bildet den ersten Äon, auch *bythos* genannt. Aus dem »Abgrund« ist »das Schweigen« oder »die Idee« (*sigē* oder *ennoia*) hervorgegangen und aus diesen beiden »der Geist« und »die Wahrheit« (*nous* und *alētheia*). Aus den letzteren sind ihrerseits »die Vernunft« und »das Leben« hervorgegangen (*logos* und *zoē*) und daraus »der Mensch« und »die Kirche« sowie zehn andere Äonen. Die beiden Äonen »Mensch« und »Kirche« haben zwölf Äonen entstehen lassen, und der letzte von diesen ist »die Weisheit« *(sophia)*. Die Äonen bilden zusammen die geistliche Welt – Pleroma –, die die Urbilder der materiellen Welt enthält. Aus dem Pleroma ist der letzte der Äonen gefallen, indem er von Leidenschaft und Furcht gepackt wurde und dadurch die Entstehung der Materie veranlaßte. Aus diesem gefallenen Äon ist auch der Demiurg hervorgegangen, der die Welt geschaffen hat.

Aus einem der höchsten Äonen sind Christus und der Heilige Geist entstanden. Christus hat die Aufgabe, den gefallenen Äon wieder zum Pleroma zurückzuführen und zugleich die Menschenseelen aus der Gefangenschaft der Materie zu befreien und in die Geistwelt zurückzubringen. Aus dieser Vorstellung geht hervor, wie man sich die Erlösung denkt: Sie ist die Befreiung des Geistes von der Materie, die Reinigung der Menschenseele und ihr Aufstieg zum Göttlichen, dem sie entsprungen ist. Wie im Neuplatonismus, der übrigens starke Berührungspunkte mit dem System des Valentin hat, denkt man sich das allgemeine Weltgeschehen als einen Kreislauf. Und in diesen Kreislauf ist die Menschenseele einbezogen. Der Mensch hat einen Fall aus der Welt des Lichts getan und ist Gefangener der Materie geworden. Seine Erlösung besteht in der Befreiung von der Materie und dem Wiederaufstieg in die Welt des Geistes, die Lichtwelt, der er entstammt.

Nach der Lehre des Gnostizismus erfolgt diese Erlösung durch die höhere Erkenntnis *(gnosis)*, zu welcher der Gnostiker Zugang hat, eine Art von Mysterienweisheit, die Erkenntnisse über das Pleroma und den Weg dorthin vermittelt. Aber nicht alle können diese Erlösung erlangen, sondern nur die Menschen, die von Anfang an mit der Fähigkeit zu dieser Erkenntnis ausgestattet sind, die sogenannten Pneumatiker. Die anderen Menschen, die Hyliker (von *hylē*, Materie), sind von der Erkenntnis ausgeschlossen.

Zuweilen rechnet man mit einer weiteren Kategorie in der Mitte zwischen Hylikern und Pneumatikern, den sogenannten Psychikern, wozu gemeinhin die Christen gehören. Sie haben die Möglichkeit, die erlösende Erkenntnis zu erlangen.

Der Gnostizismus vertritt also eine Art von Prädestinationslehre: nur die Pneumatiker können erlöst werden. Gegen diese Einteilung der Menschen in verschiedene Klassen wandten sich die Kirchenväter. Ebenso wandten sie sich gegen die Vorstellung von einer höheren Erkenntnis, durch die man über den Glauben hinausgelangen und sich in die Sphäre des Göttlichen erheben wollte.

Der Gnostizismus hat Elemente aus dem Christentum aufgenommen und sie in sein allgemeines Erlösungssystem eingefügt. So redet er von Christus als vom Erlöser, das heißt von dem, der die erlösende Erkenntnis vermittelt. Aber es ist nicht der Christus der Bibel, den man dabei predigt, sondern ein himmlisches Geistwesen, das aus den Äonen hervorgegangen ist. Dieser Christus kann keine menschliche Gestalt angenommen haben. Als er auf der Erde erschien, war er nur in einen Scheinleib gekleidet. Auch kann dieser Christus nicht gelitten haben und gestorben sein. Der Gnostizismus vertritt also eine doketische Christologie. Im Werk Christi haben Leiden und Tod keinerlei Bedeutung, sondern alles Gewicht wird auf das Werk Christi als Erleuchtung gelegt. Er ist der Vermittler der Erkenntnis, die der Mensch benötigt, um den Rückweg in die Lichtwelt, »die Reise zum Pleroma« zu bewältigen.

Die Erlösung wird durch die Mysterien vermittelt, die für den Gnostizismus bezeichnend sind. Zu den wichtigsten gehören Taufe und Abendmahl, Verfälschungen der christlichen Sakramente, aber daneben kennt man auch mehrere andere ähnliche Weihehandlungen. Durch sie wurde der Gnostiker in die Erlösungsgeheimnisse der höheren Erkenntnis eingeführt. Durch mystische Formeln sollte er Schutz gegen die Mächte (Archonten) erhalten, die den Weg durch die Geistwelt bewachten. Und die Teilnahme an den Mysterien verlieh ihm eine innere Kraft, die ihm auf rein physische Weise durch die Sakramente zugeführt wurde und die Möglichkeit gab, das Böse zu besiegen und zum Pleroma emporzusteigen.

Die Ethik des Gnostizismus hängt mit seiner allgemeinen dualistischen Grundanschauung zusammen. Wenn die Erlösung in der Befreiung des Geistes von der Materie besteht, dann muß das ethische Ideal natürlich asketisch sein. Gewisse Sekten predigen eine sehr weitgehende Enthaltsamkeit, so zum Beispiel die Enkratiten (vgl. Euseb, Hist. eccl. IV,28,29). Aber die ethische Anschauung kann auch ins Gegenteil umschlagen: Da der Geist nichts mit der Materie zu schaffen hat, ist es gleichgültig, wie man sein äußeres Handeln gestaltet. Die Unabhängigkeit vom

Materiellen kann erlangt werden durch die völlige Freiheit, den Lüsten des Fleisches zu folgen (Libertinismus).

Der durchweg vertretene Dualismus (Geist und Materie) verbindet den Gnostizismus mit dem griechischen Denken. Letzteres vertritt einen deistischen Gottesbegriff, den dann auch der Gnostizismus übernimmt. Unter dieser Voraussetzung ist es unmöglich, die Lehre von Christus als Gott und als Menschen anzunehmen (vgl. die Ebioniten).

Der Gnostizismus verwandelte das Christentum in eine mythologische Spekulation. Seine allgemeine Erlösungslehre enthielt die Leugnung dessen, was im christlichen Glauben das Wesentlichste war. Man wollte über den einfachen Glauben hinaus zu höherer Einsicht gelangen, zur persönlichen Erkenntnis der Realitäten der geistlichen Welt. In Wirklichkeit geriet man dabei in eine religionsphilosophische Spekulation, die den Hauptinhalt des Christentums ablehnte oder umdeutete.

Der Gnostizismus lehnte den Schöpfungsglauben ab: Der Weltenschöpfer war ein anderer als der höchste Gott, die Schöpfung wurde für etwas Böses angesehen (blasphemia creatoris). Der Inhalt des zweiten Glaubensartikels wurde von den Gnostikern abgelehnt oder im Rahmen ihrer doketischen Christologie, ihrer Leugnung des irdischen Daseins Christi und seiner Versöhnung umgedeutet. Christus wurde als Vermittler der Gnosis betrachtet, während seinem Leiden und Sterben keinerlei Bedeutung beigemessen wurde. Die Reinigung der Mysterien hatte mythologische Grundlagen.

Die Gnostiker standen dem Inhalt des dritten Glaubensartikels ebenfalls ablehnend gegenüber. Der Heilige Geist nahm in ihrer Mythologie die Stelle eines Geistwesens ein, das einem der Äonen entsprungen war. Irenäus sagt von den Gnostikern, daß sie die Gaben des Heiligen Geistes nicht annehmen und die Prophetie verachten (Epideixis, 99f.). Weiterhin leugneten sie die Auferstehung des Fleisches, was damit zusammenhing, daß sie die Materie, das Leibliche als etwas Böses, Ungeistliches betrachteten und die Erlösung als Befreiung von der Welt des Leibes und der Materie. Der Gnostizismus bedeutet also eine idealistische Umdeutung des Christentums und dessen Einfügung in ein synkretistisches System. Dies tritt besonders in ihrer »blasphemia creatoris« zutage, ihrer doketischen Christologie und ihrer Leugnung der Auferstehung des Fleisches. – Der Gnostizismus hat keine Eschatologie: Statt der künftigen Vollendung mit der Wiederkunft Christi redet man vom Emporsteigen der Seele ins Pleroma. Viele von den Gedanken des Gnostizismus erscheinen später im Neuplatonismus und in damit verwandten idealistischen Anschauungen. Auch in den theologischen Strömungen, die stark von griechischer Philosophie beeinflußt sind, finden sich Tendenzen, die an den Gnostizismus erinnern.

Marcion wurde von seinen Zeitgenossen den Gnostikern zugeordnet; in den Hauptgesichtspunkten (blasphemia creatoris, Doketismus, Leugnung der Auferstehung des Fleisches – vgl. oben S. 30) stimmen seine Anschauungen ja auch mit denen des Gnostizismus überein. Aber in anderen Stücken ist er selbständig und verficht ganz andere Gedankengänge. Er war z. B. kein Synkretist, vielmehr wollte er das Christentum reformieren, indem er alles aussonderte, was über das hinausging, was er als das Evangelium auffaßte. Bei ihm fehlen auch die mythologischen Spekulationen, die den Gnostizismus sonst kennzeichnen. Marcion strebt auch keinerlei Gnosis an, die nur den Pneumatikern zugänglich wäre. Er will lediglich den schlichten Glauben verkündigen. Die Lehre von den verschiedenen Menschenklassen kennt er also nicht. Die jüngere Forschung (vor allem Harnack) hat den Ansichten große Bedeutung beigemessen, die Marcion vom Gnostizismus unterscheiden, und ihn entsprechend völlig anders als die Gnostiker beurteilt, nämlich als einen Reformator, der den sonst vergessenen Paulus als einen Verkündiger der Erlösung allein aus Gnade zu einer Zeit wiederentdeckte, da sonst in der Theologie der Moralismus allgemeine Tendenz war.

Wenn die Kirchenväter Marcion als den größten aller Ketzer betrachten, dann zeigt dies, daß andere Seiten seiner Theologie für sie im Vordergrund standen: seine Lehre von Gott, von Christus, seine radikale Scheidung zwischen Gesetz und Evangelium. Hier fand man, was ihn mit dem Gnostizismus verband und was eine Leugnung der Grunddogmen der Kirche war. – Beide Seiten der Sache gehören zu einer Darstellung von Marcions Theologie; die Züge, die ihn vom Gnostizismus unterscheiden, rechtfertigen eine gesonderte Behandlung.

Marcion hielt sich anfangs an den Glauben der Kirche, geriet jedoch unter den Einfluß eines syrischen Gnostikers Kerdo und entwickelte alsdann allmählich seine besondere Theologie. Um 140 kam er nach Rom, wurde aus der Gemeinde ausgestoßen und gründete eine eigene Kirche, die zeitweilig große Ausdehnung hatte und deren Überreste an einzelnen Orten bis ins 6. Jahrhundert existierten.

Marcions Ausgangspunkt ist die Trennung des Gesetzes vom Evangelium, des Alten vom Neuen Bund. Paulus redet von der Freiheit des Christen vom Gesetz, und das deutet Marcion so, daß das Gesetz überhaupt ein überwundenes Stadium ist und man allein das Evangelium verkündigen soll, ohne das Gesetz hinzuzufügen. Das Gesetz wurde durch eine neue Ordnung ersetzt. Das Evangelium ist eine neue, vordem unbekannte Botschaft, die das Gesetz ablöst und zu diesem im Gegensatz steht. Tertullian charakterisiert diese Anschauung mit den Worten: »Separatio legis et evangelii proprium et principale opus est Marcionis« (Adv. Marc. 1,19).

Diesen Gedankengang verbindet Marcion nun mit der Lehre des Gnostizismus von den zwei Göttern. Bei Marcion – und das ist für ihn charakteristisch – wird der Schöpfergott, der Gott des Alten Testaments, zugleich der Gott des Gesetzes, der mit Strenge und Zorn in Erscheinung tritt, der sich an seinen Feinden rächt und seine Gläubigen unter der Gewalt des Gesetzes hält. Der höchste Gott ist für Marcion nicht so sehr das abstrakte Geistwesen, der unendlich ferne Gott, sondern er ist der fremde Gott, den die Welt nicht kannte, der sich dann aber in Christus offenbart hat. Dieser

Gott ist der Gott der Barmherzigkeit und Gnade. Bei ihm ist lauter Liebe. Er bekämpft und besiegt den Gott der Gerechtigkeit und des Gesetzes und erlöst aus reiner Gnade alle, die an ihn glauben. Diese Seite der Theologie Marcions ist eine einseitige und darum verkehrte Auslegung der paulinischen Rechtfertigungslehre. Der Gott der Liebe hat bei Marcion nichts mit dem Gesetz zu schaffen. Es kommt zu einer radikalen Trennung zwischen Gerechtigkeit und Barmherzigkeit, Zorn und Gnade.

Christus ist der Verkündiger des Evangeliums vom Gott der Liebe. Ja, er ist eigentlich dieser Gott selber, der sich auf der Erde offenbarte, als Kaiser Tiberius regierte. Er tritt in einer Scheingestalt auf. Da er ein anderer Gott ist als der der Schöpfung, kann er keinen menschlichen Leib angenommen haben. Marcions Christologie ist doketisch. Doch mißt er dem Leiden und Sterben Christi erlösende Bedeutung bei. Dies unterscheidet ihn vom Gnostizismus, steht eigentlich aber im Widerspruch zu einer doketischen Anschauung. Darauf wird von Irenäus hingewiesen: »Wie konnte er gekreuzigt werden und wie konnten aus seiner durchstochenen Seite Blut und Wasser fließen, wenn er kein wirklicher Mensch war, sondern nur einen Scheinleib hatte?« (Adv. haeres. IV,33,2.)

Marcions Gott ist ein solcher, den die Gläubigen nicht fürchten können, da er lauter Güte ist. Man könnte bei einer solchen Anschauung eine völlige Gleichgültigkeit hinsichtlich der Moral erwarten. Marcion verkündigt jedoch im Gegenteil im Einklang mit den Gnostikern eine strenge Askese. Unter anderem betrachtet er die Ehe als ein Übel. Der Zweck dieser asketischen Ethik ist die Befreiung vom Demiurgen, dem Gott der Schöpfung und des Gesetzes.

Marcion ist auch bekannt als radikaler Umgestalter des Kanons. Das Alte Testament verwarf er als alleinige Verkündigung des Juden- und Gesetzesgottes. Der Messias der Juden hatte nichts mit Christus zu tun. Und Marcion lehnte auch eine allegorische Auslegung ab. Im Neuen Testament wollte er alles aussondern, was mit dem Gesetz und dem Judentum zu tun hatte. Er behielt nur zehn von den Paulusbriefen bei (nicht die Pastoralbriefe) sowie ein verkürztes Lukasevangelium. Diese Festlegung des Kanons durch Marcion ist ein radikaler Versuch, von der eigenen Auffassung über das Wesen des Christentums her zu bestimmen, welche Schriften die Norm sein sollten.

Die Opposition der Kirchenväter gegen Marcion bezog sich auf dieselben Lehrstücke wie auch sonst beim Gnostizismus: Er verwarf Gott als den Schöpfer und verkündigte einen anderen Gott als den Schöpfer des Himmels und der Erde; er verwarf die Inkarnation durch seine doketische Christologie; ebenso fand sich in seiner Verkündigung kein Raum für eine Auferstehung des Leibes. Nur die Seele konnte erlöst werden, nicht der Leib, der zur Materie gehörte.

4
Die antignostischen Väter

Der Kampf gegen den Gnostizismus hat in vielerlei Hinsicht die Theologie geprägt, die die Kirchenväter der ersten Jahrhunderte entwickelten. Es ist wichtig, diese polemische Situation als Hintergrund der Darstellung des christlichen Glaubens zu sehen, die uns bei den sogenannten antignostischen Vätern begegnet. Bei diesen steht zum Beispiel der Schöpfungsglaube in ganz anderer Weise im Mittelpunkt als in späterer abendländischer Tradition, in der die Heilslehre das Hauptinteresse – oft auf Kosten anderer Seiten des Christentums – auf sich lenkte. Der gnostische Idealismus mit seiner Ablehnung der Schöpfung trieb die Kirchenväter dazu, auch die Gottes- und die Schöpfungslehre ausführlicher zu behandeln, dazu die Fragen hinsichtlich des Menschen, der Inkarnation und der Auferstehung des Fleisches. Ein anderer auffälliger Zug ist die nomistische Grundanschauung, die man zum Beispiel bei Tertullian antrifft. Auch sie muß man zum Teil vor dem Hintergrund des Gnostizismus mit seiner Verkündigung der Freiheit vom Gesetz und seiner Verkennung der paulinischen Rechtfertigungslehre im antinomistischen Sinn (Marcion) sehen.

Irenäus

Irenäus stammt aus Kleinasien und war als Kind von dem Johannesjünger Polykarp von Smyrna beeindruckt worden. Er vertritt in seiner Theologie auch am deutlichsten die kleinasiatische, johanneische Tradition. Sein Hauptwerk hat Irenäus jedoch im Abendland vollendet. Um 177 wurde er Bischof von Lyon und blieb dort bis zu seinem Tode (Anfang des 3. Jahrhunderts).

Von der Verfasserschaft des Irenäus sind uns nur zwei Arbeiten erhalten. Die eine ist seine umfassende Widerlegung der Gnostiker, »Adversus haereses«, erhalten in einer lateinischen Übersetzung sowie Fragmenten des griechischen Originals. Die andere Arbeit, »Epideixis«, ist eine Darstellung der Grundlehren der »apostolischen Verkündigung«. Sie war früher nur noch dem Namen nach bekannt, wurde jedoch 1904 in einer armenischen Übersetzung wiederentdeckt.

Der Hauptzweck der theologischen Wirksamkeit des Irenäus ist die Verteidigung des aus der Zeit der Apostel bewahrten Glaubens gegen die neuen Lehren der Gnostiker. Es war vor allem die valentinianische Gnosis, die eine drohende Gefahr für das Christentum bedeutete, da sie die Einheit der Kirche gefährdete und die Grenzen des Christentums zur heidnischen religiösen Spekulation verwischte.

Man hat Irenäus den »Vater der katholischen Dogmatik« genannt. Darin liegt etwas Wahres; denn er ist der erste, der ein einheitliches umfassendes Gesamtbild vom Inhalt der Schrift zu geben versucht. Irenäus weist den Gedanken der Apologeten zurück, das Christentum sei die wahre Philosophie. Er will die Hilfsmittel der griechischen Spekulation nicht anwenden, auch nicht den Inhalt der Offenbarung als eine neue und bessere Philosophie hinstellen. Für ihn ist die einzige Quelle des Glaubens die biblische Tradition.

Irenäus ist also in ausgesprochenem Sinn Schrifttheologe. Während die Gnostiker die Offenbarung in einer von der Schrift teilweise unabhängigen, verborgenen Erkenntnis, in Mythen und Mysterienweisheit suchen, sieht er in der Schrift das einzige Fundament des Glaubens. Das Alte und das Neue Testament sind die Mittel, durch welche die Offenbarung und die ursprüngliche Tradition zu uns gelangen. Über das Alte Testament hinaus, das in erster Linie die Grundlage der Glaubenslehre ist, rechnet Irenäus mit einer neutestamentlichen Schriftensammlung von gleichwertiger Autorität, die im großen und ganzen die Schriften umfaßt, die den heutigen Kanon bilden. Der Begriff »Testament« wird in diesem Zusammenhang jedoch nicht gebraucht. Eine formale Festlegung des Umfangs der kanonischen Schriften existierte zu dieser Zeit noch nicht. Gewisse neutestamentliche Schriften galten für umstritten, da einige sie als kanonisch betrachteten, während andere ihre apostolische Autorität bestritten. Im großen und ganzen lag die Abgrenzung des neutestamentlichen Kanons jedoch schon vor der Zeit des Irenäus fest. Seine eigene Anwendung der neutestamentlichen Schriften ist in ihrer Weise hierfür ein deutliches Zeugnis.

Für Irenäus bestand kein Gegensatz zwischen Schrift und Tradition, wie ihn die spätere Dogmatik kannte. Die mündliche Tradition, die er als entscheidende Autorität anführt, ist die Unterweisung durch die Apostel und Propheten, die der Kirche anvertraut wurde und die in ihr von denen weitergeführt wird, die die Botschaft von den Aposteln übernommen haben. Sie ist also ihrem Inhalt nach nichts anderes als die Verkündigung, die in schriftlicher Form im Alten und Neuen Testament niedergelegt wurde. Die Gnostiker verfälschen dagegen die Lehre der Schrift, indem sie sich auf eigene Traditionen berufen, die nicht von den Aposteln stammen. An einer berühmten Stelle (Adv. haeres. III,3) verweist Irenäus auf die seit der Zeit der Apostel ununterbrochene Reihe von Bischöfen in Rom als Indiz dafür, daß die rechte Tradition von der Kirche – und nicht von den Häretikern – bewahrt wird. In diesen Text eine spätere Sukzessionslehre hineinzulegen ist jedoch eine Überinterpretation, da das Primäre für Irenäus nicht die Amtsweihe, sondern der Lehrinhalt ist.

Zuweilen redete Irenäus von der Lehrautorität als von einer »regula veritatis«, Regel der Wahrheit. In entsprechender Weise sprechen die Kirchenväter oft von der »regula fidei«, der Glaubensregel, als der entscheidenden Instanz in Lehrfragen. Man hat viel über den Inhalt dieser Begriffe diskutiert: Manche haben darin einen Hinweis auf das konkrete, im Kampf gegen die Häretiker entwickelte Taufbekenntnis sehen wollen, während andere die Glaubensregel für eine Bezeichnung der Heiligen Schrift gedeutet haben. Die »Wahrheit«, die für Irenäus »Richtschnur« ist (in diesem Zusammenhang wird das griechische Wort *kanōn* gebraucht), ist nichts anderes als die offenbarte Heilsordnung, die von der Schrift bezeugt und in einer kurzen Zusammenfassung im Taufbekenntnis ausgesprochen wird. Die »Wahrheitsregel« ist also nicht in einer bestimmten Formel festgelegt, bezeichnet auch nicht die Schrift als Lehrkodex, sondern bezieht sich auf die offenbarte Wirklichkeit (veritas), von der das Taufbekenntnis und die Schrift wie auch die Verkündigung der Kirche zeugen und die Irenäus gegen die Spekulationen der Gnostiker und im Einklang mit der echten apostolischen Tradition auszulegen und zu beschreiben sucht.

Irenäus holt seine Theologie also aus der Schrift. Was er zeigen will, ist die Heilsordnung Gottes von der Schöpfung bis zur Vollendung (*oikonomia* salutis). Die Zeit ist für Irenäus eine begrenzte Epoche, die ihren Anfang in der Schöpfung nimmt und sich bis zur Vollendung ausdehnt. Zu beiden Seiten ist sie von der Ewigkeit umgeben. Innerhalb der Zeit erfolgt das Heilsgeschehen. Hier führt Gott die Taten aus, von denen die Schrift redet und die als Ziel die Erlösung der Menschen haben. Für die Gnostiker war das Heilsgeschehen nicht Geschichte, sondern eine Idee, ein spekulatives Schema, das darauf abzielte, die Seele durch Gnosis über das Zeitliche zu erheben und wieder mit ihrem göttlichen Ursprung zu vereinen. Für Irenäus ist es wirkliche Geschichte mit der in der Zukunft erwarteten Vollendung, am Ende der Zeit. Der Gegensatz zwischen dem griechischen Weltbild und dem christlichen Zeitverständnis tritt hier in klarer und deutlicher Form zutage.

Zur göttlichen Heilsordnung gehört die Schöpfung. Der Sohn, der Erlöser, ist in seiner Präexistenz vor der Zeit da.

Der Mensch wird erschaffen, damit der Erlöser nicht allein ist, damit es jemanden zu erlösen gibt. Alles ist durch den Sohn und zu ihm geschaffen. Das Ziel der Schöpfung ist dasselbe wie das der Erlösung: daß der Mensch Gott gleich werden soll. Der Mensch wird nach Gottes Ebenbild geschaffen, aber durch den Sündenfall verliert er seine Gottähnlichkeit. Der Zweck des Heilswerkes ist, den Menschen zu seiner Bestimmung zurückzuführen, nach dem Vorbild Christi Gottes Ebenbild zu werden. Der Mensch steht im Mittelpunkt der Schöpfung. Alles andere ist um des Menschen willen geschaffen. Aber der Mensch wird um Christi willen geschaffen und um Christus gleich zu werden, der der Mittelpunkt des Daseins ist, der alles im Himmel und auf der Erde zusammenfaßt (*homoiōsis theō*, Adv. haeres. V,16,2).

In dieser Grundanschauung werden Schöpfung und Erlösung zu einer Einheit zusammengefügt, da es ein und derselbe Gott ist, der erschafft und erlöst. Die Lehre der Gnostiker von zwei Göttern bedeutet eine Lästerung des Schöpfers. Gleichzeitig besagt sie, daß die Erlösung vereitelt wird. Denn wenn die Schöpfung nicht aus Gottes Hand hervorgegangen ist, kann sie auch nicht erlöst werden. Wäre Gott nicht der Schöpfer, dann würde er die Schöpfung auch nicht erlösen. Daß dies jedoch geschieht, ist der Sinn aller Heilsordnung.

Für die Gnostiker bestand die Erlösung in der Befreiung von der Schöpfung, vom Materiellen, und in einer Rückkehr zur wahrhaften Vergeistigung. Für Irenäus bedeutet sie dagegen, daß die Schöpfung als solche so wiederhergestellt wird, wie sie aus der Hand Gottes hervorging; daß die Schöpfung die Bestimmung zurückerlangt, die sie am Anfang vom Schöpfer erhalten hatte. Die Erlösung bedeutet also nicht, daß der Mensch aus dem Gefängnis der Materie befreit wird, sondern daß der ganze Mensch, mit Leib und Seele von der Herrschaft des Satans befreit, in seine ursprüngliche Reinheit zurückgeführt und Gott ähnlich wird.

Der Mensch wurde nach Gen. 1,26 zum Bilde Gottes und ihm ähnlich erschaffen (imago und similitudo). Man ist oft der Meinung gewesen, Irenäus habe als erster die später allgemeine Auslegung eingeführt, daß die beiden Begriffe auf zwei unterschiedliche Beschaffenheiten des Menschen hinweisen. Dies dürfte jedoch nicht stimmen. Irenäus gebraucht sie oft als parallele Ausdrücke für ein und dieselbe Sache, und diese Stellen scheinen die entscheidenden zu sein (G. Wingren, Man and the Incarnation, 1959).

Wenn es heißt, der Mensch sei *zu* Gottes Ebenbild erschaffen, dann wird nach Irenäus damit die Bestimmung des Menschen angegeben. Das Wort bedeutet somit nicht, daß der Mensch Gottes Ebenbild *ist*, sondern daß er erschaffen wurde, um dieses zu werden. Christus, der Gott selber ist, der ist das Bild Gottes, nach dem der Mensch erschaffen wurde. Die Bestimmung des Menschen ist also, Christus gleich zu werden. Dies ist der Sinn der Erlösung und des Werkes des Heiligen Geistes.

Der Mensch ist bei der Schöpfung ein Kind, das heißt, er ist noch nicht vollkommen, sondern zum Wachsen geschaffen. Wäre er im Gehorsam gegen die Gebote Gottes gewandelt, dann wäre er gewachsen, hätte er unter der Schöpferhand Gottes gestanden und seine Bestimmung, die völlige Gottähnlichkeit, erreicht. Das Wachsen wird von Irenäus nicht als innere Entwicklung verstanden, sondern als fortlaufende Schöpfung Gottes.

Der Mensch verließ den Weg des Gehorsams, vom Teufel verführt – einem Engel, der von Neid gegen den Menschen erfüllt und von Gott abgefallen war. Dadurch ist der Mensch unter die Herrschaft des Teufels geraten. Er steht im Kampf zwischen Gott und dem Satan.

Das Ziel der Heilsordnung ist somit, dem Teufel seine Gefangenen zu entreißen, deren er sich zu unrecht bemächtigt hat. Dies ist das Befreiungswerk, das von Christus ausgeführt wird. Er hat den Teufel besiegt und dadurch den Menschen befreit. Dennoch geht der Kampf weiter, aber er tritt nach der Auferstehung Christi in ein neues Stadium. Da ist der entscheidende Kampf schon ausgetragen. Was nun geschieht, bedeutet, daß die Menschen in den Sieg Christi einbezogen werden und das Leben empfangen, das durch Adams Fall verlorenging.

Diese Heilsordnung kann auf verschiedene Weise beschrieben werden: durch das Bild von Gefangenschaft und Befreiung wie auch das von Kampf und Sieg, wie oben angeführt. Sie läßt sich auch in Kategorien des Gesetzes beschreiben: naturalia praecepta – lex mosaica – Christus, der Neue Bund, die Erneuerung des ursprünglichen Gesetzes. Das ursprüngliche, in der Schöpfung gegebene Gesetz drückt den Willen Gottes mit dem Menschen aus. Seine Bestimmung ist, im Einklang mit diesem Gesetz zu leben, gehorsam gegen Gottes Gebote. Da empfängt er Leben und

Gerechtigkeit aus Gottes Hand; er wächst durch Gottes Schöpfung und geht somit der Vollkommenheit und Gottähnlichkeit entgegen. Dieses Gesetz ist ins Herz geschrieben, und der Mensch hat die Freiheit, es zu befolgen oder dagegen zu verstoßen. Wenn er gegen die Gebote Gottes verstößt, fällt er der Herrschaft der Sünde anheim. Da schließt Gott mit dem Menschen einen neuen Bund, den israelitischen, und gibt ihm das Mosaische Gesetz. Dessen Zweck ist, den Menschen zu züchtigen, ihn die Sünde erkennen und gehorsam bleiben zu lassen, eine äußere Ordnung aufrechtzuerhalten, bis Christus kommt. In diesem Zusammenhang bewirkt das Werk Christi, daß das Mosaische Gesetz abgeschafft und das Gesetz wiedereingeführt wird, das in der Schöpfung gegeben und durch die Bestimmungen der Pharisäer verdunkelt wurde. Christus schenkt Freiheit von der Knechtschaft unter dem Gesetz, indem er den Menschen seinen Geist verleiht, der sie erneuert und das Gesetz bei ihnen erfüllt. Durch den Geist wird der Gehorsam wieder hergestellt, und der Mensch wird nach *dem* Gesetz neu geschaffen, das ihm in der Schöpfung gegeben wurde. Dieses ursprüngliche Gesetz drückte aus, was in der Gottähnlichkeit des Menschen lag. Zwischen der Aussage, daß er zum Ebenbild Gottes geschaffen wurde, und der Rede von den natürlichen Geboten herrscht also Parallelität. Mit dem Gesetz hängen Leben und Tod zusammen, und auch mit diesen Kategorien wird bei Irenäus die Heilsordnung beschrieben. Gehorsam gegenüber dem Gesetz ist mit dem Leben verbunden. Hält der Mensch die Gebote Gottes, dann empfängt er von Gott das Leben, wird er aber ungehorsam, dann gerät er in die Gewalt des Todes. Denn Ungehorsam gegen Gott führt zum Tod. Durch Ungehorsam wird der Strom des Lebens unterbrochen, und der Tod tritt in die Welt der Menschen. Der Tod gehört also nicht eo ipso zum Leib und zum erschaffenen Leben, sondern er ist etwas, das den Menschen um der Sünde willen auferlegt wurde, nach den Worten: »Wenn du davon ißt, mußt du sterben«, Gen. 2,17. Die Erlösung schließt die Wiederherstellung des Lebens durch den Sieg Christi über den Tod ein. Durch den Glauben an Christus empfängt der Mensch das Leben, das er durch den Sündenfall verlor. Die Erlösung schließt die Gabe der Unsterblichkeit ein. Der Leib muß zwar sterben um der Sünde willen, damit die Macht der Sünde ausgelöscht wird. Das neue Leben des Geistes dagegen wird durch den Glauben entzündet und erhält seine Vollendung nach dem Tod. Da ist dann nichts mehr am Menschen, was dem Tode gehört. Der erneuerte Mensch hat die Bestimmung erreicht, zu der er geschaffen wurde: Gott ähnlich zu sein, unsterblich zu leben.

Der Leitgedanke der irenäischen Darstellung der Heilsordnung ist, daß die Erlösung durch Christus eine Wiederherstellung der Schöpfung und eine Zusammenfassung des Schöpfungswerkes bedeutet. Die Erlösung besteht nicht darin, daß der Geist von der Materie befreit wird – wie die Gnostiker sie verstanden –, sondern im Gegenteil darin, daß Gott und Mensch, Geist und Leib, Himmel und Erde wiederum vereint werden, nachdem sie durch die Sünde getrennt waren. Christus ist der zweite Adam, ein Gegenstück zum ersten Adam. Dieser brachte durch seinen Ungehorsam

Tod und Verderben in die Schöpfung. Durch seinen Gehorsam stellt Christus die Schöpfung in ihrer Reinheit wieder her. Adam erlag der Versuchung durch die Schlange und geriet dadurch unter die Herrschaft des Teufels. Christus besiegte die Versuchung und überwand die Macht des Versuchers über den Menschen. Er vereint in sich die ganze Menschheit wie der erste Adam. Durch seinen Gehorsam und sein Versöhnungswerk wird er zum Anfang einer neuen Menschheit. Er bringt wieder, was durch Adams Fall verlorenging. Durch ihn wächst der Mensch weiter der Vollkommenheit entgegen. Die Schöpfung wird erneuert und ihre Bestimmung verwirklicht. Dieses Werk Christi beginnt mit seiner Geburt durch Maria und wird bei der Auferstehung der Toten vollendet, wenn alle Feinde Christus unterworfen sind und Gott alles in allem sein wird.

Diese ganze »oeconomia salutis« beschreibt Irenäus mit einem einzigen Begriff: recapitulatio *(anakephalaiōsis)*. Dieses Wort bedeutet in erster Linie »Zusammenfassung«, hat jedoch auch die Nebenbedeutung »Wiederherstellung«. Es ist Eph. 1,10 entnommen, wo die Rede von einem Ratschluß Gottes ist: ». . . damit er ausgeführt würde, wenn die Zeit erfüllt wäre: daß alle Dinge zusammengefaßt würden in Christus, beides, was im Himmel und auf Erden ist« *(eis oikonomian tou plērōmatos tōn kairōn, anakephalaiōsasthai ta panta en tō Christō . . .)*.

»Recapitulatio« ist also bei Irenäus eine Bezeichnung des gesamten Heilswerkes Christi von der Geburt bis zum Jüngsten Gericht. Darin wiederholt Christus, was in der Schöpfung geschah, wenn auch sozusagen in umgekehrter Richtung. »Die erste Schöpfung hat er in sich wiederhergestellt. Denn wie die Sünde durch *eines* Menschen Ungehorsam Eingang fand und der Tod durch die Sünde die Oberhand gewann, so ist durch *eines* Menschen Gehorsam die Gerechtigkeit in die Welt gekommen und hat den Menschen, die vordem tot waren, das Leben als Frucht dargebracht« (Adv. haeres. III,21,9).

In der »recapitulatio« liegt auch der Gedanke der Vollendung, der Vervollkommnung. Was durch Christus gegeben wird und durch seinen Gehorsam zustande kommt, ist mehr als das, was in der Schöpfung gegeben wurde. Da war der Mensch noch ein »Kind«. Durch die Erlösung kann er zu völliger Gottähnlichkeit aufwachsen, wie Christus sie in seiner Person verkörpert.

Die Christologie des Irenäus entfaltete sich im Gegensatz zum gnostischen Doketismus. Das Heilswerk setzt voraus, daß Christus wahrer Gott und wahrer Mensch ist. »Wenn der Mensch nicht den Feind des Menschen besiegt hätte, so wäre nicht gerechterweise der Feind besiegt worden. Und wiederum hätte Gott uns nicht das Heil geschenkt, dann besäßen wir es nicht sicher. Und wäre der Mensch nicht mit Gott vereint worden, dann hätte er nicht an der Unvergänglichkeit teilhaben können« (Adv. haeres. III,18,7). Hier liegt ein starker Akzent auf der menschlichen Seite Christi: Ein wirklicher Mensch mußte den Weg des Gehorsams gehen, um die Ordnung wieder herzustellen, die durch Adams Ungehorsam zerstört worden war. Gleichzeitig ist es Gott allein, der die befreiende Tat ausführen kann. Christus ist »vere homo, vere deus«.

Der Sohn hat von Ewigkeit mit dem Vater zusammen existiert. Aber wie der Sohn aus dem Vater hervorging, wurde nicht offenbart. Darum kann man darüber auch nichts wissen. Irenäus lehnt die Logosspekulation der Apologeten ab, bei denen die Geburt des Sohnes dem Ursprung des Wortes aus der Vernunft gleichgestellt wurde. »Sollte jemand fragen: ›Wie ist der Sohn aus dem Vater hervorgebracht worden?‹, dann antworten wir ihm: ›Über seine Hervorbringung oder Geburt oder Aussprechung oder Offenbarung oder wie man seine unaussprechliche Geburt nennen will, weiß niemand etwas, weder Marcion noch Valentin, weder Saturninus noch Basilides ... davon weiß nur der Vater, der den Sohn hervorgebracht hat, und der Sohn, der geboren wurde‹« (II,28,6). Die Apologeten nahmen eine Geburt in der Zeit an (das »Wort« sei bei der Schöpfung aus Gottes Vernunft hervorgegangen). Irenäus scheint dagegen mit einer ewigen Geburt zu rechnen, wenn er sich darüber auch nicht näher ausläßt.

Die Ablehnung eingehenderer Erklärungen über den Ursprung Christi aus dem Vater und über das Verhältnis zwischen Gott und Mensch in Christus ist kennzeichnend für die Theologie des Irenäus. Er versucht, den Inhalt der Schrift ohne philosophische Hilfsmittel darzustellen und ohne alle Spekulationen an der Glaubensregel festzuhalten. In Adv. haeres. I,10,1 hat Irenäus eine kurze Zusammenfassung des von den Aposteln überlieferten Glaubens gegeben:

»Die Kirche erstreckt sich über die ganze Welt bis zu den äußersten Grenzen der Erde. Sie hat ihren Glauben von den Aposteln und ihren Jüngern empfangen: den Glauben an den einen Gott, den allmächtigen Vater, der den Himmel und die Erde und die Meere und alles, was darinnen ist, gemacht hat, und an den einen Christus Jesus, Gottes Sohn, der, um uns zu erlösen, Fleisch angenommen hat, und an den Heiligen Geist, der durch die Propheten Gottes Heilsordnung verkündigt hat, an die zweifache Ankunft des Herrn, seine Geburt durch die Jungfrau, sein Leiden, seine Auferstehung von den Toten und unseres lieben Herrn Jesu Christi leibliche Himmelfahrt und seine Wiederkunft vom Himmel in der Herrlichkeit des Vaters, um ›alles wiederherzustellen‹ und um alles Fleisch der ganzen Menschheit wiederzuerwecken, auf daß sich vor Jesus Christus, unserem Herrn und Gott, unserem Heiland und König nach des unsichtbaren Vaters Wohlgefallen ›alle Knie beugen sollen, derer, die im Himmel, auf Erden und unter der Erde sind, und alle Zungen ihn preisen sollen‹.«

Irenäus hat in seiner Theologie ein Gegenstück zu der Lehre vom Tausendjährigen Reich, obwohl er es vermeidet, von »tausend Jahren« zu reden. Er rechnet mit einem »Reich des Sohnes«, in dem die Herrschaft Christi auf Erden sichtbar in Erscheinung treten, der Antichrist besiegt und die Erde erneuert werden soll und in dem die Gläubigen mit Christus regieren werden. Dieses Reich geht der zweiten Auferstehung und dem Gericht voraus. Erst nach dem Gericht folgt die Ewigkeit, wenn der Sohn dem Vater das Reich übergibt und Gott »alles in allem sein wird« (vgl. oben S. 19 sowie G. Wingren, Man and the Incarnation, 1959, S. 188ff.).

Tertullian

In einer langen Reihe von gelehrten und scharfsinnigen Schriften hat *Tertullian* in die kirchlichen Streitfragen seiner Zeit zur Verteidigung des christlichen Glaubens und zur Unterweisung der Gemeinde eingegriffen. Er ist der erste der Kirchenväter, der typisch abendländische Züge hat, und in vielerlei Hinsicht ist er der Theologe„der die Grundlagen der abendländischen theologischen Tradition schuf.

Tertullian wurde um die Mitte des 2. Jahrhunderts in Karthago geboren, war Heide und wurde erst im reifen Alter zum Christentum bekehrt. Er lebte als Jurist in Rom, kehrte aber nach seiner Bekehrung nach Karthago zurück, wo er wahrscheinlich als Privatmann lebte und sich den Studien und der Schriftstellerei widmete. Seine literarische Tätigkeit fällt ungefähr in die Zeit zwischen 195 und 220. Etwa im Jahr 207 schloß Tertullian sich dem Montanismus, einer radikalen Bewegung, an, die sich später sektiererisch entwickelte.

Tertullian ist sehr eigengeprägt. Im Gegensatz zu den älteren kirchlichen Autoren bedient er sich formaler Kunstmittel. Er ist ein hervorragender Rhetor und verfügt über weitreichende Kenntnisse der Gelehrsamkeit seiner Zeit. Doch er ist kein Philosoph, sondern mehr am gesellschaftlichen Leben interessiert und gut in der Jurisprudenz bewandert. Im übrigen schildert er das Leben seiner Umgebung mit scharfer Beobachtungsgabe und tritt in seinen Schriften mit starker Individualität hervor. In seinen praktischen Interessen und seiner starken Verankerung in der Wirklichkeit liegt ein typisch abendländischer Zug. »In ihm spricht sich der abendländische Geist zum erstenmal deutlich aus«, sagt Karl Holl in seinem Artikel über Tertullian (Ges. Aufsätze III,2). Leidenschaftlicher Eifer und scharfe dialektische Kunst kennzeichnen die Polemik Tertullians. Unebenheiten, paradoxe Ausdrücke und knapper Stil machen ihn zuweilen schwer verständlich.

Die Bedeutung der Theologie Tertullians reicht sehr weit, vor allem, weil er Formulierungen schuf, die seitdem geläufig wurden, und eine theologische Terminologie prägte, die alsdann in der Folgezeit in der lateinischen theologischen Literatur verwendet wurde. In mehreren Punkten war auch seine Anschauung ein Vorbild für die spätere kirchliche Theologie, zum Beispiel in der Trinitätslehre und in der Christologie sowie bezüglich der Erbsünde. Er ist ein Vorgänger seines Schülers Cyprian und Augustins.

Die Beiträge, die er zu seiner Zeit leistete, stehen in enger Verbindung mit seiner Polemik und seinen Äußerungen in praktischen Kirchenfragen. Tertullian kämpft wie die Apologeten gegen das Heidentum (Apologeticum); wie bei Irenäus ist Hauptgegner der Gnostizismus (Adversus Marcionem; De praescriptione haereticorum); schließlich wendet er sich auch gegen den Modalismus (Adversus Praxean). In einer großen Anzahl von Schriften hat er verschiedene Bereiche der Lehre entwickelt und sich zu praktischen Gemeindefragen geäußert.

Tertullians Theologie ist weitgehend durch den Kampf gegen die Gnostiker bedingt. Seine bekannte Ablehnung der Philosophie muß man in diesem Zusammenhang sehen. Denn die Philosophie ist für ihn die Quelle der gnostischen Häresie. Seine Gegner haben von den Philosophen gelernt – Valentin von Plato, Marcion von den Stoikern – und ihrerseits das Christentum zu einer heidnischen Religionsphilosophie umgeformt. »Häretiker und Philosophen behandeln dieselben Gegenstände, sie stellen dieselben verwickelten Erörterungen an . . . Du armer Aristoteles! Du hast sie die Dialektik gelehrt, die Meisterin im Erbauen und Zerstören, die in ihren Sätzen so verschlagen, in ihren Schlüssen so gekünstelt, in ihren Beweisen so hart, so geschäftig in Wortstreitigkeiten ist, die, indem sie sogar sich selbst zur Last fällt, alles behandelt, um schließlich gar nichts behandelt zu haben . . . Was hat also Athen mit Jerusalem zu schaffen, was die Akademie mit der Kirche, was haben die Häretiker mit den Christen zu tun? Unsere Lehre stammt aus Salomos Säulenhalle, des Mannes, der selbst lehrte, daß man den Herrn in der Einfalt des Herzens suchen müsse. Man mag meinetwegen gern ein stoisches oder platonisches oder dialektisches Christentum hervorbringen, wenn man Lust dazu hat. Wir dagegen brauchen nach Christus kein Forschen mehr und auch kein Untersuchen, seitdem uns das Evangelium verkündigt worden ist. Wenn wir glauben, wünschen wir über das Glauben hinaus weiter nichts mehr. Denn dies ist das erste in unserem Glauben: Über den Glauben hinaus gibt es nichts mehr, woran wir noch zu glauben hätten« (De praescript. 7). – Man kann nichts über den Glauben hinaus suchen, ohne damit zu bekunden, daß man im Grunde nicht glaubt. Man glaubt dann statt dessen an das, was man sucht (ebd. 11). Die Gnostiker gehen in ihrer Weisheit über den Glauben hinaus. Der Christ hingegen hat sich an den schlichten Glauben zu halten, der in der Schrift offenbart und in der apostolischen Tradition bewahrt ist. »Adversus regulam nihil scire omnia scire est« (Gegen die Regel nichts zu wissen ist alles wissen – ebd. 14).

Tertullians Ablehnung der Philosophie gehört also zu seinem Kampf gegen die Häretiker. »Die Philosophen sind die Väter der Häretiker« (Adv. Hermog. 8). Doch diese Ablehnung hat ihren Hintergrund auch darin, daß er in erkenntnistheoretischer Hinsicht einen prinzipiellen Gegensatz zwischen Glauben und Vernunft annimmt. Was man glaubt, kann man nicht rational begründen oder mit der Vernunft erfassen. Die Erkenntnis des Glaubens ist eine andere als die der Vernunft. Sie hat eine eigene Gewißheit, die mit rationaler Evidenz nichts zu tun hat. Über die Auferstehung Christi sagt Tertullian: »certum est quia impossibile« (dies ist gewiß, weil es unmöglich ist – De carne Christi 5; vgl. De baptismo 2). Es ist dieser »Irrationalismus«, den man mit dem Ausdruck »credo quia absurdum« (ich glaube, weil es widersinnig ist) zu charakterisieren pflegt, der sich zwar bei Tertullian nicht vorfindet, aber seinen Gedankengang in diesem Punkt treffend wiedergibt.

Die zitierten Sätze stellen jedoch nur *eine* Seite der Glaubens- und Vernunftsvorstellung Tertullians dar. An anderen Stellen betrachtet er die menschliche Vernunft unter positiveren Gesichtspunkten. Er scheut sich nicht, für seine Argumentation auch die Hilfe der Philosophen in Anspruch zu nehmen. Als theologischer

Autor hat er jedoch nicht dieselbe strenge Forderung wie Irenäus, daß die Darstellungsweise nur von der biblischen Tradition her bestimmt sein sollte.

Man hat zuweilen einen rationalistischen Zug in Tertullians sogenannter »natürlicher Theologie« zu sehen vermeint. Er redet mitunter davon, daß auch die Nichtchristen eine natürliche Erkenntnis des einen einzigen Gottes haben; die Menschenseele ist »naturaliter christiana«. Tertullian erbringt auch den kosmologischen Gottesbeweis: Die Schönheit und Ordnung der Schöpfung sind ein Beweis für die Existenz des Schöpfers. Diese und ähnliche Gedanken haben jedoch lediglich den Zweck, die Universalität des Christentums zu beweisen und den christlichen Schöpfungsglauben zu unterbauen. Daher kann man hier nicht zu Recht von Rationalismus sprechen.

Es ist kein Widerspruch zu den ablehnenden Urteilen über die Philosophie, wenn Tertullian oft selber an philosophische Gedanken und Formulierungen anknüpft. Im Gegensatz zu dem Spiritualismus, der die Gnostiker kennzeichnet, greift er auf diese Weise gewisse stoische Gedanken auf, die er zu einer »realistischen« Theorie entwickelt. In gewisser Hinsicht ist dieser Realismus für abendländisches Denken im Unterschied zum griechischen Denken kennzeichnend. Aber bei Tertullian wird er ins Extrem getrieben: Die Theologie muß in jedem Punkt an die greifbare Wirklichkeit anknüpfen. Das Körperliche ist das Muster für alle Realität. »Alles, was existiert, ist in seiner Weise ein Körper, nur was nicht existiert, ist unkörperlich« (De carne Christi, 11). In Konsequenz dieses Satzes schreibt Tertullian auch Gott Körperlichkeit zu und rechnet damit, daß die Seele einen Körper hat, und zwar einen unsichtbaren. Seine Theorie über die Entstehung der Seele hängt hiermit zusammen: Die Seele pflanzt sich durch die natürliche Geburt, von einem Geschlecht zum andern (propagatio animae ab anima) fort. Diese Anschauung nennt man »Traduzianismus«. Die andere Auffassung über die Entstehung der Seele ist der »Creatianismus«: Jede Menschenseele wird unmittelbar von Gott neu erschaffen (vgl. H. Karpp, Probleme altchristlicher Anthropologie, 1950).

Die Trinitätslehre nimmt in der Theologie Tertullians eine wichtige Position ein. Er knüpft hier an den Logosgedanken der Apologeten an und entwickelt ihn weiter. Mit seiner Formulierung hat er die Grundlage für die spätere Trinitätslehre und Christologie geschaffen. Tertullian gebraucht den Logosbegriff in der Weise der Apologeten. Christus ist das göttliche Wort, das in der Schöpfung aus der Vernunft Gottes hervorgeht. Als Gott sprach: »Es werde Licht!«, wurde das Wort geboren. Christus ist eins mit Gott und dennoch ein anderer als der Vater. Er ist aus Gottes Wesen hervorgegangen wie der Sonnenstrahl aus der Sonne, die Pflanze aus der Wurzel, der Fluß aus der Quelle. Daher steht der Sohn unter dem Vater. Er ist der, der Gott offenbart, während Gott selbst unsichtbar ist. Tertullian gebraucht wie die Apologeten dann und wann subordinatianische Wendungen. Er betont stark, daß Sohn und Geist eins mit dem Vater sind und doch zugleich etwas anderes als der Vater. »Der Vater ist ein anderer als der Sohn; er ist größer als der Sohn; denn wer gebiert, ist ein anderer als der, der geboren wird; wer einen anderen aussendet, ist größer als der Ausgesandte« (Adv. Praxean 9,2). Um das Verhältnis zwischen dem Vater, dem Sohn und dem Heiligen Geist zu kennzeichnen, prägt Tertullian den Begriff »persona«, der in diesem Zusammenhang von da an der geläufige Terminus geworden ist. Der Sohn ist als selbständige Person aus dem Vater hervorgegangen. Der Logos hat ein selbständiges Dasein. Doch bleiben die drei Personen eins, wie der Sonnenstrahl eins mit der Sonne ist. Um diese Einheit zu bezeichnen, gebraucht Tertullian den Begriff »substantia«, entsprechend dem griechischen *ousia*, »Wesen« oder »Substanz«. Auch dieser Begriff wird von nun an ein geläufiger Terminus der Trinitätslehre.

Die drei Personen sind präexistent in Gott. Aber wenn sie in der Zeit aus Gott hervorgegangen sind, dann ist dies im Einklang mit der Heilsordnung (*oikonomia*, dispensatio) geschehen. Der Sohn ist aus dem Vater hervorgegangen, um die Heilsordnung zu erklären. Die drei Personen bezeichnen verschiedene Stadien der Offenbarung Gottes, sind aber dennoch eins – wie die Wurzel die Pflanze hervorbringt und die Pflanze die Frucht, während alle zusammen ein und dieselbe Pflanze bilden. Diese Vorstellung von der Dreieinigkeit pflegt man die »ökonomische Trinitätslehre« zu nennen. Der Unterschied zwischen den Personen wird durch einen Hinweis auf ihr Wirken in der Heilsordnung beschrieben.

Die Christologie hat Tertullian im Gegensatz zum Modalismus entwickelt (Näheres darüber weiter unten). Er unterscheidet streng zwischen den göttlichen und menschlichen Eigenschaften Christi. Diese rühren von den zwei verschiedenen Substanzen her, die in einer Person – Christus – vereint, aber nicht vermischt sind. Als Christus die Worte sprach: »Mein Gott, mein Gott, warum hast du mich verlassen«, rief hier nicht Gott der Vater – »denn zu welchem Gott rief er da?« –, es war vielmehr der Mensch, der Sohn, der zum Vater schrie. Christus hat nur als der Sohn gelitten, behauptet Tertullian und wendet sich damit gegen den Patripassianismus (Praxeas), der Gott und Christus so vermischte, daß man meinte, annehmen zu können, der Vater habe gelitten. Gleichzeitig verdient jedoch hervorgehoben zu werden, daß auch Tertullian Ausdrücke wie »Deus mortuus«, »Deus crucifixus« verwenden kann, was ja dem oben Gesagten nicht zu widerstreiten braucht. Eine feste Lehre, wie sich die göttlichen und die menschlichen Eigenschaften zueinander verhalten, gibt es noch nicht. Der Logos ist im Fleisch gekommen, hat sich in fleischliche Gestalt gekleidet, ist aber nicht in Fleisch verwandelt worden. Demnach hat die spätere Lehre von den zwei Naturen Christi bei Tertullian ihre Grundlage erhalten.

Schematisch dargestellt sieht seine Terminologie so aus:

Una *substantia (ousia)* – tres *personae (= hypostaseis)* Pater, Filius, Spiritus sanctus.
Persona Christi – divina et humana *natura* (*substantia* creatoris et *substantia* humana).

Irenäus beschreibt Christus als den Befreier von der Gewalt des Todes, als den, der den Menschen durch seinen Geist von dem Verderben der Sünde heilt, so daß er wieder in seine ursprüngliche Reinheit zurückversetzt wird. Die Erlösung wird also als

Genesung beschrieben. Bei Tertullian tritt ein anderer Gesichtspunkt in den Vordergrund: Christus ist der Lehrer, der ein neues Gesetz (nova lex) verkündigt und damit den freien Willen des Menschen stärkt, nach Gottes Geboten zu handeln. Der Wandel nach Gottes Gesetz ist das Ziel der Erlösung, die in der Erziehung durch das Gesetz besteht. Der Verdienstgedanke dominiert hierbei. Gott belohnt oder straft nach Verdienst. Das Verhältnis zwischen Gott und Mensch wird entsprechend in Kategorien der Rechtsordnung gesehen. Würde Gott nicht vergelten oder strafen, dann brauchte ihn niemand zu fürchten und das Gute zu tun. Die Seligkeit wird als Belohnung für die Verdienste der Menschen (merita) geschenkt. Die gute wie auch die böse Tat muß von Gott vergolten werden. Die Verkündigung des Gesetzes bildet bei Tertullian also die schärfste Antithese gegen Marcions Lehre von dem Gott der Liebe, bei dem es keine Vergeltung und keinen Zorn gibt.

In dieses Schema wird Tertullians Lehre von der Gnade eingefügt. Die Gnade ist das Erlösende, das heißt, sie nimmt das Verderben hinweg, das der Natur des Menschen von der Sünde her anhaftet. Den Gedanken, daß dieses Verderben in der Natur selbst enthalten ist und durch die Geburt vererbt wird, findet man schon bei Tertullian. Hier liegt der Ursprung der späteren Erbsündenlehre. Durch die Gnade erhält der Mensch die Kraft zum Wandel in einem neuen Leben. Die Gnade wird als Kraft gesehen, die dem Menschen geschenkt wird und verdienstvolles Handeln ermöglicht. – Mit dieser Lehre von Sünde – Gnade – Verdiensten, die sich bei Tertullian im Kampf gegen Marcions Lehre von der Liebe Gottes herausbildet, wurde der Grund zu der Heilslehre gelegt, die in der abendländischen mittelalterlichen Theologie und danach im römischen Katholizismus vorherrschend wurde.

Wie bereits erwähnt, schloß sich Tertullian dem Montanismus an, einer von dem ehemaligen Kybelepriester Montanus ins Leben gerufenen Sekte, die um die Mitte des 2. Jahrhunderts in Kleinasien aufkam und sich nach Rom und Nordafrika ausbreitete. Tertullian sah sich dazu unter anderem durch die laxe Bußpraxis der Kirche veranlaßt. Denn charakteristisch für den Montanismus ist seine starke Betonung der Prophetie und der freien Geistesgaben, der Gedanke einer nahe bevorstehenden Parusie sowie eine strenge Askese und Bußpraxis.

Durch seinen Anschluß an den Montanismus wird Tertullian in gewissem Grade als Schismatiker angesehen, obwohl er doch einer der hervorragendsten Verteidiger der Kirche gegen die Häresie und einer der bedeutendsten Begründer der orthodoxen abendländischen Theologie ist.

Hippolyt

Hippolyt – Bischof in Rom und Gegner des Papstes Calixt, dessen Haltung in der Frage der Bußpraxis er scharf ablehnte – hat in einer Anzahl von griechisch geschriebenen Schriften, von denen uns nur ein Teil erhalten geblieben ist, die Verteidigung der Kirchenlehre gegen griechische Philosophie und kirchliche Häresien fortgesetzt. Sein bekanntestes Werk ist »Philosophoumena« (oder »Widerlegung aller Ketzereien«), eine Art enzyklopädischer Übersicht über philosophische Strömungen, angefangen bei den griechischen Naturphilosophen bis zu verschiedenen magischen oder religiösen Vorstellungen und kirchlichen Häresien seiner Zeit. Nach seiner Ansicht haben diese ihre Wurzeln in der griechischen Philosophie. Das Werk zeugt von einer umfassenden Gelehrsamkeit und gibt wertvolle Kenntnis jener Vorstellungen. Die Polemik, die sich in erster Linie gegen die Gnostiker und Modalisten richtet, hat dagegen nicht die gleiche Ursprünglichkeit und Kraft wie die eines Irenäus und Tertullian. Während einer der Verfolgungen wurde Hippolyt nach Sardinien verbannt und starb im Exil (um 235).

5
Die alexandrinische Theologie

Die kirchliche Theologie entwickelte sich fortan im Gegensatz zur griechischen Philosophie und zu häretischen Richtungen. Die Apologeten (Kap. 2) lehnten die heidnischen Einwände ab und schilderten das Christentum als die wahre Philosophie; die antignostischen Väter (Kap. 4) schufen auf der Grundlage der Heiligen Schrift und der Tradition eine Theologie, die Schutz und Schirm gegen das spekulative System des Gnostizismus bilden sollte. In der zeitgenössischen alexandrinischen Theologie wandte man sich ebenfalls gegen die Gnostiker und die griechische Philosophie. Was man jedoch an ihre Stelle zu setzen gedachte, war eine systematische Weltanschauung auf dem Boden der Philosophie, in die das Christentum eingefügt und als höchste Weisheit eingestuft wurde.

In der alexandrinischen Theologie wurde zum erstenmal eine wirkliche Synthese zwischen dem Christentum und der griechischen Philosophie erzielt. Man begnügte sich nicht wie die Apologeten damit, die christliche Tradition lediglich als ein höheres Gegenstück zur Philosophie darzustellen. Auch versuchte man nicht wie die Gnostiker, das Christentum unter Aufgabe fundamentaler Elemente des christlichen Glaubens durch eine synkretistische Heilslehre zu ersetzen. Die alexandrinischen Theologen wollten die christliche Tradition treu bewahren und beriefen sich dabei auf die Schrift. Gleichzeitig haben sie eine durchgebildete philosophische Anschauung hervorgebracht, in deren Rahmen sie den Inhalt der Offenbarung einfügten, um so ein theologisches System zu schaffen, das die zeitgenössische Philosophie verwendet und dabei gleichzeitig die Wirklichkeit des Glaubens in einer einheitlichen Gesamtanschauung darstellt. Ihre Absicht war dabei natürlich nicht die Vermengung von Philosophie und Christentum, sondern sie wollten dem Christentum nur dazu verhelfen, seine Stellung als höchste Wahrheit einzunehmen.

Zu dieser theologischen Richtung ist auch Origenes zu zählen, einer der bedeutendsten Bibeltheologen aller Zeiten; er wollte nichts anderes, als den Sinn der Schrift aufzuzeigen und auszulegen. Von seinem philosophischen Milieu wird er aber dazu veranlaßt, aus den Aussagen der Schrift einen philosophischen, spekulativen Inhalt als tiefsten Sinn herauszulesen. Dies geschieht mit Hilfe der allegorischen Methode. Damit wurde das System des Origenes entscheidend von der griechischen Philosophie her geprägt, wie sie sich zu seiner Zeit und schon vor ihm in Alexandrien – zu jener Zeit das führende Bildungszentrum der griechischen Welt – entwickelt hatte. Die Grundelemente dieser Philosophie bilden somit eine wichtige Voraussetzung für die alexandrinische Theologie, wie diese von Clemens und Origenes entwickelt worden war.

Der alexandrinische Platonismus

Die Frage, welche Philosophie den Hintergrund für die Theologie des Origenes bildet, hat man oft mit dem Hinweis auf den Neuplatonismus beantwortet. Das stimmt nur innerhalb bestimmter Grenzen. Der eigentliche Begründer der neuplatonischen Schule war Plotin, ein jüngerer Zeitgenosse des Origenes. Die Schule wurde 244 gegründet, also zu einem Zeitpunkt, als sich die alexandrinische Theologie schon voll entfaltet hatte. Der Neuplatonismus ist also am ehesten eine Parallelerscheinung zu dem theologischen alexandrinischen System auf dem Gebiet der Philosophie. Der Lehrer Plotins war Ammonias Sakkas – und dieser war auch der Lehrer des Origenes. Durch ihn ist Origenes also unter den Einfluß des aufkommenden Neuplatonismus geraten. Spätere Forschungen haben jedoch gezeigt, daß der Einfluß dieser Richtung nicht so groß ist, wie man zunächst vermutet hat. In Wirklichkeit ist Origenes Eklektiker. Aber am engsten schließt er sich in philosophischer Hinsicht *der* platonischen Schule an, die während der ersten nachchristlichen Jahrhunderte in Alexandrien entstand und die man den mittleren Platonismus zu nennen pflegt. Sie ist eine Weiterentwicklung der alten Akademie, hat aber den klassischen Platonismus zu einem umfassenden Weltsystem von mehr religiöser als wissenschaftstheoretischer Prägung umgestaltet. Die Ideenwelt wird hier nicht nur die Welt der Begriffe, sondern die geistliche Welt überhaupt, die aus der Gottheit hervorgegangen ist. Die Hauptelemente dieses Systems kehren bei den alexandrinischen Theologen und im Neuplatonismus wieder.

»Das alexandrinische Weltschema« (vgl. A. Nygren, Eros und Agape, 1955, S. 266ff.) stützt sich unter anderem insofern auf den alten Platonismus, als es von einem Gegensatz zwischen Idee und Materie, Ideenwelt und Sinnenwelt ausgeht, der grundlegend ist.

In dem genannten Schema wird Gott als der einzige, über alles Erhöhte verstanden. Aus Gott ist die intelligible Welt in einem ewigen Emanationsprozeß hervorgegangen. Das erste Stadium ist das Denken *(nous)*, das nächstfolgende die Weltseele, und das niedrigste ist in der Geistwelt zu suchen. Durch einen Fall in der Geisteswelt ist die Menschenseele abgesondert und mit der Materie vereinigt worden. Das Weltgeschehen zielt darauf ab, daß die intelligiblen Wesen, die in höherem oder geringerem Grade aus ihrem Ursprung gefallen sind, durch Erziehung und Reinigung zur Gottheit aufsteigen und von der Materie befreit werden sollen. Das Ziel ist somit eine Wiedervereinigung mit Gott, *homoiōsis theō*, die in der Ekstase verwirklicht wird und zugleich aber auch eine fortgesetzte Erziehung und Reinigung voraussetzt.

Dieses zyklische Schema, das uns in abgewandelter Form bereits im Gnostizismus begegnet, liegt also voll entfaltet im alexandrinischen Platonismus vor, der den Hintergrund der Theologie von Clemens und Origenes bildet. Dort kehrt dasselbe Schema mit gewissen Veränderungen und teilweise neuem Inhalt wieder. In seinem Rahmen hat man die christliche Heilslehre dargestellt.

Clemens von Alexandrien

In Alexandrien, von dessen erster Christengemeinde uns wenig bekannt ist, wurde um die Mitte des 2. Jahrhunderts eine Katechetenschule eingerichtet, die erste höhere christliche Lehranstalt. Gegen Ende des 2. Jahrhunderts erlebte diese Schule einen einzigartigen Aufschwung, indem sie die Heimstätte der alexandrinischen Theologie wurde. Der erste bekannte Theologe an dieser alexandrinischen Katechetenschule war *Pantaenus*; bedeutender ist sein Schüler *Clemens* (etwa 150–215), der wiederum Lehrer des Origenes war. Das eigentliche theologische System ist in seinen Hauptzügen bereits bei Clemens vorhanden; doch seine große Bedeutung hat es vor allem dadurch erlangt, daß Origenes es weiterentwickelt hat.

Grundlegend für die Theologie des Clemens ist der Gedanke einer Erziehung durch Gott. Damit der gefallene Menschengeist den Aufstieg antreten und wieder mit der Gottheit vereinigt werden kann, ist Erziehung erforderlich. Diese erfolgt durch Strafe und Züchtigung, Ermahnung und Unterweisung. Eine derartige Erziehung ist der eigentliche Sinn des ganzen materiellen Daseins. Dieser Gesichtspunkt kommt in Clemens' Hauptschriften zum Ausdruck: *Logos protreptikos pros Hellēnas – Paidagōgos – Strōmateis* (Ermahnung an die Griechen – Der Erzieher – »Die Teppiche«, das heißt »ein buntes Gewebe«, eine Zusammenstellung von verschiedenen Punkten der Lehre).

Die Erziehung erfolgt durch den Logos, der sich in endgültiger Weise im Christentum offenbart. Aber es gibt auch eine Vorbereitung auf das Christentum. Derselbe Logos, der in Christus in Erscheinung trat, hat auch in der Vergangenheit zur Erziehung der Menschen gewirkt. Unter den Juden hat er das Gesetz verkündigt, und bei den Griechen ist in entsprechender Weise die Philosophie eine Vorbereitung auf Christus gewesen. Die Philosophie ist bei den Griechen, dem Gesetz der Juden vergleichbar, ein Stadium der Erziehung durch Gott gewesen. Beide waren »Erzieher zu

Christus« und flossen aus derselben Quelle, dem Logos, der sich schon vor Christus den Menschen offenbart hat. So gesehen sind also die Philosophie und auch das Gesetz überwundene Standpunkte, seitdem Christus mit der erlösenden Erkenntnis gekommen ist, durch die die Menschen zum Glauben geführt werden.

Mit diesem Gedankengang ist die Auffassung des Clemens von Christentum und Philosophie teilweise angedeutet. Zwischen beiden besteht kein Gegensatz. Die Philosophie ist ein Ausdruck derselben Offenbarung, die alsdann im Christentum in vollendeter Weise in Erscheinung tritt. Darum kann nach Clemens die Philosophie auch »als eine Art Vorschule für diejenigen dienen, die den Glauben durch Beweise gewinnen«.

Der philosophische Einfluß kommt bei Clemens vor allem darin zum Ausdruck, daß die Philosophie seine Auffassung von der »Erkenntnis« als eines höheren Stadiums jenseits des Glaubens geprägt hat. Clemens unterscheidet also zwischen *pistis*, dem einfachen christlichen Autoritätsglauben, der sich an den äußeren Buchstaben hält und aus Furcht vor Strafe und Hoffnung auf Belohnung handelt, und *gnōsis*, der höheren Erkenntnis, die nicht um einer Autorität willen glaubt, sondern aus innerer Überzeugung den Glaubensinhalt selbst versteht und erfaßt. Die »Erkenntnis« führt zur Liebe und zu einem Handeln, das nicht aus Furcht, sondern aus Liebe geschieht. Mit Nachdruck betont Clemens, daß die Erkenntnis das höhere Stadium ist, worin der Glaube Vollkommenheit erlangt. Nur der »Gnostiker« ist daher ein vollkommener Christ. Trotzdem ist der Unterschied zwischen Glauben und Gnosis nicht identisch mit der gnostischen Einteilung der Menschen in »Hyliker« und »Pneumatiker«. Denn Clemens rechnet nicht mit verschiedenen Menschenklassen, was zur Voraussetzung hätte, daß die Menschen zu diesem oder jenem Weg prädestiniert wären. Im höheren Stadium wird auch keine andere Erkenntnis vermittelt als diejenige, die im Glauben zu finden ist. Auf seine Weise enthält der Glaube alles, doch der äußere Glaube erkennt nicht die Bedeutung des Glaubens, sondern übernimmt die Glaubenslehre lediglich auf der Grundlage der Autorität. Der »Gnostiker« hingegen begreift den Sinn des Glaubens und hat sich diesen auf eine innere Weise angeeignet. Darum soll der Christ bestrebt sein, vom Glauben weiter bis zur Erkenntnis zu gelangen. Die Erkenntnis führt weiter zur Gottesschau und zu einem Leben der Nächstenliebe. Clemens will die falsche Gnosis des Gnostizismus durch eine richtige, schriftgemäße christliche Gnosis ersetzen. Die höhere Erkenntnis, die er lehrt, steht nicht im Gegensatz zu dem äußeren Autoritätsglauben. Aber die Ausformung dieser christlichen Gnosis ist bei Clemens stark von der platonischen Philosophie geprägt, die er zum Ausgang nimmt und für eine Vorschule des Christentums für diejenigen ansieht, die vom »nackten Glauben« zur fortgeschrittenen Erkenntnis des Glaubens weitergelangen sollen.

Die Hauptzüge der christlichen Gnosis, die Clemens entwickelt hat, kehren in dem theologischen System des Origenes wieder, weshalb sie hier nicht näher behandelt werden sollen.

Origenes

Die Lebensumstände des *Origenes* sind ziemlich gut bekannt, besonders durch Euseb (Hist. eccl., VI). Von christlichen Eltern 185 in Alexandrien geboren, zeigte Origenes schon frühzeitig Eifer für die Sache des Christentums, und bereits als junger Mann war er dem Märtyrertod nahe, den sein Vater starb. Schon 203 wurde er nach Clemens Leiter der Katechetenschule und wirkte hier viele Jahre. Er hatte ungewöhnlichen Erfolg, wurde jedoch durch den Widerstand des alexandrinischen Bischofs gezwungen, seine Tätigkeit nach Palästina zu verlegen, wo er eine entsprechende Schule in Cäsarea gründete (231). Er starb 251 in Cäsarea oder – nach einer anderen Quelle – 254 in Tyrus.

Die Produktivität des Origenes als theologischer Autor war enorm. Von seinen Schriften ist nur ein Teil erhalten. Seine exegetischen Arbeiten bestehen aus Kommentaren, Homilien und Textausgaben. Origenes hatte Zugang zu mehreren Handschriften, die jetzt verloren sind. In seiner großen Arbeit »Hexapla« (»die Sechsfache«) hat er in sechs parallelen Kolumnen ebenso viele Versionen des Alten Testaments mit dem Ziel zusammengestellt, seinen richtigen Text zu bestimmen. Von diesem Werk wie auch von den zahlreichen Kommentaren und Homilien ist nur ein geringer Teil erhalten. – Die theologische Anschauung des Origenes kommt am deutlichsten in der großen Streitschrift gegen Celsus *(kata Kelsou)* zum Ausdruck, desgleichen in der Arbeit, mit der er eine zusammenhängende Darstellung des christlichen Glaubens zu geben versuchte und die in einer lateinischen Übersetzung von Rufinus erhalten ist: *Peri archōn* (De principiis, »Über die Grundlehren«). Von dem ursprünglichen Umfang der Produktion des Origenes kann man sich nur schwer eine Vorstellung machen. Hieronymus rechnet mit zweitausend Schriften von seiner Hand.

Bereits zu seinen Lebzeiten erfuhr Origenes Widerstand wegen vermeintlicher Irrlehren. Seine Theologie enthielt bestimmte eigenwillige Anschauungen wie auch einen starken Einfluß von der griechischen Philosophie her. Deswegen war seine Theologie später umstritten; auf dem fünften ökumenischen Konzil 553 verwarf man sie sogar als häretisch. Dennoch hat er eine sehr große Bedeutung gehabt und kann als der eigentliche Begründer der morgenländischen Theologie betrachtet werden – wie Tertullian es für die abendländische war.

Origenes ist Schrifttheologe, aber die von der platonischen Tradition übernommene und von ihm oft angewandte allegorische Methode bringt es mit sich, daß er in seiner Bibelauslegung auch der Weltanschauung Raum gibt, die von der alexandrinischen Philosophie entwickelt wurde.

Es muß aber betont werden, daß Origenes nicht nur allegorisierte. Als der hervorragende Exeget, der er war, bekundete er Verständnis für den historischen Sinn, wie er auch am Text selbst gründlich arbeitete. Von der Allegorese muß seine typologische Deutung unterschieden werden, die eine Auslegung des Alten Testaments in heilsgeschichtlichem Zusammenhang darstellt: Man legt eschatologisch, christologisch und sakramental aus. Auch die mystische Auslegung, das heißt der Bezug auf die innere Erfahrung der Christen, gehört hierher. Eine solche typologische Deutungsweise ist in der gesamten christlichen Tradition mehr oder weniger geläufig geworden. Was aber Origenes besonders kennzeichnet, ist, daß er daneben eine direkte allegorische Auslegung kennt. Diese Methode ist schon früher in Alexandrien von dem jüdischen Religionsphilosophen Philo (etwa 25 v. Chr. bis 50 n. Chr.) angewandt worden, der die platonische Philosophie in das Alte Testament einbezieht. Prinzipiell gehört auch diese Methode zu einer platonischen Anschauung. Sie unterscheidet in gleicher Weise zwischen Buchstaben und Geist wie der Platonismus allgemein zwischen Materie und Idee.

Bei Origenes gründen sich die Allegorien auf die Annahme, daß in der gesamten Heiligen Schrift hinter allem ein geistlicher Sinn liegt. Wie der Mensch aus Leib, Seele und Geist besteht, so gibt es auch in der Schrift einen buchstäblichen »somatischen«, einen »psychischen« oder moralischen und einen geistlichen, »pneumatischen« Sinn. Der letztere liegt immer vor, und wo der buchstäbliche Sinn absurd erscheint, muß man sich nur an den geistlichen halten.

Weiter liegt in der Allegorie, die äußeren Fakten der Schrift als Symbole für allgemeine geistliche Größen, zum Beispiel Seelenkräfte oder kosmologische Ereignisse, aufzufassen. Man verläßt also völlig den Boden der Geschichte und macht aus den Aussagen der Schrift rein geistliche, ideelle Phänomene. Dies unterscheidet die Allegorese von der Typologie. Es leuchtet ein, daß diese Methode sich vorzüglich dazu eignete, aus der Schrift die kosmologischen Ideen herauszudeuten, die im theologischen System des Origenes die Elemente bilden. Die Allegorie ermöglicht also die Synthese zwischen christlichen und hellenistischen Gedanken, die hier vorliegen.

Die Glaubensregel steht nach Origenes mit dem Inhalt der Schrift im Einklang. Eine Zusammenfassung wird am Anfang der Schrift »Peri archōn« gegeben, wo auch das theologische System am deutlichsten dargelegt ist. Hier sind die Gedanken der christlichen Tradition in den Rahmen des alexandrinischen Weltschemas eingefügt. Die Darstellung bewegt sich um die folgenden drei Hauptthemen (vgl. G. Aulén, Dogmhistoria, 39ff.; F. Loofs, Leitfaden zum Studium der Dogmengeschichte, 193ff.):

1. Von Gott und der übersinnlichen Welt
2. Vom Sündenfall und der Sinnenwelt
3. Von der Erlösung und Wiederbringung der endlichen Geister.

Ein Leitmotiv bei Origenes ist die Vorstellung von der Erziehung der gefallenen Vernunftwesen durch die göttliche Vorsehung *(pronoia)*. Hierbei werden unter anderem folgende Grundgedanken vorausgesetzt: a) Der Lauf der Welt wird von der göttlichen Vorsehung gelenkt, er hat seinen Ursprung in Gott und wird in allem, von der Bewegung der Himmelskörper bis hin zu den irdischen Verhältnissen der Menschen, von einer göttlichen Kraft beherrscht, die da lenkt und leitet. b) Diese Vorherbestimmung hat als Ziel des Weltenlaufes, in dem der Mensch den Mittelpunkt bildet, die Erneuerung der in der Leiblichkeit gefangenen Vernunftwesen zu ihrem göttlichen Ursprung. c) Diese Erneuerung erfolgt durch Erziehung *(paideusis)*, das heißt, nicht naturhaft oder zwangsweise, sondern durch Beeinflussung des menschlichen Willens. Daß der Mensch einen freien Willen hat, also in seinem Willensentschluß frei ist, gehört für Origenes zur Glaubensregel. Darauf baut sich auch seine Theologie auf, und somit wird die Erlösung als Erziehung dargestellt. Der Gedanke an die Erziehung durch die göttliche Vorsehung ist also grundlegend wie bei Clemens.

1. Origenes beschreibt Gott als höchstes Geistwesen, so weit als möglich getrennt vom Materiellen; leibliche Anthropomorphismen in der Schrift sind daher umzudeuten, sie haben keinen buchstäblichen Sinn. Die Körperlichkeit ist mit dem Gottesbegriff unvereinbar. Dies steht in diametralem Gegensatz zu Tertullians Auffassung.

Gott hat in seiner Güte und Liebe eine intelligible Welt von rein geistlichen Wesen erschaffen, *logikai ousiai* oder *noes*. Diese Geisteswelt geht in Ewigkeit aus Gott hervor. Zu ihr gehört auch der Logos, Christus. Origenes wendet sich gegen den Gedanken, daß der Logos erst in der Schöpfung aus Gottes Wesen hervorgegangen sein soll (vgl. die Apologeten, Tertullian). Statt dessen behauptet er, der Logos sei sowohl ewig präexistent als auch selbständig gewesen: *ouk estin hote ouk ēn* (»es gibt keine Zeit, in der er nicht war«). Er ist nicht in der Zeit geschaffen, sondern von Gott von Ewigkeit geboren *(aei genna auton)*. Diese ewige Geburt des Sohnes (aeterna ac sempiterna generatio) denkt sich Origenes als eine Emanation analog dem Ursprung der Geistwelt aus der Gottheit (vgl. Irenäus, bei dem derselbe Gedanke ohne diesen philosophischen Hintergrund vertreten ist). Nun erhebt sich die Frage, wie sich der Sohn zum Vater verhält. Origenes sucht durch seine Lehre von der ewigen Geburt einmal hervorzuheben, daß der Logos gleichen Wesens ist wie der Vater *(homoousios)*, da der Sohn ein anderer als der Vater und diesem untergeordnet ist. Er ist *ho deuteros theos* (»der zweite Gott«). Der Vater allein ist *agennētos* (»nicht geboren«). Sowohl die Homousie wie auch die Subordination werden also bei Origenes betont.

2. Unter den Geistwesen ist ein Sündenfall geschehen, weshalb einige Geister sich mehr, andere weniger von ihrem Ursprung entfernt haben. Sie haben »sich abgekühlt« (*psychos*, Kühle) und sind Vernunftwesen geworden, *psychai* (Plural von *psychē*, Seele). So sind Engel, Menschen und Dämonen entstanden. Die sichtbare Welt wird als Folge des Falles erschaffen, um dem Menschen zur Strafe und Erläuterung zu dienen. Sie stellt die Verhältnisse und den Ort dar, wo die göttliche Erziehung erfolgen soll. Origenes betrachtet die Schöpfung somit nicht als ein Übel wie die Gnostiker. Er macht wirklich geltend, daß Gott die sichtbare Welt erschaffen hat, wenn auch nur als ein Mittel zur Erziehung der Menschen. Der Schöpfung kommt entsprechend keine selbständige Bedeutung zu. Teils ist das Dasein in der Materie eine Strafe für den vernünftigen Geist, teils sollen sich die Menschen durch die Be-

trachtung der Schöpfung zu den himmlischen Dingen erheben, für die die irdischen nur Symbole darstellen. So bildet also die Materie, die Sinnenwelt nur ein Glied in der Erziehung des Menschengeistes durch die Vorsehung.

3. Die Erlösung besteht darin, daß der Mensch – der ein aus der intelligiblen Welt gefallener Geist in einem mit einer Seele belebten Leib ist – aus seinem Fall wieder in die Geistwelt emporsteigt und mit Gott vereint wird. Die Erlösung wird von Christus gebracht, dem Mensch gewordenen Logos. Seine Seele war nicht aus ihrer Reinheit gefallen. Sie geht nun in den Leib Jesu ein, göttliche und menschliche Natur vereinigen sich. Nach Origenes' Anschauung wird die Leiblichkeit jedoch allmählich von der Göttlichkeit verschlungen (homo esse cessavit; vgl. Ignatius: Christus ist im Fleisch auch nach der Auferstehung).

Origenes hat eine wirkliche Versöhnungslehre; da aber die Versöhnung (der Loskauf) nach seiner Meinung hauptsächlich für diejenigen von Bedeutung ist, die im niederen Stadium des Glaubens verharren, wird das Hauptgewicht auf das Werk Christi als Unterweisung in die Geheimnisse des Glaubens gelegt. Die Erlösung wird erst nach dem Tod vollendet. Dann setzt sich der Reinigungsprozeß fort, aus dem erst die Guten, schließlich aber auch die Bösen zur Vollendung emporsteigen und zu Gott zurückgeführt werden: Alles soll zu seinem Ursprung zurückkehren *(apokatastasis pantōn)*. Eine Auferstehung des Leibes kommt jedoch nicht in Frage. Materie soll es nicht mehr geben, auch keine Menschen, vielmehr soll alles in die reine Vergeistigung zurückgeführt werden (»Ihr seid Götter und allesamt des Höchsten Söhne«). Ein nochmaliger Fall mit neuen Weltperioden ist denkbar. Darin kommt die griechische Auffassung der Geschichte als eines Kreislaufs zum Ausdruck.

In diesem System sind typisch platonische Vorstellungen eine enge Verbindung mit der christlichen Tradition eingegangen. Manche Vorstellungen sind direkt hellenistisch und fallen aus dem Rahmen der biblischen Verkündigung, zum Beispiel die Lehre von der Emanation der intelligiblen Welt aus der Gottheit, von der Wiederbringung aller Dinge, vom Aufhören der Materie, der Leiblichkeit. In anderen Fällen ist die biblische Tradition treu gewahrt. Aber oft sind beide Denkweisen so unmittelbar verknüpft worden, daß man bestimmte Elemente nicht mehr als christlich und andere als hellenistisch unterscheiden kann. Es ist eine einheitliche, systematische Anschauung geworden, hellenistisch und christlich zugleich. So ist zum Beispiel der Pädagogik-Gedanke griechischer Herkunft; gleichzeitig bringt er aber die christliche Anschauung des Origenes zum Ausdruck. Somit hat er in seinem System eine einheitliche Darstellung des Inhalts der Glaubensregel und zugleich eine Antwort auf die Lebensfrage der Philosophie seiner Zeit geben wollen.

6
Der Monarchianismus
Das trinitarische Problem

In der zweiten Hälfte des 2. Jahrhunderts traten zwei besondere Richtungen hervor, die man zusammenfassend mit dem Begriff Monarchianismus zu bezeichnen pflegt. Sie führten in der Kirche zu schweren Kämpfen und wurden schließlich als häretisch abgelehnt. Diese Kämpfe, die sich über den größten Teil des 3. Jahrhunderts ausdehnten, haben für die dogmengeschichtliche Entwicklung eine große Bedeutung gehabt. Sie bilden den Hintergrund für die Herausbildung der kirchlichen Trinitätslehre. Die Anschauungen, die hier abgelehnt werden, sind die Prototypen für mehrere ähnliche Strömungen und Häresien der folgenden Zeiten. In diesem Zusammenhang entwickelt sich zum Beispiel die unitarische Anschauung, die danach immer wieder als rationalistische Entwicklung des Christentums in der Geschichte der Theologie auftauchte. Der Begriff »monarchia«, der den beiden vorstehend erwähnten Richtungen den Namen gab, begegnet unter anderem bei Tertullian und bedeutet in diesem Zusammenhang die Einheit Gottes. Der Monarchianismus verneint also den Dreifaltigkeitsgedanken, der seiner Meinung nach dem Glauben an den einen Gott widerspricht. Man lehnt damit die Vorstellung von der »Ökonomie«, *oikonomia* (vgl. oben S. 43), ab, derzufolge sich Gott, der zwar ein einziger Gott ist, auf eine derartige Weise offenbart hat, daß er als Sohn und Heiliger Geist in Erscheinung getreten ist.

Diese Ablehnung des Dreifaltigkeitsgedankens ist auf den Einfluß der griechischen Gottesvorstellung zurückzuführen, derzufolge Gott über die Materie und damit auch über den Wechsel und die Vielfalt erhöht ist. Denn die Vorstellung einer Geschichte, in der Gott auftritt und handelt, ist für griechisches Denken unmöglich. Wenn man aber die »oikonomia« Gottes, das heißt den durch die Heilsordnung bedingten Unterschied zwischen den Personen der Gottheit, bestreitet, dann setzt man in diesem Fall einen deistischen Gottesbegriff voraus, in dem der abstrakte Gottesgedanke die biblische Lehre von Gott ersetzt.

Beide Richtungen des Monarchianismus haben somit einen gemeinsamen Grundgedanken und stehen dadurch auch vor der gemeinsamen Schwierigkeit, den Glauben an *einen* Gott mit dem christlichen Glauben an den Vater, den Sohn und den Heiligen Geist zu vereinigen. Man ist nicht zufrieden mit der Lösung der Logoslehre (vgl. oben S. 22, 51), auch nicht mit der Lehre von den drei Personen (Hypostasen) oder mit dem Oikonomia-Gedanken (vgl. oben S. 43), sondern sucht andere Auswege, um das Problem zu lösen, wobei man gleichzeitig wesentliche Züge des christlichen Glaubens verwischt und bei einer rationalistischen oder doketischen Anschauung landet.

Der Terminus Monarchianismus ist eine nachträgliche Begriffsbildung. Er bezieht sich – wie gesagt – nicht auf eine einheitliche Richtung, sondern gibt nur einen einzelnen Aspekt an, der für zwei etwa gleichzeitig aufkommende Richtungen bestimmend ist. Im übrigen stehen diese beiden Strömungen in diamentralem Gegensatz zueinander.

Die eine Form des Monarchianismus wird Dynamismus oder auch Adoptianismus genannt, die andere Modalismus.

Der Dynamismus

Der erste Vertreter des Dynamismus ist der Gerber *Theodot*, der im Jahre 190 als Verfolgter von Byzanz nach Rom kam. Er ist Gegner der Logos-Christologie und verneint überhaupt die Göttlichkeit Christi. Statt dessen greift er den Gedanken der Ebioniten auf: Christus ist nur ein Mensch, *philos anthrōpos*. Er wurde von einer Jungfrau geboren wie ein gewöhnlicher Mensch ohne einen anderen Vorzug vor anderen Menschen als den der Gerechtigkeit (Tertullian, Adv. omn. haeres. 8). Genauer denkt sich Theodot das Verhältnis zwischen dem Menschen Jesus und Christus so: Jesus hat wie andere Menschen gelebt, aber bei der Taufe war der Christus wie eine Kraft auf ihn gekommen, um alsdann in ihm wirksam zu sein. Der Gedanke, daß das Göttliche an Christus eine ihm in der Taufe verliehene Kraft sei, hat dem Dynamismus seinen Namen gegeben. Man dachte sich Jesus als einen Propheten, der zu einer gewissen Zeit zwar mit göttlichen Kräften ausgestattet, jedoch dadurch kein Gott geworden war. Erst nach der Auferstehung war er mit Gott vereinigt worden. Theodot wurde vom Bischof Viktor in Rom exkommuniziert.

Diese Form des Monarchianismus begegnet uns vor allem bei *Paulus von Samosata*, um 260 Bischof in Antiochien. Er führt die Linie von den Ebioniten und Theodot weiter und betrachtet Christus als einen gewöhnlichen Menschen, der mit göttlichen Kräften ausgestattet war. Er lehnt den Logosgedanken nicht ab, der Logos ist für ihn aber nur dasselbe wie Vernunft oder Weisheit, von gleicher Art, wie diese Eigenschaften einem Menschen zugeschrieben werden können. Der Logos ist nach seiner Anschauung keine selbständige Hypostase. Gottes Weisheit hat dem Menschen Jesus nur als göttliche Kraft innegewohnt, jedoch keine selbständige Person in ihm gebildet. Das Persönliche liegt allein beim Menschen Jesus. Damit werden die Lehre Tertullians vom Logos als persona und die des Origenes vom Logos als selbständiger Hypostase abgelehnt.

Paulus von Samosata – auf einer Synode in Antiochien 268 als Häretiker verurteilt – vertrat also eine unitarische Anschauung: der »Sohn« war nur ein Mensch, der Geist nur die den Aposteln eingegossene Gnade. Diese rationalistische Deutung des christlichen Gottesglaubens ist das erste deutlich herausgeformte Beispiel einer Anschauung, die in vielen verschiedenen Formen in Erscheinung trat, in neuerer Zeit markanter im Sozinianismus und anderen unitarischen Richtungen, teilweise aber auch zum Beispiel in der Neologie oder in verschiedenen Zweigen der liberalen Theologie.

Der Modalismus

Die zweite monarchianische Richtung entstand zuerst in Kleinasien, wurde jedoch von *Noët* und seinen Schülern nach Rom gebracht. Dort lebte auch *Praxeas*, der Vertreter des Modalismus, gegen den Tertullian schrieb. Nach Rom kam auch *Sabellius*, der bedeutendste Theologe dieser Richtung, und unterrichtete dort seit etwa 215. Die Theologie des Noët ist als Opposition gegen die »ökonomische« Trinitätslehre wie auch gegen die Logos-Christologie und die darin enthaltenen Tendenzen subordinatianischer Vorstellungen zu betrachten (vgl. oben S. 22f., 43). Für Noët ist der Vater der einzige Gott, der den Blicken der Menschen entzogen, aber nach seinem Wohlgefallen hervorgetreten ist und sich bekannt gemacht hat. Gott steht über dem Leiden und Sterben, kann sich jedoch nach Belieben Leiden und Sterben unterwerfen. Dadurch will Noët Gottes Einheit betonen. Der Vater und der Sohn sind nicht nur gleichen Wesens, sondern es ist derselbe Gott unter verschiedenen Namen und Gestalten. Der Unterschied zwischen den drei Personen der Gottheit wird aufgehoben. Nach Noët konnte man ebensogut sagen, der Vater hätte gelitten wie Christus. – Praxeas milderte diese Ausdrucksweise etwas ab – er sagte, der Vater hat *mit* dem Sohn gelitten –, aber auch sein Standpunkt wurde abgelehnt. Tertullian nannte diese Richtung »Patripassianismus«.

Die modalistische Anschauung ist in erster Linie von Sabellius entwickelt worden. Er behauptet, Vater, Sohn und Heiliger Geist seien eins, das heißt von einer Substanz und nur dem Namen nach getrennt. Er bedient sich einiger Bilder, um dies zu beschreiben: Wie der Mensch aus Leib, Seele und Geist besteht, gibt es auch drei Seiten des göttlichen Wesens; die drei verhalten sich zueinander wie die Gestalt der Sonne, ihre Wärme und ihre Leuchtkraft. Der Vater ist die Gestalt der Sonne, der Sohn der leuchtende Sonnenstrahl und der Geist die wärmende Kraft, die von der Sonne ausgeht. Der Sohn und der Geist sind lediglich die Gestalten, die die Gottheit bei ihrer »Ausbreitung«, bei ihrem Hervortreten in der Welt annimmt. Sabellius soll gesagt haben, daß »Gott hinsichtlich der Hypostasen ein einziger ist, aber in der Schrift je nach vorliegendem Bedürfnis auf verschiedene Art personifiziert wird« (Basilius, Epist. 214). Man denkt sich also, daß Gott in verschiedenen Stadien in verschiedenen Gestalten aufgetreten ist, zuerst allgemein in der Natur, dann als der Sohn und schließlich als der Geist. Dieser Gedankengang hat dem Modalismus seinen Namen gegeben: Die drei Personen sind verschiedene Offenbarungsweisen (modi) des einen Gottes. Für Sabellius ist bezeichnend, daß er bei der Gottheit nicht nur die Einheit der Substanz, sondern auch der Person annimmt.

Die Lehre des Sabellius von verschiedenen Offenbarungsweisen ist dem ökonomischen Trinitätsgedanken vergleichbar, unterscheidet sich von diesem jedoch dadurch, daß nach Sabellius' Lehre der Sohn und der Geist nacheinander in verschiedenen Stadien auftreten. Gott ist nicht gleichzeitig Vater, Sohn und Geist. Weiterhin verwirft Sabellius den Unterschied zwischen den Personen; es ist keine wirkliche

Trinität. Bei dem ökonomischen Trinitätsgedanken rechnet man mit den drei Offenbarungsweisen als selbständigen Hypostasen. Im Gegensatz zum Dynamismus betont der Modalismus stark die Wesenseinheit des Sohnes mit dem Vater. Dagegen vermag man jedoch der menschlichen Seite Christi nicht gerecht zu werden. Wie im Dynamismus zeigt sich hier eine rationalistische Anschauung, bei der man die Offenbarung durch metaphysische Spekulation ersetzt. – Der Modalismus – oder, wie er auch noch genannt wird: der Sabellianismus – wurde als Häresie abgelehnt, als die Lehre des Sabellius 261 verdammt wurde.

Der Standpunkt der Kirche

Gegen den Monarchianismus waren vor allem folgende Lehrpunkte der kirchlichen Theologie gerichtet und bezeichneten diesem gegenüber eine Abgrenzung: die Lehre von der Wesenseinheit des Sohnes mit dem Vater (gegen den Dynamismus), die Lehre von den drei Personen der Gottheit (gegen den Modalismus) sowie die Lehre von der ewigen Geburt des Sohnes (gegen beide).

Der Dynamismus leugnet die Göttlichkeit Christi oder deutet sie nur als eine Kraft, die auf den Menschen Jesus übertragen wurde. In der alexandrinischen Theologie – aber auch bei Tertullian – wird die Göttlichkeit Christi als seine Wesenseinheit mit dem Vater dargestellt. Nach Clemens und Origenes emaniert der Logos aus der Gottheit und ist daher gleichen Wesens wie der Vater *(homoousios)*. Nach Tertullian sind Vater, Sohn und Geist von gleicher Substanz (substantia).

Der Modalismus hebt die Trennung zwischen den Personen auf und identifiziert den Sohn mit dem Vater und den Geist mit dem Sohn und dem Vater. Tertullian entfaltet auf der Grundlage der Logoslehre die Lehre von den drei Personen, die nicht nur Erscheinungsformen, sondern drei selbständige Hypostasen sind.

Die beiden Formen des Monarchianismus bilden die Lehre von Christus in rationalisierender Richtung um: in dem einen Fall ist Christus nur Mensch, in dem anderen nur eine Erscheinungsform Gottes. Durch diese beiden Gedanken wird die Lehre von der Präexistenz des Sohnes verneint. Der Sohn existiert als solcher selbständig erst mit dem Auftreten Christi. Während die subordinatianische Theologie nur damit rechnet, daß der Logos in dem einen Gottwesen präexistiert – als Gottes »Vernunft« –, entwickelt Origenes die Lehre von der ewigen Geburt des Sohnes: Der Sohn geht von Ewigkeit her aus dem Vater hervor und existiert als Sohn, als selbständige Hypostase, vor aller Zeit.

Novatian und Methodius gehören zu denen, die den Monarchianismus bekämpfen und gegen Ende des 3. Jahrhunderts die kirchliche Theologie ausführlicher entfalten.

Novatian, Presbyter in Rom um 250, lehnt sich eng an Tertullians Theologie an. Einerseits betont er die Gottheit Christi und seine Wesenseinheit mit dem Vater (gegen den Dynamismus), andrerseits seine wahre Menschlichkeit und den Unterschied der Personen innerhalb der Trinität (gegen den Modalismus).

Methodius von Olympus (gest. 311) setzt die Theologie des Origenes fort, lehnt aber seine Lehre von der ewigen Schöpfung, der Präexistenz der Seelen und die Wiederbringung aller Dinge ab.

7 Der Arianismus Die Synode von Nicäa

Die Probleme des Monarchianismus kehren in zugespitzter Form in den heftigen Kirchenkämpfen des 4. Jahrhunderts wieder, bei denen der Arianismus bekämpft wurde und die kirchliche Trinitätslehre ihre Bestätigung durch die ökumenischen Konzile von Nicäa 325 und Konstantinopel 381 erhielt.

Zwischen *Arius*, dem meistbekämpften Häretiker des 4. Jahrhunderts, und dem dynamischen Monarchianismus gibt es auch eine rein historische Verbindung. Arius, um 310 Presbyter in Alexandria, war Schüler des Lukianus von Antiochia, und dieser wiederum Schüler des Paulus von Samosata.

Wie die Monarchianer geht Arius von einem philosophischen Gottesbegriff aus. Es ist undenkbar, daß Gott sein Wesen irgendeinem anderen überträgt, da er der Einzige und Unteilbare ist. Auch die Entstehung des Logos, des Sohnes, ist nur durch einen Schöpferakt denkbar. Christus kann somit nach Arius nicht Gott im eigentlichen Sinn sein, sondern muß der Schöpfung angehören. Die Folge ist, daß Christus als ein Mittelwesen zwischen Gott und Mensch verstanden wird, in der Zeit oder vor der Zeit erschaffen. Arius verneint also die Ewigkeit und Präexistenz des Sohnes und schreibt ihm göttliche Attribute nur als Ehrenbezeichnungen zu, motiviert durch die besondere Gnade, deren er teilhaftig wurde, und die Gerechtigkeit, die er an den Tag legte. »Nicht immer war der Sohn, denn als alles aus dem Nichts entstand und alle erschaffenen Wesen zustande kamen, da entstand auch der Logos Gottes aus dem Nichts, und es gab eine Zeit, da er nicht war *(ēn pote hote ouk ēn)*, und er war nicht, ehe er wurde, sondern auch er hatte einen Anfang, als er geschaffen wurde. Denn Gott war allein, und es gab keinen Logos und keine Weisheit. Als Gott dann uns erschaffen wollte, schuf er zuerst einen und nannte ihn Logos und Weisheit und Sohn, damit er uns durch ihn schaffen sollte« (Athanasius, Orat. contre arianos 1,5. Vgl. oben S. 51).

Gegen Arius trat sein eigener Bischof *Alexander* auf. Wegen seiner Irrlehre wurde Arius um 320 exkommuniziert. Aber der Streit dehnte sich sehr bald über den ganzen Orient aus, und Arius wurde unter anderem von *Euseb von Nikomedien* unterstützt. Da diese Streitigkeiten die Einheit der ganzen Kirche und damit die innere Stärke des Kaiserreiches gefährdeten, beschloß Kaiser Konstantin, in den Konflikt einzugreifen und ihn aus der Welt zu schaffen. Er sandte zuerst seinen Hofbischof Hosius nach Alexandria, um zu vermitteln; aber als dies nicht gelang, berief er 325 ein allgemeines Konzil von Bischöfen aus dem gesamten Kaiserreich nach Nicäa ein.

Auf diesem Konzil verschafften sich drei verschiedene Richtungen Geltung, teils die direkten Arianer, wenige an Zahl *(Euseb von Nikomedien)*, teils eine vermittelnde Richtung, vertreten von *Euseb von Caesarea*, teils die Gegner des Arius, vor allem *Alexander von Alexandria*, der von seinem Diakon *Athanasius* unterstützt wurde. Zu derselben Richtung gehörte auch der bereits erwähnte *Hosius von Cordoba*.

Die zusammenfassende Formel, die dann Konzilbeschluß wurde, legte Euseb von Caesarea vor; doch seine Formel wurde erst angenommen, nachdem sie im antiarianischen Sinne abgeändert worden war. So wurde durch Eingreifen des Hosius der Ausdruck *homoousios*, consubstantialis, eingesetzt, um den Gegensatz zu Arius hervorzuheben. Die Formel von Nicäa besteht in der Hauptsache aus einem Symbol jener Zeit, möglicherweise dem Taufsymbol, das man in Caesarea verwandte und in das man neue, von der polemischen Situation bedingte Formulierungen einfügte. Am Ende wurde ein Anathema über die arianischen Lehrpunkte hinzugefügt. Das sogenannte »Nicänische Glaubensbekenntnis« (Nicänum) ist nicht identisch mit der Formel des Konzils zu Nicäa (325), sondern erhielt seine endgültige Gestalt erst danach und wurde von den Konzilien in Konstantinopel 381 und Chalcedon 451 dann sanktioniert. Es stützt sich ebenfalls auf ein älteres Taufsymbol und hat mehrere antiarianische Formulierungen des Beschlusses von Nicäa in sich aufgenommen (vgl. J. N. D. Kelly, Altchristliche Glaubensbekenntnisse, S. 205ff.).

Die Opposition gegen Arius richtete sich sowohl gegen seine Gotteslehre wie auch – in Verbindung damit – gegen seine Lehre von Christus. Besonders zwei Anklagen erhob man gegen ihn: er führe den Glauben an mehrere Götter und die Verehrung des Erschaffenen ein; er zerstöre die Grundlagen des Heils durch die Leugnung der Gottheit Christi.

Arius zählt den Logos zum Erschaffenen. Da er trotzdem die Meinung vertritt, der Logos sei als göttliches Wesen zu verehren, könnte man ihm vorwerfen, er führe Götzendienst ein. Das Erschaffene wird neben den Schöpfer gestellt, und ihm wird göttliche Verehrung zuteil. Wenn Christus ein anderer ist als Gott und dennoch Gott, bedeutet dies, daß man zwei Götter verehrt. Arius redet übrigens auch von anderen göttlichen Mittelwesen.

Christus wird für Arius ein erschaffenes Wesen mit dem Anfang in der Zeit oder vor der Zeit. Damit wird die Lehre von der Gottheit Christi und seiner ewigen Geburt abgelehnt. Der von Arius verkündigte Christus kann die Welt nicht erschaffen haben, er kann auch nicht Herr der Schöpfung sein. Wichtigster Einwand gegen Arius wird nun, daß seine Lehre von Christus das Heilswerk Christi ausschließt. Der Christus, der nicht von Gottes eigenem Wesen ist, kann die volle Erkenntnis von Gott auch nicht besitzen oder mitteilen. Die Erlösung besteht unter anderem darin, daß

Christus die wahre Gotteserkenntnis schenkt. Dies vermag er nicht, wenn er nicht eins mit Gott ist.

Wenn Christus nicht Herr der Schöpfung ist, vermag er auch die Erlösung nicht zu vollbringen. Wenn er nicht Gott ist, kann er den Menschen nicht göttlich machen. Sinn der Erlösung ist, dem Menschen Leben und Unsterblichkeit zu schenken. Nur wenn Gottes Sohn von Gottes eigenem Wesen war, konnte er – in Menschengestalt erschienen – den Tod besiegen, die Schuld des Menschen sühnen und ihm wieder Leben und Unsterblichkeit schenken.

Die Christologie, die sich im Kampf gegen den Arianismus herausbildete, ist in der Formel des Konzils von Nicäa zusammengefaßt worden, vor allem in den folgenden Sätzen über Christus: »Geboren vom Vater, eingeboren, das heißt von des Vaters Wesen, Gott von Gott, Licht von Licht, wahrhaftiger Gott vom wahrhaftigen Gott, geboren, nicht geschaffen, mit dem Vater in einerlei Wesen«, sowie in dem anschließenden Anathema über die Lehrmeinung des Arius: »Die da sagen: es gab eine Zeit, da er nicht war, und ehe er geboren ward, war er nicht, und daß er aus dem ward, was nicht ist, oder die ihn für eine andere Hypostase oder Wesen halten oder sagen, Gottes Sohn sei geschaffen oder veränderlich, die verdammt die allgemeine Kirche.«

Ein extremer Verfechter des nicänischen Standpunktes war *Marcell von Ancyra* (gest. 374). Er meinte, der Logos, der seinem Wesen nach eins mit Gott sei, könne erst mit der Inkarnation »Sohn« genannt werden. Einmal würde auch die Sohnschaft in Christus aufhören und der Logos erneut im Vater aufgehen. Die in das Glaubensbekenntnis eingefügte Passage »dessen Reich kein Ende haben wird« war eine gegen die Lehrmeinung des Marcellus gerichtete Spitze. Er vertrat das »ökonomische« Trinitätsdenken mit der Vorstellung von einer »Ausbreitung« der Gottheit auf den Sohn und den Geist. Von seinen Gegnern, den Arianern, wurde er beschuldigt, Sabellianer zu sein, aber er traf im Gegensatz zu den Modalisten eine klare Unterscheidung zwischen dem Logos und dem, von welchem der Logos ausging. Ein Schüler des Marcellus, *Photinus von Sirmium* (gest. 376), zog derartige Konsequenzen aus dessen Theologie, daß er in der Christologie den adoptianischen (oder dynamistischen) Standpunkt zu vertreten schien. In älterer polemischer Literatur war daher oft vom »Photinianismus« die Rede, wenn man eine solche Anschauung bezeichnen wollte. Photinus betrachtete den Logos als mit dem Vater identisch, während Christus nur als Sohn der Maria galt.

Während der lang anhaltenden theologischen Streitigkeiten, die dem Konzil von Nicäa 325 folgten, stießen dessen Beschlüsse anfangs auf starken Widerstand. Die ursprünglich rein arianische, später jedoch vermittelnde Partei, die sich um Euseb von Nikomedien bildete, riß die Macht an sich. Auch der Kaiser schloß sich diesem Standpunkt an; Athanasius wurde aus seinem Bischofsamt vertrieben. Um die Mitte des 4. Jahrhunderts (Synode von Ancyra 358) trat eine neue, vermittelnde Partei auf, genannt die »Homoiusianer« (*homoiousios*, »von ähnlichem Wesen«). Eine Anzahl Theologen in der zweiten Hälfte dieses Jahrhunderts, vor allem die sogenannten drei

Kappadozier (vgl. unten S. 64), traten jedoch entschieden für die nicänische Auffassung ein und entwickelten diese weiter (die jungnicänische Orthodoxie). Ein Teil der Homoiusianer ging zu diesem Standpunkt über, dem sie schon zuvor ziemlich nahegestanden hatten. Dadurch wurde der Boden für dessen endgültigen Sieg auf der Synode von Konstantinopel 381 (später das Zweite Ökumenische Konzil genannt) bereitet, wo der Beschluß von Nicäa seine abermalige Bestätigung erfuhr.

8
Athanasius
Die Herausbildung der Trinitätslehre

Athanasius

Der bedeutendste Verteidiger des kirchlichen Bekenntnisses gegen den Arianismus und die Kaisermacht, die lange Zeit die Häretiker unterstützte, war *Athanasius*, dessen Name bereits in Verbindung mit dem Konzil zu Nicäa genannt wurde. Er wurde nach Alexanders Tod (328) Patriarch von Alexandrien. Wegen seines standhaften Festhaltens am nicänischen Glauben war er wiederholt Verfolgungen ausgesetzt. Nicht weniger als fünfmal mußte er seinen Bischofssitz verlassen und verbrachte fast zwanzig Jahre im Exil. – Als Athanasius 373 starb, waren die arianischen Streitigkeiten noch im Gange, aber durch sein entschiedenes Auftreten hatte er den endgültigen Sieg der nicänischen Theologie auf dem Konzil zu Konstantinopel 381 wirksam vorbereitet.

Unter den Schriften des Athanasius sind vor allem die folgenden bedeutsam: »Oratio contra gentes« und »Oratio de incarnatione Verbi«, geschrieben um 318, sowie seine größte Schrift, »Orationes contra arianos«, im Jahre 335 oder – nach einer anderen Theorie – in der Zeit nach 356 verfaßt. Seine »Epistolae« sind ebenfalls wichtig als theologische Urkunden, vor allem die Briefe an Serapion.

Athanasius hat nicht wie die älteren alexandrinischen Theologen (Clemens, Origenes) den christlichen Glauben in ein geschlossenes, philosophisch geprägtes System eingebaut. Vielmehr lehnt er die Hilfe der Philosophie bei der Entfaltung der christlichen Lehre ab, um statt dessen ausschließlich aus der Heiligen Schrift zu argumentieren. Wie für Clemens ist auch für ihn die Glaubensregel identisch mit dem Inhalt der Schrift. Der Tradition kommt nur in dem Maße Autorität zu, wie sie mit der Schrift übereinstimmt. Bei Athanasius ist der neutestamentliche Kanon endgültig fixiert, wie unter anderem aus seinem Osterbrief des Jahres 367 hervorgeht.

Wie aus dem Angeführten ersichtlich ist, arbeitet Athanasius mit einem durchgeführten Schriftprinzip. Gleichzeitig betont er, daß man die Schrift nicht »gesetzlich« auslegen, sondern von ihrem Mittelpunkt her verstehen soll, der Christus und die von ihm gebrachte Erlösung ist. Luthers Wort: »Was Christus treibet, ist Gottes Wort« würde auch für das Bibelverständnis des Athanasius angewandt werden können.

Im Kampf gegen den Arianismus hat Athanasius die kirchliche Trinitäts- und Logoslehre entwickelt. Seine Hauptargumente sind folgende: 1. Wenn die Lehre des Arius richtig ist, daß Christus nur ein erschaffenes Wesen und nicht gleichen Wesens wie der Vater ist, dann wäre die Erlösung eine Unmöglichkeit. Denn Gott allein ist der Erlösende, und er ist in die Menschheit hinabgestiegen, »damit wir vergöttlicht werden«. 2. Die Auffassung des Arius hat in ihrer Konsequenz die Verehrung des Erschaffenen oder den Glauben an mehrere Götter zur Folge.

Wie das erste Argument zeigt, ist Athanasius bestrebt, die Trinitätslehre darauf zurückzuführen, was er für den Mittelpunkt der Theologie hält: die Erlösung durch Christus. Damit will er nachweisen, daß die arianischen Häresien nicht nur einzelne Lehrelemente berühren, sondern den ganzen Glauben umwerfen. Seiner Beweisführung fehlt der atomistische oder doktrinäre Zug, der die theologische Polemik seiner Zeit oftmals prägt.

Das Gesagte darf nicht – analog zu moderner Denkweise – so aufgefaßt werden, als gewönne die Logoslehre nur dann Bedeutung für Athanasius, wenn sie mit der Heilsvorstellung in Verbindung gebracht würde. Für ihn gehört sie zu den unerläßlichen Fundamenten des Glaubens, und daher ist es zugleich der elementare Wahrheitsanspruch als solcher, der ihn zum Verfechter der nicänischen Trinitätslehre gegen den Arianismus macht.

Ebenso wie Irenäus vertritt Athanasius eine Lehre der Heilsordnung, weshalb er diese Ordnung von der Schöpfung bis zur Vollendung beschreibt. Sie bildet auch den Hintergrund seiner Polemik gegen Arius, so wie sich Irenäus bei seiner Polemik gegen die Gnostiker auf einen entsprechenden Gedankenaufbau stützt. Die Erlösung gehört für Athanasius zur Schöpfung. Der allmächtige Schöpfer selbst bewirkt die Erlösung, die darin besteht, daß das in Sünde gefallene Geschöpf wieder seiner ursprünglichen Bestimmung zugeführt wird. Dies bedeutet, daß Gottes Absicht mit dem Geschöpf verwirklicht wird und eine Neuschöpfung erfolgt. In der Hauptsache gilt dies für den Menschen. Er ist »nach Gottes Bild« erschaffen, hat aber durch die Sünde seine Teilhaftigkeit an Gott verloren und ist Tod und Vergänglichkeit anheimgefallen. Die Erlösung kommt dadurch zustande, daß Gottes Sohn selbst, der Logos, in die menschliche Welt eintritt und dabei die Gleichheit des Menschen mit Gott wiederherstellt. »Dies hätte jedoch nicht geschehen können, wenn nicht Tod und Vergänglichkeit beseitigt worden wären. Daher nahm er einen natürlichen, sterblichen Leib an, damit der Tod jetzt in ihm vernichtet und die ›nach dem Bilde Gottes‹ erschaffenen Menschen wieder erneuert werden könnten. So war also kein anderer dieser Aufgabe gewachsen als nur des Vaters Ebenbild« (Or. de incarn. 13).

Die Bedeutung des Heilswerkes Christi besteht erstens darin, daß der Fluch der Sünde und des Todes weggenommen wird. Dies geschieht dadurch, daß der Logos,

Gottes eigener Sohn, sich unter die Lebensbedingungen der Menschen stellt, ihre Sünde trägt und sich dem Tod unterwirft. Dadurch werden diese Mächte überwunden; denn da Christus vom Wesen Gottes ist, vermochten sie ihn nicht zu besiegen. Er befreit sich selbst und damit alle menschliche Natur von den Fesseln der Sünde und des Todes. Dies ist der Zweck der Menschwerdung des Gottessohnes. Wäre der Logos nicht wirklich Mensch geworden, dann hätte er den Menschen nicht befreien und Sünde und Tod nicht besiegen können, die über die Natur des Menschen herrschten.

Die Erlösung bedeutet zweitens, daß Christus den Menschen, den er durch seine Versöhnung aus der Gewalt der Sünde und des Todes befreit hat, erneuert und Anteil am göttlichen Leben gibt. Derselbe Christus, der den Tod besiegte, sendet seinen Geist, wodurch er den Menschen neu erschafft und ihn am göttlichen Leben teilhaben läßt, das er ursprünglich besaß, aber verloren hatte. Er bekommt nun Anteil an der Unsterblichkeit und wird wieder Gottes Ebenbild. Diese Teilhabe am göttlichen Leben ist das Ziel der Erlösung. Daß diese Seite der Erlösung stärker betont wird als die Sündenvergebung, ist ein gemeinsamer Zug bei den alten Kirchenvätern. Doch kann man wohl sagen, daß Athanasius mehr als die anderen auch dem Vergebungsgedanken Raum gibt, wie er auch von der Sünde als Schuld redet und von dem Werk Christi als Versöhnung und Opfer für die Sünde. Die Erlösung wird jedoch vor allem mit Unsterblichkeit verbunden. Denn Sünde und Tod gehören zusammen. Hätte die Sünde nicht den Tod zur Folge, dann wäre sie leicht durch Reue zu überwinden, sagt Athanasius. Aber da die Sünde den Zustand des Todes mit sich führt, kann Erlösung nur erlangt werden, wenn der Tod überwunden wird. Und darum besteht das Werk des Geistes darin, daß der Mensch nach Wegnahme der Sünde Anteil am Leben erhält und Gott gleichgemacht wird *(theopoiēsis)*. Dies ist nur möglich, wenn Christus wirklich vom Wesen Gottes ist. Dadurch, daß er Gott selber ist, hat er zuerst seine menschliche Natur vergöttlicht und kann alsdann den Menschen in dem Maß vergöttlichen, in dem dieser an seinem Tod und seiner Auferstehung Anteil gewinnt. Daher macht die Lehre des Arius die ganze Heilsbotschaft zunichte, wenn sie den Logos als ein erschaffenes Wesen hinstellt und nicht als Gott selbst. »Die Wahrheit zeigt, daß der Logos nicht zu den erschaffenen Dingen gehört, daß er vielmehr deren Schöpfer ist. Denn er hat den erschaffenen und menschlichen Leib angenommen, damit er als Schöpfer diesen wieder erneuere und ihn in sich vergöttliche und also uns infolge unserer Gleichheit mit ihm ins Himmelreich einführe. Der Mensch wiederum, der mit dem Geschaffenen verbunden war, hätte jedoch nicht vergöttlicht werden können, wenn der Sohn nicht in Wahrheit Gott wäre ... Und wie wir nicht von der Sünde und dem Fluch befreit worden wären, wenn der Logos nicht natürliches menschliches Fleisch angenommen hätte ... so wäre der Mensch nicht vergöttlicht worden, wenn das fleischgewordene Wort nicht seiner Natur nach vom Vater stammte und sein eigenes wahres Wort wäre« (Or. contra arianos 2,70).

Auch eine andere Seite des Heilswerkes Christi wird von Athanasius unterstrichen: Christus ist gekommen, um zu offenbaren, daß er Gottes Sohn ist, der über alle Schöpfung regiert, und damit den wahren Gottesdienst aufzurichten, von welchem der Mensch in seiner Blindheit und Unkenntnis abgekommen ist. Athanasius faßt an einer Stelle die Bedeutung des Werkes Christi auf folgende Weise zusammen: »In zweierlei Hinsicht erwies der Erlöser uns Güte durch seine Menschwerdung: darin, daß er den Tod von uns hinwegnahm und uns erneuerte, und darin, daß er, in sich selbst verborgen und unsichtbar, sich durch sein Werk offenbarte und sich als den Logos des Vaters zu erkennen gab, den Lenker und König des Weltalls« (Or. de incarn. 16).

Das Werk Christi ist eine Manifestation seiner Macht, ein Beweis, daß er der Herr aller Dinge ist, während Götzen und Dämonen nichts sind. Dieser Gesichtspunkt, daß Christus die wahre Gottesverehrung aufrichtet, indem er offenbart, daß er selbst der wahre Gott ist, bildet, wie bereits erwähnt, auch ein Hauptargument im Kampf gegen Arius. Dieser führt eine heidnische Gottesverehrung mit dem Glauben an mehrere Götter und der Verehrung des Geschöpfs anstatt des Schöpfers ein, indem er die Göttlichkeit Christi leugnet und den Logos für ein erschaffenes Wesen hält.

Athanasius hat in seiner besonders gegen den Arianismus gerichteten Trinitätslehre stark die Wesenseinheit des Sohnes mit dem Vater betont. Es kommt dabei nicht auf das Wort *»homoousios«* an – er fühlt sich frei, auch andere Begriffe zu übernehmen, sogar das so verdächtig gewordene *»homoios«* –, sondern auf die eigentliche Sache. Der Logos gehört nicht zur Schöpfung, sondern hat Anteil an der gleichen Gottheit wie der Vater. Athanasius überwindet auch den früheren subordinatianischen Gedankengang. Der Logos ist kein zweiter Gott, er steht nicht unter dem Vater als ein von ihm emaniertes Geistwesen. Der Vater und der Sohn bilden *eine* Gottheit. Der Vater ist der, der sich selbst entscheidet und der gebiert, der Sohn der, der geboren wird. Der Vater ist das göttliche Wesen in sich selbst, der Sohn ist Gott in seiner Wirksamkeit nach außen, wie er im Werk Gottes hervortritt. »Der Sohn ist kein anderer Gott ... Denn wenn er auch etwas anderes ist, insofern, als er geboren ist, so ist er doch dasselbe wie Gott; er und der Vater sind eins durch die für beide eigengeartete und gemeinsame Natur und durch die Identität der *einen* Göttlichkeit« (Or. contra arianos 3,4).

Athanasius redet nicht vom Unterschied der Personen, sondern drückt das Verhältnis zwischen Vater und Sohn auf andere Weise aus. Er verbleibt bei den Termini Vater – Sohn und redet von dem Unterschied, der durch das Wirken Gottes bedingt ist. Der Vater ist die Quelle, der Sohn ist Gott in seinem Wirken nach außen. Dazu kommt der Geist, der das Werk Gottes im einzelnen ausführt. Athanasius lehrt auch die Homoousie des Geistes. Der Geist gehört zu demselben einigen Gottwesen und ist kein geschaffener Geist. Durch den Geist erhält der Mensch Anteil am göttlichen Leben. Die Erneuerung wäre keine wirkliche Erlösung, wenn der Geist nicht von Gottes eigenem Wesen wäre. Die Werke der Dreieinigkeit nach außen sind ungeteilt, das heißt, der Vater, der Sohn und der Geist wirken gleichzeitig. Vornehmlich in den

Briefen an Serapion entwickelt Athanasius als erster den Gedanken der Wesenseinheit des Heiligen Geistes mit dem Vater und dem Sohn. Wir haben es hier mit einem seiner bedeutendsten und selbständigsten theologischen Ansätze zu tun.

Die drei Kappadozier

Obwohl die Ausformung der nicänischen Orthodoxie durch Athanasius für die folgende Entwicklung von grundlegender Bedeutung war, hat man sich seinen Formulierungen in der kirchlich sanktionierten Trinitätslehre doch nicht ganz angeschlossen. Man hat dabei unter anderem Vorstellungen von Origenes und Tertullian aufgegriffen (zum Beispiel die Lehre von den drei Personen der Gottheit). Die Theologen, die das Erbe des Athanasius in dieser Richtung weitergeführt und in erster Linie bei der Ausformung der Trinitätslehre nach seinem Tod mitgewirkt haben, sind die sogenannten drei Kappadozier.

Basilius der Große (gest. 379; Erzbischof in Caesarea) hat die grundlegenden Impulse zu der sogenannten jungnicänischen Theologie gegeben, die den Arianismus schließlich überwand. Sein jüngerer Bruder, *Gregor von Nyssa* (gest. um 394), hat den gleichen orthodoxen Standpunkt in einer mehr spekulativen Weise weiter entfaltet, und *Gregor von Nazianz* (gest. um 390) hat ihn in seinen »Orationes« in rhetorischer Form dargelegt.

Dem Einsatz der drei Kappadozier ist es in hohem Maße zu verdanken, daß die nicänische Theologie schließlich als rechte Mitte zwischen Arianismus und Modalismus siegte. Zu dieser Zeit wird auch der Grund für die spätere morgenländische Theologie gelegt. Die genannten Theologen vertreten stärker als Athanasius einen direkt orientalischen Standpunkt, was damit zusammenhängt, daß sie ihn im Geist des Origenes deuten und die nicänische Orthodoxie mit Gedankengängen der älteren alexandrinischen Schule verbinden. Während Athanasius stark die Wesenseinheit betont und bei der Beschreibung der Trinität von ihr ausgeht, nehmen die Kappadozier die drei verschiedenen Personen zum Ausgang und entwickeln eine Terminologie zur Beschreibung der gleichzeitigen Dreifaltigkeit und Einheit. Dabei knüpfen sie an frühere Gedanken der griechischen Theologie an, in der man die Trennung der Personen als verschiedene Stadien der Gottheit verfocht (Origenes).

Nun führt man eine präzisierte Unterscheidung zwischen den Begriffen *ousia* und *hypostasis* ein und bezeichnet mit dem ersteren das einheitliche göttliche Wesen. Der letztere Begriff wird dem Wort *prosōpon*, Person, gleichgestellt. Bei Basilius gibt es ein Beispiel, das die Bedeutung der Begriffe näher erläutert: Der Begriff Mensch bezeichnet das Allgemeine, das allen Menschen gemein ist. Aber ein einzelner Mensch, zum Beispiel Paulus oder Johannes, hat bestimmte Kennzeichen, die ihn von anderen Individuen unterscheiden. Paulus wie Johannes haben ein selbständiges Dasein, aber sie haben auch etwas Gemeinsames, nämlich daß sie Menschen sind, daß sie zum Allgemeinbegriff Mensch gehören. Damit wird ihr gemeinsames Wesen *(ousia)* angegeben, aber einzeln, für sich, sind sie Personen, die eine selbständige Existenz *(hypostasis)* haben. Die Hypostase ist also die besondere Existenzform, das besondere Kennzeichen, worin das Allgemeine seinen konkreten Ausdruck gewinnt. Es ist das, was für sich und nicht in etwas anderem existiert.

Wenn der Begriff »hypostasis« in der Trinitätslehre angewandt wird, dann ist damit also ausgedrückt, daß die drei Personen ihre besonderen Eigenschaften und Kennzeichen haben, wodurch sie sich voneinander unterscheiden und in ihrer besonderen Existenzform auftreten. Gleichzeitig haben sie teil an dem einen göttlichen Wesen. Diese Herausformung der Trinitätslehre pflegt man in folgender Formel zusammenzufassen: *mia ousia treis hypostaseis* (»ein Wesen, drei Personen«; vgl. oben S. 43).

Die Frage nach den Kennzeichen der Hypostasen beantworten die Kappadozier mit dem Hinweis auf deren Beziehungen zueinander. Der Vater ist *agennētos* (»nicht geboren«), der Sohn ist vom Vater geboren, der Geist geht vom Vater durch den Sohn aus: *Idion de patros men hē agennēsia hyou de hē gennēsis, pneumatos de hē ekpempsis* (Nazianz, Orat. 25,16). Was die Personen im Verhältnis zueinander kennzeichnet, wird auch durch den Hinweis auf das göttliche Wirken beschrieben: Der Vater ist sein Prinzip, der Sohn der Ausführende, der Geist der Vollender des Werkes (*aitios, dēmiourgos, teleiopoios*, Nazianz, Orat. 28,1).

Der Punkt, in dem die Kappadozier über Athanasius hinausgehen, ist vor allem die Unterscheidung von »ousia« und »hypostasis«. Dadurch sucht man mit Hilfe einer philosophischen Terminologie zu beschreiben, was die göttliche Natur und die drei Personen an sich kennzeichnet, unabhängig von dem Wirken der Dreieinigkeit nach außen hin. Was man auf diesem Wege erreicht, sind nur formale Unterscheidungen, die sich als notwendige Konsequenzen des Inhalts der Glaubenslehre erweisen. Daß es sich hier um Dinge handelt, die im übrigen nicht näher erklärt werden können, sondern die Grenzen unserer Erkenntnis überschreiten (mysterium trinitatis), wird von den damaligen Theologen gleichzeitig mit Nachdruck betont.

Augustins Trinitätslehre; das Athanasianum

Die Kappadozier haben die Trinitätslehre zu einem gewissen Abschluß gebracht, was das Morgenland betrifft. Im Abendland erfuhr diese eine entsprechende Entwicklung, teilweise unter dem Einfluß ihrer Theologie. Hier war es vor allem *Augustin* (dessen Theologie übrigens später behandelt wird), der ihr die vorbildliche Gestalt gab, besonders in der Schrift »De trinitate«. Die augustinische Theologie liegt der Trinitätslehre zugrunde, die uns im Symbolum Athanasianum begegnet, dem letzten der drei ökumenischen Symbole.

Besonderes Gewicht legten die drei Kappadozier auf die drei Hypostasen; Schwierigkeit bereitete ihnen, dabei gleichzeitig die Einheit des göttlichen Wesens darzulegen. Dies ist bezeichnend für das morgenländische Denken mit seinem mehr statischen, abstrakten Gottesbegriff. Hier wird zum Problem, wie das ganze göttliche Wesen in drei getrennten Existenzen enthalten sein kann. Dies gab den Anstoß zur alten subordinatianischen Theologie; der Beitrag der Kappadozier besteht nun eben darin, daß sie zu der Lehre von der Wesenseinheit gelangen (wie Athanasius und das Nicänum), während sie gleichzeitig den Unterschied der Personen stark unterstreichen.

Augustin, der das abendländische Denken vertritt, geht von der Einheit des göttlichen Wesens aus. In seiner Trinitätslehre will er zeigen, wie diese Einheit ihrer Art entsprechend die drei Personen einbegreift und die Dreiheit in der Einheit liegt. Er beschreibt die Dreieinigkeit als notwendige gegenseitige Beziehung zwischen drei Seiten des einen göttlichen Wesens. Dies ist für Augustin etwas Unergründliches, das wir in diesem Dasein nie ganz erfassen und noch weniger begreifen oder begriffsmäßig erklären können. Seine Methode besteht darin, zu Analogien in menschlichen Verhältnissen zu greifen und dort eine entsprechende Beziehung von drei Größen in ein und derselben zu zeigen.

Bestimmte menschliche Erscheinungen, besonders die Struktur der Menschenseele, können als – wenn auch sehr mangelhafte – Bilder des innertrinitarischen Geschehens dienen. So führt Augustin zum Beispiel an, daß in der Liebe eine Beziehung zwischen dem Liebenden und dem Gegenstand der Liebe liegt. Damit ist eine Beziehung zwischen drei Größen gegeben: zwischen dem Liebenden (amans), dem Gegenstand der Liebe (quod amatur) und der Liebe (amor). Eine entsprechende Beziehung besteht in der Gottheit zwischen dem Vater, dem Sohn und dem Geist. Das Eigentümliche des innertrinitarischen Geschehens ist, daß sich Subjekt und Objekt in ein und demselben einheitlichen Wesen vorfinden. Der Vater gebiert den Sohn, der Vater liebt den Sohn und so fort. Ein Gegenstück dazu glaubt Augustin im menschlichen Seelenleben wiederzufinden. Schon in der Beobachtung sind drei Elemente enthalten, die in notwendigen Beziehungen zueinander stehen: der beobachtete Gegenstand (res), das eigentliche Sehen (visio) und die Aufmerksamkeit des Willens (intentio voluntatis). Und die gleiche Beziehung kehrt in dem Erkenntnisakt zwischen dem Gedanken, dem Intellekt und dem Willen wieder. Der Vorstellungsinhalt befindet sich auf irgendeine Weise in der Seele, er wird betrachtet und vom intellektuellen Vermögen geformt, das sich kraft des Willens auf seinen Gegenstand richtet (memoria – interna visio – voluntas). Das Seelenleben in seiner Gesamtheit enthält eine entsprechende Dreifaltigkeit: memoria, intelligentia und voluntas. Hier liegt die gleiche Einheit zwischen Subjekt und Objekt vor, die Augustin in den innertrinitarischen Beziehungen vorfindet. Die Seele kennt sich selbst, weiß von sich und liebt sich; sie hat mit anderen Worten das Objekt ihres Handelns teilweise in sich selbst; gleichzeitig ist sie Subjekt und Objekt in den Akten des Selbstbewußtseins und der Selbstliebe.

Diese Analogien sind für Augustin nur unvollkommene Bilder und können das Mysterium der Trinität keineswegs ausloten. Seine Darstellung entwickelt sich in hohem Grade zur Spekulation über das innertrinitarische Geschehen. Dies bedeutet also ein weit späteres Entwicklungsstadium als die Gedanken über die »ökonomische« Trinität, welche die erste Ausgestaltung der Trinitätslehre darstellen. Augustin betont stark die Einheit und will zeigen, daß die Dreiheit in der Einheit liegt und umgekehrt. Dieser Grundzug kehrt auch im Symbolum Athanasianum wieder, das in Wirklichkeit auf augustinische Theologie zurückgeht, obwohl man es hinterher mit der Autorität des Athanasius begründet hat. Es ist ein hymnusartiges Bekenntnis, das wahrscheinlich irgendwann im 5. oder 6. Jahrhundert, vermutlich von einem Schüler Augustins, abgefaßt wurde. Die gesamte altkirchliche Trinitätslehre wird in diesem Text zusammengefaßt. Die oben skizzierte dogmengeschichtliche Entwicklung liefert den Hintergrund für dieses Symbol, das in kurzen und konzisen Sätzen den Standpunkt umreißt, zu dem man im Verlauf der trinitarischen und christologischen Auseinandersetzungen gelangt ist.

Das Symbolum Quicunque (wie es nach seinem ersten Wort genannt wird) ist in seinem ersten Teil eine Auslegung der Trinitätslehre: »Dies ist also der rechte christliche Glaube, daß wir ein einigen Gott in drei Personen und drei Personen in einiger Gottheit ehren, und nicht die Personen ineinandermengen noch das göttlich Wesen zertrennen.« Teils wird die Verschiedenheit der Personen betont: »Ein andere Person ist der Vater, ein andere der Sohn, ein andere der heilige Geist« –, teils die Einheit des göttlichen Wesens: »Aber der Vater und Sohn und heiliger Geist ist ein einiger Gott, gleich in der Herrlichkeit, gleich in ewiger Majestät...« Alle drei Personen haben teil an der Göttlichkeit und ihren Eigenschaften: »nicht geschaffen« – »unmeßlich« – »ewig«. Aber es sind doch nicht drei Ungeschaffene, Unmeßliche, Ewige, wie auch nicht drei Götter, sondern *ein* Gott. Jede Person ist für sich als Gott und Herr zu bekennen, trotzdem sind es jedoch nicht drei Götter oder drei Herren.

In den folgenden Formeln werden die Beziehungen zwischen den Personen beschrieben: »Der Vater ist von niemand weder gemacht, noch geschaffen, noch geborn. Der Sohn ist allein vom Vater, nicht gemacht, noch geschaffen, sondern geborn. Der heilige Geist ist vom Vater und Sohn ... ausgehend« (procedens, vgl. oben S. 65).

Der zweite Teil des »Athanasianums« behandelt die Christologie.

9
Das christologische Problem

Das eigentliche christologische Problem ist die Frage, wie sich die göttliche Seite Christi zu einer menschlichen Seite verhält. Wie kann der, der wahrer Gott ist, zugleich Mensch sein, sich menschlichen Lebensbedingungen unterwerfen und in menschlicher Gestalt auftreten?

Diese Frage stellte sich bereits im Kampf gegen den Doketismus und in der Ablehnung des Ebionismus in der ersten Zeit der Kirche. Die Häresien, die in ihrer ursprünglichen Gestalt von diesen Richtungen vertreten wurden, kehren in neuen Formen in den sogenannten christologischen Streitigkeiten wieder, die von der Mitte des 4. Jahrhunderts an im Vordergrund der dogmengeschichtlichen Entwicklung stehen.

Apollinaris

Der Hintergrund, vor dem die christologische Frage um diese Zeit abermals auftaucht, ist die Ablehnung des Arianismus und die Festlegung der Homoousie. Wie kann die Wesenseinheit des Logos mit dem Vater damit in Einklang gebracht werden, daß er in menschlicher Gestalt erschienen ist? Das ist die Hauptfrage in den Diskussionen zwischen den verschiedenen theologischen Lagern.

Der Theologe, der die Frage in dieser Form zuerst stellte und Impulse zu ihrer weiteren theologischen Bearbeitung gab, war *Apollinaris von Laodicea*. Er trat nach der Mitte des 4. Jahrhunderts auf, gehörte eigentlich zur nicänischen Partei, entwickelte aber in der christologischen Frage eine eigene – von der Kirche abgelehnte – Auffassung. Apollinaris findet sich nicht mit dem Gedanken ab, daß der Logos, das heißt Christus seiner göttlichen Natur nach, mit dem Vater einerlei Wesen ist. Für ihn war das Problem, wie man sich das menschliche Dasein Christi denken soll. Auch dieses muß seiner Meinung nach vergöttlicht sein. Die menschliche Natur Christi muß göttlicher Art sein, sonst könnte sein Leben und Sterben nicht unsere Erlösung bewirken. Apollinaris schien also zu lehren, daß Gott in Christus in Fleisch *(theos sarkōtheis)* und das Fleisch in göttliche Natur verwandelt wurde. Christus hat nach diesem Gedankengang sein Fleisch, seine menschliche Natur nicht von der Jungfrau Maria empfangen, sondern himmlisches Fleisch vom Himmel mitgebracht. Durch den Schoß der Jungfrau ist er lediglich hindurchgegangen (Schoeps, Vom himmlischen Fleisch Christi, 1951, S. 9ff.; vgl. J. N. D. Kelly, Altchristliche Glaubensbekenntnisse, S. 329).

Apollinaris findet also bei Christus nur *eine* Natur und *eine* Hypostase. Diese Natur ist die des Logos, der sich in Christus in Fleisch verwandelte, wobei sein Fleisch gleichzeitig vergöttlicht wurde. Wogegen Apollinaris sich wendet, ist der Gedanke, daß das Göttliche und Menschliche in Christus eine Verbindung *(synapheia)* eingegangen sei, daß der Logos die menschliche Natur nur angezogen und sich mit ihr auf geistliche Weise verbunden habe (vgl. unten S. 70).

Charakteristisch für Apollinaris ist die Art und Weise, in der er seinen Gedanken von der Menschwerdung des Logos entfaltet. Dabei geht er von der Unterscheidung zwischen Geist und Fleisch oder zwischen Körper, Seele und Geist aus. Der Mensch wird von diesen Bestandteilen gebildet, und dabei ist es der Geist oder die Vernunftseele, was ihn formt und zu dem macht, was er ist, das heißt, was sein eigentliches Wesen ausmacht. Bei Christus ist die Vernunft oder der Geist nicht eine menschliche Vernunft, sondern der Logos Gottes. Gott und Mensch sind also in Christus vereint wie Seele und Leib beim Menschen, wobei die Menschenseele durch Gottes Logos ersetzt ist.

Diese Einheit von Logos und Fleisch hat zur Folge, daß man das Fleisch als göttlich oder himmlisch ansieht. Es ist nämlich der Geist oder die Vernunft, was das Leibliche formt, so daß beides zusammen eine Natur bildet. Bei Christus wird also diese eine Natur nach Apollinaris eine göttliche.

Es ist einleuchtend, daß Apollinaris die Göttlichkeit Christi auf eine solche Weise betont, daß seine wahre Menschlichkeit verschwindet. Christus hat keine menschliche Seele. Er hat nur *eine* Natur, die Natur des fleischgewordenen göttlichen Logos. Mit dieser Anschauung nähert sich Apollinaris dem alten Modalismus, und seine Theologie bekommt einen Zug von Doketismus.

Der Widerstand gegen Apollinaris ging vor allem von den Kappadoziern sowie von der antiochenischen Schule aus. Ihm gegenüber hebt man hervor, was das wahre Menschsein Christi bedeuten muß: Er hat nicht nur einen menschlichen Leib, sondern auch eine menschliche Seele; denn Leib und Seele bilden zusammen das Wesen des Menschen. Ohne die menschliche Vernunft ist der Mensch nicht mehr Mensch. Man fand es auch lästerlich, mit Apollinaris zu sagen, Gott selbst sei fleischlich oder er habe sich dem Leiden unterworfen.

Antiochien und Alexandrien

Im schärfsten Gegensatz zu Apollinaris stand die sogenannte antiochenische Schule. Ihre bedeutendsten Vertreter waren *Diodor von Tarsus* (gest. 394), *Theodor von Mopsuestia* (gest. 428) sowie *Theodoret*. Der als Verkündiger hoch angesehene *Johannes Chrysostomus* (gest. 407) kann ebenfalls dazu gerechnet werden, ebenso *Nestorius*, dessen Lehrmeinung später als häretisch abgelehnt wurde. Durch die Verwerfung der Theologie des Nestorius wurde der Einfluß dieser Schule überhaupt geringer. Sie war jedoch unter theologischen Gesichtspunkten sehr bedeutend und zeichnete sich durch eine streng wissenschaftliche Einstellung aus.

Die antiochenische Exegese lehnte die allegorische Methode ab und arbeitete statt dessen die historisch-grammatische aus. Die Schrift sollte entsprechend buchstäblich, also nach ihrer ursprünglichen Bedeutung ausgelegt werden.

Mit dieser allgemeinen Ausrichtung auf das Historische hängt auch die Entwicklung der antiochenischen Christologie zusammen. Die Antiochener legen nämlich vor allem Gewicht auf die menschliche Seite Christi. Christus hatte einen Leib und eine Seele, und bei ihm vollzog sich eine Entwicklung. Man glaubte, er würde in immer stärkerem Grade mit Gott vereinigt, und diese Vereinigung vollende sich erst in der Auferstehung.

Gleichzeitig hielt man an der Homoousie fest. Christus war nach seiner göttlichen Natur wirklich »mit dem Vater in einerlei Wesen« *(homoousios)*. Aber der Logos war nicht in einen Menschen verwandelt worden, sondern hatte unter Beibehaltung seiner göttlichen Natur menschliche Gestalt angezogen und sich mit der menschlichen Natur vereinigt. Diese Vereinigung *(synapheia)* dachte man sich so, daß der Logos die menschliche Natur als Organ benutzte und durch sie wirkte. Aber darunter blieb es bei zwei Naturen, zwei selbständigen Wesen, vereinigt nur durch ihr Wirken und die Einheit des Willens. Es handelt sich hier also um eine geistliche, moralische Einheit, nicht um eine physische wie bei Apollinaris.

Mit der erwähnten Anschauung tritt man also in Opposition gegen das christologische Denken, das von Apollinaris entwickelt worden war. Die beiden Naturen sind jeweils für sich intakt zu halten. Göttliches und Menschliches war nicht verwandelt worden, so daß das eine im anderen aufginge. Christus hatte wahre göttliche Natur, war jedoch auch wahrer Mensch mit einem menschlichen Leib und einer menschlichen Seele. Apollinaris hatte bei Christus eine einzige Natur angenommen, die göttliche. Die Antiochener betonen, man müsse zwischen dem Logos und der menschlichen Natur unterscheiden, die er angenommen habe. Der Logos habe sich mit dem Menschen verbunden und wohne in ihm wie in einem Tempel. Doch die eine Natur ist nicht in der anderen aufgegangen, so daß eine Verwandlung stattgefunden hätte. Wenn es Joh. 1,14 heißt, das Wort sei Fleisch *geworden*, dann, meint Theodor, müsse man dieses *egeneto* bildlich deuten *(kata to dokein)*. Der Logos hat zwar Fleisch angenommen, ist solches aber nicht *geworden*. »Denn wenn es heißt, ›er hat angenommen‹ (Phil. 2,7), so ist dies nicht als dem Schein nach, sondern als in Wirklichkeit zu verstehen; heißt es aber ›er wurde‹, dann bedeutet dies dem Schein nach; denn er wurde nicht in Fleisch verwandelt« (De incarn. 9).

Die Antiochener betonen also den Unterschied zwischen den beiden Naturen und heben hervor, daß beide in ihrer Eigenart verbleiben: einer völlig göttlichen Logos-Natur und einer ebenfalls völlig menschlichen Natur. Gleichzeitig unterstreichen jedoch die älteren Antiochener die Einheit der Person. Diese Seite der Christologie wird indes in ihrer Schule zum entscheidenden Problem, und an dieser Stelle wird Nestorius der Ketzerei beschuldigt. – Seine Vorgänger betonen, daß Christus *eine* Person mit *einem* Willen und einer einzigen selbständigen Existenz ist. »Wir sagen nicht, daß zwei Söhne seien; zu Recht wird *ein* Sohn bekannt; denn der Unterschied der beiden Naturen muß unbedingt bestehen und die Einheit der Person unlöslich bewahrt werden« (Theodor, De incarn. 12).

In dem Streit zwischen Apollinaris und den Antiochenern ist ein durchgehender Gegensatz erkennbar, den man im allgemeinen mit den beiden führenden Theologenschulen jener Zeit in Verbindung bringt: zwischen der sogenannten antiochenischen und der alexandrinischen Theologie. Dieser Gegensatz zwischen Antiochia und Alexandria hängt mit der Prägung der gesamten Theologie der hierhergehörigen Richtungen zusammen: In dem einen Fall ist man auf das Historische eingestellt, lehnt die Allegorie ab und legt besonderes Gewicht auf Jesu irdisches, menschliches Dasein, seine Entwicklung und seine Historizität. In dem anderen Fall liegt ein starker Einfluß griechischen philosophischen Denkens mit Ausrichtung auf das Übersinnliche, die geistliche, göttliche Wirklichkeit und seinem prinzipiellen Gegensatz zwischen Göttlichem und Menschlichem vor; das Göttliche an Christus wird dabei so betont, daß das Menschliche nicht immer zu seinem Recht kommt.

Die beiden Gedankengänge knüpfen an zwei unterschiedliche Tendenzen an, die sich bereits im Neuen Testament geltend machen.

Die Inkarnation kann teils als Menschwerdung (das Wort ward Fleisch), teils als Annahme menschlicher Gestalt (er nahm Knechtsgestalt an, ward gleich wie ein anderer Mensch, Phil. 2,7) beschrieben werden.

Innerhalb der antiochenischen Richtung will man sowohl dem Göttlichen als auch dem Historisch-Menschlichen an Christus gerecht werden. Die Einheit dieser Eigenschaften beschreibt man dabei dann als moralische Vereinigung, Einheit im Willen. Gleichzeitig besteht hier eine subjektive Einheit bei den Gläubigen, da diese *einen* Christus anbeten. Substantiell sind es jedoch zwei Wesen oder Naturen.

Die alexandrinische Richtung geht von der prinzipiellen Unvereinbarkeit des Göttlichen mit dem Menschlichen aus, was mit dem idealistischen Denken zusammenhängt. Sie schildert die Inkarnation als eine Verwandlung der Gottheit in menschliche Natur. Da aber Gott seinem Wesen nach unveränderlich ist, kann dies nur auf die Weise geschehen, daß die menschliche Natur zur Göttlichkeit erhoben, in göttliche Natur verwandelt wird. Hier liegt die Einheit also nicht nur im Wirken und Wollen, sondern in der Substanz selbst. Es ist eine physische, substantielle Einheit, bei der die Eigenart der menschlichen Natur nicht zu ihrem Recht kommt.

Nestorius und Cyrill

Der Gegensatz zwischen antiochenischer und alexandrinischer Anschauung bildet den Hintergrund des lang anhaltenden Streites zwischen Nestorius und Cyrill am Anfang des 5. Jahrhunderts. Es muß jedoch vorausgeschickt werden, daß hier auch kirchenpolitische und persönliche Motive mit hineingespielt haben. Alexandrien wetteiferte mit Antiochien und insbesondere mit Konstantinopel um die kirchliche Herrschaft im Orient, und in diesen Machtkampf wurden auch die theologischen Fragen mit hineingezogen. Auf der Synode von Ephesus 431 wurde der Streit durch den Sieg der alexandrinischen Theologie entschieden, und Nestorius, der die entgegengesetzte Richtung vertrat, wurde zum Ketzer erklärt und in die Verbannung geschickt. Mit ihm sonderte sich die ganze nestorianische Partei von der übrigen Christenheit ab. Sie bildete später eine eigene Kirchengemeinschaft in Persien und verbreitete sich über Asien, war jedoch zu einem isolierten Dasein verurteilt. Reste der nestorianischen Gemeinden haben sich bis in unsere Zeit erhalten (zum Beispiel die Thomaschristen in Indien).

Nestorius, 428 Patriarch von Konstantinopel, vertrat im großen und ganzen die Anschauung der antiochenischen Theologie. Die Meinungen über diesen Theologen haben stark geschwankt. Wegen des zu seiner Zeit über ihn verhängten Anathemas hat man gewöhnlich gemeint, er habe den antiochenischen Standpunkt scharf zugespitzt und übertrieben und sei dadurch in eine falsche Christologie geraten. Es hieß, er lehre »zwei Christi«, einen göttlichen und einen menschlichen, und mache dadurch den Glauben zunichte. So hat Nestorius den Namen eines Ketzers tragen müssen und ist zum Prototyp einer Anschauung geworden, die eine falsche Kluft zwischen Göttlichem und Menschlichem auftut. Während der Reformationszeit beschuldigte man zum Beispiel die römische Kirche, sie wäre in ihrer Christologie nestorianisch. In unserer Zeit könnte man auf die Anschauung hinweisen, die der wissenschaftlichen Theologie häufig zugrunde liegt. Man hat eine doppelte Auffassung von der Theologie, entsprechend dem historischen und dem religiösen Ausgangspunkt. Ebenso unterscheidet man zwischen dem historischen Jesus und Christus als Gottes Sohn. Diese Gedankengänge, die einen Versuch darstellen, die Frage des Verhältnisses zwischen Theologie und Wissenschaft zu lösen, erinnern in ihrer Art an Nestorius und seine christologische Grundanschauung. In der modernen Forschung ist man zu einer ganz anderen Ansicht über Nestorius gekommen, als in älterer Tradition vertreten wurde. Ein besserer Zugang zu literarischen Primärquellen hat eine gewisse neue Untersuchung und Wertung ermöglicht. Man hat gemeint, Nestorius sei von seinem Gegner Cyrillus mißverstanden und falsch dargestellt worden, und dieser habe den Streit provoziert, zum Teil auch aus kirchenpolitischen Gründen. In Wirklichkeit stimme die Theologie des Nestorius mit der älteren antiochenischen überein ohne irgendwelche Übertreibungen im ketzerischen Sinn. »Keiner unter den großen ›Ketzern‹ der Dogmengeschichte trägt diesen Namen so zu Unrecht wie Nestorius«, sagt Seeberg (Lehrbuch der Dogmengeschichte II, 2. Aufl. 1910, S. 204), der neben Loofs vor allem für eine Rehabilitierung des Nestorius eingetreten ist. Hierbei spielt jedoch eine Rolle, daß die allgemeine theologische Anschauung, die diese Dogmengeschichtler vertreten, Nestorius und der antiochenischen Schule viel näher als der alexandrinischen steht. Man findet die antiochenische Christologie mit ihrer Hervorhebung des historischen Christus und der moralischen Vereinigung von göttlichem und menschlichem Wesen wissenschaftlich haltbarer als die alexandrinischen Gedanken einer physischen Einheit der beiden Naturen Christi oder der Vergöttlichung des Fleisches. Die antiochenische Christologie paßt besser zu der modernen wissenschaftlichen Sicht der Dinge, und dies erklärt zum Teil die veränderte Beurteilung des Nestorius. Es dürfte jedoch offenkundig sein, daß seine Anschauung im Verlauf des Streites vom Gegner verfälscht wurde und daß der Kampf gegen ihn nicht nur sachlich theologische Motive hatte. Der Unterschied zwischen der nestorianischen und der älteren antiochenischen Theologie dürfte nicht so groß gewesen sein, wie es seine Gegner wahrhaben wollten.

Der Ausgangspunkt der nestorianischen Christologie ist derselbe wie der der früheren antiochenischen Schule: Die göttliche und menschliche Natur Christi sind nicht vermischt worden, sondern müssen streng auseinandergehalten werden. Die nächstliegende Streitfrage ist eine Konsequenz dieser Grundanschauung und betrifft ein scheinbar unbedeutendes Detail. In der alexandrinischen Theologie war für Maria der Ausdruck *theotokos* („Gottesgebärerin") geprägt worden. Wenn bei Christus eine physische Vereinigung von Gott und Mensch gegeben war, dann mußte der Mensch Christus, von Maria geboren, »Gott« und Maria mußte »Gottesgebärerin« genannt werden. Diese Ansicht paßte gut zu der wachsenden Marienverehrung der Zeit. Man verband mit Maria gewisse Eigenschaften, die in dieser Richtung lagen. Sie war unbefleckt von der Erbsünde. Sie war alle Zeit Jungfrau geblieben *(aeiparthenos)*.

Aber Nestorius wandte sich gegen den Ausdruck *theotokos*. Maria hatte Davids Sohn geboren, in dem der Logos Wohnung nahm. Das Göttliche lag nicht in der menschlichen Natur Christi, sondern lediglich darin, daß der Logos sich mit diesem Menschen verbunden hatte. Zwar war Nestorius der Meinung, diese Vereinigung sei schon in der Geburt geschehen und nicht erst in der Taufe, wie es der Dynamismus annahm. Dennoch war es bei dieser Ausgangsposition unmöglich, für Maria den Titel *theotokos* zu gebrauchen. Man könnte sie höchstens als *christotokos* (»Christusgebärerin«) bezeichnen.

Wegen dieser Überlegungen beschuldigte man Nestorius, die Gottheit zu leugnen. Wenn Christus in seiner irdischen Existenz, in seinen menschlichen Lebensverhältnissen, im Leiden und Sterben nur Mensch wäre, dann würde die Erlösung zur Unmöglichkeit gemacht. In der älteren antiochenischen Theologie wurde die Ansicht vertreten, das Menschliche in Christus sei auf eine geistliche, moralische Weise mit dem Göttlichen vereinigt gewesen, so daß Christus eine einheitliche Person darstellte. Nun erhebt sich die Frage, wie Nestorius in dieser Hinsicht dachte. Auch er redete in der Tat von Christus als von *einer* Person, aber seine Tendenz ging darauf hinaus, zwischen den Naturen so zu unterscheiden, daß dabei eine wirkliche Einheit der Person nicht angenommen wurde. Wenn es bei ihm heißt: *chorizo tas physeis, all henō tēn proskynēsin* (»ich unterscheide die Naturen, vereine aber die Anbetung«), dann bedeutet dies keine wirkliche Einheit in Christus. Die Einheit in der Anbetung liegt mehr auf der Seite des Subjekts, des Gläubigen.

Abgesehen davon, ob die Beurteilung des Nestorius als Häretiker völlig gerechtfertigt ist oder nicht, liegt bei ihm jedenfalls eine Anschauung vor, die uns die klare Angabe der Einheit nicht gestattet. Göttliches und Menschliches stehen unvermittelt nebeneinander.

Nestorius konnte darauf hinweisen, daß einzelne Eigenschaften und Handlungen des irdischen Lebens Jesu rein menschlich sind, während in anderen die göttliche

Macht hervortritt. Aber von seinen Ausgangspositionen her war es unmöglich, adäquate Ausdrücke für die gleichzeitige Einheit von Göttlichem und Menschlichem bei Christus zu finden.

Wie schon erwähnt, trat gegen Nestorius vor allem *Cyrill* auf, der Patriarch von Alexandrien und zugleich sein Mitbewerber um die höchste kirchliche Macht im Orient. Cyrill vertritt die alexandrinische Theologie, wenn auch nicht so einseitig wie Apollinaris. Er versucht eher die Grundgedanken der antiochenischen Theologie mit dem typisch alexandrinischen Gedankengut zu verbinden. Aber er bekämpfte rücksichtslos Nestorius, verfaßte gegen ihn eine Schrift mit zwölf Anathemata und konnte seiner Anschauung auch auf dem Konzil zu Ephesus zum Siege verhelfen. Dort entschied man sich nämlich gegen die Auffassung des Nestorius für das alexandrinische *theotokos*.

Im Gegensatz zu Apollinaris betont Cyrill, daß Christus voll und ganz Mensch mit einer menschlichen Seele ist *(psychē logikē)*. Beide Naturen finden sich bei ihm in ihrer Eigenart erhalten. Wie die Antiochener betont er also, daß sich in Christus *dyo teleia*, zwei vollkommene Naturen, finden und diese nicht verwandelt oder miteinander vermischt sind.

Gegen Nestorius aber hebt er die Einheit zwischen den beiden Naturen als eine reale, substantielle, nicht nur moralische oder eine solche der Anbetung hervor. In einem seiner Anathemata über Nestorius heißt es: »Wer nicht bekennt, daß sich der Logos aus Gott dem Vater hypostatisch mit dem Fleisch vereinigt hat und zugleich mit dem Fleisch *einen* Christus bildet, Gott und Mensch, der sei verflucht.« Wäre Gott nicht selber im irdischen Leben Christi erschienen, so daß es sich nicht um Gottes Leiden und Sterben handelte, dann könnte er nicht unser Erlöser sein. Die Auffassung des Nestorius macht die wahre Göttlichkeit Christi und damit die Erlösung durch ihn unmöglich. Die Einheit zwischen Gott und Mensch beschreibt Cyrill als eine physische oder substantielle, *henōsis physikē*. Der wichtigste Begriff in diesem Zusammenhang ist die *henōsis kat hypostasin* (»Einheit der ›Hypostase‹ nach«). Dieser Ausdruck könnte als Entsprechung zu der Lehre von der persönlichen Vereinigung, der unio personalis, erscheinen. Aber „hypostasis" bedeutet bei Cyrill in diesem Zusammenhang nicht Person, wie in der Trinitätslehre, sondern es ist eher ein Synonym für »ousia«. Der Ausdruck bedeutet also dasselbe wie *henōsis physikē* oder *henōsis kat ousian* (»die Einheit dem Wesen nach«). Cyrill will damit ausdrücken, daß es sich um eine wirkliche Einheit handelt, die in der Natur selbst, eben bei Christus liegt, nicht nur in der Anbetung. Cyrill greift die Formel des Apollinaris, *mia physis tou theou logou sesarkōmenē* auf: Gottes Logos hat nur *eine* Natur, die fleischgewordene.

Da Cyrill gleichzeitig die Verschiedenheit der Naturen verteidigen will, ergibt sich in seiner Christologie ein Widerspruch. Unvermittelt stellt er die antiochenische Lehre von der Verschiedenheit der Naturen mit Betonung der vollen Menschlichkeit Christi neben die alexandrinische Vorstellung einer physischen Einheit. Dasselbe

Paradox erscheint in der endgültig fixierten Christologie, aber die Begriffe sind bei Cyrill ihrem Inhalt nach nicht so streng abgegrenzt. Sein Standpunkt wurde als völlig orthodox betrachtet, gleichzeitig aber haben die späteren Monophysiten an bestimmte seiner Formulierungen anknüpfen können.

Unter den Lehrstreitigkeiten, die der Synode von Chalcedon 451 vorausgehen, kämpfen noch immer die von Nestorius und Cyrill vertretenen Richtungen um die Macht. Dazu kommt als dritter bedeutender Faktor die abendländische Theologie, entwickelt von Hilarius, Ambrosius und Augustin. Ihre Gedanken und Vorstellungsweisen gewannen entscheidenden Einfluß bei der endgültigen Ausformung des kirchlichen Standpunktes. Schon Tertullian sprach von Christus als einer Person mit zwei Naturen. Diese Vorstellung wird in der abendländischen Theologie nun so herausgebildet, daß es der Logos ist, der bei Christus die eigentliche Person bildet, menschliche Natur annimmt und mit sich vereinigt und durch dieselbe handelt. Christus bildet somit *eine* Person, und diese ist von der göttlichen Natur geprägt. Diese Anschauung erinnert an die alexandrinische Vorstellung, gleichzeitig wird jedoch der Unterschied zwischen den Naturen betont.

Eutyches; die Synode von Chalcedon

Eutyches (Archimandrit eines Klosters bei Konstantinopel) vertrat in erster Linie die alexandrinische Anschauung und bekämpfte die antiochenische Christologie. Er behauptete, Christus habe nach der Menschwerdung nur *eine* Natur gehabt und seine Menschlichkeit sei nicht von gleichem Wesen wie die unsere gewesen. Wegen dieser Ansichten wurde Eutyches in Konstantinopel exkommunziert. Doch die Angelegenheit wurde alsdann auch vor Papst Leo I. gebracht. Eine allgemeine Synode wurde 449 nach Ephesus einberufen. Hier übernahmen die Alexandriner die Führung, Eutyches wurde wieder in sein Amt eingesetzt, die Auffassung des Papstes, die dieser dem Bischof Flavius von Konstantinopel in einem Brief darlegte, wurde nicht einmal erwähnt. Wegen ihres stürmischen Verlaufs wurde diese Synode »die Räubersynode« genannt. Die ökumenische Anerkennung blieb ihr versagt.

In der Folgezeit gelangte der eben genannte Brief Papst Leos I. in den Mittelpunkt des Interesses. Der Papst suchte eine neue Konferenz zustande zu bringen, um die Beschlüsse der »Räubersynode« aufzuheben. Eine solche neue Synode wurde auch einberufen, und zwar 451 nach Chalcedon. Inzwischen hatte sich jedoch die Ansicht zugunsten des Papstes verändert, und sein Brief wurde den Verhandlungen der Synode zugrunde gelegt. Nun lehnte man die alexandrinische Anschauung scharf ab und pries Leos abendländischen Standpunkt. Man erkannte den Brief des Papstes jedoch nicht als direkten Synodalbeschluß an, sondern stellte eine neue Formel auf, die eine stark abendländische christologische Prägung trug sowie einerseits Nestorius und andrerseits Eutyches ablehnte, das heißt den ausgeprägten Dyophysitismus ebenso wie den ausgeprägten Monophysitismus. Somit wurden einerseits diejenigen verdammt, die »zwei Söhne« lehrten, andrerseits, welche »zwei Naturen vor der Vereinigung, aber eine nach der Vereinigung« annahmen.

Der Synodalbeschluß von Chalcedon enthält die Entscheidungen, zu denen man in den verschiedenen Auseinandersetzungen gelangte, und bildete somit eine symbolgemäße Zusammenfassung der Gedankengänge, die in der Christologie formuliert worden waren. Ein Blick auf einige der entscheidenden Sätze der Formel zeigt, wie man an die früheren Anschauungen anknüpfen und die verschiedenen Streitfragen entschied:

»Wir bekennen ein und denselben Sohn[1], unseren Herrn Jesus Christus. Er ist vollkommen in der göttlichen Natur[2] und vollkommen in der menschlichen Natur, wahrhafter Gott und wahrhafter Mensch mit vernünftiger Seele *(psychē logikē)* und Leib[3], mit dem Vater in einerlei Wesen der göttlichen Natur nach[4] und von gleichem Wesen wie wir nach der menschlichen Natur[5], in allem uns gleich, doch ohne Sünde; der göttlichen Natur nach ist er geboren vom Vater vor der Zeit, nach der menschlichen Natur in der jüngsten Zeit um unsert- und unserer Erlösung willen geboren von der Jungfrau Maria, der Gottesgebärerin[6]; ein und derselbe Christus, Sohn, Herr, eingeboren, offenbart in zwei Naturen[7] ohne Vermischung, ohne Verwandlung[8], unauflöslich, untrennbar[9] *(asynchytōs, atreptōs, adiairetōs, achōristōs)*, wobei der Unterschied *(diaphora)* der Naturen keineswegs um der Einheit willen aufgehoben wird. Vielmehr wird die Eigenart jeder der Naturen gewahrt, und beide gehen zusammen zu einer Person und einer Hypostase, nicht gesondert oder geteilt in zwei Personen, sondern zu ein und demselben Sohn und eingeborenen Gott, Logos, dem Herrn Jesus Christus.«

Die Bedeutung des Konzils zu Chalcedon war außerordentlich groß. Absicht des Beschlusses war, die alexandrinische und die antiochenische Ansicht zu vereinigen. Nestorius wurde verdammt, nicht jedoch die übrigen Antiochener. Die Ansicht des Eutyches wurde abgelehnt, die des Cyrill jedoch als orthodox anerkannt. Man hatte jedoch noch weiter gesteckte Ziele, nämlich zu einer Einigung zwischen Morgenland und Abendland in diesen dogmatischen Fragen zu kommen. Hier vereinigten sich Antiochien, Alexandrien und Rom in einer gemeinsamen orthodoxen Lehrformulierung.

Severus; der Monophysitismus

Nach dem Konzil zu Chalcedon kam es zu lang anhaltenden Lehrstreitigkeiten, die sowohl durch politische Motive bedingt als auch von derjenigen Theologie ver-

[1] gegen Nestorius, der so zwischen Davidsohn und Gottessohn unterschied, daß man glaubte, er lehre »zwei Söhne« – [2] gegen den Dynamismus, Arius, Nestorius – [3] gegen Apollinaris, der die menschliche Seele bei Christus durch den Logos ersetzte und bei ihm ein »himmlisches Fleisch« annahm – [4] vgl. Nicänum – [5] gegen Eutyches – [6] Cyrill gegen Nestorius; vgl. Ephesus 431 – [7] die abendländische Christologie – [8] gegen Eutyches (und frühere Anschauungen, z. B. Apollinaris) – [9] gegen Nestorius

ursacht waren, die durch den Synodalbeschluß ihre Sanktionierung erfahren hatte. Zahlreiche Gruppen, besonders in der Kirche des Orients, opponierten gegen bestimmte Passagen in der Formel von Chalcedon, in denen man ein Nachgeben gegenüber der Lehre des Nestorius von zwei Personen in Christus und folglich eine Leugnung der Einheit von Jesu Person zu finden glaubte. Man redete davon, daß Christus dort als ein »Götzenbild mit zwei Gesichtern« dargestellt würde.

Durch diese Opposition entstanden die sogenannten monophysitischen Richtungen, unter denen man zwei Hauptgruppen unterscheiden kann. Die eine vertrat eine gemäßigte Anschauung und weicht nur wenig von der orthodoxen Christologie ab, obwohl man sich weigerte, den Beschluß von Chalcedon anzuerkennen. Ihr bedeutendster Vertreter ist *Severus von Antiochia*, der in seiner Theologie an *Cyrill von Alexandria* anknüpft. Die oben (S. 74) angeführte Formel »die fleischgewordene Natur eines einigen Logos Gottes« legt Severus so aus, daß das Wort »Natur« eher dem Begriff »Hypostase« oder »Person«, als dem, was die Formel von Chalcedon mit »Natur« meinte (nämlich »Wesen«), entspricht. Seine Auffassung schließt somit die kirchliche Zweinaturenlehre nicht aus. Er hält auch daran fest, daß Christus wahrer Mensch ist.

Beim anderen Zweig des Monophysitismus handelt es sich um eine Anschauung, die an Apollinaris von Laodicea oder an den auf dem Konzil zu Chalcedon abgelehnten Eutychianismus erinnert. Die Theologen, die sich zu dieser Form der monophysitischen Anschauung bekannten, gingen davon aus, daß Christus in seiner menschlichen Natur nicht von gleicher Natur sein kann wie wir, sondern daß er seine menschliche Natur im Einklang mit der göttlichen verwandelt hat. Sie konnten sich offenbar nicht mit der wahren Menschlichkeit Christi abfinden, sondern dachten sich das Fleisch auf irgendeine Weise vergöttlicht. So sollte – nach einigen der monophysitischen Theologen – der Leib Christi schon vom Anbeginn der Inkarnation verklärt und in die Unvergänglichkeit erhöht worden sein *(pros aphtharsian metekerasto)*. Dieselben Eigenschaften, die der Leib Christi nach der Auferstehung hat, wollte man ihm von Anfang an zuschreiben (tale fuisse inde ab unione, quale fuerit post resurrectionem). Diese Anschauung, oft Aphthartodoketismus genannt (von *aphthartos*, unvergänglich) vertritt unter anderem *Julian von Halikarnassus*.

Die Kritik der Monophysiten am Chalcedonense lief darauf hinaus, daß es absurd sei, von zwei Naturen in Christus zu reden und trotzdem von nur *einer* Person oder Hypostase. Die Natur oder das Wesen mußte ebenfalls die selbständige Hypostase einbegreifen. Man konnte nicht von einer vollkommen menschlichen Natur reden, ohne mit dieser auch als mit einer selbständigen Personexistenz zu rechnen. Nähme man zwei Naturen an, so bedeute das – meinten sie –, daß man in Wirklichkeit auch mit zwei Personen rechne.

Wenn man in der Folgezeit die Formel von Chalcedon auslegte, berücksichtigte man die soeben dargelegte Kritik und war also bestrebt, die Einheit in der Person Christi stärker hervorzuheben. Der monophysitische Standpunkt siegte jedoch nicht, sondern das Chalcedonense gewann wieder die Herrschaft. In gewisser Weise blieb jedoch das Problem, dem die Monophysiten Ausdruck verliehen hatten, ungelöst: Wie kann die Lehre von den zwei Naturen mit der Lehre von *einer* Person oder Hypostase in Einklang gebracht werden?

Leontius von Byzanz; der monotheletische Streit

Eine Antwort auf die Hauptfrage der monophysitischen Auseinandersetzungen wird von *Leontius von Byzanz* (gest. 543) gegeben. Er stützt sich teilweise auf die Lehrweise des Aristoteles und gehört zu den ersten, die diese Philosophie als »Hilfsmittel« in die Theologie eingeführt haben. Aber in seiner Christologie hat er hauptsächlich die Terminologie der drei Kappadozier aufgenommen und den Gedanken der »Enhypostasie« als Lösung der Gegensätze zwischen monophysitischer und dyophysitischer Anschauung hinzugefügt.

Ausgangspunkte sind die alten in der Trinitätslehre angewandten Begriffe *physis (= ousia)* und *hypostasis (= prosōpon)*. *Physis* gibt das Sein des Dinges an – daß es vorhanden und auf eine bestimmte Art beschaffen ist. Es drückt aus, was das Ding zu dem macht, was es ist *(einai)*. Der Begriff »Hypostase« besagt, daß etwas für sich selbst als selbständiges Subjekt *(kath'heauton einai)* existiert. Die Begriffe sind die schon vordem geläufigen. In der Christologie wird Christus also dargestellt als eine Hypostase (Person) in zwei Naturen (Wesen). Das Problem ist dies: Kann es eine »Natur« geben, die in ihrer Art vollkommen ist, aber keine selbständige Hypostase hat? Dieses Problem sucht Leontius mit dem Begriff *enhypostasia (enhypostatos)* zu lösen. Es ist denkbar, daß eine Natur existiert, die kein selbständiges Sein, sondern ihre Existenz in etwas anderem hat. Es gibt danach bei Christus nur *eine* Hypostase, und das ist die des Logos, der von Ewigkeit her existiert und in der Zeit die Natur des Menschen annimmt. Dabei wird der Logos auch für den Menschen Christus Hypostase, so daß die menschliche Natur Christi ihre Hypostase im Logos hat. Sie ist nicht ohne Hypostase, hat aber ihre Hypostase in etwas anderem, nämlich im Logos *(en-hypostatos)*.

Diese Ausbildung der Christologie bedeutet eine Annäherung an den Monophysitismus. Der Logos ist personbildend, stellt auch die Hypostase für die menschliche Natur dar. Diese hat ihrerseits keine selbständige Existenz, sondern geht gewissermaßen im Logos auf. Doch hält man daran fest, daß die menschliche Natur vollkommen ist, das heißt, aus Leib und Seele besteht.

Die Enhypostasie-Theologie wurde als richtige Auslegung des Chalcedonense auf dem fünften ökumenischen Konzil (553 in Konstantinopel) bestätigt. Damit hatten die Monophysiten in gewissem Maß Gehör für ihr Anliegen gefunden. Aber sie waren trotzdem nicht mit der Lösung zufrieden, die Leontius ausgearbeitet hatte. Sein Gedankengang zielte auf eine rein logische Erklärung ab, während sie mehr oder weniger einer physischen Einheit das Wort reden wollten. – Nach dieser Zeit sonderten sich die Monophysiten ab und bildeten eine eigene Gemeinschaft, vor allem in Syrien, Palästina und Ägypten. Mehrere orientalische Nationalkirchen nahmen monophysitischen Charakter an: die armenische, die syrisch-jakobitische, die ägyptische (koptische) und später die abessinische Kirche. Im allgemeinen war es ein weniger ausgeprägter (wie der von Severus vertretene) Monophysitismus, der von diesen Gemeinden übernommen wurde.

Dem monophysitischen Streit folgte der sogenannte monotheletische, in dem es dabei um die Frage geht, ob sich in Christus ein einziger oder zwei Willen vorfinden.

Beachtenswert ist, daß das christologische Problem hier teilweise von der metaphysischen auf die konkret psychologische Ebene übertragen wird. Zu größerer Klarheit gelangte man auf diesem Wege jedoch kaum. Die Monotheleten akzeptierten die Zweinaturenlehre, nahmen aber für Christus nur einen Willen an, den des göttlichen Logos. Man wollte auf diese Art der psychologischen Einheitlichkeit gerecht werden, die das Christusbild der Bibel prägt; der Wille – so meinte man – gehöre zur Person und bilde einen Teil ihres Wesens. Die Dyotheleten hingegen meinten, man würde auf diesem Wege nahe bei einer doketischen Auffassung landen. Eine vollkommene menschliche Natur bei Christus setze auch einen rein menschlichen Willen voraus, wie auch die göttliche Natur einen göttlichen Willen einbegreife. Man nahm also bei Christus sowohl einen göttlichen als auch einen menschlichen Willen an. Dabei dachte man sich, daß der göttliche die Herrschaft ausübte und durch den menschlichen wirkte, so daß zwischen beiden keinerlei Kluft bestand. Eine solche Anschauung wurde von *Maximus Confessor* (gest. 662) entwickelt und als Kirchenlehre auf dem sechsten ökumenischen Konzil (680–681 in Konstantinopel), der sogenannten Trullanischen Synode, angenommen. Auf dieser Synode versuchte man den Dyotheletismus mit dem Enhypostasiegedanken zu verbinden, das heißt, sowohl die Selbständigkeit der Naturen als auch die Existenz der menschlichen Natur *im* Göttlichen zu betonen. Die Bestimmungen waren jedoch unklar; die Beschlüsse des sechsten ökumenischen Konzils wurden von den Reformatoren nicht anerkannt.

Johannes Damascenus

Einen gewissen Abschluß erreicht die altkirchliche Christologie mit *Johannes Damascenus* (gest. um 750), der als erster die Tradition zusammenfaßt, die nunmehr für die griechisch-orthodoxe Kirche zur Norm geworden ist. Er hatte jedoch auch auf das Abendland großen Einfluß. Johannes Damascenus gibt die Theologie der älteren Kirchenväter wieder und kleidet sie mit Hilfe des von ihm angewandten philosophischen Begriffsapparates in einheitliche Formeln. Sein größtes Werk ist die *pēgē gnōseōs*, die »Quelle der Erkenntnis«, eine dreiteilige Arbeit. Der erste Teil ist dialektisch und behandelt lediglich philosophische Fragen, der zweite bietet eine

Darstellung der Häresien, und der dritte enthält die eigentliche Dogmatik *ekthesis tēs orthodoxou pisteōs* (»Auslegung des orthodoxen Glaubens«). Letztere galt später für die Normaldogmatik der griechischen Kirche. Damascenus nimmt die aristotelische und neuplatonische Philosophie auf und entlehnt ihr Begriffe und Denkschemata, um damit die theologische Darstellung zu untermauern. Mit anderen Worten wendet er ein scholastisches Verfahren an und ist der erste, der in der Dogmatik eine derartige Methode durchführt. Im übrigen hat Damascenus hauptsächlich die Gedanken der vergangenen Zeit zusammengetragen und eingehender formuliert, ohne irgendwelche Selbständigkeit anzustreben. Sein besonderes Interesse fand in der scholastischen Bearbeitung seinen Ausdruck. In seiner ausführlichen Darstellung der Christologie schließt er sich Leontius von Byzanz und Maximus Confessor an.

Damascenus betont stark die Einheit der Person Christi: *mia aei tou theou logou hypostasis* (»die Hypostase des Logos Gottes ist stets eine einzige«). Diese eine Hypostase ist gleichzeitig die des Logos, der menschlichen Seele und des menschlichen Leibes. Die menschliche Natur hat also kein selbständiges Personendasein, sondern existiert im Göttlichen.

Gleichzeitig unterstreicht Damascenus den Unterschied zwischen den zweierlei Naturen und nimmt die dyotheletische Auffassung an. Ausführlich behandelt er die Frage, wie die zwei Naturen sich zueinander verhalten, und hat hier neue Formulierungen beigesteuert. Auf Grund der Einheit der Person erfolgt eine »gegenseitige Durchdringung« *(perichōrēsis)*, so daß der Logos das Menschliche in sich aufnimmt und seinerseits seine Eigenschaften auf das Fleisch überträgt. Daher kann man zum Beispiel sagen, daß der »Herr der Herrlichkeit« gekreuzigt wurde, oder andrerseits, daß der Mensch Jesus ungeschaffen, unendlich ist. Dabei wahren jedoch beide Naturen ihre Eigenart und ihre Verschiedenheit. Bei Damascenus finden sich hierfür besonders starke Ausdrücke, die bisweilen dem Gedanken der *gegenseitigen* Durchdringung zu widersprechen scheinen. So sagt er, allein die göttliche Natur durchdringe die menschliche, und nicht umgekehrt. Damit will er betonen, daß die Gottheit als solche unveränderlich, von Leiden und Tod unberührt bleiben muß. Wie der Sonnenstrahl, der auf einen Baum fällt, nicht davon berührt wird, daß man den Baum umhaut, so steht Gott über dem Leiden, das Christus widerfährt. Fragt man nach der Natur im abstrakten Sinn (Gottheit – menschliche Natur), dann ist streng zu unterscheiden: das Göttliche wird nicht menschlich, das Menschliche nicht göttlich. Aber schaut man auf Christus als konkrete Person, dann tritt die Einheit in den Vordergrund. Er ist ganz und gar Gott und zugleich ganz und gar Mensch, in der Identität und Einheit der Person. Einheitsbildend ist dabei die Hypostase des Wortes, die auch die Hypostase der in Christus sichtbar gewordenen menschlichen Natur wird. Die Prägung, die das Christusbild in den scholastischen Formulierungen des Johannes Damascenus erhalten hat, spiegelt auf ihre Weise die orthodoxe Bildkunst (die Ikonen) wider, in der der transzendente und majestätische Zug stark unterstrichen wird.

Ebenso, wie die absolute Transzendenz des Göttlichen betont wird, spielen nun die Symbole eine wichtige Rolle. Es ist kein Zufall, daß Johannes Damascenus die »Bilderverehrung« theologisch verteidigt (womit jedoch keine Verehrung im eigentlichen Sinn, sondern Ehrfurcht und Anbetung gemeint sind). Die Symbole fungieren als Vermittlung des Göttlichen, als etwas den Sinnen Zugängliches, das das Unsichtbare, Himmlische repräsentiert. Man nimmt an, daß die Bilder das Göttliche in realer Weise wiedergeben und darum Gegenstand der Anbetung werden können. Nach langen Auseinandersetzungen zwischen den byzantinischen Kirchenmännern – es regte sich auch starker Widerstand gegen die Bilderverehrung – entschied sich die Ostkirche auf dem Konzil zu Nicäa 787 zugunsten der Bilderanbetung (siehe unten S. 116).

10
Die Entwicklung des Kirchengedankens

Wie sich die Theologie im übrigen im Kampf gegen häretische und abweichende Anschauungen herausbildet, so hat sich auch die Lehre von der Kirche teilweise unter dem Widerstand des Gnostizismus und anderer fremder Richtungen entwickelt.

Von der Entwicklung, die sich auf diesem Gebiet zur Zeit der alten Kirche vollzieht, läßt sich in großen Zügen sagen, daß teils eine festere kirchliche Organisation hervorwächst und teils solche Gedankengänge ihre Formulierungen finden, die die äußere Konsolidierung der Gemeinden motivieren und unterbauen. Gleichzeitig stoßen unterschiedliche Auffassungen vom Wesen der Kirche, von ihrer Heiligkeit und ihrem Verhältnis zur äußeren Gemeinschaft aufeinander.

Schon *Ignatius* unterstreicht das Bischofsamt als das zusammenhaltende Band der Kirche. Die Gnostiker drohen, Glauben und Einheit der Kirche durch ihre falsche Lehre zu zerstören. Darum müssen sich die Gläubigen um den Bischof scharen, der als Leiter der Gemeinde an der Stelle der Apostel steht. Diese Stellung nimmt der Bischof ein, weil er die apostolische Tradition repräsentiert und dadurch die Reinheit der Lehre und den ununterbrochenen Zusammenhang mit den Aposteln garantiert. Es ist eine göttliche Ordnung, daß die Kirche unter einem einzigen Haupt zusammengeschlossen ist – so, wie die Apostel um Christus zusammengeschlossen waren. Die Kirche ist eine heilige und allgemeine Kirche, weil sie die wahre apostolische Tradition wahrt. Diese Einheit wird im Bischof verkörpert. Ein anderer Gedankengang, der mit dem erwähnten in Verbindung steht, begründet die Einheit der Kirche damit, daß sie die alleinige Verwalterin der Heilsmittel ist. Nicht nur das Wort, die reine Lehre, sondern auch die Sakramente konstituieren die Kirche und machen den festen Zusammenschluß um das Amt zu einer Notwendigkeit. Solche Gedanken finden sich auch bei anderen Theologen, die die frühe orientalische Tradition vertreten, zum Beispiel bei *Irenäus*. Der spätere römische Kirchengedanke entwickelt sich dagegen in erster Linie auf abendländischem Boden. Hier steht die Frage der Kirche auf eine andere Weise im Mittelpunkt als in der griechischen Theologie. Diese Entwicklung des Kirchengedankens im Abendland ist von mehreren verschiedenen Fragen bedingt und mit solchen verflochten, die sowohl die Theorie der Kirche als auch ihre Praxis betreffen. Der römische Kirchenbegriff hat sich unter langwierigen Diskussionen unter anderem über die Buße, die Heiligkeit der Kirche und die Gültigkeit der Ketzertaufe entwickelt.

Die *Bußlehre* und *Bußpraxis*, die die alte Kirche kennzeichnen, sind in ihren Grundzügen schon bei *Tertullian* zu finden. Es verdient Beachtung, daß der Begriff hier ein anderer ist als der des Protestantismus. In der älteren protestantischen Tradition wird die Buße als ein Wirken des Gesetzes und des Evangeliums beschrieben, wobei der Mensch durch das Gesetz zerknirscht und durch das Evangelium aufgerichtet wird. Die Buße wird also als contritio (Zerknirschung) und fides (Glaube) definiert. Bei Tertullian wird die Buße mehr als der Weg angesehen, den der Mensch gehen muß, um den Frieden mit Gott wiederzugewinnen. Gott zürnt über den Sünder und straft die Sünde nach seiner Gerechtigkeit. Aber er hat dem Menschen eine Möglichkeit gegeben, die Gemeinschaft mit Gott wiederzuerlangen und die Vergebung der Sünden zu empfangen. Dieser Ausweg ist die Buße, die in gewissem Grade als das verdienstliche Werk betrachtet wird, das Gottes Zorn stillt. Sie besteht aus Reue, Bekenntnis und Genugtuung. Die erste Buße gehört zur Taufe, die eine Bestätigung der Vergebung der Sünden ist. Wenn der Christ aber nach der Taufe erneut in offenkundige und schwere Sünde fällt, kann er wiederum durch eine zweite Buße aufgerichtet werden. Man rechnet jedoch nur mit *einem* solchen Fall nach der Taufe. Ursprünglich glaubte Tertullian, eine solche zweite Buße sei auch bei Todsünden möglich; während seiner montanistischen Periode verneinte er jedoch die Möglichkeit der Buße bei Menschen, die nach der Taufe in Todsünde gefallen waren. Die laxe Praxis, die man in dieser Hinsicht allmählich in der Kirche übte, hatte übrigens unter anderem den Übertritt Tertullians zum Montanismus veranlaßt.

Die Frage der Möglichkeit einer zweiten Buße wurde aber nun gerade das schwerste Problem der Bußlehre. Man verglich die Buße mit einer Rettungsplanke, an der sich der Christ nach Schiffbruch im Glauben festhalten konnte. Manche schlossen sich nun aber der strengeren Auffassung Tertullians an und meinten, Buße für Todsünden, das heißt für Götzendienst, Mord und Ehebruch, sei ausgeschlossen. In dieser Situation erließ Bischof *Calixt* in Rom (217–222) eine Bußordnung, die eine zweite Buße auch für gewisse Todsünden zuließ. Er meinte, wie Christus barmherzig gegen die Ehebrecherin war, so könnten die Diener der Kirche immer auch Absolution für schwerere Sünden erteilen (jedoch nicht für Mord und Abgötterei). Er trat für die Befugnis des Bischofs ein, die Bußpraxis zu handhaben und darüber zu bestimmen. Die Buße wurde also in die Hand des Bischofs gelegt als eine Institution, über die die Kirche zu verfügen hatte.

Zu den Gegnern des Calixt in dieser Frage gehörten *Hippolyt* und *Tertullian*, die eine strengere Bußpraxis forderten. Sie vertraten die Meinung, nur Gott könne Sünden vergeben, und wiesen die Behauptung zurück, daß der Bischof als Nachfolger Petri über die Gewalt verfügen sollte. In dieser Kritik macht sich die ältere und ursprünglichere Tradition geltend. Man wendet sich gegen die beginnenden hierarchischen Tendenzen und sucht gleichzeitig eine rigorosere Bußauffassung beizubehalten.

Der Theologe, der in der Folgezeit die Lehre über die Buße entwickelt und den Grund für den römischen Kirchengedanken legt, ist *Cyprian* (gest. 258; Bischof in Karthago). Die Decianische Verfolgung um die Mitte des 3. Jahrhunderts warf in diesem Zusammenhang ein ernstes Problem auf: Sollten die vielen, die sich unter dem Druck der Verfolgung zum Abfall hatten zwingen lassen, darauf wieder in die Kirche aufgenommen werden können? Hierbei hatte sich die Praxis herausgebildet, daß derjenige, welcher ein Empfehlungsschreiben (libellum) von einem der sogenannten Konfessoren vorweisen konnte, die standhaft an ihrem Glauben festgehalten hatten und trotzdem dem Tod entgangen waren, wieder in den Kreis der Gemeinde aufgenommen werden durfte. Man räumte den Konfessoren also eine Sonderstellung ein und glaubte, daß sie in einem besondern Maße Geisteträger seien. Dieser Brauch drohte jetzt zu entarten; Cyprian trat deshalb dafür ein, daß in dieser Angelegenheit die Bischöfe eigene Entschlüsse fassen konnten und sollten. Ein selbstherrliches Handeln ohne Einvernehmen der Bischöfe gereiche demgegenüber der Kirche zum Schaden; das Gesetz und die kirchliche Ordnung müßten darum, auch über der rein geistlichen Autorität der Märtyrer hinaus, die höchste Instanz sein.

Zu den Gegnern Cyprians gehörte *Novatian* in Rom. Er verfocht eine strengere Bußpraxis und wollte die Gefallenen nicht wieder in die Kirche aufnehmen. Nach seiner Meinung sollte die Kirche nur aus Heiligen bestehen. Die Heiligkeit der *Kirche* lag danach nicht nur in den Sakramenten, sondern auch in der aktiven Heiligkeit ihrer Glieder. Novatian spaltete sich ab; der von ihm gebildeten Gemeinschaft kam aber nur geringe Bedeutung zu.

Eine Bischofssynode in Karthago bestätigte die cypriansche Auffassung als die richtige: Die Bischöfe haben das Recht, über den Wiedereintritt der Gefallenen in die Kirche zu entscheiden und ihnen Absolution zu erteilen. Im Anschluß an diese Frage entwickelte Cyprian seine Lehre von der Kirche. Das Neue in seiner Anschauung lag nicht in der eigentlichen Bußpraxis, sondern darin, daß er den Bischöfen eine höhere Autorität als den Konfessoren zuschrieb und dadurch die Macht der Kirche stark auf den Bischof konzentrierte. Er verfocht damit keinen Gegensatz zwischen der Autorität des Amtes und des Geistes, sondern vertrat die Meinung, daß die Bischöfe Träger des Geistes (spirituales) seien. Geist und Amt gehören zusammen; die reinen Pneumatiker sollen dem untergeordnet sein, der das Amt führt. Cyprian sah demgemäß im Bischofsamt die Grundlage der Kirche.

Indem Cyprian das Abendmahl als eine Opferhandlung verstand und den Bischof als denjenigen ansah, der an Christi Statt Gott Opfer darbringt, vertrat er einen weiteren Punkt, der die hierarchische Tendenz unterstützte.

Der Bischof ist also an Christi Statt Oberhaupt der Gemeinde. Bei Cyprian findet sich auch der daraus zu folgernde Gedanke, daß es in der Kirche nur *einen* Bischof gibt, da dieses Amt die Einheit der Kirche repräsentiert. »Unus in ecclesia ad tempus sacerdos et ad tempus iudex vice Christi« (Einer ist in der Kirche je nach Lage der Dinge Priester oder Richter an Christi Statt – Epist. 59,5). Damit will Cyprian nicht sagen, daß *ein* Bischof über die anderen herrschen, sondern lediglich, daß jede Gemeinde unter einem einzigen Bischof zusammengeschlossen sein soll. In jeder Gemeinde ist danach die ganze Kirche Christi existent. Seine Gedanken waren jedoch eine Voraussetzung für die Ansprüche auf den Primat des römischen Bischofs, die um diese Zeit laut wurden und später in die Lehre vom Papst als dem Stellvertreter Christi einmündeten.

Cyprian betrachtete Petrus als das Symbol der Einheit der Kirche (Matth. 16,18). Aber er vertrat doch die Ansicht, daß die anderen Apostel dieselbe Autorität hätten. Gegen die Verfechter des römischen Primats verwies er unter anderem auf Gal. 2, wo Paulus berichtet, wie er gegen Petrus aufgetreten sei und ihn zurechtgewiesen habe.

Stephan, zur Zeit Cyprians Bischof in Rom (254–257), zog aus der Stellung des Petrus jedoch die Konsequenz, daß der römische Bischof als Nachfolger Petri die Oberhoheit über die anderen Bischöfe hatte. Er machte sich diese Gewalt selbst zunutze, indem er von ihnen Gehorsam verlangte und in Gallien und Spanien selbst Bischöfe einsetzte. Unter Berufung auf die Sukzession beanspruchte er für sich den Thron Petri (cathedra Petri) und sprach vom »primatus« des römischen Bischofs.

Diesen Ansprüchen traten Cyprian und andere entgegen, aber Stephan siegte. Cyprian glaubte, daß dem Bischof die Oberhoheit über die Kirche zukomme, jedoch nicht bloß auf Grund der äußeren Sukzession, sondern auch als einem Geistesträger. Der Bischof repräsentierte die Kirche, und alle Christen mußten sich seinem Amt unterordnen. Wer sich außerhalb dieser Gemeinschaft stellte, konnte nicht Christ sein, mochte er getrost auch Märtyrer sein und sich des gleichen Glaubens rühmen, »quia salus extra ecclesiam non est« (weil es außerhalb der Kirche kein Heil gibt – Epist. 73,21). Und »habere non potest deum patrem qui ecclesiam non habet matrem« (keiner kann Gott zum Vater haben, der nicht die Kirche zur Mutter hat – De ecclesiae unitate 6).

In diesem Zusammenhang gewinnt auch noch eine andere Frage Bedeutung, die Gültigkeit der *Ketzertaufe*: Sollten diejenigen, die von Ketzern getauft worden waren, wirklich als getauft betrachtet werden, oder sollte man eine nochmalige Taufe fordern, wenn sie in die Gemeinschaft der Kirche zurückkehrten? Was dies anbelangte, wurden innerhalb der Christenheit verschiedene Praktiken geübt. Cyprian zog aus seinem Kirchenbegriff die Konsequenz, daß die Ketzertaufe ungültig und die Taufe beim Wiedereintritt in die Kirche zu wiederholen sei. Der Geist der Wiedergeburt, den die Taufe vermittelte, konnte nur von einem Bischof übertragen werden, der Träger des Geistes war. Die Ketzertaufe war ohne Geisteswirkung, eine »sordida et profana tinctio« (schmutzige und ungeweihte Untertauchung – Epist. 73,6).

Stephan von Rom und andere mit ihm vertraten die entgegengesetzte Anschauung. Sie waren der Meinung, die Ketzertaufe sei gültig, wenn sie nur im Namen der Dreieinigkeit erfolgt sei. Die wesentlichen Dinge seien das Wasser und die Einsetzung durch Christus. Wo sich der Name Christi und Wasser fanden, war auch die Taufhandlung überall wirksam, unabhängig von der Stellung dessen, der die Taufe verrichtete.

In dem einen Fall maß man dem geistinspirierten Episkopat als zusammenhaltendem Band der Kirche Gewicht bei, im anderen der Institution und dem Amt als solchem. Die zweite Auffassung ließ sich besser mit der Anschauung von der Kirche vereinbaren, die allmählich vorherrschend wurde. – Die Frage der Gültigkeit der Ketzertaufe wird dann erneut in einem anderen Zusammenhang aufgeworfen, nämlich in dem Streit zwischen Augustin und dem Donatismus.

11
Augustin

Allgemeines

Der Name Augustins gehört nicht nur der Dogmengeschichte, sondern auch der allgemeinen Kulturgeschichte an. Der Einfluß seiner literarischen Tätigkeit erstreckt sich auch auf andere Gebiete als das spezifisch theologische: auf die Philosophie, das Staatsrecht, die Kirchenpolitik und die Literatur.

Augustin ist ein Mann gelehrter und vielseitiger Bildung, der auf lateinischem Gebiet allen anderen voraus die antike Bildung zusammenfaßt und das Erbe der Antike mit der christlichen Theologie verschmilzt. Er stellt demgemäß eine Synthese zwischen dem philosophischen Erbe der Antike und der christlichen Theologie her, gleichzeitig aber bringt er etwas Neues und Eigenständiges, geformt von seiner Persönlichkeit. Sowohl auf dem Gebiet der Philosophie als auch auf dem der Theologie ist er Neuschöpfer, wobei er gleichzeitig tief in der Antike und der christlichen Tradition verankert ist. Er repräsentiert die sterbende römische Kultur, doch gleichzeitig bilden seine Gedanken den Ausgangspunkt für das Künftige. Jahrhundertelang ringen künftig Theologen mit den Problemen, die Augustin aufgeworfen hat, bearbeiten seine Gedanken oder nutzen sein Werk als Quelle. So haben die Scholastik wie auch die Mystik, die päpstliche Kirchenpolitik wie auch die Reformrichtungen des Mittelalters wichtige Voraussetzungen in der Gedankenwelt des Augustin. In diesem Zusammenhang kommt es in erster Linie darauf an, die Grundvorstellung

Augustins vom Christentum sowie seine Bedeutung in der dogmengeschichtlichen Entwicklung zu verstehen.

Augustin knüpft an die altkirchliche Theologie an; seine schriftstellerische Tätigkeit bildet dabei – wenigstens für das Abendland – deren Abschluß. Er sammelt die christliche Tradition und gibt sie weiter; gleichzeitig kommt dabei etwas Neues hinzu.

Der philosophische Ausgangspunkt Augustins ist der Neuplatonismus. Von ihm hat er entscheidende Eindrücke empfangen, und er hört nie auf, das Christentum in Kategorien darzustellen, die er dieser Philosophie entnommen hat. Er verbindet das Christentum mit dem Denken seiner Zeit, das weitgehend vom Neuplatonismus geprägt wird. In formaler Hinsicht ist Augustins Theologie eine Synthese von neuplatonischen und christlichen Denkformen; die Grundanschauung, die seine Theologie kennzeichnet, trägt entsprechend die Prägung dieser Synthese.

Augustin gehört zum Abendland; demgemäß nehmen die Probleme, die überhaupt im Mittelpunkt der abendländischen Theologie stehen, auch in seiner Theologie den Vorrang ein. Die Frage der Kirche und die anthropologischen Fragen haben durch ihn eine Lösung erfahren, die dann grundlegend für die theologische Denkarbeit der Folgezeit geworden ist, auch wo man Augustins Anschauung nicht direkt folgte.

Vier verschiedene Elemente der Augustinischen Theologie stehen in diesem Zusammenhang im Mittelpunkt des Interesses: seine Trinitätslehre (die bereits in anderem Zusammenhang behandelt wurde, vgl. S. 65), seine Grundauffassung des Christentums (Neuplatonismus und Christentum), seine Lehre von der Kirche (entwickelt im Streit mit dem Donatismus) sowie seine Lehre von Sünde und Gnade (entwickelt im Streit mit Pelagius).

Augustins persönliche Entwicklung

Für das Verständnis der Theologie Augustins ist es wichtig, daß man auch seinen Lebenslauf und seine innere Entwicklung kennt, die eng mit der Bildung seiner Anschauung in Verbindung stehen. Die wichtigste Quelle stellen hierbei seine bekannten, um das Jahr 400 abgefaßten »Confessiones« dar.

Augustin wurde 354 in Thagaste in Numidien geboren. Sein Vater war Heide, die Mutter jedoch Christin; somit empfing Augustin schon früh Eindrücke vom Christentum. Um seiner Ausbildung willen kam er 371 nach Karthago. Hier führte er ein völlig weltliches Leben; doch durch die Lektüre von Ciceros Schrift »Hortensius« wurde die Liebe zur Philosophie in ihm geweckt. Nun trat das Wahrheitsverlangen an die Stelle des Strebens nach Reichtum und weltlicher Ehre. In dieser Sinnesänderung sah er später einen Schritt auf dem Wege zum Christentum. »O Wahrheit, o Wahrheit, wie innig seufzte nicht damals schon das Innerste meiner Seele nach dir!« Schon von Anfang an war ihm in gewisser Hinsicht klar, daß abseits von

Christus keine Wahrheit zu finden war. Was ihn noch hinderte, war die unphilosophische, barbarisch empfundene Sprache der Heiligen Schriften. Auch vermochte er sich nicht – wie es der Glaube voraussetzt – der Autorität der Schrift zu beugen.

Kurze Zeit nach dem genannten Ereignis schloß sich Augustin dem Manichäismus an, einer Sekte, die um diese Zeit in Afrika ziemlich verbreitet war. Diese Gemeinschaft, die von dem Perser *Mani* im 3. Jahrhundert gegründet worden war, vertrat eine den Gnostikern ähnlich geartete Anschauung. Doch sie war noch stärker vom Dualismus geprägt, bei dem sich nicht nur Gott und Welt, sondern vor allem Gott und das Böse gegenüberstanden. Das Böse wurde damit als ein Urprinzip neben Gott verstanden, als eine selbständige Macht, die Gottes Herrschaft einschränkte und mit der Gott kämpfte. Das eigentliche Erlösungssystem erinnerte an das gnostische; im übrigen bot der Manichäismus eine umfassende spekulative Welterklärung. Auch kennzeichnete ihn eine streng asketische Ethik, die bei den Anhängern in der Praxis jedoch oft ins direkte Gegenteil, in eine libertinistische Einstellung umschlug. Was Augustin zusagte, war die rationale Welterklärung und Askese, die seine Probleme zeitweilig lösten. Neun Jahre lang gehörte er zu den Manichäern; aber allmählich fand er ihre Anschauung unhaltbar und verließ die Gemeinschaft.

Um die gleiche Zeit, als Augustin sich vom Manichäismus trennte, siedelte er nach Italien über – im Jahre 383. Er ließ sich in Mailand nieder und kam dort mit dem bedeutenden Theologen und Kirchenmann *Ambrosius* in Berührung, der einen entscheidenden Einfluß auf ihn ausübte. Dieser vertrat die abendländische Theologie, hatte jedoch auch starke Eindrücke von der orientalischen Theologie und der griechischen Philosophie empfangen. Unter anderem hatte er die allegorische Methode von Philo und Origenes übernommen. Diese Methode wurde für die Auffassung Augustins von Bedeutung, denn sie erwies sich als ein Mittel, über anstößige Stellen in der Schrift hinwegzukommen. Ambrosius war außerdem in der Theologie des Paulus mit ihrer Lehre von der Rechtfertigung durch die Vergebung der Sünden verankert. Auch in dieser Hinsicht wurde seine Verkündigung für Augustin bedeutsam.

Augustin wandte sich nun dem Neuplatonismus zu, dessen Anschauung ihn vor allem vom Manichäismus wegführte; denn der neuplatonische Gottesbegriff steht dem manichäischen diametral entgegen. Gott wurde als das Absolute verstanden, das unveränderliche Gute, erhaben über allen Wechsel und Ursprung all dessen, was da ist. Es war daher nicht möglich, das Böse als selbständiges Prinzip hinzustellen oder anzunehmen, daß Gott gegen das Böse kämpfe und somit veränderlich, dem Wechsel des Daseins unterworfen sei. Das Böse kann auch nichts Selbständiges sein, etwa ein schöpferisches oder wirksames Prinzip. Im neuplatonischen Zusammenhang wird es entsprechend nur als das Negative, als das Nicht-Seiende gefaßt: Es ist Mangel an Gutem. Diese Anschauung vom Begriff des Bösen macht sich Augustin zu eigen; sie bildet den Hintergrund für seine Bestimmung des Wesens der Sünde. Was Augustin vom Neuplatonismus empfangen hat, bekundet er in den »Confessiones«: »Damals aber, als ich jene Bücher der Platoniker gelesen und in ihnen die Aufforderung gefunden hatte, die Wahrheit außerhalb der Körperwelt zu suchen, ward mir ›das Unsichtbare an dir aus den erschaffenen Dingen erkennbar‹ und sichtbar; doch schon wieder zurückgestoßen empfand ich, was ich bei der Finsternis meiner Seele noch nicht schauen durfte. Doch hatte ich die Gewißheit, daß du bist, daß du unendlich bist, wenn auch nicht ausgebreitet durch endliche und unendliche Räume, und daß du in Wahrheit bist, du, der immer Gleiche, in keinerlei Beziehung oder durch keinerlei Veränderung anders oder ein anderer, daß aber alles übrige aus dir ist, schon aus dem einen unumstößlichen Grunde, weil es ist. In diesen Punkten hatte ich Gewißheit, doch war ich noch allzu schwach, dich zu genießen...

Und später, als ich durch deine Bücher (d. h. die Bibel) gezähmt war und unter deinen heilenden Händen meine Wunden sich schlossen, sollte ich entscheiden und beurteilen, welch ein großer Unterschied zwischen hochmütiger Überhebung und demütigem Bekenntnisse sei, zwischen denen, welche zwar das Ziel sehen, aber nicht den Weg dazu, und dem Wege selbst, der zu jenem glückseligen Vaterlande hinführt, das man nicht nur schauen, sondern auch bewohnen soll« (Conf. VII,20).

Schließlich überwand er durch ein Wort des Paulus das letzte Hindernis für seine Bekehrung zum Christentum (Röm. 13,13f.): »Lasset uns ehrbar wandeln als am Tage, nicht in Fressen und Saufen, nicht in Wollust und Unzucht, nicht in Hader und Neid; sondern ziehet an den Herren Jesus Christus und wartet des Leibes nicht so, daß ihr seinen Begierden verfallet.«

Dieses Wort wurde für Augustin zum Anstoß, mit dem weltlichen Leben zu brechen und sein Verlangen auf das Übersinnliche, auf Gotterkenntnis und Gottesschau zu richten und nicht weltlichen Vorteilen nachzustreben. Sein Wille überwand den inneren Zwiespalt und erstarkte wieder. Die Bekehrung brachte es für Augustin mit sich, sein Streben nach einer glänzenden Stellung als Rhetor aufzugeben. Zugleich fand damit seine Verfallenheit an weltliche Begierden ihr Ende; er wandte sich nun den geistlichen Dingen zu. Gleichzeitig unterwarf er sich der Lehre und Autorität der Kirche. Der Glaube an Christus machte für ihn das, was alle Vernunft überschreitet, zur lebendigen Wirklichkeit.

Nach seiner Bekehrung zog sich Augustin mit einigen wenigen Vertrauten nach Cassiciacum bei Mailand zurück; nach einiger Zeit empfing er die Taufe (387). Im folgenden Jahr siedelte er wieder nach Karthago über; auf dieser Reise starb seine Mutter, ein Ereignis, das tiefe Spuren bei ihm hinterließ.

In Karthago lebte Augustin zunächst als Privatmann; nach einigen Jahren wurde er in Hippo zum Presbyter und später zum Bischof dieser Stadt gewählt (395). Hier lebte er bis zu seinem Tode im Jahre 430. Die Stadt Hippo wurde während dieser Zeit von Vandalen belagert, die damals die Gegend verheerten.

Über die Bedeutung der Bekehrung Augustins hat es verschiedene Ansichten gegeben. Mehrere protestantische Forscher, unter ihnen A. v. Harnack, vertraten die Meinung, sie habe keinen Bruch mit seiner früheren Anschauung bedeutet. Er sei auch nach seiner Bekehrung Platoniker geblieben. Die Schriften, die er nach der Bekehrung in Cassiciacum verfaßte, zum Beispiel die »Soliloquia«, sollten dies bezeugen. Davon ausgehend, hat man die Bedeutung der Bekehrung von 386, der seine eigenen Bekenntnisse so großes Gewicht beimessen, schmälern wollen. Katholische Forscher stellen die Bekehrung unter Berufung auf die »Confessiones« als wirkliche Veränderung zum christlichen Glauben und zur Unterwerfung unter die Lehre der Kirche dar. Nach J. Nørregaards und K. Holls Untersuchungen hat man sich nunmehr allgemein dieser Ansicht angeschlossen. Holl weist nach, daß sich das philosophische Studium, das Augustin nach seiner Bekehrung zweifellos fortsetzt, auf einer anderen Voraussetzung gründet.

Die Grundvorstellung Augustins vom Christentum

In den »Confessiones« beschreibt Augustin seinen Weg zum Christentum: Er irrte danach in seiner Blindheit auf falschen Wegen umher, stand die ganze Zeit über jedoch unter der ziehenden Kraft der Gnade und wird immer wieder von der Liebe zur Wahrheit ergriffen, bis diese Liebe und sein Sinn schließlich durch die Bekehrung beständig auf die geistliche Wirklichkeit gelenkt werden. Zuvor habe er die Wahrheit nur verschwommen in der Ferne geschaut; die Liebe zu ihr habe nur aus zeitweiligen Stimmungen bestanden, die die Liebe zur Welt nicht zu überwinden vermochten. Das Vielerlei in der Welt habe ihn gefangengehalten und sein Wesen zersplittert. Erst als er zum Glauben vordrang und sich der Wahrheit der Schrift unterwarf, habe er Frieden gefunden. Erst da erreichte er das, wonach er vordem gesucht hatte, ohne es finden zu können. Diese Erfahrung ist es, die Augustin mit den bekannten Worten zusammenfaßt: »Fecisti nos ad te, et inquietum est cor nostrum donec requiescat in te" (Du hast uns zu Dir hin geschaffen, und unruhig ist unser Herz, bis es Ruhe findet in Dir – Conf. I,1).

Wie schon bemerkt, bedeutet die Bekehrung Augustins die entschiedene Unterwerfung unter die Autorität der Kirche und seine Hinwendung zur Lehre der Heiligen Schrift. Zugleich bezeugen seine Taufe und die Wahl seines neuen Lebensweges eine einschneidende Veränderung. Andererseits zeigt sich jedoch eine gewisse Kontinuität in Augustins literarischer Tätigkeit vor und nach der Bekehrung. Denn auch die Schriften unmittelbar nach diesem Ereignis (z. B. die »Soliloquia«) tragen deutlich die Färbung der neuplatonischen Anschauung. Später wendet sich Augustin immer mehr der christlichen Tradition zu; doch es gibt gewisse Elemente des Neuplatonismus, die er nie aufgibt – so wie er vorher etwa den Manichäismus aufgegeben hat. Für ihn besteht kein Widerspruch zwischen jenen neuplatonischen Gedanken und dem Christentum. Er glaubt im Gegenteil, durch sie den Weg zum Christentum gefunden und dessen tiefsten Sinn erkannt zu haben. Seine theologische Grundanschauung ist somit in bestimmter Hinsicht immer von neuplatonischen Voraussetzungen bestimmt.

Die prinzipielle Einstellung zur philosophischen Spekulation ist jedoch beim christlichen Augustin eine andere als in seiner früheren Periode. Philosophie bedeutete damals für ihn der Versuch, die Wahrheit auf dem Wege der Vernunft zu erlangen. Das Ziel, das die Philosophie setzte, sollte durch rationales Denken, durch Spekulation erreicht werden. Nach seiner Bekehrung betrachtet Augustin das Verhältnis zwischen Theologie und Philosophie nach der Formel: »Credo, ut intelligam« (ich glaube, damit ich erkenne). Jetzt ist das Primäre die Unterwerfung unter die Autorität. Der Weg der Spekulation führt dagegen nicht zum Ziel. Vielmehr vermögen wir, nur durch den Glauben, durch die Annahme der offenbarten Wahrheit zu wahrer Gotterkenntnis zu gelangen. Dennoch folgt danach noch ein rationales Denken, wodurch auch die Glaubenswahrheit bis zu einem gewissen Grad Gegenstand des Verstehens werden kann. Das Fundament ist jedoch nicht das philosophische Denken, sondern der Glaube und die Unterwerfung unter die Autorität der Schrift.

Das begriffsmäßige Denken, das auf dem Glauben aufbaut – das »intelligere«, das zu der Unterwerfung unter die Lehre der Kirche gehört –, nimmt für Augustin die Formel einer Synthese von Christentum und Neuplatonismus an. Beide sind für ihn nicht zwei einander widersprechende Größen, sie harmonieren vielmehr miteinander. Damit ist nicht gesagt, daß der Neuplatonismus eine ebenso wahre Religion wie das Christentum ist. Vielmehr findet sich die Wahrheit nur in letzterem. Aber beide werden bei Augustin miteinander verbunden, und zwar indem der Neuplatonismus die Frage stellt, auf die das Christentum antwortet; denn es kann dabei allein die richtige Antwort geben. Die Philosophen suchen die Wahrheit, doch sie finden sie nicht. Sie kennen das Ziel, nicht aber den Weg, der dorthin führt. Wenn das Christentum somit die einzig gültige Antwort auf die tiefste Frage der Philosophie gibt, wird damit eine doppelte Beziehung zur Philosophie hergestellt. Einerseits beweist die Glaubenslehre, daß die Philosophie etwas Falsches ist, sie enthüllt ihre Leere und ihr Unvermögen, die tiefste Sehnsucht des Menschen zu stillen. Andrerseits akzeptiert sie die Frage, die die Philosophie stellt, und damit die Grundeinstellung zum Leben, die letztere kennzeichnet. Diese doppelte Sicht ist charakteristisch für Augustins Christentumsverständnis. Einerseits erkennt er die Wahrheit der Offenbarung und der christlichen Tradition gegenüber der Vernunft und der Philosophie an. Andrerseits stellt er das Christentum in den Kategorien dar, die mit den philosophischen Voraussetzungen gegeben sind, auf die er sich stützt. Augustin hat somit eine Synthese geschaffen, in der neuplatonische und christliche Elemente enthalten sind und sich gegenseitig beeinflußt haben. Man kann diese Gedankenlinien voneinander isolieren und im einzelnen verfolgen, aber bei Augustin formen sie eine einheitliche Anschauung, die platonisch und christlich zugleich ist.

Der Grundgedanke, der Augustin vor allem mit dem Neuplatonismus verbindet, ist der des Glücksstrebens als elementarster Tendenz des Menschen. Die Ausrichtung auf ein Ziel, das einen Vorteil für ihn bedeutet, ist die Grundvoraussetzung allen menschlichen Strebens. »Beate certe omnes vivere volumus« (Denn gewiß wollen wir alle glücklich leben – De moribus eccl. cath. I, c. 3,4).

Augustin will nun zeigen, daß diese Willensausrichtung nicht nur zufällige und zeitliche Ziele betrifft. Wonach sich der Mensch zutiefst sehnt, ist das höchste Gute (summum bonum). Wenn er sein Verlangen nach zeitlichen Vorteilen stillt, wird er nicht auf die Dauer befriedigt. Das zeigt sich darin, daß er ständig auf neue Ziele aus ist. Er wird nicht zufriedengestellt von dem, was nur teilweise gut ist, nur einen niederen Wert darstellt. Das, was der Bestimmung des Menschen voll entsprechen soll, und das, worauf sein innerstes Verlangen gerichtet ist, muß das höchste Gute sein, ein absoluter Wert, der durch nichts Höheres relativiert wird. Und weiter: Wenn der Mensch einen von ihm angestrebten niedrigeren Wert erreicht, wird sein Verlangen nicht gestillt, denn er muß befürchten, daß er das Gewonnene wieder verliert. Denn das Gute, das er gewonnen hat, ist veränderlich und vergänglich. Nur das kann ihn zufriedenstellen, was von Dauer und unveränderlich ist. Ein solches »summum et incommutabile bonum« (höchstes und unveränderliches Gut) ist nur Gott allein. Somit ist allen Menschen ein natürliches Verlangen nach Gott, dem höchsten Guten, eigen. Das findet auch in einer nicht speziell auf Gott gerichteten Liebe seinen Ausdruck: »Deus, quem amat omne quod potest amare, sive sciens, sive nesciens« (Gott, den alles liebt, was zur Liebe fähig ist, sei es bewußt oder unbewußt – Soliloquia I, c. 1,2).

Der Eudämonismus, den Augustin vertritt, ist nicht der übliche philosophische, demzufolge die Befriedigung der Lust oder der Gewinn eigenen Glücks das höchste Ziel ist. Für Augustin ist das die Vereinigung mit etwas Transzendentem, außerhalb des Menschen Gelegenem, dem höchsten Guten. »Mihi adhaerere Deo bonum est« (für mich ist es gut, Gott anzuhangen – Sermo 156, c. 7). Die Gottesschau ist danach das höchste Ziel. Wenn darum alle Kräfte der Seele auf Gott und das Ewige ausgerichtet sind, dann herrscht die rechte Gesinnung, dann hat die Seele Frieden und Klarheit erlangt. Diese Liebe ist das höchste Gebot, das in sich all die übrigen einschließt. »Dilige, et quod vis, fac« (Liebe, und tue, was du willst – In epist. Joannis, VII,8).

Augustin unterscheidet zwischen der Liebe zum höchsten Guten (caritas) und der Liebe zur Welt, das heißt dem Begehren, das sein Gutes im Zeitlichen sucht. Letzteres wird cupiditas genannt. Caritas und cupiditas verhalten sich zueinander wie gut und böse. Caritas ist die einzige richtige Liebe, cupiditas die falsche und verkehrte. Die Fähigkeit zum Begehren ist dabei in beiden Fällen als gleiche anzusehen. Beim natürlichen Menschen ist sie auf die Welt gerichtet, auf das Sinnliche und Vergängliche. Die Bekehrung besteht darin, daß dieses Streben umgewandelt und auf das Himmlische und Ewige gelenkt wird. Der Mensch wird verwandelt, indem die Liebe zu Gott geweckt wird und Macht über die Liebe zur Welt gewinnt.

Mit Liebe (amor) meint Augustin vor allem das Begehren, das mit dem inneren Willen des Menschen zusammenfällt. Es kann entweder nach oben gerichtet sein, das heißt auf Gott und das Ewige (ascendit), oder abwärts (descendit) auf das, was unter dem Willen steht, das heißt auf die Schöpfung und das Zeitliche. Ersteres ist caritas, letzteres cupiditas. Erst wenn seine Liebe gänzlich auf Gott gerichtet wird, erreicht der Mensch seine Bestimmung, und erst dann erlangt er den Frieden (quies). Augustin vergleicht an einer Stelle die Liebe (amor) mit einem Wasserstrom, der, anstatt nutzlos in die Kloake hinabzufließen, über den Garten geleitet werden soll, damit er diesen bewässert. Er rechnet also damit, daß die beiden Arten der Liebe (caritas und cupiditas) im Grund ein und dasselbe Streben darstellen. Die Liebe, mit der der Mensch nach den Dingen der Welt trachtet, soll er statt dessen auf Gott, das höchste und beständige Gute, richten.

Es könnte dabei nun so aussehen, als sollte der Mensch die Beziehung zur Welt überhaupt lösen und sich einzig auf das Ewige ausrichten. Dies liegt jedoch nicht in der Absicht Augustins, obwohl er das abgeschiedene Leben schätzt und die Beziehung zu Gott gern als einen direkten Umgang der Seele mit Gott auffaßt, ein Schauen Gottes, das ein Vorgeschmack der seligen Schau in der Ewigkeit ist. Augustin verachtet entsprechend das weltliche Leben an sich nicht. Nur wenn das Zeitliche die erste Stelle im Menschenherzen einnimmt, wird es verwerflich. Gottes Schöpfung ist gut, und der Mensch ist als Verwalter der Gaben eingesetzt, die ihm der Herr der Schöpfung gibt. Die Frage, wie sich die Stellung des Menschen in der Welt zu seiner Gottesgemeinschaft verhält, hat Augustin mit der Unterscheidung von »uti« (brauchen) und »frui« (genießen) beantwortet. Auch das Erschaffene soll gewissermaßen Gegenstand der Liebe werden, aber der Mensch soll darin nicht sein letztes Ziel sehen. Es soll lediglich als Mittel im Dienst der höheren Liebe gebraucht werden. Nur Gott soll Gegenstand der Liebe werden, die endgültig in dem Geliebten ruht. Hier ist die Liebe ein dauerndes Aufgehen in Gott (fruitio Dei). Der Unterschied zwischen »frui« und »uti« ist ein Unterschied zwischen einem »diligere propter se« (um seiner selbst willen lieben) und einem »diligere propter aliud« (lieben um etwas anderen willen). Das Menschenleben ist einer Pilgerreise ins Vaterland vergleichbar. Das Ziel seines Strebens ist jenes Land, das allein sein wahres Glück bereitet. Aber auf der Reise benutzt der Mensch Schiffe und Wagen, um sein Ziel zu erreichen. Wenn er statt dessen nun seinen Genuß im Behagen der Reise suchte, würde das, was nur ein Mittel sein sollte, zum Ziel verwandelt. Auf gleiche Weise soll die Welt von dem Christen gebraucht, aber nicht genossen werden. Die Liebe, die ihr Glück allein im himmlischen Vaterland findet und die Dinge der Welt benutzt, ist caritas, während die Liebe, die auf die Welt gerichtet ist und Gott dabei als Mittel für den zeitlichen Genuß benutzt, cupiditas ist. »Boni ad hoc utuntur mundo, ut fruantur Deo; mali autem contra, ut fruantur mundo, uti volunt Deo« (Die Guten gebrauchen die Welt, um Gott zu »genießen«, die Bösen aber umgekehrt, um die Welt zu »genießen«, wollen sie Gott gebrauchen – De civitate Dei, XV, c. 7).

Der Unterschied zwischen uti und frui bildet die Grundlage eines umfassenden Systems für die Haltung des Menschen gegenüber Gott und der Welt. Es wird dabei eine Wertskala angenommen, auf der ein jedes Ding den Platz einnimmt, der ihm auf Grund seines Wertes und seiner Nähe oder Ferne im Verhältnis zum absoluten Wert zukommt. Die Liebe ist dieser Rangskala anzupassen; entsprechend wird sie so zur »ordinata dilectio« (geordnete Liebe), einer Liebe, die Gott mit der Liebe umfängt, die ihm zukommt (fruitio Dei); die Welt liebt sie daher nur in ihrer Hindeutung auf das höchste Gut als Mittel zur Gewinnung des höchsten Wertes.

Augustin stellt also nicht in Abrede, auch die Schöpfung als Gegenstand der Liebe zu nehmen. Die Liebe muß jedoch dem Wert der Dinge angepaßt sein und nicht bei dem Erreichten stehenbleiben, sondern zum höchsten Gut weitergehen. Auch die Eigenliebe hat in Augustins Lehre von der dilectio ordinata ihren Platz. Denn wenn es heißt: »Du sollst deinen Nächsten lieben wie dich selbst«, so wird damit angedeutet, daß der Mensch auch sich selbst lieben soll. Das eigene Leben ist daher dem in der Rangskala zugemessenen Wert entsprechend zu lieben.

Der Begriff »amor sui« hat jedoch bei Augustin auch noch andere Bedeutungen. Er kann als Synonym für den Begriff »Liebe« überhaupt genommen werden; denn alle Liebe ist im Grunde amor sui, Einstellung auf das eigene Wohlergehen oder die höchste Bestimmung. In diesem Sinn kann Augustin sagen, die rechte Eigenliebe sei, Gott zu lieben und sich selbst zu verleugnen.

Weiter kann »amor sui« auch die falsche Eigenliebe bezeichnen, die bedeutet, daß der Mensch nur sein eigenes Glück sucht und sich selbst liebt, anstatt Gott zu lieben. Sie bildet hier also einen Teil der cupiditas des Menschen und steht im Widerspruch zur rechten Liebe. »Amor sui« kann somit bei Augustin auf drei verschiedene Weisen verstanden werden: als legitime, »geordnete« Eigenliebe, als Einstellung auf die höchste Bestimmung (wobei sie mit »amor Dei« gleichzustellen ist) oder als falsche Eigenliebe.

Der entscheidende Gegensatz besteht zwischen caritas und cupiditas. Der Mensch ist als geschaffenes Wesen darauf angewiesen, das Gute außerhalb seiner selbst zu suchen. In seinem verderbten Zustand sucht er es in der Vielfalt der Welt, im Zeitlichen. Die Sünde besteht nun gerade darin, daß die innerste Willensrichtung des Menschen von Gott ab- und der Welt zugekehrt wird, so daß er das Geschöpf anstelle des Schöpfers liebt. Bei der Veränderung, die mit seiner Bekehrung geschieht, wird die cupiditas in caritas verwandelt. Er wird dann von Liebe zu Gott erfüllt.

Eine solche Bekehrung liegt nicht im Vermögen des Menschen. Er ist gefangen im Begehren des zeitlich Guten. Wenn die Gottesliebe in ihm geweckt werden soll, muß sie ihm von außen als ein Geschenk dargereicht werden. Sie muß »eingegossen werden« (infusio caritatis), wie Augustin dies im Anschluß an Röm. 5,5 ausdrückt: »Die Liebe Gottes ist ausgegossen in unser Herz durch den Heiligen Geist, welcher uns gegeben ist.« Erst wenn dem Menschen die Gottesliebe geschenkt wird, gewinnt er die Kraft zur Überwindung der Liebe zur Welt.

Versteht Augustin dieses Eingießen der Liebe nun physisch, als Mitteilung einer Kraft? In der liberalen Theologie, in der man von dem Gegensatz physisch – ethisch ausgeht, hat man Augustin in diesem Sinne verstanden. Für ihn trifft jedoch solch ein Verständnis nicht zu: Gnade und Liebe werden in den Menschen eingegossen, nicht auf magische Weise, sondern durch den Heiligen Geist gewirkt. Die caritas, die dem Menschen verliehen wird, dürfte zusammen mit dem Heiligen Geist wirken. Gott ist es, der sich dem Menschen mitteilt; durch seine Gegenwart wird dieser von der Liebe, die die böse Begierde überwindet, erfüllt.

In der späteren römisch-katholischen Theologie wird die eingegossene Gnade als eine innere Kraft verstanden, die durch die Sakramente vermittelt wird. Dabei ist dies oft als magisches, hyperphysisches Geschehen betrachtet worden. Man kann aber nicht sagen, daß die persönliche, ethische Betrachtungsweise bei Augustin verdunkelt worden ist. Die Gnade ist als eine reale, verwandelnde Macht gedacht, und diese Macht ist Gott selbst, der Geist, der durch den Glauben an Christus geschenkt wird.

Die Voraussetzung des Heils ist die Inkarnation. Das Kreuz Christi bedeutet, daß Gott sich um unsertwillen bis zum Tode erniedrigt hat. Dies ist der einzige Weg, auf dem unser Hochmut (superbia), der uns bei uns selbst gefangenhält und der Grund unseres Unglücks ist, gebrochen werden kann. Denn nichts vermag seine Bande zu sprengen außer der humilitas Christi, die uns als Vorbild dient und dadurch ein Heilmittel gegen unsere superbia ist.

Indem Augustin stets zugleich Gottes Werk und das Verhalten der Menschen im Blick hat, sind bei ihm zwei Linien zu einer Synthese vereinigt: 1. Die Erlösung erfolgt durch Gottes zuvorkommende Gnade und seine Inkarnation in Jesus Christus. 2. Das Streben nach dem höchsten Gut, das latent bei jedem Menschen vorhanden ist, jedoch in falscher Welt- und Eigenliebe verwandelt wurde, soll wieder auf sein höchstes Ziel ausgerichtet werden und seine Befriedigung in der christlichen Gottesliebe finden. Umschrieben wird dieser zweite Hauptgedanke durch die Begriffe caritas – cupiditas. Auf diese Weise ist ein zentraler Gesichtspunkt der neuplatonischen Eroslehre mit der christlichen Heilslehre zu einer einheitlichen Anschauung verschmolzen, mit der Augustin Antwort auf die höchsten Fragen des Menschen und zugleich eine inhaltliche Zusammenfassung der christlichen Botschaft zu geben versucht (vgl. dazu *A. Nygren*, Eros und Agape, 1955, S. 351ff.).

Augustins Lehre von der Kirche

In der Frage des Kirchenbegriffs gründet sich Augustin auf die abendländische Tradition, wie sie vor allem von Cyprian formuliert worden war. Seine Anschauung läßt jedoch in einigen Punkten unterschiedliche Auslegungen zu, aus welchem Grunde sich sowohl die hierarchische Anschauung als auch gegen das Papsttum gerichtete Strömungen des Mittelalters auf seine Gedanken berufen konnten.

Veranlaßt wurde Augustin, seine Lehre von der Kirche weiterzuentwickeln, durch den Donatistischen Streit, der seit dem Ende des 3. Jahrhunderts die Kirche Nordafrikas in zwei Lager spaltete; denn indem eine Kirche die andere ausschloß, stellte sich die Frage nach der Rechtmäßigkeit. Den Donatismus kann man als die erste große Freikirchenbewegung bezeichnen. In seiner Anschauung konnte Augustin an bestimmte Gedanken Cyprians und Novatians (vgl. oben S. 83) wie auch an ältere separatistische Richtungen anknüpfen.

Zu dem Schisma, das seinen Namen durch den karthagischen Bischof *Donatus dem Großen* (gest. 332) erhielt, kam es nach der diokletianischen Christenverfolgung, als man über das Verhalten einiger Christen während dieser Zeit urteilte und Folgerungen zog. Der Streit entzündete sich an der Frage, ob man christliche Schriften den heidnischen Behörden ausliefern dürfte. Einige dachten hier strenger und meinten, man dürfe überhaupt keine Schriften aushändigen; andere waren weitherziger und wollten zugeben, daß gewisse einzelne Schriften ausgeliefert werden konnten, ohne daß es als Verrat beurteilt werden sollte.

Bei einer Bischofswahl in Karthago wurde ein Vertreter der milderen Richtung gewählt und zudem von einem Traditor – das heißt jemandem, der während der Verfolgung christliche Schriften ausgeliefert hatte – geweiht. Da nach Ansicht der strengeren Richtung eine solche Ordination ungültig war, sah sie sich veranlaßt, einen eigenen Bischof zu wählen. Sein Nachfolger wurde dann der eben erwähnte Donatus, der führende Theologe dieser Glaubensrichtung.

Seitdem setzte sich das Schisma fort; eine Zeitlang spaltete es sogar die ganze nordafrikanische Kirche, so daß bisweilen mehr als die Hälfte ihrer Bischöfe den Donatisten angehörte.

Nachdem man sich ursprünglich um eine Person stritt, griffen in der folgenden Zeit die Gegensätze auf andere Fragen über: Taufe und Heiligkeit der Kirche. Die Donatisten bildeten fortan eine eigene Kirche, die sie für die einzig wahre hielten. Wie schon erwähnt, war diese in Nordafrika weit verbreitet, aber eben nur dort. In diesen Streit griff Augustin mit mehreren Schriften ein, in denen er die Anschauungen der Donatisten widerlegte. Er vertrat dabei sogar die Meinung, daß man ihre Rückkehr zur Kirche mit Hilfe der weltlichen Obrigkeit erzwingen sollte. Im Jahr 411 kam es in Karthago zu einem Religionsgespräch mit den Donatisten. Nach diesem Zeitpunkt war die Bewegung im großen und ganzen überwunden; die Zahl ihrer Anhänger nahm immer stärker ab, der Donatismus als geschlossene Glaubensrichtung verschwand. Eine gleichartige prinzipielle Anschauung ist aber seitdem in der Geschichte der Kirche immer wieder aufgetaucht. Vor allem sektiererische und freikirchliche Anschauungen basieren in der Regel auf dem gleichen Kirchenbegriff wie dem der Donatisten. Daher ist der Streit Augustins mit den Donatisten auch unter prinzipiellen Gesichtspunkten von großer Bedeutung.

Die Donatisten setzen die alte pneumatische Tradition fort: Der wahre Amtsträger ist derjenige, der die Gabe des Geistes hat. Indem sie ähnlich wie Cyprian Geist und Amt verbinden, sehen sie im Bischof den Träger des Geistes. Danach kann allein derjenige als Bischof anerkannt werden, der durch Untadeligkeit seines Wandels wie auch durch seine Gaben den Beweis erbracht hat, Träger des Geistes zu sein. Diese Auffassung braucht an und für sich noch nicht zu einem Schisma zu führen. Sobald man daraus aber den Schluß zieht, daß von einem unwürdigen Bischof vollzogene Amtshandlungen ungültig sind, führt dies zwangsläufig zur Trennung. Man meint zum Beispiel, daß der von einem Traditor ordinierte kein wirklicher Bischof sein kann. Ebenso kann die von unwürdigen, ketzerischen Sakramentsverwaltern vollzogene Taufe nicht gültig sein, da diese Amtsträger nicht über die Gabe des Geistes verfügen. Der Donatismus vertritt somit eine »theologia regenitorum« (Theologie der Wiedergeborenen). Entsprechend hängt nach ihrer Meinung die geistliche Wirksamkeit der Sakramente zum Beispiel von der Würdigkeit des Amtsträgers ab (Gegensatz: »theologia irregenitorum«, Theologie der Nichtwiedergeborenen).

Diese Einstellung der Donatisten zu den beschriebenen Fragen steht in Beziehung zu ihrem Kirchenbegriff. Die Kirche soll eine Gemeinschaft von Heiligen sein. Und da die bestehende Kirche auch Leute zu ihren Gliedern zählt, die Heuchler sind oder eine laxere Vorstellung von der Buße und den bereits einmal Abgefallenen haben, muß man sich von dieser Kirche absondern. Zwangsläufig verlangte der Donatismus von den Gläubigen, die von der Kirche in ihre Gemeinschaft übertraten, die Wiedertaufe. Nur die von ihren anerkannten Bischöfen vollzogene Ordination betrachteten sie als gültig – ebenso wie Cyprian. Sie sahen darum die Kirche auf den vom Geist getragenen Episkopat gegründet; da sie aber wie die Novatianer die Kirche gleichzeitig als eine Gemeinschaft von wirklichen Heiligen verstanden, wurde ihre Auffassung separatistisch.

Ein Vorläufer Augustins im Kampf gegen den Donatismus ist *Optatus von Mileve*, dem er eine seiner Widerlegungsschriften zueignete. Dieser hat um das Jahr 400 in mehreren Arbeiten (z. B. »De baptismo«) seine Hauptgedanken in Fragen der Kirche und der Sakramente polemisch gegen die Lehren der Donatisten dargelegt.

Die Frage, um die es zunächst geht, ist die der Gültigkeit von Taufe und Ordination. Wie eben schon ausgeführt, forderten die Donatisten die Wiedertaufe für die zu ihrer Kirche Übertretenden, da allein die von wahrhaft Heiligen vollzogene Taufe den Glaubenden heiligen konnte und das Sakrament nur somit wirksam und gültig sei. Dagegen räumt Augustin ein, daß die Kirche ihrerseits auch die von Schismatikern vollzogenen Taufen für gültig ansehen müsse. Denn die Taufe ist ihrer Art nach eine heilige Handlung, die von der Heiligkeit des Sakramentsverwalters unabhängig ist.

»Zwischen einem Apostel und einem Trinker besteht ein großer Unterschied; aber zwischen der Taufe Christi, vollzogen von einem Apostel und einem Trinker, besteht überhaupt kein Unterschied ... Zwischen der vom Apostel vollzogenen Taufe Christi und einer solchen, die ein Ketzer verrichtet hat, besteht gar kein Unterschied« (Epist. 93,48). »Das Wasser ist bei der Ketzertaufe nicht verfälscht; denn Gottes Schöpfung als solche ist nicht schlecht, und die Worte des Evangeliums sind nicht zu tadeln, um was für Irrlehrer es sich auch immer handeln mag« (De baptismo IV,24).

So wie der Sklave oder das Vieh eine Markierung tragen, welche die Zugehörigkeit zu ihrem Herrn ausweist, erhält der Mensch durch die Taufe ein Zeichen, einen »charakter dominicus«, da er nun Christus gehört; denn die Taufe bedeutet, daß der Mensch Eigentum Christi ist. Dieses Zeichen ist – nach einem mittelalterlichen Terminus – unauslöschlich (character indelebilis). Ebenso verhält es sich mit der Ordination, der Priester- oder Bischofsweihe. Eine Wiedertaufe braucht nach dieser Auffassung niemals zu erfolgen. Auch ist es niemals notwendig, die Weihe zu wiederholen. Augustin vertritt somit eine »theologia irregenitorum« (vgl. oben).

In diesem Punkt unterscheidet sich Augustin übrigens von Cyprian. Dieser vertrat die Ansicht, nur die Taufe, die in der Kirche vollzogen wird, in der sich der Geist findet, könne zum Heil wirksam sein. Daher seien Ketzertaufen ungültig; die aus einer ketzerischen Gemeinschaft übertretenden Gläubigen müßten darum noch einmal getauft werden. Demgegenüber ist nach Augustin die Taufhandlung als solche in beiden Fällen von gleicher Gültigkeit. In Wirklichkeit glaubt er aber ebenso wie Cyprian, daß nur die Taufe der Kirche Heilswirkung hat. Allein wo man an der Einheit der Kirche festhält, bewirkt die Taufe Vergebung der Sünden und Erneuerung. Denn nur in der Kirche wird der Heilige Geist und damit die Liebe (caritas) geschenkt. Die Schwierigkeit, beide Gedanken zu vereinen, löst Augustin, indem er das Sakrament als solches und dessen Wirkung unterscheidet, was Cyprian nicht tat: »Aliud est sacramentum, aliud virtus sacramenti.« Die Wirkung des Sakraments, die jedoch nur dort erfolgen kann, wo die Einheit der Kirche gewahrt wird, ist die Liebe. »Der hat nicht Gottes Liebe, der die Einheit der Kirche nicht liebt, und daraus ersieht man, daß mit Recht gesagt wird, nur in der katholischen Kirche empfange man den Heiligen Geist« (De baptismo III,21). Demgegenüber hat das Sakrament als solches Bestand, unabhängig davon, ob es wirkt oder nicht wirkt: »Wie der Getaufte das Sakrament der Taufe nicht verliert, wenn er sich von der Einheit der Kirche absondert, so verliert auch der Ordinierte nicht das Sakrament des Taufvollzuges, wenn er sich von der Einheit der Kirche absondert« (De baptismo I,2). Die Nichtgläubigen und die Ketzer, die einmal getauft sind, haben also die Taufe auf gleiche Weise wie die Gerechten, nicht aber die Liebe.

Das Wort »Sakrament« verwendet Augustin in einer weitreichenderen Bedeutung als wir. Dabei sind nach seiner Lehre Taufe und Abendmahl die wichtigsten Sakramente; sie gehen von Christus aus und bilden neben dem Wort die Grundlage der Kirche (Joh. 19,34). Augustin unterscheidet nun scharf zwischen den äußeren Zeichen, den Elementen, im Sakrament und ihrem geistlichen Inhalt; in gleicher Weise stellt er äußeres Wort und Geist, der durch das Wort redet, einander gegenüber. Die äußeren Zeichen sind Symbole, die auf die geistliche Realität hinweisen. Das Geisteswirken denkt sich Augustin hierbei parallel zum äußeren Geschehen. Beide gehören auf Grund von Gottes Befehl zusammen, sind aber gleichzeitig getrennt. Diese »symbolische« Auffassung hängt mit seiner neuplatonischen Grundanschauung zusammen, nach der die äußeren Dinge streng von den geistlichen unterschieden sind, gleichzeitig aber Symbole darstellen, die auf das Göttliche hinweisen und uns dieses so auch nahebringen. Die Sakramente sind danach äußere Zeichen, die einen geistlichen Inhalt umschließen; sie sind damit aber nicht notwendigerweise verbunden.

Da das Sakramentsverständnis mit dem Kirchenbegriff zusammenhängt, liegt der Gegensatz zu den Donatisten auch im Kirchenbegriff überhaupt. Augustins Gegner rechnen, wie bereits erwähnt, mit einer Kirche von ausschließlich Heiligen, die praktisch dann jedoch nur die eigene Gemeinschaft umschließt. Entsprechend kritisiert Augustin, daß die Kirche für sie nur in Afrika vorhanden sei. Demgegenüber ist Kirche für ihn die gesamte Kirche Christi, ausgebreitet über die ganze Welt. Es ist die Kirche, die sich auf die Worte Christi gründet und in der seine Sakramente verwaltet werden. Vom Menschen aus kann man nicht diejenigen aus dieser Gemeinschaft aussondern, die Ungläubige oder Heuchler sind. Auch diejenigen, die nur äußerlich zur Kirche gehören, müssen ihr zugerechnet werden, wenn eben bei manchen auch Geist oder Liebe fehlen. Sie gehören jedoch nicht zur Gemeinschaft der Heiligen, zur Kirche im eigentlichen Sinne. Denn auch für Augustin umfaßt diese Kirche nur die Frommen, in denen der Geist Gottes wirkt und die Liebe (caritas) entzündet hat; sie werden von einer inneren, unsichtbaren Gemeinschaft, von der »Einheit des Geistes durch das Band des Friedens« zusammengehalten. Ihr Umgang miteinander ist von der Liebe geprägt, die durch den Geist Christi ausgegossen wurde. Entsprechend bilden sie eine Einheit in Christus, sind Christi Leib. Diese innere Kirche, durch die unsichtbare Verbindung der Liebe zusammengehalten (»invisibilis caritatis compages«), deckt sich nicht mit der äußeren Kirchengemeinschaft, der Christenheit auf der Erde. Auch diese bildet eine Gemeinschaft, nämlich eine Gemeinschaft derer, die den Namen Christi bekennen und der Sakramente teilhaftig sind. Diese äußere Kirchengemeinschaft wird durch die Sakramente konstituiert und durch Wort und Sakrament geheiligt. Hingewiesen sei nochmals darauf, daß die Heiligkeit der Kirche nicht in der Beschaffenheit ihrer Glieder oder im Charisma ihrer Amtsträger besteht; denn in der Kirche finden sich wahre Christen und Heuchler nebeneinander und leben zusammen, wie das Unkraut und der Weizen bis zur Zeit der Ernte gemeinsam wachsen sollen.

Für Augustin hat die Kirche somit zwei Bedeutungen: Sie ist die äußere Kirchengemeinschaft und die Gemeinschaft der Heiligen oder wahrhaft Gläubigen. Beides deckt sich nicht; denn es gibt in der äußeren Kirchengemeinschaft viele, die nicht fromm oder wahrhaft gläubig sind. Aber zwischen beiden besteht eine Beziehung, da die Gemeinschaft der Heiligen immer innerhalb der äußeren Kirchengemeinschaft existiert. Denn nur dort, wo man in der Einheit der Kirche lebt, kann nach Augustin der wahre Glaube gedeihen. Außerhalb dieser Gemeinschaft gibt es kein Heil, denn dort gibt es keinen Geist Christi und auch keine Liebe.

Dann und wann redet aber Augustin auch von der Kirche in einem dritten Sinn, indem er sie als »numerus praedestinatorum« (Zahl der Vorherbestimmten) definiert. Dieser Kreis der Gläubigen deckt sich weder mit der äußeren Kirchengemeinschaft noch mit der Gemeinschaft der Heiligen. Er ist nicht gleichbedeutend mit der äußeren Christenheit, denn es ist denkbar, daß Gott auch außerhalb der Kirche oder ohne Teilhabe an den Sakramenten Menschen auserwählt. Als Beispiel werden hier Hiob, der kein Israelit war, und der bußfertige Schächer am Kreuz genannt. Auch nicht alle die Menschen, die gegenwärtig zur Gemeinschaft der Heiligen gerechnet werden, gehören notwendig zu den Auserwählten. Denn es ist denkbar, daß einige von ihnen künftig abfallen, weil sie nicht die Gabe der Ausdauer (donum perseverantiae) besitzen. Nur diejenigen sind danach die Auserwählten, die der Gnade teilhaftig wurden und bis an das Ende am Glauben festhalten. Daß kein Sterblicher sehen oder beurteilen kann, welche Menschen zur Schar der Prädestinierten gehören, liegt in der Natur der Sache.

Augustins dreifacher Kirchenbegriff kann auf folgende Weise dargestellt werden:

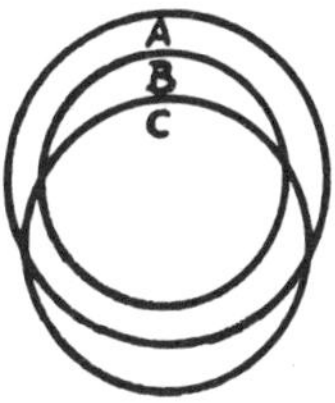

A = die äußere Heilsanstalt, die Christenheit
B = die Gemeinschaft der Heiligen, Braut Christi, die unsichtbare Gemeinschaft der Liebe
C = die Schar der Vorherbestimmten

Augustins Lehre von der Kirche wird ebenso bei seiner Darstellung von Gottesreich und Weltreich in seiner großen Schrift »De civitate Dei« herausgestellt. Deren 22 Bücher, geschrieben in den Jahren 413–426, sind vor allem als Apologie gegen die Anschuldigungen des Heidentums zu betrachten, nach denen die Christen die Ursache des allgemeinen Unheils in der Gesellschaft seien. Zugleich wird in ihm das welthistorische Geschehen als Kampf zwischen den beiden »Staaten« oder Gemeinschaften, die das Heidentum und das Christentum darstellen, entfaltet. »Civitas Dei« und »civitas terrena« werden hierbei nicht eigentlich als zwei verschiedene Obrigkeiten dargestellt, deren Macht untereinander geregelt werden soll, sondern als zwei Gemeinschaften (societates), die vom Anbeginn der Zeit bis an ihr Ende miteinander im Streit liegen. Dieser Gegensatz bestimmt den Gang der Geschichte und bildet zugleich ihren inneren Zusammenhang. Beide werden durch das Band der Liebe zusammengehalten: In dem einen Fall handelt es sich um eine Gemeinschaft derer, die Gott bis zur eigenen Selbstverachtung lieben, im anderen Fall um diejenigen, die sich selbst so lieben, daß sie Gott verachten. Bereits in der Welt der Engel besteht ein entsprechender Unterschied, nämlich zwischen den guten und den bösen Engeln; in der Welt der Menschen gewinnt er seit Kain und Abel Gestalt. Von Kain heißt es, daß er eine Stadt gründete, während Abel als Fremdling auf der Erde lebte. Durch Christus erhält der Gottesstaat dann seine konkrete Gestalt in der Kirche, der Gemeinschaft der Heiligen: Der irdische Staat ist im Römischen Reich und in den anderen heidnischen Staaten in Erscheinung getreten.

Es wäre ein Mißverständnis, die augustinische Unterscheidung von civitas Dei und civitas terrena mit den modernen Begriffen Kirche und Staat zu identifizieren. Augustin vertritt eine weiterreichende Konzeption. Er spricht von zwei Entwicklungslinien, von zwei Gemeinschaften, die im historischen Geschehen wirken, nicht aber von äußeren Mächten oder Gemeinschaften.

»Civitas Dei« ist nicht die äußere Kirche oder Hierarchie, sondern in erster Linie die Gemeinschaft der Heiligen, die innere Kirche, die verborgen ist, doch sich zugleich in der äußeren Gemeinschaft konkretisiert. »Denn der Staat der Heiligen ist dort oben, obwohl er hier unten Mitbürger hervorbringt, in denen er wie ein Fremdling verweilt, bis die Zeit seiner Herrschaft kommt« (De civ. Dei 15,1).

»Civitas terrena« ist in gleicher Weise nicht mit dem Staat identisch, sondern bezeichnet die Gemeinschaft von bösen und nichtglaubenden Menschen, die nach Augustins Auffassung als die treibende Kraft hinter den heidnischen Staatsgebilden steht.

Ausgangspunkt ist für Augustin die Verteidigung des Gottesstaates gegen den heidnischen römischen Staat, zwischen denen der Gegensatz besteht. Der Gottesstaat ist die geistliche Gemeinschaft der Frommen und Gläubigen, der irdische Staat ist die Gemeinschaft der bösen, Gott feindlich gesinnten Menschen. Das bedeutet jedoch nicht, daß Augustin gegen den Staat überhaupt negativ eingestellt ist. Er erkennt an, daß auch der heidnische Staat, der in sich die »civitas terrena« verkörpert, nützlich ist und Gutes schafft, da er die äußere Ordnung aufrechterhält. Als Ideal zeichnet Augustin jedoch den christlichen Staat, der ebenfalls der äußeren Ordnung halber existiert, bei dieser Aufgabe aber zugleich ein Mittel für das Wachsen und Werden des Gottesreiches ist. Der Staat hat sein Ziel also im Gottesstaat und ist selbst nur Mittel. Er ist daher im Prinzip auch dem Gottesstaat untergeordnet und hat sich entsprechend dessen Gesetzen zu unterwerfen.

Daraus geht hervor, daß zwischen »civitas Dei« und »civitas terrena« die gleiche Beziehung wie zwischen »caritas« und »cupiditas« besteht. Cupiditas (Begierde) ist etwas Negatives, denn sie bezeichnet die Liebe, die nur auf die Welt gerichtet ist, dabei aber Gott vergißt. Dies beinhaltet jedoch nicht, daß alle Liebe, die sich auf Zeitliches richtet, verwerflich ist. Sie soll sich nur der höheren Liebe unterordnen und das Zeitliche als ein Mittel zum Erlangen des Höheren gebrauchen. In gleicher Weise ist der irdische Staat an und für sich nicht böse, doch er wird es, wenn er zum Selbstzweck oder zur einzigen Gemeinschaft der Menschen wird und sich allein auf irdische Vorteile ausrichtet. Wird der Staat dagegen von christlichen Gesetzen gelenkt und sieht er in der Unterordnung unter die Gemeinschaft der Heiligen sein höchstes Ziel, zu dessen Erlangung er selbst als Mittel eingesetzt ist, dann erfüllt der Staat seine von Gott gegebene Funktion. Er nimmt die für ihn bestimmte Stelle ein und stellt dann eine gute Ordnung dar, sowohl für irdische Zwecke wie auch für Wachstum und Verbesserung des Gottesstaates nützlich.

»Civitas Dei« ist somit nicht nur als äußere Kirche zu identifizieren, obwohl Augustin auch keinen Gegensatz zwischen beiden annimmt. Sie ist die geistliche Gemeinschaft der Menschen, die an Christus glauben, von seinem Geist erfüllt sind und in der Gottesliebe leben. Sie bezeichnet die Herrschaft Christi auf Erden; zugleich ist sie die Gemeinschaft der Menschen, durch die Christus sein Reich zum Siege führt. Es ist eine unsichtbare innere Gemeinschaft, meint aber zugleich eine konkrete Zusammengehörigkeit (socialis vita sanctorum). »Civitas Dei« kann auch dem Gottesreich gleichgestellt werden, soweit dieses auf Erden verwirklicht wird. Sie soll aber einmal in das ewige Gottesreich übergehen, das jenseits der Grenzen der Welt liegt und die Vollkommenheit der Gemeinschaft der Heiligen bedeutet.

Hinsichtlich der Beziehung zwischen dem Gottesstaat und dem irdischen Staat betont Augustin, daß der irdische Staat dem Gottesstaat untergeordnet sein muß. Dies liegt in den allgemeinen Voraussetzungen. Ersterer besitzt lediglich irdische Zwecke; er ist um der äußeren Ordnung willen da. Daneben hat er den Zweck, die Gemeinschaft zu fördern, die Gottes Auserwählte und Heilige umschließt. Das Ziel der gesamten Menschheit ist das Reich Gottes. Und diesem Ziel soll auch letztlich der irdische Staat dienen, wenn er ein rechter christlicher Staat sein will. Dieser Gedankengang bedeutet an und für sich nicht, daß der Staat der Kirche – das heißt dem äußeren kirchlichen Amt – unterzuordnen ist; denn Augustin spricht von den eigentlichen Gemeinschaften und ihren inneren Zielen. Im Mittelalter aber hat man sein Werk »De civitate Dei« als eine Voraussetzung für die spätere Lehre von der Oberhoheit des Papstes über die weltliche Macht verstanden, nach der Kaiser und Könige ihre Macht vom Papst hätten und daher von diesem in ihr Amt einzusetzen seien. Eine solche Unterordnung unter das kirchliche Amt wird von Augustin nicht vorgeschrieben; es findet sich aber auch nichts, was dieser Konsequenz entgegenstünde; denn er sieht die Gemeinschaft der Heiligen wirklich auch im Amt, in der äußeren Gemeinschaft manifestiert. Ebenso besteht für ihn keine bestimmte Kluft zwischen der »civitas Dei«, der inneren geistlichen Gemeinschaft, und den äußeren Ordnungen der Kirche. Letztere sind vielmehr die Voraussetzungen für die erstere. Die hierarchischen Gedanken sind also eine Umdeutung der augustinischen Lehre, gleichzeitig aber eine konsequente Entwicklung bestimmter Seiten seiner Theologie.

Augustins Lehre von Sünde und Gnade

Zwischen den trinitarischen und christologischen Streitigkeiten des 4. und 5. Jahrhunderts im Orient einerseits und den pelagianischen Streitigkeiten des 5. Jahrhunderts in der abendländischen Kirche andrerseits besteht eine gewisse innere Parallelität. In beiden Fällen geht es um die Frage, was die Grundlage unserer Erlösung sei. Bei der Ablehnung des Arianismus und der sogenannten monarchianischen Häresien standen folgende Argumente im Vordergrund: Wenn Christus nicht wahrer Gott ist, kann er den Menschen nicht erlösen; wenn er nicht wahrer Gott und wahrer Mensch in einer Person ist, vermag er den Menschen nicht aus der Gewalt der Sünde und des

Todes zu befreien. In entsprechender Weise macht Augustin gegen Pelagius geltend, daß die Erlösung Gottes eigenes Werk und nicht eine vom Menschen zu vollbringende Leistung ist. In dem einen Fall handelt es sich um das Verhältnis zwischen Christi göttlicher und menschlicher Natur, im anderen Fall um das Verhältnis zwischen Gottes Gnade und dem freien Willen des Menschen. Wie Athanasius gelehrt hatte, daß Christus wahrhaftiger Gott war, so daß das von ihm ausgeführte Werk wirklich Gottes eigenes Werk darstellte, so lehrte nun Augustin in entsprechender Weise, daß die Gnade Gottes allein die Erlösung des Menschen bewirkt. Für ihn ist also das theologische Problem zu einem anthropologischen geworden. Überhaupt rücken in der abendländischen Theologie die Fragen von Sünde und Gnade wie auch die Frage der Kirche in den Mittelpunkt des Interesses.

Pelagius, aus Irland gebürtig, trat kurz vor 400 in Rom als strenger Bußprediger auf. Später wirkte er auch in Nordafrika. Einer seiner Schüler war *Caelestius*, etwas später war *Julianus von Eclanum* der bedeutendste Vertreter des Pelagianismus. Die Richtung gewann weite Verbreitung, wurde aber besonders durch Augustins antipelagianische Schriften heftig bekämpft. Es gelang auch, die Theologen des Orients zu bewegen, die Ansichten des Pelagius abzulehnen. Auf der Synode von Ephesus (431), bei der man den Nestorianismus verdammte, wurde auch die pelagianische Anschauung als Ketzerei charakterisiert und zurückgewiesen.

Pelagius appelliert in seiner Verkündigung an den freien Willen des Menschen. Er setzt voraus, daß jedermann die Fähigkeit besitzt, zwischen gut und böse zu wählen. Denn – so meint Pelagius – wenn der Mensch nicht in der Vorstellung lebt, daß er auch vollbringen kann, was Gott ihm befiehlt, wird er es niemals ausführen können und niemals gebessert werden. Es wäre nutzlos, den Menschen zu etwas aufzufordern, das ihm unmöglich erscheint.

Von der Willensfreiheit ist jedoch nicht erst bei Pelagius die Rede. Sie wird überhaupt in der Theologie der alten Kirche allgemein vorausgesetzt, und zwar in der griechischen wie in der abendländischen. Die Freiheit, wählen zu können, ist insbesondere für die Gesetzespredigt sowie für die Erziehung und Erneuerung des Menschen eine Voraussetzung. Denn ohne diese Freiheit konnte man den Menschen nicht ansprechen und für seine Handlungen verantwortlich machen und ihm daher keine Schuld für seine Übertretungen beimessen.

In dem Streit zwischen Pelagius und Augustin gerät die Frage der Willensfreiheit nun in ein neues Stadium, ja sie wird zu einem der Hauptpunkte der Heilsfrage, und zwar bei dem Problem von Sünde und Gnade. Indem die Willensfreiheit für Pelagius nicht nur in der Fähigkeit des Menschen besteht, in Freiheit zu entscheiden und zu handeln (mit einer späteren Terminologie »formale« oder »psychologische Freiheit«), sondern auch darin, daß dem Menschen tatsächlich eigen ist, zwischen gut und böse zu wählen und aus verschiedenen Handlungsmöglichkeiten sowohl die gute als auch die böse Handlung ausführen zu können, erhält sie bei Pelagius eine viel weiterreichende Bedeutung als in der früheren Tradition. Insofern der Mensch also die Möglichkeit und Freiheit hat, sich für das Gute zu entscheiden, besteht die Sünde nach Pelagius nur in einzelnen Willensakten. Wenn der Mensch das Böse wählt, dann begeht er Sünde. Ihn hindert aber nichts daran, auch das Gute zu wählen und so die Sünde zu vermeiden. Die Vorstellung, daß die Sünde im Wesen des Menschen oder in seiner Natur liege, lehnt Pelagius also rundweg ab. Sie ist »non naturae delictum sed voluntatis« (nicht ein Fehler der Natur, sondern des Willens). Hieraus folgt, daß er auch den Gedanken der Erbsünde zurückweist. Die Sünde besteht einzig in dem, was der Mensch tut; sie kann nicht ererbt sein oder mit der Natur zusammenhängen. So glaubt Pelagius die Verantwortlichkeit des Menschen vertreten zu können, und nur vor diesem Hintergrund hält er eine Besserung für möglich. Nach seiner Auffassung sind also die kleinen Kinder, die sich noch nicht bewußt für Böses entschieden haben, frei von Sünde. Folglich bedeutet die Taufe keine Befreiung von der Sünde.

Pelagius vertritt auch die Meinung, daß der Mensch überhaupt zur Freiheit von der Sünde gelangen kann, er also in immer höherem Grade in der Lage ist, das Böse zu meiden und das Gute zu wählen. Wie erklärt Pelagius dann aber die Sünde? Wie ist es möglich, daß der Mensch trotz seiner Freiheit doch so oft das Böse wählt?

Für die Beantwortung dieser Frage dient Pelagius letztlich die gleiche anthropologische Erklärungsmethode, hier natürlich in umgekehrter Weise. Er verweist auf die lange Gewohnheit des Sündigens (longa consuetudo vitiorum) und sieht durch wiederholte Willensakte die Neigung des Menschen zum Bösen bestärkt.

Braucht der Mensch, der aus eigenem Vermögen das Gute wählen kann, nach Pelagius dann aber überhaupt Gottes Gnade?

Auch Pelagius redet von der Gnade, doch in anderer Weise als Augustin. Während für Augustin die Gnade den Willen des Menschen verändert, ihm die Liebe zu Gott eingießt und damit seine ganze Willensrichtung ändert, bedeutet für Pelagius Gnade Gottes, daß der Mensch von Anfang an mit einem Willen ausgestattet wurde, der frei für das Gute ist. Das Werk der Gnade ist ein »bonum naturae«. Weiter hat die Gnade Gottes dem Menschen die Wahl erleichtert und ihm Hilfe zum Erlangen des Guten gewährt. Diese Hilfe erfolgt durch die Predigt des Gesetzes und das Beispiel Christi sowie durch die Sündenvergebung, so daß er seine Wanderung fortsetzen kann, ohne vom Vergangenen beschwert zu werden. Wenn dem Menschen die Fähigkeit verblieben ist, das Gute selbst zu wählen, so ist nach Pelagius doch die Gnade als Beistand für den Willen erforderlich.

In schroffem Gegensatz zu diesen Gedanken steht Augustins Lehre von Freiheit, Sünde und Gnade, die vor allem in den gegen Pelagius gerichteten Schriften »De spiritu et littera« (412), »De natura et gratia« (415) und »Contra Julianum« (421) dargelegt sind. Die Kontroverse betraf dabei hauptsächlich folgende Punkte: Willensfreiheit, Erbsünde, Heilsaneignung, Gnade und Prädestination. Dieses Thema erweitert sich in Augustins Theologie zu einer Darstellung über den Menschen und seine Beziehung zu Gott überhaupt. Seine theologische Anthropologie ist zugleich in die Lehre von der Heilsordnung eingefügt. Vor allem steht im Blickpunkt Gottes

Handeln mit dem Menschen und dessen verschiedenes Verhalten im Heilsplan Gottes mit der Welt. Die Aussagen über die Freiheit des Willens und das Werk der Gnade sind stets von den verschiedenen Stadien abhängig, in denen sich der Mensch in seiner Entwicklung von der Schöpfung bis zur Vollendung jeweils befindet. Augustin unterscheidet hierbei vier solcher Stadien, indem er vom Menschen »ante legem«, »sub lege«, »sub gratia« und »in pace« spricht – in der Terminologie der späteren Tradition: »vor dem Fall«, »nach dem Fall«, »nach der Bekehrung« und »in der Vollendung«.

In dem sogenannten Urzustand, das heißt bei der Erschaffung des ersten Menschen, besaß der Mensch Freiheit in vollem Maße. Sein Wille war nicht nur frei in seinem Handeln, sondern vermochte auch zwischen gut und böse zu wählen. Er besaß danach sowohl eine formale Freiheit als auch eine Fähigkeit, das Gute zu wählen. Diese Freiheit enthielt entsprechend ein »posse non peccare« (vermögen nicht zu sündigen). Der Mensch besaß dies jedoch nicht auf Grund seiner natürlichen Ausrüstung, sondern allein durch den Beistand der Gnade: Nur durch »prima gratia« (erste Gnade) erlangte er Freiheit zum Guten.

In der Freiheit liegt aber auch die Möglichkeit zum Fall; die erste Sünde hatte deshalb ihre Ursache im freien Willen. Im Fall wendet sich der Mensch in »superbia« (Übermut) von Gott und kehrt sich dem Bösen zu. Seine caritas (Liebe) wird durch cupiditas (Begierde) ersetzt. Er verliert die Gabe der Gnade und damit die Freiheit, das Gute zu wählen. Denn durch den Verlust der Gnade entsteht in der Natur des Menschen eine »verkehrte« Ordnung. Wille und Vernunft herrschen nicht mehr über die niedrigen Seelenkräfte, vielmehr gewinnen letztere die Oberhand; der Mensch wird in das Netz der Begierde eingeschnürt, von concupiscentia getrieben. Dies ist ein Zustand, den er von sich aus nicht zu ändern vermag. Zwar kann der Wille in einzelnen Fällen die Konkupiszenz überwinden, aber die grundsätzliche Willensrichtung bleibt unverändert. Der Mensch kommt nicht aus dem Bannkreis der Konkupiszenz heraus, da er in dieser Lage nicht Gott, sondern das Irdische als letztes Ziel seines Willens erstrebt.

Der Fall bedeutet somit, daß der Mensch die Freiheit zum Guten verliert. Statt dessen tritt eine »necessitas peccandi« (Notwendigkeit zu sündigen) ein. Sein »posse non peccare« wird in ein »non posse non peccare« (Unvermögen, nicht zu sündigen) verwandelt. Hier wird der Gegensatz zu Pelagius deutlich. Augustin bestreitet, daß der Mensch nach dem Fall noch über einen freien Willen im eigentlichen Sinne, eben über die Freiheit zum Guten verfügt. Er steht vielmehr unter dem Zwang zu sündigen, das heißt, so zu handeln, daß seine Handlungen schließlich zum Verderben führen. Vereinzelte gute Handlungen kann er zwar ausführen, seine böse Willensrichtung jedoch nicht ändern. Dagegen bestreitet Augustin nicht die formale Freiheit. Seine Anschauung ist also nicht deterministisch. Der Mensch handelt frei; aber im Zustand des Falls hat er lediglich Freiheit zum Sündigen, das heißt eine stark begrenzte oder eine verkehrte Freiheit. Seine böse Willensrichtung bestimmt nämlich sein Handeln und hindert ihn, das Gute zu tun. Zwar ist der Mensch in bezug auf den persönlichen Willensakt frei, aber seine vom Willen bestimmte Gesamteinstellung kann er nicht ändern, und somit ist er unfrei.

Der böse Wille äußert sich als concupiscentia (Begierde). Aber gleichzeitig ist die erste Sünde ein Verbrechen (culpa), das Schuld vor Gott einschließt. Daher bedeutet die Erbsünde einen verbleibenden Schuld-Zustand (reatus). Diese Schuld bildet das Wesen der Sünde, ihr »formale«, das heißt, was sie zur Sünde macht. In der Taufe wird die ererbte Schuld weggenommen, so daß die Erbsünde nicht länger als Sünde zugerechnet wird. Dennoch bleibt auch nach der Taufe der konkrete Zustand der Erbsünde (concupiscentia) bestehen, die ein Verderben mit sich bringt, wodurch die menschliche Natur geschädigt worden ist (natura vitiata peccato).

Die Sünde besteht also nicht nur aus einzelnen Willensakten oder Handlungen, sondern liegt schon im realen Verderb der Natur, der daher kommt, daß die innere Willensrichtung durch den Sündenfall verkehrt worden ist. Ähnlich wie Luther, der betont, daß die Sünde sich nicht nur auf das äußere Handeln bezieht, sondern ihrem Wesen nach Unglaube, Feindschaft gegen Gott ist, hat Augustin sie in entsprechender Weise als die verkehrte innere Willensrichtung beschrieben. Darin liegt der tiefste Gegensatz zwischen ihm und Pelagius.

Daß die Sünde zur Natur des Menschen gehört, kommt auch in der Vorstellung vom Verderben als etwas Vererbtem zum Ausdruck. Der erste Fehltritt erfolgte durch den freien Willen des Menschen. In Adams Fall ist aber das ganze Menschengeschlecht einbezogen, da der biblische Adam »der Mensch« überhaupt ist. In ihm sind alle zusammengefaßt, so daß das ganze Geschlecht, alle seine Nachkommen, in ihm eine Einheit bildet. Darum haben auch alle an Adams Schuld Anteil, obwohl die Erbsünde beim einzelnen nicht auf einem Willensentschluß beruht, sondern bereits vor jeder Willenshandlung liegt. Der Zustand der Schuld wird ererbt; erst durch die Taufe wird er beim einzelnen weggenommen.

Aber auch das Verderben, das eine Folge von Adams Ungehorsam ist, pflanzt sich auf reale Weise von Generation zu Generation fort. Augustin nimmt an, daß mit der natürlichen Fortpflanzung auch die Begierde auf das neue Geschlecht übertragen wird. Daher bildet die ganze Menschheit eine »massa perditionis« (Masse des Verderbens), die in dem Zustand der Begierde gefangen und mit dem daraus folgendem Verderben behaftet ist.

Insofern der ererbte Sündenzustand nach Augustin gleichzeitig Schuld bedeutet, verdient der Mensch, von Gott verworfen zu werden. Daraus wurde dann der Schluß gezogen, daß die ungetauften Kinder der Verdammnis anheimfallen. Dieses Lehrstück ist in der späteren römisch-katholischen Theologie in verschiedener Weise gemildert worden; auch bei Augustin findet sich der Gedanke, daß in bestimmten Fällen Gebete Nahestehender die Taufe ersetzen können.

Die Vorstellung von dem ererbten Sündenzustand ist oft mißverstanden worden. Sie beinhaltet natürlich nicht, daß die Unschuld der Kinder, rein menschlich gesehen, bestritten wird. Doch es geht hier nicht um äußere Sünden, vielmehr ist ein Zustand charakterisiert, in den der Mensch wegen seiner bösen Willensrichtung gekommen ist. Weiter setzt die Erbsündenlehre den Gedanken an die Einheit des Menschengeschlechtes in Adam voraus. Denn wie sollte sonst dem einzelnen überhaupt eine Schuld beigemessen oder eine Verantwortung für das übertragen werden, was er selbst nicht verbrochen hat? Der augustinische Gedankengang bringt wohl im Grunde denselben Anstoß mit sich, ob er sich nun entweder auf den Erwachsenen oder auf die Kinder bezieht. Es ist in beiden Fällen gleich schwierig, mit der Erbsünde als Schuld zu rechnen. In diesem Punkt muß vorausgesetzt werden, daß man sich die Erbsünde jenseits vom empirischen Wissen vorstellt; sie kann nicht von der Erfahrung her, über die die Vernunft verfügt, beurteilt werden.

Auf Grund seiner Erbsündenlehre hat Augustin die Sünde als einen Zustand beschrieben, der den ganzen Menschen und nicht nur einzelne seiner Handlungen betrifft. Sie ist die Abwendung des Willens von Gott (perversitas voluntatis a summa substantia). Damit ist angedeutet, daß das Böse zunächst etwas Negatives ist, Mangel an Substanz, Fehlen der Gemeinschaft mit Gott; gleichzeitig ist es aber etwas, das Schuld bedeutet und konkretes Verderben nach sich zieht.

Aus dieser Auffassung der Sünde folgt, daß der menschliche Wille nach dem Fall für unfähig angesehen wird, das Gute zu wählen. Zwar kann der Mensch etwas tun, das zeitweilig gut ist, desgleichen Dinge, die auf irdischem Gebiet recht und nützlich sind. Da aber die böse Willensrichtung noch weiter existiert, handelt es sich noch nicht um wirklich Gutes, das heißt, der Mensch selbst bleibt böse, und sein Handeln bleibt auf das gerichtet, was zum Verderben führt. Diese Lehre von der Unfreiheit des Willens – die nicht mit Determinismus verwechselt werden darf – bedeutet, daß der Mensch bei seiner Erlösung nicht mitwirken kann.

Die Gnade Gottes, die darum der einzige Beweggrund für die Erlösung des Menschen ist, wird im Werk Christi offenbart. Er ist die Versöhnung für unsere Sünden, und durch den Glauben an ihn wird der Mensch der Gnade teilhaftig. Dies ist der einzige Weg zu gutem Handeln: »quod lex imperat, fides impetrat« (was das Gesetz befiehlt, führt der Glaube aus – De spir. et litt. 13,22). Das Werk der Gnade besteht danach sowohl in der Vergebung der Sünden als auch in der Erneuerung des Menschen.

Durch das von Christus ausgeführte Mittlerwerk wird die unterbrochene Gemeinschaft mit Gott wiederhergestellt. Die Schuld wird weggenommen durch die Vergebung der Sünden, und der Mensch erhält wieder das geistliche Leben, das durch den Fall verlorenging. Die Erlösung liegt also für Augustin tatsächlich in der Vergebung der Sünden; die Gnade ist Gottes Liebeswille, der diese Vergebung bewirkt.

Die Gnade nimmt aber nicht nur die Sünde weg, sondern sie bringt zugleich die Erneuerung des Menschen mit sich. Denn durch die Gnade wird die Verderbnis der Natur geheilt (gratia sanans). Indem die Gemeinschaft mit Gott wiederhergestellt wird, kehrt das Leben zurück. Derselbe Vorgang kann auch so beschrieben werden, daß die Gnade durch die »infusio caritatis« (Eingießen der Liebe) einen neuen Willen beim Menschen schafft. Der auf die Welt gerichtete böse Wille wird durch einen guten Willen, durch die caritas, ersetzt. Auf diese Weise kann der Mensch die Gebote Gottes befolgen, nach denen zu wandeln ihm zuvor unmöglich war. Seine Freiheit, das heißt seine Fähigkeit zum Guten, wird wiederhergestellt (libertas restituta). Solange das Erdenleben währt, befindet sich diese Freiheit aber lediglich im Anfangsstadium, denn der Mensch lebt hier im Kampf gegen die Begierde und wird nur allmählich erneuert. Nachdrücklich betont Augustin, daß allein die Liebe, der neue Wille, beim Menschen das Gute bewirken könne. Ohne die Hilfe der Gnade kann er nichts vollbringen, was in sich gut ist. Daher ist die Gesetzeserfüllung, die Gott fordert, nur dadurch möglich, daß Gott die Kraft dazu verleiht: »Da quod iubes, et iube quod vis« (Schenke, was du befiehlst, und befehle, was du willst – Conf. X,29). Diese Liebe gehört zum Glauben. An Gott glauben bedeutet gleichzeitig, ihn lieben und darauf hoffen, ihn einmal zu schauen. Glaube, Hoffnung und Liebe gehören zusammen; sie sind für das christliche Leben wesentlich.

Die Erlösung erfolgt durch die Vergebung der Sünden, durch den Glauben, und deshalb auch ohne unser Verdienst, und ohne daß der Mensch selbst die Fähigkeit besitzt, bei dieser Erlösung mitzuwirken. Bei diesem Grundgedanken, der sich gegen Pelagius richtet, folgt Augustin dem Apostel Paulus, dessen Lehre von der Rechtfertigung durch den Glauben für ihn entscheidend wurde. Insofern der menschliche Wille unfähig zum Guten ist, muß die Erlösung Gottes eigenes Werk sein. Nun bedeutet aber die Gnade für Augustin gleichzeitig eine Erneuerung des Menschen. Sein Wille wird verwandelt, die Liebe wird eingegossen, so daß er wirklich das Gute bewerkstelligen und Gottes Mitarbeiter im Glauben werden kann. Und es ist gewissermaßen diese Erneuerung, die Augustin als Ziel vor Augen hat. Es ist die Gottesliebe (caritas), die die Voraussetzung für die Erlösung ist. In dieser Auffassung liegt gegenüber der Paulusdeutung durch die Reformation ein gewisser Unterschied. Für Luther und die ihm folgende Tradition ist es allein der Glaube, der selig macht, das heißt der Glaube an das Verdienst Christi ohne Ansehen unserer Werke. Für Augustin ist der Glaube ebenfalls das Erlösende, jedoch der Glaube, der gleichzeitig das Gute vollbringt, der mit der caritas verbunden ist und darin seinen Ausdruck findet. Das aus der Liebe hervorgegangene Handeln wird dabei als Verdienst betrachtet, das einmal belohnt werden wird. Gleichzeitig wird aber betont, daß solche Verdienste nur durch die Gnade zustande kommen: »Wenn Gott unsere Verdienste krönt, dann krönt er nichts anderes als nur seine eigenen Verdienste« (Epist. 194,19).

Für Augustin ist nicht allein die vergebende göttliche Gnade, sondern auch die »eingegossene Liebe« Ursache und Voraussetzung der Erlösung. Somit ist es tatsächlich nur die Gnade und nicht der freie Wille, die den Grund des Heils ausmacht; was jedoch am Werk der Gnade beachtet wird, ist nicht so sehr die »fremde« Gerechtigkeit Christi, die uns zugute gerechnet wird, als die Verwandlung, die im Leben des neugeborenen Menschen durch die eingegossene Liebe erfolgt.

Der Gegensatz zum Pelagianismus erhält seinen allerstärksten Ausdruck in Augustins *Prädestinationslehre*: Die Gnade, die allein die Erlösung eines Menschen bewirkt, ist Gottes Liebeswille; sie ist daher zugleich allmächtig. Diese Allmacht der Gnade bedeutet, daß es einzig von Gottes Willen und Ratschluß abhängt, ob jemand selig wird. Gott hat von Ewigkeit bestimmte Menschen dazu auserwählt, aus der »Masse des Verderbens« herausgerissen und der Erlösung teilhaftig zu werden. Das Werk der Gnade in der Heilsordnung ist also nur eine Ausführung dessen in der Zeit, was in Gottes ewigem und verborgenem Ratschluß liegt. Augustin knüpft an Röm. 8,30 an: »Welche er aber verordnet hat, die hat er auch berufen; welche er aber berufen hat, die hat er auch gerecht gemacht; welche er aber hat gerecht gemacht, die hat er auch herrlich gemacht.«

Daß ein Mensch selig wird, hat somit seinen letzten Grund im Willen Gottes und nicht im Menschen selbst – weder in Verdiensten noch im freien Willen. Dies bedeutet für Augustin, daß der Erwählte einst auch selig wird. Denn die Gnade gibt ihm nicht nur den Glauben, sondern befähigt ihn auch, denselben zu bewahren (donum perseverantiae). Es ist darum undenkbar, daß der Mensch wieder vom Glauben abfällt, wenn er einmal dazu gelangt ist. Man hat diesen Gedankengang damit charakterisiert, daß man von der gratia irresistibilis (unwiderstehliche Gnade) sprach – wenn das Wort selbst auch erst später aufkommt. Augustin rechnet damit, daß es auch außerhalb der Kirche Prädestinierte geben kann, die somit – kraft der Allmacht der Gnade – ohne die üblichen Mittel erlöst werden (vgl. oben S. 99).

Noch eine weitere Konsequenz zieht Augustin aus dem Prädestinationsgedanken: Wenn jemand nicht erlöst wird, beruht dies ebenfalls auf Gottes Willen und Ratschluß – in dem Sinne, daß Gott es nicht gewollt oder beschlossen hat. Denn ohne Gottes Willen und Allmacht kann nichts geschehen. Wie sich dieser Gedanke mit der Liebe Gottes vereinbart, gehört zum Unergründlichen. Das Wort 1. Tim. 2,4 »Gott will, daß allen Menschen geholfen werde« – ein Stein des Anstoßes für alle, die die doppelte Prädestination lehren – wird von Augustin so ausgelegt, daß es sich nur auf alle Klassen oder Arten von Menschen bezieht.

Durch seine Prädestinationslehre hat Augustin die äußersten Folgerungen aus der Lehre von der Gnade als einzigem Grund der Erlösung gezogen. Die spätere Theologie ist ihm in diesen Konsequenzen weithin nicht gefolgt, sondern hat sich von der Lehre der unwiderstehlichen Gnade wie auch von der doppelten Prädestination distanziert. Als schärfste Antithese gegen die pelagianische Tendenz blieben diese Gedanken jedoch ein beunruhigendes Element, ständig wieder aufgegriffen von Theologen, die Augustin auch in diesem Punkt genau folgen wollten.

Das Mittelalter
Von Augustin bis Luther

12
Der Streit um den Augustinismus und die Synode von Orange 529

Augustins Lehre von der Gnade und der Prädestination führte schon zu seiner Zeit zu weitreichenden Auseinandersetzungen, die dann während des ganzen Mittelalters und teilweise auch in der nachreformatorischen Tradition Mittelpunkt theologischer Diskussionen waren. Dabei standen folgende Probleme im Vordergrund: die Grenzen des freien Willens, die Rolle der Gnade bei der Bekehrung und Erneuerung des Menschen und die Bedeutung der Prädestination.

Unter den Mönchen der Stadt Hadrumet (südlich von Karthago) entstand schon zu Augustins Lebzeiten ein Streit über seine Lehre von der Gnade. Manche legten diese so aus, daß dem Menschen der freie Wille fehle und seine Werke somit für das letzte Urteil bedeutungslos wären. Andere hielten diesen entgegen: Die Gnade unterstütze den freien Willen, so daß der Mensch dadurch in die Lage versetzt werde, das Gute zu tun; ein jeder sollte nach seinen Werken vor dem Gericht Gottes beurteilt werden. Dem stimmte Augustin selbst zu und begründete seinen Standpunkt ausführlich in den Schriften »De gratia et libero arbitrio« und »De correptione et gratia«.

Eine besonders in Gallien verbreitete Opposition gegen Augustin tritt in der sogenannten semipelagianischen Richtung in Erscheinung. Man wandte sich vor allem gegen seine Prädestinationslehre, die als Fatalismus verstanden wurde, sowie gegen den Gedanken, daß der Wille zum Glauben und zum Guten überhaupt unfähig sei. Augustin, der durch seine Schüler Prosper und Hilarius Kenntnis von dieser Kritik bekam, beantwortete sie unter anderem mit den Schriften »De praedestinatione sanctorum« und »De dono perseverantiae«.

Der Semipelagianismus, der vermeint, die pelagianischen Häresien auch ohne die zugespitzten Gedanken der augustinischen Gnadenlehre vermeiden zu können, ist kein Ableger der Theologie des Pelagius; er greift vielmehr auf eine ältere orientalische Tradition zurück. Formuliert wurde er in erster Linie von *Johannes Cassian* (gest. 430/435), dem Begründer des Klosters Sankt Victor in Massila (dem heutigen Marseille). Dieser geht von der Erfahrung der Mönche aus und betont sowohl die Realität der Sündenverderbnis als auch die Fähigkeit des Menschen zu sittlichem Streben. Die Sünde ist von Adam vererbt, da die ganze Menschheit an seiner Übertretung teilhat. Daher kann der Mensch ohne die Hilfe der Gnade weder das Heil erlangen noch Tugend üben. Er trägt aber in sich den Keim zum Guten, der nur durch die Gnade zum Leben erweckt zu werden braucht. Mit seinem freien Willen kann er also entweder die Gnade zurückweisen oder anstreben. Bei der Bekehrung ergreift Gott zuweilen die Initiative, zuweilen wartet er auf unsere Willensentscheidung, so daß unser Wille Gott zuvorkommt. – Gott will nicht, daß jemand verlorengeht. Geschieht dies aber dennoch, dann gegen seinen Willen. Wie aus dem Angeführten hervorgeht, akzeptiert Cassian die augustinische Erbsündenlehre, lehnt aber den Gedanken der allwirkenden Gnade ab. Statt dessen nimmt er bei der Bekehrung und Erneuerung ein Zusammenwirken von Gnade und freiem Willen an. Die Verwerfung hat danach ihren Grund nicht in Gottes Willen.

In der Folgezeit gewann die massilische Theologie ansehnliche Verbreitung in Gallien. Die Gegensätze verschärften sich weiter. *Prosper von Aquitanien* versuchte dem reinen Augustinismus Geltung zu verschaffen, während der aus der Provence stammende *Faustus von Reji* (gest. um 490/500) den entgegengesetzten Standpunkt entwickelte und in der Richtung der pelagianischen Auffassung weiterging als Cassian. *Vincent von Lerinum*, der das bekannte Prinzip formulierte, daß nur das, was »überall, allzeit und von allen« (quod ubique, quod semper, quod ab omnibus) gelehrt wird, als gültige Tradition anzusehen sei, fand in Augustins Gnadenlehre etwas unbegründetes Neues, das diesem angeführten Anspruch nicht genügte.

Faustus nimmt wie Cassian ein Zusammenwirken göttlichen und menschlichen Willens an. Aber die Gnade besteht für ihn nur in der Erweckung durch die Predigt oder in der Offenbarung der Schrift; sie ist keine innere lebendig machende Kraft. Die Wirkung der Gnade und die Zustimmung des Willens werden in der Bekehrung vereinigt. Die Prädestination gründet sich allein auf das Vorherwissen der Verdienste des Menschen.

Obwohl der Semipelagianismus eine Zeitlang große Erfolge errang – er wurde unter anderem auf der Synode von Arles 473 bestätigt –, behielt er doch nicht den endgültigen Sieg. Die Päpste in Rom zeigten anfangs nur geringes Interesse an den theologischen Streitigkeiten in Gallien und unterstützten eher die augustinische Anschauung; die Gefahr eines reinen Pelagianismus war hierfür der Grund.

Augustins hervorragendster Schüler nach Prosper war *Fulgentius von Ruspe* (gest. 533), der wohl als der bedeutendste Theologe seiner Zeit anzusehen ist. Er war Bischof in Nordafrika, wurde jedoch für lange Zeit von den Vandalen nach Sardinien vertrieben. Seine große Arbeit »Contra Faustum« ging verloren; doch aus seinen erhaltenen Schriften geht hervor, daß er sich zu der strengen augustinischen Prädestinationslehre bekannte: Keiner, der von Ewigkeit erwählt ist, kann verlorengehen, aber es kann auch keiner gerettet werden, der nicht zur Seligkeit prädestiniert ist. Fulgentius rechnet also mit einer »duplex praedestinatio« (doppelten Prädestination) und mit Gottes partikulärem Erlösungswillen. In einer meisterhaft klaren Darstellung hat er die augustinische Anschauung interpretiert. Auf Grund von Stilvergleichen hat man – wenn auch ohne sicheren Beweis – vermutet, daß er das Symbolum Athanasianum verfaßt hat (vgl. oben S. 67).

In Gallien wurde die Sache Augustins zur selben Zeit unter anderem von *Caesarius von Arles* (gest. 542) vertreten. Seine Theologie stieß aber auf Widerstand und wurde auf einer Provinzialsynode in Valencia abgelehnt. Nachdem er jedoch eine Stellungnahme des Papstes eingeholt hatte, durch die seine Auffassung gestützt wurde, gelang es ihm auf einer Synode in Orange im Jahre 529, ein Bekenntnis über die Erbsünde, Gnade und Prädestination zu formulieren, in dem der Semipelagianismus abgelehnt und die augustinische Gnadenlehre entwickelt wird. Der Beschluß der Synode wurde im folgenden Jahr von Papst Bonifatius II. bestätigt und erlangte später fast kanonisches Ansehen; er markierte somit zugleich den Abschluß der sogenannten semipelagianischen Streitigkeiten, so daß in der Frage der Prädestination nunmehr ein modifizierter Augustinismus als Norm galt.

Der Synodalbeschluß von Orange, dessen 25 Canones weitgehend einer von Prosper vorgenommenen Zusammenstellung von Augustin-Zitaten entnommen waren, sanktioniert die augustinische Erbsündenlehre: Der ganze Mensch ist mit Leib und Seele zum Negativen hin verwandelt; der freie Wille ist dabei nicht unverletzt. Nicht nur der Tod, sondern auch die Sünde, »quod mors est animae« (die der Seele Tod ist), ist durch einen einzigen Menschen auf das ganze Menschengeschlecht übergegangen. In der Fortsetzung wird mit aller Schärfe die zuvorkommende Wirksamkeit der Gnade beschrieben: selbst das Gebet, mit dem wir um die Gabe der Gnade bitten, ist von der Gnade bewirkt; von uns aus vermögen wir deshalb nicht den ersten Schritt zu tun oder uns der Gnade zuzuwenden; Gott wartet nicht auf unseren Willen, von der Sünde frei zu werden, sondern bewirkt von sich aus durch Eingießung des Heiligen Geistes, daß wir befreit werden wollen. Auch nicht der Glaube als solcher, das Sehnen nach Genesung oder der Anfang des Glaubens sind Dinge, die von Natur aus bei uns zu finden sind. Wenn darum ein Mensch der Predigt des Evangeliums zustimmt, geschieht auch dies durch die Erleuchtung und Inspiration des Heiligen Geistes.

Denn keinerlei Gutes kann der Mensch aus sich selbst, sondern alles Gute wirkt Gott in ihm. Auch die Wiedergeborenen müssen um Gottes Hilfe beten, um im Guten verbleiben zu können.

Der Zusammenhang zwischen Verdiensten und Gnade wird auch in dem Synodalbeschluß berührt: Kein Verdienst geht der Gnade voraus; gute Werke verdienen Lohn, doch es ist die unverdiente Gnade, die bewirkt, daß sie geschehen. Die Gottesliebe ist eine Gabe Gottes. Sie ist ausgegossen in unsere Herzen durch den Heiligen Geist. Fazit ist also, wie es in dem von Caesarius hinzugefügten Schlußbekenntnis heißt, daß weder Glaube noch Liebe, noch gute Werke von dem freien Willen bewirkt werden können, sondern daß die Gnade der göttlichen Barmherzigkeit ihnen zuvorkommt. Diese Gnade empfängt man durch die Taufe. Alle Getauften können, wenn sie danach treu zu streben bereit sind, mit Christi Hilfe das vollbringen, was zum Heil der Seele gehört. In diesem Zusammenhang wird zugleich der Gedanke einer doppelten Prädestination abgelehnt. Entsprechend werden diejenigen verdammt, die da glauben, daß einige zum Bösen prädestiniert sind.

Indem der Wille des Menschen und sein Streben nach dem Guten von der Gnade hergeleitet werden, wird diese beim Menschen zum Quell alles Guten – einer inneren Kraft gleich, und nicht nur wie eine von außen einwirkende Offenbarung. Canon 22 faßt den Inhalt des ganzen Bekenntnisses unter einem Gesichtspunkt zusammen: »Niemand hat aus sich selbst etwas anderes als Lüge und Sünde. Hat der Mensch etwas an Wahrheit und Gerechtigkeit, dann kommt es aus der Quelle, nach der wir in dieser Wüste dürsten sollen, damit wir, gleichsam mit einigen Tropfen daraus benetzt, auf dem Weg nicht ermüden« (H. Denzinger, Enchiridion symbolorum, definitionum et declarationum de rebus fidei et morum, § 195).

Die Synode von Orange markierte das Ende des Streites über den Augustinismus. Dennoch sollten die Probleme, die dabei im Mittelpunkt standen, in der Folgezeit langwierige Streitigkeiten heraufbeschwören; in der mittelalterlichen Theologie wurden sie sogar Gegenstand ausführlicher Spekulationen. Dieselben Fragen kehren übrigens teilweise in den nachreformatorischen Debatten wieder; man greift dabei auch auf die Gedanken zurück, die sich während der Auseinandersetzungen um Pelagianismus und Semipelagianismus herausgebildet hatten.

13
Der Übergang von der Antike zum Mittelalter
Gregor der Große

Als das weströmische Reich zerfiel und die politische Führung von den Germanen übernommen wurde, traten die eigentlichen theologischen Fragen bei den Männern der Kirche allmählich immer mehr zurück. Doch wurde in jener politisch bewegten Zeit der Grund für die spätere scholastische Theologie wie auch für die mittelalterliche Kultur überhaupt gelegt. Hier sind mehrere Männer zu nennen, die durch persönliches Eintreten das antike Erbe in das Mittelalter hinüberretteten:

Boëthius, christlicher Philosoph und Beamter unter Kaiser Theoderich, angeklagt wegen Verbindungen mit dem oströmischen Reich, gefangengesetzt und schließlich 525 in Pavia hingerichtet, ist als der letzte Römer und der erste Scholastiker genannt worden. Durch Übersetzungen der logischen Schriften des Aristoteles sowie durch eigene Arbeiten vermittelte er dem Mittelalter die Kenntnis der aristotelischen Logik. Sein Wissenschaftssystem wurde vorbildlich für die mittelalterliche Universitätsbildung.

Die Schriften, die unter dem Verfassernamen *Dionysius Areopagita* erschienen, gehören ebenfalls in diese Zeit. In vier Abhandlungen unter den Rubriken »Die göttlichen Namen«, »Die himmlische Hierarchie«, »Die kirchliche Hierarchie« und »Die mystische Theologie« wird ein Weltsystem nach neuplatonischem Muster dargelegt. Unter anderem wird hier die Lehre von den Engeln behandelt, die in neun Chöre eingeteilt werden, unterteilt in jeweils drei Triaden. Die kirchlichen Sakramente und Ämter sowie der Heilsweg der Seele nach den Voraussetzungen der Mystik sind in den beiden letztgenannten Abhandlungen geschildert. – Die Schriften, wozu zehn Briefe vom selben Verfasser gehören, geben sich als von dem Paulusschüler Dionysius verfaßt aus. Nachdem man um das Ende des vorigen Jahrhunderts nachgewiesen hat, daß sich ein Teil der Darstellungen unmittelbar auf den neuplatonischen Philosophen *Proklus* (gest. 485) zurückführen läßt, hat die lang anhaltende Diskussion über den Ursprung der Schriften zu einem endgültigen Ergebnis geführt. Da sie von Theologen im zweiten Jahrzehnt des 6. Jahrhunderts zitiert werden, können sie in der Zeit zwischen 485 und 515 datiert werden; wahrscheinlich stammen sie aus Syrien. Obwohl ihr Inhalt an der Peripherie der theologischen Fragen liegt, haben sie für die gesamte mittelalterliche Theologie eine wichtige Rolle gespielt; denn durch sie wurde dem Mittelalter die Kenntnis der Weltanschauung des Neuplatonismus und seines religiösen Systems vermittelt. Diese pseudodionysischen Schriften wurden von dem Philosophen Johannes Scotus Erigens ins Lateinische übertragen.

Cassiodor (gest. um 583), wie Boëthius Staatsmann im ostgotischen Reich, war ein anerkannter Sammler und Enzyklopädist. – Sein Zeitgenosse, dessen Name nicht so sehr der Dogmengeschichte als vielmehr der allgemeinen Kirchengeschichte angehört, ist *Benedikt von Nursia* (gest. 547), dessen Klosterregel (523/526) bis ins 12. Jahrhundert im Abendland allein richtungweisend war. Durch seine Vorschriften über Studien und Schreibarbeit in den Klöstern schuf er eine der wichtigsten Voraussetzungen für die geistliche Kultur des Mittelalters.

Einer etwas späteren Zeit gehört *Isidor von Sevilla* (gest. 636) an, der mehr als ein anderer das wissenschaftliche und theologische Erkenntnismaterial seiner Zeit sammelte und späteren Zeiten zugänglich machte.

In einer Situation starken kirchlichen Verfalls und materieller Not wurde *Gregor*, vordem Stadtpräfekt und eine Zeitlang Klosterbruder in Rom, 590 zum Papst gewählt. Er selbst beschreibt die Kirche, in die er als Vorsteher eingesetzt wurde, als »ein altes und von den Wogen hart mitgenommenes Schiff, in das die Sturzseen von allen Seiten eindrangen und dessen morsche Planken durch ihr Knarren schon den Schiffbruch ankündigten« (Epist. I,4). Er vermochte dem Papsttum die frühere Stellung zurückzugewinnen und konnte durch seine energische Führung den Grund für das mittelalterliche Papsttum legen. Sein Pontifikat pflegt man in der Dogmengeschichte deshalb als die Grenze zwischen der Zeit der alten Kirche und dem Mittelalter zu betrachten. Aber auch auf dem Gebiet der Theologie ist das Wirken Gregors von grundlegender Bedeutung gewesen.

Die augustinische Gnadenlehre ist von Gregor ins Mittelalter weitergeführt worden, wenn teilweise auch in vergröberter und vereinfachter Form. Gottes Gnade und

Liebe kommen danach dem Menschen zuvor. Der Gnade gehen keinerlei Verdienste voraus, da der Wille des Menschen unfähig zum Guten ist. Die vorbereitende Gnade (gratia praeparans) schafft den Willen neu. Auch bei der Ausführung des Guten wirkt die Gnade (gratia subsequens) mit dem freien Willen zusammen. Das Gute kann somit sowohl Gott wie auch uns Menschen zugeschrieben werden, »Gott wegen der zuvorkommenden Gnade, uns wegen des gehorsamen freien Willens«. Ziel des Gnadenwerkes ist, gute Taten hervorzurufen, die belohnt werden können, das heißt die Besserung und Erlösung des Menschen. Der Verdienst- und Lohngedanke ist demgemäß eine fundamentale Voraussetzung bei Gregor, wie auch sonst in der abendländischen mittelalterlichen Theologie.

Der Prädestinationsgedanke ist eine Konsequenz davon, daß alle Verdienste *vor* der Gnade abgelehnt werden. Gott hat manche auserwählt, andere aber in ihrem Verderben gelassen. Der Gedanke des Vorherwissens ist gewissermaßen aufgehoben: Für Gott gibt es keinen Unterschied zwischen Gegenwärtigem und Künftigem, sondern das, was kommen soll, ist für ihn gegenwärtig, so daß es sich eher um ein Wissen als um ein Vorherwissen handelt.

Die Darstellung der Versöhnungslehre Gregors ist ebenfalls für viele mittelalterliche Autoren Vorbild geworden, unter anderem für Anselm und Abaelard. Christus wird hierbei den Menschen als Beispiel hingestellt, gleichzeitig auch in der Hinsicht, daß er Gott das stellvertretende und sühnende Opfer für ihre Sünden darbringt: Er ist der Mittler zwischen Gott und den Menschen, der die Strafe für die Schuld der Menschen auf sich nimmt. Der Tod Christi wird außerdem als eine Überlistung des Teufels beschrieben: Die göttliche Natur des Gekreuzigten wird mit einem Angelhaken verglichen, der im Leib Christi verborgen ist und den der Teufel schluckt, ohne darauf zu achten, an wem er sich vergangen hat.

Mit dem Opfergedanken der Versöhnungslehre wird der Gedanke des Abendmahls als eines Opfers verbunden, bei dem der Tod Christi auf geheimnisvolle Weise für uns erneuert wird. »Wenn er auch auferstanden ist und nicht mehr stirbt, und wenn der Tod auch keine Macht mehr über ihn hat, so wird er doch in seinem unsterblichen und unvergänglichen Leben in dem Geheimnis des heiligen Opfers aufs neue für uns dargebracht. Sein Körper wird dabei genossen, sein Leib ausgeteilt zur Erlösung des Volkes, sein Blut vergossen, nunmehr nicht unter den Händen der Ungläubigen, sondern in den Mund der Gläubigen« (Dial. IV,58). Das Opfer im Abendmahl wird gleichzeitig als das beschrieben, in dem die Gläubigen sich selbst in ihres Herzens Zerknirschung darbringen.

Zu Gregors wichtigsten Schriften gehört eine Auslegung des Buches Hiob, genannt »Moralia«, das in vielerlei Hinsicht für die mittelalterliche Lebensanschauung und Ethik grundlegend ist. Durch seine »Dialogi«, eine Sammlung von Berichten über die Wundertaten heiliger Männer, hat Gregor den starken Wunderglauben zum Leben erweckt und gefördert, der für das mittelalterliche Christentum charakteristisch ist. Er betont zum Beispiel die Kraft des heiligen Abendmahls, zeitliches Wohlergehen des Menschen zu bewirken. Es wird erzählt, wie das Sakrament, stellvertretend für andere gespendet, aus Schiffbruch oder dem Gefängnis erretten konnte (Dial. IV,57). – Die zahlreichen nachgelassenen Briefe Gregors haben größtenteils praktisch kirchlichen Inhalt.

In seiner Bußlehre entwickelt Gregor den Gedanken der Wiedergutmachung als eines Mittels zur Milderung oder Aufhebung der ewigen Strafen sowie die Vorstellung vom Fegefeuer. Überhaupt ist für ihn charakteristisch, die hochstehende theologische Tradition, die er zu erhalten sucht, mit Zügen zu vereinen, die der volkstümlichen Frömmigkeit angehören. Selbst darin enthaltene ziemlich krasse und vulgäre Elemente hat er aufgenommen und sanktioniert. Doch gehört Gregor der Große zweifellos zu den bedeutendsten Männern, die in grundlegender Weise die mittelalterliche Theologie und Kultur geprägt haben.

14
Die Theologie der Karolingerzeit

Die Zeit von Gregor dem Großen bis zum Beginn der Scholastik, vom 7. Jahrhundert bis in die Mitte des 11. Jahrhunderts, zeigt auf theologischem Gebiet keine markante Entwicklung. Es ist jedoch auffällig, mit welchem Eifer die neuchristlichen Völker sich nunmehr die antike und christliche Bildung aneigneten. Die Epoche des karolingischen Kaisertums bedeutet in dieser Hinsicht eine Blütezeit, in der auch mehrere bedeutende Theologen wirkten: *Alkuin* (gest. 804), *Hrabanus Maurus* (gest. 856), *Radbertus* (gest. 865), *Ratramnus* (gest. nach 868), *Hinkmar von Reims* (gest. 882). Aber ihre Tätigkeit bestand nicht so sehr in einer Neuorientierung des theologischen Denkens, wie im Sammeln und Wiedergeben der älteren Tradition. Unter den Kirchenvätern verweist man vor allem auf Gregor und Augustin. Auch das Schriftstudium stand im Zeichen des Traditionalismus. In den sogenannten »catenae« (Kettenkommentaren) stellte man die patristischen Auslegungen zu den verschiedenen Bibelstellen zusammen.

Von größter Bedeutung für die Zukunft wurde der Kommentar, der gewöhnlich *Walafrid Strabo* zugeschrieben wird, die »Glossa ordinaria«. In »Florilegien« sammelte man Zitate der Kirchenväter zu verschiedenen Themen der Glaubenslehre. Sie wurden gleichzeitig eine wichtige Quelle für die theologische Arbeit künftiger Zeiten. – Auch auf angelsächsischem Gebiet traten bedeutende Theologen hervor: *Theodor von Canterbury* (gest. 690) und *Beda Venerabilis* (gest. 735), von denen der letztere vor allem durch seine »Historia ecclesiastica gentis Anglorum« (Die Kirchengeschichte des englischen Volkes) bekannt geworden ist.

Durch die von ihr bewirkte Konservierung des antiken und patristischen Erbes sollte die Theologie dieser Zeit die Grundlage für die künftige Entwicklung bilden.

Über gewisse Punkte kam es zu dogmatischen Diskussionen, die eine genauere Beachtung verdienen:

Der adoptianische Streit ist ein Widerhall der christologischen Debatten der alten Kirche und richtet sich vor allem auf die Auslegung der Formel von Chalcedon. Der spanische Theologe *Elipandus von Toledo* vertrat die Ansicht, der Mensch Jesus sei mit dem Gottessohn, der zweiten Person der Trinität, so vereinigt, daß er »filius adoptivus« genannt werden könnte. Durch Gottes Vorherbestimmung und Willen sei er dazu ausersehen gewesen, Sohn Gottes genannt zu werden. Damit sollte der bekenntnismäßigen Auffassung entsprochen werden, daß Christus ein Mensch wie wir ist. Die dabei verwendete Formel selbst, »adoptivus«, war übrigens der mozarabischen Liturgie entnommen. Der bedeutendste Gegner dieser Christologie war Alkuin. Er stellte den Adoptionsgedanken der nestorianischen Vorstellung von zwei Personen in Christus gleich. Bei der Ausdrucksweise des Elipandus müsse man »zwei Söhne« annehmen, den göttlichen Logos, der seinem Wesen nach Gottes Sohn sei, und den als Sohn adoptierten Menschen Jesus.

Der Adoptianismus wurde auf mehreren fränkischen Synoden verdammt (Regensburg 792, Frankfurt 794, Aachen 799). Auf diese Weise wurde der Weg für eine Annahme der byzantinischen Christologie im Abendland bereitet. Wie Leontius oder Johannes Damascenus dachte man sich den göttlichen Logos als Träger der Einheit der Person, wobei er die menschliche Natur in sich aufnahm. Alkuin umschreibt das so: »Wenn Gott fleischliche Gestalt annimmt, verschwindet die menschliche Person, nicht aber die menschliche Natur« (Migne, PL 101, 156).

Der Streit um das »Filioque« und der Bilderstreit. Im Abendland war das Wort »Filioque« schon früh als Zusatz dem nicäno-konstantinopolitanischen Bekenntnis beigefügt worden: »Spiritus sanctus ... ex Patre Filioque procedit« (Der heilige Geist ... der vom Vater und dem Sohn ausgehet). Die Theologen des Frankenreiches traten bewußt für diese Änderung ein und suchten sie theologisch zu begründen. Unter anderem verteidigte der bereits erwähnte Ratramnus ihren Gebrauch gegenüber dem Patriarchen Photius und konnte sich dabei auf Gedanken berufen, die bereits von Athanasius und Augustin entwickelt worden waren. Der orientalische Standpunkt wurde als Arianismus hinsichtlich des Heiligen Geistes bezeichnet. In der griechischen Kirche betrachtete man die Göttlichkeit des Vaters als der des Sohnes und des Geistes übergeordnet und Quelle des göttlichen Wesens, weshalb der Geist nur vom Vater ausgehen konnte. Die Autorität des Symbols spielte auch eine Rolle: Die griechischen Theologen weigerten sich, eine Änderung im Symbol-Text vorzunehmen. Rom nahm lange Zeit eine abwartende Haltung ein, als man aber das nicänische Bekenntnis im 11. Jahrhundert in die Messe aufnahm, wurde der Gebrauch des Wortes »Filioque« sanktioniert.

Die fränkischen Theologen waren noch in eine andere Kontroverse mit der Ostkirche verwickelt. Das siebente ökumenische Konzil zu Nicäa (787) hatte die ehrfürchtige Verehrung *(proskynēsis)* vor Bildern Christi oder Heiliger mit der Begründung erlaubt, daß eine solche Anbetung nicht dem Bild als solchem, sondern dem gelte, der darauf abgebildet war. Eine Verehrung der Bilder selbst *(latreia)* wurde demgegenüber zurückgewiesen. Auf der Synode von Frankfurt 794 lehnte jedoch die fränkische Kirche diesen Beschluß ab. Karl der Große und seine Theologen vertraten vielmehr die Meinung, den Bildern dürfe keinerlei Anbetung zuteil werden, sie sollten lediglich als Schmuckgegenstände oder pädagogische Hilfsmittel gelten. Der fränkische Standpunkt wurde in diesem Fall im Abendland aber nicht allgemein anerkannt. Rom hatte übrigens niemals den nicänischen Beschluß abgelehnt, und später – unter anderem auf einem Konzil in Konstantinopel (870) – erkannte die römische Kirche sogar die Anbetung im gleichen Sinne an, wie dies auf dem Konzil zu Nicäa geschehen war (vgl. oben S. 116).

Der Streit um die Prädestination. Gottschalk, ein im niedersächsischen Raum gebürtiger Mönch in dem fränkischen Kloster Orbais, der halb gegen seinen Willen Mönch geworden war, betrachtete es als seine Aufgabe, die doppelte Prädestination in ihrer strengsten Form zu verkündigen. Er glaubte – mit einem gewissen Recht – sich dabei auf Augustin berufen zu können, spitzte aber seine Lehre zu, indem er jegliche Äußerung über die Freiheit des Menschen unterließ. Die Prädestination wurde mit der Unveränderlichkeit Gottes begründet. Auch bei Gottschalk handelt es sich jedoch nicht um Prädestination zum Bösen. Was vorausbestimmt ist, das ist die gerechte Strafe für die Gottesleugner wie das ewige Leben für die Gerechten, also in beiden Fällen etwas Gutes. Die Verwerfung hat jedoch ihren Grund im ewigen Ratschluß. Auch die Versöhnung Christi gilt nur für die zum ewigen Leben Bestimmten. Der folgende Satz aus Gottschalks Bekenntnis ist geeignet, seine Botschaft zusammenzufassen: »Denn wie der unveränderliche Gott vor der Erschaffung der Welt durch seine freie Gnade alle seine zum ewigen Leben Auserwählten vorherbestimmt hat, so hat in gleicher Weise derselbe unveränderliche Gott alle Verworfenen vorherbestimmt, die am Tag des Gerichts wegen ihrer bösen Werke verdammt werden sollen – zum ewigen Tod nach seinem gerechten Urteil und nach ihrem Verdienst« (Migne, PL 121, 368 A).

Gottschalk trug seine Lehre in einem Religionsgespräch in Mainz vor, wo ihm einer der hervorragendsten Theologen der Zeit, Hrabanus Maurus, entgegentrat. Auf einer Synode von 849 in Chersy wurde Gottschalk vom Bischof Hinkmar von Reims, zu dessen Stift sein Kloster gehörte, zu Klosterhaft verurteilt. Obwohl ein Teil der zeitgenössischen Theologen Gottschalk zu verteidigen suchte, ohne jedoch seine Ansicht mit aller Konsequenz zu vertreten, wurde seine Lehre offiziell verdammt. Gottschalk lebte 20 Jahre in Gefangenschaft, wobei er standhaft bei seiner Lehre blieb. Auch eine Anzahl von Gedichten, von ihm in seiner Haftzeit geschrieben, sind erhalten. In einer Zeit, als die Auslegung Augustins durch Gregor mit ihrer Betonung der Freiheit des Willens und seines Zusammenwirkens mit der Gnade zu den fundamentalen Voraussetzungen gehörte, stand Gottschalk mit seiner Opposition ziemlich allein.

15
Die Abendmahlslehre im frühesten Mittelalter

Bereits bei Gregor dem Großen entwickelte sich – wie schon erwähnt – der Gedanke, daß das Abendmahl eine Wiederholung des Versöhnungsopfers Christi sei (das Meßopfer). Das Brot und der Wein sind der Leib und das Blut Christi. Wie ist das genauer zu verstehen? Spekulationen über diese Frage beschäftigten mehrere Theologen des Frankenreiches in der ersten Hälfte des 9. Jahrhunderts. Von ihnen wurde der Grund für die spätere mittelalterliche Abendmahlslehre gelegt. Es verdient hervorgehoben zu werden, daß das Abendmahl um diese Zeit keineswegs nur als Meßopfer betrachtet wurde. Der Meßopfergedanke ist vielmehr nur eines der Motive, die die Abendmahlslehre jener Zeit enthielt. Der Gedanke des Mitbeteiligtseins wurde ebenso stark betont. Aber in dem einem wie in dem anderem Fall rückte die Frage der Bedeutung der Realpräsenz in den Mittelpunkt.

Die Vorstellung von der Realpräsenz blieb über allen Zweifel erhaben. Es stellte sich aber daraus die Frage, ob man die Gegenwart Christi symbolisch oder dem Buchstaben nach verstehen sollte. Bei ihrer Beantwortung spielte die augustinische Auffassung des Abendmahls, die eher »symbolisch« ist, eine wichtige Rolle: Das Sakrament ist ein Zeichen (signum), das heißt, die äußeren, sichtbaren Elemente sind Träger eines Geschehens, das unsichtbar ist und sich völlig auf geistlicher Ebene vollzieht. Augustin versucht das Problem durch die Unterscheidung zwischen »res« und »signum« – oder zwischen »sacramentum« und »virtus sacramenti« – zu lösen. Die Schwierigkeit, mit der die nachfolgende Theologie in erster Linie zu ringen hatte, bestand darin, die augustinische Sicht mit der allgemeinen Glaubensauffassung zu vereinen, daß Brot und Wein etwas mehr als ein Zeichen, nämlich in Wirklichkeit mit Christi Leib und Blut identisch sind (vgl. oben S. 97).

Paschasius Radbertus hat diese Fragen in seiner Schrift »De corpore et sanguine Domini« einer eingehenden Behandlung unterzogen. Er stellt mit kraftvollen Worten die reale Gegenwart heraus: Nach der Konsekration ist dort nichts anderes als Leib und Blut Christi, wenn auch in der Gestalt von Brot und Wein. Der Leib, der im Abendmahl ausgeteilt wird, ist identisch mit dem, der von der Jungfrau Maria geboren wurde, der am Kreuz litt und von den Toten auferstand. Die Wandlung der Elemente erfolgt kraft des erschaffenden Allmachtswortes. Wie Gott in seiner Allmacht aus dem Nichts zu erschaffen und den Leib Christi aus dem Schoß der Jungfrau hervorzubringen vermochte, so vermag er durch sein Wort auch Leib und Blut Christi unter der Gestalt von Brot und Wein auszuteilen. Es ist jedoch offenbar, daß dies auf geheimnisvolle und in gewissem Grade bildliche Weise geschieht, da die Elemente ihre äußere Gestalt im Abendmahl beibehalten. Paschasius beschäftigt sich nun mit der Frage, wie das sakramentale Geschehen figürlich (symbolisch) und zugleich im eigentlichen Sinn wirklich sein kann.

Das Symbolische beschränkt sich für Paschasius auf das rein äußerlich Wahrnehmbare: die sichtbaren Elemente und ihre Hinnahme. Was aber auf innere Weise verstanden wird: die Austeilung des Leibes und Blutes Christi, ist reales Geschehen (veritas). Durch das Wort und den Geist wird bewirkt, daß dieses Brot in den Leib und dieser Wein in das Blut Christi übergehen:

»Est autem figura vel character hoc quod exterius sentitur, sed totum veritas et nulla adumbratio, quod intrinsecus percipitur, ac per hoc nihil aliud hinc inde quam veritas et sacramentum ipsius carnis aperitur. Vera utique Christi caro, quae crucifixa est et sepulta, vere illius carnis sacramentum, quod per sacerdotem super altare in verbo Christi per Spiritum sanctum divinitus consecratur: unde ipse Dominus clamat: Hoc est corpus meum (Luk. 22,19)« (Was äußerlich vernommen wird, ist Figur oder Bild, was aber im Inneren aufgefaßt wird, ist ganz und gar Wahrheit und kein Schattenbild; deshalb wird hier nichts anderes als die Wahrheit und das Sakrament des Fleisches selbst offenbart. Es ist also das Fleisch Christi, das gekreuzigt und begraben wurde, das wahrhafte Sakrament seines Fleisches, das durch den Priester auf dem Altar im Worte Christi durch den Heiligen Geist in göttlicher Weise konsekriert wird: Aus welchem Grunde der Herr selbst ruft: Das ist mein Leib [Luk. 22,19 – Migne PL 120, 1279 B]).

Wie aus dem Angeführten hervorgeht, verzichtet Paschasius nicht ganz auf die symbolische Deutung Augustins, sondern behält diese als eine gegebene Voraussetzung bei. Zugleich wird jedoch die reale Verwandlung als das Wesentliche betont. Die Abendmahlslehre des Paschasius Radbertus bildet somit ein wichtiges Glied in der Entwicklung, die zu dem Dogma über die Transsubstantiation führt.

Widerspruch gegen die Abendmahlslehre des Paschasius regte sich zu seiner Zeit von seiten einiger Theologen, welche die symbolische Auffassung Augustins stärker gewahrt wissen wollten. Der fränkische Theologe *Ratramnus* hat in einer Schrift mit dem gleichen Titel der obenerwähnten Arbeit des Radbertus Stellung zu den Fragen genommen, die darin aufgeworfen wurden. Das Abendmahl wird von Ratramnus symbolisch verstanden. Was genossen wird, ist wirklich Christi Leib und Blut. Doch es geschieht auf bildliche Weise: Die äußeren Elemente sind Symbole eines inneren, nur im Glauben zu erfassenden Geschehens. »Figurae sunt secundum speciem visibilem, at vero secundum invisibilem substantiam id est divini potentiam Verbi vere corpus et sanguis Christi existunt« (Sie sind Figuren der sichtbaren Gestalt nach, aber der unsichtbaren Substanz – das heißt der Macht des göttlichen Wortes – nach existieren sie als Christi Leib und Blut – De corpore et sanguine Christi, 49; Seeberg III,75).

Das Vorstehende könnte an und für sich auch von Paschasius gesagt worden sein. Aber der Unterschied zwischen den beiden Theologen besteht darin, daß sich für Ratramnus das Figürliche nicht nur auf die äußeren Elemente erstreckt – wie Paschasius meinte –, sondern auch auf die Bezeichnung »Leib und Blut Christi« als solche. Das Brot wird im gleichen Sinn in figürlicher Weise als Christi Leib bezeichnet wie dort, wo Christus von sich als dem Brot des Lebens oder dem wahren Weinstock spricht. Die Einsetzungsworte können nicht so buchstäblich verstanden werden wie zum Beispiel die Aussagen, daß Christus von einer Jungfrau geboren wurde, gelitten hat und gestorben und begraben ist. In diesem Fall haben wir es mit einer direkten, nicht bildhaften Ausdrucksweise zu tun (nuda et aperta significatio – nackte und offenbare Bezeichnung). Aber im Abendmahl ist die wirkliche Bedeutung des Sakraments – der Genuß der geistlichen und himmlischen Gabe – in der Hülle der äußeren Symbole verborgen.

Vor allem wurde kritisiert, daß Radbertus Christi geschichtlich-realen Körper mit dem im Sakrament dargereichten Leib gleichsetzte (s. S. 118). Nach Ratramnus ist der im Abendmahl genossene Leib nicht der irdische, menschliche Körper, sondern ein himmlischer, geistlicher, der nur im Glauben auf geistliche Weise empfangen werden kann.

»Exterius igitur quod apparet, non est ipsa res, sed imago rei, mente vero quod sentitur et intelligitur veritas rei.« (Was äußerlich sichtbar ist, ist nicht die Sache selbst, sondern ein Bild der Sache, was aber in der Seele vernommen und verstanden wird, ist die Wahrheit der Sache – De corpore et sanguine Christi, 87f.; Seeberg III,75).

»Christi corpus non corporaliter sed spiritualiter necesse est intelligatur« (Es ist notwendig, den Leib Christi nicht in körperlicher, sondern in geistlicher Weise zu verstehen – De corpore et sanguine Christi, 74; Seeberg III,75). Diese Auffassung steht der augustinischen am nächsten: Das Abendmahl ist das äußere Symbol für ein inneres, nur im Glauben verwirklichtes Empfangen himmlischer Gaben.

Im Mittelalter wurden vor allem die Gedanken des Radbertus weiterentwickelt und bildeten die Grundlage der Abendmahlstheorie, die dann die vorherrschende wurde. Die augustinische Auffassung wurde allmählich von der Transsubstantiationslehre verdrängt (vgl. unten S. 124, 149).

16
Die Lehre von der Buße im frühen Mittelalter

Zur Zeit der alten Kirche bedeutete Buße die Wiederaufnahme derer, die nach der Taufe offenkundig in Sünde gefallen waren, in die Gemeinschaft der Kirche. Es war eine öffentliche Buße, die nur *einmal* geleistet werden konnte. Verschiedene Meinungen bestanden jedoch darüber, inwieweit eine solche Buße anerkannt werden konnte. Ursprünglich hielt man bei schwereren Sünden wie Ehebruch, Mord und Abfall eine Buße für ausgeschlossen; nach und nach aber wurde ihre Gültigkeit auch auf solche Vergehen ausgedehnt. Noch gegen Ende des 6. Jahrhunderts versuchte man an dieser Form der Buße festzuhalten; in Spanien zum Beispiel lehnte man den Gedanken einer wiederholten Buße mit priesterlicher Absolution lange Zeit ab. Tatsächlich hatte die öffentliche Buße jedoch ihre Bedeutung mehr und mehr verloren. Statt dessen kamen andere Formen auf, die schließlich die umfassende mittelalterliche Bußinstitution hervorbringen sollten. Ihre Wurzeln hat diese Entwicklung in der keltischen und angelsächsischen Kirche.

In der keltischen Kirche – die in vielerlei Hinsicht eine gewisse Eigenart gewahrt hatte – kannte man die öffentliche Kirchenbuße nicht, dagegen eine private mit dem Bekenntnis vor dem Priester, der Genugtuung (satisfactio) und Wiederaufnahme in die Gemeinschaft der Kirche (reconciliatio). Handbücher, die Art und Dauer der Buße bei verschiedenen Vergehen genau vorschreiben, sind aus dem 6. Jahrhundert erhalten. Ein solches Beichthandbuch wurde »Poenitentiale« genannt. Die Buße konnte demnach in Fasten und Beten, Almosen, Enthaltsamkeit usw. bestehen. Ihre strengste Form war die dauernde Landesverweisung, »peregrinatio perennis«. Die oft sehr lange dauernden Pönitenzen konnten durch erschwerende Forderungen wie Wachen, ununterbrochenes Psalmenlesen oder ähnliches in kürzere Strafen umgewandelt werden. Man kannte auch die Möglichkeit der sogenannten Redemption: eine bestimmte Strafe gegen eine andere auszutauschen oder die Buße sogar durch Geldzahlung auf andere zu übertragen.

Die Buße betraf in diesem Zusammenhang nicht nur Todsünden, sondern auch geringere Vergehen. Die private Beichtbuße war eine Kombination von öffentlicher Kirchenbuße und der in den Klöstern und frommen Laienkreisen geübten seelsorgerlichen Beichte. Sie erfüllte dieselbe Funktion wie die altkirchliche öffentliche Beichte – nämlich die Wiederaufnahme in die kirchliche Gemeinschaft –, aber sie wurde auch auf heimliche Sünden ausgedehnt.

Von keltischen und angelsächsischen Missionaren wurde diese Bußpraxis auf den Kontinent gebracht, wo man sie allmählich widerstandslos akzeptierte. In fränkischen Beichtbüchern aus der zweiten Hälfte des 8. Jahrhunderts hat man die keltischen Bestimmungen aufgenommen.

Zwar versuchte man durch die sogenannte karolingische Reform des Bußwesens Anfang des 9. Jahrhunderts die alte öffentliche Buße wieder zu beleben und die Beichthandbücher abzuschaffen. Aber diese wurden dennoch beibehalten, und die Reform war wirkungslos.

Die öffentliche Kirchenbuße war um das Jahr 800 so gut wie verschwunden. Sie blieb in der folgenden Tradition nur noch als »poenitentia solemnis« zurück: ein nach offenkundigen und schweren Verbrechen angewandter kirchlicher Sühneakt. »Injungenda nonnumquam est iis qui enormibus ac publicis criminibus contaminati et obstricti sunt, publica et solemnis poenitentia, ad ipsorum salutatem, et aliorum exemplum« (Dann und wann muß denen, die durch große und öffentliche Sünden befleckt und dazu schuldig sind, auch eine öffentliche und feierliche Buße auferlegt werden, ihnen zum Heil und anderen zum Beispiel – Thomas von Aquin, Summa theologiae, Suppl., Qu. 28, Art. 1).

Die von den Kelten übernommene Beichtbuße breitete sich dagegen immer mehr aus und wurde schließlich zur Grundlage für die Bußinstitution der römischen Kirche. Diese unterschied sich von der der alten Kirche darin, daß die Buße wiederholt werden konnte und sollte und auch bei geringeren, heimlichen Sünden angewandt wurde. Sie war auch nicht öffentlich, unterschied sich aber andrerseits von der rein privaten, geheimen Buße dadurch, daß sie vor dem Priester geschehen sollte und mit unmittelbar auferlegten Genugtuungen (satisfactiones) verbunden war.

Die Buße in ihrer neuen Form umfaßte die »contritio cordis« (Zerknirschung des Herzens), »confessio oris« (Bekennen des Mundes) und »satisfactio operis« (Genugtuung in Handlung). Die *Reue* wurde stets betont, daneben wurde das *Bekennen* vor dem Priester zur Notwendigkeit, damit dieser die individuell angepaßten Genugtuungen verhängen konnte. Den öffentlichen Versöhnungsakt (reconciliatio) ersetzte man in der Beichte durch die *Absolution* des Priesters, die in diesem Fall schon vor der geleisteten Genugtuung erteilt wurde. – Die Pflicht, auch leichtere Sünden regelmäßig zu beichten, wurde nun allgemein üblich. Die 4. Lateransynode von 1215 schrieb wenigstens eine Buße im Jahr vor.

Schon von Anfang an war die Beichte eng mit dem Priesteramt und dessen Binde- und Lösegewalt verbunden. »Binden« bestand im Exkommunizieren oder Auferlegen von Buße in anderer Form; »Lösen« bedeutete die Vergebung der Sünden, die Absolution. Dadurch wurde die Beichte zum wichtigsten Mittel zur Aufrechterhaltung der kirchlichen Disziplin und zum stärksten Band zwischen Klerus und Volk. – Eine Generalabsolution – vor allen erteilt und ohne voraufgehende Ohrenbeichte ausgesprochen – wurde bei gewissen Gelegenheiten verkündet; sie verdrängte aber keineswegs die gewöhnliche Beichtinstitution.

Die den Beichtenden vorgeschriebenen Forderungen an Genugtuungen und Bußübungen waren in jener Zeit sehr streng. Vielfach wurde Buße durch Fasten geleistet; sie konnte aber auch im Almosengeben bestehen. Andere oft auferlegte Genugtuungen waren die Pilgerfahrt (peregrinatio), das Geißeln (flagellatio) und der Eintritt in ein Kloster. In zahlreichen Fällen konnten strengere Verpflichtungen durch mildere oder kürzere und intensivere Strafen ersetzt werden. Dies nannte man »redemptio«, ein Verfahren, das – wie oben gesagt – auch schon die keltischen Beichtbücher kannten. So konnte zum Beispiel Fasten durch Almosengeben ersetzt oder auch langes Fasten entsprechend verkürzt werden; vielfach wurde es mit Geißelung oder auch mit kontinuierlichem Psalmenlesen verbunden.

17
Die ältere Scholastik

Allgemeines

Unter Scholastik – der Name bedeutet eigentlich nur »Schulwissenschaft« – versteht man dogmengeschichtlich die Theologie, die sich seit Mitte des 11. Jahrhunderts an den abendländischen Hochschulen herausbildete; ihren Höhepunkt hatte sie im

13. Jahrhundert; sie verfiel jedoch gegen Ende des Mittelalters und wurde durch den Humanismus und die Reformation zur Auflösung gebracht.

Kennzeichnend für die Scholastik ist, daß sie sich einer philosophischen Methode bedient. Man stützt sich auf die Dialektik, die von der Antike als Erbe übernommen worden war und dann Bestand der philosophischen Bildung an den Universitäten und Schulen wurde, die während des Mittelalters im Schutz der Klöster und der Kirche entstanden. Die Scholastik nimmt ihren Anfang damit, daß man den Traditionsstoff einer selbständigen dialektischen Behandlung zu unterziehen beginnt. Neben der Schrift und der Tradition spielen nun die Auffassungen der verschiedenen Lehrer eine wichtige Rolle. Man kommentiert ihre Schriften und legt sie aus, wobei sich verschiedene Schulen bilden; ein System löst dabei vielfach das andere ab. Die dialektische Methode führt allmählich zu einer endlosen Aufteilung der Probleme; die Spekulation wird immer weitergetrieben und erstreckt sich schließlich auf periphere Einzelheiten.

Die Ausdrücke »Scholastik« und »scholastisch« wurden oft benutzt, um eine formalistische, unfruchtbare Theologie zu kennzeichnen, in der die Darstellung durch unnötige Begriffsunterscheidungen und leere Diskussionen beschwert und verwirrt wird. Als allgemeines Urteil über die mittelalterliche Scholastik ist dies jedoch irreführend. Sie ist zwar oft entartet, doch in ihren besten Formen bezeichnet sie ernste wissenschaftliche Arbeit mit geschickter und energischer Behandlung der Probleme. Reichtum an Gesichtspunkten und Beobachtungen sowie logischen Scharfsinn kann man dieser Methode nicht absprechen.

Das Verständnis der scholastischen Theologie ist vielleicht in erster Linie dadurch erschwert, daß die der damaligen Universitätsbildung zugrunde liegende philosophische Tradition in neuerer Zeit durch andere Denkvoraussetzungen ersetzt wurde. Als Folge davon ist die Kenntnis jenes älteren Denkens, das sich auf die Antike stützt, in weitgehendem Maße verschwunden.

Die allgemeine Beurteilung der Scholastik ist oft von der Kritik seitens des Humanismus und der Reformation geprägt worden. Dabei wird sie gern als ziemlich einheitliche Richtung betrachtet. Sie umfaßt jedoch nicht nur eine Fülle verschiedener Schulen und Anschauungen, sondern hat auch eine lange und wechselvolle Entwicklung von der ältesten Scholastik bis hin zur spätmittelalterlichen komplizierten und in vielen Punkten entarteten Spekulation hinter sich. Vor allen Dingen trugen zwei Faktoren fördernd zur Entwicklung der Scholastik bei: die kirchliche Erneuerung, die unter anderem Ausdruck in einer Reform des Klosterwesens fand (die Cluniacenser-Bewegung), und die stärkere Anknüpfung an die philosophische Bildung der Zeit. An Kloster- und Kathedralschulen – wie später an den aus diesen Schulen hervorgegangenen Universitäten – entfaltete sich eine auf das antike Bildungserbe aufgebaute Unterweisung. Dadurch sah man sich veranlaßt, auch den theologischen Stoff nach den Methoden und im Einklang mit den Denkformen zu bearbeiten, die von der Philosophie angeboten wurden. Anfangs betrachtete man die Logik als die grundlegende Wissenschaft, wobei man sich an den logischen Schriften des Aristoteles orientierte, die man durch Boëthius kannte (vgl. oben S. 112). Erst später legte man der theologischen Unterweisung die aristotelische Metaphysik zugrunde, und das wurde eine der wichtigsten Voraussetzungen für die Systemkonstruktionen der Hochscholastik.

Die Abendmahlslehre

Ein Lehrstreit, der in gewissem Grade eine Fortsetzung der Kontroversen der Karolingerzeit in der Abendmahlsfrage darstellte (vgl. S. 118ff.), entstand um die Mitte des 11. Jahrhunderts. *Berengar von Tours* (gest. 1088) protestierte gegen den sich immer mehr verbreitenden Gedanken der Wandlung der Elemente bei der Konsekration. Dieser Standpunkt, theologisch von Radbertus entwickelt, verband sich oft mit äußerlich-naiven Vorstellungen, etwa daß der Leib Christi in ebenso viele Stücke zerteilt wurde, wie Hostien vorhanden waren, und ähnliches. Berengar verfocht die augustinische, zuvor von Ratramnus vertretene Auffassung und lehnte den Wandlungsgedanken als absurd ab. Die Konsekration bedeutete nur, daß den Elementen ein neuer, geistlicher Inhalt verliehen wurde. Sie wurden für den Gläubigen Zeichen (signa) oder Unterpfand (pignora), daß er den himmlischen Christus empfing. Die Elemente bleiben in ihrer Substanz, was sie sind, aber sie werden gleichzeitig zu »Sakramenten«, Trägern der unsichtbaren Gnade. Berengars Standpunkt, der auf einer größeren Anzahl von Synoden offiziell verdammt und zu dessen Widerruf er selber mehrfach gezwungen wurde, bekämpfte unter anderem *Lanfranc* (gest. 1089; Erzbischof von Canterbury). Dieser und andere Theologen entwickelten den Gedanken einer wirklichen Verwandlung der Elemente, wobei deren äußere Eigenschaften erhalten bleiben. Der ganze Christus sei in jedem Teil der Hostie gegenwärtig und werde von Gläubigen wie Ungläubigen empfangen. – Ein vermittelnder Standpunkt, Impanations- oder Konsubstantiationsgedanke genannt, wurde gleichfalls abgelehnt, nach dem die Elemente nicht nur ihre äußeren Eigenschaften, sondern auch ihre natürliche Substanz beibehalten, gleichzeitig jedoch Träger des gegenwärtigen Christus als einer neuen, himmlischen Substanz werden. Diese Theorie wurde später vom spätmittelalterlichen Nominalismus aufgenommen.

Die Lehre von der »Transsubstantiation« – dieser Ausdruck wurde bereits zur Zeit der älteren Scholastik geprägt – fand dann auf dem 4. Laterankonzil von 1215 seine Bestätigung durch Papst Innozenz III. Es wurde festgestellt, »daß das Brot im heiligen Abendmahl durch göttliche Macht in den Leib Christi und der Wein in das Blut Christi verwandelt werden« (vgl. unten S. 149).

Der Streit zwischen Nominalismus und Realismus

Anselm von Canterbury (gest. 1109; Abt im Kloster Bec in der Normandie, seit 1093 Erzbischof von Canterbury), Erneuerer der augustinischen Tradition und zugleich einer der Begründer der Scholastik, hat in der Schrift »De fide trinitatis« die Anschauung bekämpft, die man die nominalistische zu nennen pflegt und die von gewissen Dialektikern seiner Zeit, unter anderem *Roscellinus*, vertreten wurde. Sie hat zum Inhalt, daß unsere Allgemeinbegriffe nichts anderes sind als nur Lautgebilde oder Namen, die wir verwenden, um bei mehreren Gegenständen gleicher Art das Gemeinsame anzugeben. Anselm betont, daß die Begriffe, die zwar nicht von unseren Sinnen verstanden, sondern von unserer Vernunft gebildet werden, doch etwas Reales darstellen, eine Wirklichkeit höherer Art, die nur die Vernunft begreifen kann; »universalia sunt res« (die Allgemeinbegriffe sind wirkliche Dinge). Diese Anschauung wird im Gegensatz zu der vorhergehenden Realismus genannt. Die philosophische Debatte, in die Anselm damit eingreift, hat für ihn wichtige Konsequenzen hinsichtlich der Kirchenlehre. Er vertritt die Meinung, daß die nominalistische Anschauung in Streit mit der kirchlichen Trinitätslehre und der Christologie gerät, da sie die Grundfesten dieser Dogmen umwirft. Der Gedankengang ist dieser: Wenn man zwischen einem Gegenstand und seinen Eigenschaften nicht zu unterscheiden vermag, dann kann man auch nicht zwischen Gott und seinen Relationen unterscheiden. Die Trinitätslehre setzt eine Unterscheidung zwischen dem Wesen Gottes und den drei Personen der Gottheit voraus, wobei dem Wesen an sich Realität zugeschrieben wird. Die nominalistische Anschauung setzt voraus, daß nur die einzelnen Teile Realität haben. Demzufolge wären die drei Personen nur als drei Substanzen denkbar. Man würde zu einer tritheistischen Vorstellung gelangen. Oder es würde der Nominalismus auch zu einem Monotheismus führen, der jeglichen Unterschied der Personen ausschlösse. In entsprechender Weise argumentiert Anselm in bezug auf die Christologie: Wie soll jemand, der nicht zwischen dem einzelnen Menschen und dem Allgemeinbegriff Mensch unterscheidet, glauben können, daß Gottes Sohn menschliche *Natur* angenommen hat? Denn Christus hat keine menschliche Person angenommen, sondern nur menschliche Natur.

Neben Anselms maßvollerem Realismus wurde von *Wilhelm von Champaux* ein extremer Standpunkt vertreten; er betonte dabei die Realität der Universalia derart, daß die einzelnen Dinge nur Modifikationen des gemeinsamen Wesens wurden und somit ihre selbständige Realität verloren. Gegen diese Anschauung wie auch gegen den extremen Nominalismus wandte sich *Pierre Abaelard* (gest. 1142; wirkte unter anderem an St-Geneviève in Paris), einer der berühmtesten Lehrer seiner Zeit.

Abaelard, der in theologischen Fragen eine umstrittene Person war und wiederholt der Häresie beschuldigt wurde, entwickelte in dem Streit um die Realität der Universalia einen vermittelnden Standpunkt, der allmählich allgemein, auch an den Theologenschulen der Hochscholastik, angenommen wurde. Er unterscheidet zwischen den Termini als nur Lautkomplexen (voces) einerseits und als Bezeichnung für etwas Wirkliches (signa) andererseits. Die Begriffe, das heißt das, wofür die Termini Zeichen sind, existieren nicht außerhalb der Dinge als selbständige Substanzen. Aber den Allgemeinbegriffen kann dennoch eine bestimmte Realität zugeschrieben werden: sie existieren *vor* den Dingen als deren Musterbilder im Denken Gottes. Weiter haben sie Existenz *in* den einzelnen Dingen als deren Form oder Wesen. Und als Bezeichnung für das mehreren Individuen Gemeinsame existieren sie in unserem Bewußtsein.

Dieser modifizierte Realismus kommt dann bei Thomas von Aquin zum Ausdruck, der mit der Formel »universalia ante res, in rebus et post res« (die Allgemeinbegriffe sind vor den Dingen, in den Dingen und nach den Dingen vorhanden) etwa die gleiche Anschauung vertritt.

Die Entwicklung der theologischen Methode

Die Scholastik stellt in ihrer Weise eine selbständige Bearbeitung der ererbten Lehrtradition dar, indem die zeitgenössische Philosophie als Hilfsmittel bei der theologischen Unterweisung benutzt wurde. Wenn wir in diesem Punkt nun die abendländische Theologie mit der orientalischen vergleichen, finden wir, daß eine fortschreitende Lehrentwicklung unter einem wiederholten Austausch mit dem wissenschaftlichen Denken nur für die abendländische Kirche kennzeichnend ist, während die orientalische Theologie sich in der Hauptsache mit der Wiedergabe der schon bei den Kirchenvätern festgelegten Dogmen begnügte, so daß die Glaubenslehre in den einmal gegebenen Formen konserviert wurde.

Der Mann, der allen anderen voraus die scholastische Weiterbildung der Tradition angefangen hat, ist *Anselm von Canterbury*. Er hat selbst keine Gesamtdarstellung der Dogmatik verfaßt, aber in zahlreichen kleineren Schriften und Meditationen Proben scharfsinniger Spekulation über einzelne Punkte der Lehre gegeben. Es ist der lebendige, erfahrene Glaube, der für Anselm den Ausgangspunkt des rationalen Denkens über die Glaubenssätze bildet. ». . . qui non crediderit, non intelliget. Nam qui non crediderit, non experietur: et qui expertus non fuerit, non intelliget« (. . . wer nicht glaubt, wird nicht verstehen. Denn wer nicht glaubt, wird nicht erfahren, und wer nicht erfährt, wird nicht verstehen – De fide trin., Kap. 2). Die Meditation und die theologische Spekulation gehören zusammen. Vom Glauben her sucht Anselm zum Wissen über die Mysterien des Glaubens zu gelangen (fides quaerens intellectum). Er will mit Hilfe der Vernunft die rationalen Gründe (rationes necessariae) der offenbarten Wahrheit untersuchen, soweit dies überhaupt möglich ist. Hinter dieser Methode steht keineswegs eine Geringschätzung der Autoritäten (Schrift und Tradition); vielmehr liegt hier nur ein Streben zugrunde, mit allen zu Gebote stehenden Mitteln in die Glaubenswahrheit einzudringen und diese zu festigen. – Was den Inhalt seiner Anschauung anbelangt, ist Anselm am ehesten als ein treuer Schüler Augustins zu betrachten.

Großen Einfluß auf die Entwicklung der theologischen Methode erlangte *Pierre Abaelard.* Er führte die sogenannte dialektische Methode ein, einen kühnen Versuch, auctoritas und ratio, Glauben und freie Wissenschaft zu vereinen. In der Schrift »Sic et non« stellt er Sätze aus der christlichen Tradition auf und fügt andere Aussprüche aus derselben Tradition hinzu, die den ersteren zu widersprechen scheinen. Die Aufgabe besteht sodann darin, diese gegensätzlichen Thesen miteinander in Einklang zu bringen. Dies kann nach Abaelard auf drei Wegen geschehen: 1. durch die historisch-kritische Untersuchung der Aussprüche und die Untersuchung des Zusammenhangs, in den sie gehören; 2. durch Einstufung und Bewertung der Autoritäten: die Schrift allein ist unfehlbar, während die Kirchenväter geirrt haben können; 3. durch Beleuchtung der überlieferten Wahrheit mit Vernunftgründen und allgemeinen rationalen Grundsätzen. Abaelard geht davon aus, daß Glaube und Vernunft im Grunde einander nicht widersprechen können, da sie derselben Quelle, der göttlichen Wahrheit, entspringen. Daher kann man auch – meint er – ohne Gefahr für den Glauben die Glaubenswahrheiten der Prüfung durch die Vernunft unterziehen, um auf diese Weise ihre Autorität zu erklären und nicht nur zu wiederholen.

Die beiden Viktoriner, *Hugo* und *Richard von St. Victor*, Leiter der berühmten Schule dieses Namens in Paris, sind auf Anselms Linie weitergegangen und haben in seiner Bearbeitung der Tradition rationale Spekulation und kontemplatives Einleben miteinander verbunden. Hugo von St. Victor hat in seiner Arbeit »De sacramentis christianae fidei« die erste scholastische Gesamtdarstellung der Dogmatik hinterlassen (»sacramenta« bedeuten in diesem Zusammenhang die zum christlichen Glauben gehörenden heiligen Dinge überhaupt). Er folgt dabei der heilsgeschichtlichen Ordnung. Richards Hauptwerk ist eine Darstellung der Trinitätslehre in sechs Büchern. – Bezeichnend für die damalige theologische Methode, die heutigen rationalen Denkvoraussetzungen sehr fernliegt, ist Hugos Unterscheidung zwischen Meditation und Kontemplation: Die *Meditation*, eng zum Gebet gehörig, bedeutet ein Suchen nach der Wahrheit; ihr Ziel ist die Entzündung der Gottesliebe. Die *Kontemplation* setzt voraus, daß die Begierde überwunden ist und das Licht der Wahrheit die Seele erleuchtet. Sie hat zwei Arten: die *Spekulation*, die leidenschaftslose und genaue Betrachtung der Wahrheit, und die eigentliche *Kontemplation*, die höchste Art der Wissensaneignung, das komprehensive Schauen, das voraussetzt, daß die Seele, erfüllt von Frieden und Freude, in der Wahrheit ruht und zur vollkommenen Gottesliebe gelangt ist.

Petrus Lombardus (gest. 1180) verbindet die meditative Bearbeitung der Tradition durch Anselm und die Viktoriner mit Abaelards dialektischer Methode. Sein bekanntes Hauptwerk »Libri quattuor sententiarum« umfaßt die Dogmatik in ihrer Gesamtheit. Ihre große Bedeutung lag vor allem darin, daß sie eine geordnete und übersichtliche Darstellung des Lehrstoffes der Tradition bot. Die Themen der vier Bücher sind: »I. De mysterio trinitatis; II. De rerum creatione; III. De incarnatione verbi et humani generis reparatione; IV. De doctrina signorum« (I. Vom Mysterium der Trinität; II. Von der Schöpfung der Dinge; III. Von der Inkarnation des Wortes und Erlösung des Menschengeschlechts; IV. Die Lehre von den Zeichen).

Zu den verschiedenen Einzelfragen werden Pro und Contra aus der Heiligen Schrift oder den Kirchenvätern angeführt, worauf Lombardus mit Hilfe der dialektischen Methode zu zeigen versucht, wie die einander widersprechenden Aussagen in Einklang zu bringen sind. Sein eigener Standpunkt ist sehr gemäßigt. In gewissem Grade hält er die Philosophie für ein brauchbares Hilfsmittel, aber in erster Linie sind es die anerkannten Autoritäten, vor allem die Schrift, die bei der Lösung der Fragen die Entscheidung zu fällen haben.

Die »Sentenzen« des Lombardus – wie man seine Arbeit oft nennt – wurden grundlegend für die mittelalterliche theologische Unterweisung bis zur Reformation. Eine sehr große Zahl von Kommentaren und Auslegungen sind erhalten, zum großen Teil nur in Handschriften.

Glaube und Vernunft

Anselm vertritt – wie vor ihm Augustin – in der Frage von Glauben und Vernunft die Anschauung, die mit den Worten charakterisiert werden kann: »credo ut intelligam« (ich glaube, um zu verstehen). Mit Anspielung auf das Wort Jes. 7,9 »si non credioeritis, non intelligetis« (nach der Vulgata: Gläubt ihr nicht, so versteht ihr nicht) betonen die dieser Linie Folgenden, daß der Glaube die Voraussetzung für eine rationale Einsicht in die offenbarte Wahrheit ist. Das Verstehen ist – wie Augustin es ausdrückt – die Belohnung des Glaubens.

Anselm hat diesen Standpunkt unter anderem in der Schrift »Proslogion« eingehender dargelegt, wo er z. B. an der folgenden Stelle klar zum Ausdruck kommt: »Non tento, Domine, penetrare altitudinem tuam, quia nullatenus comparo illi intellectum meum; sed desidero aliquatenus intelligere veritatem tuam, quam credit et amat cor meum. Neque enim quaero intelligere, ut credam; sed credo, ut intelligam. Nam et hoc credo, quia nisi credidero, non intelligam« (Herr, ich versuche nicht, deine Tiefe zu durchdringen; denn ich stelle meinen Verstand keineswegs mit ihr auf eine Stufe. Aber ich habe das Verlangen, ein wenig deine Wahrheit zu erkennen, an die mein Herz glaubt, und die es liebt; denn ich suche nicht zu verstehen, um zu glauben, sondern ich glaube, um zu verstehen; denn auch das glaube ich, daß ich nicht verstehen kann, wenn ich nicht zuvor glaube – Kap. 1).

Ein ähnlicher Grundsatz ist in einer anderen Schrift Anselms, »Cur Deus homo« enthalten: »Sicut rectus ordo exigit, ut profunda christianae fidei credamus, priusquam ea praesumamus ratione discutere; ita negligentia mihi videtur, si postquam confirmati sumus in fide, non studemus quod credimus intelligere« (Wie es die rechte Ordnung verlangt, daß wir die Geheimnisse des christlichen Glaubens erst glauben, ehe wir daran gehen, sie denkend zu erforschen, so erscheint es mir als Nachlässigkeit, wenn wir, nachdem wir gefestigt sind im Glauben, uns nicht darum mühen, was wir glauben, auch einzusehen – Kap. 2).

Der Gedanke eines »credo ut intelligam« setzt voraus, daß Theologie und Philosophie miteinander harmonieren. Was der Glaube enthält und was ich im Glauben umfasse, kann auch – wenigstens bis zu einem gewissen Grade – von der Vernunft verstanden werden. Es herrscht kein Widerspruch zwischen den Grundsätzen der Vernunft und dem Glauben. Denn Aufgabe der Theologie ist es, den Inhalt des Glaubens so darzustellen, daß dieser auch verstanden und begriffen werden kann. Dabei muß die Theologie nach Anselm den Grundsätzen der Philosophie folgen und die Hilfsmittel der Logik nutzen. Dem Glauben kommt jedoch der Primat zu; denn man kommt nicht zum Glauben durch die Vernunft, sondern im Gegenteil: zum Verstehen durch den Glauben. Die Rolle der Vernunft ist nur der nachträgliche Nachweis dafür, daß die Glaubenswahrheiten auch unter vernünftigen, logischen Gesichtspunkten zu verstehen sind. Erst wenn man die geoffenbarte Wahrheit im Glauben erfaßt, kann man durch vernunftgemäße Überlegung und Meditation zu der Erkenntnis gelangen, daß das, was man glaubt, mit der Vernunft in Einklang steht.

Einem Beispiel für die Argumentation Anselms begegnet man in dem sogenannten ontologischen Gottesbeweis, angeführt in der Schrift »Proslogion«: Der Glaube stellt sich Gott als das höchste und vollkommenste Wesen vor, »aliquid, quo nihil majus cogitari possit« (im Vergleich zu dem nichts noch Größeres gedacht werden kann) (Kap. 2). Dieser Gedanke kann demnach intellektuell auch von dem verstanden werden, der Gottes Existenz verneint (Ps. 14,1). Das höchste Denkbare kann jedoch nicht nur im Intellekt existieren. Denn dann würde etwas, das reale Existenz besäße – was mehr wäre als nur als Gedanke Vorhandenes –, etwas Höheres sein als das höchste Denkbare, und das wäre absurd. Daher muß man annehmen, daß es ein höchstes Wesen gibt, das sowohl im Intellekt als auch in der Wirklichkeit existiert.

Schon im Mittelalter wurde Anselms ontologischer Gottesbeweis verschiedentlich kritisiert. Thomas von Aquin erkennt ihn nicht an, sondern hält sich an den kosmologischen Beweis (vgl. unten, S. 140f.). Seine Kritik an Anselms Überlegung ist folgende: Es mag angehen, daß Gott das höchste Denkbare und daß die reale Existenz etwas Höheres ist als lediglich die gedachte Existenz. Daraus folgt jedoch nicht, daß man die Existenz Gottes bewiesen hat. Der einzige Schluß, den man ziehen kann, ist der, daß man sich Gott als tatsächlich existent *denken muß*, wenn er das höchste Denkbare ist. Die Realität kann man so jedoch nicht beweisen, denn diese ist keine Eigenschaft, die man einem Gegenstand zuschreiben kann wie andere Eigenschaften. Sie kann nicht als logische Notwendigkeit bewiesen werden, da sie nicht zum Gebiet der Logik gehört.

Der Glaube bedeutet für *Anselm* den Anschluß an die offenbarte Wahrheit. Er hat demgemäß nicht nur intellektuellen Charakter, ist also nicht nur ein Fürwahrhalten, wie man bisweilen meinte, sondern er ist verbunden mit der Liebe. Im Glauben ist somit ein Willensmoment enthalten: Er bedeutet die Ausrichtung des Willens auf den Gegenstand, an den man glaubt (credendo tendere in aliquid). – Auch bei *Hugo von St. Victor* wird der Glaube sowohl als cognitio als auch als affectus dargestellt. Im Innersten ist er für ihn ein Willensakt, ein willensmäßiges Umfassen des Glaubensinhalts, wobei drei Stadien unterschieden werden können, je nachdem, ob die Aneignung nur auf Grund von Ehrfurcht (sola pietate) oder mit Zustimmung der Vernunft (cum approbatione rationis) oder mit einem inneren Schmecken und einer Gewißheit erfolgt, die von einem unmittelbaren Erlebnis herrührt.

Bei *Abaelard* wird stärker betont, daß der Glaube eine Art von Wissen ist. Durch den Wissensakt wird der Wille in Bewegung gesetzt, und somit ist auch ein Willensmoment im Glauben enthalten. Aber dies wird etwas Sekundäres, während Anselm und Hugo von St. Victor den Willensentscheid für das Primäre im Glauben halten. Für sie ist weiterhin sein Inhalt suprarational, während Abaelard den Glauben eher als eine Art notwendiges Wissen beschreibt, das dem philosophischen entspricht.

Anselms Versöhnungslehre

In seiner bekannten Schrift »Cur Deus homo« hat *Anselm* eine zusammenhängende Darstellung der Probleme der Versöhnung oder genauer: der Inkarnation gegeben. Auch diese Darstellung, die die Form eines Dialogs mit Boso, einem Schüler Anselms, hat, wobei dieser fragt und Anselm antwortet, erfolgt unter dem Hauptgesichtspunkt »credo ut intelligam« (ich glaube, um zu verstehen). Die damit verbundene Absicht besteht nicht darin, eine nur theologische Auslegung des Werkes Christi zu geben; Anselm sucht vielmehr nachzuweisen, daß die Lehre von der Inkarnation und der Versöhnung durch den Tod Christi von logischer Notwendigkeit getragen wird. Man kann – nach Ansicht Anselms – auch unter Ausklammerung des Zeugnisses der Offenbarung nachweisen, daß es so geschehen sein muß und nicht anders. Dadurch will er vor allem denjenigen nützen, die bereits glauben, jedoch auch die beschämen, die den Inhalt des Glaubens verhöhnen.

Die Frage, von der Anselm ausgeht, ist diese: »Aus welcher Ursache oder welchen zwingenden Gründen ist Gott Mensch geworden und hat durch seinen Tod, wie wir glauben und bekennen, der Welt Leben geschenkt, da er dies doch entweder durch eine andere Person, Engel oder Mensch, oder durch seinen bloßen Willen hätte tun können?« (Kap. 1.)

Die Satisfaktionslehre hat bei Anselm einen kosmologischen und heilsgeschichtlichen Hintergrund. Gott hat in seiner Weisheit und Liebe vor Ewigkeit beschlossen, ein Reich vernunftbegabter Wesen zu gründen, die seinem königlichen Willen gehorchen und unter seiner Herrschaft leben. Nachdem in der Welt der Engel ein Sündenfall geschah und die Anzahl der Geistwesen, die dieses Reich bilden sollten, sich dadurch verringerte, wurden die Menschen geschaffen, um als Ersatz für die gefallenen Engel zu dienen. Die Bestimmung des Menschen ist also, unter Gottes Herrschaft zu leben und seinem Willen zu gehorchen. Wenn der Mensch durch seinen Ungehorsam von Gott abfällt, erfolgt dadurch eine Störung der ganzen göttlichen Ordnung im Universum, und Gott wird seiner Ehre beraubt. Dies bedeutet nicht nur eine persönliche Kränkung, sondern gleichzeitig ein Verbrechen (crimen) gegen Gottes Majestät und gegen die Ordnung, die sein Wille für die Welt bestimmt hat. Es wäre absurd, daß Gottes Plan unverwirklicht bliebe oder daß Gott die Verletzung seiner Ehre, wie sie durch den Sündenfall des Menschen geschah, einfach hinnähme.

»Nihil minus tolerandum est in rerum ordine, quam ut creatura creatori debitum honorem auferat, et non solvat quod aufert ... Necesse est ergo, ut aut ablatus honor solvatur aut poena sequatur; alioquin aut sibi ipse Deus iustus non erit aut ad utrumque impotens erit: quod nefas est vel cogitare. *Boso*. Nihil rationabilius dici posse intelligo« (*Anselm*: »Nichts ist weniger erträglich in der Ordnung der Dinge, als daß die Schöpfung dem Schöpfer die ihm zukommende Ehre raubt und nicht das, was sie geraubt hat, ersetzt ... Es muß also notwendig die geraubte Ehre ersetzt werden oder Strafe erfolgen, andernfalls wäre Gott sich selbst gegenüber nicht gerecht, oder aber zu beidem unvermögend, was auch nur zu denken Frevel ist. *Boso*: Ich verstehe, daß nichts vernünftiger gesagt werden kann« – I, Kap. 13).

Es ergibt sich also von der Ordnung her, die Gott in der Schöpfung eingeführt hat, die Notwendigkeit, daß das Verbrechen entweder wiedergutgemacht oder bestraft wird. Gott kann seinen einmal gegebenen Plan nicht wieder aufgeben, und weder Mensch noch Engel können Gottes befehlendem oder strafendem Willen entfliehen. Es wäre etwas Absurdes und darum Unmögliches und Gottes Wesen Widerstreitendes, wenn die durch die Sünde bewirkte Unordnung und Verkehrtheit bestehenbliebe. Daraus leitet sich der bekannte Schluß ab: »necesse est, ut omne peccatum satisfactio aut poena sequatur« (»es ist notwendig, daß jeder Sünde Genugtuung oder Strafe folgt« – I, Kap. 15). Da die Strafe in diesem Fall den Untergang des Menschen bedeuten und damit Gottes Plan eines Reiches von ihm dienenden vernunftbegabten Wesen zunichte machen würde, bleibt nur die andere Alternative, die Genugtuung (satisfactio).

Eine solche Genugtuung kann der Mensch nicht leisten; denn da er zu völligem Gehorsam gegenüber Gottes Willen verpflichtet ist, kann nichts, was er tut, als eine Genugtuung des Verbrechens betrachtet werden, denn alles Gute, was er tun kann, ist nur sein schuldiger Gehorsam. Die Sünde ist ein größeres Übel, als wir begreifen können, da sie Gottes Ehre verletzt und damit die ganze göttliche Weltordnung zerstört hat. Daher ist eine unendliche Ersatzleistung erforderlich, die größer sein muß als all das, was außerhalb Gottes ist. Niemand kann somit Gott zurückzahlen, was der Mensch ihm infolge der Sünde schuldet, außer einem, der größer ist als all das, was außerhalb Gottes ist, das heißt Gott selbst.

»Non ergo potest hanc satisfactionem facere nisi Deus. *Boso*. Sic sequitur. *Anselm*. Sed nec facere illam debet nisi homo, alioquin non satisfacit homo. *Boso*. Non videtur aliquid iustius. *Anselm*. Si ergo, sicut constat, necesse est ut de hominibus perficiatur illa superna civitas, nec hoc esse valet nisi fiat praedicta satisfactio, quam nec potest facere nisi Deus nec debet nisi homo; necesse est, ut eam faciat Deus homo« (*Anselm*: »Also kann diese Genugtuung niemand vollbringen außer Gott. *Boso*: Das folgt daraus. *Anselm*: Aber es darf sie auch keiner vollbringen als der Mensch, weil sonst nicht der Mensch selbst Genugtuung leistet. *Boso*: Nichts erscheint gerechter. *Anselm*: Wenn also, wie feststeht, jenes höhere Reich von Menschen vollendet werden muß und wenn dies nur geschehen kann, indem die erwähnte Genugtuung geschieht, die auch niemand leisten kann außer Gott und niemand schuldet als der Mensch, so muß sie notwendig ein Gottmensch leisten« – II, Kap. 6).

Christus, Gott und Mensch zugleich, ist somit der einzige, der für die Schuld des Menschen genugtun kann. Diese Genugtuung erfolgt nach Anselm nicht durch das Leben Christi, in dem sein Gehorsam nur dem entspricht, was er von sich aus Gott schuldig ist, sondern durch seinen Tod. Christus war dem Tod nicht unterworfen, sondern er nimmt ihn freiwillig auf sich und erwirbt dadurch ein Verdienst, das die Sünden aller Menschen um ein Unendliches aufwiegt. Indem er dieses Verdienst den Menschen als für sie geleistete Genugtuung schenkt, stellt er die gestörte Ordnung wieder her, und der Mensch wird mit Gott versöhnt.

»Ecce iam, quomodo rationabilis necessitas ostendat, ex hominibus perficiendum esse supernam civitatem nec hoc posse fieri nisi per remissionem peccatorum, quam nullus homo habere potest nisi per hominem, qui idem ipse sit deus atque sua morte homines peccatores deo reconciliet« (»Siehe nun, wie die rationelle Notwendigkeit zeigt, daß jenes höhere Reich von Menschen vollendet werden muß und daß dies nicht geschehen kann ohne durch die Vergebung der Sünden, die niemand haben kann, wenn nicht durch einen Menschen, der zugleich Gott ist und durch seinen Tod die sündigen Menschen mit Gott versöhnt« – II, Kap. 15).

Anselms Versöhnungslehre spiegelt in Reinkultur den juristischen Gesichtspunkt wider: Die Versöhnung ist eine »satisfactio vicaria« (stellvertretende Genugtuung), die aller Menschen Schuld im Überfluß aufwiegt und damit Gottes verletzte Ehre wiederherstellt. Daß das durch den freiwilligen Tod erworbene Verdienst Christi auf das Menschengeschlecht übertragen wird, beruht auf einem göttlichen Ratschluß. Der heilsgeschichtliche Aspekt wird hier verdunkelt, was mit dem rationalen Ausgangspunkt zusammenhängt. Es galt, wie oben schon erwähnt – unabhängig von der Schrift –, die Notwendigkeit der Inkarnation logisch zu beweisen.

Das Muster für Anselms Versöhnungstheorie ist teilweise der mittelalterlichen Bußlehre mit ihrer genauen Abwägung von Vergehen und Genugtuung entnommen. – Diese bewußte Beschränkung auf einen einzigen Gesichtspunkt, der die Darstellung in »Cur Deus homo« kennzeichnet, bewirkt, daß diese Schrift nicht für die volle Versöhnungslehre der Scholastik als repräsentativ betrachtet werden kann. Thomas von Aquin – den man hier zweckmäßig zum Vergleich heranzieht – verbindet zum Beispiel die Genugtuung mit dem Gedanken an Christus als den zweiten Adam, das Haupt einer neuen Menschheit. Diese Gedankenlinie stimmt besser mit den Kategorien der Heiligen Schrift überein. Christus wird nicht nur als der individuelle Gottmensch geschildert, dessen Genugtuung auf die Menschen übertragen wird, sondern auch als das Haupt der Gemeinde, die durch den Glauben und die Taufe in seinen Tod und seine Auferstehung einbezogen ist. Dieser Gedanke geht über die rein juristische Zurechnung der Verdienste eines Fremden hinaus.

Abaelard hat eine von Anselm stark abweichende Versöhnungslehre. Nach einer seiner Überlegungen ist der Tod Christi nur in dem Sinn erlösend, daß er unsere Gegenliebe weckt und so unsere Sünden auslöscht. Dieselbe Bedeutung wird auch dem Leben und der Verkündigung Christi zugeschrieben. Damit hat Abaelard eine Antwort auf die in »Cur Deus homo« übergangene Frage gegeben, wie die Versöhnung von dem einzelnen empfangen wird: Vergebung wird auf Grund der durch das Beispiel Christi in uns geweckten Liebe geschenkt. Doch ist man Abaelard in diesem Punkt meist nicht gefolgt. Die im Mittelalter dominierende Anschauung hat zum Inhalt, daß uns die Versöhnung durch die Sakramente wie eine eingegossene Gnade zuteil wird.

Die Frage von Gnade und Natur

Die ältere Scholastik gründet ihre Darstellung der Gnade und Rechtfertigung – wie so viele andere Fragen – auf das augustinische Erbe (vgl. oben S. 113f.). Man kennt noch nicht die grundsätzliche Grenzziehung zwischen Gnade und Natur, die für die Hochscholastik kennzeichnend ist, wo man den Begriff des Übernatürlichen (supernaturalis) anzuwenden beginnt, um die Art der Gnade in ihrem Verhältnis zur Natur anzugeben. Die frühen Scholastiker wie *Anselm* und *Petrus Lombardus* beschreiben die Wirkung der Gnade vornehmlich als eine Erneuerung der Natur, also nicht als eine Erhöhung über die Ebene der Natur. Folgende für Anselm typische Überlegungen vermögen dies zu illustrieren:

Kraft einer ursprünglichen, in der Schöpfung gegebenen Gnade besaß der Mensch Gerechtigkeit (iustitia); diese bestand in der richtigen Ausrichtung des Willens (rectitudo) und in seiner Fähigkeit, Tugend zu üben. Durch den Sündenfall ging der Mensch der »rectitudo« verlustig, und er hat keine Möglichkeit, durch eigene Kraft wieder Gerechtigkeit zu erlangen. Er kann keine rechte Handlung ausführen, denn das setzt einen rechten Willen voraus. Da die Gerechtigkeit in der »rectitudo« besteht, kann sie nicht durch seine eigenen Willensakte erworben werden. Auch kann die verkehrte Ausrichtung des Willens nicht durch Einwirkung von außen, vom Erschaffenen her aufgehoben werden. Daher kann ein Mensch nur durch die Gnade (gratia praeveniens oder operans) gerechtfertigt werden. Damit die richtige Ausrichtung des Willens nach ihrer Erneuerung gewahrt bleibt, ist ebenfalls der Beistand der Gnade erforderlich. Denn nur durch das Wollen der Gerechtigkeit kann der Mensch sie bewahren. Und das rechte Wollen ist das Werk der Gnade. Darum kann die Gerechtigkeit nur durch die Gnade bewahrt werden (gratia subsequens oder cooperans).

Die Theologen, die der augustinischen Linie folgten, stellten gewöhnlich die wirkende und mitwirkende Gnade dem lebendigen Glauben (fides viva) gleich. Der Gnade gehen dabei keinerlei Verdienste voraus; denn die Zugekehrtheit des Willens auf sich selbst (incurvitas, das Gegenteil von rectitudo), sein Mangel an Gerechtigkeit machen seine Mitwirkung bei der Erlösung unmöglich. Glaube und Gerechtigkeit bedingen also einander gegenseitig: Um das Rechte zu wollen, ist Glaube erforderlich (das Wissen der Wahrheit); aber um zu glauben, wird die »Richtigkeit« des Willens verlangt. Beides wird von der Gnade gewirkt, die die Verderbnis der Natur heilt und ihre ursprüngliche Gerechtigkeit wiederherstellt *(gratia sanans)*. Die Ordnung, in der dies geschieht, wird zum Beispiel folgendermaßen beschrieben: Durch die Gnade, die zuvor eingegossen ist, wird der Wille auf ein neues Ziel gerichtet; im Menschen entstehen dadurch neue Bewegungen. Er bereut seine Schuld und empfängt damit die Vergebung der Sünden.

Erst Anfang des 13. Jahrhunderts – ein Theologe namens *Philipp* mit dem Beinamen *der Kanzler* bildet hier den Übergang – beginnt man von der Gnade als einer übernatürlichen Gabe zu reden, die den Menschen über die Ebene der Natur zur Teilhaftigkeit am Göttlichen erhebt *(gratia elevans)*. Dieser Gedanke ist, wie bereits angedeutet, kennzeichnend für die Theologie der Hochscholastik.

18
Die Hochscholastik

Allgemeine Voraussetzungen

Die Entwicklung der Scholastik erreicht ihren Höhepunkt im 13. Jahrhundert. Die Synthese des Weltbildes der antiken Philosophie mit dem christlichen Glauben, die im Abendland lange vorbereitet war, wurde nun ausführlich philosophisch begründet und in feste Formeln gefaßt. Ein allgemeiner Aufschwung in den Wissenschaften und Studien bildete die Voraussetzung für die theologischen Beiträge: Die Pariser Universität, die eine internationale Hochburg der theologischen Bildung war, ersetzte im 12. Jahrhundert die mit der Pariser Kathedrale verbundenen Schulen; die beiden Bettelorden, der Franziskaner- und der Dominikanerorden, anfangs des 13. Jahrhunderts gegründet, trugen ebenfalls das Ihre dazu bei, das gelehrte theologische Studium zu fördern. Die hervorragendsten Theologen der Zeit gehörten diesen Orden an. Eine wichtige Bedingung für die Lehrentwicklung der Hochscholastik war die gründlichere Kenntnis der neuplatonischen und vor allem der aristotelischen Philosophie, teils durch arabische Kommentatoren (Averroes, Avicenna) und teils durch direkte Übersetzungen ins Lateinische vermittelt.

Während man zuvor nur die aristotelische Logik nutzbar machen konnte, wurden nun auch die übrigen Schriften des Aristoteles bekannt. Auf dem Gebiet des Allgemeinwissens führte das Studium seiner Realphilosophie zu einem neuen Interesse an den Naturwissenschaften. Auch in der Theologie eignete man sich nach und nach – trotz eines gewissen Widerstands von kirchlicher Seite – die aristotelischen Voraussetzungen an. Vor allem die Metaphysik und Ethik des Aristoteles boten eine Fülle von Gesichtspunkten und Begriffsbestimmungen (zum Beispiel die Ursachenlehre, die Beschreibung der Tugenden oder der Begriffspaare forma – materia, actus – potentia), die in der wissenschaftlichen Arbeit an den Lehrfragen Verwendung finden konnten. Diese neuen philosophischen Beiträge zogen eine neue Ausrichtung des theologischen Denkens nach sich (worüber im folgenden mehr ausgeführt wird) und bildeten eine wichtige Voraussetzung für die festgefügte Synthese zwischen Theologie und Philosophie, Glauben und Vernunft, die sich in den theologischen Systemen des 13. Jahrhunderts manifestierte.

Die damalige theologische Unterweisung bestand aus Vorlesungen, vornehmlich über biblische Texte, sowie Disputationen über einzelne dogmatische Probleme (quaestiones). Im Anschluß an diese Unterweisung entstanden die imposanten Werke, in denen das Erbe der Scholastiker der Nachwelt in besonderem Maß erhalten wurde, die sogenannten »Summen« und die Sentenzenkommentare. Die frühere »dialektische« Behandlung des Stoffes (vgl. oben S. 127) wurde hier durch gründlichere Methoden ersetzt, die oft die Verfahrensweise bei den Disputationen widerspiegeln. Die biblisch-augustinische Tradition wurde nun in ein Weltbild eingefügt, das von neuplatonischer und aristotelischer Metaphysik geformt worden war. Die früheren, lose aneinandergefügten Lehrsätze oder Sentenzen konnten auf diese Weise zu einem festen und einheitlichen System aufgebaut werden.

In der Hochscholastik bekommt die Philosophie – in dem Grade, wie man den neuen wissenschaftlichen Methoden folgt – im Verhältnis zur Glaubenswissenschaft eine andere Stellung als in der älteren Scholastik. Mit der dialektischen Behandlung der Glaubenswahrheiten bezweckte man damals sozusagen den nachträglichen Beweis ihrer logischen Notwendigkeit. Jetzt wurde die rationale Bearbeitung im Verhältnis zum Glauben selbständiger vorgenommen. Das Weltbild der Metaphysik bildete nun die Grundlage der gesamten theologischen Darstellung. Aus dem augustinischen »credo ut intelligam« ist ein System geworden, in dem Glaube und Vernunft als zwei gleichgestellte Wissenschaftsprinzipien betrachtet werden, die harmonisch zusammenwirken, obwohl sie gleichzeitig zwei verschiedene Welten repräsentieren. Der Weg geht nun eher vom »intelligere« zum »credere«: Der Glaube bildet den Überbau des natürlichen Wissenssystems, das von der aristotelischen Metaphysik zusammengehalten wird.

Augustinismus und Aristotelismus

Obwohl die Theologie der Hochscholastik in der Regel keine bestimmte Philosophie in Reinkultur entwickelt, sondern Elemente verschiedener Richtungen zu einer Synthese verschmolzen hat, kann man jedoch verschiedene Hauptströmungen unterscheiden, von denen die augustinische und die aristotelische an erster Stelle stehen. Der Neuplatonismus, der dabei auch eine wichtige Rolle spielt, ist teilweise in der Gedankenwelt des Augustinismus enthalten, hat aber auch einen direkten Einfluß ausgeübt, besonders deutlich in der Mystik.

Die augustinisch-neuplatonische Linie wird vornehmlich von der sogenannten älteren Franziskanerschule (vgl. unten) repräsentiert, während die Theologen des

Dominikanerordens enger an die aristotelische Anschauung anknüpfen. Eine strenge Abgrenzung liegt, wie gesagt, nicht vor: Die Fortsetzer der Tradition des Augustinismus machen sich auch in gewissem Grade die neuen aristotelischen Grundgedanken zu eigen, wie andererseits die Dominikaner ebenfalls in hohem Grade auf dem augustinischen Erbe aufbauen. Thomas von Aquin, der bedeutendste unter den Dominikaner-Theologen, hat faktisch augustinische und aristotelische Anschauung vereint – die ererbte christliche Lehrtradition und die zeitgenössische philosophische Bildung –, obwohl er sich in philosophischer Hinsicht enger an Aristoteles als an die rein augustinischen Gedanken anlehnt.

Die Integration des Aristotelismus in die christliche Theologie setzte voraus, daß gewisse bei dem heidnischen Philosophen und seinen Kommentatoren vorhandene Lehren, die dem Christentum widersprechen, abgelehnt wurden, zum Beispiel die Vorstellung von der Ewigkeit der Welt, von einer universalen, nicht individuellen Seele und dergleichen mehr. Es gab jedoch auch eine Gruppe von Theologen, die ohne diese Einschränkungen Aristoteles – durch arabische Philosophen dem Abendland nunmehr wieder bekannt gemacht – akzeptierten. Um gleichzeitig die Grundsätze des christlichen Glaubens wahren zu können, nahmen sie Zuflucht zur sogenannten Theorie der doppelten Wahrheit: Was in der Philosophie wahr ist, kann in der Theologie falsch sein und umgekehrt. Diese Richtung, »der lateinische Averroismus« genannt, wurde zum Beispiel von *Siger von Brabant* und *Boëtius de Dacia* (Dacia: eine nördliche Provinz des Dominikanerordens) vertreten. Ihre Anschauungen wurden von den kirchlichen Behörden verdammt (Paris 1277), wie man schon früher Edikte gegen die aristotelische Naturphilosophie erlassen hatte, um ihre Übernahme in die Theologie zu verhindern. – In ihrer »christianisierten« Form sollte die aristotelische Philosophie jedoch noch in künftigen Jahrhunderten die wissenschaftliche Grundlage für die schulmäßige Theologie bilden.

Einige der Grundzüge, die das augustinisch-neuplatonische bzw. aristotelische Denken kennzeichnen, verdienen, hier angeführt zu werden; denn die verschiedenartige philosophische Grundanschauung prägt auch den Gegensatz zwischen den Schulen der Hochscholastik.

Die augustinische Gedankenlinie geht in wissenstheoretischer Hinsicht von dem Grundsatz aus, daß das verstandesmäßige Wissen in seinen Grundzügen von einer unmittelbaren »Erleuchtung« hergeleitet werden kann. Der Mensch hat teil am göttlichen Denken, und sein Intellekt hat daher in sich die Fähigkeit, Erkenntnisse zu entwickeln. Die äußeren Dinge sind keine direkten Ursachen unseres Wissens, sondern geben nur die Impulse, die das Subjekt zur Bildung von Wissen veranlassen (causae occasionales). Diese Theorie, die Illuminationstheorie genannt wird, hat auch für die Auffassung des Glaubens Bedeutung. Der wirkliche Glaube ist eine direkte im Innern gegebene Gewißheit, ein eingegossener oder inspirierter Glaube (fides inspirata). Er steht über allen Autoritäten und hat unmittelbare Gewißheit über die göttlichen Dinge zum Inhalt.

Die aristotelische Wissenstheorie geht dagegen davon aus, daß das menschliche Subjekt das Wissen von außen her aufnimmt. Der Intellekt ist im Verhältnis zur Außenwelt passiv (intellectus possibilis) und besitzt die Fähigkeit, die Formen der Dinge als »species intelligibiles« (dem Verstande zugängliche Artbegriffe) in sich aufzunehmen, die von den Dingen über die Sinneseindrücke zum Intellekt gehen. »Nihil est in intellectu quod non ante fuerat in sensu« (Nichts ist in dem Verstande, was nicht vorher von den Sinnen vernommen wurde). Damit hängt ein stärkeres empirisches Interesse zusammen, ein ausgeprägter Sinn für die konkrete Wirklichkeit, was auch in der Theologie seine Bedeutung hat. Der christliche Schöpfungsgedanke spielt in dieser Tradition eine entscheidende Rolle. Gott denkt man sich als in unmittelbarer Beziehung zur äußeren Wirklichkeit stehend und in den zeitlichen Ordnungen wirkend. Die große Wertschätzung der natürlichen Ordnung als Ausdruck für Gottes Schöpfung, die die spätere abendländische Theologie sowohl im Luthertum wie auch im römischen Katholizismus kennzeichnet, ist vom Einfluß der aristotelischen Philosophie gefördert worden. In ihrer Erkenntnistheorie denkt man sich also das Wissen als von äußeren Eindrücken her gebildet. Die Seele ist eine »tabula rasa« (eine leere Tafel), die imstande ist, diese Eindrücke aufzunehmen und das begriffsmäßige Wissen zu bilden. Im Wissensakt vereinigt sich die Seele mit der Form des Gegenstands, den sie begreift. Somit werden im Wissen Intellekt und Wissensgegenstand eins. Die Formen, die das Wesen der Dinge ausmachen, und die Formen, die der Intellekt empfängt und sich einverleibt, sind identisch. Die Seele ist nach Thomas von Aquin »quodammodo omnia« (in gewissem Sinn alles). In analoger Weise wird der Glaube verstanden. Er ist nicht so sehr eine innere Erleuchtung als ein Wissen von gleicher Art wie alles andere, obwohl sein Objekt ein anderes ist. Er umfaßt nicht die empirische Wahrheit, sondern die offenbarte, welche den Menschen durch Autoritäten zuteil wird, letztlich aber von Gottes eigener Wahrheit herrührt. Es handelt sich hier um übernatürliches Wissen in Gegensatz zu natürlichem. Auch hinsichtlich des Menschenverständnisses besteht zwischen der augustinischen und aristotelischen Linie ein Unterschied: In dem einen Fall rechnet man mit der Seele als einem selbständigen Wesen, im anderen Fall, nämlich im Aristotelismus, werden Leib und Seele als Einheit dargestellt. Aber auch die Scholastik, die ihrer Struktur nach aristotelisch ist, wird in gewissem Grad vom anthropologischen Dualismus geprägt. Weiter ist die augustinisch bestimmte franziskanische Schule voluntaristisch, während die aristotelischen Richtungen intellektualistisch ausgerichtet sind. In ersterer wird der Wille als das Primäre betrachtet und als souverän über dem Handeln herrschend gedacht. Nach Auffassung der anderen Seite wird der Intellekt für den wichtigsten Faktor gehalten, der seinerseits den Willen beeinflußt, so daß der Wille das will, was durch den Intellekt als Gutes begriffen wird. Dieser Unterschied gewinnt in dem Streit zwischen Thomismus und Scotismus (vgl. unten S. 144ff.) wie auch später zwischen Thomisten und Nominalisten Bedeutung.

Die ältere Franziskanerschule ·

Alexander von Hales (gest. 1245), der erste Franziskaner, der einen Lehrstuhl an der Pariser Universität innehatte, leitet die eigentliche Hochscholastik ein. Seine »Summa universae theologiae«, ihrer Form nach ein Kommentar zu den Sentenzen des Lombardus, aber gleichzeitig die erste und zugleich umfangreichste der theologischen »Summen«, ist grundlegend für die franziskanische Theologie der Scholastik. Das enorme Material, das hier gesammelt vorliegt, ist in der Forschung bisher kaum gründlich behandelt worden. Ganz allgemein läßt sich jedoch sagen, daß Alexander die Linie des älteren Augustinismus von Anselm und Hugo von St. Viktor vertreten, zugleich aber gewisse Kategorien der aristotelischen Metaphysik eingeführt und die dialektische Methode weiterentwickelt hat.

Bei Alexander wird die Theologie als eine Art Weisheit (sapientia) interpretiert. Ihre Kenntnis gewinnt man durch unmittelbare innere Erleuchtung, teils von Anfang an als Angeborene Gotterkenntnis geschenkt, teils durch die Gnade mitgeteilt. Die Erleuchtung durch Gnade, identisch mit dem eingegossenen Glauben (fides infusa), ist mit einer von der Autorität unabhängigen Gewißheit (certitudo) verbunden. Wie hieraus hervorgeht, schließt sich Alexander der augustinischen Illuminationstheorie an: Alles Wissen, das natürliche wie auch das offenbarte, setzt die Erleuchtung der Seele durch ein göttliches Licht voraus. Sein Glaubensbegriff ist voluntaristisch: Der praktische, willensmäßige Charakter der Glaubenserkenntnis wird betont. Die Lehre der franziskanischen Schule von der Gnade wird später behandelt (S. 145).

Bonaventura (gest. 1274) war ein Zeitgenosse von Thomas von Aquin und wie dieser Lehrer in Paris. Er lehnt sich eng an seinen Vorgänger Alexander von Hales und die augustinische Tradition an. In der Erkenntnislehre baut er somit auf der Illuminationstheorie auf. Den voluntaristischen Glaubensbegriff übernimmt er ebenfalls von Alexander. Bonaventura maß der das ganze scholastische Weltbild beleuchtenden Vorstellung von den Exemplarideen große Bedeutung bei: Gottes Denken enthält die Urbilder der erschaffenen Dinge, die in höherem oder geringerem Grade einen unauslöschlichen Eindruck des göttlichen Gedankens wahren, dessen Ausdruck sie sind. Die Dinge, die das Göttliche am entferntesten repräsentieren, werden »Schatten« (umbrae) genannt, andere sind »Spuren« (vestigia) davon, während manche Dinge – die es am deutlichsten abspiegeln – »Bilder« (imagines) des Göttlichen genannt werden können. Zur letzteren Art gehört zum Beispiel die Menschenseele. Diese Überlegung bildet den Hintergrund für die sogenannte Analogielehre: Die Schöpfung ist dem Göttlichen weder identisch noch absolut wesensverschieden, sondern in gewissem Sinn gleichartig; es besteht eine Analogie zwischen dem Geschaffenen und Gott, und infolgedessen können wir über unsere Kenntnis der erschaffenen Dinge zu einer gewissen Erkenntnis Gottes gelangen.

Bonaventura und seine Schüler standen in gewisser Hinsicht in Opposition zu Thomas von Aquin und den Thomisten. Die Gegensätze betrafen unter anderem die

Gnadenlehre (vgl. oben) und die Erkenntnistheorie, aber auch die eigentliche Vorstellung des Verhältnisses zwischen Gott und dem Erschaffenen: Während Bonaventura alles Wissen, auch das natürliche, so auf das Göttliche bezieht, daß Natürliches und Übernatürliches im Licht der Kontemplation zu einer Einheit zusammengefaßt werden, betont Thomas – von einem nahe verwandten Analogiedenken her – mehr die Verschiedenheit und den prinzipiellen Unterschied zwischen Gott und dem Erschaffenen.

Bonaventura verbindet die scholastische Lehre mit der Kontemplation der Mystik. Unter seinen zahlreichen Schriften befindet sich ein Sentenzenkommentar – der für den bedeutendsten dieses Genres gilt – und eine kurze Zusammenfassung der Dogmatik, »Breviloquium«. Aber er hat auch mehrere Werke hinterlassen, die eher zur Literatur der Mystik zu zählen sind, vor allem die bekannte Arbeit »Itinerarium mentis ad Deum«, welche die Wege beschreiben will, auf denen die Seele sich zum Wissen über Gott und zu der Schau erheben kann, die das höchste Stadium dieses Wissens ist.

Die Dominikanerschule

Albertus Magnus (gest. 1280; geboren in Württemberg; unter anderem in Köln wirkend) hat zahlreiche Werke hinterlassen, die von einer universalen Gelehrsamkeit zeugen. Im Verlauf seines Lebens hat er sich mit allen Wissenschaften seiner Zeit beschäftigt. In der Naturwissenschaft, in der sein Einsatz auch heute noch Würdigung findet, hat er Proben selbständiger Beobachtung und einer empirischen Einstellung gegeben, die von der damaligen traditionellen Anschauungsweise abweichen. Es war Albertus, der vor anderen die aristotelische Philosophie für die Wissenschaft seiner Zeit bekannt und brauchbar machte. So hat er auch in der Theologie den Weg für die Aufnahme der neuen Grundsätze teilweise dadurch bereitet, daß er den Aristotelismus zur Harmonie mit der Glaubenslehre umformte. Damit hat Albertus Magnus den Grund zu dem Werk gelegt, das sein berühmter Schüler Thomas von Aquin vollendete. Er selbst folgte als Theologe jedoch weitgehend dem traditionellen Augustinismus.

Thomas von Aquin (gest. 1274 im Alter von 50 Jahren) entstammte einem vornehmen italienischen Geschlecht; er war Lehrer in Paris und zeitweilig bei der päpstlichen Kurie und in Neapel. Die Bildung der Scholastik hat er auf ihren Höhepunkt geführt. Er übertrifft Albertus Magnus als Systematiker und hat die neuen aristotelischen Überlegungen mit der kirchlichen Lehrtradition organisch zu einem geschlossenen System verbunden.

Von seinen zahlreichen Schriften theologischen und philosophischen Inhalts stehen an erster Stelle: der Sentenzenkommentar, verfaßt zu Beginn seiner Tätigkeit; eine Anzahl Bibelkommentare; »Summa contra gentiles«, ein apologetisches Werk, das das gesamte Gebiet der Theologie umspannt; »Summa theologiae«, begonnen 1269 und bei seinem Tod noch nicht abgeschlossen (die fehlenden Partien sind später von einem seiner Schüler durch entsprechenden Stoff aus Thomas' Sentenzenkommentar ergänzt worden); eine Reihe kleinerer Arbeiten und Kommentare zu den meisten Schriften des Aristoteles.

»Summa theologiae«, die wichtigste Arbeit Thomas' und das hervorragendste klassische Werk der Scholastik, das noch immer die Grundlage des theologischen Studiums auf römisch-katholischer Seite bildet, besteht aus drei Teilen: Der erste Teil handelt von Gott in seinem Wesen und im Werk der Schöpfung, der zweite von Gott als dem Ziel des menschlichen Handelns und der dritte Teil von Christus als dem Weg zur Erlangung dieses Ziels, von den Sakramenten und vom ewigen Leben. Oder mit Thomas' eigenen Worten: »Wir handeln also: 1. über Gott; 2. über die Bewegung der vernünftigen Schöpfung zu Gott hin; 3. über Christus, der als Mensch für uns der Weg zu Gott ist« (I, qu. II, Einleitung). – Im folgenden soll der Inhalt der Theologie des Thomas von Aquin in einigen wenigen Punkten eingehender dargestellt werden.

Thomas' Lehre von der Gotterkenntnis

Grundlegend für das System des Thomas von Aquin ist die Vorstellung, daß der menschliche Intellekt die innere Wesensstruktur der Dinge in sich enthält und sich bei ihrer Erkenntnis mit den Dingen identifiziert, das heißt ihres Wesens teilhaftig wird. Man kann hiermit die oben angeführte Aussage vergleichen, daß die Menschenseele »quodammodo omnia« (in gewissem Sinn alles) ist. Die Fähigkeit, in der Erkenntnis zum wirklichen Wesen der Dinge, zu ihren Ursachen und Zielen vorzudringen, bildet die Grundlage der metaphysischen Spekulation. Mit dieser ist jedoch auch eine gewisse Gotterkenntnis gegeben, nämlich das Wissen, daß es Gott gibt, daß er das höchste vollkommene Wesen ist, und so fort. In der Fähigkeit des Intellekts, das Wesen der Dinge zu erfassen, liegt somit auch die Möglichkeit, Gott als das höchste Wesen, als den Grund alles Wirklichen zu erkennen. Zwar können wir Gottes absolutes Wesen nicht erfassen, das unendlich hoch über den erschaffenen Dingen steht. Aber es gibt doch eine Verbindung zwischen dem absoluten Sein und der Schöpfung, nämlich die, daß beide existieren. Wenn der Intellekt die Dinge in ihrem Wesen begreift, kann er auch darauf schließen, daß Gott in entsprechender Weise existiert. Das Sein kann nämlich auf analoge Weise sowohl Gott als auch den erschaffenen Dingen zugeschrieben werden (mit einem späteren Terminus bezeichnet: analogia entis).

Durch unser Wissen über die Schöpfung vermögen wir also zu einem bestimmten Wissen über Gott zu gelangen. Thomas führt fünf verschiedene Wege (viae) an, auf denen dies geschehen kann. Er geht von gewissen Größen der erschaffenen Welt aus, nämlich der Bewegung, den wirkenden Ursachen, dem Notwendigen, dem Vollkommenen und der Ordnung der Dinge, und gelangt dahin, daß Gott ist: der erste – unbewegte – Beweger (actus purus), die erste Ursache (ens a se), die absolute Notwendigkeit, die absolute Vollkommenheit und schließlich die höchste Intelligenz. – Dagegen lehnt Thomas den Gedanken einer unmittelbar gegebenen, mitgeschaffenen Erkenntnis Gottes ab.

Die natürliche Gotterkenntnis ist sehr mangelhaft: Sie umfaßt die allgemeine Erkenntnis, daß Gott existiert, kann jedoch die Frage nicht beantworten, wie Gott seinem Wesen nach ist. Es gibt jedoch auch noch ein Wissen anderer Art von Gott, das die Grenzen der Vernunft überschreitet und durch metaphysische Spekulation nicht erreicht werden kann. Diese Gotterkenntnis wird dem Menschen durch die Offenbarung gegeben. Sie rührt direkt von Gottes eigenem Wissen her und wird dem Menschen durch das Licht der Gnade (per lumen gratiae) zugänglich.

Die übernatürliche Erkenntnis Gottes ist der eigentliche Gegenstand der Theologie. Sie wird im Glauben empfangen und ist streng von der rein rationalen, beweisbaren Erkenntnis zu unterscheiden; denn der Inhalt des Glaubens hat keine Evidenz, die daher kommt, daß man begreift, warum es sich so oder so verhält, oder daher, daß man den Gegenstand der Erkenntnis direkt in Augenschein nehmen kann. Der Glaube stützt sich vielmehr auf eine Autorität, darauf, daß ein anderer es gesagt hat. Die Gewißheit der Offenbarung liegt darin, daß Gott geredet hat. Jedoch ist ebendiese Erkenntnis von prinzipiell gleicher Art wie die natürliche. Hierin unterscheidet sich Thomas von der älteren franziskanischen Schule, die den Glauben für eine unmittelbare Erleuchtung hielt, mit einer direkt von Gott eingegebenen axiomatischen Gewißheit (vgl. S. 138). Für Thomas ist der Glaube Wissen (scientia), wenn auch anderen Inhalts als das natürliche Wissen.

Diese Grundanschauung bewirkt, daß der Glaubensbegriff des Thomas von seiner Erkenntnislehre geprägt wird. Es gibt eine logische Verbindung ohne Brüche zwischen dem gewöhnlichen, einfachen Begriffswissen und der höchsten Schau des göttlichen Wesens. Der Anteil des Intellekts am Wesen der Dinge ist der Teilhaftigkeit des Glaubens am Göttlichen analog.

Damit der Glaube vollkommen ist, muß er mit der Liebe verbunden sein. Allein durch die Gabe der eingegossenen Gnade wird der Mensch in den Stand versetzt, im Glauben wirklich Anteil an Gott zu erlangen. Das höchste Stadium ist die »visio beatifica« (selig machende Schau), die in der Ewigkeit an die Stelle des Glaubens treten wird; sie bedeutet, daß der Mensch »per lumen gloriae« (durch das Wort des Ruhmes) Gott unmittelbar schaut und dadurch seines Wesens teilhaftig wird.

Theologie und Wissenschaft nach Thomas

Das System des Thomas von Aquin stellt, wie schon bemerkt, eine Anwendung aristotelischer Prinzipien auf dem Gebiet der Theologie dar, wobei die philosophischen Grundgedanken nicht nur gelegentliche Formeln oder methodische Grundsätze sind, sondern durchgehend die eigentliche Struktur des Systems geformt haben. Voraussetzung ist, daß zwischen Theologie und Wissenschaft, zwischen Glauben und Vernunft Harmonie herrscht.

Die Theologie stellt – wie schon erwähnt – eine Wissenschaft, »scientia«, dar. Gleichzeitig unterscheidet sie sich vom Allgemeinwissen dadurch, daß der Glaube für die Vernunft unzugänglich ist und dem Menschen nur durch die Offenbarung und das Licht der Gnade zuteil wird. Die Vernunft kann die Gründe der Offenbarungswahrheit nicht begreifen, sondern der Glaube nimmt diese auf Grund der Autorität Gottes an. Es verhält sich so wie mit einem nichtgebildeten Menschen, der jemanden eine philosophische Wahrheit aussprechen hört. Er kennt nicht die Prinzipien, die hinter dieser Wahrheit stehen, kann aber trotzdem annehmen, daß es sich so verhält – auf Grund des Vertrauens, das er zu dem Philosophen hat, der die Prinzipien kennt und auch weiß, warum es sich so verhält. Ein gleichartiges Verhältnis besteht bei den Wissenschaften: Die eine Wissenschaft stützt sich zuweilen auf Lehrsätze, die sie von anderen Wissenschaften übernimmt, ohne sich selbst mit dem Beweis dieser Sätze zu befassen. So stützt sich zum Beispiel die Optik auf die Gesetze und Regeln der Geometrie, die Geometrie ihrerseits übernimmt Grundsätze von der Mathematik. In gleicher Weise baut die Theologie auf entliehene Sätze auf, deren Richtigkeit sie nicht selbst beweist. Die höhere »Wissenschaft«, von welcher die Theologie ihre Prinzipien übernimmt, ist das Wissen der übernatürlichen Welt, Gottes und der Engel, Kenntnis von den göttlichen Dingen. Auf diese Weise bekommt die Theologie den Charakter einer Wissenschaft, obwohl sie selbst die Prinzipien, auf die sie ihre Aussagen stützt, nicht beweisen oder begreifen kann. Völliges Begreifen und Verstehen gehören einer anderen Welt an. Die Theologie ist die Gotterkenntnis der Erdenpilger. Sie gründet sich auf den Glauben, der sich auf die Autorität eines anderen stützt und die Offenbarung ohne Vernunftevidenz für wahr hält. Durch den eigenartigen Gedanken, daß die Prinzipien der Theologie Lehrsätze aus einer höheren Wissenschaft sind, hat Thomas von Aquin zwei einander widerstreitende Wissenschaftsbegriffe miteinander verbunden: den aristotelischen, demzufolge nur das im strengen Sinn Wissenschaft zu nennen ist, was Gegenstand rationaler Beweisführung werden kann, und den augustinischen, demzufolge auch die Glaubenserkenntnis hinterher eingesehen und von der Vernunft begründet werden kann.

Bei Duns Scotus und im spätmittelalterlichen Nominalismus wurde dann die thomistische Kompromißlösung kritisiert und – infolge konsequenterer Anwendung des aristotelischen Wissensbegriffs – der Gedanke der Theologie als einer Wissenschaft (scientia) abgelehnt.

Duns Scotus und sein Verständnis von Glauben und Wissen

Duns Scotus (gest. 1308) war Lehrer in Oxford und Paris. Er gehört zu den Franziskanern und setzt die Linie der älteren Franziskanerschule fort. Er opponiert gegen die bei Thomas vorliegende Lösung des Problems Theologie – Wissenschaft. Duns Scotus wurde für den scharfsinnigsten unter den Scholastikern angesehen (doctor subtilis) und hat die philosophische Bearbeitung der theologischen Fragen auf die Spitze getrieben. Gleichzeitig liegen bei ihm neue Denkansätze vor, die die Auflösung der Scholastik ankündigen und die Aufhebung der Harmonie zwischen Theologie und Philosophie bedeuten.

Auch Duns Scotus ist Aristoteliker wie Thomas, jedoch dem Empirischen stärker zugekehrt als dieser. Für Thomas besteht das Wirkliche im Wesen der Dinge, das heißt im Allgemeinen. Für Duns Scotus bedeutet auch die Individualität der Dinge eine begriffsmäßige Wirklichkeit. Das Individuelle bildet eine Form des Dinges (haecceitas), während nach Thomas nur die Materie die Grundlage für die Einteilung in Einzeldinge ist (die Materie ist das »principium individuationis«). Duns Scotus selbst ist Realist; durch seine Betonung des Individuellen ist er aber Vorgänger des Nominalismus, der alle Realität in die Einzeldinge verlegt.

Während Thomas den Zusammenhang der Theologie mit der Wissenschaft bezüglich der Erkenntnis betont, zeigt Scotus, daß zwischen der Erkenntnis der Theologie und der Wissenschaft eine Kluft liegt. Die Wissenschaft hat mit dem Allgemeinen, dem den Dingen Gemeinsamen und mit den allgemeinen Gesetzen und Prinzipien zu tun. Die Theologie dagegen handelt von Gottes Offenbarung, das heißt unter anderem von den singulären Heilstaten, von denen die Schrift Zeugnis ablegt. Dies bedeutet, daß ihr Gegenstand etwas »Kontingentes« ist (etwas, das auch in anderer Weise hätte geschehen können; der Gegensatz zu »Notwendigem«). Daher kann sich die Theologie nicht durchweg auf die Metaphysik gründen, wie es im System des Thomas geschieht, sondern sie ist hinsichtlich der übernatürlichen Wahrheiten allein an die Schrift und die Tradition der Kirche gewiesen. Bei Duns gibt es also keinen überbrückenden Weg von der natürlichen Erkenntnis zum Glauben, der sich einzig und allein auf die Autorität stützt.

Worauf es in der Theologie ankommt, ist danach nicht in so hohem Maß theoretische Kenntnis. Der Glaube ist eine »cognitio practica«. Er setzt die Unterwerfung des menschlichen Willens unter Gottes Willen, unter die Autorität voraus. Und sein Ziel ist nicht das theoretische Wissen, sondern die Veränderung des Willens zum Einklang mit dem Willen Gottes. Der Glaube hat sein Ziel in der Liebe (caritas). Bei Thomas ist auch das Willensmoment in das Wissen einbegriffen, das für ihn das höchste ist. Der Glaube hat nach Thomas dementsprechend sein Ziel in der »visio beatifica«, die in Analogie zur irdischen Erkenntnis verstanden wird.

Wie aus dem Angeführten hervorgeht, ist die Anschauung von Duns Scotus – wie auch die der älteren Franziskaner – voluntaristisch. Ein fundamentaler Gesichtspunkt seiner Theologie ist die Vorstellung von Gottes souveränem Willen, dem der freie Wille des Menschen gegenübersteht. Das Ziel ist, daß letzterer sich ersterem unterwerfen und mit ihm konform gehen soll (dominatio – subjectio).

Wenn Duns Scotus sich gegen den thomistischen Intellektualismus wendet und in gewissem Grade die Harmonie zwischen Theologie und Wissenschaft stört, der Thomas Ausdruck verliehen hat, bedeutet dies jedoch nicht, daß er von der Verwendung der Philosophie in der Theologie Abstand nimmt. Er treibt im Gegenteil die scholastische Methode noch weiter als seine Vorgänger. Aber prinzipiell wird die Philosophie bei ihm nur als Hilfsmittel logischer und formaler Art betrachtet, um die Kirchenlehre eingehender zu entwickeln und falsche Meinungen zu widerlegen.

Duns Scotus und Thomas von Aquin

Unsere Ausführungen zeigten, wie durch Duns Scotus sich der Gegensatz zwischen Franziskanern und Dominikanern zuspitzte.

In der Frage der *Gotteslehre* kann der Unterschied in folgender Weise geklärt werden. Thomas faßt Gott als das höchste Seiende auf; dies bedeutet, daß er den Gottesbegriff in intellektuellen Kategorien deutet, während Duns Scotus vor allem Gottes souveränen Willen als Grund des Weltenlaufs und der Offenbarung betont. Duns unterscheidet zwischen Gottes »potentia absoluta« und »potentia ordinata«. Nach ersterer ist Gott völlig ungebunden und kann unabhängig von allen Regeln handeln. Das Gute ist gut, weil Gott es will (perdeitas boni). Nach der »potentia ordinata« handelt Gott gemäß der Schöpfungsordnung und Heilsordnung, das heißt, er läßt den Menschen durch das Werk Christi und die Sakramente der Kirche erlösen. Aber es wäre denkbar, daß Gott (nach der »potentia absoluta«) unabhängig von dieser Ordnung handelte. – Für Thomas stimmt der Wille Gottes dagegen immer mit der von Gott gesetzten Ordnung überein. Gott will das Gute, weil es gut ist (perseitas boni).

Auch in der *Christologie* weicht Duns Scotus von der allgemeinen Scholastik ab, indem er die Menschlichkeit Christi stärker betonte, als es damals üblich war. Man stellte sich nämlich oft das Menschliche so vor, daß es in der göttlichen Natur aufging. Letztere war »personbildend«, was oft gleichbedeutend damit war, daß sie das Bild Christi einseitig prägte. Die stärkere Betonung des Menschlichen bei Duns Scotus hängt mit seiner empirischen Einstellung und seiner Auffassung von der Realität des Individuellen zusammen.

Thomas von Aquin verbindet – wie die Scholastik im übrigen – die *Versöhnungslehre* mit den Sakramenten. Christus hat durch sein Leiden – nicht nur durch den Tod, sondern zugleich durch sein ganzes irdisches Leben – ein Verdienst erworben, das alle menschlichen Versündigungen bis ins Unendliche aufwiegt. Dieses Verdienst wird durch die Sakramente, die die Gabe der Gnade schenken, auf die Gläubigen übertragen. – Für Duns Scotus ist zwar die Erlösung mit dem Leiden Christi verbunden, doch nur deswegen, weil Gott das Opfer Christi als Ersatz für die Genugtuung der Menschen annimmt. Alles hängt letztlich von Gottes freier Annahme ab. Mit einem solchen Gesichtspunkt hat man sich ziemlich weit von Anselms Gedanken der Versöhnung als einer rationalen Notwendigkeit entfernt.

Der wichtigste Unterschied zwischen Franziskanern und Dominikanern tritt in der Lehre von der Gnade und Rechtfertigung zutage.

Die Gnadenlehre der Hochscholastik

Die Frage, wie der Mensch gerechtfertigt und der Erlösung teilhaftig wird, findet in der Hochscholastik eingehende Behandlung, nicht zuletzt in der älteren Franziskanerschule, wo ein ausführlicher »ordo salutis« entsteht. Dabei baut man weitgehend auf der vorausgehenden Tradition auf. In der Regel wird jedoch der Verdienst- und Lohngedanke stärker als im früheren Augustinismus betont, und eine semipelagianische Tendenz wird in der franziskanischen Theologie deutlich erkennbar. Größeres Gewicht als früher wird den Sakramenten als Vermittlern der Gnade beigemessen. Im Verhältnis zur Frühscholastik ist die Entwicklung weiterhin dadurch gekennzeichnet, daß man nun durchweg zwischen natürlichen und übernatürlichen Gnadenwirkungen unterscheidet, indem man den Gedanken einer Gnade entwickelt, die den Menschen über die Ebene der Natur erhebt. Außerdem werden die vorbereitenden Akte in das Schema der Rechtfertigungslehre selbst eingefügt. Die Hauptlinien des »ordo salutis«, der von den älteren franziskanischen Theologen entwickelt wird, werden im folgenden deutlich.

Durch das Versöhnungswerk Christi kann der Heilsplan Gottes mit der Menschheit durchgeführt werden. Durch seine Prädestination hat Gott die Menschen, die an Christus glauben, dazu ausersehen, von der Sünde frei zu werden und die Seligkeit und das ewige Leben zu erlangen. Das geschieht mit den Menschen in der Rechtfertigung und unter dem fortgesetzten Werk der Gnade. Das Leben in der Kirche unter dem Wirken des Wortes und der Gnade der Sakramente ist somit eine Fortsetzung des Versöhnungswerkes Christi und eine Ausführung des ewigen Ratschlusses der Prädestination in der Zeit. Unter der Gnade versteht man teils Gottes ewigen Liebeswillen – die ungeschaffene Gnade *(gratia increata)* – und teils die Gnade, die dem Menschen als Geschenk zugeeignet wird und gleichfalls die Voraussetzung für seine Erlösung ist – die geschaffene Gnade *(gratia creata)*. Letztere besteht vor allem in der eingegossenen Gnade (vgl. unten), die Rechtfertigung und gute Werke bewirkt. Aber die »gratia creata« schließt auch all das ein, was Gott dem Menschen umsonst schenkt. Diese Gaben, vor allem diejenigen, die den Menschen auf seine Erlösung vorbereiten, werden von den Franziskanern unter dem Begriff *gratia gratis data* – die umsonst, das heißt ohne Verdienst geschenkte Gnade – zusammengefaßt.

Schon bei dem natürlichen Menschen ist mit gewissen Vorbereitungen auf die Erlösung zu rechnen. Bei den Heiden trifft man ein gewisses Sehnen nach Gotterkenntnis an; in Vernunft und Willen liegt eine gewisse Fähigkeit, das Gute auszudenken und zu tun. Vor allem aber ist mit »gratia gratis data« das gemeint, was eine unmittelbare Voraussetzung für den Empfang der höheren Gnade ist: ein gewisser beginnender Glaube *(fides informis)*, eine vorbereitende Reue, die sich aus Furcht vor Strafe einstellt *(attritio)*, eine niedere Art von Furcht *(timor servilis)* und eine unbestimmte Hoffnung *(spes informis)*. Hierher gehört auch der Ruf durch das Wort *(vocatio)*.

Das Wort oder die Predigt des Evangeliums hat somit einen relativ nebensächlichen Platz in der Heilsordnung. Es vermittelt nur die Kenntnis, die eine notwendige Vorbereitung zum Empfang der Sakramentsgnade und damit der Rechtfertigung ist. Das Hauptgewicht wird auf die Sakramente gelegt. Das Wort bekommt den Charakter eines Gesetzes, das sagt, was der Mensch tun und glauben soll. Das Evangelium wird als ein neues Gesetz (nova lex) hingestellt, das nicht nur befiehlt, sondern auch die Kraft zur Ausführung des Geforderten schenkt. Aber diese Kraft wird nicht durch das Wort als solches übertragen, sondern durch die von Christus eingesetzten Sakramente.

Die Gaben, die unter dem Begriff »gratia gratis data« zusammengefaßt werden, gehören durchweg zum natürlichen Bereich. Hier geht es darum, was der Mensch aus eigener Kraft tun muß, um für den Empfang der Gnade vorbereitet zu werden – ein *»facere quod in se est«* (das zu tun, was in den naturgegebenen Möglichkeiten liegt). Der Glaube und die Reue niederer Art, die in diesem Stadium möglich sind, können von sich aus den Menschen nicht rechtfertigen. Aber sie bilden nach der Lehre der Franziskaner ein *meritum de congruo*, das heißt ein Billigkeitsverdienst. Es ist »billig«, daß Gott diese Werke belohnt, obwohl sie in sich kein wirkliches Verdienst enthalten. Die Belohnung, die sie bewirken, ist, daß Gott die eigentliche Gnade schenkt, die *gratia gratum faciens*. Diese macht gerecht – »Gott wohlgefällig« – und tilgt die Schuld des Menschen, wobei sie der menschlichen Natur gleichzeitig die höhere Ausrüstung gibt, die eine Voraussetzung zur Leistung guter Werke und zum Gewinn vollwertigen Verdienstes, *meritum de condigno*, ist.

Die rechtfertigende Gnade ist ein eingegossener Habitus, ein »donum habituale«, das durch die Sakramente übertragen wird, in erster Linie durch die Taufe, aber auch durch die Buße und das Abendmahl. Dieser Habitus hebt die Natur des Menschen auf eine höhere Ebene *(altior natura)* und stellt das »donum superadditum« wieder her, das der Mensch durch den Sündenfall verlor. Die eingegossene Gnade lenkt die Willensrichtung des Menschen auf Gott und ermöglicht einen vollwertigen Glauben *(fides infusa)* sowie eine Reue, die nicht nur von der Furcht vor Strafe, sondern von Liebe zu Gott motiviert ist *(contritio; timor filialis)*. Hierin liegt ein vollwertiges Verdienst, das zu seiner Zeit mit dem ewigen Leben, mit der Gnade der Verherrlichung, *gratia glorificationis*, belohnt wird.

Bei *Thomas von Aquin* werden bestimmte Züge dieses Schemas verändert. Er betont die Priorität der Gnade im Verhältnis zum freien Willen und lehnt die starke Psychologisierung ab, die die Darstellung der Franziskaner kennzeichnet. Nach Thomas kann der Mensch sich nicht aus eigener Kraft auf den Empfang der Gnade vorbereiten. Der Anfang des Glaubens *(initium fidei)* kann nicht von uns selbst gewirkt werden; er fällt zusammen mit der Gabe der ersten Gnade *(prima gratia)*. Hier entfällt also die Rede von einem »facere quod in se est«. Eine gewisse Vorbereitung, *praeparatio ad gratiam*, kann stattfinden, wenn auch nur durch den Beistand der Gnade *(auxilium gratiae; gratia praeparans)*, aber sie hat nach Thomas keinerlei Verdienstcharakter. Sie führt auch nicht allein von sich aus zur Erlösung. Die Rechtfertigung ist nämlich ein durchweg übernatürliches Werk, das nur durch die eingegossene Gnade zustande kommt. Indem der Mensch des Habitus der Gnade teilhaftig geworden ist – was in einem Augenblick geschieht –, ist er gerechtfertigt *(gratia operans; justificatio)*.

In der älteren Scholastik wie schon bei Augustin wurde die Gnade als eine Heilung der Natur verstanden, die durch die Sünde verletzt worden war (*»gratia sanans«*, vgl. oben S. 133f.). Aber mit der Hochscholastik kommt ein neuer Aspekt hinzu, indem man sich die Gnade als eine übernatürliche Gabe denkt, die die eigentliche Menschennatur auf eine höhere Ebene hebt *(gratia elevans)*. Die Gabe der Gnade wird als notwendig betrachtet, und zwar nicht nur deshalb, weil der Mensch ein Sünder ist, sondern weil er erst durch diese Ergänzung seiner natürlichen Ausrüstung in den Stand versetzt werden dürfte, die erlösende Gotterkenntnis und das Endziel, die selige Gottesschau, zu erreichen.

Die gerechtmachende Gnade fällt mit der eingegossenen Liebe zusammen, die den Menschen vervollkommnet und in den Stand versetzt, verdienstliche Werke zu vollbringen. Ihre Wirkung besteht teils in der Erneuerung der menschlichen Ursprungsgerechtigkeit, indem der Mensch mit dem Habitus der Liebe ausgerüstet wird, teils in der Unterstützung des schon bekehrten Willens bei der Ausführung des Guten (*gratia operans* und *gratia cooperans*). Die Gnade ist eine innere Kraft, die die natürlichen Voraussetzungen des Menschen emporhebt und die übernatürlichen Tugenden schenkt: Die Hoffnung wird ein fester Trost, der Glaube wird nicht nur »fides informis«, sondern ein von der Liebe geformter Glaube und eine innere Überzeugung, die Furcht wird »timor filialis«. Wenn die Gnade mit den natürlichen Kräften des Menschen zusammenwirkt, entstehen Verdienste *(merita)*. Sie sind verdienstlich als Werke des freien Willens, erhalten jedoch den Charakter vollwertiger Verdienste erst durch den Beistand der Gnade. Irgendein Meritum ist zur Rechtfertigung des Menschen nicht erforderlich, sondern nur dafür, daß er die Gabe der Gnade beibehalten und zur Seligkeit *(beatitudo)* gelangen kann, welche somit teilweise als Belohnung für seine Verdienste erscheint.

Die Lehre von den Sakramenten in der Hochscholastik

In der Scholastik wird allmählich der Standpunkt formuliert, der dann in der römischen Kirche allgemein vertreten wird. Seit Petrus Lombardus rechnet man mit sieben Sakramenten: Taufe, Konfirmation, Abendmahl, Buße, Letzte Ölung, Ordination und Ehe. Thomas versteht die Sakramente als »leibliche« Zeichen zum Schutz und zur Besserung des geistlichen Lebens. Wie das leibliche Leben durch die Geburt entsteht und Wachstum und Ernährung erfordert, so beginnt das geistliche Leben mit der Wiedergeburt durch die Taufe und erhält durch die Konfirmation Kräfte zum Wachstum und durch das Abendmahl Nahrung. Weiter wird das geistliche Leben durch die Buße gefördert, die die Krankheit der Sünde hinwegnimmt, und die Letzte Ölung, die den Rest der Sünde tilgt. Die letzten beiden Sakramente gelten für den Menschen in seinen Beziehungen zur Gemeinschaft: Die Ordination schenkt die Disposition, im geistlichen Amt über andere zu walten (entsprechend der politischen Amtsgewalt in der bürgerlichen Gesellschaft), und die Ehe (gleichzeitig auf das geistliche und das bürgerliche Leben bezogen) hat den Zweck, die Kirche zu mehren. Auf diese Weise vermochte man die Siebenzahl zu motivieren. Dagegen war es schwerer, für jedes einzelne der sieben Sakramente eine bestimmte Einsetzung durch Christus anzuführen. Auch war das übliche Schema, daß das Sakrament teils aus einem äußeren Element (Materia) und teils aus einem begleitenden Wort bestand, das seinen Zweck und seine Wirkung (Form) angab, nicht leicht durchzuführen, zum Beispiel bei der Buße, Ordination oder Ehe.

Alle Sakramente wurden als Träger der Gnade angesehen, aus dem stellvertretenden Leiden Christi hervorgegangen, das sie auf verschiedene Weise bekunden und dessen heilende und erneuernde Wirkung sie den Gliedern der Kirche vermitteln. Gedanklich wurde dies auf verschiedene Weise dargelegt. Die Franziskaner, unter ihnen besonders Duns Scotus, knüpften stärker an die augustinische symbolische Auffassung an und betrachteten die Gnadenvermittlung als eine von Gott direkt verursachte Wirkung neben dem äußeren Sakramentsgebrauch. Mit anderen Worten, die Gnadenwirkung begleitete das äußere sakramentale Handeln (concomitantia). Thomas von Aquin stellte dagegen eine Theorie über die Sakramente als Instrumente der Gnadenvermittlung (causae instrumentales) auf. Die Gnade dachte man sich also nicht nur »moralisch« mit dem äußeren Sakramentshandeln verbunden, sondern »physisch« darin einbegriffen. Die Sakramente waren nach dieser Theorie nicht nur Zeichen der Gnade, die Gott in unsichtbarer Weise verlieh, sondern im realen Sinne Vorgänge der Gnadenübertragung. Daher hielt man die Sakramentshandlung auch von sich aus für wirksam, unabhängig von dem begleitenden Glauben an das Verheißungswort. Der Terminus hierfür war: Das Sakrament wirke »ex opere operato«.

Über die Elemente (Materia) und die begleitenden Worte (Form) hinaus ist für die Gültigkeit des Sakraments jedoch die Intention des Zelebranten erforderlich, die Handlung im Sinne der Kirche auszuführen. Hingegen war man nicht der Meinung, daß die Wirkung des Sakraments vom Glauben oder Unglauben des Amtsträgers abhängig sei.

Nun sind in Kürze noch einige der Fragen zu behandeln, die man in Verbindung mit den verschiedenen Sakramenten diskutierte.

Die Materia der *Taufe* war das Wasser und die Form das von dem Taufenden ausgesprochene: »Ego te baptizo in nomine Patris et Filii et Spiritus sancti« (»Ich taufe dich im Namen des Vaters, des Sohnes und des heiligen Geistes«). Von der Taufe wurde angenommen, daß sie – wie die Konfirmation und Ordination – »unauslöschliche Prägung« (character indelebilis) hinterließ, weshalb diese drei Sakramente nie wiederholt wurden und auch durch Unglauben nicht ungültig gemacht werden konnten. Die Frage, was dieser »character« bedeutete, wurde Gegenstand eingehender Diskussion.

Die *Konfirmation* bezweckte die Übertragung der Kräfte, die für den geistlichen Kampf des Christen erforderlich waren. Ihre Materia war Balsamöl, das dem Konfirmanden auf die Stirn gestrichen wurde mit den Worten: »Consigno te signo crucis et confirmo te chrismate salutis in nomine Patris etc.« (»Ich zeichne dich mit dem Zeichen des Kreuzes und konfirmiere dich mit dem Öl des Heils im Namen des Vaters etc.«).

Das *heilige Abendmahl* wurde für das wichtigste der Sakramente angesehen, weil es die engste Beziehung zum Leiden Christi hatte. Die Transsubstantiationslehre – die, wie bereits erwähnt, schon auf der 4. Lateransynode von 1215 ihre Bestätigung fand (vgl. oben S. 124) – wurde von Thomas so gedeutet, daß die Substanz des Brotes und des Weines durch die Konsekration in den Leib und das Blut Christi verwandelt wurden. Dagegen behielten die Elemente ihre Akzidenzien, ihre räumliche Ausdehnung, ihren Geruch und Geschmack; man konnte auch nicht sagen, daß die Substanzen vernichtet würden (annihilatio), wenn sie darauf in die Substanzen des Leibes und Blutes Christi übergingen. – Eine andere Auffassung hatte in Duns Scotus ihren bedeutendsten Vertreter. Er meinte, das Brot im Abendmahl behalte seine Substanz bei, und der himmlische Leib Christi steige durch die Konsekration in das Brot herab und befinde sich dort zusammen mit der natürlichen Substanz des Brotes, ohne Quantität, voll und ganz in jedem Teil des sakramentalen Brotes. Dies ist die sogenannte Konsubstantiations- oder Impanationstheorie (vgl. oben S. 124). Duns Scotus suchte sie mit der geläufigen Kirchenlehre in Einklang zu bringen, während sie doch in Wirklichkeit im Gegensatz zu dieser stand. Er rechnete auch mit der Möglichkeit, daß die Substanz des Brotes durch den Leib Christi ersetzt und somit vernichtet wurde (annihilatio). Die Impanationstheorie wurde später vom Nominalismus aufgenommen, vermochte jedoch nicht die bereits sanktionierte Transsubstantiationslehre zu verdrängen.

Die *Buße* wurde ausschließlich als die vor dem Priester abgelegte Ohrenbeichte verstanden, die drei Akte umfaßte, welche als Materia des Sakraments angegeben wurden: Zerknirschung des Herzens, Bekenntnis des Mundes und die vom Priester auferlegte Satisfaktion. Letztere bestand in Gebet, Fasten und Almosengeben. Die Form des Sakraments war das Absolutionswort: »Ego te absolve etc.« Die Buße in dieser Form setzte die dem Priester übereignete Schlüsselgewalt voraus, das Recht, einen Menschen hinsichtlich der Sünde zu binden oder zu lösen. Ein besonderes Problem bildete der sogenannte Ablaß (indulgentia). Man war der Meinung, die Schlüsselgewalt umfasse unter anderem auch das Recht, eine der Sünde entsprechende Satisfaktion gegen eine andere und leichtere auszutauschen oder die Satisfaktion ganz zu schenken. Der Ablaß wurde damit begründet, daß die Kirche einen Schatz an überschüssigen Verdiensten besaß, den Christus und die Heiligen erworben hatten. Der ursprüngliche Sinn war, daß der Ablaß nur in Verbindung mit der Beichte gewährt werden sollte und die Voraussetzung für seine Gültigkeit aufrichtige Reue war. Dadurch, daß er mehr oder weniger von der wirklichen Buße gelöst wurde, trat der grobe Mißbrauch ein, der schon im späten Mittelalter auf starke Opposition stieß und dann die scharfen Angriffe in Luthers bekannten 95 Thesen veranlaßte.

Die *Letzte Ölung* wurde nur gespendet, wenn man annahm, daß der Tod bevorstand; sie bestand darin, daß man die verschiedenen Gliedmaßen des Kranken unter Gebet mit geweihtem Öl bestrich. Dieses Sakrament wurde als Ergänzung der Buße betrachtet; seine Wirkung sollte teils der Tilgung der Sündenreste, teils – »so dies zuträglich wäre« – zur Besserung des Leibes dienen. Jak. 5,14ff. war die biblische Begründung dieser Handlung.

Die *Ordination*, das heißt die Weihe für die verschiedenen kirchlichen Ämter, wurde als Sakrament betrachtet, da sie unter sichtbaren Zeichen heiligende Gnade übertrug. Die äußere Weihehandlung – zum Beispiel für das Priesteramt die Darreichung von Kelch und Patene mit Wein und Brot – wurde jedoch nicht wie bei anderen Sakramenten als Träger der Gnade betrachtet, sondern es war der den Dienst verrichtende Bischof, der durch seine Person die Amtsgewalt übertrug. Die äußere Handlung wurde also in diesem Fall für symbolisch, nicht von sich aus wirksam angesehen (Thoms, Summa th. Suppl. qu. 34, Art. 5). Die meisten Theologen vertraten die Meinung, daß der Stand des Bischofs und der des Priesters in gleicher Weise das »Priesteramt« (sacerdotium) ausmachten, während andere den Episkopat für ein besonderes Amt über den anderen hielten (so z. B. Duns Scotus).

Bei der *Ehe* – die zugleich bürgerliche und kirchliche Ordnung umfaßt – sah man ihren sakramentalen Charakter dadurch gegeben, daß sie die Liebe Christi zur Gemeinde symbolisierte (Eph. 5). Das beiderseitige Übereinkommen (mutuus consensus) wurde als wirkende Ursache der Ehe bezeichnet. Auch war der im Wort ausgedrückte »consensus« – nicht die Segnung durch den Priester – die Form des Sakraments. Die Unauflösbarkeit der Ehe wurde als eine Konsequenz ihres sakramentalen Charakters betrachtet. Dadurch, daß die Ehe die Liebe verdeutlichte, die Jesus in seinem Leiden bewies, konnte sie – trotz ihres Charakters einer bürgerlichen Ordnung – unter denselben Grundaspekt wie die übrigen Sakramente gestellt werden:

als Vermittlung der Gnade, die eine Frucht des Leidens und Sterbens Christi war.

Auf dem Konzil zu Konstanz (1414–1418) wurde die tiefgehende Kritik zurückgewiesen, die von Wiclif und Hus (vgl. unten) an der kirchlichen Sakramentslehre geübt wurde, und auf dem Konzil zu Florenz (1439) wurde die von der Scholastik entwickelte Tradition der sieben Sakramente durch die Bulle Exultate Deo von Papst Eugenius IV. bestätigt.

19
Die Spätscholastik

Der Occamismus

Der spätmittelalterliche Nominalismus – nicht zu verwechseln mit der älteren Richtung dieses Namens – ist eine seltsame Erscheinung in der Geschichte der Theologie. Während seine Vertreter in scharfer Opposition zu der gesamten voraufgehenden Scholastik stehen und viele von deren prinzipiellen Fragen zur Debatte stellen, setzen sie gleichzeitig die scholastische Tradition fort und vollenden – zeitweilig bis zum Extrem – die dialektische Bearbeitung des theologischen Stoffes. Von ihrem starken philosophischen Interesse zeugt die eingehende Behandlung, die sie den Grenzfragen der Theologie widmet, besonders dem Problem von Theologie und Philosophie. Wenn man die Sentenzen des Lombardus kommentiert, verweilt man am längsten beim Prolog und dem ersten Buch. Der bedeutendste Vertreter dieser Richtung und zugleich ihr Begründer war *William Occam* (gest. 1349). Er war Lehrer in Oxford, wurde wegen häretischer Ansichten angeklagt und nach Avignon zitiert, wo er viele Jahre lang in Gewahrsam gehalten wurde; danach lehrte er in München, beschützt von Kaiser Ludwig dem Bayern. Zu seinen zahlreichen Anhängern zählen an erster Stelle *Pierre d'Ailly* (gest. 1420; Kardinal), der auf den Reformkonzilien wirkte, sowie *Gabriel Biel* (gest. 1495; Professor in Tübingen), dessen »Collectorium« die occamistische Tradition in mustergültiger Weise zusammenfaßt. Biels Theologie bildete die Grundlage des Unterrichts an mehreren deutschen Universitäten, unter anderem in Erfurt, wo Luther seine Ausbildung erhielt. –

Occam greift das in der frühesten Scholastik aktuelle Universalienproblem wieder auf. Er lehnt den thomistischen Realismus ab und verhilft der nominalistischen Anschauung zu einem neuen Aufleben. Nur das einzelne Ding ist wirklich. Es gibt keinen Grund, die Allgemeinbegriffe für etwas real Existierendes anzusehen, sei es nun innerhalb der Dinge oder außerhalb derselben. Occam geht von dem Prinzip aus, nicht mehr Wesen als nötig anzunehmen (»Entia non sunt multiplicanda praeter necessitatem«). Nun braucht man nach Occam nicht anzunehmen, daß die Allgemeinbegriffe außerhalb unseres Denkens (extra animam) existieren; die realistische Anschauung ist daher abzulehnen. Die Universalia sind nur Begriffe, die wir bilden, um mehrere Individuen gleicher Art zu bezeichnen. Aufgabe der Wissenschaft wird es, die Begriffe in ihrem Zusammenhang und ihren Relationen zu untersuchen. Die Logik wird daher im Occamismus die Grundwissenschaft, während die Metaphysik beiseite geschoben wird. Trotz stärkerer Tendenzen nach einer modernen, empirischen Betrachtungsweise führt Occams Methode in Wirklichkeit zu einer weit abstrakteren Spekulation als die realistische Anschauung. Dies hat seinen erklärenden Grund teilweise darin, daß man glaubt, die Wissenschaften könnten sich nun nicht mehr mit den Dingen nach ihrer äußeren Realität befassen, sondern lediglich mit den Begriffen und Termini, die in unserem Denken oder in der sprachlichen Darstellung vorkommen.

Wenn Occam seine Erkenntnislehre entwickelt, dann geschieht dies hauptsächlich, um mit den Problemen der theologischen Erkenntnis zurechtzukommen. Seine Kritik richtet sich gegen die sogenannten Gottesbeweise. Mit der Leugnung der Realität der Allgemeinbegriffe fällt der kosmologische Beweis des Thomas. Denn dieser bedeutet, wie schon früher gezeigt wurde (vgl. oben S. 140f.), daß wir durch unsere Erkenntnis des Universalen, der Dinge in ihrem Sein, zu der Einsicht gelangen können, daß Gott existiert. Für Occam ist Gott im eigentlichsten Sinn etwas Individuelles (res singularissima). Auch ist rational nicht zu beweisen, daß Gott die erste Ursache von allem ist (vgl. oben S. 141). Zwar kann die Metaphysik auf anderen Wegen die Existenz eines Gottes oder mehrerer Götter demonstrieren, aber schon die Sätze über Gottes Einheit und Unendlichkeit sind als reine Glaubenssätze zu betrachten.

Noch weniger kann die Trinitätslehre vernunftmäßig begründet werden. Occam räumt ein, daß sie eine realistische Auffassung voraussetzt. Denn sie setzt voraus, daß die wechselseitigen Beziehungen unabhängig von unserer Denktätigkeit existieren. Während Occam der Beziehung sonst die Realität abspricht, begnügt er sich in bezug auf die Trinitätslehre damit, auf die Autorität der Heiligen Schrift zu verweisen, die nicht durch die Grundsätze des empirischen Wissens aufgehoben werden kann. Diese gelten nämlich nicht für Gott, sondern lediglich im Bereich des Erschaffenen.

Das Angeführte illustrierte Occams Auffassung von dem Verhältnis zwischen Theologie und Philosophie. Die Theologie ist für ihn im Gegensatz zu Thomas keine Wissenschaft. Ihre Sätze sind auch nicht der logischen Beweisführung zugänglich; es sind vielmehr reine Glaubenssätze, die von der Autorität der Schrift gestützt werden. Zwischen Theologie und Philosophie befindet sich nach Occam also eine radikale Kluft. Doch dies ist nur die eine Seite der Sache. Die andere ist, daß er die Sätze und Begriffe der Theologie ohne weiteres der logischen und dialektischen Behandlung zugänglich erachtet, eine Kunst, die er und seine Schüler virtuos betrieben haben. Seine prinzipielle Trennung der beiden Gebiete hindert also nicht, daß die Theologie im Occamismus in noch höherem Grade als zuvor von der philosophischen Argumentation geprägt wird.

Die Theologie muß nach Occam auf eine »fides infusa« bauen. Dieser Glaube bedeutet für ihn vor allem die Neigung, die Wahrheiten der Bibel zu glauben. Die ältere franziskanische Vorstellung vom Glauben als unmittelbarem Erleben des Göttlichen hat er sich also nicht zu eigen gemacht. Glaube ist Zustimmung, zur Wahrheit der Bibel. Biel definiert den Glauben zum Beispiel folgendermaßen: »Legens bibliam (si est fidelis) immediate assentit omnibus et singulis ibi traditis, quia credit omnia revelata a Deo« (»Wer die Bibel liest – falls er ein Gläubiger ist –, stimmt unmittelbar allem dort Überlieferten zu, weil er alles glaubt, was von Gott offenbart ist« – Coll. III, dist. 24, qu. unica, G).

Für die Nominalisten ist die Heilige Schrift grundsätzlich die einzige Autorität. Es gibt auch Beispiele dafür, daß man ihre Lehre gegenüber dem Papst und den kirchlichen Behörden geltend zu machen sucht. Aber im allgemeinen hat man in der Praxis Bibel und Kirchenlehre miteinander vermischt, indem man an der kirchlichen Tradition festhielt, auch wenn dieser die Grundlage in der Schrift fehlte. Dies gilt zum Beispiel für die Transsubstantiationslehre, an der Occam festhielt, obwohl ihm andere Theorien in der Bibel besser begründet zu sein schienen. Die Nominalisten entwickeln eine direkte Lehre von der Inspiration der Heiligen Schrift. Die Begründung der kanonischen Autorität ist die: Was geschrieben steht, ist den biblischen Autoren von Gott eingegeben.

Nicht alle können zu einem vollentwickelten Glauben an alle Wahrheiten der Bibel gelangen. Man unterscheidet daher zwischen einer »fides implicita«, die die Wahrheit der Bibel oder Kirchenlehre nur allgemein annimmt, und eine »fides explicita«, die die Kenntnis der einzelnen Glaubenssätze voraussetzt. Letztere ist nur für die Lehrer der Kirche erforderlich, die erstere reicht jedoch gemeinhin für die Laien.

Was den Inhalt der Theologie betrifft, so hat Occam weitgehend die Gedanken der älteren Tradition übernommen. Aber er hat diese auch in vielen Punkten umgestaltet und einer Kritik ausgesetzt, die ihre Fundamente auflöste.

Beispiele hierfür findet man in seiner Lehre von Sünde und Gnade. Die Erbsünde ist für Occam nichts realiter in der Natur des Menschen Existierendes. Sie bedeutet Gottes Anrechnung von Adams Schuld und ist somit nur ein Urteil Gottes über den Menschen, hingegen keine reale Verderbnis seiner Natur. Im Anschluß an die Tradition redet Occam trotzdem von der Sünde als »fomes« (eigentlich Zunder), das heißt der Neigung des Menschen, das Böse zu tun.

Eine Konsequenz dieser Sündenlehre wäre, die Gnade nur als Vergebung der Sünden, als Lossprechung von der Schuld zu betrachten. Würde die Sünde nicht als habituelle Verderbnis verstanden, dann hätte man eigentlich nur geringen Anlaß, sich die Gnade als eingegossenen Habitus vorzustellen. In diesem Fall jedoch macht Occam an die Tradition eine Konzession und redet von der Gnade als einer »gratia infusa«, obwohl er Habitusvorstellungen sonst kritisiert.

Occams Lehre von der Gnadenordnung ist von pelagianischen Vorstellungen geprägt. Wenn der Mensch tut, was ihm zukommt (facit quod in se est), wird er mit der

Gabe der Gnade belohnt. Es steht in seiner Macht, ein Verdienst geringerer Art zustande zu bringen (meritum de congruo); denn er kann schon mit seinen natürlichen Kräften dahin gelangen, Gott über alles zu lieben. Diese Überlegungen hängen damit zuammen, daß die Sünde nicht als eine Verderbnis der Natur betrachtet wird, sondern lediglich als einzelne Willensakte. Auf Grund dieser Vorstellungen ist in der Folgezeit in erster Linie die occamistische Gnadenlehre der Kritik der Reformatoren ausgesetzt (vgl. z. B. die Apologie des Augsburger Bekenntnisses).

In der Prädestinationslehre setzt Occam die Linie des skotistischen Voluntarismus fort. Gott ist der absolute Wille. In seiner »potentia absoluta« ist er an keine Ordnung gebunden. Es hängt also ausschließlich von seinem Ratschluß ab, ob ein Mensch selig wird. Ebenfalls beruht es auf Gottes Willen, ob eine menschliche Handlung als verdienstlich anzusehen ist oder nicht. Die alte Verbindung zwischen meritum und gratia ist also unterbrochen. Caritas, die eingegossene Gnade, wird nicht mehr als notwendige Voraussetzung für verdienstliche Handlungen betrachtet.

Die ganze Ethik ist von derselben Grundanschauung geprägt. Das Gute ist gut, weil Gott es will. Es gibt keine ewigen Gebote, sondern die bestehenden Gebote gelten kraft göttlichen Willens. Nichts hindert Gott, auch andere Gebote gelten zu lassen.

Die spätmittelalterliche Opposition

Wie aus dem Vorstehenden hervorgeht, bedeutet die nominalistische Theologie in vielen Punkten eine scharfe Kritik an der allgemeinen Kirchenlehre in ihrer scholastischen Ausformung. Von einer ausgesprochenen Opposition oder einem tieferen Skeptizismus – einen solchen hat man im Occamismus oft finden wollen – kann jedoch keine Rede sein. Die Theologen, die dieser Richtung angehörten, hielten sich gewöhnlich streng innerhalb der Grenzmarkierungen des kirchlichen Dogmas. Eine eventuelle häretische Konsequenz der philosophischen Überlegungen vermied man durch einen Hinweis auf die kirchliche Autorität als Fundament des Glaubens und die Kluft zwischen theologischer Erkenntnis und rationalem Wissen. – Eine entschiedenere Kritik am mittelalterlichen Kirchenwesen tritt bei bestimmten anderen Richtungen an den Tag, zum Beispiel den Waldensern und einzelnen Theologen wie Wiclif und Hus.

John Wiclif (gest. 1384) hat scharfe Kritik an der Autorität des Papstes geübt. Christus allein ist das Haupt der Kirche. Kirche und Staat bilden eine Einheit unter der Herrschaft Christi und mit der Heiligen Schrift als Gesetz. Wiclif hat damit den Gedanken einer selbständigen Nationalkirche entwickelt.

Theologisch schloß er sich zuerst den Nominalisten an, machte sich jedoch später eine realistische Anschauung zu eigen, da er die Ansicht vertrat, diese stimme besser mit dem Inhalt der Offenbarung überein. Rückhalt für seine gegen das mittelalterliche Kirchenwesen gerichtete Haltung fand Wiclif im Augustinismus. An den augustinischen Standpunkt lehnt er sich auch in seiner scharfen Kritik an der Transsubstantiationslehre an, die er für biblisch unbegründet hält. Ihr setzt er eine symbolische Deutung des Abendmahls entgegen, wobei er sich auf die augustinische Unterscheidung zwischen Zeichen des Sakraments und dessen geistlichen Inhalt (signum – res) beruft. Zu Wiclifs umfassender Kritik an dem herrschenden Kirchen- und Dogmensystem gehörte auch eine Abrechnung mit der Bußlehre und dem Ablaßhandel.

Wiclifs Gedanken wurden darauf von *Johannes Hus* (gest. 1415) aufgenommen, dessen Wirken zu weitgreifenden Oppositionsbewegungen vor allem in Böhmen führte.

Jean Gerson (gest. 1429) gehörte zu den mittelalterlichen Autoren, an die Luther in vielen Stücken anknüpfen konnte. Er ist zu den Nominalisten zu zählen, übt aber Kritik an der scholastischen Wissenschaft und betont statt dessen die subjektive Glaubenserfahrung. Gerson verbindet also den theologischen Standpunkt des Nominalismus mit der Lebensanschauung der Mystik.

Die Reformation tritt nicht nur als Fortsetzung der spätmittelalterlichen Opposition gegen das römische Kirchenwesen in Erscheinung, sondern bedeutet eine Erneuerung tieferer Art und weit größerer Reichweite. Aber sie kommt keineswegs als völlig unvermittelte Umwälzung, sondern hat tiefe Wurzeln in der mittelalterlichen Entwicklung.

20
Die mittelalterliche Mystik

Die mittelalterliche Mystik hat ihren Ursprung unter anderem in der augustinischen Theologie und der Frömmigkeit des Mönchtums. Der erste, der im Mittelalter die Mystik zu einer theologischen Linie eigener Prägung entwickelt, ist *Bernhard von Clairvaux* (gest. 1153). Der Ausgangspunkt seiner Theologie ist der Mensch Jesus als Herr und König.

Die Meditation über das Erdenleben Christi, besonders über sein Leiden, bildet den Mittelpunkt der bernhardinischen Mystik. Vor allem baut er weiter an dem Motiv von Jesus als dem Seelenbräutigam, das sich in Anlehnung an das Hohelied herausbildete. – Unter den früheren Scholastikern haben vor allem *Hugo* und *Richard von St. Victor* die Linie der Mystik weitergeführt. Bei ihnen wurden hierhergehörige Gedanken in die schulgemäße theologische Darstellung eingeflochten.

Mystik und Scholastik sind oft als Gegensätze betrachtet worden, was jedoch für die wirklichen Verhältnisse nicht zutrifft. Die Mystik war der Theologie der Scholastik nichts Fremdes und letztere auch der Mystik nichts Unbekanntes. Unter den Scholastikern finden sich einige, die ausgesprochene Dialektiker waren wie zum Beispiel Abaelard und Duns Scotus, während andere in ihren Werken schulgemäße Theologie und Mystik miteinander verbunden haben. Die Viktoriner sind bereits erwähnt worden. *Thomas von Aquin* ist ein weiteres Beispiel hierfür. Als theologischer Autor hat er den Erfahrungen und Stimmungen der Mystik Ausdruck verliehen. Im scholastischen Denken finden sich Elemente, die der Mystik verwandt sind. Die franziskanische Theologie redet von der Gotterkenntnis als einer unmittelbaren Erleuchtung des Innersten der Seele; bei Thomas wird das Schauen des Göttlichen (visio beatifica) als Vollendung der Theologie betrachtet, und die Erkenntnis wird für ein Vorstadium dieses Schauens angesehen. Der scholastischen Arbeit lag ja oft die Kontemplation der Mystik zugrunde. Thomas von Aquin äußerte gelegentlich, er habe durch Meditation vor dem Kreuz Christi mehr gelernt als durch das Studium gelehrter Werke. – Ein franziskanischer Theologe, der in einem hohen Maß mystische und scholastische Verfasserschaft vereint, ist, wie bereits erwähnt, *Bonaventura*.

Im Spätmittelalter wird die mystische Frömmigkeit durch gewisse allgemeine Züge der Kultur gefördert. Das Interesse am Menschen wird stärker, und ein Verlangen nach persönlichem, erlebtem Christentum regt sich. Die individuellen Erfahrungen werden in einer Weise betont, wie es während der Zeit der klassischen mittelalterlichen Kultur nicht üblich war. Mit einer verbreiteteren Bildung wächst die religiöse Aktivität der Laien und damit ihr Einfluß in der Kirche.

Die spätmittelalterliche Mystik wird von der Richtung beherrscht, die wegen ihres Verbreitungsgebiets gewöhnlich als die »deutsche Mystik« bezeichnet wird. Im oberdeutschen und westdeutschen Raum (vor allem in Straßburg und Basel) entstand eine Bewegung, die sich »Die Gottesfreunde« nannte. Zu ihrem Kreis gehörten die bedeutendsten unter den Autoren der deutschen Mystik. Sie waren im allgemeinen aus der Schule der Dominikaner hervorgegangen und knüpften in gewisser Hinsicht an die Theologie des Thomas von Aquin an.

Ein charakteristischer Zug der Mystik ist, daß man das theologische Stoffgebiet im Verhältnis zu den Summae der Scholastik einschränkt. Gegenstand der Behandlung werden vor allem: die Gotteslehre, die Lehre von den Engeln und vom Wesen der Menschenseele sowie die Bedeutung der Sakramente und liturgischen Handlungen.

Vor anderen hat *Meister Eckhart von Hochheim* (gest. 1327), der Lehrer in Paris, Straßburg und Köln war, der spätmittelalterlichen Mystik ihre besondere Prägung verliehen. Unter seinen Schülern ragt vor allem *Johannes Tauler* hervor (gest. 1361), der großes Ansehen genoß, nicht zuletzt im Protestantismus. Er war als Prediger in Straßburg, Köln und Basel tätig. Zu dieser Gruppe gehören auch *Heinrich Seuse* (*Suso*, gest. 1366) sowie der Flame *Jan van Ruysbroeck* (gest. 1381). Die anonyme Schrift »Theologia deutsch« ist auch im Kreis der »Gottesfreunde« entstanden.

Meister Eckhart knüpft in seiner Theologie an Thomas von Aquin an, hat aber den christlichen Traditionsstoff mit neuplatonischer Mystik verwebt. Die Gedanken der Mystik hat er theologisch ausgeformt, zugleich aber auch als Redner und Prediger gewirkt. Er gebraucht neben dem Latein die deutsche Sprache. Kurz nach seinem Tod wurden 28 von ihm vertretene Lehrsätze für häretisch erklärt. Daher blieb sein Name im großen und ganzen, bis ins 19. Jahrhundert, unter den Theologen ziemlich unbekannt, bis die Romantik ihn in die vordere Reihe der Mystiker rückte. In der Philosophie des ausgehenden Mittelalters und der Renaissance hat Eckharts Anschauung einen gewissen Einfluß ausgeübt. Besonders bei dem bekannten Philosophen *Nikolaus Cusanus* (gest. 1464) tauchen nahe verwandte Gedanken auf. In veränderter Form hat auch der deutsche Idealismus einige von seinen Gedanken aufgegriffen.

Für Meister Eckhart ist Gott das absolut »Eine« hinter der Vielfalt der Schöpfung und sogar hinter der Dreieinigkeit. Die Entstehung der Welt wird bald als Schöpfung, bald als Emanation beschrieben. Zwischen Gott und dem Erschaffenen liegt aber eine absolute Kluft, nur die Menschenseele nimmt eine Zwischenstellung ein. Sie enthält einen innersten göttlichen Wesenskern, den Seelengrund oder Seelenfunken, »scintilla animae«. Dieser Seelengrund ist identisch mit dem »Einen«, ist der Ort, wo Gott in der Seele geboren wird. Meister Eckhart identifiziert Gott und das Sein, ein pantheistischer Zug, dem jedoch durch die eben erwähnte Unterscheidung zwischen Gott und dem Geschaffenen entgegengewirkt wird.

Christus ist das Urbild der Vereinigung zwischen Gott und Mensch. Darin ist er allen Gläubigen ein Beispiel. Nicht das Kreuz und die Auferstehung werden in den Mittelpunkt gestellt, sondern die Inkarnation, in der sich diese Vereinigung bekundet.

Die Erlösung besteht darin, daß der Mensch durch sein Absterben gegenüber der Welt und sein Eingehen in sich selbst mit dem Göttlichen vereinigt wird. Sie verläuft in drei Stadien: der Reinigung, der Erleuchtung und der Vereinigung.

Das erste Stadium, die Reinigung, besteht in Reue und Ersterben vom sündigen Ich, im Kampf gegen die Sinnlichkeit.

Das zweite Stadium, die Erleuchtung, besteht in der Nachfolge von Christi Gehorsam und Demut, wozu die wichtigsten Mittel die Betrachtung des Leidens Christi und die Tötung des eigenen Willens unter Aufgehen im Willen Gottes sind. Es wäre falsch, das Ideal der Mystik als reine Passivität zu verstehen. Die Verschmelzung des Willens Gottes und des Menschen kann auch im tätigen Leben erfolgen. Es gilt, das Gute, das Gott will, zu wollen und zu wirken und sich vom Bösen abzuwenden, das von uns selber kommt. Die Nächstenliebe ist die höchste Form der Gottesliebe. Meister Eckhart schreibt: »Wäre jemand in der gleichen Verzückung wie einst Paulus und erführe von einem kranken Menschen, der einen Teller Suppe von ihm nötig hätte, so achte ich es für viel besser, daß du die Liebe der Verzückung hinter dir ließest und Gott in einer größeren Liebe dientest.« Vor allem aber ist es das Leiden, das das Ersterben vom eigenen Ich fördert. »Das schnellste Tier, das euch zur Vollkommenheit trägt, ist das Leiden«, sagt derselbe Autor. Die Meditation wird oft mit qualvollen Kasteiungen verbunden, wovon ein anderer Mystiker, Heinrich Seuse, zahlreiche Beispiele gibt.

Das dritte und höchste Stadium, die Vereinigung der Seele mit Gott, tritt ein, wenn der Mensch frei wird vom Erschaffenen, von seinen Lockungen wie auch von sich selbst. Christus wird in der Seele geboren. Der Mensch will, was Gott will, und wird eines Wesens mit ihm. Zuweilen wird diese Vereinigung in der Ekstase erfahren, oder es folgen ihr visionäre Erlebnisse, die im Leben des Frommen die Höhepunkte bilden. Während für Thomas von Aquin dieses Schauen zur Ewigkeit gehört, sucht die Mystik das vollkommene Erlebnis des Göttlichen schon hier im Zeitlichen. Nach der deutschen Mystik ist Gott das »Eine«, das einzig Wirkliche. Das Sein ist Gott, sagt Meister Eckhart. Wie soll man sich innerhalb dieser monistischen Anschauung die Schöpfung denken? Wenn Gott das einzige Wirkliche ist, so sind die erschaffenen Dinge nichts. Aber nun sind sie aus Gott hervorgegangen. Muß ihnen darum nicht eine gewisse Wirklichkeit neben Gott zuerkannt werden? Die Mystik antwortet darauf, daß den Dingen der Welt außerhalb Gottes keine Wirklichkeit eigen ist. Sie sind wie der Lichtstrahl, der ohne die Lichtquelle nichts ist. Sie verhalten sich zu Gott wie der Schein zum Feuer. Daher kann man sagen, die Schöpfung ist aus Gott hervorgegangen und ist dennoch nichts.

Aufgabe des Menschen ist es, aus der Welt und auch aus sich herauszugehen, um das Vollkommene zu finden, das heißt, in dem »Einen« aufzugehen, mit Gott selbst vereint zu werden und damit die einzig wahre Wirklichkeit zu erlangen. Der Mensch gehört selbst zu der Schöpfung, die ein Nichts ist, vom Bösen beherrscht. Was seine Fremdlingschaft im Verhältnis zu Gott vor allem verursacht, ist sein eigener Wille, der sich von Gottes Willen losgelöst hat. Die Erlösung besteht in einer Wiedervereinigung mit dem Göttlichen, in dem, was durch die vorstehend angeführten drei Stadien geschieht: die Reinigung, die Erleuchtung, die Vereinigung.

Die Form der Mystik, die uns bei Meister Eckhart begegnet, hat eine andere Prägung als die bernhardinische: weniger Anknüpfung an den christlichen Lehrstoff und ein stärkerer Einschlag neuplatonischer Gedanken. Entsprechend wird auch die »mystische Vereinigung« mehr als bei Bernhard als das Ziel des Frommen betont. Die Mystik Eckharts stützt sich überhaupt in höherem Grade auf allgemeine philosophische Gedanken, während sie bei Bernhard ihren Mittelpunkt in der Meditation über das Leben Christi hat.

Die anderen Autoren, die zur »deutschen Mystik« zählen, sind zwar von Eckhart beeinflußt worden, stehen aber in der Regel der kirchlichen Lehrtradition näher als er. Dies gilt besonders für Tauler und für die »Theologia deutsch«.

Johannes Taulers schriftstellerische Tätigkeit tritt mit seinen auch auf protestantischem Gebiet weitverbreiteten Predigten zutage. Tauler ist erbaulicher und volkstümlicher als Eckhart. Bei ihm begegnet man oft sogar rein evangelischen Gedanken, aus welchem Grund Luther ihn sehr schätzte. Er ist jedoch ein typischer Mystiker und rechnet mit dem göttlichen Seelengrund im Innern des Menschen, wie er oft auch das innere Wort gegen die äußere Verkündigung und das Wort der Schrift stellt.

Eine andere Quelle, die große Bedeutung für Luther hatte, ist die kleine Schrift, die unter dem Titel »Theologia deutsch« erstmalig 1516 von Luther herausgegeben wurde – übrigens das erste Buch, das Luther zum Druck beförderte. In der Vorrede zu einer späteren Ausgabe sagt er: »Nächst der Bibel und dem Heiligen Augustin ist mir kein Buch vor Augen gekommen, aus dem ich mehr gelernt habe und gelernt haben will.« Die Handschrift, die Luther herausgab, ist verlorengegangen; im vorigen Jahrhundert fand man aber eine andere Version derselben Schrift mit dem Titel »Der Frankforter«. Nach Luther soll Tauler der Verfasser gewesen sein; der neue Fund zeigt jedoch, daß dies nicht zutrifft. Der Verfasser dieser Schrift, die wahrscheinlich gegen Ende des 14. Jahrhunderts entstand, ist anonym; er gehört zu dem Kreis der »Gottesfreunde«. Das Buch handelt von dem vollkommenen Guten, das heißt der Vereinigung mit Gott, und dem Weg, der dahin führt. Eine andere bekannte Arbeit aus Kreisen der spätmittelalterlichen Mystik, übrigens die am weitesten verbreitete, ist *Thomas a Kempis'* »De imitatione Christi«, aus der ersten Hälfte des 15. Jahrhunderts. Ihr Verfasser war erst Lehrer an der berühmten Klosterschule zu Deventer in Holland, verbrachte aber den größeren Teil seines Lebens als Klosterbruder und Schriftsteller in einem deutschen Augustinerkloster. Diese Schrift gehört zu den verbreitetsten Werken der Weltliteratur. Man rechnet mit dreitausend Auflagen. Das Buch erschien anonym; die Frage nach dem Verfasser war lange umstritten.

Die neuere Zeit
Von der Reformation zur Gegenwart

21
Luther

Luthers persönliches Eintreten für seine reformatorische Erkenntnis bildet den Ausgangspunkt für die Entstehung und Entwicklung der gesamten evangelisch-lutherischen Theologie. Daneben wurde sein Schrifttum in mehr oder weniger starkem Grade zur direkten Quelle für das theologische Denken und die kirchliche Verkündigung aller Epochen, die seit der Reformation vergangen sind. Es nimmt daher in der Geschichte der Theologie eine zentrale Stellung ein.

Im folgenden soll lediglich eine übersichtliche Darstellung der Hauptgedanken der Theologie Luthers gegeben werden, wie diese sich vor dem Hintergrund der vorausgehenden und zeitgenössischen Tradition abzeichnet.

Luthers Entwicklung bis zum Reichstag zu Worms 1521

In der modernen Lutherforschung hat man oft mit Vorliebe bei der »Theologie des jungen Luther« verweilt. Dieses Interesse beruht auf der Annahme, man könne die Reformation genetisch erklären, indem man zum jungen Luther zurückgeht und feststellt, wie sich das Denken bei ihm entwickelte. Hinzu kommt, daß man gerade in der relativ unbekannten Gedankenwelt des jungen Luther starke Berührungspunkte mit gewissen Formen modernen theologischen Denkens zu finden glaubte. Man darf jedoch nicht übersehen, daß die Theologie des Reformators bei einem solchen Verfahren unter anderen Gesichtspunkten beurteilt wird, als er selbst sie in seinen späteren Jahren vertrat. Er nahm seinen frühesten Schriften gegenüber nämlich einen kritischen Standpunkt ein, weil er meinte, in ihnen manchen Irrtum vertreten zu haben, da er seine gegensätzliche Stellung zur scholastischen Theologie, in der er einst ausgebildet worden war, damals nicht klar erkannt hatte.

Dessenungeachtet ist es natürlich zum Verständnis der Person und Verkündigung Luthers von Wert, seine frühe Entwicklung und die Art der Ausbildung zu kennen, die ihn prägte, bevor er an die Öffentlichkeit trat.

Nach vorbereitendem Schulbesuch in Eisleben, Magdeburg und Eisenach kam *Martin Luther* (1483–1546) im Jahre 1501 an die Universität Erfurt, wo er die »Artistenfakultät« durchlief und am 7. Januar 1505 das Magisterexamen ablegte. Hier lernte er die aristotelische Philosophie in der Form der »via moderna« – das heißt in der Entfaltung des Nominalismus – kennen. Die Vertreter dieser Richtung, die um diese Zeit an mehreren deutschen Universitäten eine beherrschende Stellung einnahm, standen in Opposition zum Thomismus (via antiqua) und beanspruchten, die Philosophie des Aristoteles richtiger zu verstehen und auszulegen als die Thomisten, was sich später zeitweilig in Luthers Polemik widerspiegelt. Von seinen Kommilitonen wurde Luther übrigens für einen »scharfen Dialektiker« gehalten.

Nach abgelegtem Magisterexamen begann Luther Jura zu studieren und gleichzeitig an der Artistenfakultät Vorlesungen zu halten. Doch in jener Zeit geriet er in eine Krise, die dann im Sommer 1505 zu seinem Entschluß führte, Mönch zu werden, wobei der Blitzschlag bei Stotternheim am 2. Juli wohl als der äußere Anlaß anzusehen ist. Luther trat 1505 in das Augustiner-Eremitenkloster zu Erfurt ein. Nach zwei Jahren erhielt er die Priesterweihe (1507) und studierte gemäß der Studienordnung des Klosters Theologie. In dieser Zeit lernte er die occamistische Dogmatik kennen. Gabriel Biels »Collectorium«, Pierre d'Aillis und Wilhelm Occams Sentenzenkommentare gehörten zu den Schriften, die er studierte. Nachdem er ein Jahr in Wittenberg verbracht und Vorlesungen über die Ethik des Aristoteles gehalten hatte, wurde Luther 1509 selbst sogenannter »Sententiarius« und mußte Vorlesungen über die Sentenzen des Peter Lombardus halten. Seine Anmerkungen zu diesen Vorlesungen sind uns erhalten geblieben. In der folgenden Zeit begann er auch das Hebräische zu studieren, was damals aber nicht allgemein üblich war.

In einer Angelegenheit, die Streitigkeiten über die Ordnung im Augustiner-Eremitenorden betraf, wurde Luther 1510 nach Rom gesandt, er erlebte wie andere Rompilger in jener Zeit eine gewisse Enttäuschung über den Verfall Roms, die ihm jedoch erst später voll bewußt wurde. Nach seiner Rückkehr mußte Luther Erfurt verlassen und nach Wittenberg übersiedeln, wo Kurfürst Friedrich der Weise 1502 eine bescheidene Kleinstadtuniversität gegründet hatte. An dieser Universität war auch Johannes Staupitz, der Generalvikar des Ordens, dem Luther angehörte, als Universitätslehrer tätig.

Auf Staupitz' Rat widmete sich Luther weiter den Studien und der Predigertätigkeit. Im folgenden Jahr (1512) wurde er zum Doktor promoviert und konnte damit eine Professur an der Universität übernehmen, die »lectura in biblia«.

Um diese Zeit wurde Luther von inneren Unruhen befallen, die ihn in überaus starkem Maße um sein Seelenheil fürchten ließen. Nicht einmal die übersteigerte Beichtobservanz konnte ihm den Seelenfrieden bringen. Die occamistische Gnadenlehre fand er auch unbefriedigend, da nach dieser Lehre Gott dem Menschen, der das vollbracht, was in seinem Vermögen stand (facere quod in se est), auch seine Gnade schenkt. Dabei wird damit gerechnet, daß der Mensch aus natürlichen Kräften auch Gott über alle Dinge lieben könne. Doch wie könnte man sicher sein, die eigenen Vorbereitungen zum Gnadenempfang erfüllt zu haben? Dazu kamen für Luther noch Zweifel über die eigene Erwählung (Prädestinationsanfechtungen).

In dieser Lage fand er Hilfe bei seinem Beichtvater Johannes Staupitz. Als Thomist und Mystiker stand dieser in einer anderen theologischen Tradition als Luther. Er riet dem jüngeren Bruder, den Gekreuzigten zu betrachten, anstatt über die eigene Erwählung zu grübeln, und Prüfungen und Anfechtungen als Zeichen der Gnade Gottes anzusehen. Durch die neuen Erkenntnisse, zu denen Luther sich während dieser Zeit hindurchrang, erlangte er größere Gewißheit und überwand seine Unruhe. Auch später noch redet er von der »Anfechtung« – die ja in seiner Theologie eine wichtige Stelle einnimmt. Bezüglich des konkreten Hintergrundes besteht jedoch ein Unterschied zwischen den Anfechtungen während der Klosterzeit und denen der späteren Jahre. Diese Anfechtungen, von denen er auch später spricht, sind stärker mit den Schwierigkeiten seines Berufes verbunden: Widerstand oder Gleichgültigkeit der Menschen, Verfolgungen und Polemik seitens der Papstkirche und der sogenannten Schwärmer, sodann die Erkenntnis, allein diese Umwälzungen der Reformation ausgelöst zu haben. Demgegenüber steht während der Klosterzeit die Frage der Prädestination im Vordergrund.

Die Anfechtung Luthers hatte ihren Grund auch in seiner körperlichen Konstitution. Seinen Kampf während der Klosterzeit auf krankhafte Depressionen zurückzuführen, entbehrt jedoch einer überzeugenden Grundlage; den Gegenbeweis liefert in dieser Zeit unter anderem seine Schaffenskraft.

In den Jahren 1513 bis 1517 setzte Luther in der Stille seine Arbeit mit Vorlesungen, Predigten und Disputationen fort. Während dieser Zeit las er über den Psalter (1513–1515), den Römerbrief (1515–1516), den Galaterbrief (1516–1517) und den Hebräerbrief (1517–1518). Die Vorlesungen sind durch Nachschriften von Hörern wie durch Luthers eigene Aufzeichnungen relativ gut überliefert.

Diese frühe literarische Tätigkeit bildet die Grundlage für sein späteres Auftreten und die gereifte reformatorische Anschauung. In bezug auf die Schriftdeutung kommt Luther zur Einsicht, daß die Heilige Schrift nur durch Übung im Glauben zu verstehen sei. Er redet in diesem Zusammenhang von einer cognitio experimentalis (Erkenntnis der Erfahrung).

Seine Abhängigkeit von Augustin ist überaus groß. Er identifiziert in dieser Zeit überhaupt seine Position mit der Augustins. Vor allem will er dessen Lehre von Sünde und Gnade gegen die scholastische Rechtfertigungslehre geltend machen. Dies ist auch für seine Stellung zum Occamismus entscheidend (vgl. unten).

Viele Impulse, die Luther von der nominalistischen Tradition empfing, haben sein Denken überhaupt geprägt. Man könnte etwa auf die Unterscheidung zwischen Theologie und Wissenschaft, die Kritik der Habituslehre oder den Gedanken der »potentia Dei absoluta et ordinata« hinweisen. Betrachtet man jedoch die wesentlichen Sachfragen, dann wird man finden, daß Luther mit der occamistischen Theologie radikal gebrochen hat. Seine Polemik wendet sich sehr oft – und bereits schon in einem frühen Stadium – gegen ebendiese Richtung. So werden im Jahre 1517 die pelagianische Gnadenlehre und ihre Vermengung von Theologie und Philosophie in der Disputation gegen die scholastische Theologie scharf angegriffen: Nach ihr könne der Mensch aus natürlichen Kräften Gott über alles lieben und sei dadurch imstande, sich für die Gnade vorzubereiten. Das ist für Luther ein absurder Gedanke. Den natürlichen Menschen kennzeichnet vielmehr, daß er sich und die Welt liebt, gegen Gott aber feindselig eingestellt ist. Die Gnade geht dem guten Willen voraus, und wer das Gute zu tun in der Lage sein soll, muß selbst erst gut sein. Wenn die Occamisten mit einer besonderen »Logik des Glaubens« rechnen, die auch für die Mysterien des Glaubens gültig ist, ziehen sie die Sätze der Theologie vor das Forum der Vernunft und vermengen Theologie und Philosophie. Wenn es im Mittelalter heißt, niemand könne Theologe ohne Aristoteles werden, so kehrt Luther dies um und sagt, niemand könne Theologe werden, es sei denn ohne Aristoteles.

Luthers erstes Auftreten erregte wenig Aufsehen, als er aber mit den 95 Thesen, die am 31. Oktober 1517 veröffentlicht wurden, gegen den schwunghaften Mißbrauch des Ablasses zu Felde zog, wurde ein Sturm entfacht, der im Lauf weniger Jahre zum völligen Bruch mit der römischen Theologie und Kircheninstitution führte. Eine Anzahl Streitschriften wurde gewechselt, unter anderem zwischen Silvester Prieras und Luther; die Kurie suchte durch einen Prozeß vor Kardinal Cajetanus in Augsburg 1518 Luther zum Widerruf zu bewegen. Eine großangelegte Disputation zwischen dem römischen Theologen Johann Eck auf der einen und Karlstadt und Luther auf der anderen Seite in Leipzig 1519 erbrachte keiner der Parteien einen größeren Sieg.

Theologisch bedeutsamer war die Disputation, die Luther 1518 anläßlich eines Besuches in Heidelberg führte. Dort wurde nicht die sonst so aktuelle Ablaßfrage berührt; man diskutierte vielmehr über die Fragen von Sünde und Gnade, von der menschlichen Unfähigkeit zum Guten, vom freien Willen und Glauben. Wie die eben erwähnten Thesen gegen die scholastische Theologie von 1517 richtete diese Disputation ihre Spitze gegen die Theologie und Philosophie des Occamismus. Die in Erfurt wirkenden Führer dieser Richtung kehrten Luther daraufhin auch den Rücken. Um so mehr Gehör fand er jedoch bei der jungen Generation. Die Universität Wittenberg gelangte in den folgenden Jahren zu einer solchen Blüte, daß sie sich binnen kurzem mit den größten Lehranstalten des Deutschen Reiches messen konnte.

Ein entscheidendes Ereignis in der theologischen Entwicklung Luthers war – nach seiner eigenen Angabe – die Entdeckung, daß die »Gerechtigkeit Gottes«, wie sie im Römerbrief dargestellt wird, nicht eine verurteilende und fordernde, sondern eine durch die Gnade Gottes geschenkte Gerechtigkeit sei. In seiner Vorrede zu einer Ausgabe seiner gesammelten Werke aus dem Jahr 1545 verbindet Luther diese Entdeckung – später als das »Turmerlebnis« bezeichnet – mit seiner Vorbereitung des zweiten Psalmenkommentars in den Jahren 1518–1519. Bei der Auslegung einer Stelle des 30. Psalms (nach der Vulgata), »in tua iustitia libera me« (befreie mich durch deine Gerechtigkeit), gelangte er nach langem Nachdenken zu dieser neuen Einsicht, indem er das Wort des Römerbriefs Kap. 1,17 von der im Evangelium offenbarten Gerechtigkeit Gottes bei der Interpretation hinzuzog.

Diese Entdeckung gab ihm einen Schlüssel zum Verständnis mehrerer Termini der Heiligen Schrift; er gewann damit weitere Klarheit über die Frage, die zum Mittelpunkt der reformatorischen Theologie werden sollte. – Die Bedeutung dieses »Turmerlebnisses« ist in der Forschung lebhaft diskutiert worden. Ist es mit dem reformatorischen Durchbruch gleichzusetzen, dann muß es billigerweise in ein früheres als das von Luther genannte Jahr verlegt werden, nämlich in die Zeit zwischen 1511 und 1514. Andere Forscher haben eine davon abweichende Erklärung zu geben versucht und an Luthers Datierung festgehalten.

In den Jahren 1519 und 1520 wurden einige von Luthers wichtigsten Schriften veröffentlicht. Ein Beweis für seine einzigartige Schaffenskraft in dieser Zeit ist, daß er im zweiten Halbjahr 1519 nicht weniger als 16 Bücher mit insgesamt 50 Druckbogen herausgab. Die 80 – in der WA 40 – Druckseiten umfassende Antwortschrift gegen Silvester Prieras schrieb er in zwei Tagen. Während dieser Jahre entstanden auch der kleine Galaterkommentar (1519), »Sermon von den guten Werken« und »Von der Freiheit eines Christenmenschen« (1520). Im Jahr 1520 erschien auch der Sendbrief »An den christlichen Adel deutscher Nation« mit Vorschlägen für Reformen im Unterrichts- und Kirchenwesen sowie die Streitschrift »Von der babylonischen Gefangenschaft der Kirche«, in der Luther unter anderem mit dem römischen Sakramentsverständnis und dem Mönchswesen brach. Damit wurden auch einige der wichtigsten Grundlagen des mittelalterlichen Kulturlebens angegriffen.

In Rom wurde schließlich eine Bannandrohungsbulle aufgesetzt, in der Luther in 41 Punkten der Ketzerei beschuldigt wurde, man bezog sich in ihr jedoch nicht auf die Hauptpunkte seiner Theologie, sondern befaßte sich weithin mit Nebensächlichkeiten. Durch den obenerwähnten Theologen Johannes Eck und den päpstlichen Nuntius Aleander sollte die Bulle, die unter anderem die Verbrennung von Luthers Schriften forderte, im Deutschen Reich veröffentlicht werden. Die in einigen Städten erfolgten Bücherverbrennungen stießen jedoch kaum auf die erwünschte Resonanz. Am 10. November 1520 ließ Luther seinerseits ein Autodafé des kanonischen Rechts und bestimmter anderer Bücher Roms vor den Toren Wittenbergs veranstalten. Bei dieser Gelegenheit warf er auch die päpstliche Bulle ins Feuer, ein Ereignis, das von den Zeitgenossen offenbar ziemlich unbeachtet geblieben ist. Wichtiger war in diesem Fall der Bruch mit dem kanonischen Recht, den die Bücherverbrennung symbolisierte.

Nach langwierigen diplomatischen Unternehmungen konnte Kurfürst Friedrich von Sachsen erwirken, daß Luthers Sache vor dem Reichstag, der im April 1521 unter Vorsitz Kaiser Karls V. in Worms zusammentrat, verhandelt wurde. Vor dem versammelten Reichstag wurde Luther zum Widerruf aufgefordert. In seiner bekannten Antwort, die er nach einer Bedenkzeit am Tag darauf abgab, weigerte er sich, was er geschrieben hatte, zu widerrufen, sofern er nicht durch die Heilige Schrift oder klare Vernunftgründe des Irrtums überführt würde. Die Verhandlungen, die daraufhin zwischen Luther und führenden römischen Theologen in Worms geführt wurden, zeigten noch deutlicher, daß ein Einvernehmen mit der römischen Theologie und dem römischen Kirchenwesen nicht mehr möglich war.

Luthers Theologie im Verhältnis zum Occamismus und zur spätmittelalterlichen Mystik

Es wurde bereits gezeigt, wie es zu dem endgültigen Bruch zwischen Luther und dem Occamismus kam – der Richtung der Scholastik, der er selbst sehr nahegestanden hatte. Ebenso ist auch schon die Kritik angedeutet worden, mit der sich Luther von der occamistischen Gnadenlehre abwandte. – Ein entscheidender Gegensatz beider Positionen liegt in der Auffassung der Gnade. Nach occamistischer Anschauung wird die Gnade als ein neuer Zustand des Menschen betrachtet, ein »habitus infusus« (eingegossene Befähigung), der demjenigen als Belohnung übertragen wird, der durch sein Tun den Empfang der Gnade vorbereitete; nach Luther hingegen ist die Gnade die Vergebung der Sünden, die nur von einem wirklichen Sünder empfangen werden kann, der vor Gott nichts ist. Dem Menschen die natürliche Fähigkeit zuzuschreiben, Gott zu lieben oder sich auf die Gnade vorbereiten zu können, bedeutet, das Evangelium überflüssig zu machen.

Nun hat man jedoch – nicht zuletzt auf römisch-katholischer Seite – auf bestimmte andere Lehrpunkte hingewiesen und dabei geltend machen wollen, daß Luther sich hier in wesentlicher Abhängigkeit von der occamistischen Tradition befindet. Dies solle unter anderem hinsichtlich des Imputationsgedankens und in der Frage des Verhältnisses zwischen Theologie und Philosophie gelten. Doch auch in diesen Punkten läßt sich die Unterschiedlichkeit der lutherischen von der occamistischen Theologie feststellen, obwohl gewisse Kategorien und Überlegungen gleichartig sind.

Im Occamismus fand sich neben der üblichen Rechtfertigungslehre auch die folgende Überlegung: Gott kann in seiner »potentia absoluta« (unbedingte Macht) und Unabhängigkeit von der bestehenden Heilsordnung den Sünder ohne Rücksicht auf irgendwelche habituelle Gnade gerechtsprechen. Die Rechtfertigung erfolgt einzig durch eine Zurechnung (imputatio) oder eine göttliche Annahme (acceptatio). Wenn Luther in entsprechender Weise davon redet, daß Gott den Sünder für gerecht »erklärt« oder daß die Rechtfertigung ihren einzigen Grund in Gottes freier Barmherzigkeit hat, dann ist bei diesem Gedanken für ihn ein völlig anderer Hintergrund bestimmend; es wird kein willkürliches Ignorieren der Sünde und keine Aufhebung der Heilsordnung vorausgesetzt, sondern eben gerade die von Gott eingesetzte Ordnung, daß der Sünder um Christi willen (propter Christum) ohne jedes eigene Verdienst gerechtfertigt wird. Der Grund des Heils liegt danach nicht in einer willkürlichen Allmacht Gottes, sondern in dem stellvertretenden Leiden und vollgültigem Verdienst

Christi. Luthers Imputationsgedanke unterscheidet sich somit seiner Art nach trotz gewisser äußerer Übereinstimmungen von der nominalistischen Auffassung.

In der Frage des Verhältnisses zwischen Theologie und Philosophie löst der Nominalismus die harmonische Einheit auf, die für die Hochscholastik charakteristisch war: Die Wahrheit der Theologie kann nicht Gegenstand des »Wissens« im eigentlichen Sinne werden, da sie nicht auf unmittelbare Beobachtung oder in der Vernunft gegebene Axiome baut und folglich auch nicht rational bewiesen werden kann. Die theologische Erkenntnis setzt die Offenbarung voraus; ihre Gewißheit beruht auf äußerer Autorität. Trotzdem nimmt der Occamismus gleichzeitig eine enge Verbindung zwischen der Erkenntnis des Glaubens und der Vernunft an: Die rationale Spekulation wird ohne weiteres als Hilfsmittel zur Darlegung der Glaubenslehre akzeptiert. Die theologische Erkenntnis hingegen wird dadurch letztlich auf die gleiche Ebene wie die philosophische Spekulation gestellt.

Luther hat sich im großen und ganzen der occamistischen Grenzziehung zwischen Glauben und Vernunft angeschlossen, gleichzeitig hat er jedoch auch mit der rationalen Spekulation gebrochen und die Meinung vertreten, daß man die offenbarte Wahrheit nicht mit der Hilfe der Vernunft beurteilen kann. Die Kluft zwischen Glauben und Vernunft besteht für ihn eben nicht nur darin, daß sich die Glaubenserkenntnis auf die Autorität stützt; vor allem betont er, daß die Vernunft durch die Verderbtheit der Natur verblendet ist und daher nicht verstehen kann, »was dem Geist Gottes angehört«. Die Spekulation des Occamismus über Glaubensfragen ist für Luther daher eine unzulässige Vermengung von Theologie und Philosophie. Die Grenzziehung, die er in bezug auf Glauben und Vernunft selbst durchgeführt hat, liegt nicht nur auf der erkenntnistheoretischen Ebene, sondern ist eine Angelegenheit, die die zentralen Fragen der Theologie berührt. Der Gegensatz zwischen Glauben und Vernunft gehört in seiner Theologie zu den rein theologischen Gegensätzen wie die von Fleisch und Geist, Gesetz und Evangelium. Auch in dieser Frage kann man keine tiefere Übereinstimmung zwischen Luther und dem Occamismus feststellen, vielmehr – auf theologischer Ebene – nur den schärfsten Gegensatz.

Luthers Beziehungen zur spätmittelalterlichen Mystik sind in der Forschung ebenfalls viel diskutiert worden. Hier gibt es deutliche Berührungspunkte – vielleicht wichtigere als jene, die Luther mit dem Nominalismus verbinden –, aber trotzdem besteht eine tiefe Differenz in den entscheidenden Fragen.

Die Mystik vertritt eine persönliche, auf Erfahrung gegründete Religion im Gegensatz zu dem institutionellen Kirchenchristentum wie der scholastischen Bildung. Die Mystiker betonen, wie unnütz und trügerisch die philosophische Weisheit ist. An solche Tendenzen konnte Luther in gewissem Grade in seiner Opposition gegen die Scholastik anknüpfen, wobei er jedoch diese Kritik gleichzeitig erheblich vertiefte.

Andere Berührungspunkte finden sich z. B. in der religiösen Anthropologie. Die Mystik redet von dem »alten Menschen« als dem von Gott abgewandten und Gott feindlichen Ich-Willen und von dem »neuen Menschen« als dem mit Gott vereinten

Willen. Dieser Gegensatz erinnert an Luthers Unterscheidung zwischen dem alten und dem neuen Menschen. Weiter betont die Mystik in starker Weise die Bedeutung des Leidens und der Anfechtungen für die Erziehung des Christen. So kann auch vom Töten des Ich-Willens und vom Gegensatz zwischen »Innerem« und »Äußerem« beim Menschen gesprochen werden. Dies hat seine Entsprechungen bei Luther. Er hat sich in vielerlei Hinsicht die Lebensauffassung der Mystik zu eigen gemacht und ähnliche Erfahrungen hinsichtlich der Gemeinschaft zwischen Gott und dem Menschen zum Ausdruck gebracht. Der entscheidende Unterschied zwischen Luther und der Mystik kann jedoch durch die theologische Sicht des Menschen bei der Auffassung von der Sünde aufgezeigt werden. In dem Grade, in dem die Mystik einen unzerstörten göttlichen Wesenskern im Innersten des Menschen annimmt, widerspricht sie Luthers Erbsündenlehre. Der Weg der Mystik ist die Abkehr von allem Äußeren, von allem, was der Welt zugehörig ist. Auch die Sünde wird dabei zuweilen als etwas Äußeres betrachtet, etwas, das das Innere des Menschen nicht berührt. Wie die Welt überhaupt wird sie als etwas Unwirkliches, etwas Unwesentliches angesehen, über das sich der Mystiker hinwegsetzen soll. Nach Luther kann man aber die Sünde nicht in dieser Weise ignorieren, da der Mensch durch und durch Sünder ist. Seine Selbsterkenntnis besteht ja gerade darin, daß er sich als Sünder erkennt. Für den Mystiker gilt, in sein eigenes Innerstes einzugehen und dadurch die Befreiung zu erleben; für Luther dagegen bedeutet Bekehrung, Gottes Urteil über sich selbst zu erfahren.

Daneben stellt man sich in der Mystik die Vereinigung mit Gott anders als Luther vor. Nach Ansicht der Mystiker erfolgt die Vereinigung im Innersten des Menschen, jenseits von Sünde und Vergänglichkeit. Luther redet ebenfalls vom Glauben als von einem Dunkel im Innersten der Seele, von etwas, das jenseits aller Erfahrung liegt. Aber Glaube ist kein Erleben des Göttlichen als etwas unserem Wesen Innewohnendes, sondern ein Festhalten am äußeren Wort. Wenn es Luther dabei um eine reale Gemeinschaft geht, so ist das eine Gemeinschaft zwischen Gott und dem sündhaften Menschen. Sie bedeutet nicht ein inneres Aufgehen im Göttlichen, sondern zeigt sich von seiten des Menschen in dem Erkennen der Sünde und Anrufen der Gnade.

Die Mystik weist jedoch so unterschiedliche Formen auf, daß man sie beim Vergleich mit Luther nicht als einheitliche Größe nehmen darf. Luther hat selbst bekannt, wie hoch er die deutsche Mystik, die bei Johannes Tauler und in der »Theologia deutsch« zum Ausdruck kommt, schätzte (oben S. 159). Auch die bernhardinische Mystik stufte er ziemlich hoch ein, jedoch unter Kritik gewisser Seiten, während er sich von der platonischen Mystik, wie sie in den areopagitischen Schriften vertreten wird, kategorisch distanziert (vgl. oben S. 112f.). Bei Tauler fand Luther eine Heilslehre, die frei von den geläufigen Verdienstgedanken war und die die christliche Gerechtigkeit nicht nur als »Tugend«, sondern als übernatürliches Teilhaben an Gottes eigenem Wesen, als Gegenwart Gottes im Seelengrund verstand. In seiner

Kritik des scholastischen Gnaden- und Verdienstgedankens empfand Luther daher trotz seiner sonstigen Distanz von den für die Mystik typischen Ideen eine enge Verwandtschaft mit dieser Form der Mystik.

Hauptzüge der Theologie Luthers

a) Das Schriftverständnis. Luther vertritt eine Theologie des »Wortes«: »So kommt der Glaube aus der Predigt, das Predigen aber durch das Wort Christi« (Röm. 10,17) – dieses Wort des Paulus gewinnt in der Reformation zentrale Bedeutung; denn das göttliche Wort, das den Glauben schafft, bildet gleichzeitig das Fundament der Theologie. – Zwar hatte man auch schon früher, nicht zuletzt in der Tradition des Occamismus, die Autorität der Schrift betont; wenn Luther aber von der Schrift als dem durch Propheten und Apostel vorgetragenen göttlichen Wort redet, so steht eine neue Überzeugung von der primären Stellung und unveräußerlichen Autorität des Wortes Gottes dahinter. Das Neue in seiner Stellung zur Heiligen Schrift besteht in erster Linie in einer tieferen Erkenntnis ihres Inhalts. Er machte ihre Autorität sodann auch gegen die Tradition als etwas für das Gewissen unmittelbar Bindendes geltend. Schließlich werden durch Luthers Schriftverständnis die Grundlagen der Auslegung durchgreifend umgestaltet.

Mittelpunkt der Schrift ist Christus. »Und die Schrift soll für Christus nicht gegen Christus verstanden werden; ja sie muß auf ihn bezogen werden, sonst darf sie nicht als wahre Schrift angesehen werden« (WA 39 I,47). – Wesentlich für das Verstehen des Wortes ist, die Verheißungen des Evangeliums im Glauben zu erfassen. Wo dieser Glaube aber nicht vorhanden ist, kann man das göttliche Wort auch nicht recht verstehen. Mit diesen Grundgedanken grenzt sich Luther einmal von einer gesetzlichen Bibelauslegung ab, die in der Schrift hauptsächlich eine Sammlung von verschiedenen Lehren oder Geboten sieht, zum anderen von einer damit eng verwandten schwärmerischen Auffassung, die da glaubt, im »inneren Wort« eine Norm der Bibelauslegung zu besitzen. Indem die Botschaft des Evangeliums somit eindeutig klar als das zentrale Thema der Schrift verstanden wird, folgt für Luther eine gewisse Freiheit in bezug auf das Verständnis der Einzelheiten in der Bibel. Damit ist aber keiner willkürlichen Auswahl das Wort gesprochen, maßgebend ist vielmehr, daß für die Auslegung von Einzelaussagen der durch den Inhalt bestimmte Zusammenhang des Ganzen entscheidend wird. Diese Betonung der Freiheit der Schriftauslegung bedeutet aber keineswegs eine Auflösung des Glaubens zugunsten einer kanonischen Autorität der Heiligen Schrift – wie zu Unrecht Luthers Position zuweilen gedeutet wird. Das Verständnis im tieferen Sinn setzt ja gerade, wie eben angedeutet, den Gehorsam des Glaubens gegenüber dem äußeren Wort voraus. Der Glaube gründet sich also darauf, daß das Wort unbedingte Gültigkeit hat. Seine Autorität ist auch darin begründet, daß wir Menschen um unserer Schwachheit willen an die Schrift als äußere, verpflichtende Norm gebunden sein müssen. »Es ist notwendig, an bestimmten Geboten und Schriften der Apostel festzuhalten, wenn sich die Kirche nicht auflösen soll.« Nach seiner Ansicht sind also – wie er es selbst ausdrückt – die Apostel durch einen besonderen göttlichen Auftrag unsere unfehlbaren Lehrer.

In unserem Verhältnis zur Schrift herrscht also Freiheit wie auch Gebundenheit. Schaut man auf den Glauben selbst, dann sind wir hinsichtlich der äußeren Buchstaben frei. Der Glaube muß bei der Auslegung das Primäre sein; das bedeutet, daß man die Schrift nicht gesetzlich, sondern im Geiste Christi verstehen soll. Betrachtet man aber die Bedingungen, unter denen der Glaube verwirklicht wird, dann sind wir an die Schrift als äußere Autorität gebunden.

Oft hat man auf Luthers sogenannte Kanonkritik (unter anderem gewisse Äußerungen über den Jakobusbrief) als Beispiel seiner freien Beurteilung der Autorität der Schrift hingewiesen. Das ist irreführend. In Wirklichkeit hält Luther den neutestamentlichen Kanon nicht für endgültig fixiert. Die vier letzten Schriften – Hebräerbrief, Jakobusbrief, Judasbrief und Offenbarung – werden von ihm für apokryph oder hinsichtlich ihrer apostolischen Autorität als umstritten angesehen. Nach Luther sind der evangelische Inhalt und die apostolische Echtheit für die Kanonizität entscheidend. So wird zum Beispiel das im Jakobusbrief über Glauben und Werke Gesagte als ein Indiz dafür angesehen, daß der Brief nicht apostolisch oder kanonisch ist.

In der protestantischen Tradition galten erst von Johann Gerhards Zeit an auch die sogenannten umstrittenen Schriften des Neuen Testaments allmählich für im eigentlichen Sinn kanonisch.

Man hat oft den großen Gegensatz übersehen, der trotz gewisser Übereinstimmungen zwischen Luthers Bibelauslegung und der modernen historischen Exegese herrscht. Zwar mißt Luther dem buchstäblichen oder historischen Sinn der Schrift größte Bedeutung bei, aber das bedeutet bei ihm keine historische Auslegung im modernen Sinne, sondern das Verständnis aus dem Zusammenhang des Glaubens. So enthält zum Beispiel das Alte Testament nach Luther ein direktes Zeugnis von Christus und nicht nur gewisse auf ihn hinweisende Aussagen. Der religionsgeschichtliche Aspekt ist für das Bibelverständnis jener Zeit noch unbekannt.

Luthers Auffassung vom Alten Testament entspricht seinem sonstigen Verständnis von Gesetz und Evangelium: Das Mosaische Gesetz ist im jurisdiktionellen Sinn durch Christus aufgehoben. Für die Juden war dies das Gesetz ihres Volkes, dem »Sachsenspiegel« der Deutschen vergleichbar, aus welchem Grunde es nur für ein bestimmtes Volk und während einer begrenzten Zeit Gültigkeit besaß. Dem Gesetz ist jedoch eine höhere Erfüllung als ein äußerlicher Vollzug der Gebote zugedacht. Es weist auf das Evangelium hin und wird erst durch die Predigt von der Gerechtigkeit des Glaubens in Christus erfüllt. Das Gesetz bleibt somit bestehen und ist als Gottes Gebot, das für alle Menschen verpflichtend ist, auch in der Zeit des Neuen Bundes gültig. Zugleich begegnet uns jedoch das Evangelium schon im Alten Testament. Christus ist dort gegenwärtig, nicht nur als der kommende Messias, der im Gesetz und in der Prophetie verheißen ist, sondern auch als der, der direkt in den Psalmen und durch die Propheten redet.

In der traditionellen mittelalterlichen Schriftauslegung rechnete man mit einem vierfachen Sinn der Schrift. Sie konnte in folgenden Weisen ausgelegt werden: 1. buchstäblich; 2. tropologisch, daß heißt in bezug auf den einzelnen Christen; 3. anagogisch, das heißt in bezug auf die ewigen Dinge; 4. allegorisch, das heißt, daß zum Beispiel Worte mit einem konkreten Inhalt auf allgemeine Größen im Bereich des Glaubens oder der Kirche gedeutet wurden.

Luther lehnt dieses Schema ab. Für ihn hat die Schrift nur einen einzigen, ursprünglichen und eigentlichen Sinn, den grammatischen oder historischen. Er rechnet natürlich auch mit einer sogenannten figürlichen Auslegung, die von der Schrift selbst angeraten wird, zum Beispiel die Parallelität zwischen Christus und bestimmten alttestamentlichen Gestalten (typologische Auslegung). Weiter spricht Luther – besonders in den älteren Predigten – von einem »sensus spiritualis« oder »mysticus«, womit eine direkte Allegorie gemeint ist. Diese nimmt jedoch nur eine untergeordnete Stellung ein. Ihr fehlt der Beweiswert, und sie bildet eigentlich nur eine traditionelle Ausschmückung der Bibelauslegung. In späteren Jahren rückt Luther immer mehr von dieser Form der Bibeldeutung ab.

Es liegt in Luthers Schriftverständnis, daß die Bibel aus sich selbst heraus verstanden wird, ihr eigener Ausleger sein kann. Die Deutung durch die Tradition oder das kirchliche Lehramt ist nicht – wie die römischen Theologen meinten – eine notwendige Bedingung für das rechte Verständnis ihres tatsächlichen Inhalts. Das Wort Gottes, wie es von dem Amt (in ministerio verbi) übermittelt und verwaltet wird, besitzt in sich selbst eine »äußere Klarheit«. Dies ist auch der Grund dafür, daß die Schrift – ohne Hinzufügung menschlicher Gebote oder Lehrmeinungen – das einzige Fundament des Glaubens sein kann.

Von der »äußeren Klarheit« des Wortes hat man die sogenannte »innere Klarheit« zu unterscheiden, das heißt das Verständnis des Inhalts vom Herzen her, das nur durch den Heiligen Geist, der den Menschen im Innern erleuchtet und unterweist, zustande kommt. Luther betont weiterhin die Bedeutung der Erfahrung für das rechte Verständnis des Gotteswortes. Die Übung und Erfahrung des Glaubens, die durch seine Anwendung im Christenleben und durch Anfechtungen verschiedener Art geschenkt werden, sind für eine wirkliche Einsicht in das Wort notwendig.

Kennzeichnend für die Theologie der Reformation ist danach, daß das Wort nicht nur als Quelle der Einsicht in eine übernatürliche Wirklichkeit, sondern auch als wirkendes, schöpferisches und lebenspendendes Wort in den Mittelpunkt gestellt wird, durch das Gott richtet und aufrichtet. Der Glaube bezieht sich auf das Wort selbst, nicht nur auf eine dahinterstehende metaphysische Wirklichkeit; und darin findet er das Heil. Hierin liegt ein fundamentaler Gegensatz zwischen reformatorischer und scholastischer Theologie.

b) Gesetz und Evangelium. Die evangelische Buße. Nach einer bekannten Äußerung Luthers ist die rechte Unterscheidung zwischen Gesetz und Evangelium die höchste Kunst des Christen. Die Dialektik, die er damit meint, kann mit Recht als die Grundlage seiner gesamten Theologie bezeichnet werden.

Aus vielen seiner Äußerungen könnte man den Eindruck gewinnen, daß Gesetz und Evangelium zwei getrennte Ordnungen repräsentieren und die Ordnung des Gesetzes bei den Christen durch das Evangelium ersetzt werden müßte. Luther hat eine solche Auslegung jedoch scharf zurückgewiesen (z. B. im Streit mit den Antinomern, siehe unten S. 211). Wie das Gesetz seine Vollendung erst im Evangelium findet, so darf das Evangelium nicht ohne Bezug auf das Gesetz sein und muß in Verbindung mit ihm gepredigt werden. Es würde sonst seine Bedeutung verlieren. Denn wie könnte man von der Vergebung der Sünden ohne die Voraussetzung des Gesetzes predigen, das die Sünde bloßlegt und den Menschen im Gewissen verklagt? Gerade weil das Gesetz die Sünde nachweist und den Menschen verurteilt, treibt es ihn auch dazu, Hilfe bei Christus zu suchen (Röm. 3,20; Gal. 3,19.24). In der konkreten Zueignung sind somit Gesetz und Evangelium auf das engste miteinander verbunden und bedingen sich gegenseitig. Dennoch gilt, wie gesagt, daß klar zwischen ihnen unterschieden werden muß.

Das Gesetz sagt unter Androhung von Strafe, was wir tun sollen. Das Evangelium hingegen verheißt und schenkt die Vergebung der Sünden. So wie zwischen der Gerechtigkeit, die vor Menschen gilt, und derjenigen, die vor Gott gilt (vgl. unten S. 173), unterschieden werden muß, so muß auch die Predigt des Gesetzes und des Evangeliums auseinandergehalten werden. Die Aufgabe des Gesetzes ist, zu Werken anzuhalten, das Gute zu fördern und das Böse zu hindern. Darum umfaßt es auch alle äußere Ordnung und die Tätigkeit in den verschiedenen Ständen. Luther nennt dies den bürgerlichen Gebrauch des Gesetzes (usus legis civilis). Aber wenn es um das Verhältnis eines Menschen zu Gott, um seine Gerechtigkeit in höherem Sinn geht, dann wird die Aufgabe des Gesetzes eine völlig andere. Es vermag kein einziges gutes Werk hervorzubringen; der Mensch ist hier vielmehr an das Wort des Evangeliums gewiesen, das ihm die Vergebung der Sünden um Christi willen zuspricht. In diesem Zusammenhang besteht die Funktion des Gesetzes, wie schon erwähnt, lediglich darin, die Sünde aufzuzeigen und die Drohung des Zorns lebendig zu machen, unter dem der Mensch wegen seiner sündhaften Natur steht. Dies nennt Luther den theologischen und geistlichen Gebrauch des Gesetzes (usus theologicus seu spiritualis).

Gesetz und Evangelium bezeichnen danach zwei Predigtarten, die beide ihre Wirkung ausüben: Das Gesetz klagt an und verurteilt, während das Evangelium Glauben im Herzen erweckt und den Menschen dadurch aufrichtet und erneuert, so daß er Gott und seinen Nächsten zu lieben, das heißt, in der Gesinnung zu leben beginnt, die das Liebesgebot fordert.

Im Gehorsam gegen Gesetz und Evangelium besteht die evangelische Buße, die in Luthers Theologie allmählich das institutionelle Bußsystem ablöste, das sich im Mittelalter entwickelt hatte und gegen dessen Mißbrauch Luther sich bereits in den 95 Thesen von 1517 wandte. Einige der Hauptpunkte seiner Kritik an der römischen Bußlehre werden im folgenden deutlich:

Die Buße im neutestamentlichen Sinn *(metanoia)* ist nicht nur eine momentane Bußhandlung wie die poenitentia der römischen Kirche, sondern eine das ganze Leben lang anhaltende Bekehrung durch das Absterben des alten Menschen und die Teilhaftigkeit an der stellvertretenden Genugtuung Christi. Diese grundlegende Entdeckung, bereits in den 95 Thesen bezeugt (vgl. z. B. die 1. These), zog allmählich eine tiefgreifende Umgestaltung der gesamten Bußlehre nach sich (vgl. oben S. 149f.).

Die rechte Reue (contritio) betrifft nicht nur einzelne Vergehen, sondern liegt in der Zerknirschung, die das Gesetz durch die Erkenntnis bringt, daß alles im Menschen unter dem Fluch der Sünde steht. Daher bedeutet die Reue keine verdienstliche Aktivität; sie ist vielmehr ein passives Hinnehmen der Anklage, die durch das Gesetz erfolgt; sie setzt Glauben an das Urteil voraus, das Gottes Wort über den sündhaften Menschen verkündigt.

Das Sündenbekenntnis besteht folglich in etwas anderem als einer Aufzählung aller begangenen Vergehen in der Beichte. Im übrigen ist es unmöglich, der Forderung nach einem solchen Bekenntnis nachzukommen. Außerdem besteht die Sünde nicht in einzelnen Versündigungen, sondern in der Verderbnis der gesamten Natur, was aber erst durch die Predigt des Wortes offenbar wird. Luther betont dennoch unablässig den großen Nutzen der Privatbeichte: Die Absolution ist jedoch nicht ein priesterliches Privileg, sondern ein brüderlicher Dienst, den jeder Christ ausüben darf, um das reuige Gewissen der anderen zu stärken und zu trösten.

Wie die Sündenvergebung nicht von der Reue als einem Verdienst abhängig ist, darf sie auch nicht von der Genugtuung abhängig gemacht werden; sie wird dem Gläubigen ausschließlich um der Barmherzigkeit willen zuteil. Die eigentliche »Genugtuung« ist Christi Leiden und Sterben, während die allgemeine Forderung nach Genugtuungen wie auch der Ablaßhandel dem Sinn des Evangeliums widerstreiten.

In dieser neuen Deutung kann die Buße also nicht mehr als ein verdienstlicher Akt bezeichnet werden; sie erweist sich vielmehr als eine Frucht der Predigt des Gesetzes und des Evangeliums. Durch das Gesetz vollzieht das Zornesurteil sein Werk, so daß das Gewissen verklagt wird; der Mensch gelangt so zu der Erkenntnis, daß alles in ihm von der Sünde geprägt ist. Durch das Evangelium wird das Wort der Vergebung verkündigt, das Glauben an Gottes Barmherzigkeit und Gnade erweckt und den Menschen umwandelt, so daß er eine neue Wesensart bekommt und den Blick von seinem eigenen Sein und Handeln weg auf das lenkt, was Christus ist und tut. Die Buße umfaßt – so verstanden – das ganze Leben eines Christen; sie bezeichnet das Geschehen, in dem Gesetz und Evangelium ihr Werk verrichten und die Rechtfertigung durch den Glauben zustande kommt.

c) Die Rechtfertigungslehre. Nach Luther gibt es eine *äußere* und eine *innere* Gerechtigkeit. Die erste besteht in äußeren Werken und wird durch gerechtes Handeln erworben. Sie kann auch als bürgerliche Gerechtigkeit bezeichnet werden; denn sie bezieht sich auf den Menschen als Bürger der Gesellschaft und auf sein Verhalten gegenüber anderen Menschen (coram hominibus). Sein äußerer Wandel wird als gerecht oder ungerecht beurteilt.

Die innere Gerechtigkeit dagegen besteht in der Reinheit und Vollkommenheit des Herzens. Sie kann daher nicht durch äußere Werke gewonnen werden – ebensowenig wie der Mensch sich selbst zu Gott machen kann. Denn diese Gerechtigkeit ist göttlich und kommt nur dadurch zustande, daß sie im Glauben an Jesus Christus als ein Geschenk verliehen wird. Mit ihr ist daher nicht die Beurteilung vor den Menschen, sondern vor dem Gericht Gottes umschrieben. Da der Mensch ein Sünder ist, ist sie für ihn unerreichbar; auch ist sie aller Vernunft zuwider; denn sie geht über all das hinaus, was von menschlicher Kraft ausgedacht oder ausgeführt werden kann. Sie besteht darin, daß Gott den Sünder um Christi willen gerecht macht, ist erworben durch Christi Leiden und Sterben und wird dem Menschen im Glauben ohne eigenes Verdienst oder Würdigkeit zugerechnet. Eine solche Rechtfertigung kommt aber erst dann zustande, wenn der Mensch sich vor Gott demütigt und bekennt, daß er ein Sünder ist, und Gottes Barmherzigkeit und Gnade anruft. Er schreibt sich dabei nur Sünde, Lüge, Torheit, Untauglichkeit und Verdammnis zu, Gott aber all das, was gut ist. In diesem Glauben und Gebet wird sein Herz mit Gottes Gerechtigkeit und Tugend eins. Christus wird ihm zur Gerechtigkeit, Heiligung und Erlösung. Dies ist die innere Gerechtigkeit (iustitia ab intra, ex fide, ex gratia) nach den Worten des Paulus: »So halten wir nun dafür, daß der Mensch gerecht werde ohne des Gesetzes Werke, allein durch den Glauben« (Röm. 3,28).

In der reformatorischen Lehre von der Rechtfertigung allein durch den Glauben wird auch der *Glaubensbegriff* als solcher gegenüber dem der Scholastik umgeformt und verändert.

In der scholastischen Tradition spricht man von einem Glauben, der auf der Ebene der Vernunft möglich ist und den man durch Unterweisung und Predigt gewinnen kann (fides acquisita). Von diesem unterscheidet man den eingegossenen Glauben (fides infusa), der ein Gnadengeschenk ist und den vollen Anschluß an den gesamten Inhalt der Offenbarung bedeutet. Luther verwirft diese Unterscheidung: Der Glaube, der »von der Predigt kommt«, deckt sich mit dem, der nach Röm. 3,28 rechtfertigend und durch und durch ein Geschenk Gottes, eine »fides vere infusa« ist. Dieser liegt nicht innerhalb der Möglichkeiten der Vernunft und bedeutet nicht nur einen intellektuellen Anschluß an die Glaubenswahrheit, sondern eine wirkliche Gemeinschaft mit Gott, in der der Mensch all seinen Trost auf ihn setzt und alles Gute von ihm erwartet (vgl. Gr. Katechismus, Auslegung des ersten Gebotes).

Der rechtfertigende Glaube ist somit nicht nur ein historisches Wissen vom Inhalt des Evangeliums, sondern ein Erfassen des Verdienstes Christi. Der Glaube ist also ein Trost auf Gottes Barmherzigkeit um Christi willen (fiducia misericordiae Dei propter Christum). Luther prägt in diesem Zusammenhang den Begriff »fides apprehensiva Christi« (der Glaube, der sich Christus zueignet). Das Entscheidende ist, daß das Evangelium vom Sieg Christi über die Sünde und den Tod als erlösende und lebendigmachende Wahrheit empfangen wird. »Der erworbene Glaube wie auch der eingegossene Glaube der Sophisten sagt über Christus: ›Ich glaube an Gottes Sohn, der gelitten hat und auferweckt worden ist‹, und damit hört er auf. Der wahre Glaube aber sagt: ›Ich glaube wahrhaftig an Gottes Sohn, der gelitten hat und auferstanden ist, ich bin gewiß, daß er all dies für mich getan hat, für meine Sünden ...‹ Dieses ›für mich‹ oder ›für uns‹ macht darum – wo es im Glauben erfaßt wird – einen solchen rechten Glauben und unterscheidet ihn von allem anderen Glauben, der bloß von Dingen hört, die geschehen sind« (WA 39 I,44ff.). Der Glaube ist also für Luther nicht nur eine wissensmäßige Größe, sondern eine lebendige Kraft, »die Christus in uns wirksam macht gegen Tod, Sünde und Gesetz« (ebd.).

Von diesen Überlegungen her hat man auch das lutherische »sola fide« zu verstehen. Auch hier bildet der Gegensatz zur Scholastik den Hintergrund. Man redete früher im Anschluß an Gal. 5,6 (nach der Übersetzung der Vulgata) von einer »fides caritate formata« (Glaube, der durch Liebe geformt wird) und legte dies so aus, daß der Glaube allein nicht rechtfertigen könne. Nur wenn er sich mit Werken der Liebe verbände, könnte er einen Menschen vor Gott wohlgefällig machen.

Luther zeigt, daß Paulus in diesem Wort nicht von der Rechtfertigung redet, sondern vom ganzen Christenleben, das freilich von einem Glauben geprägt wird, der in der Liebe tätig ist. Dagegen ist die Rechtfertigung als solche allein das Werk des Glaubens. Sie erfolgt nämlich nicht durch menschliches Verdienst, sondern um der uns zugerechneten Gerechtigkeit Christi willen. Und der Glaube bedeutet, wie schon erwähnt, eben ein Erfassen des stellvertretenden Werkes Christi als eines um unsertwillen geschehenes. Er macht den Menschen eins mit Christus, so daß Christus »durch den Glauben in seinem Herzen wohnt«. Daher ist der Glaube keine »umgeformte« Seelenfunktion, die erst durch die Liebe vollkommen wird. Er ist selbst wirksam, eine lebendigmachende Kraft, die unablässig das Gute tut.

Bei seiner Beschreibung des Glaubens knüpft Luther an das Beispiel Abrahams an, wie es im Römerbrief Kap. 4 angeführt wird: »Abraham hat Gott geglaubt, und das ist ihm zur Gerechtigkeit gerechnet« (1. Mose 15,6). Im Anschluß daran pflegt man den Gedanken einer imputativen Rechtfertigung als Charakteristikum der reformatorischen Theologie hinzustellen. Die Gerechtigkeit, von der hier die Rede ist, ist keine dem Menschen inhärente Qualität. Er wird durch einen Richterspruch Gottes gerecht gesprochen. Und dies geschieht nicht auf Grund irgendwelcher Beschaffenheit oder eines Verdienstes seinerseits, sondern um Christi willen (propter Christum). Luther drückt es auch so aus, daß nur der Sünder gerechtfertigt werden kann. Damit sind wir wieder am Ausgangspunkt angelangt: Die Gerechtigkeit, die hier gilt, kann nur als Geschenk übereignet werden, als eine »aliena justitia« (fremde Gerechtigkeit), sie ist nicht unsere, sondern Christi Gerechtigkeit, die uns im Glauben zugerechnet wird (imputatur).

Der sogenannte Imputationsgedanke darf jedoch nicht so verstanden werden, daß es sich lediglich um eine äußere Ermessensweise handelt. Luther spricht – wie wir sahen – gerade in diesem Zusammenhang von einer »inneren Gerechtigkeit«. Das freisprechende Urteil, das einen Menschen gerecht macht, ist Gottes eigenes lebendiges und schöpferisches Wort, das den Menschen neu gebiert und von Grund auf verändert. Daher besteht kein Widerspruch – wie man zuweilen geltend machen wollte – zwischen dem Gedanken der Zurechnung als Grund der Rechtfertigung und dem des Glaubens als einer lebendigen und wirksamen Kraft. Mit dem Glauben wird auch der Geist geschenkt, der das Gute wirkt und durch die Liebe das Gesetz erfüllt.

Luthers Lehre von *Glaube und Werken* wurde oft mißverstanden. Ein Beispiel dafür ist die Behauptung, das lutherische »sola fides« bedeute, daß die guten Werke ihre rechtmäßige Bedeutung verloren hätten. Ein Blick auf Luthers Gedankengang zeigt, daß ein solcher Schluß nicht mit seinen Grundsätzen übereinstimmt.

Glaube und Liebe verhalten sich zueinander wie Gesetz und Evangelium oder wie die göttliche und die menschliche Natur in Christus. Sie sollen danach zwar genau unterschieden, aber doch nicht voneinander getrennt werden. Die Gerechtigkeit des Glaubens betrifft dabei den Menschen in seinem Verhältnis zu Gott (coram Deo); die Gerechtigkeit der Werke oder die Liebe bezieht sich dagegen auf sein Verhältnis zum Nächsten (coram hominibus). Dies darf jedoch nicht derart miteinander vermengt werden, daß er mit guten Werken Gerechtigkeit vor Gott zu erlangen sucht, auch nicht so, daß er mit der Gnade die Sünde verhüllt. In beiden Fällen wäre es ein Zeichen falschen Glaubens. Daraus folgt, daß Glaube und Werke einmal streng voneinander unterschieden werden, ja als unvereinbare Gegensätze bezeichnet werden können, zum anderen, daß beide auf das engste zusammengehören.

Wenn es um die Rechtfertigung geht, müssen die Werke so scharf als möglich vom Glauben getrennt werden. Denn hierbei kommt es allein auf den Glauben an. Das Gesetz darf nicht ins Gewissen vordringen, wie Luther es ausdrückt. Wenn der Mensch durch das Gesetz zerknirscht wird und sich als Sünder erkennt, kann er nur durch den Glauben aufgerichtet werden. Er soll allein auf das Kreuz Christi schauen und nicht auf das Gesetz oder auf seine eigenen Werke, als könnte er durch diese wiedergutmachen, was er verbrochen hat. In diesem Punkt schließen Glaube und Werke einander also aus.

Betrachtet man aber das konkrete Christenleben als ein Ganzes, dann gehören Glaube und Werke zusammen. Denn der Glaube kann nicht ohne Werke sein, sondern wirkt unablässig das Gute. Daher kann von den Werken in der Weise geredet werden, daß der Glaube in ihnen vorausgesetzt und einbegriffen ist. Wenn zum Beispiel in der Heiligen Schrift vom Tun der Werke des Gesetzes die Rede ist, liegt darin oft in erster Linie eine Forderung nach Glauben. Denn ohne den Glauben kann niemand das Gesetz erfüllen oder das Gute tun. In der Forderung nach Werken wird also der Glaube vorausgesetzt.

In gleicher Weise kann man vom Glauben sagen, daß die Werke im Begriff des Glaubens eingeschlossen sind. Der Glaube wird dabei im konkreten Sinn wie der in den Werken der Liebe inkarnierte Glaube (fides incarnata) verstanden. Dabei »formt« nicht die Liebe den Glauben, wie die Scholastiker meinten, sondern der Glaube formt im Gegenteil die Liebe. Das heißt, es ist allein der Glaube, der das Werk gut macht, er ist – mit einem anderen Ausdruck – die göttliche Natur der Werke. Wenn es um die Rechtfertigung geht, ist also in »abstrakter« Weise vom Glauben ohne alle Werke und vor allen Werken die Rede, wenn es sich aber um das Leben des Christen handelt, gehören Glaube und Liebe eng zusammen und sind nicht getrennt denkbar; denn der Glaube nimmt in der Liebe Gestalt an, und die Liebe wird durch den Glauben, was sie ist.

d) Das Verständnis des Menschen. Der Rechtfertigungslehre entspricht bei Luther ein Verständnis des Menschen, das von dem im Mittelalter stark abweicht. Anstatt des für die Scholastik üblichen Dualismus von Leib und Seele, von höheren und niederen Seelenfähigkeiten redet Luther im theologischen Zusammenhang vom ganzen Menschen (totus homo), weshalb man von einer für Luther charakteristischen Totus-homo-Betrachtung spricht. Was diese neue Menschenauffassung beinhaltet, zeigt sich in verschiedenen Punkten seiner Theologie.

Die Erbsünde ist nach Luther nicht nur ein Fehlen der ursprünglichen Gottgleichheit, sondern reales Verderben, das den ganzen Menschen prägt. Es ist im konkreten Sinne nicht nur »concupiscentia« – verstanden als negative Neigung der niederen Seelenkräfte –, sondern ein Übel, das den ganzen Menschen betrifft, auch seine höheren Seelenfunktionen, ja diese vor allem.

Die Grundsünde ist nach Luther der Unglaube, die Abkehr von Gott. Die erste Sünde, die alle anderen in sich einschließt, ist der Zweifel an Gottes Wort und die Abweichung vom göttlichen Gebot (vgl. Gen. 3,1ff.). In dieser Abkehr von Gott liegt zugleich eine böse Begierde, eine falsche, von Selbstgenügsamkeit und Hochmut bestimmte Intention, die den Willen des Menschen prägt; sie ist unaustilgbar. Nicht einmal der Fromme in seinen besten Werken ist ohne Sünde. Das Urteil, daß der Mensch ein Sünder ist, betrifft deshalb seine ganze Person, und zwar so, wie diese vor Gott ist. Beurteilt man ihn nur im Verhältnis zu anderen Menschen und in seiner wahrnehmbaren Gestalt, dann kann man das Wesen der Erbsünde nicht erfassen. Sie ist eine angeborene Verderbnis, die mit der natürlichen Fortpflanzung von Geschlecht zu Geschlecht übertragen wird und somit bereits vor allen bewußten Willensäußerungen und aller Erfahrung vorhanden ist. Darum darf sie auch nicht mit der Sünde im moralischen oder mit einem Verbrechen im juristischen Sinn verwechselt werden. Luther redet von der Erbsünde als von einem »malum absconditum«, einem unergründlichen Geheimnis, das auf verborgene Weise das Dasein des Menschen bestimmt. Nur im Licht des Gotteswortes begreift der Mensch, daß er im

Sinn der Schrift ein Sünder ist. Die Einsicht in diese Realität kann nur im Glauben, im Bekenntnis und im Gebet gewonnen und festgehalten werden.

Man hat Luthers Vorstellung zuweilen so dargestellt, als wäre die Erbsünde nur eine Beziehung zwischen Mensch und Gott, das heißt, als bezeichne sie nur ein Gottesverhältnis, das nicht mehr dem der Schöpfung entspricht. Man würde aber ein falsches Bild von Luthers Vorstellung gewinnen, wenn man nicht auch beachtete, daß die Erbsünde nach seiner Lehre ein reales Verderben darstellt, das den ganzen Menschen mit Leib und Seele einschließt. Die Tiefe dieses Schadens ist uns unbekannt, da wir nicht wissen, wie der Mensch ohne ihn wäre. Daß es sich um konkretes Verderben handelt, geht auch daraus hervor, daß die Sünde als ein mit der leiblichen Geburt verbundenes Erbteil betrachtet wird. »Alles, was von Vater und Mutter geboren wird, ist Sünde.« Die Erbsünde ist nicht nur ein Zustand der Schuld, der durch die Taufe aufgehoben wird, sondern auch eine »corruptio naturae«, die nicht eher endet, als bis sich der Leib im Grabe auflöst.

Die Totos-homo-Betrachtung bedeutet also, daß der Mensch in seinem Verhältnis zu Gott (coram Deo) gesehen und dabei als voll und ganz von diesem Verhältnis bestimmt und nicht als von verschiedenen Seelenfähigkeiten und Kräften zusammengesetzt betrachtet wird. Das Gottesbild (»imago Dei«, Gen. 1,26) oder die ursprüngliche Gerechtigkeit besteht nicht in seiner Ausstattung mit Vernunft, auch nicht in etwas anderem, das ihn jetzt als Menschen kennzeichnet, sondern in einer ursprünglichen Vollkommenheit und Heiligkeit. In entsprechender Weise ist die Erbsünde nicht nur eine Neigung zum Bösen, an die niederen Seelenfähigkeiten (concupiscentia, fomes) geknüpft, sondern eine den ganzen Menschen umfassende Verderbnis.

Nach scholastischer Auffassung wird die Erbsünde in der Taufe getilgt. Was bei dem Gläubigen zurückbleibt, ist nur ein Rest der Konkupiszenz, der an sich keine Sünde ist, sondern nur eine Neigung zum Sündigen einschließt. Nach Luther wird zwar in der Taufe die Schuld der Erbsünde getilgt, dennoch ist zugleich die Erbsünde auch bei den Wiedergeborenen noch als reales Verderben vorhanden. Die »Sündenreste« sind also an sich schon wirkliche Sünde. Die Konkupiszenz ist auch nicht nur die Kraft, die ihn zur Sünde treibt, sondern selber Sünde. Diese konkrete Sündhaftigkeit nimmt immer mehr bei dem ab, der unter der Herrschaft des Geistes steht. Ein Kampf zwischen Geist und Fleisch beginnt, sobald sich der Glaube in einem Menschen entzündet hat. Der Gläubige ist daher gleichzeitig Gerechter und Sünder (simul justus et peccator). Dies bedeutet nach Luther nicht nur, daß die Sünde immer mehr abnimmt und die Gerechtigkeit zunimmt, sondern auch, daß der Mensch im Glauben an die Genugtuung Christi für ganz und gar gerecht gilt, während er gleichzeitig seiner fleischlichen Natur nach durch und durch Sünder ist. Sünde und Gerechtigkeit sind somit immer Bestimmungen, die den ganzen Menschen betreffen. Er ist »alter Mensch« und gleichzeitig »neuer Mensch«. Es sind in ein und derselben Person »duo toti homines et unus totus homo« (zwei ganze Menschen und doch ein ganzer Mensch).

Der freie Wille. Luthers Gedanken über den freien Willen des Menschen müssen in engem Zusammenhang mit seiner Rechtfertigungslehre betrachtet werden. Zugleich kommt aber auch hier wieder seine Totus-homo-Betrachtung zur Geltung. In der großen Streitschrift von 1525 gegen Erasmus über den unfreien Willen »De servo arbitrio« argumentiert Luther in folgender Weise: In bezug auf die Erlösung oder die ewige Seligkeit fehlt dem Menschen gänzlich der freie Wille. Dieser ist eine durch und durch göttliche Eigenschaft, die nur Gott selbst zugeschrieben werden kann. Nach Erasmus besitzt der Mensch dagegen die Fähigkeit, sich für die Gnade zu entscheiden oder sie abzulehnen. Ansonsten wären etwa die Ermahnungen in der Heiligen Schrift sinnlos. Luther meint demgegenüber, der Vorstellung von einem freien Willen fehle in diesem Zusammenhang jede Grundlage in der Heiligen Schrift, auf wie viele Autoritäten der kirchlichen Tradition sie sich auch berufe. Einen solchen freien Willen gibt es nach seiner Ansicht überhaupt nicht, er ist reine Illusion. Die Erlösung hängt einzig und allein von dem alleswirkenden göttlichen Gnadenwillen ab. Was die Ermahnungen der Schrift anbetrifft, haben sie nicht die Absicht, an ein freies Vermögen des Menschen, Gutes zu tun, zu appellieren, sondern vielmehr sein Unvermögen nachzuweisen und damit seinen wirklichen Zustand bloßzulegen. Dies eben ist der Zweck des Gesetzes.

Wie bereits gezeigt, entwickelt sich im Mittelalter die Vorstellung eines »meritum de congruo« (Verdienst nach Billigkeit, das heißt ohne Anspruch) als Vorbereitung des natürlichen Menschen für die Gnade. Diese Tradition setzt Erasmus fort – obwohl seine Anschauung eher als ein rationalistischer Humanismus mit Einflüssen spätmittelalterlicher Mystik bezeichnet werden kann. Wenn Luther die Anschauung des Erasmus ablehnt, wendet er sich gegen die ganze psychologisierende Betrachtungsweise, die die mittelalterliche Ordo-salutis-Lehre (Lehre von der Heilsordnung) kennzeichnete und die bedeutete, daß Gnade und Verdienste gegeneinander aufgewogen wurden.

Die Meritum-Lehre (Lehre vom Verdienst), die in der mittelalterlichen Tradition eine grundlegende Stellung innehatte, wird von der reformatorischen Theologie völlig abgelehnt oder von Grund auf umgestaltet. Wenn »meritum« ein Werk bedeutet, mit dem die Gnade oder Seligkeit ganz oder teilweise verdient wird, dann ist der Gedanke des menschlichen Handelns als »Verdienst« mit Luthers Rechtfertigungslehre völlig unvereinbar. Die schriftgemäße Vorstellung von der Belohnung der guten Werke bekommt einen ganz anderen Platz und wird nicht mit der Lehre von der Annahme des Heils verbunden. Damit wird der Meritum-Gedanke als solcher umgewandelt, soweit auch er in der lutherischen Theologie Aufnahme findet.

Die Willensfreiheit, die Luther verneint, ist die von Erasmus als Fähigkeit definierte Freiheit des Willens, sich dem anzuschließen, was zur ewigen Seligkeit führt, oder sich davon abzuwenden. Unter Freiheit versteht man also die Fähigkeit, das zu tun, was in geistlicher Hinsicht gut ist, oder die Kraft, zwischen Gut und Böse zu wählen. Wird diese Freiheit verneint, dann bedeutet dies keinen Determinismus im herkömmlichen Sinne.

Luther unterscheidet streng zwischen zwei Reichen oder Gebieten. Das eine steht auf der Grundlage der Vernunft und umfaßt die weltlichen Dinge, das andere umfaßt den Glauben und die göttlichen Dinge. Hinsichtlich des ersteren besitzt der Mensch einen freien Willen, aber nicht in bezug auf das letztere. Luther redet somit von einer »libertas in externis« (eine Freiheit in den äußeren Dingen). Es gibt auch ein natürliches Gutes, das die Vernunft erkennen und wählen kann. Aber dies bedeutet keine Einschränkung des totalen Urteils, daß der Mensch vor Gott ein Sünder ist und nur im Glauben an Christus durch Gottes Barmherzigkeit für gerecht angesehen werden kann. In gleicher Weise ist der unfreie Wille etwas, das den Menschen völlig bestimmt und seine Knechtschaft unter der Sünde anzeigt. Es verhält sich nicht so, wie man in der scholastischen Tradition meinte: daß die Gnade und der freie Wille bei der Erlösung eines Menschen zusammenwirken, sondern die Erlösung ist ganz und gar das Werk der Gnade.

e) Die Lehre von der Gnade und der Prädestination. Der Begriff Gnade (gratia) wird von Luther in seinem eigentlichen Sinn verstanden: er bedeutet Gottes Gunst (favor Dei) oder Gottes zum Heil des Menschen wirkende Liebe. Die Gnade ist nicht, wie die Scholastik es darstellte, eine eingegossene Qualität, die die natürliche Güte des Menschen auf eine übernatürliche Ebene hebt und die Tugend ermöglicht. Im Menschen finden sich vielmehr allein Sünde und Feindschaft gegen Gott. Daher ist die Erlösung ganz und gar das Werk der Gnade. Da Gott selbst direkt durch seinen Geist wirkt, sind es deshalb auch nicht nur Gnadenkräfte, die dem Menschen übertragen werden. Die Gnade wird in der Theologie Luthers nicht in erster Linie angesichts der menschlichen Unfähigkeit, Gutes zu tun, sondern angesichts des Gotteszornes erkennbar, der den Menschen um der Sünde willen verdammt. Einzige Grundlage der Erlösung ist das im Evangelium Christi offenbarte Geheimnis der Versöhnung. Der göttliche Gnadenwille ist mit Gottes Allmacht vereint und daher der einzige Urheber des Glaubens, der Gottes Verheißungen wie auch alles Gute, das sich im Menschen findet, erfaßt.

Die Verbindung der Gnade mit dem Alles-Wirken Gottes bildet den Ausgangspunkt für die vor allem in »De servo arbitrio« dargelegten Gedanken Luthers über die Prädestination. Der Mensch ist unfrei und völlig unfähig, irgend etwas zu seiner Erlösung beizutragen, während Gott es ist, der alles in allem wirkt und mit unabänderlicher Notwendigkeit alles Geschehen vorantreibt, Gutes wie Böses. Wird Gott damit nach Luther auch zum Urheber des Bösen? Unter einem Gesichtspunkt wird er es, nämlich insofern nichts ohne sein Wollen und ohne sein aktives Mitwirken geschieht. Er ist die wirkende und treibende Kraft in allem. Aber daß das, was geschieht, böse ist, hat nichts mit Gott zu tun, sondern liegt im Mitwirken der sündhaften Werkzeuge. Luther benutzt hier das Bild von einem Zimmermann, der mit einer schlechten Axt hantiert und dabei zu einem schlechten Arbeitsergebnis kommt, obwohl er ein guter Zimmermann ist. – Das schwierigste Problem entsteht, wenn dieser Gedanke von Gottes All-Wirksamkeit mit der Gnadenlehre verbunden wird.

Wenn es in der unabänderlichen Macht und im Ratschluß Gottes liegt, daß ein Mensch selig oder verdammt wird, warum läßt Gott dann nicht alle selig werden? Wird die Schuld der Verdammnis dann nicht auf Gott selber ruhen, der in seiner Allmacht Menschen der Verdammnis anheimfallen läßt? Luther begegnete solchen Glaubensschwierigkeiten folgendermaßen:

Es ist zu unterscheiden zwischen dem, was sich auf den verborgenen Gott bezieht, und dem, was Gott in seinem Wort offenbart hat. Daß Gott in seiner Allmacht auch das Böse treibt und wirkt, ist charakteristisch für den verborgenen Gott (Deus absconditus). Dagegen bekundet das Evangelium, daß die Gnade Gottes allen angeboten wird, und Gott will, daß allen Menschen geholfen werde. An diese Offenbarung hat der Mensch sich zu halten, er soll nicht in Vermessenheit über die verborgene und unergründliche göttliche Majestät grübeln.

Die Verdammnis trifft den Menschen als gerechte Strafe für seine Sünde und ist somit eine Folge der Gerechtigkeit Gottes. Wenn nun aber Erlösung und Verdammnis voll und ganz in Gottes Hand stehen, ergibt sich die Frage, warum Gott nicht den Willen derer ändert, die sonst verlorengingen. Diese Frage kann aber nicht beantwortet werden; sie gehört zu den Dingen, die nicht offenbart wurden. Luther unterscheidet in diesem Zusammenhang zwischen dem Licht der Natur, der Gnade und der Herrlichkeit. Es gibt Dinge, die erst im Licht der Gnade ihre Erklärung finden, etwa daß die Guten leiden müssen, während es den Bösen gut geht, was der Mensch im Licht der Natur allein nicht verstehen kann. In gleicher Weise gibt es Dinge, die auch im Licht des Glaubens oder der Gnade nicht offenbar sind, sondern erst im Licht der Herrlichkeit ihre Erklärung finden. Dorthin gehört das Geheimnis der Prädestination. Erst in der Ewigkeit wird es sich als völlig gerecht und als Liebe erweisen, daß Gott manche Menschen der Verdammnis anheimfallen läßt.

f) Die Lehre vom Beruf und das Verständnis der Gesellschaft. Der Ausdruck Berufung (Beruf, vocatio) kann sowohl für den Ruf des Evangeliums zum Reich Gottes als auch für die Beschäftigung oder die Stellung verwandt werden, die ein Mensch in der irdischen Gesellschaft innehat. Er kann auch die Handlung bezeichnen, mit der jemand in das geistliche Amt, das Predigtamt, eingeführt wird. Wenn man von der Berufslehre Luthers redet, meint man den Begriff in der zweiten von den drei angeführten Bedeutungen. Das deutsche Wort »Beruf« in diesem Sinn ist übrigens eine Neubildung von Luther.

Der Beruf gehört zur Schöpfung. Es ist Gott, der in seiner erhaltenden Macht Menschen in verschiedene Berufe und Stände einsetzt. Dabei herrscht keinerlei Rangunterschied zwischen den Berufen, demzufolge die rein weltlichen Beschäftigungen vor Gott etwa geringer wären. In diesem Berufsgedanken ist die Kritik an der römisch-katholischen Lehre der geistlichen und weltlichen Stände angesprochen. Menschen, die durch mönchisches Leben Gott besser als andere zu dienen glauben, tun der von Gott gesetzten Ordnung Gewalt an. Denn statt dem Nächsten in einem wirklichen Beruf zu dienen, entfliehen sie diesem Dienst und wählen ihre eigene Gottesverehrung. Nicht die äußere Art des Werkes entscheidet darüber, ob es gut ist oder nicht, sondern der Glaube, der dem Werk vorausgeht oder fehlt. Die einfachste Beschäftigung ist daher Gott wohlgefälliger, wenn sie nur im Glauben und mit gutem Gewissen ausgeübt wird, als alle selbstgewählten „guten Werke". Kein Werk, sondern nur der Glaube macht nämlich den Menschen selig. Welchen Zweck hat dann der Beruf?

Für den Beruf ist kennzeichnend, daß ihm Aufgaben in der Welt gestellt sind, bei deren Erfüllung der Mensch auf seinen Nächsten hin ausgerichtet ist. Seinen Dienst tut der Mensch dabei nicht allein, sondern weiß sich zu gemeinsamen Aufgaben aufgerufen. Indem er dabei in seiner Stellung, in der er steht, an seinen Nächsten gewiesen ist und diesem hilft, lebt er nach Gottes Geboten. Im Rahmen des Berufes erfüllt der Mensch somit den Befehl Gottes. Gute Werke sind ihm dabei im Überfluß auferlegt. Unter Beruf versteht man in diesem Zusammenhang darum nicht nur die eigentliche Erwerbsarbeit, sondern alles, was einem Menschen in der ihm gegebenen Stellung – nicht nur als Bauer, Handwerker oder Obrigkeitsperson, sondern auch als Vater und Mutter, Sohn oder Tochter – abverlangt wird.

In seinem Beruf ist der Mensch Gottes Mitarbeiter und somit ein Werkzeug des erhaltenden Wirkens Gottes. Wenn er erfüllt, was zu seinem Beruf gehört, erreicht er, was seinem Nächsten zum Nutzen ist. Darin erweist sich Gottes Güte und Vorsehung. Wir empfangen gute Gaben durch andere Menschen, die in ihrem Beruf tun, was in ihrer Kraft steht. In gleicher Weise wirkt Gott durch uns zum Wohl anderer, wenn wir in unserem Beruf unsere Aufgaben vollbringen. Der Christ braucht sich also keine besonderen Werke auszuwählen, um damit Gottes Wohlgefallen zu mehren, er soll lediglich im Glauben das tun, was ihm aufgetragen wird und der Anforderung des Berufs entspricht.

Der Berufsgedanke beinhaltet:

1. daß die Stellung oder Tätigkeit, mit der ein jeder betraut ist, als ein auf göttlichen Befehl gegebener Auftrag betrachtet wird, in welchem der Mensch die Hilfe Gottes erwarten und seine Gebote halten soll;

2. daß die menschliche Gemeinschaft vom gegenseitigen Dienen geprägt wird, wobei Menschen durch die Ausübung verschiedener Tätigkeiten einander helfen und ihrem Nächsten die Gaben Gottes vermitteln.

Eine andere Konsequenz des Schöpfungsgedankens kommt in Luthers Lehre von den *zwei Regimenten*, dem geistlichen und dem weltlichen, zum Ausdruck. Seine Gedanken zu diesem Thema begegnen unter anderem in seiner Schrift »Von weltlicher Obrigkeit« aus dem Jahre 1523. Gott übt seine Herrschaft über die Menschen in verschiedener Weise aus: einmal durch das Wort und die Sakramente, zum anderen durch die Obrigkeit und die weltliche Ordnung. Im geistlichen Reich werden die Gaben vermittelt, die zur Erlösung des Menschen gehören, durch das weltliche

Reich wird die äußere Ordnung aufrechterhalten, die für die menschliche Gemeinschaft und damit auch für den Bestand der Kirche notwendig ist.

Diese Unterscheidung darf nicht mit modernen Vorstellungen von Staat und Kirche verwechselt werden, bei denen der Staat sozusagen als außerhalb der religiösen Sphäre stehend betrachtet wird, während die Kirche das geistliche Gebiet bezeichnet. Nach Luthers Vorstellung regiert Gott in beiden Ordnungen, der geistlichen wie der weltlichen. Letztere ist ein Ausdruck der weiterhin andauernden Schöpfung und Erhaltung. Beide Ordnungen sind gewissermaßen im Wort eingeschlossen, da Gottes Wort und Befehl auch die weltliche Obrigkeit konstituiert. Aber gleichzeitig betont Luther mit Nachdruck den Unterschied zwischen den beiden Regimenten. Das eine ist ein geistliches, das heißt, es besitzt keine äußere Macht; es wird von Gott selbst durch Wort und Predigtamt gehandhabt. Das weltliche Regiment hingegen ist der menschlichen Vernunft unterworfen, es wird von Menschen mit äußeren Machtmitteln ausgeübt. Gott ist in beiden Reichen wirksam. Darin besteht ihre Einheit. Aber im geistlichen wirkt Gott durch das Evangelium und erlöst Menschen, im weltlichen wirkt Gott durch das Gesetz und hält die Menschen dazu an, in einer bestimmten äußeren Ordnung zu leben, das Gute zu tun und das Böse zu meiden, so daß dem Nächsten gedient und ein Chaos vermieden wird.

Das geistliche Regiment repräsentiert somit keine besondere Machtsphäre neben dem weltlichen. Das weltliche Regiment bildet auch kein profanes, das heißt vom Gottesverhältnis abgesondertes Gebiet. Die weltliche Obrigkeit repräsentiert Gottes eigene Macht, wie sie dem Menschen in sichtbarer Gestalt in den irdischen Verhältnissen begegnet. Selbst durch eine rein heidnische Obrigkeit kann Gott das Gute wirken, die äußere Ordnung aufrechterhalten und das menschliche Zusammenleben fördern.

In diesem Zusammenhang ist zu beachten, daß Luther zwischen »Person« und »Amt« unterscheidet. Durch das Amt wirkt Gott das Gute und spornt den Amtsträger an, für das Beste der anderen zu sorgen, dem Nächsten durch seine Amtsausübung zum Nutzen zu sein, auch wenn die Person, eben der Amtsträger selbst, nicht gut ist. Zwar können die Menschen durch ihre Bosheit die Ordnungen mißbrauchen und das weltliche Regiment »verkehren«, trotzdem aber wirkt Gott in diesen Ordnungen und durch sie, unabhängig von der Bosheit der Menschen. Denn auch der Böse wird von der weltlichen Macht oder auch aus Sorge für sein eigenes Wohl gezwungen, sein Amt gut zu versehen und so dem Nächsten hilfreich zu sein.

Durch seine Lehre von den zwei Regimenten hat sich Luther sowohl gegen die mittelalterliche Auffassung von der Kirche als einer dem Staat übergeordneten Machtinstanz als auch gegen spiritualistische Auffassungen abgegrenzt, die sich auf den Geist beriefen und das Verhältnis zu Gott rein geistig und innerlich ohne Beziehung zu äußeren Dingen faßten. Entsprechend wurde auch das alltägliche Leben als etwas für den christlichen Glauben Fremdes betrachtet. Eine Konsequenz ihrer Anschauung war unter anderem, daß es dem Christen verboten sein sollte, sich politisch zu betätigen (vgl. unten).

Luther teilt die Ordnungen gewöhnlich in drei Stände oder Hierarchien ein: »ecclesia«, »politia« und »oeconomia«, was etwa der Kirche, dem Staat und der Familie entspricht. Die beiden letzteren repräsentieren das weltliche Regiment, die Kirche stellt demgegenüber das geistliche Regiment dar. Innerhalb der drei Stände, die sich mit den Berufen decken, findet sich der Mensch in seine Stellung gewiesen. Sie greifen natürlich ineinander, so daß ein und dieselbe Person je nach ihren Beziehungen mehreren Ständen angehören kann. Ein Mann kann zum Beispiel Hausvater sein, gleichzeitig dem geistlichen Stand angehören und der Obrigkeit untertan sein.

Luthers Verständnis der *Obrigkeit* ist an der Stelle Röm. 13,1 orientiert: »Jedermann sei untertan der Obrigkeit, die Gewalt über ihn hat. Denn es ist keine Obrigkeit ohne von Gott; wo aber Obrigkeit ist, die ist von Gott verordnet.« Der Christ ist demnach verpflichtet, auch einer Obrigkeit zu gehorchen, die nicht seinen Glauben teilt. Sofern diese jedoch verlangt, Gottes Gebote zu übertreten oder den christlichen Glauben zu verleugnen, hat der Christ den Gehorsam zu verweigern und eventuell auch Strafe zu erleiden, die ihm um seines Glaubens willen auferlegt wird; denn »man muß Gott mehr gehorchen als den Menschen« (Apg. 5,29). Dagegen verwirft Luther den bewaffneten Widerstand gegen die Obrigkeit, da dies nach seiner Ansicht Aufruhr gegen die Ordnung Gottes ist. Selbst wenn die Sache, der man durch Aufruhr zum Sieg verhelfen will, gerecht ist, ist nach seiner Auffassung der Aufruhr verwerflich. Die einzige Ausnahme für ein gewaltsames Vorgehen erblickt Luther darin, daß Gott durch besonders auserkorene Werkzeuge (die »Wunderleute«) eingreift, um eine offenkundig tyrannische und untaugliche Obrigkeit zu stürzen.

Wie aus dem vorher Gesagten hervorgeht, richtet Luthers Lehre vom Beruf mit seiner Unterscheidung von geistlichem und weltlichem Stand ihre Spitze gegen das mittelalterliche Klosterwesen. In der Schrift »De votis monasticis« von 1522 macht er deutlich, daß die Mönchsgelübde Gottes Wort und der Vernunft widersprechen. Denn die Vorstellung, daß der Mönchsstand höher und vollkommener als die gewöhnlichen Berufe sei, widerspricht Gottes Geboten, die für alle Christen in gleicher Weise gelten.

Luthers Stellungnahme gegen die in seiner Zeit auftauchenden spiritualistischen Gruppierungen ist unter anderen Aspekten für seine Sicht des gesellschaftlichen Lebens klärend. Er sah dabei die Täufer, Wiedertäufer und Vertreter anderer Auffassungen zusammen in einer Linie stehend. Zu ihrer Charakterisierung bediente er sich der damals weithin üblichen Bezeichnung »Schwärmer« und »Schwarmgeister«. Wie eben schon bemerkt wurde, ist nach Auffassung dieser Richtung jegliche politische Betätigung ein Übel; der Christ soll sich damit nicht befassen, nach außen hin vielmehr eine ablehnende Einstellung zu weltlichen Dingen und Verhältnissen, die auch mit einer bewaffneten Auseinandersetzung einhergingen, bekunden. Im Bauernkrieg von 1525 wurden darum auch zum Kampf bereite Bauern und Handwerker von einigen Vertretern dieser spiritualistischen Richtung angeführt. Hier ist unter anderem Thomas Müntzer zu nennen, der zunächst Luthers reformatorische Ansichten unterstützte, sich aber dann von ihm wegen theologisch anderer Auffassung über die Herbeiführung des Gottesreiches abwandte und ihn sogar in Veröffentlichungen scharf angriff. Luther, der seinerseits schon früher Abstand von dieser Bewegung genommen und sie wegen ihrer sogenannten »Bilderstürmerei« bekämpft hatte, griff dagegen die Bauern heftig an und forderte schließlich die Fürsten auf, die Aufrührer mit bewaffneter Macht niederzuwerfen.

In den letzten Jahrzehnten ist diese Zeit von marxistischer Seite vor allem unter sozial-ökonomischen Gesichtspunkten erforscht worden. Dabei wurden Aspekte herausgearbeitet, die auch in der kirchenhistorischen Arbeit Beachtung gefunden haben. Entsprechend wird die Bedeutung von Caspar Schwenckfeldt, Johannes Egranus, Thomas Müntzer und anderen für die Entwicklung jener Zeit gewürdigt.

Über die Aufgaben der weltlichen Obrigkeit hat Luther seine Überzeugung besonders in der Schrift »Ob Kriegsleute auch in seligem Stande sein können« 1526 seine Überzeugung entfaltet. Der Christ kann danach mit gutem Gewissen den Dienst des weltlichen Schwertes akzeptieren, denn es verkörpert Gottes eigene Ordnung und ist nicht von Menschen eingesetzt oder erfunden.

g) Das Verständnis des Gottesdienstes und der Sakramente. Als Luther den Gottesdienst reformierte, sah er sich – wie in so vielen anderen Fragen – einer doppelten Front gegenüber. Einmal sah er sich veranlaßt, den Mißbräuchen der damaligen Kirche entgegenzutreten, und zum anderen, dem radikalen Reformeifer von spiritualistischen Gruppen zu widerstehen.

Den Grund für eine Verfälschung des Gottesdienstes im Papsttum sah Luther darin, daß die Verkündigung des Wortes vernachlässigt und dieses durch eine lediglich gelesene oder gesungene Messe ersetzt worden war. Außerdem lag ein Mißbrauch darin, den Gottesdienst als eine Gott wohlgefällige Leistung zu betrachten, statt ihn als eine sich durch das Wort und die Sakramente konstituierende Gemeinschaft anzusehen.

Luther wollte die kontinuierliche Schriftlesung in den täglichen Gottesdiensten beibehalten, war jedoch der Meinung, daß dabei auch die Predigt, eben die Auslegung des Wortes, ihren Platz haben sollte. »Wo das Wort nicht gepredigt wird, ist es besser, daß man weder singt noch liest oder zusammenkommt« (»Von der Ordnung des Gottesdienstes in der Gemeinde«, 1523). Das Abendmahl sollte im sonntäglichen Gottesdienst gefeiert werden oder wann immer jemand daran teilzunehmen wünschte. Dagegen sollte die tägliche Messe, die allein vom Priester gehalten wird, abgeschafft werden.

Heutige Darstellungen von Luthers Gottesdienstverständnis werden weithin von seinen diesbezüglichen polemischen Schriften, also von seiner Stellungnahme zur römischen Messe, beherrscht. Die Reformation wollte jedoch – und dies verdient wohl hervorgehoben zu werden – neutestamentliche und urchristliche Vorstellungen vom Gottesdienst wiederbeleben. Dies wird vor allem in Luthers früheren Äußerungen über diese Frage deutlich. Im »Sermon von dem hochwürdigen Sakrament" von 1519 wird die Gemeinschaft zum zentralen Motiv des Gottesdienstes gemacht, der die Zusammenkunft der Gemeinde ist, in der ein wechselseitiger Austausch zwischen Christus und der Gemeinde und den Christen untereinander stattfindet. Unsere Sünde wird dabei auf Christus gelegt, und wir empfangen seine Gerechtigkeit. Ebenso nehmen wir die Lasten und Sorgen der Mitchristen auf uns und verpflichten uns, das Kreuz zu tragen, wobei wir gleichzeitig Hilfe und Beistand durch die christliche Gemeinschaft empfangen.

Weiterhin verdient Beachtung, daß Luther bei aller Kritik des Meßopfergedankens den Begriff des Opfers für eine Charakterisierung des Gottesdienstes keineswegs völlig ablehnt. Den Fehler beim Meßopfer sieht er darin, daß aus dem vollkommenen Opfer Christi, das ein für allemal dargebracht wurde, ein ständig wiederholtes Opfer gemacht wird, das nun Menschen darbringen. Wird damit nicht die Ansicht vertreten, der Priester opfere in der Messe an Christi Statt? In diesem Fall hat man aber das Abendmahl in den Zusammenhang der menschlichen Leistungen und der Werkgerechtigkeit hineingezogen, was in direktem Widerspruch zum Sinn des Abendmahls steht. Es besteht nicht in einer Gabe, die wir Gott darbringen, vielmehr wird uns hier Leib und Blut Christi von Gott geschenkt. Daher ist es auch nicht ein Opfer im Sinn der römischen Sakramentslehre. Wie jeder Gottesdienst kann jedoch das Abendmahl ein Opfer genannt werden, da wir dabei uns selbst, unsere Leiber, Christus zu einem lebendigen Opfer darbringen (Röm. 12,1). Sodann ist es ein Opfer des Gebets und der Danksagung als unsere Antwort auf Gottes Gnadengaben und seine Barmherzigkeit. Es kann auch in dem Sinn als ein Opfer bezeichnet werden, daß Christus als unser Fürsprecher im Himmel sich selbst vor Gott für uns opfert (»Sermon von dem neuen Testament«, 1520).

Während Luther nach dem Reichstag zu Worms auf der Wartburg weilte (1521–1522), versuchten einige seiner Anhänger unter Andreas Karlstadts Führung in Wittenberg eine radikale »Reinigung« von allen Zeremonien und kirchlichen Ausschmückungen durchzuführen. Die darin begegnende spiritualistische Auffassung, die uns bereits im Zusammenhang mit Luthers Lehre von den zwei Regimenten beschäftigte (oben S. 181ff.), faßt Glauben und Gottesdienst als etwas rein Geistliches, das allem Äußeren fremd ist. Der Mensch soll entsprechend allem »Fleischlichen« entsagen, worunter man die äußerlichen Dinge überhaupt, das Materielle, versteht.

Das Fleischliche ist nach Luthers Meinung jedoch nicht das Äußere. Es umfaßt vielmehr all das, was vom Fleisch bestimmt wird. In gleicher Weise stellt das Geistliche keinen Gegensatz zum Äußeren dar, sondern ist das vom Geist Gottes Durchdrungene. Wichtig für Luther ist, daß das Wort wirken kann; so können auch äußerliche Zeremonien und Bilder der Gemeinde zur Erbauung dienen. Der Irrtum der Spiritualisten ist, daß sie glauben, ihr Ziel durch Beseitigung der Bilder erreichen zu können; in Wirklichkeit achten sie das Wort gering und vernachlässigen es.

Die Sakramente. In der Schrift »Von der babylonischen Gefangenschaft der Kirche« von 1520 hat Luther mit der römischen Sakramentslehre gebrochen. Von den traditionellen sieben Sakramenten werden nur die Taufe und das Abendmahl als Sakrament bezeichnet. Denn nur diese sind durch göttliche Stiftung eingesetzte Zeichen, welche die göttliche Gnadenverheißung begleiten. In einem weiteren Sinn wird anfangs auch die Buße zu den Sakramenten gerechnet. Jedenfalls ist das mit dem Zeichen verbundene Verheißungswort für das Sakrament konstitutiv. Die Vorstellung einer lediglich durch die Handlung (opus operatum) wirkenden Kraft wird abgelehnt. Was wirkt, ist hier wie auch sonst das göttliche Wort und nicht die menschliche Handlung. Damit wird dem ganzen römischen Sakramentskult mit seiner aufbewahrten Hostie, seinen Seelenmessen und übrigen Privatmessen die Grundlage entzogen.

In der *Taufe* hat der Christ, der täglich der Sünde ersterben und als ein neuer Mensch auferstehen soll, teil an Tod und Auferstehung Christi. Die wesentlichen Dinge bei der Taufe sind das Wasser und das Wort, und zwar beides zusammen. Indem Luther die thomistische Vorstellung von einer dem Wasser innewohnenden Kraft ablehnt, wendet er sich zugleich scharf gegen die Geringschätzung des äußeren Zeichens durch die Spiritualisten. Es ist nicht das Wasser als solches, was da wirkt, sondern das Wasser verbunden mit dem Wort. Da Gott die Zeichen des Sakraments selbst eingesetzt hat, wird die äußere Handlung beim Vollzug der Taufe ein Werk Gottes und nicht ein Menschenwerk. Entsprechend ist eine Taufe, die von einem unwürdigen Amtsträger vollzogen wird, wie jede andere gültig. Die Wirkung des Sakraments ist auch nicht davon abhängig, daß bei dem Getauften Glaube vorhanden ist. Wer die Taufe ohne Glauben empfängt, muß nicht noch einmal getauft werden, wenn er später zum Glauben kommt. Die Frage, ob man bei den Kindern in der Taufe Glauben voraussetzen kann, betrachtet Luther also nicht als wesentlich. Er greift die traditionelle Antwort auf, daß der Glaube der Paten hier den des Kindes ersetzt, äußert aber bei anderen Gelegenheiten die Ansicht, daß man auch bei den Kindern selbst Glauben als Wirkung des göttlichen Wortes voraussetzen müsse. Gegenüber der Forderung der Erwachsenentaufe seitens der »Wiedertäufer« wird geltend gemacht, daß die Erlösung auch den unmündigen Kindern gilt.

Luthers Abendmahlslehre. In der Schrift »Von der babylonischen Gefangenschaft der Kirche« wird die römische Abendmahlslehre in den folgenden drei Punkten angegriffen: 1. Das Verbot, den Laien den Kelch zu reichen. Dies widerspricht der Einsetzung durch Christus und gründet sich auf Spekulationen, nach denen das Ganze auch in einem der Elemente enthalten ist.

2. Die Vorstellung, daß Brot und Wein verwandelt werden und ihre natürliche Substanz verlieren (die Transsubstantiationslehre). Für diese Auffassung gibt es in der Schrift keine Begründung. Es besteht auch kein Grund zur Annahme, das Brot höre auf, wirkliches Brot zu sein.

3. Stiftung des Meßopfers; die Messe wird auf diese Weise zu einem Menschenwerk gemacht; bisweilen war sie sogar zum reinen »Geschäft« herabgewürdigt worden. Das Abendmahl ist keine Leistung, die der Mensch vollbringt, um sich mit Gott zu versöhnen.

Bei der Entfaltung des Abendmahlsverständnisses geht Luther von dem biblischen Bericht der Einsetzung aus. Es handelt sich hierbei um Christi Testament für die Jünger, durch das ihnen das Geschenk seiner Gnade, die Vergebung der Sünden, zuteil wird. So wie in der Taufe die wesentlichen Dinge das Wasser und das Wort sind, so im Abendmahl das leibliche Empfangen und das damit verbundene Wort der Verheißung, »für euch gegeben und für euch vergossen zur Vergebung der Sünden«. Erst wenn das Wort hinzukommt, ist das Abendmahl ein Sakrament. Hier wird auf das Wort Augustins Bezug genommen: »Accedit verbum ad elementum et fit sacramentum« (Das Wort kommt zum Element, und es wird ein Sakrament). Damit wird die magische Betrachtungsweise zurückgewiesen, die letztlich mit der Transsubstantiationslehre verbunden ist.

Obwohl Luther also den Wandlungsgedanken ablehnt, rechnet er gleichzeitig mit der realen und wesenhaften Gegenwart Christi im Sakrament. Brot und Wein sind kraft des Wortes und der Einsetzung wahrer Leib und wahres Blut Christi, unter der Gestalt des Brotes und des Weines dargereicht. Schon im Nominalismus, unter anderem bei Pierre d'Ailly, fanden sich Gedanken, an die Luther anknüpfen konnte (die sog. Konsubstantiationstheorie): Was ausgeteilt wurde, war wirkliches Brot und wirklicher Wein, aber in, mit und unter den äußeren Elementen wurden Christi Leib und Blut gereicht, entsprechend dem Sinn der Einsetzungsworte. Dies geschah jedoch in einer für die Vernunft gänzlich unfaßbaren Weise.

Die Vorstellungen über den Inhalt der Realpräsenz wurden vor allem in dem sogenannten Abendmahlsstreit der 20er Jahre des 16. Jahrhunderts entwickelt. Luthers Gegner waren hierbei einmal die spiritualistisch gesinnten Gruppen mit Karlstadt an der Spitze, zum anderen Zwingli und die von ihm beeinflußten Theologen Ökolampad und Bucer.

Nachdem Zwingli zunächst den geistlichen Charakter des Abendmahls betonte, dabei jedoch noch nicht die Realpräsenzlehre kritisiert hatte, griff er in den Abendmahlsstreit ein, als Luther mit seiner Schrift »Wider die himmlischen Propheten« von 1525 dem Sakramentsverständnis Karlstadts entgegentrat. Der Schweizer Theologe nämlich, beeinflußt durch die Abendmahlslehre des niederländischen Humanisten Honius, sah hier seine Auffassung angegriffen. Mit seiner Veröffentlichung »Amica Exegesis« von 1527 wandte er sich dann direkt gegen Luther. In der folgenden Zeit wechselten beide eine Reihe kleiner Schriften; schließlich gab Luther in dem umfangreichen Werk »Vom Abendmahl Christi, Bekenntnis« von 1528 eine endgültige Antwort auf die Entgegnungen der anderen Reformatoren.

Im darauffolgenden Jahr suchte man auch aus politischen Motiven Luther und Zwingli sowie weitere an der Diskussion Beteiligte zusammenzuführen, um zu einer Einigung in der Abendmahlsfrage zu gelangen und damit ein Zusammengehen der deutschen und Schweizer Reformatoren zu erzielen. Im Religionsgespräch von Marburg (1529), an dem beide Kontrahenten teilnahmen, wurde zwar in mehreren Punkten Einigkeit erzielt, die Frage der leiblichen Gegenwart Christi im Sakrament jedoch absichtlich ausgeklammert, da man hier zu keiner Übereinkunft gelangt war. So kam trotz vielseitiger Bemühungen keine wirkliche Einigung zustande.

Eine erneute Annäherung entstand zwischen den oberdeutschen Städten und den Wittenbergern durch die Bemühungen Martin Bucers; in der »Wittenberger Konkordie« von 1536 fand sie ihren Niederschlag. Doch sie brachte nur für einige Zeit eine letztlich äußere Einigung, bei der die lutherische Position dominierte, die auf deutschem evangelischem Gebiet allmählich vorherrschend geworden war.

Nach der Abendmahlsauffassung Karlstadts und Zwinglis sind die äußeren Elemente nur Symbole der himmlischen Gaben, auf die der Glaube sich richtet. Man kann also nicht von einer wesenhaften oder leiblichen Gegenwart, sondern lediglich von einem symbolischen Handeln reden: Das Wesentliche dabei ist die Gemeinschaft des Glaubens mit dem himmlischen Christus. Zwingli legt das »est« der Einsetzungsworte als »significat« aus: »Dies bedeutet meinen Leib und mein Blut.« Luther fragt nach der exegetischen Begründung dieser Auslegung und fordert, daß die Worte ihre direkte und einfache Bedeutung behalten müssen, auch wenn dies für die Vernunft noch so anstößig ist. So wie die Worte dastehen, deuten sie darauf, daß Leib und Blut Christi nicht nur bildlich (significative), sondern real und ihrem Wesen nach im Sakrament vorhanden sind. Etwas positiver vermochte Luther die Art und Weise zu würdigen, in der Ökolampad die Einsetzungsworte deutete. Dieser Theologe vertrat die Ansicht, nicht die Copula »est«, sondern das Wort »Leib« selbst sei figürlich zu verstehen. Der Sinn sei also: »Dies ist ein Sinnbild meines Leibes« (figura corporis mei). Aber auch diese Auslegung lehnte Luther ab.

Wenn in der Gegenwart diese Auseinandersetzungen vielleicht als ein Streit um Worte angesehen werden, so ist dem entgegenzuhalten, daß hier zwei diametral entgegengesetzte Auffassungen aufeinanderstoßen: Huldrych Zwingli geht von einem prinzipiellen Dualismus (geistlich – leiblich) aus. Da sich der Glaube nur auf die göttliche Natur Christi zu richten vermag, kann er demgemäß nichts mit den äußeren Elementen oder mit Christi Leib und Blut zu tun haben, da nach Joh. 6,63 das Fleisch zu nichts nütze ist. Im Abendmahl ist darum die Teilhabe des Glaubens an den himmlischen Gaben und nicht das leibliche Essen wesentlich. Dies versucht Zwingli durch seine symbolische Deutung auszudrücken (vgl. oben). Weiter spricht er in diesem Zusammenhang von »Leib und Blut Christi« als von einer »Allöosis«, das heißt einer rhetorischen Figur; mit ihr wird ausgedrückt, daß das über die menschliche Natur Christi Gesagte eigentlich der göttlichen Natur gilt.

Demgegenüber verbindet Luther das Wort der Verheißung, auf das sich der Glaube richtet, aufs engste mit den äußeren Elementen, die im Abendmahl empfangen werden, da sie kraft der Einsetzungsworte zusammengehören. Wort und leibliches Essen sind »das Hauptstück im Sakrament«. Die Gegenwart Christi ist dabei nicht vom

Glauben abhängig. Demgemäß wird auch den Ungläubigen, die am Abendmahl teilnehmen, die Gabe des Sakraments zuteil, ihnen freilich zum Gericht und nicht zum Heil. Empfängt somit nur der Glaube die Vergebung der Sünden, so handelt es sich nicht nur um ein »geistliches Essen« von Christi Leib und Blut, sondern auch um ein leibliches (oralis, mit dem Mund). Dennoch sind Christi Leib und Blut nichts Fleischliches, sondern etwas Geistliches. Mit dieser Auffassung durchbricht Luther den philosophischen Dualismus von Geist und Materie, der hinter der spiritualistischen Anschauung steht.

Im Unterschied zur Lehre Zwinglis von der Allöosis vertritt Luther also eine reale »communicatio idiomatum« (Mitteilung der Eigenschaften). Damit ist gemeint, daß die göttlichen und menschlichen Eigenschaften in einer »gegenseitigen Durchdringung« (vgl. auch S. 218f.) in der Person Christi vereinigt werden. Der Ausdruck »Leib und Blut Christi« betrifft die menschliche Seite Christi, aber infolge der Einheit, die in Christus zwischen Göttlichem und Menschlichem besteht, hat die menschliche Natur an den Eigenschaften der göttlichen Natur teil und muß auf das engste mit ihr verbunden werden. Der Glaube richtet sich daher auf den Menschen Christus und empfängt im Abendmahl seinen Leib und sein Blut und somit zugleich Leib und Blut des Sohnes Gottes. Dies geschieht durch das leibliche Essen und nicht nur durch den Verkehr des Glaubens mit Gott auf der geistlichen Ebene.

Der Gedanke der »Gemeinschaft« der Eigenschaften (communicatio idiomatum) kann die Frage der Realpräsenz weiter verdeutlichen. Denn Luther sucht diese mit der sogenannten Ubiquitätslehre zu erklären – soweit sie erklärt werden kann: Christus ist als Gott allgegenwärtig. Aber an dieser Eigenschaft hat auch seine menschliche Natur Anteil (ubiquitas corporis Christi). Infolgedessen kann Christus auch als Mensch in dem beim Abendmahl ausgeteilten Brot und Wein gegenwärtig sein.

Zu dieser Ubiquitätslehre bestanden übrigens bereits im Nominalismus Ansätze. Die Vorstellung von der Allgegenwart der menschlichen Natur Christi ist dann von der späteren lutherischen Theologie aufgenommen worden, insbesondere wo es galt, sich von der reformierten Abendmahlsauffassung abzugrenzen.

h) Die Lehre von der Kirche. Will man Luthers Vorstellung von der Kirche verstehen, dann sollte man besser von der christlichen Gemeinde sprechen, da das Wort »Kirche« in unserer Zeit nicht mehr dem entspricht, was Luther mit dem Terminus aussagen sollte.

Für Luther ist die Kirche (ecclesia) in erster Linie »ein Versammlung aller Christgläubigen auf Erden«, wie er auch den Ausdruck »communio sanctorum« im dritten Glaubensartikel mit »Gemeinde der Heiligen« übersetzt. Unter Kirche in diesem Sinn versteht er also keinen äußerlichen Zusammenschluß mit Institutionen und Ämtern, sondern die innere Gemeinschaft all derer, die denselben Glauben haben und die gleiche Hoffnung hegen. Die Kirche ist demgemäß eine Sache des Glaubens. Mit der starken Betonung dieser geistlichen, unsichtbaren Gemeinschaft ist darum das Neue an Luthers Auffassung von der Kirche charakterisiert. Sie ist also nicht die äußere, in der Person des Papstes verkörperte Institution, sondern die unsichtbare Gemeinschaft auf Grund der Einheit des Geistes unter allen Gläubigen unabhängig von Zeit und Ort. Denn niemand kann sehen, welche Menschen den wahren Glauben haben, oder wissen, wo dieser Glaube sich vorfindet.

Man kann aber nun auch noch in einem anderen Sinne von Kirche reden. Denn sie ist auch eine äußere Gemeinschaft, nämlich eine konkrete Gemeinde, die sich in einem Haus, einem Kirchspiel, einem Bistum oder dergleichen versammelt. In ihr gibt es bestimmte Ordnungen, Ämter, Dienste und Bräuche. Demgemäß gehören zu dieser äußeren Christenheit alle Getauften und alle, die von der Verkündigung des Wortes erreicht werden und den christlichen Glauben bekennen. Hier kann man aber keine Grenzen zwischen den wahrhaft Gläubigen und denjenigen ziehen, die dieser Gemeinschaft nur äußerlich angehören oder sogar den christlichen Glauben nur heucheln.

Die geistliche unsichtbare Kirche oder Christenheit und die äußere sichtbare Gemeinschaft dürfen nicht voneinander getrennt werden. Die geistliche Gemeinschaft ist für die äußere Gemeinde wesentlich; um ihretwillen wird sie zusammengehalten. Wie man dementsprechend die Kirche nicht der konkreten Institution gleichstellen darf – wie dies etwa im Papsttum geschieht –, so darf man auch nicht die äußere Gemeinschaft aufgeben – wie etwa bei spiritualistisch Gesinnten –, um eine Gemeinde, der ausschließlich Heilige angehören, zu gründen. So wie sich der Glaube bei den Sakramenten an die äußeren Zeichen und das äußere Wort halten muß, so muß er auch die wahre christliche Gemeinde in der äußeren Gemeinschaft suchen, insoweit sich dort Wort und Sakrament vorfinden. Im Interesse der Klarheit und des rechten Verständnisses muß man jedoch zwischen innerer und äußerer Gemeinde oder Kirche unterscheiden. Im Konkreten aber sollen beide nicht voneinander getrennt, sondern aufs engste miteinander verbunden werden.

Luthers Kirchenverständnis kommt am deutlichsten in seiner Kritik des Papsttums und der von diesem erhobenen Ansprüche zum Ausdruck. Das Wort Matth. 16 über Petrus als Fels, auf dem die Gemeinde gebaut wird, kann sich nicht auf das Papsttum in Rom beziehen, sondern gilt dem Glauben, den Petrus bekennt. In der Leipziger Disputation greift Luther erstmalig den Anspruch des Papstes, Oberhaupt der Christenheit zu sein, öffentlich an. Die Begründungen, auf die man sich bei diesen Ansprüchen zu berufen pflegte, seien falsch, nicht bloß die Auslegung von Matth. 16,18, sondern auch die kanonischen Rechtsregeln, die der Macht des Papstes zugrunde gelegt würden. Luther machte selbst in diesem Zusammenhang die Entdeckung, daß das Papsttum weit jüngeren Datums war, als man gewöhnlich vorgab.

Zu jener Zeit war es üblich, die alttestamentliche Darstellung von Aarons Priestertum als einen Hinweis auf das Amt des römischen Papstes zu betrachten. Diese Deutung lehnt Luther ab. Denn indem das alttestamentliche Priestertum ein auf

Christus hinweisendes Vorbild ist und in ihm seine Erfüllung gefunden hat, ist es durch Christus abgeschafft.

Was sind nun die Kennzeichen der wahren Kirche? Luther nennt drei: die Taufe, das heilige Abendmahl und vor allem die Verkündigung des Gotteswortes. Wo das Evangelium dargeboten wird, dort ist die wahre Kirche, und wo das Evangelium nicht ist, dort besteht auch keine wahre Kirche, denn die Kirche hat ihr Leben und Wesen im Wort (tota vita et substantia ecclesiae est in verbo). Sie besteht in der Gemeinschaft der Heiligen, wird aber von Wort und Sakrament konstituiert. Durch diese Mittel wirkt der Geist und sammelt die Christenheit auf Erden. Hinsichtlich des Papsttums meint Luther, es könne zwar der Kirche nicht gleichgestellt werden, doch da das Evangelium trotz der Mißbräuche und der Vernachlässigung der Predigt des Wortes dort vorhanden sei, könne es auch innerhalb des Papsttums Christen geben.

Da die Kirche auf das Wort Gottes gegründet ist, gehört zur Kirche auch das Amt des Wortes (ministerium verbi). Die damals üblichen Vorstellungen von einem hierarchischen Amt, das mit dem Recht, das Meßopfer darzubringen, ausgestattet ist, und dies mit gesetzgeberischer Autorität, werden in der Theologie Luthers von einer neuen Amtsauffassung ersetzt. Er entdeckt, daß nach dem Neuen Testament alle Christgläubigen als »Priester« bezeichnet werden, indem sie durch Christus zu einer unmittelbaren Gemeinschaft mit Gott Zugang haben und auch verpflichtet sind, geistliche Opfer darzubringen. Die Taufe ist die »Priesterweihe«, die eine Teilhaftigkeit an diese Vorrechte vermittelt. Auf dieses »allgemeine Priestertum« gründet Luther in seinen frühen Schriften von 1519 an auch das spezielle geistliche Amt, dessen Bedeutung er keineswegs unterschätzt. Die äußere Ordnung erfordert, daß bestimmte Personen zur Verwaltung von Wort und Sakrament ausersehen werden, die sozusagen als Delegierte innerhalb der Gemeinde den Auftrag haben, die priesterlichen Funktionen auszuüben.

In den späteren Schriften treten diese Gesichtspunkte zurück, und Luther betont vor allem, daß das besondere geistliche Amt ein direkter göttlicher Auftrag ist, vermittelt durch Personen, die schon in diesem Amt stehen. Da die römisch-katholischen Bischöfe in Deutschland sich weigerten, die evangelischen Prediger zu ordinieren, sahen sich die Reformatoren gezwungen, eine evangelische Ordination einzuführen. Luther verfaßte selbst ein Formular für einen solchen Akt. Durch die Ordination wurde die Kontinuität des Amtes unterstrichen, auch wenn diese Kontinuität nicht an die bischöfliche Weihe gebunden war. Für Luther gibt es nur ein einziges Amt, dem alles zugeordnet ist: das Amt des Wortes oder das Predigtamt. Bischöfe und Lehrer haben das gleiche Amt, sie sind nur für verschiedene Zwecke eingesetzt. Zur rechten Verwaltung des Amtes ist eine öffentliche Berufung erforderlich. Diese erfolgt für Luther durch die Obrigkeit oder durch andere Personen oder Organe, die die Gemeinde repräsentieren, ist gleichzeitig aber eine Berufung durch Gott selbst.

22
Melanchthon

Philipp Melanchthon (1497–1560) war nicht nur Luthers bedeutendster Schüler und Mitarbeiter, er hat auch die reformatorische Theologie selbständig weiterentwickelt. Außerdem hat er nicht nur in der Theologie, sondern auch in den philosophischen Disziplinen eine neue Grundlage für die höhere Unterweisung auf protestantischem Gebiet geschaffen. Nicht umsonst pflegt man ihn den »Praeceptor Germaniae« (Lehrer Deutschlands) zu nennen.

Melanchthon wurde schon mit 21 Jahren Professor des Griechischen an der Universität Wittenberg. Von Luther beeinflußt, schloß er sich freimütig der Reformation an und wandte sich immer mehr der Theologie zu, ohne jedoch dabei seine humanistischen Studien aufzugeben. Er wurde Luthers engster Mitarbeiter und nach seinem Tod der bedeutendste Führer der Reformation in Deutschland, wenn auch sein Name im Luthertum zeitweilig ziemlich umstritten war.

Unter Melanchthons Schriften finden seine aus einem Römerbriefkommentar entstandenen »Loci communes« das größte Interesse, die erste Dogmatik der Reformation, die Luther als »liber invictus, non solum immortalitate, sed et canone ecclesiastico dignus« (ein unbesiegtes Buch, nicht nur der Unsterblichkeit, sondern auch der kirchlichen Kanonizität würdig) preist. Die erste Auflage erschien 1521. Später wurde das Buch von Melanchthon mehrmals umgearbeitet, vor allem die Ausgaben von 1535 und 1543. Anhand der späteren Auflagen läßt sich übrigens deutlich erkennen, in welcher Weise er seine Auffassung von bestimmten Einzelfragen gegenüber der Ausgabe von 1521 änderte.

Melanchthon verfaßte weiterhin die auf dem Reichstag in Augsburg 1530 vorgelegte Verteidigungsschrift der lutherischen Gemeinden, die Confessio Augustana. Im selben Jahr begann er auch die Apologie der Augsburgischen Konfession zu schreiben, die später ebenfalls als lutherische Bekenntnisschrift anerkannt wurde. Unter seinen theologischen Schriften befinden sich auch mehrere Bibelkommentare sowie eine Auslegung des Symbolum Nicänum. Sein »Examen ordinandorum« wurde für die jungen Landeskirchen im Deutschen Reich von großer Bedeutung.

Melanchthons literarische Tätigkeit beschränkte sich keineswegs auf das Gebiet der Theologie. Er schrieb Lehrbücher für mehrere philosophische Disziplinen und kommentierte Aristoteles. Unter anderem gab er eine philosophische Ethik (Philosophia moralis) und eine Darstellung der Dialektik sowie eine Psychologie (De anima) heraus. Durch diese Lehrbücher wurde Melanchthons Wirksamkeit lange Zeit für den ganzen Universitätsunterricht auf protestantischem Gebiet von entscheidender Bedeutung.

Welche Stellung nimmt nun Melanchthon zu Luther ein? Diese Frage war bereits unter den zeitgenössischen Theologen umstritten, und sie ist es noch in der heutigen Forschung. Zuweilen hat man in Melanchthon den treuen Verteidiger und gewissenhaften Interpreten der Lehre Luthers gesehen. Zuweilen hielt man ihn für einen Verfälscher der ursprünglichen reformatorischen Theologie. Er sollte sogar Luthers eigentlichem reformatorischem Anliegen im Grunde fremd gegenübergestanden haben.

Keine dieser Ansichten ist zutreffend. Melanchthon schließt sich der Meinung Luthers niemals völlig an. In bestimmten Punkten ändert er später sogar die Auffassung, die Luther dargelegt und zu deren Dolmetscher er sich anfangs gemacht hatte, was etwa in den verschiedenen Versionen der Loci einen Niederschlag gefunden hat. Seinem Charakter nach war Melanchthon kein epigonenhafter Systematiker, sondern eine in hohem Maße selbständige Persönlichkeit, die bewußt für die Sache der Reformation wirkte. Im Unterschied zu Luther, der sich in die Kampfsituation gerufen wußte, war er eine friedliebende Natur, die nach Harmonie strebte.

Melanchthons Abweichungen von Luther dürften also kaum auf mangelndes Verständnis für die eigentliche Botschaft der Reformation zurückzuführen sein, handelte es sich doch vielmehr um bewußte Veränderungen bei der Darstellung gewisser theologischer Grundfragen. Was diese Veränderungen beinhalteten, soll im folgenden ausgeführt werden.

Melanchthons Lebenswerk trägt eine ganz andere Prägung als das Luthers. Dieser tritt mit prophetischem Bewußtsein auf und gestaltet beim Schreiben seine Aussagen frei. Melanchthon dagegen bevorzugt systematisches Ordnen und abgewogene Formulierungen. Er ist vor allem der Lehrer, Luther der prophetische Verkündiger. In dieser Verschiedenheit lag ein außerordentlicher Gewinn für das reformatorische Werk. Ohne Melanchthons persönlichen Einsatz hätte dieses nicht die Festigung und Verbreitung gefunden, die es dann erhalten hat. Er vor allem legte den Grund für eine Verbindung von Theologie und wissenschaftlicher Bildung, wodurch sich die lutherischen Landeskirchen und die lutherischen Universitäten in älterer Zeit auszeichneten. Er zollte der humanistischen Bildung große Achtung und hielt sie für die Theologie direkt erforderlich, damit diese nicht zu einer unwissenden und wirren Spekulation absinke. Denn ohne eine Verbindung der theologischen Forschung zur humanistischen Bildung würden Irrlehrer leicht Eingang finden und der ganze christliche Glaube der Verachtung anheimfallen.

Die folgende Übersicht über Melanchthons Theologie muß sich auf die Punkte beschränken, in denen er Luthers Anschauung weiterführt oder von ihr abweicht.

In den Loci von 1521 konzentriert sich die Darstellung auf die Frage von Gesetz und Evangelium, Sünde und Gnade. Dies geschieht im Einklang mit dem Programm, das im Vorwort entwickelt wird: Die Theologie soll sich nicht mit den metaphysischen Fragen über das Wesen Gottes oder die Naturen Christi befassen, sondern Dingen zuwenden, die dem Heil der Seele dienen. Erst dann gewinnt man wirkliche Kenntnis von Christus. Christus erkennen bedeutet, seine Wohltaten erkennen (»siquidem hoc est Christum cognoscere beneficia eius cognoscere«). Was nützt es einem Arzt, wenn er weiß, wie die Kräuter aussehen, doch ihre Heilkraft nicht kennt?

Die christliche Erkenntnis besteht darin, daß man weiß, was das Gesetz verlangt und wie das zerknirschte Gewissen aufgerichtet werden kann.

In der Frage der *Willensfreiheit* hat sich Melanchthon anfangs eng an Gedanken in Luthers Schrift »De servo arbitrio« angelehnt. Charakteristisch für ihn ist dabei die anthropologische Begründung: In der Frage rein äußerlicher Handlungen besitzt der Mensch eine gewisse Freiheit; der Wille kann über das Bewegungsvermögen bestimmen. Aber das Gesetz Gottes sieht nicht auf die äußerlichen Handlungen, sondern auf die Bewegungen des Herzens. Diese werden von Melanchthon Affekte genannt. Die inneren Affekte gehorchen nicht dem Befehl des Willens. Was sie betrifft, ist der Mensch also nicht frei. Er besitzt keine Möglichkeit, sein eigenes Herz zu beeinflussen. Ein starker Affekt, z. B. Haß, kann nur durch einen neuen und stärkeren Affekt verändert werden. Dies ist der Grund dafür, weshalb der Mensch im Geistlichen völlig unfrei ist. »Der Christ weiß, daß nichts weniger in seiner Macht steht als sein eigenes Herz.« Damit wird auch begründet, warum der Mensch selber nicht an seiner Rechtfertigung mitwirken kann. Erst wenn der Geist Gottes durch den Glauben Wohnung in ihm nimmt, können die Affekte oder das Herz wahrhaft verändert werden, so daß in ihm ein Kampf zwischen Fleisch und Geist entbrennt.

In den Loci von 1521 schließt sich Melanchthon auch in mancherlei anderer Hinsicht dem »Determinismus« Luthers an. Dieser wird nicht nur durch die eben erwähnten psychologischen Gesichtspunkte, sondern auch durch den Gedanken der Allwirksamkeit Gottes motiviert: Da alles nach göttlicher Vorherbestimmung geschieht, ist der Wille nicht frei. In diesem Punkt sollte Melanchthon später übrigens am weitesten von Luther abweichen. Seit dem Ende der 20er Jahre des 16. Jahrhunderts zieht er dann auch Argumente heran, die eine derartige Prädestinationslehre für ihn unannehmbar machen.

Seine veränderte Einschränkung kommt in den späteren Auflagen der Loci zum Ausdruck: Zwar vermag nur der Geist Gottes allein die Verderbnis der Sünde aufzuheben und die Herrschaft der Affekte zu brechen, in Wirklichkeit aber vollzieht sich dies unter Mitwirkung des Willens. Denn wenn der Geist einen Menschen durch das Wort beeinflußt, kann dieser entweder dem Ruf folgen oder ihn zurückweisen. »Cum trahitur (voluntas) a spiritu sancto, potest obsequi et repugnare« [Wenn (der Wille) vom Heiligen Geist gezogen wird, kann er folgen oder Widerstand leisten] (CR 21, 1078). Die Bekehrung erfolgt im Zusammenwirken dreier Ursachen: des Wortes, des Heiligen Geistes und des menschlichen Willens. In einem Anhang, der sich erstmalig bei den Loci 1548 findet – der ersten Auflage nach Luthers Tod – wird der Gedanke weiterentwickelt: Der Mensch kann seine Unfähigkeit auf den Anruf der Gnade hin, sich zu bekehren, nicht damit entschuldigen, daß er selber nichts auszurichten vermag; denn eben durch das Wort kann er um Gottes Hilfe bitten. In diesem Zusammenhang wird der freie Wille (liberum arbitrium) als eine »facultas applicandi se ad gratiam« (Fähigkeit, sich zur Gnade hinzuwenden) definiert (CR 21, 659). Was Melanchthon hier ausdrücken will, ist keine direkte semipelagianische

Vorstellung. Für ihn ist vollkommen klar, daß das Wirken des Wortes und des Geistes vorausgeht und der Wille von sich aus nichts vermag, sondern nur, wenn er vom Wort gerufen und vom Geist beeinflußt wird. Aber er will einschärfen, daß der Mensch nicht untätig sein darf, indem er nur auf Eingebungen des Geistes oder eine plötzliche Inspiration wartet. Dazu tritt ein weiteres Argument:

Melanchthon lehnt auch den *Prädestinationsgedanken* in der Form ab, in der er ihn zuerst dargestellt hat. Gott erwählt den Menschen zum Heil und führt sein Heilswerk im Einklang mit seinem ewigen Ratschluß aus. Dies kann jedoch nicht bedeuten, daß Gott auch die Verdammung der bösen Menschen vorausbestimmt. Dann wäre Gott Ursache des Bösen, was aber dem Wesen Gottes widerstreiten würde. Der Grund dafür, daß der eine erwählt und der andere verdammt wird, muß daher beim Menschen liegen. Die Verheißung ist universal. Wenn Saul verworfen, David aber angenommen wird, muß dieser Unterschied seinen Grund in ihren eigenen Verhaltensweisen haben. Die göttliche Erwählung ist eine »arcana et aeterna electio« (verborgene und ewige Erwählung), über die wir uns nur hinterher ein Urteil bilden können. Die Menschen, die im Glauben die Barmherzigkeit Gottes um Christi willen annehmen, sind auserwählt. Der Ruf ist universal, und wenn ein Mensch verworfen wird, dann kommt dies daher, daß er sich dem Ruf verschlossen hat. Melanchthon dürfte danach in dieser Frage kaum als Synergist einzustufen sein, er hat aber das Willensmäßige, das Menschliche bei der Bekehrung betonen wollen. Gleichzeitig hat er sich in der Prädestinationslehre von Luthers »doppeltem« Prädestinationsgedanken und der Vorstellung von Gottes Allwirksamkeit als Grund der Prädestination distanziert.

In der *Rechtfertigungslehre* hat Melanchthon mit großer Schärfe den reformatorischen Standpunkt formuliert, gleichzeitig jedoch in gewissem Maße die Grundgedanken verändert, die uns bei Luther entgegentreten. Dies gilt besonders für die spätere Ausformung der reformatorischen Lehre durch Melanchthon. Noch in der Apologie kann er davon reden, wie im Glauben ein wirkliches »iustum fieri« (gerecht werden) geschieht, ein Rechtfertigen des ganzen Menschen, gleichzeitig damit, daß er vor Gottes Richterstuhl für gerecht erklärt (justum reputari [als gerecht ansehen]) wird. Später fixiert Melanchthon dagegen den Sprachgebrauch dahin, daß Rechtfertigung im paulinischen Sinn nur eine Gerechterklärung bedeutet. Man spricht in diesem Zusammenhang von einer »forensischen« Rechtfertigung (von »forum« = Markt, Gerichtsplatz), da sie als Freispruch vor einem himmlischen Richterstuhl gedacht ist.

Diese Gerechterklärung mit der konkreten Erneuerung gedankenmäßig zu verbinden, konnte schwierig erscheinen. Melanchthon hat dadurch in diesem Punkt eine Problematik eingeführt, die uns so bei Luther nicht begegnet. Nach seiner Auffassung wird der Mensch des Geistes teilhaftig, indem er sich im Glauben das Verdienst Christi zueignet. Glaube bedeutet Teilhabe an Christus. Schon in der Imputation selbst liegt zugleich die Erneuerung. Denn sie ist nicht nur ein juristischer Urteilsakt, sondern auch Gottes lebendigmachendes Wort, das den Menschen aufrichtet und neu gebiert. Nach Melanchthon wirkt die Imputation dagegen etwas anderes als die Erneuerung: Sie ist ein Zurechnen der Gesetzeserfüllung Christi. Dieses geschieht vor dem himmlischen Richterstuhl; das Eingießen des Geistes dagegen folgt darauf, ohne damit organisch verbunden zu werden.

Diese Sicht der Dinge sollte im Streit mit Osiander (vgl. unten) von entscheidender Bedeutung werden. Melanchthons Darstellung der Rechtfertigung erwies sich dabei als ein wirksamer Schutz für die wesentlichen Aussagen der reformatorischen Anschauung, während jedoch gleichzeitig etwas vom Reichtum der Gedanken Luthers verlorengegangen war.

Melanchthon beschreibt die *Buße*, wie in der evangelischen Bußlehre dann üblich wurde, als Reue und Glaube oder – in Analogie mit dem biblischen Sprachgebrauch – als Tötung (mortificatio), gewirkt durch das Gesetz, und Lebendigmachung (vivificatio), gewirkt durch das Evangelium. Die beiden Wirkungen des Wortes »Buße« werden dabei mehr oder weniger als psychisch, erfahrungsgemäß abgrenzbar vorgestellt.

Sofern man nur diese Beobachtungen – daß die Aktivität des Willens bei der Bekehrung betont ist, Rechtfertigung und Erneuerung getrennt gedacht werden und die Buße teilweise in zwei Stadien aufgefaßt wird – zusammennähme, könnte man bei Melanchthon eine Tendenz in der Richtung zur späteren Ordo-salutis-Lehre (Lehre von der Heilsordnung) mit ihrer Zerlegung des Christenlebens in verschiedene Ereignisse vermuten. Man findet jedoch bei Melanchthon eine derartige Lehre nicht, sondern nur eine Darstellung der evangelischen Bußlehre in klaren und deutlichen Formulierungen, wie sie sich in der Reformation entwickelte.

Das *Gesetz* hat in der Theologie Melanchthons teilweise eine andere Stellung als bei Luther. Es wird als göttliche, unveränderliche Ordnung betrachtet, auf die der Mensch verpflichtet ist. Zu den zwei Anwendungsformen des Gesetzes, von denen Luther spricht, seinem »usus civilis« und »usus theologicus« (vgl. S. 171), fügt Melanchthon noch eine dritte hinzu, den »usus tertius in renatis« (den dritten Gebrauch bei den Wiedergeborenen). Damit wird zum Ausdruck gebracht, daß auch der Wiedergeborene unter der Verpflichtung des Gesetzes steht und in der Predigt des Gesetzes eine Norm und Richtschnur hat, wonach er sich in seinem Leben richten soll. Er braucht das Wort des Gesetzes als Stütze und Wegleitung, denn er ist mit Schwachheit behaftet und kommt leicht zu Fall.

Im Pietismus ist diese ursprüngliche Lehre vom dritten Gebrauch des Gesetzes so umgedeutet worden, daß damit ein besonderes und strengeres Gesetz Gültigkeit erlangte, das nur von den Gläubigen erfüllt werden konnte, also ein Gegenstück zu der römischen Lehre von den evangelischen Ratschlägen.

Mit dem pädagogischen Charakter der Theologie Melanchthons hängt teilweise zusammen, daß die »reine Lehre« so stark betont wird. Dieser Grundzug prägt die ältere evangelische Theologie überhaupt und ist teilweise auch eine Folge des reformatorischen Schriftprinzips und des damit zusammenhängenden Glaubensverständnisses.

Der zunehmende Doktrinarismus Melanchthons zeigt sich unter anderem in seiner Lehre von der *Kirche*. Er betont die sichtbare Kirche, die »ecclesia visibilis«, überaus stark, die aus den Menschen besteht, die sich zur reinen Lehre bekennen und die Sakramente gebrauchen. Somit werden nicht nur die Verkündigung des Wortes, sondern auch die reine Lehre Kennzeichen der wahren Kirche: »Ecclesia visibilis est coetus amplectentium evangelium Christi et recte utentium sacramentis, in quo deus per ministerium evangelii est efficax et multos ad vitam aeternam regenerat, in quo coetu tamen multi sunt non renati, sed de vera doctrina consentientes.« Die sichtbare Kirche ist die Versammlung derjenigen, die das Evangelium Christi ergreifen und die Sakramente recht gebrauchen, in der Gott durch den Dienst des Evangeliums wirksam ist und viele zum ewigen Leben erneuert, in der es aber auch viele gibt, die nicht wiedergeboren, aber mit der wahren Lehre in Übereinstimmung sind (CR 21, 826).

Ein anderer Zug, der bezeichnend für Melanchthons Kirchenverständnis ist, besteht in der Betonung des Lehramtes, weshalb auch der Gehorsam ihm gegenüber stark hervorgehoben wird. Entsprechend werden die Gemeindeglieder in solche, die lehren, und solche, die hören, eingeteilt; damit hat der lutherische Gedanke vom allgemeinen Priestertum etwas von seinem Einfluß verloren. Auch das Verhältnis der Kirche zur weltlichen Obrigkeit ist von Melanchthon in etwas anderer Weise als bei Luther formuliert worden. Es wurde aber in der von ihm gefaßten Form für die Folgezeit vorbildlich. Der Staat übernimmt danach die Machtfunktionen und die äußere Verwaltung der Kirche, ist aber gleichzeitig für deren Schutz und Unterhalt verantwortlich. Der Fürst ist »custos utriusque tabulae« [Wächter über beide Tafeln (des Gesetzes)], das heißt auch Verteidiger des Glaubens und der rechten Gottesverehrung. Von ihm wird in allem, was die Verwaltung des Wortes Gottes und der rechten Lehre in der Gemeinde angeht, Gehorsam gegenüber dem Lehramt erwartet.

Da die ökumenischen Symbole wie die Übereinstimmung mit altkirchlicher Auffassung in Melanchthons Theologie immer größere Bedeutung finden, erblickt man bei ihm einen *Traditionalismus*. Aus diesem Grunde sieht er sich nicht imstande, Lehren zu vertreten, für die er in der ältesten Kirche keinen Anhalt findet. Dennoch betrachtet Melanchthon die Tradition nicht als Instanz neben der Heiligen Schrift: Sie ist für ihn nur das Medium, durch das uns die ursprüngliche Offenbarung zuteil wird und ohne das wir die Schrift nicht richtig auslegen können. Daher wird gerade der ältesten Tradition große Bedeutung beigemessen. Die Schrift und die richtig geläuterte Tradition bilden damit eine Einheit. Ein Beispiel für Melanchthons starke und prinzipielle Abhängigkeit von den Kirchenvätern begegnet uns in der Abendmahlslehre. Er stellt sich kritisch zu der von Luther hierbei in Anwendung gebrachten Ubiquitätslehre, weil er in der alten Tradition keinen Anhalt für eine solche Betrachtung des Abendmahls findet. Er hält an der Realpräsenz fest, meint aber, daß die

Argumentation, die von der Ubiquität her erfolgte, nicht geeignet sei, sie richtig zu interpretieren. Der Leib Christi befindet sich im Himmel, aber kraft seiner göttlichen Allmacht kann Christus im Abendmahl gegenwärtig sein. Sein Leib ist nicht in das Brot eingeschlossen, aber er ist beim Gebrauch des Sakraments (in usu eucharistiae) leiblich gegenwärtig, *mit* dem Brot, aber nicht *in* dem Brot.

Zum Schluß einige Bemerkungen zur dogmatischen *Methodenlehre* Melanchthons: Seine starke humanistische Verankerung hatte zur Folge, daß er die Bedeutung der allgemeinen Bildung für die Theologie betonte. Sollte darum die Verkündigung der Kirche nicht der Barbarei verfallen, wäre es unerläßlich, die Kenntnisse der Sprachen und der Philosophie auch in der Theologie zu fördern. Weiter war für ihn auf Grund seines humanistischen Bildungsideals wichtig, eine klare Disposition des Stoffes und eine verständliche Darstellungsweise zu pflegen. In den späteren Auflagen der Loci ist eine entsprechende Disposition durchgeführt, die für die dogmatischen Darstellungen der folgenden Zeit im Luthertum maßgebend wurde.

Danach hat die Theologie ihre Darstellung nicht auf die Methoden der rationalen Wissenschaften, sondern auf die Heilige Schrift aufzubauen. Schon in der Schrift selbst, wie auch vorbildlich im Glaubensbekenntnis oder in der Glaubensregel der alten Kirche, kann man eine bestimmte innere Ordnung beobachten, nach welcher die theologische Darstellung aufgebaut werden konnte. Gemäß diesem Grundsatz folgt Melanchthon in seinen Loci – wie sie in den späteren Ausgaben dann gestaltet wurden – einer heilsgeschichtlichen Ordnung.

In der Forschung war es lange üblich, verschiedene Tendenzen der weiteren lutherischen Entwicklung auf Melanchthon und seine Abweichungen von der Theologie Luthers zurückzuführen. In bestimmtem Maße ist dies begründet, doch man darf nicht übersehen, daß die lutherische Orthodoxie oft bewußt von Melanchthons Linie abweicht und sich gegen ihn wendet, besonders an Punkten, in denen er sich von Luther distanziert. Diese Opposition machte sich übrigens schon zu Melanchthons Lebzeiten in den theologischen Streitigkeiten geltend, die zwischen seinen Anhängern, den Philippisten, und den sogenannten Gnesiolutheranern ausgetragen wurden.

23
Zwingli

Die Bedeutung des Schweizer Reformators Huldrych (Ulrich) Zwingli in der Geschichte der Theologie soll hier nur in aller Kürze berührt werden. Seine Abendmahlslehre wurde bereits im Zusammenhang mit Luthers Theologie behandelt.

Huldrych Zwingli (geboren 1484) wurde nach Studien in Wien und Basel 1506 Magister und danach Pastor in Glarus; später wirkte er in Maria-Einsiedeln; seit

1519 war er »Leutpriester« am Großmünster in Zürich. Er studierte die Theologie der Scholastik in ihrer thomistischen Form, schlug aber frühzeitig andere Wege ein. 1516 lernte er Erasmus von Rotterdam kennen und empfing starke Eindrücke von dessen Schriften. Er wurde daraufhin Schüler dieses Gelehrten, entsprechend deckt sich anfangs sein Standpunkt mit dessen humanistischem Reformchristentum: das Volk sollte durch die Verkündigung des reinen Evangeliums Christi, vor allem der ethischen Grundsätze der Bergpredigt, »aufgeklärt« werden. Auf diese Weise erhoffte man, daß allmählich – wie von selbst – eine Besserung des Kultes und der Sitten eintreten werde.

In den Jahren 1519–1520 änderte Zwingli seine Auffassung. Nachdem er erkannt hatte, daß das humanistische Reformprogramm nicht zu dem erhofften Resultat führte, brach er mit Erasmus. Er wandte sich von der pelagianischen Auffassung ab, die er bei diesem Humanisten gefunden hatte, und sah den Menschen in völliger Verderbnis, aus der er nur durch die erneuernde Macht Christ gerechtfertigt werden könne.

Die Gründe dieses Umschwungs zu einer reformatorischen Anschauung sind in der Zwingli-Forschung viel diskutiert worden. Zuweilen hat man ihn in vollem Umfang von Luthers Schriften, die Zwingli seit 1518 allmählich kennenlernte, herleiten wollen. Dagegen sprechen jedoch seine eigenen Angaben, nach denen er vor dieser Zeit das Evangelium auf eigene Faust zu verkündigen begonnen habe, sowie seine starke Distanzierung von Luther. Die Äußerungen, in denen Zwingli seine Selbständigkeit gegenüber Luther betont, dürften jedoch teilweise von dem Bestreben bestimmt sein, die schweizerische Reform außerhalb des Wirkungsbereichs des Wormser Ediktes zu halten, das über Luther *und* seine Anhänger die Acht aussprach. Daß Luthers Schriften für Zwingli viel bedeutet haben, nicht zuletzt als Impuls zur praktischen Reformarbeit, ist aber unbestreitbar.

Man ist heute jedoch im allgemeinen geneigter als früher, Zwinglis Selbständigkeit zu betonen. So weisen auch die in letzter Zeit entzifferten und herausgegebenen Randbemerkungen in Schriften aus Zwinglis Bibliothek auf Augustin als Quelle. Von ihm hat Zwingli weitgehend die Erbsünden- und Gnadenlehre übernommen, die den Bruch mit seiner früheren humanistischen Position veranlaßten. Eine andere Ursache, auf die man hingewiesen hat, ist Zwinglis lange Erkrankung an der Pest, die ihn im Herbst 1519 befiel und eine tiefe religiöse Krise bei ihm hervorrief.

Unter Zwinglis Führung entwickelte sich in Zürich die Reformation Schritt für Schritt in den Jahren nach 1519. Sie brachte dabei nicht nur eine religiöse, sondern auch eine tiefgreifende soziale Umwälzung. Überhaupt ist das Reformprogramm Zwinglis durch eine besonders strenge Ethik und ein theokratisches Staatsideal gekennzeichnet.

Trotz seiner reformatorischen Einstellung gab Zwingli den humanistischen Standpunkt nie ganz auf. Seine Anschauung ist überhaupt eine Mischung von antiken, renaissancetheologischen und reformatorischen Elementen. Wie erwähnt, übernimmt er die augustinische Erbsündenlehre. Dagegen lehnt er den Gedanken einer Erbschuld ab. Schuld tritt demgemäß erst mit der aktuellen Gesetzesübertretung ein und haftet deshalb nicht einem Zustand an, der ererbt ist. Nach einer anderen für ihn charakteristischen Vorstellung kamen gewisse aufgeklärte Heiden durch ihre Vernunft zu einer erlösenden Erkenntnis und konnten wie die Christen das Heil erlangen.

Grundlegend für die Theologie Zwinglis ist ein metaphysischer Gegensatz zwischen Geist und Materie. Der Geist repräsentiert einen eigenen Bereich; es ist undenkbar, daß er in das Körperliche oder Äußere eingeht. Daher scheidet Zwingli streng zwischen Göttlichem und Menschlichem bei Christus und vertritt die Ansicht, daß der Glaube sich nur auf die göttliche Natur Christi bezieht. Dem Wort kommt keine größere Bedeutung zu, denn der Glaube wird nicht durch das äußere Wort, sondern durch direkte Einwirkung Gottes oder des Heiligen Geistes geweckt. Am bekanntesten sind die Konsequenzen, die diese Grundanschauung für die Sakramentslehre hat (vgl. oben S. 188f.). Danach werden weder die Taufe noch das Abendmahl als Gnadenmittel im eigentlichen Sinne des Wortes bezeichnet. Der Kindertaufe wird keine schuldtilgende Wirkung beigemessen. Wie aus dem Angeführten hervorgeht, gelten die Kinder vor den Werksünden für schuldlos. Auch das Abendmahl wird nicht als Sakrament zur Vermittlung der Sündenvergebung betrachtet; es wird statt dessen für eine symbolische Gedächtnishandlung angesehen (vgl. oben S. 187f.).

Ein großer Teil der literarischen Werke Zwinglis widmet sich praktischen und politischen Fragen. Von seinen theologischen Schriften ist besonders die König Franz I. von Frankreich zugeeignete Lehrzusammenfassung »De vera et falsa religione commentarius« von 1525 zu nennen, und von seinen Schriften über das Abendmahl sind es »Eine klare Unterrichtung vom Nachtmahl Christi« von 1526 und die an Luther gerichtete »Amica Exegesis« von 1527.

Bei den Versuchen, die Reformationsbewegung auch auf die übrige Schweiz auszudehnen, wurde Zwingli immer tiefer in eine politische Tätigkeit hineingezogen. Aktiv nahm er Anteil an den nie ausgeführten Plänen einer europäischen Koalition gegen Habsburg. Außerdem eiferte er stark für eine einheitliche evangelische Staatsbildung in der Schweiz mit Zürich und Bern an der Spitze. Die katholischen Orte sollten danach mit Waffengewalt unterworfen werden. Zwingli erfuhr jedoch in dieser Frage auch Widerstand in den eigenen Reihen; und als es schließlich zu einem regelrechten Bürgerkrieg kam, waren die Evangelischen zersplittert und stark unterlegen. In der Schlacht bei Kappel (1531) erlitten sie eine Niederlage, und Zwingli, der in voller Bewaffnung am Kampf teilnahm, fiel. – Zwinglis Tod auf dem Schlachtfeld unterstreicht deutlich die nationale und politische Ausrichtung seines Lebenswerkes. Zugleich zeigt sich darin eine Einstellung zum Reformationswerk, die anders als die lutherische ist.

24
Calvin

Während der Einfluß Zwinglis örtlich begrenzt blieb, wurde die Theologie Johannes Calvins allmählich für das gesamte reformierte Christentum bestimmend.

Ein Vorgänger Calvins war der bereits erwähnte *Martin Bucer*, der Reformator Straßburgs, der in seiner Theologie Einflüsse des Bibelhumanismus (Erasmus) und Luthers miteinander verband. Im Abendmahlsstreit zwischen Luther und Zwingli nahm er eine vermittelnde Haltung ein. Er bereitete auch in vielerlei Hinsicht den Boden für die calvinistische Auffassung, etwa hinsichtlich der Prädestinationslehre und des Gedankens von Gottes Ehre sowie vom Ziel des Weltenablaufs. Die von ihm in Straßburg eingeführte Gemeindeordnung erinnert ebenfalls an die Form, wie sie später von Calvin gestaltet wurde. Während eines Aufenthalts in dieser Stadt (1538–1541) empfing Calvin starke Eindrücke von Bucers Theologie und Kirchenpolitik. Bucer hielt sich später als Verbannter in England auf und nahm dort großen Einfluß auf die Reorganisation der anglikanischen Kirche unter Edward VI.

Johannes Calvin (Johan Cauvin), geboren 1509 in Frankreich, erhielt eine vielseitige Ausbildung, unter anderem in der Jurisprudenz. Hinsichtlich der evangelischen Theologie war er weithin Autodidakt und lernte die Gedanken Luthers hauptsächlich durch literarische Vermittlung kennen. Um seiner Glaubensüberzeugung willen mußte er 1534 aus Frankreich fliehen und kam nach Basel, wo er 1536 eine katechetische Lehrdarstellung, die »Institutio religionis christianae«, herausgab, die unter anderem der Verteidigung der Glaubensbrüder in Frankreich dienen sollte. Im selben Jahr kam er nach Genf, wo er der Führer des Reformationswerkes wurde und – oft mit harten Mitteln – eine strenge Kirchenzucht übte. Er schuf dort eine neue Gemeindeordnung, die auf einer Organisation von Presbytern gegründet und eng mit der weltlichen Obrigkeit verbunden war. Calvin starb 1564 in Genf.

Bereits in der Institutio von 1536 liegt Calvins reformatorische Anschauung im großen und ganzen abgeschlossen vor. Aber in späteren Auflagen (1543 und 1559) hat er die Arbeit zu einer umfassenden Dogmatik erweitert, vergleichbar mit Melanchthons Loci, aber in einer strengeren systematischen Ordnung aufgebaut. Die dritte Version (1559), die letzte von ihm selbst redigierte, teilt den Lehrstoff in vier Bücher ein, von denen das erste von Gott dem Schöpfer handelt, das zweite von Gott dem Erlöser, das dritte von der Art und Weise, in der wir die Gnade Christi empfangen, und das vierte von den äußeren Mitteln, mit denen Gott uns zur Gemeinschaft Christi einlädt und darin erhält (die Kirche und die Sakramente). Über die »Institutio religionis christianae« hinaus umfaßt Calvins literarisches Schaffen eine große Anzahl von Kleinschriften, Predigten, Briefen und Kommentaren zu so gut wie allen Büchern der Bibel.

Obwohl Calvin in gewisser Hinsicht die Tradition Zwinglis und Bucers weiterführt (nicht zuletzt auf kirchenpolitischem Gebiet), darf nicht übersehen werden, daß er sich in erster Linie als getreuer Schüler Luthers betrachtet und im Grunde dessen Standpunkt zu vertreten glaubt. Seine Theologie jedoch trägt wie die Melanchthons eine andere Prägung als die Luthers und zeigt auch Einflüsse von anderer Seite. – Einige der wichtigsten Grundgedanken sollen im folgenden skizziert werden.

Der Gedanke der *Ehre Gottes* nimmt in Calvins Theologie eine zentrale Stellung ein. »La gloire de Dieu« (Herrlichkeit Gottes) ist das Ziel der ganzen göttlichen Welt- und Heilsordnung wie auch des menschlichen Handelns. »Totum mundum (Deum) hoc fine condidisse, ut gloriae suae theatrum foret« (Die ganze Welt hat Gott mit der Absicht geschaffen, daß sie ein Schauplatz seiner Ehre sein solle – CR 36, 294). Dementsprechend sollen die Werke des Christen dazu dienen, die Ehre Gottes zu mehren. Die absolute Unterwerfung unter Gottes Willen und der Gehorsam gegenüber seinem Gesetz sind Fundamente des calvinischen Glaubens. Durch fleißige Arbeit im Beruf und aktives Mitwirken in der Sache des Reiches Gottes soll der Christ seinen Glauben beweisen und zugleich die Ehre Gottes mehren.

In enger Verbindung mit dem Gedanken der »gloria Dei« als Endziel der Welt steht die Lehre von *Gottes Vorsehung*, der »providentia Dei«: alles Geschehen wird durch Gottes allmächtigen Willen und unter seiner aktiven Mitwirkung vorangetrieben. In Gottes All-Wirken ist auch das menschliche Handeln einbegriffen, das gute wie das böse. Auf die Frage: Wie ist da noch Freiheit möglich? antwortet Calvin, daß diese Vorsehung Gottes nicht wie ein äußerer Zwang (coactio externa) wirkt, sondern nur bedeutet, daß alles, was geschieht, unter einer höheren Notwendigkeit (necessitas) steht. Die psychische Freiheit im menschlichen Handeln wird damit also nicht ausgeschlossen. Daß Gott auch in dem bösen Geschehen wirkt, darf nach Calvin nicht nur als ein Zulassen (permissio) gedeutet werden, sondern geht auf Gottes tätigen, für uns unergründlichen Willen zurück. Gott hat somit auch den Fall des ersten Menschen gewollt, wie er manche Menschen zum Verderben bestimmt und ihnen seinen Geist entzieht.

Damit wurde bereits Calvins *Prädestinationslehre* berührt, der Punkt, der oft als die »Hauptlehre« des Calvinismus bezeichnet wird. Wie der ganze Weltablauf unter der Vorsehung Gottes steht, so hängt auch die Erlösung oder Verdammnis eines jeden Menschen von Gottes allmächtigem Willen und seiner Vorherbestimmung ab. Oder mit Calvins eigenen Worten: »Prädestination nennen wir Gottes ewigen Ratschluß, durch welchen er bei sich selbst bestimmt hat, was nach seinem Willen mit einem jeden Menschen geschehen soll. Denn nicht alle werden unter den gleichen Bedingungen geschaffen: Für einige wird ewiges Leben bestimmt, für andere ewige Verdammnis. Je nachdem, wie jemand für das eine oder andere Endziel geschaffen ist, danach ist er, so sagen wir, zum Leben oder zum Tod prädestiniert« (CR 29, 864 = Institutio III, 21,5).

Es handelt sich demnach um eine Vorherbestimmung zur Seligkeit wie zur Verdammnis, also eine doppelte Prädestination. Calvin betont, daß auch die Verwerfung auf Gottes ewiger Vorherbestimmung beruht, und ist der Meinung, daß man dies in der Verkündigung keineswegs verschweigen dürfe. Auch die Verdammung und ewige Strafe der bösen Menschen dient zu Gottes Ehre und Verherrlichung. Gott ist nicht der Urheber des Bösen, aber er hat seine geheimen, unergründlichen Absichten damit. Auch wenn er verwirft, bleibt Gott gerecht, obwohl diese Gerechtigkeit über alle menschlichen Normen hinausgeht. Sie ist daher unergründlich und gehört zum Wesen des verborgenen Gottes.

Calvin ist davon überzeugt, daß dieser Prädestinationsgedanke die Gewißheit des Menschen über seine Erlösung nicht beeinträchtigt, sie vielmehr unterstützt. Denn nach seiner Ansicht erweist sich durch diese Auffassung geradezu, daß die Erlösung des Menschen sich auf einen ewigen Ratschluß gründet und nicht darauf basiert, was er von sich aus tut. Der doppelte Prädestinationsgedanke ist somit hier wie bei Augustin die äußerste Garantie für die Erlösung allein aus Gnade. Weiter wird der ewige Ratschluß auf das engste mit der in der Zeit verwirklichten Heilsordnung verbunden. Berufung und Rechtfertigung sind bestimmte Zeichen dafür, daß ein Mensch auserwählt ist. In entsprechender Weise haben die Verworfenen darin ein Zeichen ihrer Verwerfung, daß sie von der Erkenntnis Christi oder der Heiligung ausgeschlossen werden.

In Calvins Prädestinationsdenken wird eine Gerechtigkeit Gottes vorausgesetzt, die über all das hinausgeht, was Menschen Gerechtigkeit nennen. Die bei Gott herrschende Ordnung kann nicht mit demselben Maßstab wie die Ordnung der Schöpfung gemessen werden: auch ist sie nicht von der menschlichen Vernunft zu ergründen. Gleichzeitig macht Calvin jedoch geltend, daß zwischen göttlicher und menschlicher Gerechtigkeit ein bestimmter Zusammenhang besteht. Im Werk der Schöpfung hat der Mensch ein Zeugnis von Gott, und er kann mit seiner Vernunft zu einer gewissen Erkenntnis über ihn gelangen – zur sogenannten natürlichen Gotteserkenntnis. In gleicher Weise ist das Gesetz, das in der Schöpfung herrscht, ein Abbild der Gerechtigkeit des ewigen Gottes. In seinem Wissen vom Gesetz hat der Mensch also Kenntnis von Gottes ewigem Gesetz und seiner Gerechtigkeit.

Es herrscht danach Gleichheit und zugleich Gegensatz oder Verschiedenheit zwischen Göttlichem und Erschaffenem. Diese Vorstellung, die ihr Gegenstück in der des mittelalterlichen Thomismus von einer »analogia entis« (Seinsanalogie) hat, trug auch dazu bei, der Prädestinationslehre Calvins ihre Prägung zu geben. Die Gerechtigkeit, die sich darin äußert, daß Gott auf Grund eines ewigen Ratschlusses verwirft, ist für den Menschen unergründlich und widerspricht dem, was wir sonst Gerechtigkeit nennen. Trotzdem ist diese Verwerfung Ausdruck göttlicher Gerechtigkeit, sie steht im Einklang mit der Gerechtigkeit Gottes. Es ist ausgeschlossen, daß Gott außerhalb allen Gesetzen stehen (»exlex« sein) oder die Prädestination eine Regung blinden Gutdünkens sein könnte.

Da es darum geht, die theologiegeschichtliche Stellung Calvins zu zeigen, ist die Kombination der eben erwähnten, scheinbar gegensätzlichen Vorstellungen ein wichtiger Punkt. Die doppelte Prädestinationslehre verbindet ihn mit der Theologie

Luthers, während der Analogiegedanke stark an die mittelalterliche, vor allem thomistische Tradition erinnert.

Der Einfluß des Analogiegedankens bewirkt, daß die Prädestinationslehre Calvins eine andere Prägung und Ausformung als die lutherische erhält. Bei ihm vollzieht sich auch eine andere Anwendung dieser Gedanken als bei Luther. Die Vorstellung einer ewigen doppelten Erwählung wird von Calvin in die Lehre von der Heilsaneignung selbst eingebracht, während Luther in dem entsprechenden Zusammenhang betont, daß man sich von dem verborgenen Gott abwenden und an den offenbarten Gotteswillen, die für alle gültige Versöhnung in Christus, halten soll.

In diesem Punkt lehnt die lutherische Tradition den calvinistischen Prädestinationsgedanken ab: Gegenüber der Vorstellung einer doppelten Prädestination wird auf die Schriftstellen hingewiesen, die von einem universalen Heilswillen oder von der Versöhnung der ganzen Welt reden (1. Tim. 2,4; 1. Joh. 2,2).

In seiner Prädestinationslehre wie auch sonst stützt sich Calvin vor allem auf das *Schriftprinzip*: Die Theologie soll darstellen, was in der Bibel niedergelegt ist. Der Gedanke der Inspiration der Schrift wird damit zur Lehre vom Diktat des Heiligen Geistes, unfehlbar von jenen Menschen vermittelt, die die Worte der Schrift niederschrieben. Es dürfte nicht eingängig sein, Calvin als Begründer der orthodoxen Inspirationslehre zu bezeichnen, da entsprechende Theorien bereits in der alten Kirche bekannt waren. Die Inspirationslehre hat auch in der späteren calvinistischen Tradition eine Ausgestaltung erfahren, bei der die Eingebung – mehr als in der lutherischen Theologie – in mechanischer Art verstanden wurde; es ist aber eine umstrittene Frage, ob man diese mechanische Inspirationslehre auf Calvin zurückführen darf.

Das Alte Testament nimmt bei Calvin eine andere Stellung als in der lutherischen Theologie ein: Das zeremonielle Mosaische Gesetz ist mit dem Erscheinen Christi abgeschafft. Dagegen gilt das alttestamentliche Moralgesetz auch für die Christen. Sie stehen unter seiner Verpflichtung und sollen ihren Wandel nach den Vorschriften führen, die man der Gesetzesverkündigung der Schrift entnehmen kann. Desgleichen soll das gesellschaftliche Leben nach der Richtschnur der biblischen Gesetze gestaltet werden. Das Mosaische Gesetz hat somit für Calvin in gewisser Hinsicht noch immer Gültigkeit.

Trotz der Stellung, die das *Gesetz* bei Calvin einnimmt, betont er mit größter Schärfe, daß unsere Gerechtigkeit vor Gott nicht von Gesetzeswerken kommt, auch nicht von der Erneuerung, die durch den Geist gewirkt wird. Er wendet sich danach gegen Osiander und kritisiert in diesem Punkt auch Augustin, indem er gegen beide die forensische oder imputative Rechtfertigung hervorhebt.

Bei Calvin herrscht die Tendenz, die Heiligung zum Ziel der Rechtfertigung zu machen. Der Einklang mit Gottes Willen ist das Ziel der Heiligung, und sie wird als Mittel zur Mehrung der Ehre Gottes verstanden. Damit ergibt sich für den Menschen die Aufgabe, durch einen Wandel in strenger Übereinstimmung mit dem göttlichen

Gesetz Zeugnis vom Glauben abzulegen. Auf diese Weise wird er dann zur Gewißheit kommen, daß er zur Zahl der Prädestinierten gehört. Insofern nur das Gesetz eine ewige Ordnung und ein unmittelbarer Ausdruck des Willens Gottes ist, muß es auch für den Wiedergeborenen gelten und eine Regel für sein Handeln bilden. Das Gesetz ist somit die Norm für das Leben in der Heiligung.

Eine strenge Enthaltsamkeit und fleißige Arbeit im äußeren Beruf kennzeichnen die calvinistische Frömmigkeit. Man hat diesen Zug eine »innerweltliche Askese« genannt, die auf protestantischem Gebiet die mittelalterliche Mönchsaskese ersetzt haben soll. Im Calvinismus verbindet sich jedoch die praktische, pflichtbetonte und weltoffene Einstellung mit einer starken Betonung der Pilgerschaft in dieser Welt und des jenseitigen Lebens als dem Endziel und dem einzig Wesentlichen im Menschenleben.

Calvin unterscheidet zwischen *sichtbarer* und *unsichtbarer* Kirche. Letztere stellt die Summe der Erwählten dar. Die sichtbare Kirche wird vom Wort, von den Sakramenten und der Kirchenzucht konstituiert. Die Gemeindeordnung – bei der man mit vier Ämtern rechnet (Pfarrer, Lehrer, Älteste und Diakone) – soll sich nach bestimmten, der Bibel entnommenen Vorschriften richten. Insofern zu den kirchlichen Aufgaben die genaue Kontrolle der Sitten, eine »spiritualis jurisdictio« (geistliches Gerichtwesen) gehört, soll diese Kirchenzucht auch durch die weltliche Obrigkeit gefördert werden; sie hat nämlich nach calvinistischer Auffassung nicht nur für die äußere Ordnung in der Gesellschaft zu sorgen, sondern auch der rechten Religion ihre Stütze zu bieten. Die Obrigkeit ist Gottes Dienerin und hat dem Lehramt in allen die Religion und Moral betreffenden Fragen zu gehorchen.

Das kirchenpolitische Programm, zu dessen mustergültiger Durchführung Calvin in Genf Gelegenheit hatte, zeichnete sich durch eine strenge Organisation und eine genaue Überwachung der Sitten aus. Die unerbittliche Strenge, mit der die Behörden Lehrabweichungen verfolgten, beruhte nicht so sehr auf despotischer Herrschsucht Calvins als auf rücksichtslosem Eifer für die evangelische Wahrheit. Der bekannteste – aber bei weitem nicht einzige – der Ketzerprozesse im Genf Calvins ist der, in welchem der Antitrinitarier Michael Servet auf Grund seiner Abweichungen vom kirchlichen Bekenntnis zum Feuertod verurteilt worden ist.

Nächst der Prädestinationslehre ist das *Abendmahlsverständnis* wichtigster Kontroverspunkt zwischen dem Luthertum und der calvinistischen Anschauung. Wogegen sich Calvin in der lutherischen Auffassung vor allem wendet, ist, daß man in den Einsetzungsworten keine bildliche Ausdrucksweise findet, sondern das Brot im substantiellen Sinne als den Leib Christi versteht; weiter, daß man den Leib Christi als unendlich und allgegenwärtig auffaßt, ohne örtliche Begrenzung (extra locum).

Calvin vertritt jedoch keineswegs eine rein symbolische Abendmahlslehre: ihm geht es wirklich um ein Teilhaben an Christi Leib und Blut. Da aber der Leib Christi sich im Himmel befindet und insofern örtlich begrenzt ist, kann er nicht in körperlicher, »wesenhafter« Weise in den Elementen gegenwärtig sein. Eine leibliche Gegenwart im Abendmahl ist auch nicht erforderlich. Der Geist Christi vermag nämlich die Gläubigen mit dem im Himmel befindlichen Christus zu vereinen. Denn der Geist ist nicht begrenzt, er kann auch vereinen, was räumlich weit voneinander getrennt ist. Durch die Vermittlung des Geistes werden die Gläubigen somit des Leibes und Blutes Christi teilhaftig und damit lebendig. Die »communio« geschieht im Abendmahl unter den Symbolen des Brotes und des Weines.

Wie hieraus bereits hervorgeht, läßt Calvin in seiner Abendmahlslehre eine andere Grundanschauung als die Luthers erkennen. Er stellt sich den Himmel, in dem sich der Leib Christi nach der Himmelfahrt befindet, als einen bestimmt abgegrenzten Raum jenseits der irdischen Sphäre vor. Der Leib Christi kann nicht an der Unendlichkeit teilhaben, die die Gottheit auszeichnet, sondern ist örtlich begrenzt. Wenn von der Gegenwart des Leibes Christi im Abendmahl oder von der Teilhaftigkeit der Gläubigen an diesem die Rede ist, kann es sich also nicht um eine körperliche Gegenwart oder ein leibliches Essen von Christi Fleisch und Blut handeln, sondern nur um eine geistliche Gegenwart und ein geistliches Essen. Denn es geht um die Gemeinschaft des Glaubens oder des Geistes mit dem im Himmel erhöhten Christus (vgl. oben S. 188f.).

Von Calvins Voraussetzungen ausgehend, muß man annehmen, daß nur die Gläubigen an den Gaben des Abendmahls teilhaben (manducatio fidelium). Und dieses Teilhaben erfolgt durch ein geistliches Essen, das heißt durch die Gemeinschaft mit Christus im Glauben, symbolisiert durch die Mahlzeit des Abendmahls (manducatio spiritualis).

Schließlich wendet sich Calvin gegen die buchstäbliche Auslegung der Einsetzungsworte. Zwar geht es auch ihm gewissermaßen um die reale Gegenwart Christi im Abendmahl, aber die Elemente als solche werden nur für Symbole der geistlichen Gemeinschaft angesehen, wie sie nur der Glaube kennt.

Die calvinistische Anschauung kennzeichnet also eine scharfe Grenzziehung zwischen Geistlichem und Leiblichem, was später ausgedrückt wurde in der Formel »finitum non capax infiniti« (das Endliche kann nicht das Unendliche fassen).

25
Die reformierte Theologie bis zur Dordrechter Synode 1618/1619

Erst allmählich wurde Calvin die beherrschende Gestalt innerhalb der reformierten Theologie, die man oft nach ihm benennt. Die Bezeichnung »Calvinist«, die im 16. Jahrhundert aufkam, stammt übrigens von lutherischen Gegnern, während Kirchgemeinden, die das calvinistische Bekenntnis annahmen, sich gewöhnlich

»reformiert« nannten. Diese reformierten Gemeinden sind von einer ganzen Reihe Theologen neben Calvin geprägt worden. Man hatte hier kein einheitliches Bekenntnis wie die Confessio Augustana im Luthertum. Statt dessen entstanden verschiedene Bekenntnisschriften, auf einzelne Länder oder Landesteile begrenzt, z. B. die Confessio Gallicana, die Confessio Helvetica, die Westminster-Konfession (in Schottland angenommen), der Heidelberger Katechismus (in der Kurpfalz angenommen).

Mehrere reformierte Theologen wirkten relativ unabhängig von Calvin. So hatte zum Beispiel *Heinrich Bullinger*, Zwinglis Nachfolger in Zürich, seine entscheidenden Eindrücke von Wittenberger Theologen und Zwingli empfangen und Gedanken beider Seiten miteinander verbunden. Man darf weiterhin nicht übersehen, daß *Melanchthon* auch auf reformiertem Gebiet großen Einfluß ausübte. Einige seiner direkten Schüler traten später sogar zu reformierten Kirchengemeinschaften über. Dies war der Fall bei *Victorin Strigel*, dessen Name mit dem synergistischen Streit (siehe unten) verbunden ist, sowie bei *Christoffer Pezel*, der Melanchthons und Strigels Schriften herausgab.

Andererseits begegnen auch zur Lehre Luthers hinneigende reformierte Theologen. Hier ist *Johann Heinrich Ursinus* zu nennen. Er ist darum auch ein Vertreter einer zwischen Luther und Calvin vermittelnden Haltung, die für die pfälzische Kirche kennzeichnend war. Im Heidelberger Katechismus, der pfälzischen Bekenntnisurkunde, findet sich entsprechend zum einen die calvinistische Abendmahlsauffassung, zum anderen wird der strengen Prädestinationslehre wenig Raum gegeben.

Der am Anfang des 17. Jahrhunderts wirkende *Bartholomäus Keckermann* kann ebenfalls als ein von Calvin ziemlich unabhängiger Theologe bezeichnet werden. Sein Einsatz liegt weitgehend auf philosophischem Gebiet. In der Theologie hat er die sogenannte analytische Methode durchzuführen versucht (ein Verfahren, bei dem man vom Ziel ausgeht und dann nach den Mitteln fragt, mit denen man dieses erreichen kann), die später von der lutherischen Orthodoxie übernommen wurde. Keckermann ist auch der erste, der den Begriff »Systema« als Bezeichnung für die Gesamtdarstellung einer wissenschaftlichen Disziplin prägt.

Die rein calvinische Tradition wird von *Theodor Beza* fortgesetzt, der die Prädestinationslehre in einer noch strengeren Form als Calvin entwickelt und ihr eine zentrale Stellung in der Weltanschauung gibt.

Die calvinistische Orthodoxie erscheint in ihrer strengsten Form bei *Franz Gomarus*. Er vertritt wie Beza eine sogenannte supralapsarische Auffassung, nach der die Prädestination unabhängig vom Fall des Menschen gefaßt wird; danach ist nicht nur die endgültige Verdammnis, sondern auch der Sündenfall in Gottes Ratschluß vorherbestimmt. Der infralapsarische Standpunkt beinhaltet demgegenüber daß eine Prädestination zur Verdammnis erst nach dem menschlichen Fall wirksam ist.

Auf der Dordrechter Synode (1618–1619), deren Beschlüsse für große Teile der reformierten Kirche die Norm wurden, siegte der rein calvinistische Standpunkt. Man machte dabei geltend, daß eine bestimmte Anzahl von Menschen allein auf Grund von Gottes Wohlgefallen zur Erlösung in Christus auserwählt worden sind. Dieser Auserwählung könnten sie durch untrügliche Zeichen gewiß werden, wie zum Beispiel den Glauben an Christus, kindliche Liebe zu Gott, Schmerz über die Sünde und Sehnsucht nach der Gerechtigkeit. Von den Verworfenen wird jedoch nur gesagt, daß sie bei der Auserwählung übergangen und dem Elend überlassen seien, das sie durch ihre eigene Schuld verursacht hätten (infralapsarischer Standpunkt).

Hintergrund der Dordrechter Synode war die Reaktion gegen die calvinistische Prädestinationslehre, die sich in der von *Jakob Arminius* geführten Opposition zu Wort gemeldet hatte. Der Arminianismus wurde in Dordrecht zwar abgelehnt, behielt aber dennoch große Bedeutung, da er die socinianische Bewegung (über die im folgenden mehr berichtet wird) in sich aufnahm und in vielerlei Hinsicht die Denkweise der Aufklärungszeit ankündigte. Außer seiner Ablehnung der orthodoxen Prädestinationslehre kennzeichnet den Arminianismus eine moralistische Tendenz – der Glaube wird als menschliche Leistung betrachtet –, später auch eine starke Rationalisierung der Theologie. Eine verwandte Anschauung hat der bekannte Rechtsgelehrte *Hugo Grotius* in seinen theologischen Werken entwickelt.

26
Die reformatorische Theologie auf lutherischem Gebiet bis zur Konkordienformel

Olavus Petri

Zu den frühesten Schülern Luthers gehörte der schwedische Reformator Olavus Petri (gest. 1552). Er disputierte bereits 1518 in Wittenberg und war somit Zeuge von Luthers erstem Auftreten als Reformator. In seiner für das schwedische Schrifttum epochemachenden literarischen Tätigkeit – unter anderem in den Veröffentlichungen »Über Gottes Wort und die Gebote und Satzungen der Menschen« (1528) und »Eine kleine Postille« (1530) – hat er die reformatorische Anschauung in klarer und selbständiger Gestaltung dargelegt. In den Grundgedanken folgt er Luther, aber in Einzelheiten und Form ist er von ihm unabhängig. Sein Denken ist auch vom Humanismus geprägt. Der lehrhafte Zug, die Forderung nach einer klaren und leichtverständlichen Darstellungsweise sowie die biblische Argumentation deuten auf eine Verwandtschaft mit dieser Richtung, der er jedoch hinsichtlich des Inhalts keineswegs folgt. Er vertritt zum Beispiel Luthers Position bezüglich des Gedankens von Gottes All-Wirken und der Knechtschaft des Menschen. Bei der Begründung dieser Lehre begnügt er sich mit dem Hinweis auf das Schriftprinzip: Vor dem klaren Zeugnis des Gotteswortes muß die Vernunft sich beugen, selbst wenn die Konsequenzen in irgendeinem Stück absurd erscheinen.

Olavus Petri betont oft die Einheit von Glaube und Werken. Der rechte Glaube muß in einem neuen Lebenswandel Ausdruck finden. Wo keine Erneuerung ist, da ist auch kein rechter Glaube. – In der Kontroverse mit dem Theologen Peder Galle von Uppsala und dem dänischen Reformhumanisten Paul Helie hat er seinen Standpunkt mit großer Entschiedenheit dargelegt. Sonst ist für ihn charakteristisch, daß er die Ziele, für die er sich im Dienst der Reformation einsetzte, ohne Mittel der Polemik zu erreichen suchte.

Johannes Brenz

Der vor allem als Reformator Württembergs bekannte Johannes Brenz (gest. 1570) gehörte schon frühzeitig zu Luthers treuesten Anhängern. Im Abendmahlsstreit der 20er Jahre des 16. Jahrhunderts beteiligte er sich an der Verteidigung der lutherischen Abendmahlslehre, und als sich später die calvinistische Anschauung ausbreitete, erhielt er Gelegenheit, die gleiche Ansicht erneut zu verteidigen und eingehender zu entwickeln. Er verkündete die Realpräsenz als leibliche Gegenwart, »manducatio oralis« [mit dem Munde geschehendes Essen (des Leibes Christi im Abendmahl)] und »manducatio infidelium« [Genießen (des Leibes und Blutes Christi) durch Ungläubige]. Das Charakteristische seiner Abendmahlslehre ist jedoch, daß er an den von Melanchthon abweichenden Gedanken Luthers von der Ubiquität des Leibes Christi anknüpft und diesen weiterentwickelt. Er benutzt die Ubiquität zur Begründung der Lehre von der Realpräsenz: Die menschliche Natur Christi hat nicht nur im himmlischen Dasein, sondern auch während seines Erdenlebens teil an der Allgegenwart und Allmacht der göttlichen Natur. Kraft dieser Allgegenwart kann der Leib Christi in den Elementen des Abendmahls gegenwärtig sein.

Brenz hat mit diesen und anderen Gedanken die klassische Darlegung einer Anschauungsweise gegeben, die auch später und in anderen Zusammenhängen der schwäbischen (württembergischen) Theologie eine gewisse Sonderprägung verliehen hat: einen vom Weltbild der Vernunft unabhängigen biblischen Realismus mit einem Hang zur Mystik und subtilen Spekulation. Seine kraftvolle Verteidigung der Grundgedanken der Reformation ist für die Erhaltung des genuinen Luthertums von großer Bedeutung gewesen.

Die Bibeltheologie

Einen wesentlichen, aber in neuerer Zeit oft übersehenen Teil der Theologie der Reformationszeit bildet die damals geleistete hochentwickelte bibeltheologische Arbeit, die zur Grundlage für die theologische Arbeit der Zeitgenossen und der folgenden Generationen wurde. Einige bekanntere Werke auf diesem Gebiet sind *Matthias Flacius'* »Clavis scripturae sacrae« (1567), eine umfassende Untersuchung über biblische Grundbegriffe, sowie die von *Johann Wigand* und *Matthäus Judex* zusammengestellten »Syntagma seu corpus doctrinae Novi Testamenti« (1558), eine vollständige Dogmatik, in der mit einer einfachen bibeltheologischen Methode versucht wird, eine Zusammenfassung des Schriftinhalts ohne Einmischung von philosophischen Kategorien zu bieten.

Die Schüler Melanchthons

Eine stärkere Anknüpfung an die Philosophie wie auch an die antike und christliche Tradition kennzeichnet den Kreis hervorragender Theologen, die am ehesten als Schüler Melanchthons bezeichnet werden können. Hierher gehören die bereits erwähnten Theologen Victorin Strigel und Christoffer Pezel, die später zum Calvinismus übertraten, sowie Nikolaus Selnecker.

Eine Zwischenstellung nimmt *Martin Chemnitz* (gest. 1586) ein, der weitgehend an Melanchthon anknüpft, gleichzeitig aber zu den bedeutendsten Befürwortern des reinen Luthertums gehört. Er arbeitet in seiner Theologie mit einer streng bibeltreuen Methode. Chemnitz ist bekannt als Mitarbeiter an der Konkordienformel (vgl. unten). Seine Schriften – z. B. die postum herausgegebenen »Loci theologici« – bilden das wichtigste Verbindungsglied zwischen dem Zeitalter der Reformation und der lutherischen Orthodoxie. In der Arbeit »De duabus naturis in Christo« (1570) hat Chemnitz unter anderem eine ausführliche systematische Darstellung der Lehre von der »communicatio idiomatum« (Mitteilung der Eigenschaften) gegeben. Eine andere seiner großen Leistungen ist die hinsichtlich der konfessionellen Polemik vorbildliche Untersuchung der Beschlüsse des Konzils von Trient »Examen concilii Tridentini« von 1565–1573.

Die theologischen Kontroversen

a) Allgemeines. Man hat die Lehrkontroversen, die die lutherische Kirche während der unmittelbaren Folgezeit der Reformation erregten, als mehr oder weniger unfruchtbare Wortstreitereien betrachtet. Eine genauere Beurteilung ergibt jedoch, daß sie – zumindest in den meisten Fällen – wichtigen Glaubensfragen der damaligen Zeit galten, die sich mit Notwendigkeit stellten, als man den Inhalt der reformatorischen Botschaft näher aussagen mußte.

Zuweilen haben diese Kontroversen zu Fragestellungen geführt, die sich später als unbrauchbar erwiesen; im großen und ganzen haben aber die innerlutherischen Auseinandersetzungen zu einem tieferen Eindringen in die Probleme der lutherischen Rechtfertigungslehre und einer präziseren Ausgestaltung ihrer Konsequenzen geführt.

Die lange Reihe der verschiedenen Kontroversen ist leichter zu überblicken, wenn man sich klarmacht, daß mehrere von ihnen direkt miteinander verbunden sind und sich auf zentrale Fragen des Heils und der Heilsaneignung beziehen: Der sogenannte antinomistische Streit betrifft die Bußpredigt, der synergistische Streit den Verlauf der eigentlichen Bekehrung. Die Bedeutung der Rechtfertigung steht im osiandrischen Streit zur Debatte, während der majoristische Streit und der zweite antinomistische Streit die Frage der guten Werke und den dritten Gebrauch des Gesetzes betreffen.

b) Der Streit um Agricolas Antinomismus. Um 1537 trat *Johann Agricola* aus Eisleben mit der Behauptung hervor, daß Christen nicht das Gesetz zu predigen sei, sondern nur das Evangelium. Man solle zunächst den Trost der Gnade verkündigen und erst danach Gottes Zorn androhen. Agricola unterschied damit in eigentümlicher Weise zwischen Zorn und Gesetz. Im Anschluß an Röm. 2,4 – von Gottes Güte, die zur Besserung führen will – macht er geltend, daß der Mensch nur durch das Evangelium und die Predigt vom Leiden Christi zu Reue und Buße erweckt werden sollte.

Luther sah in Agricolas Thesen eine grobe Mißdeutung seiner Lehre und nahm selbst den Kampf mit ihm auf (in mehreren Disputationen gegen die Antinomer sowie in der Schrift »Wider die Antinomer« von 1539). Gegenüber Agricola hebt er hervor, daß die Reue und der Schmerz über die Sünde, die zur Buße gehören, nur durch das Gesetz entstehen können, das die Sünde entlarvt. Daher muß das Gesetz ständig verkündigt werden. Unter Gesetz wird dabei all das verstanden, was die Sünde, den Zorn und den Tod offenbart. Und in dem Maße, wie der Christ noch immer ein Sünder ist, steht er auch unter der Wirkung des Gesetzes, das das Absterben des alten Menschen bezweckt. Agricolas Antinomismus hatte zu seiner Zeit geringe Bedeutung, aber gleichartige Gedankengänge wurden später im Luthertum wieder aktuell, etwa bei den Herrnhutern.

c) Das Problem des Synergismus. Der sogenannte synergistische Streit in den 50er und 60er Jahren des 16. Jahrhunderts hat seinen Anlaß in der Behauptung einiger Philippisten, daß bei der Bekehrung der Wille in gewissem Grade mitwirke. Zu Hauptgegnern wurden später *Flacius* und *Strigel*, die 1560 in der sogenannten Weimarer Disputation die Frage einer besonders eingehenden Behandlung unterzogen. Strigel vertrat die Ansicht, daß der Wille in der Bekehrung seine natürliche Wirkungsweise behalte. Er gehe lediglich von einem bösen Willen in einen guten über. Demgegenüber machte Flacius geltend, daß der natürliche Wille völlig unfähig sei, bei der Bekehrung mitzuwirken. Er verhalte sich nicht nur passiv, sondern widerstrebe heftig der Gnade. Daher müsse ein ganz neuer Wille, ein »neuer Mensch«, geschaffen werden, während der alte Wille durch die Einwirkung der Gnade gehindert und überwunden werde. Die Debatte – die zu keinem greifbaren Ergebnis führte – wurde dadurch getrübt, daß man eigensinnig an der synergistischen Frage nach der Mitwirkung des Willens festhielt, während die Sache tatsächlich auch noch andere Probleme betraf, nämlich vor allem die Frage einer biblischen oder philosophischen Darstellungsweise. Strigel geht von einer philosophisch durchdachten Willenstheorie aus, während Flacius – wenn auch in eigenartiger Form – den biblischen Gedanken der Neuschaffung des Menschen vertritt. Strigel wollte vor allem herausstellen, daß die Bekehrung ständig als fortschreitendes Geschehen auf der Ebene des menschlichen Willens stattfindet; Flacius hingegen betonte, daß der erste Anfang – oder die erste Bekehrung, wie er es nennt – ganz und gar ein Werk der Gnade sei; der von Natur verdorbene Wille sei demgegenüber so unfähig zur Mitwirkung zum Guten, daß er der Gnade eher entgegenstehe.

In derselben Debatte wurde auch der lang anhaltende und heftige Streit über die *Erbsündenlehre* von Flacius eingeleitet. Strigel ging davon aus, daß das Wesen des Menschen beim Sündenfall nicht verlorenging und bei der Bekehrung auch kein substantiell neuer Wille geschaffen werde. Er konnte auf diese Weise die Erbsünde als »Akzidenz« hinstellen. Darin witterte Flacius eine Abschwächung des Sündenverständnisses und prägte einen entgegengesetzten Gedankengang: Die Erbsünde sei eine »Substanz« oder – genauer ausgedrückt – etwas, das sich mit der substantiellen Form des Menschen (forma substantialis) decke. Im Grunde dürfte Flacius damit das Ziel verfolgt haben, die biblische und lutherische Totus-homo-Vorstellung zu verteidigen (die Erbsünde betrifft den ganzen Menschen, wie auch die Erneuerung bedeutet, daß ein »neuer Mensch« entsteht), aber er formte den Gedankengang zu einer – auch in philosophischer Hinsicht – wenig befriedigenden Theorie um, die von den Theologen allgemein abgelehnt wurde und auf ihren Begründer den Schatten der Häresie warf.

d) Die Ablehnung von Osianders Rechtfertigungslehre. Andreas Osiander, bekannt als Führer der Reformation in Nürnberg, danach Pfarrer in Königsberg, entfaltete in einer Disputation im Jahre 1550 bestimmte Gedanken über die Rechtfertigung, die von der üblichen Darstellung seiner Zeit erheblich abwichen: Nach Osiander kann unsere Rechtfertigung nicht in der vor 1500 Jahren vollbrachten Versöhnungstat Christi bestehen, sondern muß sich auf den uns innewohnenden Christus beziehen, das heißt auf die göttliche Natur, die uns durch die Zueignung des Evangeliums übertragen wird. Osiander wendet sich also gegen den reinen Imputationsgedanken: Wir werden nicht durch eine äußere Zurechnung, sondern dadurch, daß Christus als »inneres Wort« Wohnung in uns nimmt, gerechtfertigt. Die Versöhnung ist entsprechend die ein für allemal gegebene Voraussetzung dafür, daß dies geschehen kann.

Die Kritik an Osiander – *Melanchthon* und *Flacius* waren seine Hauptgegner – zielte dahin, daß der Begriff »rechtfertigen« in der Schrift »für gerecht erklären« bedeutet. Die Gerechtigkeit des Glaubens besteht in Christi überfließender und uns zugerechneter Gesetzeserfüllung. Es ist eine »aliena justitia« (fremde Gerechtigkeit) außerhalb von uns (extra nos). Von dieser muß man deutlich die beginnende Erneuerung unterscheiden, die durch die Einwohnung des Geistes zustande kommt und nicht Grund der Rechtfertigung ist.

Es wurde schwierig, die Einheit von Rechtfertigung und Erneuerung mit dem reinen Imputationsgedanken und dem damit zusammenhängenden gesetzlichen Versöhnungsgedanken zu erfassen. Durch die Abwehr Osianders wurde jedoch mit großer Schärfe der urspüngliche reformatorische Gedanke bestätigt, daß der *Sünder* gerechtfertigt wird und die Gerechtigkeit des Glaubens in der Vergebung der Sünden und nicht in einer inhärenten Qualität besteht. Osiander wollte auf seine Weise bestimmten Seiten der lutherischen Theologie Ausdruck geben, die gewöhnlich übergangen worden waren, doch er vermengte die reformatorischen Gedanken mit Spekulationen, die er der Kabbala und der Mystik entliehen hatte (das »innere Wort«). Das Ergebnis des osiandrischen Streites war, daß sich die geläufige Auslegung der lutherischen Rechtfertigungslehre weiter festigte. Gleichzeitig verstärkte sich jedoch die Tendenz, zwischen der Imputation und der Erneuerung zu unterscheiden und die Versöhnung nur in den Kategorien des Gesetzes zu verstehen.

e) Der majoristische Streit bedeutete keinen wesentlichen Beitrag zur theologischen Diskussion. Ein Schüler Melanchthons, *Georg Major*, hatte die These verteidigt, daß »gute Werke zur Seligkeit notwendig sind« (necessaria ad salutem). Darin erblickten die Gnesiolutheraner einen Ausdruck der Werkgerechtigkeit und antworteten damit, daß sie – wie im osiandrischen Streit – streng zwischen der allen Werken vorausgehenden Rechtfertigung und der Erneuerung unterschieden. Einer der eifrigsten Gegner, *Nikolaus von Amsdorf*, machte sich zum Verfechter der entgegengesetzten These, daß »gute Werke schädlich für die Seligkeit sind«. Beide Thesen waren sehr unglücklich formuliert und gewährten zahlreichen Mißverständnissen Raum. Major meinte nicht, daß die guten Werke eine notwendige Voraussetzung für die Rechtfertigung wären, sondern nur, daß sie dem Glauben folgen müßten, damit dieser Bestand habe. Sie seien somit notwendig für die Bewahrung und Beibehaltung des Glaubens. Dagegen wandte man ein, Gerechtigkeit werde nicht durch Werke bewahrt, sondern nur durch den Glauben, womit die Rückkehr zur Gnade betont wird. Amsdorf wollte mit seiner These dem lutherischen »sola fide« (allein durch Glaube) Ausdruck geben. Seine Ausdrucksweise bewirkte jedoch eine Verdunkelung des unerläßlichen Zusammenhanges zwischen dem Glauben und den Werken. Das Ergebnis des Streites liegt am ehesten darin, daß man künftig die vieldeutigen Formulierungen vermied, die in der Debatte angewandt worden waren, und daß Voraussetzungen für eine klarere Bestimmung der Stellung der guten Werke im Zusammenhang mit der Rechtfertigung gegeben wurden.

f) Der zweite antinomistische Streit bezieht sich hauptsächlich auf die Frage der dritten Anwendung des Gesetzes. Einige von den sogenannten Gnesiolutheranern, *Amsdorf, Poach* und *Otto*, machten geltend, daß weder die Rechtfertigung noch das neue Leben vom Gesetz geregelt würden, sondern daß beide über der Ordnung des Gesetzes ständen. Der gerechtfertigte Mensch stehe also nicht mehr unter dem Gesetz, sondern erfülle dessen Gebote freiwillig. Hierin lag kein Antinomismus im eigentlichen Sinne, da man die Bedeutung der Gesetzespredigt oder die Aufgabe des Gesetzes, zur Erkenntnis der Sünde zu führen, nicht in Frage stellte. Man wollte nur den Gegensatz zwischen dem Evangelium als einer Gnadengabe und dem Gesetz als einer pflichtmäßigen Ordnung einschärfen. Die Gegner vertraten demgegenüber die Meinung, daß die Ablehnung des dritten Gebrauchs des Gesetzes eine Abschwächung der Stellung des Gesetzes bedeutete, und nannten diesen Standpunkt daher Antinomismus. Dieses Problem wurde in der späteren Tradition so gelöst, daß man allgemein die Vorstellung vom dritten Gebrauch des Gesetzes aufnahm, wobei man den Begriff Gesetz im weitesten Sinne als Bezeichnung für Gottes Willen überhaupt und nicht nur als Ausdruck einer pflichtgemäßen Ordnung verstand. Weiter führte man den Gesichtspunkt an, der Wiedergeborene sei nicht nur »gerecht«, sondern gleichzeitig »Sünder«, weshalb er nach wie vor unter der Erziehung und Wegleitung des Gesetzes stehen müsse.

g) Der Streit um Adiaphora. Im Interesse einer Einigkeit unter den verschiedenen Konfessionen hatte Melanchthon zugestimmt, eine Anzahl abgeschaffter Zeremonien wieder aufzunehmen. Denn nach lutherischer Vorstellung wären sie »Adiaphora«, das heißt für Gewissen und Glauben gleichgültige Dinge. Das sogenannte Leipziger Interim von 1548, eine Bekenntnisurkunde, die eine Zeitlang innerhalb bestimmter lutherischer Kirchen Gültigkeit hatte, brachte diesen Standpunkt zum Ausdruck. Die strengeren Lutheraner witterten dabei jedoch Verrat am evangelischen Glauben. Zwar sahen sie in den wiedereingeführten Zeremonien Adiaphora; da diese Riten aber von der anderen Partei als unerläßliche Dinge aufgenötigt wurden, erblickten sie in ihrer Übernahme eine Absage an die evangelische Freiheit. In Zusammenhängen, in denen es um das Bekenntnis oder die Freiheit des Evangeliums ging, durfte nichts als »adiaphoron« betrachtet werden (Flacius: »In casu confessionis et scandali nihil est adiaforon«). Um ihre Auffassung zu stützen, zogen sie Paulus' tadelnde Worte gegen Petrus in der Situation von Gal. 2 als Vergleich heran. Melanchthon erklärte übrigens später, daß er in dieser Frage geirrt habe.

h) Der Streit um die Abendmahlslehre. Die calvinistische Abendmahlslehre wurde 1552 von dem lutherischen Theologen *Joachim Westphal* in Hamburg angegriffen. Dies war die Einleitung zu einer eingehenden Debatte zwischen Lutheranern und Reformierten über die Abendmahlslehre, bei der vor allem Brenz, der der Wortführer des strengen Luthertums war, erneut den Gedanken der Ubiquität und der »communicatio idiomatum« als Argument für eine buchstabengetreue und realistische Auslegung der Einsetzungsworte entwickelte.

Melanchthon und seine Schüler, die um diese Zeit die Fakultät in Wittenberg beherrschten, beteiligten sich anfangs nicht an dem Abendmahlsstreit; nach Melanchthons Tod wurde aber die Abendmahlsfrage zum entscheidenden Kontroverspunkt zwischen Philippisten und Gnesiolutheranern. Die Wittenberger Theologen vertraten die Ansicht, man dürfe die Realpräsenz nicht mit Hilfe der Ubiquitätslehre erklären. Gegen die Wittenberger wandten sich *Martin Chemnitz* und der Württemberger Theologe *Jakob Andreae*. Als eine anonyme, von einem Schüler Melanchthons verfaßte Schrift (herausgegeben 1574) aus der Melanchthonschen Abendmahlslehre die reformierten Konsequenzen zog, schritt der Kurfürst gegen die Wittenberger Theologen ein. Durch die sogenannten Torgauer Artikel wurde die calvinistische Anschauung verworfen. Die Philippisten der Wittenberger Fakultät wurden in den 70er Jahren des 16. Jahrhunderts durch streng lutherische Theologen ersetzt und der sogenannte Kryptocalvinismus unterdrückt.

27
Die Konkordienformel

Der Abendmahlsstreit hatte die Unvereinbarkeit des philippistischen Standpunktes mit dem des genuinen Luthertums gezeigt. Dadurch wurde nun der lang gehegte und auch aus politischen Gründen genährte Wunsch aktuell, die lutherischen Kirchen durch ein gemeinsames Bekenntnis zu einigen. Die von mehreren evangelischen Fürsten unterstützte diesbezügliche Arbeit führte zur Entstehung der sogenannten »Eintrachtsformel« (formula concordiae), die von der Mehrzahl der lutherischen Kirchen angenommen wurde. Sie grenzte den lutherischen Standpunkt scharf gegen den Calvinismus ab. Zugleich wurde der eigentliche Philippismus ausgeschlossen, was jedoch nicht im Widerspruch dazu steht, daß sich die Konkordienformel dennoch weithin auf Melanchthons Auslegung der reformatorischen Anschauung gründet. Denn direkt distanziert sie sich von der Theologie Melanchthons nur in den Punkten, in denen dieser von Luther abweicht.

Der Konkordienformel liegt die von dem Tübinger Theologen *Jakob Andreae* verfaßte »Schwäbische Konkordie« von 1574 zugrunde. Diese Schrift war dann von Martin Chemnitz und anderen bearbeitet worden, wodurch eine für Württemberg und Sachsen gemeinsame Lehrurkunde zustande kam: die Schwäbisch-Sächsische Konkordie (1575). Von einer Reihe württembergischer Theologen weiter bearbeitet, entstand die Maulbronner Formel. Auf einem von Kurfürst August von Sachsen 1576 nach Torgau einberufenen Theologenkonvent wurde unter Zugrundelegung der beiden letzteren Urkunden ein Gutachten zusammengestellt (Torgisches Buch), das zur Beurteilung an die verschiedenen Landeskirchen versandt wurde. Auf einem weiteren Theologenkonvent, der im Kloster Berge bei Magdeburg stattfand, wurde dieses Torgische Buch nach den eingegangenen Gutachten zu einem Bekenntnisbuch umgestaltet, das von den anwesenden Theologen unterschrieben und dem Kurfürsten überreicht wurde: dem Bergischen Buch oder der Formula Concordiae. Die Konkordienformel wurde alsdann durch die Unterschriften von Fürsten, Beamten und Theologen aus den verschiedenen Landeskirchen von etwa zwei Dritteln der Reichsstände angenommen, die sich zur Confessio Augustana bekannten. Die Formula Concordiae besteht aus einem ausführlicheren Teil (Solida declaratio) sowie einer kürzeren Version (Epitome); letztere geht auf einen von Jakob Andreae abgefaßten Auszug aus dem Torgischen Buch zurück.

Zweck der so zustande gekommenen Formel war, im Einklang mit der Heiligen Schrift und der evangelischen Lehre die Lehrstreitigkeiten, die unter den Lutheranern ausgebrochen waren, zu einem Abschluß zu bringen. Der flacianische Standpunkt in der Erbsündenlehre wurde dabei abgelehnt, desgleichen Osianders Rechtfertigungslehre wie auch Amsdorfs angeblich antinomistische Auffassung von den guten Werken und dem dritten Gebrauch des Gesetzes. Weiter wurde der Synergismus sowie die unter den Philippisten herrschenden Tendenzen nach dieser Richtung verworfen. In der Abendmahlsfrage siegte die von Brenz und Chemnitz entwickelte rein lutherische Auffassung. In der Prädestinationslehre schließlich wurde Luthers Anschauung modifiziert, indem man seine Gedanken der All-Wirksamkeit und des verborgenen Gotteswillens in Verbindung mit der Lehre von der Erwählung überging oder nicht aufzunehmen gedachte.

Durch die Konkordienformel wurden die Voraussetzungen für eine gemeinsame Sammlung von Bekenntnisurkunden für die lutherischen Landeskirchen geschaffen, die dann in dem 1580 herausgegebenen »Konkordienbuch« zustande kam. Außer der Konkordienformel enthielt es folgende Schriften: die drei altkirchlichen Symbole, das Augsburger Bekenntnis und seine Apologie, die Schmalkaldischen Artikel, den Traktat über die Gewalt und Oberhoheit des Papstes sowie Luthers beide Katechismen. Das Konkordienbuch ersetzte damit die Sammlungen von Lehrurkunden (sog. »corpora doctrinae«), die vorher in den verschiedenen Landeskirchen in Gebrauch gewesen waren (z. B. das »Corpus Philippicum« von 1560, angenommen unter anderem in Sachsen und Dänemark). Als Zusammenstellung lutherischer Bekenntnisschriften gewann es allmählich auch außerhalb des Kreises der deutschen Landeskirchen Bedeutung. In Schweden wurde es durch das Religionsplakat von 1663 den Pfarrern zum Studium empfohlen; in Dänemark–Norwegen wurde es jedoch nicht offiziell anerkannt, da man sich dort nicht an die Konkordienformel binden wollte.

Im Konkordienbuch nimmt die Confessio Augustana als die grundlegende lutherische Bekenntnisurkunde der Reformationszeit neben den altkirchlichen Symbolen eine Sonderstellung ein. Die Konkordienformel will nach ihrem eindeutig bekundeten Zweck nicht etwas Neues bringen, das über das Augsburger Bekenntnis hinausginge, sondern lediglich – im Einklang mit diesem Bekenntnis und gemäß dem Wort

Gottes – eine klare und gründliche Darstellung gewisser in der Zwischenzeit entstandener Streitfragen geben.

Der theologische Inhalt der Konkordienformel geht einigermaßen deutlich aus der nachstehenden Übersicht über die darin behandelten Hauptfragen hervor:

In der wichtigen *Einleitung* der Konkordienformel wird auf die Schrift als einzige Norm und Richtschnur in allen Lehrfragen hingewiesen. Sodann ist die Rede von der Augsburger Konfession als dem »Symbolum unserer Zeit«; betont wird aber, daß alle Symbole und Bekenntnisschriften nur Glaubenszeugnisse sind, die zeigen, wie die biblische Lehre bewahrt worden ist und wie man die Heilige Schrift in verschiedenen Zeiten und hinsichtlich verschiedener Fragen ausgelegt hat.

I. Von der Erbsünde: Gegen die Flacianer (der Name Flacius ist nicht erwähnt) wird die Unterscheidung zwischen der Natur des Menschen und der Erbsünde verfochten, unter der Begründung, daß der Mensch erschaffen und erlöst wurde und einmal von den Toten auferweckt werden soll. Dies kann nicht von der Erbsünde ausgesagt werden, die ein tiefes Verderben ist, das der Natur unlöslich anhaftet und erst bei der Auferstehung von ihr getrennt wird.

II. Vom freien Willen: Hinsichtlich dessen, was der Wille des Menschen in geistlichen Dingen vermag, wendet man sich gegen den Pelagianismus in allen seinen Formen wie auch gegen die Vorstellung der Synergisten von der Mitwirkung des Willens bei der Bekehrung. Man lehnt auch die Auffassung der »Enthusiasten« ab, daß die Bekehrung ohne Mittel, durch unmittelbare Erleuchtung erfolgt.

III. Von der Gerechtigkeit des Glaubens vor Gott: Unter Bezugnahme auf die Hauptfrage des osiandrischen Streites wird erklärt, daß Christus unsere Gerechtigkeit ist, was bedeutet, daß Gott uns unsere Sünden nur auf Grund des völligen Gehorsams Christi vergibt, ohne Ansehen unserer Werke oder der Erneuerung, die durch den Geist in uns bewirkt wird, wobei der rechte Glaube jedoch stets mit guten Werken, Liebe und Hoffnung verbunden ist.

IV. Von den guten Werken: Sowohl die These Majors: »Gute Werke sind notwendig für die Seligkeit« wie auch die Amsdorfs: »Gute Werke sind schädlich für die Seligkeit« werden abgelehnt. Die guten Werke eines Menschen vermögen ihn nicht im Glauben zu erhalten, andererseits steht es ihm aber auch nicht frei, das Gute zu tun oder zu unterlassen. Die guten Werke sind nur Zeugnisse vom Glauben und vom Einwohnen des Geistes. Im gleichen Artikel wird der Antinomismus abgelehnt, der verlangt, den Christen das Gesetz nicht mehr zu predigen (vgl. oben über Agricola, S. 211).

V. Von Gesetz und Evangelium: Auch im fünften Artikel steht das Problem des Antinomismus im Hintergrund: Ist das Evangelium nur Gnadenpredigt? Ist es nicht vielmehr auch Bußpredigt, die den Unglauben straft? Denn das Gesetz sollte ja den Unglauben angeblich nicht entlarven können. Auf diese Frage wird in der Konkordienformel die Antwort gegeben: Gesetz und Evangelium müssen genau auseinandergehalten werden. Danach ist alles, was die Sünde straft, Gesetz; das Evangelium will demgegenüber nur die Verheißung des Glaubens predigen, aufrichten und trösten.

VI. Vom dritten Gebrauch des Gesetzes: Im Artikel VI wird das Problem des zweiten antinomistischen Streites behandelt. Die drei Aufgaben des Gesetzes sind danach: die äußere Ordnung zu bewahren, die Menschen zur Erkenntnis der Sünde zu führen und eine Regel für den Wandel der Christen zu sein. Es ist ein und dasselbe Gesetz, das für Nichtwiedergeborene wie auch für Wiedergeborene gilt. Es soll deshalb mit Nachdruck auch unter den Gläubigen gepredigt werden, da diese weiterhin im Kampf des Geistes wider das Fleisch leben. Der einzige Unterschied ist, daß der Nichtwiedergeborene nur unter Zwang und widerwillig tut, was das Gesetz verlangt, während der Gläubige in dem Maße, wie er neugeboren ist (als »neuer Mensch«), das Gesetz willig erfüllt und auch das tut, was das Gesetz niemals erzwingen kann.

VII. Vom Heiligen Abendmahl Christi: Gegenüber den sogenannten Sakramentariern, von denen hier zwei Gruppierungen genannt sind – deren eine die Realpräsenz leugnet und deren andere meint, die Gegenwart des Leibes und Blutes Christi »geschehe geistlich, durch den Glauben« (Epitome VII,4) –, wird die von Chemnitz und Brenz weiterentwickelte lutherische Position dargelegt. Danach besteht eine leibliche Gegenwart; es handelt sich dabei aber nicht um eine räumliche, sondern um eine sakramentale, übernatürliche Gegenwart; denn kraft seiner Teilhabe an der göttlichen Allmacht kann der erhöhte Christus auch »körperlich«, als wahrer Mensch, an jeder gewollten Stelle gegenwärtig sein. Entsprechend beinhaltet die Teilhabe an Leib und Blut Christi, die im Abendmahl vermittelt werden, nicht nur die Teilhabe des Glaubens an dem im Himmel befindlichen Christus (vgl. Calvinismus), sondern ist ein Empfangen mit dem Mund (manducatio oralis), jedoch »nicht auf kapernaitische, sondern auf übernatürliche und himmlische Weise«. Weiter werden Leib und Blut Christi nicht nur von den Gläubigen und Würdigen empfangen, sondern auch von den Ungläubigen und Unwürdigen, jedoch nicht »zu Trost und Leben, sondern zu Gericht und Verdammnis, wenn sie sich nicht bekehren und Besserung tun« (manducatio indignorum et infidelium). »Dieses Mysterium wird im Wort Gottes offenbart und nur im Glauben erfaßt.« Mit diesen Äußerungen wendet man sich gegen die verschiedenen symbolischen Auffassungen, wie sie bei Zwingli oder im Calvinismus und Kryptocalvinismus begegnen.

VIII. Von der Person Christi: Die christologische Diskussion war unmittelbar aus den Streitigkeiten über die Abendmahlslehre hervorgegangen. Gegen die »Sakramentarier« wurde die Lehre einer realen »communicatio idiomatum« entwickelt. Die göttliche und menschliche Natur haben danach nicht nur dem Namen entsprechend, sondern auch in realer Weise teil an den gegenseitigen Eigenschaften. Demgemäß wird Gott nicht nur Mensch genannt, sondern er ist Mensch. Die menschliche Natur ist zur Rechten Gottes erhoben worden und hat teil an der göttlichen Allmacht. In der »Solida declaratio« werden drei Arten der »communicatio idiomatum« unterschieden: 1. Die Eigenschaften, die an sich einer der Naturen zukommen, kommen auch der Person zu, die gleichzeitig Gott und Mensch ist (z. B. Gottes Sohn hat gelitten und ist gestorben, obwohl Leiden und Sterben eigentlich nur die menschliche Natur kennzeichnen). 2. Das Amt Christi (z. B. Mittler, Erlöser zu sein) wird nicht nur in und mit der einen Natur und durch dieselbe ausgeübt, sondern in, mit und durch die beiden Naturen. 3. Die menschliche Natur hat über ihre eigentlichen Eigenschaften hinaus göttliche Majestät, Herrlichkeit und Macht empfangen. Die göttliche Natur ist dagegen durch die Verbindung mit der menschlichen Natur nicht verändert worden (da Gott unveränderlich ist); ihre Eigenschaften wurden also weder gemindert noch vermehrt. Kraft dieser Teilhaftigkeit der menschlichen Natur an der göttlichen Majestät ist Christus (auch nach seiner menschlichen Natur) den Seinen jederzeit nahe oder im Sakrament des Abendmahls gegenwärtig. – In der Frage der Christologie wurde zu der Konkordienformel ein Verzeichnis der »testimonia« (Zeugnisse) aus der Heiligen Schrift und den Kirchenvätern hinzugefügt.

IX. Von Christi Hinabsteigen in das Reich der Toten: Der Artikel lehnt Streitfragen darüber ab, wie dieses Hinabsteigen geschehen sein soll. Christus hat die Macht des Todes und die Gewalt des Teufels besiegt und die Gläubigen davon erlöst; das ist das Wesentliche dieses Lehrpunktes.

X. Von kirchlichen Gebräuchen, Adiaphora genannt: Die durch das Leipziger Interim (siehe S. 214) gestellte Frage, ob einige an und für sich unbedeutende Zeremonien in der Gemeinde wieder aufgenommen werden können, wird dahingehend beantwortet, daß man in Zeiten der Verfolgung, in denen ein klares Bekenntnis gefordert wird oder wenn die evangelische Freiheit in Gefahr ist, den Gegnern selbst in unbedeutenden Dingen nicht nachgeben soll.

XI. Von Gottes ewigem Vorherwissen und der Erwählung: Gegenüber der doppelten Prädestination des Calvinismus wird erklärt, daß die ewige Erwählung nur die betrifft, die im Glauben an Christus die ewige Seligkeit erlangen sollen. Die Verheißung des Evangeliums und die Bußpredigt sind universal. Eine Verdammnis ist jedoch dadurch veranlaßt, daß die Frevler das Wort verachten oder von sich stoßen, was auf ihre eigene Bosheit, nicht aber auf die Erwählung Gottes zurückzuführen ist. Auch der pelagianische Gedanke, daß die Erwählung durch die Verhaltensweise des Menschen bedingt sei, wurde abgelehnt.

»Dann nicht allein, ehe wir etwas Gutes getan, sondern auch ehe wir geboren worden, hat er uns in Christo erwählet, ja ›ehe der Welt Grund gelegt war‹« (Sol. decl. 88).

Im letzten (XII.) Artikel der Konkordienformel erfolgt eine Beschreibung gewisser Sekten, die das Augsburger Bekenntnis nicht angenommen haben: Wiedertäufer, Schwenckfeldianer und Antitrinitarier, deren Lehren dem Wort Gottes und dem Bekenntnis widersprechen und darum verworfen werden.

28
Die Gegenreformation
Die römisch-katholische Theologie

Innerhalb der römisch-katholischen Kirche setzte sich auch im 16. Jahrhundert und während des größeren Teils des 17. Jahrhunderts die Entwicklung der scholastischen Theologie, wenn auch unter neuen Bedingungen, fort. Nicht mehr Paris, sondern andere, von neueren Strömungen weniger berührte Stätten der Gelehrsamkeit wurden Zentren der theologischen Bildung, zum Beispiel Salamanca in Spanien und Coimbra in Portugal. Ein wichtiger Faktor war die Gründung neuer Orden (etwa der Jesuitenorden und der reformierte Karmeliterorden).

Unter den Theologen des Dominikanerordens kommt dem Italiener *Thomas de Vio Cajetanus* (gest. 1534) eine besondere Stellung zu. Er nahm an den Diskussionen um die Reformation Luthers teil, vielleicht ist er aber vor allem durch seinen Kommentar zu Thomas von Aquins »Summa theologiae« (abgedruckt in der offiziellen Ausgabe dieses Werkes, Editio Leonina 1882ff.) bekannt geworden. Überhaupt bildete die Theologie Thomas von Aquins um diese Zeit die allgemeine Grundlage der Unterweisung. Seine »Summa theologiae« ersetzte die Sentenzen des Petrus Lombardus als dogmatisches Handbuch. Vor allem wurde die Schule der Dominikaner in Salamanca zum Träger der thomistischen Traditionen. Hier sind *Dominicus Soto* (gest. 1560) und *Melchior Cano* (gest. im selben Jahr), Verfasser der »Loci theologici«, einer theologischen Prinzipienlehre, der ersten ihrer Art, zu nennen.

Zu den Theologen, die in der unmittelbaren Polemik gegen die Reformatoren, vor allem Luther, engagiert waren, gehören *Johann Eck* mit seinem Buch (Enchiridion locorum communium adversus Lutheranos, 1525) und der Jesuit *Petrus Canisius* (gest. 1597), der als Führer der deutschen Gegenreformation bekannt geworden ist.

Zum entscheidenden Ereignis im römisch-katholischen Lager zur Zeit der Gegenreformation wurde das Konzil, das am 13. Dezember 1545 in Trient zuammentrat und danach mit langen Intervallen bis zum 4. Dezember 1563 tagte (25 Sessionen). Dieses Tridentinische Konzil schloß gewisse mittelalterliche Entwicklungen ab und wurde zugleich aber für die Zukunft von größter Bedeutung, da dort die römische Lehre und Praxis in ihrer neuen Lage, die durch die Reformation entstanden war, fixiert wurden. Bei der Betrachtung der für Lehre und Praxis der römisch-katholischen Kirche entscheidenden Beschlüsse müssen wir vor allem auf das Dekret der vierten Session über die kanonischen Schriften und das Dekret und die Leitsätze der sechsten Session über die Rechtfertigung eingehen.

Im »Tridentinum« wurde der Umfang des biblischen Kanons, zu dem auch die alttestamentlichen Apokryphen gerechnet wurden, festgelegt und die lateinische Vulgata-Übersetzung für die authentische Version erklärt (eine normative Auflage erschien 1590). Indem man jedoch die Tradition mit derselben Pietät und Ehrfurcht wie die Heilige Schrift übernimmt und verehrt (pari pietatis affectu ac reverentia suscipit et veneratur), werden die von Christus und den Aposteln stammenden und durch das kirchliche Lehramt bewahrten »Traditionen« neben die kanonischen Schriften als gleichwertige Glaubensnorm gestellt. Entsprechend gelten die kanonischen Schriften wie auch die in angeführter Weise definierte Tradition als »vom Heiligen Geist diktiert«.

Die Frage, wie Schrift und Tradition sich zueinander verhalten, hat man in der heutigen Theologie ausführlich diskutiert: Danach können sie einmal als zwei gleichwertige Quellen angesehen werden; zum anderen wird die Tradition in gewisser Hinsicht bereits als in der Schrift enthalten aufgefaßt. Die zeitgenössische Deutung betrachtete sie jedoch als zwei parallele Glaubensnormen, was eine scharfe Abgrenzung vom reformatorischen Schriftprinzip bedeutete.

Die Rechtfertigungslehre des »Tridentinums« stützt sich auf zwei Grundgedanken, die die Kluft zwischen römisch-katholischer und evangelischer Heilslehre am schärfsten hervortreten lassen: Einmal wird angenommen, daß der menschliche Wille beim Erlangen des Heils mit der Gnade zusammenwirkt, zum anderen ist betont, daß die Werke notwendig sind, um die gewonnene Gerechtigkeit zu bewahren und das ewige Leben zu erlangen.

In den Streitfragen zwischen der mehr an Augustin orientierten Linie des Thomismus und der semipelagianischen Linie des Scotismus weicht man einer klaren Stellungnahme aus. Eine gewisse Vorbereitung für die Rechtfertigung wird als notwendig angegeben; aber es wird nicht ausgesagt, ob diese als Verdienst anzusehen sind (meritum = Verdienst) oder nicht; sie besteht in der Zustimmung zur einladenden Gnade und in der Mitwirkung bei den Akten, die deren Aufforderung folgen und der Taufe vorausgehen (Reue, Buße, Liebe zu Gott, Glaube an die Offenbarung usw.). Wie im Thomismus wird angenommen, daß die berufende Gnade das erste bei der Bekehrung ist, gleichzeitig wird jedoch der Mitwirkung des Willens und den vorbereitenden Akten Gewicht beigelegt (vgl. oben S. 145ff.). Die Rede der Reformatoren von einem Vertrauen, auf das man sich völlig verlassen kann, wir abgelehnt (vana haec ab omni pietate remota fiducia). Statt dessen wird geltend gemacht, daß der Mensch sich der Gnade Gottes niemals sicher sein kann, wie auch, daß er die Gebote Gottes und der Kirche erfüllen muß, um in der Gnade bewahrt zu werden und zu wachsen. In diesem Zusammenhang wird das Wort, daß Glaube ohne Werke tot ist, zitiert. Das ewige Leben wird als Gnadengabe um Christi willen, zugleich aber auch als Belohnung für die eigenen Verdienste angesehen. Vor allem schleudert man sein Anathema dagegen, daß die Rechtfertigung eines Menschen in der Vergebung der Sünden besteht und die Gabe des ewigen Lebens ausschließlich um der Barmherzigkeit Christi willen geschenkt wird. Wenn die Rechtfertigung im wesentlichen als Gnadeneingießung verstanden und der Vorgang den Sakramenten zugeschrieben wird, dann ist es natürlich, daß dem Konzilsbeschluß über die Rechtfertigung Verhandlungen über die Sakramentslehre folgen. Das fünfte Dekret sowie weitere Dekrete der folgenden

Session beziehen sich auf dementsprechende Fragen; tatsächlich stand die Sakramentslehre nunmehr während der ganzen Zeit des Konzils im Vordergrund. Viele Lehrpunkte, die seitdem für spezifische Merkmale der römisch-katholischen Kirche gelten, erhielten hier ihre endgültige Formulierung, zum Beispiel die Transsubstantiationslehre (13. Session), die Beichtbuße (14. Session), das Meßopfer (22. Session), die Heiligen-und Reliquienverehrung, das Fegefeuer, der Ablaß (25. Session).

Das Konzil zu Trient wurde die Einleitung zu einer jahrhundertelangen Blütezeit der scholastischen Theologie. Neue Impulse auf dem Gebiet der Philosophie kamen durch den Humanismus mit der Forderung, zu den antiken Quellen zurückzukehren. Ein erneutes Studium des Aristoteles und anderer antiker Philosophen war Folge dieses Programms. Im übrigen führten die alten Orden ihre Traditionen weiter. Die thomistische Theologie verfügte dabei über den größten Einfluß. Der Scotismus lebte hauptsächlich in der franziskanischen Schule weiter. Der neue Jesuitenorden war seinem Charakter nach eklektisch. Er stand der neuen Philosophie auch am aufgeschlossensten gegenüber. Es kam zu lang anhaltenden Kontroversen zwischen Thomisten und Jesuiten.

Der Ingolstädter Professor *Gregor von Valencia* (gest. 1603) wurde zum Erneuerer der römischen Scholastik im Deutschen Reich dadurch, daß er die spanische humanistische Scholastik nach Deutschland brachte. Unter den jesuitischen Theologen und neueren Scholastikern kommt *Francesco Suarez* (gest. 1617), der in Salamanca wirkte, eine besondere Bedeutung zu. Seine Verbindung von scholastischer Theologie mit neuaristotelischer Metaphysik wurde für die zeitgenössische theologische Bildung von großer Bedeutung. Ein von ihm verfaßtes Lehrbuch der Metaphysik, »Disputationes metaphysicae«, wurde auch auf protestantischer Seite weitgehend gebraucht. Dadurch wurde Suarez zu einem Vorläufer der neuaristotelischen Strömung in Deutschland (darüber später mehr).

Der führende Kontroverstheologe war der Jesuit Kardinal *Robert Bellarmin* (gest. 1621), dessen »Disputationes de controversiis christianae fidei« (1586–1593) sich Punkt für Punkt mit den protestantischen Einwänden befaßten und so zum Anlaß von noch gründlicheren und ausführlicheren Widerlegungsschriften von protestantischer Seite wurden (z. B. Johann Gerhards »Confessio catholica«, 1634–1637, vgl. unten).

Einen wichtigen Teil der römisch-katholischen Theologie, nicht zuletzt in neuerer Zeit, macht die Literatur der Mystik aus. Wie die Scholastik, hatte sie im 16. Jahrhundert ihre Heimat vor allem in Spanien. Der Begründer des Jesuitenordens, *Ignatius Loyola* (gest. 1556), hat durch seine »Exercitia spiritualia«, eine Art Handbuch über die Disziplin des geistlichen Lebens, gewaltigen Einfluß auf die römisch-katholische Frömmigkeit ausgeübt. Die bedeutendsten unter den damaligen Mystikern waren *Teresa a Jesu* (gest. 1582) und *Juan de la Cruz* (Johannes vom Kreuz; gest. 1591), beide Stifter der sogenannten Barfüßerkarmeliterorden. Die Heilige Teresa – auch auf literarischem Gebiet bemerkenswert – hat die Erlebnisse und

Erfahrungen der Mystiker mit psychologischem Scharfsinn beschrieben. Johannes vom Kreuz hat – mit der Theologie Thomas von Aquins als Hintergrund – innerhalb der römisch-katholischen Tradition die klassischen Darstellungen der Psychologie und Metaphysik der Mystik entwickelt. Er gilt deshalb auch als der »Kirchenlehrer der katholischen Mystik« (Grabmann).

Gegen die vorherrschende Scholastik mit ihren pelagianischen Tendenzen und ihrer Verdienstlehre trat der holländische Theologe und Kanzler der Universität Löwen *Michael Bajus* (gest. 1589) auf. Er ging auf die Heilige Schrift und Augustin zurück, lehrte, daß der Mensch unfähig zum Guten sei, und lehnte den Gedanken der Guten Werke als Verdienst ab. Papst Pius V. verdammte 1567 sechsundsiebzig Thesen aus seinen Schriften.

Die Kritik Michael Bajus' kehrte mit neuer Kraft im Jansenismus wieder: *Cornelius Jansen* (gest. 1638), Professor in Löwen und Bischof von Ypern, war durch ein tiefschürfendes Studium der Schriften Augustins zu der Überzeugung gelangt, daß die Theologie der Scholastik von der Tradition der alten Kirche abgefallen sei. In seinem großen Werk »Augustinus«, das 1640 erschien, legte er die augustinische Gnaden- und Prädestinationslehre in ihrer strengsten Form dar. Der Wille des Menschen ist gänzlich verdorben und dem Begehren (concupiscentia) unterworfen. Erst durch die Gabe der Gnade gelangt er in den Stand, das Gute zu tun. Diese augustinische Theologie wurde nun grundlegend für die Reformbewegung, die, von den Jesuiten heftig bekämpft, ihren Mittelpunkt im Kloster Port Royal fand, das in den 40er Jahren des 17. Jahrhunderts von *Antoine Arnauld* geleitet wurde. Der Papst verdammte einige Sätze, die Jansens Theologie angeblich wiedergaben. In den Streit griff auch *Blaise Pascal* (gest. 1662) ein, der sich dem Jansenismus angeschlossen hatte. In seinen bekannten »Lettres provinciales« von 1656/1657 richtete er scharfe, genial formulierte Angriffe sowohl gegen die pelagianische Gnadenlehre als auch gegen die jesuitische Ethik mit ihrer Kasuistik und Zurückdrängung des Gewissensgehorsams.

Die jansenistische Bewegung setzte ihre Tätigkeit trotz Verfolgung von seiten der Jesuiten lange Zeit fort, kam aber allmählich zum Erliegen; das Kloster Port Royal wurde 1709/1710 zerstört. In der Bulle »Unigenitus« von 1713 wurde die Auffassung abermals verdammt, der der Jansenismus Ausdruck verliehen hatte. Die enthüllende Kritik gegen die Jesuiten seitens des Jansenismus, vor allem durch Pascals Provinzialbriefe, wurde aber einer der Gründe des Widerstandes, der sich in immer stärkerem Maße gegen die Tätigkeit des Jesuitenordens richtete, der schließlich 1764 in Frankreich verboten wurde.

Doch nicht nur die von tiefsten kirchlichen Interessen getragene Kritik seitens des Jansenismus, sondern ebenso die neue Philosophie wie dann auch später der Geist der Aufklärung trugen zur fortschreitenden Auflösung der scholastischen Theologie bei. Damit ist die Tendenz gekennzeichnet, welche die Entwicklung innerhalb der römisch-katholischen Theologie von der Mitte des 17. Jahrhunderts an bis zum 19. Jahrhundert prägte.

29
Die Reformation und die nachreformatorische Theologie in England

Die Reformation nahm in England einen ganz anderen Verlauf als auf dem Kontinent und in den nordischen Ländern. Obwohl die Theologen, die während der bedeutsamen Periode entscheidend an der Entwicklung beteiligt waren, starke Einflüsse von den Reformatoren des Kontinents empfangen hatten, erhielt die Church of England sowohl kirchenpolitisch wie auch theologisch eine bestimmte Eigenprägung, die sich ihrer Art nach sowohl von der lutherischen wie auch der reformierten Kirchengemeinschaft unterschied.

Heinrich VIII., der mit seiner Politik die Befreiung Englands von der Suprematie des Papstes erwirkte und den König für das Oberhaupt der englischen Kirche (Supreme Head) erklärte, war in theologischen Fragen stark konservativ und gewährte der religiösen Opposition gegen die Kirche des Papsttums, die es auch weiterhin in England gab, von Kirchenmännern wie *William Tyndale* und *Thomas Cranmer* vertreten, wenig Raum. Tyndale, bekannt durch seine Übersetzung des Neuen Testaments ins Englische im Jahr 1526, traf mit Luther zusammen und war von seinen Schriften beeindruckt. Die Vorbereitung der Bibel in der Muttersprache hielt er für das beste Mittel gegen den Irrglauben aus Rom. In seiner Lehre vom Menschen und von der Erlösung vertritt er streng augustinische und lutherische Gedankengänge. Die Bibelübersetzung Tyndales wurde in seinem Heimatland jedoch weithin abgelehnt und sogar bekämpft; er selbst starb um seiner reformatorischen Verkündigung willen 1536 den Märtyrertod. – Thomas Cranmer, seit 1533 Primas der englischen Kirche, wurde der bedeutendste theologische Führer des Reformationswerkes. Er stand hinter der Ausgabe des Common Prayer Book von 1549 und den 42 Artikeln von 1553, die später zu 39 Artikeln umgearbeitet wurden. Trotz sehr weitgehender Konzessionen an das traditionelle Kirchenwesen zur Zeit Heinrichs VIII. bereitete Cranmer den Durchbruch für eine rein protestantische Reformation vor, die dann unter Edward VI. (1547–1553) zustande kam. Das Common Prayer Book wurde – unter Mitarbeit von *Martin Bucer* (siehe oben S. 201) – zu größerer Übereinstimmung mit protestantischer Anschauung umgearbeitet (Auflage des Jahres 1552). In den 42 Artikeln knüpfte man an die Bekenntnisschriften des Kontinents an, nicht zuletzt an die Confessio Augustana, und grenzte sich somit scharf von der römisch-katholischen Kirchenlehre ab.

Cranmer hielt die Transsubstantiationslehre für die Wurzel der Irrlehren und des Aberglaubens, die er im allgemeinen Kirchenwesen fand. Entsprechend entwickelte er gegen diese Lehre eine eigene Abendmahlsauffassung, die der calvinistischen sehr nahekam. Nach der Himmelfahrt befand sich der Leib Christi an einer bestimmten Stelle im Himmel und kann daher nicht im Brot des Abendmahls gegenwärtig sein.

Wenn es trotzdem heißt, daß diejenigen, die das Sakrament würdig und im Glauben empfangen, »den Leib Christi essen«, dann ist letzterer Ausdruck bildlich zu verstehen (figurative speeches). Denn es ist ein geistliches »Essen«, das ausschließlich im Glauben erfolgt und auch außerhalb des Sakraments stattfinden kann.

Das ist im großen und ganzen die gleiche Abendmahlsauffassung, die dann in den 39 Artikeln (Art. 4, 28, 29: vgl. unten) sanktioniert wird.

Thomas Cranmer, in dessen Ägide sich die Church of England zu einer selbständigen Bischofskirche unter königlicher Suprematie entwickelte und der weitgehend dazu beitrug, die Lehrvorstellung dieser Gemeinschaft zu gestalten, fiel während der Regierungszeit Marias der Katholischen, genannt die »Blutige«, der Reaktion zum Opfer (1556). Vor seinem Märtyrertod legte er in hohem Grade Proben einer festen Haltung ab, wie man sie in seiner Kirchenpolitik oft vermißt hatte.

Unter Elisabeth I. (1558–1603) wurde die Church of England hauptsächlich nach Richtlinien konsolidiert, die bereits früher von protestantischen Kirchenmännern entworfen worden waren. Das 1559 angenommene Common Prayer Book stimmt im großen und ganzen mit dem im evangelischen Sinne revidierten aus dem Jahr 1552 überein. Die 42 Artikel wurden zu den 39 Artikeln des Jahres 1563 abgeändert. In dieser Bekenntnisurkunde der anglikanischen Kirche wird sowohl die Abhängigkeit von dem evangelischen Christentum auf dem Kontinent sowie die Eigenart und Selbständigkeit des Anglikanismus markiert. Die Heilige Schrift gilt als das Buch, das alles enthält, was zum Heil nötig ist, so daß nichts als Glaubensartikel aufgezwungen werden kann, was nicht darin steht. Das römisch-katholische Traditionsprinzip wird damit abgelehnt. Die alttestamentlichen Apokryphen werden nicht in den Kanon aufgenommen und nicht als Lehrgrundlage aufgefaßt; dennoch werden sie als unterweisende und wegweisende Schriften der Kirche im Bekenntnis aufgezählt (Art. 6). Hinsichtlich der Erbsünde als Verderbtheit der Natur (Art. 9) und der Unfähigkeit des Willens zum Glauben und zu Gott wohlgefälligen Werken (Art. 10) folgt man der streng augustinischen Linie und schließt sich der lutherischen Lehre von der Rechtfertigung allein durch den Glauben an. Die römische Doktrin von den Werken vor der Rechtfertigung als ein meritum de congruo (Verdienst nach Billigkeit) wird zugunsten der augustinischen Lehre, daß alle Werke außerhalb der Gnade Sünde sind, abgelehnt (Art. 13). Die Prädestination wird als Erwählung zur Seligkeit verstanden. Um eine »doppelte« Prädestination handelt es sich also nicht, auch werden die calvinistischen Lehrsätze in diesem Punkt sorgfältig gemieden (Art. 17). Die Kirche wird wie in der Augustana definiert als »eine Gemeinschaft von Gläubigen, in der Gottes Wort rein gepredigt wird und die Sakramente nach den Vorschriften Christi rein verwaltet werden« (Art. 19). Ihr wird dabei auch Autorität sowohl hinsichtlich der Zeremonien wie auch in Glaubenskontroversen eingeräumt. Doch sie darf nichts anordnen, was im Widerspruch zur Heiligen Schrift steht, deren Zeuge und Bewahrer sie ist. Die Traditionen und Zeremonien der Kirche werden nicht als ein für allemal in der Heiligen Schrift gegeben, sondern als von Zeit zu Zeit veränderlich angesehen. Jede Nationalkirche hat somit das Recht, solche Zeremonien und Riten zu ändern oder abzuschaffen, nur darf dies nicht gegen die Heilige Schrift geschehen. Dagegen hat keine Einzelperson das Recht, nach ihrer privaten Meinung Traditionen und Zeremonien der Kirche zu verändern, solange diese nicht dem Wort Gottes widerstreiten (Art. 34).

Wie schon angedeutet, wird durch die Sätze des Artikels 4 die lutherische Ubiquitätslehre ausgeschlossen und die Gegenwart Christi im Abendmahl dabei im Einklang mit den calvinistischen Formulierungen beschrieben: »The Body of Christ is given, taken, and eaten, in the Supper, only after an heavenly and spiritual manner. And the mean whereby the Body of Christ is received and eaten in the Super is Faith« (Der Leib Christi wird im Abendmahl gegeben, genommen und gegessen nur auf eine himmlische und geistliche Weise. Und das Mittel, durch das der Leib Christi im Abendmahl empfangen und gegessen wird, ist der Glaube).

Die 39 Artikel bestätigen die Suprematie der Königsmacht über die Kirche von England. Es wird jedoch betont, daß der König sich nicht mit dem Dienst des Wortes oder der Sakramentsverwaltung zu befassen hat, sondern nur über die äußere leitende Macht verfügt. Unter Elisabeth I. änderte man die Bezeichnung »Supreme Head« in »Supreme Governor« (Oberhaupt – Oberster Leiter) ab.

Die Linie, der die anglikanische Kirche gefolgt ist, kann als Mittelweg zwischen Rom und Genf bezeichnet werden. Entsprechend traf das unter Elisabeth I. konsolidierte Kirchentum auf Widerstand von zwei Seiten: vom römischen Katholizismus und vom Puritanismus. Gegen den ersteren schrieb *John Jewel*, Bischof von Salisbury, seine »Apology for the Church of England« (1562), worin er die Verbindung der englischen Kirche mit der ursprünglichen, apostolischen betont. Rom habe die Protestanten auf dem Konzil zu Trient verdammt, ohne sich ihre Argumente überhaupt anzuhören. Wären sie wirklich Häretiker, dann hätte man sie durch Schriftbeweise widerlegen können.

Die bedeutendsten Führer der puritanischen Bewegung während der Regierungszeit Elisabeths I., *Thomas Cartwright* und *Walter Travers*, hatten beide in Genf geweilt und Eindrücke von der calvinischen Kirchenverfassung empfangen. Diese liegt auch dem kirchlichen Programm zugrunde, das sie in der reformierten Kirche von England durchzuführen gedachten. Die von ihnen vertretene Bewegung pflegt man daher auch den Presbyterianismus zu nennen; damit ist der Zweig des Puritanismus gemeint, der in der Staatskirche von England eine Verfassung einführen wollte, derzufolge die Macht der Bischöfe von Konsistorien und Synoden, die sich aus Pfarrern und Laienältesten zusammensetzten, ausgeübt werden sollte. Man wollte also die episkopale Ordnung, die sich unter Edward VI. und Elisabeth I. konsolidiert hatte (the Established Church), nicht anerkennen. Der Grundgedanke des presbyterianischen Programms war, daß die Heilige Schrift als Wort Gottes sowohl für den Wandel der Christen als auch für die äußeren Ordnungen und Zeremonien der Kirche einzige Richtschnur bilden müßte. Für das Handeln des Christen verlangte man oft explizite Vorschriften der Bibel; in gleicher Weise glaubte man dort ein bestimmtes

Muster dafür zu finden, wie die Ordnung der Kirche zu gestalten sei. Man hielt diese schriftgemäße Kirchenordnung mit derjenigen für identisch, die unter ähnlichen Voraussetzungen in Genf entwickelt worden war. Im Prinzip war sie unveränderlich, da sie sich angeblich auf Gottes Wort gründete. Gegen diese Ansichten Thomas Cartwrights trat *John Whitgift*, der spätere Bischof von Canterbury, auf und verteidigte die bestehende Kirchenordnung. Hinsichtlich äußerlicher Zeremonien und Gebräuche sei die Kirche frei, diese der Zeit und den Umständen anzupassen, und nicht etwa verpflichtet, einer in der Schrift ein für allemal gegebenen Ordnung zu folgen.

Das presbyterianische Programm wurde in einer anonymen Schrift dargelegt, die von der Kirchenzucht handelte (1574). Sie war von Walter Travers, einem Geistlichen, verfaßt worden, der später an der Juristenschule »The Temple« in London lehrte. Er verwickelte sich dort in einen theologischen Konflikt mit dem »Master at The Temple« und späteren Pfarrer in Kent, *Richard Hooker* (gest. 1600), der ihm gegenüber die anglikanische Position vertrat. Der Disput mit Travers veranlaßte ihn, in einer großangelegten Arbeit die ganze Frage der rechten Kirchenordnung zu behandeln. So entstand sein berühmtes Werk »The Laws of Ecclesiastical Polity« (1.–5. Buch 1594–1597, 6.–8. Buch postum erschienen), eine in Gelehrsamkeit und Scharfsinn unübertroffene Verteidigung des anglikanischen Kirchenwesens. Hookers Arbeit, die noch bis in moderne Zeit als Standardwerk in der englischen Pfarrerausbildung verwendet wurde, ist von einer tiefschürfenden Analyse sowie einer untrüglichen Mäßigung und Zurückhaltung im Urteil gekennzeichnet. Sie war auch sehr bedeutsam für das politische Denken in England.

Für Hooker wie auch für seine Gegner steht fest, daß die Verfassung der Kirche wie alle menschliche Ordnung auf göttlicher Autorität beruhen muß. Dies ist jedoch nicht gleichbedeutend damit, daß die Möglichkeit bestehen muß, sie im Detail auf biblische Vorschriften und Beispiele zurückzuführen. In der Heiligen Schrift nach Mustern für die äußeren Ordnungen und Zeremonien der Kirche zu suchen bedeutet, zuviel von ihr zu verlangen. Ihre »Vollkommenheit« muß vielmehr in Verbindung mit ihrem bestimmten Zweck gesehen werden: die Erkenntnis zu schenken, die zur Erlösung des Menschen notwendig ist. Dagegen kann keine ein für allemal gültige Kirchenordnung aus der Bibel abgeleitet werden. Die gesetzmäßige Ordnung, die in der Kirche wie in jeder menschlichen Gemeinschaft herrschen muß, stützt sich auf eine andere Grundlage. Gott hat eine ursprüngliche Erkenntnis dessen, was recht oder unrecht ist, in das Herz des Menschen gelegt – das natürliche Gesetz, das sich mit dem Urteil der Vernunft deckt. Es gibt keine für alle Zeiten gültige Kirchenordnung, sondern die rechte äußere Ordnung muß die Kirche nach dem Urteil der Vernunft festlegen, und zwar unter Zugrundelegung sowohl biblischer Beispiele und Anweisungen wie auch des in der Tradition zum Ausdruck gebrachten Wissens. – Im ersten bis vierten Buch der »Laws of Ecclesiastical Polity« hat Hooker die prinzipiellen Faktoren des anglikanischen Standpunktes dargelegt. Im fünften Buch wird die konkrete Ausgestaltung der kirchlichen Riten und Ordnungen behandelt. Der sechste bis achte Teil von Hookers Werk wurde lange nach dem Tod des Verfassers herausgegeben. Wieweit diese Teile voll authentisch sind, ist eine umstrittene Frage. Hookers eigene Konzeption jedenfalls kann mit Sicherheit nur aus den ersten fünf Teilen des Werkes herausgelesen werden.

Die Presbyterianer sahen in der englischen Staatskirche einen Kompromiß mit dem römischen Wesen und wünschten eine »Reformation der Reformation«. Sie versuchten, diese Änderung im Rahmen der Staatskirche und im Einvernehmen mit der Obrigkeit zu erlangen. Einige der puritanisch Gesinnten waren jedoch radikaler und wollten eine von Staat und Hierarchie unabhängige Reform durchführen. Sie hielten die Christengemeinde – die nur aus wahren Gläubigen bestehen sollte – für die alleinige Trägerin der regierenden Macht in der Kirche. Das »heilige Volk« repräsentierte die Autorität Christi. Darum sollte eine jede Ortsgemeinde ihre Angelegenheiten selbst regeln, ohne jegliche Einmischung staatlicher oder klerikaler Behörden. Dementsprechend dürfte es auch keinen Rangunterschied zwischen Pfarrern und Laien geben, beide haben nur verschiedene Funktionen. Dieses durch und durch demokratische Kirchenideal – das man mit dem Namen »Kongregationalismus« oder »Independentismus« zu bezeichnen pflegt – wurde von *Robert Browne* skizziert, der 1582 nach Holland flüchtete, um der Verfolgung zu entgehen, später aber wieder in die Staatskirche aufgenommen wurde, sowie von *Henry Barrowe*, der 1593 für die Sache des Kongregationalismus den Märtyrertod erlitt.

Aus dem Kongregationalismus wuchs als besondere separatistische Bewegung der englische Baptismus hervor, dessen Begründer *John Smyth* war. Die erste Baptistengemeinde Englands wurde 1612 von *Thomas Helwys* ins Leben gerufen, während John Smyth schon früher eine Gemeinde in Amsterdam gegründet hatte. Der englische Baptismus war mit dem Anabaptismus auf dem Kontinent verwandt. Er zeichnete sich vor allem durch seine starke Forderung von Gewissensfreiheit und religiöser Toleranz aus. Die Religion wurde danach als eine Angelegenheit zwischen Gott und dem einzelnen angesehen und duldete daher keine Einmischung der Obrigkeit. – Gemeinsames Kennzeichen verschiedener Richtungen der »Dissenters« (die nicht mit der anglikanischen Kirche übereinstimmten) ist die Zurückweisung des »Book of Common Prayer« wie die grundsätzliche Ablehnung einer festen und gesetzlich vorgeschriebenen Liturgie, was dann auch ein Hauptpunkt im Kampf der anglikanischen Kirche gegen die Nonkonformisten wurde.

Im 17. Jahrhundert entwickelte sich die anglikanische Theologie dann auf der von Richard Hooker in den »Laws of Ecclesiastical Polity« gelegten Grundlage. Wie in diesem Werk steht die Frage der äußeren Ordnung der Kirche in der anglikanischen Tradition überhaupt im Vordergrund. So prägte sich die Eigenart des Anglikanismus im Kampf gegen Rom und vor allem gegen den Puritanismus. Sein Kennzeichen wurde ein strenges Festhalten an der episkopalen Tradition und dem Staatskirchentum unter Vermeidung von Extremen beider Seiten. In bezug auf die Zeremonien heißt es in der Vorrede zum Common Prayer Book aus dem Jahr 1662 (verfaßt von *Robert Sanderson*) entsprechend: »It has been the wisdom of the Church of England ever since the first compiling of her Public Liturgy, to keep the mean between the extremes, of too much stiffness in refusing, and of too much easiness in admitting any variation from it« (Es ist von je die Weisheit der Kirche von England seit der ersten Zusammenfassung ihrer »Öffentlichen Liturgie« gewesen, den Mittelweg zwischen den Extremen einzuhalten, zwischen zu großer Zähigkeit bei der Verweigerung und zu großer Erleichterung bei der Gewährung von irgendeiner Veränderung darin).

Führer des Widerstandes gegen den Puritanismus wurde der Erzbischof von Canterbury (seit 1633), *William Laud*, bekannt durch seine skrupellose Ausnutzung der Machtmittel im Kampf um die Durchführung der Konformität der kirchlichen Ordnung. In der Theologie distanzierte sich Laud nicht nur von der puritanischen Gemeindeordnung, sondern auch von dem strengen Calvinismus, der oft damit verbunden war. Er knüpfte in der Prädestinationslehre an die arminianische Auffassung an (vgl. oben S. 208) und gestattete eine gewisse Freiheit in der Lehre, die bei ihm mit unerbittlicher Strenge in der rituellen Observanz gepaart war. Die Puritaner hingegen vereinigten in der Regel eine strenge Bewahrung der Lehre mit Freiheit bei der Gottesdienstordnung.

Die »Große Revolution« um die Mitte des 17. Jahrhunderts zog eine radikale Veränderung der kirchlichen Lage nach sich. Zuerst dominierten die Presbyterianer während der Zeit des »Langen Parlaments« und später die Independenten unter Cromwells Protektorat. William Laud wurde gefangengesetzt und nach langwierigen Gerichtsverhandlungen schließlich 1645 hingerichtet. Einige Jahre danach sollte Karl I., der bedeutendste Unterstützer der Episkopalkirche, dasselbe Schicksal erleiden (1649). Beide Männer – vor allem Karl I. – hielten sich dabei für Märtyrer der Sache der anglikanischen Kirche und wurden auch von ihren Zeitgenossen als solche betrachtet. Die Restauration von 1660 brachte nicht, wie anfangs gehofft, einen Ausgleich der kirchlichen Gegensätze. Auf der zur Ordnung der kirchlichen Angelegenheiten 1661 einberufenen Savoy-Konferenz gewann der reine Anglikanismus den größten Einfluß; das revidierte Common Prayer Book aus dem Jahr 1662 bildet den Schlußpunkt der Entwicklung, in deren Verlauf sich die Eigenart des Anglikanismus unter harten Schicksalen und heftigen Kämpfen mit Andersdenkenden gestaltete. Zu den vielen hervorragenden anglikanischen Theologen des 17. Jahrhunderts gehören auch noch *James Ussher* (gest. 1656) und *John Pearson* (gest. 1686). Sein Werk »Exposition of the Creed« von 1659, in dem das Apostolische Glaubensbekenntnis ausgelegt wird, ist ein mustergültiges Beispiel anglikanischer Dogmatik.

Im 17. Jahrhundert entfernte sich die anglikanische Theologie immer mehr von der calvinistischen Orthodoxie. Zwar wurde Calvin von den meisten Theologen hochgeschätzt, und eine Anzahl Anglikaner war sogar auf der Synode zu Dordrecht zugegen und übernahm deren strenge Prädestinationslehre (vgl. oben S. 208); aber in der Regel nahm man davon Abstand, und wie an Lauds Beispiel zu sehen ist, hatte der Arminianismus in der englischen Theologie einen nicht geringen Einfluß. – Auf der Westminster-Synode von 1643 dominierten die Presbyterianer: man nahm das sogenannte Westminster-Bekenntnis an, das noch immer die bindende Lehrurkunde der presbyterianischen Kirche Englands ist. Der bedeutendste Theologe des Presbyterianismus dieser Zeit ist *Richard Baxter*, vor allem durch seine Erbauungsschriften bekannt, die auch auf lutherischem Gebiet Verbreitung fanden (»The Saint's Everlasting Rest«, 1650). Eine unglückliche Folge der restaurativen Kirchenpolitik war, daß auch die Presbyterianer aus der anglikanischen Staatskirche vertrieben wurden und gemeinsame Sache mit den Independenten machten. Dadurch wurde die theologische wie auch die soziale Kluft zwischen Anglikanern und Presbyterianern größer. – Nach der »Glorreichen Revolution« 1688–1689 weigerten sich nicht weniger als vierhundert anglikanische Pfarrer aus prinzipiellen Gründen, dem neuen König William III. den Treueid zu leisten, da sie seine Einsetzung für unrechtmäßig hielten. Die Eidesverweigerer (Non-Jurors) wurden ihrer Ämter entsetzt, was eine Schwächung der Kirche bedeutete; dies machte sich besonders bei ihrer Konfrontation mit dem Deismus und anderen rationalistischen Strömungen der Folgezeit bemerkbar. – Zu den radikaleren Richtungen des Puritanismus gehören der Dichter *John Milton* (»Paradise Lost«, 1667) und *John Bunyan* ([Baptist] »The Pilgrim's Progress«, 1676), deren Namen in einer Darstellung der englichen Theologie des 17. Jahrhunderts ebenfalls Erwähnung verdienen.

30 Die lutherische Orthodoxie

Allgemeine Charakteristik

Die lutherische Orthodoxie, deren klassische Zeit man von etwa 1600 an rechnen kann, baut auf der Tradition auf, die vor allem in den lutherischen Bekenntnisschriften (Liber Concordiae, 1580) und von den Theologen vertreten wird, die eine entsprechende Position eingehender entwickelt haben, z. B. die bereits erwähnten Theologen Wigand und Chemnitz. Zu den bedeutendsten Vorgängern der Orthodoxie gehört auch der Marburger Professor *Aegidius Hunnius* (gest. 1603).

Trotz stark betonter Treue gegenüber der allgemeinkirchlichen wie der lutherischen Tradition zeichnet sich die klassische Orthodoxie durch einen gewissen Neuansatz aus, nicht zuletzt hinsichtlich der theologischen Methodenlehre. Diese Neuorientierung der lutherischen Orthodoxie kann mit der philosophischen Strömung des *Neuaristotelismus* in Verbindung gebracht werden. Sie nimmt ihren Anfang an mehreren südeuropäischen Lehrstühlen (Padua, Coimbra) und findet gegen Ende des 16. Jahrhunderts Eingang an deutschen protestantischen Universitäten, wo sie sich zu einer protestantischen Schulmetaphysik entwickelt, die in vielerlei Hinsicht zur wissenschaftlichen Voraussetzung für die Theologie und Wissenschaft wird. Das wissenschaftliche Programm der Schulmetaphysik beinhaltet ein Wiederaufleben der aristotelischen Metaphysik mit der Forderung einer eingehenderen Bearbeitung der wissenschaftlichen Grundbegriffe. Daher hat die Schulmetaphysik zum Teil eine rein humanistische Ausrichtung, etwa bei *Cornelius Martini* in Helmstedt; an bestimmten lutherischen Lehrstühlen wurde sie jedoch mit einem lutherisch-orthodoxen Standpunkt verbunden, zum Beispiel bei den in Wittenberg lehrenden *Balthasar Meisner* und *Jakob Martini* sowie später bei *Christoffer Scheibler* in Gießen und bei dem Theologen *Abraham Calov*.

Der Einfluß, den die Schulphilosophie auf die lutherische Orthodoxie ausübte, ist nicht eindeutig zu bestimmen, da man von einer scharfen Grenzziehung zwischen Theologie und Philosophie ausgeht. Auch in diesem Punkt hat man – zumindest im Prinzip – am reformatorischen Standpunkt festzuhalten versucht. Es handelt sich deshalb nicht um eine direkte Übernahme der metaphysischen Begriffe oder um eine Einfügung der Theologie in ein metaphysisches System, was deren eigenen Voraussetzungen entgegenstehen würde. Gleichzeitig hat die neuaristotelische Philosophie jedoch in vielerlei Hinsicht eine wichtige Rolle in der theologischen Entwicklung dieser Zeit gespielt. Dieser Einfluß kann unter anderem durch folgende Gesichtspunkte charakterisiert werden:

Die Schulmetaphysik hat das allgemeine Weltbild und das Wirklichkeitsverständnis in klare Formeln gekleidet und so die damaligen wissenschaftlichen Denkvoraussetzungen in Begriffe fixiert, die auch der theologischen Arbeit zugrunde liegen. Die Parallelität zwischen lutherischer Orthodoxie und Schulphilosophie zeigt sich entsprechend auch darin, daß ihre Blüte in die gleiche Zeit fällt. Beide werden zu Beginn des 18. Jahrhunderts dann auch gleichzeitig von anderen Strömungen abgelöst. Die schulphilosophische Weltanschauung wird vor allem durch zweierlei gekennzeichnet: die aristotelische Erkenntnistheorie, bei welcher man von der äußeren – der sinnlichen und übersinnlichen – Wirklichkeit als der primären und unmittelbar gegebenen Realität ausgeht, wie auch die aristotelische Formbetrachtung, bei welcher die Formen des Dinges und nicht seine Materie die Wirklichkeit bilden, die der Erkenntnis zugänglich ist. Darin unterscheidet sich diese Anschauung sowohl vom Idealismus als auch vom mechanischen Weltverständnis. Eine Übernahme der Schulphilosophie von seiten der Theologie wurde dadurch erleichtert, daß diese ihr allgemeines Weltbild auf einem religiösen Grundgedanken aufbaut: Gott ist die höchste Realität (die absolute Aktualität oder Form) und gleichzeitig Grund und Ziel aller anderen Wirklichkeiten.

Der Neuaristotelismus hat ferner zu einer gründlicheren Besinnung auf die wissenschaftliche Methode geführt, was auch Spuren in den theologischen Darstellungen hinterließ. Der führende Philosoph auf diesem Gebiet war ein Lehrer in Padua, *Jakob Zabarella* (gest. 1589). Er rechnet in allen Zweigen der Wissenschaft nur mit zwei Methoden einer Darstellung der Lehre. Die eine nennt er »ordo compositivus«; sie geht aus von den Prinzipien und schreitet fort zu den Schlüssen. Das andere Verfahren ist der »ordo resolutivus«; er geht vom Ziel aus und führt danach die Mittel an, dieses zu erreichen. Die Theologie scheidet nach damaliger Betrachtungsweise aus dem Kreis der Wissenschaften aus und ist somit prinzipiell an keine ihrer Methoden gebunden. Letztere wurden jedoch in gewissem Maße auch bei theologischen Darstellungen benutzt, etwa bei der Ausgestaltung des Schriftprinzips als Fundament der Theologie und vor allem bei der Anwendung der sogenannten analytischen Methode. Schon seit Beginn des 17. Jahrhunderts fanden sich bei dem Lutheraner *Balthasar Mentzer* und dem reformierten Theologen *Bartholomäus Keckermann* Versuche, die Darstellung der Theologie nach der Methode des »ordo resolutivus« zu gestalten, die für die sogenannten praktischen Wissenschaften galt. Man geht hierbei von der Lehre von Gott als dem ewigen Ziel aus und behandelt die Lehre vom Menschen, dem Subjekt der Theologie, sowie schließlich die Mittel, mit deren Hilfe der Mensch die ewige Seligkeit erlangt. Diese Methode, auch die analytische genannt, wurde später auf lutherischer Seite allgemein akzeptiert (*Calixt* und *Calov*) und ersetzte die früher angewandte Loci-Methode.

Die analytische Methode war ein Versuch, die Theologie stärker als früher unter einem einheitlichen Aspekt darzustellen: als eine Lehre vom Heil und von den Mitteln, dieses Heil zu erlangen. Doch auch die Darstellungen, die sich diese Methode zu eigen gemacht haben, folgen gleichzeitig der von philosophischen Methoden unabhängigen heilsgeschichtlichen Ordnung. Die Entwicklung führt im 17. Jahrhundert jedoch zu einer immer strenger systematisch orientierten Bearbeitung des umfangreichen Stoffes, der von der älteren lutherischen Tradition als Erbe hinterlassen worden war. Eine gekünstelte, von endlosen Begriffsunterscheidungen geprägte Darstellung kennzeichnet oft die spätorthodoxe Dogmatik.

Die deutsche Schulphilosophie hat – in dem Maße, wie sie von der Theologie akzeptiert wurde – zur Stärkung der intellektualistischen Tendenz beigetragen, die für die lutherische Orthodoxie charakteristisch ist. Gleichzeitig hat sie jedoch die vertiefte wissenschaftliche Behandlung der theologischen Fragen gefördert. Die philosophische Bildung, die die lutherische Orthodoxie nutzte, hat ihr gleichsam größere Möglichkeiten gegeben, das biblische und reformatorische Erbe zu bewahren und weiterzuführen. Erst als diese Bildung sich auflöste, erschien die Ausgestaltung der Orthodoxie vielen wie ein dem Christentum wesensfremder Formalismus.

Die orthodoxe Lehrvorstellung gründet sich hauptsächlich auf die biblische Argumentation. Ein fortlaufendes Schriftstudium bildet entsprechend die Grundlage der theologischen Studienordnung. Die Anknüpfung an die zeitgenössische Schulphilosophie bedeutet, prinzipiell gesehen, keine Vermischung der Prinzipien des Glaubens und der Vernunft; denn die philosophische Begrifflichkeit soll lediglich als Hilfsmittel bei der Verteidigung des Glaubens oder der lehrmäßigen Erklärung der theologischen Fragen dienen. Handelt es sich aber um den Inhalt der Lehre, dann muß jedes Vernunftargument dem Zeugnis der Schrift weichen. In diesem Punkt grenzt sich die lutherische Orthodoxie sowohl von der mittelalterlichen Scholastik als auch von der zeitgenössischen reformierten Orthodoxie ab, bei der man den Inhalt der Offenbarung mit der rationalen Argumentation in Einklang zu bringen sucht. So meint zum Beispiel Keckermann, die Dreieinigkeitslehre könne philosophisch bewiesen werden, während die Lutheraner dies bestreiten. Ihr Ideal ist, was Balthasar Meisner eine »sobria philosophia« nannte, das heißt eine maßvolle Philosophie, die sich dem Zeugnis der offenbarten Wahrheit demütig unterordnet.

Während sich die dogmatische Darstellung auf die Schrift als einziges Fundament gründet (das Schriftprinzip), wurde die Auslegung der Bibel ihrerseits gleichzeitig von der dogmatischen Gesamtschau und der doktrinären Einstellung beeinflußt. – Die ersten Ansätze zu einer historischen Bibelauslegung im modernen Sinne liegen zwar schon im 17. Jahrhundert vor, nicht jedoch in der lutherisch-orthodoxen Tradition, sondern innerhalb anderer Kreise. In diesem Punkt greift zum Beispiel der holländische Jurist und Theologe *Hugo Grotius* der Auffassung späterer Zeiten vor.

Die lutherisch-orthodoxe Dogmatik folgt, wie schon erwähnt, der heilsgeschichtlichen Ordnung: Die Schöpfung, der Fall, die Erlösung, die letzten Dinge bilden die festen Hauptpunkte der Darstellung. An ihrem Anfang wird die Lehre von der Schrift und die Gotteslehre entwickelt. Die gewöhnliche Ordnung unter den verschiedenen »loci« wird daher die folgende:

1. die Heilige Schrift, 2. die Dreieinigkeit (die Lehre von Gott, von Christus und vom Heiligen Geist), 3. die Schöpfung, 4. die Vorsehung, 5. die Prädestination, 6. das Ebenbild Gottes, 7. der Fall des Menschen, 8. die Sünde, 9. der freie Wille, 10. das Gesetz, 11. das Evangelium, 12. die Buße, 13. der Glaube (die Rechtfertigung), 14. die guten Werke, 15. die Sakramente, 16. die Kirche, 17. die drei Stände, 18. die letzten Dinge.

Wir haben es hier mit einer objektivierten Theologie zu tun, die ihrer Art nach von der dogmatischen Darstellungsweise unserer Zeit verschieden ist. Die Theologie wird als »Lehre von Gott und göttlichen Dingen« definiert. Der Ausgangspunkt ist der Inhalt der Offenbarung, kodifiziert in der Heiligen Schrift, nicht aber der Glaube als innerseelische Größe. Gewöhnlich wird die Theologie als eine »praktische« Disziplin verstanden, damit soll aber nur ihre praktische Ausrichtung ausgedrückt werden, nicht dagegen, daß sie ihren Ausgangspunkt in der Glaubenserfahrung nimmt. Erst der Pietismus hat hier eine veränderte Grundvorstellung eingeführt.

Das Schriftprinzip schließt einen prinzipiellen Traditionalismus aus, bei dem die Betrachtung der Tradition als normgebend angesehen wird. Nichtsdestoweniger nimmt der Traditionsbeweis in der orthodoxen Theologie eine sehr wichtige Stellung ein. Das Ideal Gerhards ist eine »evangelisch-katholische Theologie«, das heißt eine reformatorische Anschauung, die in der durch alle christlichen Zeitalter hindurch bewahrten theologischen Tradition wiederzufinden ist. Eine besonders reiche Verwendung des Materials der patristischen und – wenn auch in geringem Maße – der scholastischen Theologie kennzeichnet entsprechend die Dogmatik der klassischen Orthodoxie. Die unvergleichlich stärkste Position nimmt in diesem Zusammenhang Augustin ein.

Hinsichtlich der allseitigen Beherrschung des theologischen Stoffes wie auch der Breite der Bibelkenntnis stellt die lutherische Orthodoxie einen Höhepunkt in der Geschichte der Theologie überhaupt dar. Denn keineswegs haben nur die zeitgenössischen oder die unmittelbar vorausgehende Tradition, sondern in noch höherem Grade die biblischen und patristischen Quellen Stoff für die großen lutherischen Lehrdarstellungen des 17. Jahrhunderts geliefert.

Die Methode weicht stark von der in der neueren Dogmatik gebräuchlichen ab: Man will die Theologie nicht unter einem einheitlichen Aspekt mit Hervorhebung gewisser Grundgedanken darstellen, sondern erachtet es für seine Aufgabe, nachbildend die unendliche Vielfalt der biblischen Offenbarung wiederzugeben. Daraus folgt ein offener Blick für alle Einzelheiten der überkommenen Lehre, aber auch eine endlose Aufteilung der Fragen sowie die schwierige Unterscheidung zwischen Wesentlichem und Unwesentlichem. Ansätze zur Systematisierung fehlen nicht, aber sie können das Bild nicht nennenswert ändern. So liegt zum Beispiel in der sogenannten analytischen Methode der Versuch, die ganze Lehrdarstellung unter einem einzigen Gesichtspunkt einzuordnen: wie der Mensch sein höchstes Ziel, die ewige Seligkeit, erringen soll. Eine andere Tendenz in gleicher Richtung ist in dem Gedanken der sogenannten Fundamentalartikel enthalten: Nur ein Teil des Glaubensinhalts könne als für die Seligkeit notwendig betrachtet werden, während andere Teile des Lehrinhalts lediglich von sekundärer Bedeutung seien.

Vertreter der lutherischen Orthodoxie; ihre Entwicklungsstadien

Die eigentliche Zeit der lutherischen Orthodoxie umfaßt das ganze 17. Jahrhundert; man kann aber die klassische Periode in der ersten Hälfte dieses Jahrhunderts und ein späteres Stadium seit dem Westfälischen Frieden (1648) unterscheiden, das vom Kampf gegen den Synkretismus und von einer verschärften Systematisierung der lutherischen Tradition wie auch einer härteren doktrinären Einstellung gekennzeichnet ist.

Die bedeutendsten Vertreter der älteren, klassischen Orthodoxie sind Hutter und Gerhard. Die kurzgefaßte Dogmatik von dem Wittenberger Lehrer *Leonhard Hutter* (gest. 1616), »Compendium locorum theologicorum, ex scripturis sacris et libro concordiae collectum« von 1610, ersetzte als Lehrbuch nun weithin Melanchthons Loci.

Johann Gerhard (gest. 1637), ein Schüler Hutters, hauptsächlich in Jena wirkend, wurde der bedeutendste Dogmatiker der Orthodoxie; er hat – wie vor ihm Chemnitz und andere – das patristische und reformatorische Erbe gesammelt und weiterentwickelt und damit auch den Grund für die theologische Arbeit der späteren

Orthodoxie gelegt. Von seinen Schriften sind in erster Linie die »Loci theologici« (1610–1625) zu nennen, welche die evangelische Lehrdarstellung allseitig und unter Verwendung besonders umfassenden Materials behandeln. Seine »Confessio catholica« (1633–1637) sucht die Einsprüche der zeitgenössischen römischen Theologie mit Zitaten zu widerlegen, die er der Tradition des römischen Katholizismus selbst entnimmt. Gerhards literarische Tätigkeit, die sich auf alle Zweige der Theologie erstreckt, umfaßt weiter: Bibelauslegungen, Erbauungsschriften wie die weitverbreiteten »Meditationes sacrae« von 1606, homiletische Arbeiten (Postille von 1613), Disputationen und eine ausführliche Zusammenstellung der Ethik des christlichen Lebens, »Schola pietatis«, von 1621.

Nicolaus Hunnius (gest. 1643) ist vor allem durch seine Theorie von den Fundamentalartikeln bekannt, nach der nicht der ganze Inhalt der Heiligen Schrift, sondern nur gewisse feststellbare Lehrpunkte für die Erlösung notwendig und für die theologische Anschauung konstitutiv anzusehen sind. Seine Zusammenfassung der Glaubenslehre, »Epitome credendorum«, von 1625 hat dann auch weitgehende Verwendung gefunden.

In diese Periode gehört auch der in Tübingen lehrende *Matthias Hafenreffer*, dessen ,,Compendium doctrinae coelestis«, ein Abriß seiner Loci von 1600, seitdem mehr als hundert Jahre lang eine anerkannte Stellung als Lehrbuch innehatte, unter anderem in Schweden.

Ein etwas abweichender Standpunkt wird von dem hervorragenden Helmstedter Theologen *Georg Calixt* (gest. 1656) eingenommen, der die Meinung vertrat, daß man von der ältesten christlichen Tradition als einer von allen anerkannten Lehrgrundlage (consensus quinquesecularis) ausgehend zu einer Einheit unter den verschiedenen Konfessionen gelangen könne. Diese synkretistische Auffassung wurde von seinen Schülern, der sogenannten Helmstedter Schule, weiterentwickelt. Das rief jedoch unter den streng orthodoxen Theologen eine Reaktion hervor. Ihr Kampf gegen den Synkretismus prägte die lutherische Orthodoxie in der zweiten Hälfte des 17. Jahrhunderts in großem Maß.

Der entschiedenste Gegner des Synkretismus ist *Abraham Calov* (gest. 1686), Professor in Wittenberg, der weiter auf der Tradition Gerhards aufbaut, die Gedanken jedoch gleichzeitig in doktrinärer und polemischer Richtung zuspitzt. Unter seinen Schriften ist vor allem das umfangreiche »Systema locorum theologicorum« (1655 bis 1677) zu nennen. – Andere dogmatische Arbeiten aus der zweiten Hälfte des 17. Jahrhunderts sind ebenfalls durch eine stärkere systematische Bearbeitung der orthodoxen Tradition und eine immer schärfere begriffsmäßige Fixierung der verschiedenen Lehrfragen gekennzeichnet. Hierher gehören *J. F. Königs* »Theologia positiva acroamatica« von 1661 und *J. A. Quenstedts* »Theologia didactico-polemica« von 1685. Eine kürzere Darstellung liegt in *J. W. Baiers* »Compendium« von 1686 vor.

Für das letzte der großen Lehrsysteme der lutherischen Orthodoxie pflegt man *David Hollaz*' »Examen theologico-acroamaticum« von 1707 anzusehen, das bereits von den Fragestellungen des Pietismus geprägt ist, zugleich jedoch eine minutiös durchgeführte Zusammenstellung der lutherisch-orthodoxen Tradition darstellt.

Die *nordische* Theologie ist zu dieser Zeit eng mit der deutschen verbunden: In Schweden wird die ältere Orthodoxie von *Olaus Martini, Johannes Rudbeckius* und *Paulinus Gothus* (»Ethica christiana«, 1617–1630) unter anderem vertreten, in Dänemark von *Jesper Brochmand*, dessen umfangreiches Werk »Systema universae theologiae« von 1633 große Bedeutung gewann. In ein etwas späteres Stadium gehören die schwedischen Theologen *Johannes Matthiae*, der die Gedanken des Synkretismus vortrug, und *Olaus Laurelius*, der die streng orthodoxe Linie verteidigte.

Die folgende Zusammenstellung gewisser Hauptgedanken der orthodoxen Dogmatik stützt sich in erster Linie auf die ältere, klassische Orthodoxie, wie sie von Leonhard Hutter und Johann Gerhard vertreten wird. Die späteren dogmatischen Vorstellungen tragen in vielerlei Hinsicht eine etwas andere Prägung.

Hauptzüge der Theologie der lutherischen Orthodoxie

a) Die Heilige Schrift: Das Wort als Gnadenmittel. Wie bereits angedeutet, wird die Heilige Schrift als alleiniges »Prinzip« oder einzige grundlegende Voraussetzung der Theologie betrachtet. Dies bedeutet, daß man der Schrift auch in den Stücken folgt, die der Vernunft zuwiderlaufen, und in denen, die der kirchlichen Tradition zu widersprechen scheinen.

Die Heilige Schrift wird dem Wort Gottes gleichgestellt. Damit ist die Vorstellung einer durch das Lehramt bewahrten mündlichen apostolischen Tradition abgelehnt. Die Schrift gründet sich zwar auf eine ursprüngliche mündliche Verkündigung, ist aber für die gegenwärtige Kirche die einzige authentische Quelle des prophetischen und apostolischen Zeugnisses. Auf diese Weise wird das römische Traditionsprinzip zurückgewiesen.

Sofern das Wort Gottes und die Heilige Schrift gleichgestellt werden, ist vorausgesetzt, daß die einzelnen Worte oder »die Buchstaben« nicht als etwas Äußeres von dem dahinterliegenden Sinn abgehoben werden; denn der Begriff »Heilige Schrift« bezeichnet sowohl das Innere (den Sinn, den Inhalt) wie das Äußere, wobei das Grundlegende das Innere – nach der damaligen philosophischen Terminologie »das Formale« – ist. Die aristotelische Formbetrachtung gibt dem orthodoxen Schriftverständnis entsprechend eine andere Gestaltung und Einschätzung als der Biblizismus späterer Zeiten, bei welchem einer rationalen buchstäblichen Auslegung oft göttliche Würde beigemessen wird.

Die oft diskutierte orthodoxe Inspirationslehre muß ebenfalls vor diesem Hintergrund gesehen werden. Sie bedeutet in der älteren lutherischen Theologie nicht – wie oft behauptet –, daß die Heilige Schrift durch ein unpersönlich vermitteltes Diktat des Heiligen Geistes zustande gekommen ist, sondern daß Propheten und Apostel mit einem göttlichen Auftrag betraut waren, die Botschaft, die ihnen von Gott gegeben war und die sie mündlich verkündigt hatten, aufzuzeichnen und schriftlich zu überliefern. Kraft dieses Auftrages ist das göttliche Wort in der Schrift ohne Fehl und Mängel bewahrt worden. Die Schrift ist somit unfehlbare Norm für den Glauben und Wandel des Christen sowie Richter in allen Lehrstreitigkeiten (norma fidei, judex controversiarum).

Wird nun von der »perfectio« (Vollkommenheit) oder »sufficientia« (Genügsamkeit) der Schrift geredet, dann meint man damit, daß diese – als *einziges* Prinzip der Theologie – all das enthält, was ein Mensch wissen muß, um die Seligkeit zu erlangen (»quod scriptura de omnibus, quae ad salutem consequendam sunt necessaria, plene ac perfecte nos instruat« – J. Gerhard, Loci, Ed. Cotta, 2,286a).

Für die Auslegung der Schrift gilt als Hauptregel, daß sie in sich selbst klar ist (per se evidens) und daher ihr eigener Ausleger (sui ipsius interpres) sein kann. Das folgt aus dem bereits Gesagten; denn wenn die Schrift *einzige* Glaubensnorm und als solche ausreichend ist, muß auch ihr Inhalt von sich aus dem Verständnis zugänglich sein, soweit dieser Inhalt für den Glauben notwendig ist. Dunklere Stellen sollen mit Hilfe eindeutigerer ausgelegt werden. Als allgemeine Regel gilt, daß die Auslegung mit der Analogie des Glaubens übereinstimmen soll, das heißt mit der in der Schrift klar dargelegten Glaubenslehre. Großes Gewicht wird der buchstäblichen Auslegung beigemessen. Es gibt nur einen einzigen ursprünglichen Sinn, den »sensus literalis«. Allegorische Auslegung ist gleichfalls möglich, wird dann aber als zusätzliche bildliche Anwendung betrachtet, insofern sie nicht im Bibeltext selbst beabsichtigt ist – wie man es sich z. B. beim Hohenlied denkt – und somit dessen ursprünglich buchstäblichen Sinn (»sensus literalis«) darstellt. Unter diesem Begriff versteht man keine historische Auslegung im modernen Sinne, sondern den vom Heiligen Geist ursprünglich beabsichtigten Sinn. Die Typologie oder Allegorese wird – auch da, wo sie in der Schrift selbst angedeutet ist – als eine Nutzanwendung (applicatio), nicht aber als ursprünglicher »mystischer« Inhalt des Textes betrachtet. In der späteren Orthodoxie beginnt man jedoch von einem echten »duplex sensus« (doppelten Sinn) zu reden, einem buchstäblichen und einem mystischen Inhalt ein und desselben Textes.

Eine das Schriftverständnis beleuchtende Kontroverse ist der sogenannte Rahtmannsche Streit der 20er Jahre des 17. Jahrhunderts. Er betraf die Frage der Wirkungskraft des Wortes und des Verhältnisses zwischen Geist und Wort. Der Danziger Pfarrer *Hermann Rahtmann* war im Anschluß an Johann Arndt zu der Auffassung gelangt, daß das Wort an sich nur ein toter Buchstabe sei und daß erst durch eine innere Geisteswirkung ein Mensch bekehrt werden könne. Er unterscheidet somit zwischen dem äußeren und dem mit der Kraft des Geistes identischen inneren Wort. Nur so könne man seiner Meinung nach erklären, weshalb nur wenige Menschen von der Predigt tatsächlich beeinflußt würden. Die orthodoxen Theologen, unter ihnen

Johann Gerhard, standen Rahtmanns Überlegung kritisch gegenüber. Da das Wort in sich inspiriert ist und göttliche Autorität besitzt, hat es auch die Kraft, einen Menschen zur Bekehrung zu bewegen. Der Geist ist somit unmittelbar mit dem Wort verbunden und wirkt immer mit dem Wort als Mittel. Als äußerste Konsequenz wird hierbei sogar geltend gemacht, daß das Wort auch außerhalb des Gebrauchs (extra usum) seine geistliche Wirkungskraft (efficacia) besitzt. Damit gerät man nun freilich in einen unhaltbaren Schematismus, da die Wirkung des Wortes stets seinen Gebrauch voraussetzt. Diese Schlußfolgerung wird jedoch erklärlich, wenn sie in Verbindung mit der aristotelischen Formbetrachtung gesehen wird, die man dabei voraussetzt: Mit dem »Wort« ist nicht der äußere Buchstabe oder das Bibelbuch gemeint, sondern der lebendige Inhalt. Die Stellungnahme im Rahtmannschen Streit ist danach nur eine Konsequenz der Lehre von der Autorität und Inspiration des Wortes. Die Ablehnung des Spiritualismus ist ein allgemeiner Zug orthodoxer Tradition; der Geist wirkt nicht neben dem Wort oder unabhängig davon, sondern in und mit dem gehörten oder gelesenen göttlichen Wort.

b) Die Lehre von Gott. Die gesamte orthodoxe Dogmatik bildet gewissermaßen eine »Lehre von Gott«. An die Darstellung vom Wesen Gottes (Dreieinigkeit, Christologie usw.) schließt sich die Lehre von der Schöpfung und der Heilsordnung als Beschreibung von Gottes Willen an, der sich in seinem Werk bekundet. Man redet weiter von Gott als dem »principium essendi« (Prinzip des Seienden) der Theologie: Soweit er sich offenbart hat, ist unsere Erkenntnis von Gott auf ihn selbst zurückzuführen. Dieses wird dann mit unserer Erkenntnis von den Dingen der Außenwelt verglichen: Wie sie den Intellekt beeinflussen und dadurch unsere Vorstellungen und unser Begriffswissen zustande bringen, so ist in Gottes Bekundung seiner selbst, in seinem Wort und in seinen Werken der direkte Grund der Erkenntnis, die wir von ihm besitzen, wahrzunehmen. Diese Grundanschauung ist eine allgemeine Voraussetzung der orthodoxen Theologie.

Bei dieser Konzeption unterscheidet man zwischen einer natürlichen und einer übernatürlichen Gotteserkenntnis. Die letztere ist durch Propheten und Apostel gegeben worden und begegnet uns nun in der Heiligen Schrift. Die erstere ist teils angeboren, teils erworben (notitia insita et acquisita). Bei der *angeborenen* Gotteserkenntnis handelt es sich um ein Wissen, das seit der Schöpfung dem Menschen ins Herz geschrieben, nach dem Fall aber auf schwache Reminiszenzen des ursprünglichen, vollkommenen Lichtes, das die Seele erleuchtete, reduziert wurde. Es umfaßt soweit lediglich Vorstellungen davon, daß es einen Gott gibt, daß dieser allmächtig ist und desgleichen, wofür Beispiele in der heidnischen Gottesverehrung zu finden sind (vgl. Röm. 1,19). Dazu kommt das Gewissen, eine ebenfalls angeborene Fähigkeit, zwischen Recht und Unrecht zu unterscheiden (vgl. Röm. 2,14ff.). Indirekt liegt auch hierin eine Gottesvorstellung, da die natürliche Kenntnis vom Gesetz (lex naturae) den Gedanken an einen Urheber dieses Gesetzes voraussetzt. Die Anklagen des Gewissens schließen daher eine – wenn auch dunkle oder schwache – Kenntnis eines

Wesens ein, das verbrecherische Handlungen bestraft. Die *erworbene* Gotteserkenntnis ist demgegenüber durch Schlußfolgerungen aus unseren Beobachtungen an den erschaffenen Dingen zu gewinnen. Entsprechend übernimmt man bei ihr einige der »Gottesbeweise«, die bereits in der mittelalterlichen Scholastik entwickelt wurden, etwa den finalen (eine Zweckmäßigkeit in der Schöpfung setzt voraus, daß jemand den betreffenden Zweck »gedacht« hat) oder den kausalen (die Kette der Ursachen setzt eine letzte oder erste Ursache voraus). – Hingewiesen sei noch darauf, daß die natürliche Gotteserkenntnis als Teil der Offenbarung betrachtet wird, was mit dem schon Erwähnten zusammenhängt. Unsere gesamte Kenntnis von Gott hat danach ihren Ursprung darin, daß Gott sich offenbarte, mag dies nun durch die Schöpfung oder durch das Wort geschehen sein.

Die natürliche Gotteserkenntnis ist verdunkelt und völlig unzureichend, das Heil zu erlangen. Da sie sich im großen und ganzen auf die Erkenntnis beschränkt, daß es Gott gibt, muß unsere Kenntnis von Gott, das heißt von seinem Wesen und seinen Eigenschaften, der Heiligen Schrift entnommen werden. Die Lehre von Gottes Eigenschaften ist am ehesten als eine systematische Zusammenstellung der biblischen Aussagen über Gott zu betrachten. Was man auf diesem Weg erreicht, ist jedoch keine adäquate Kenntnis – denn »Gott wohnt in einem Licht, da niemand zukommen kann« (1. Tim. 6,16); es handelt sich vielmehr um bestimmte Lehren, die unserem Vorstellungsvermögen angepaßt und für unseren Glauben notwendig sind. Man redet von *inneren* Eigenschaften, die die Gottheit selbst betreffen (z. B., daß Gottes Wesen geistlich und unsichtbar, ewig und allgegenwärtig ist), sowie von *äußeren* Eigenschaften, die Bezug auf die Schöpfung nehmen (z. B. Gottes Allmacht, Gerechtigkeit und Wahrhaftigkeit). Diese Einteilung in getrennte Attribute ist eine Anpassung an unser mangelhaftes Erkenntnisvermögen: In Wirklichkeit sind die Eigenschaften Gottes nicht akzidentiell, sondern mit seinem Wesen identisch. Gott ist zum Beispiel nicht bloß »wahrhaftig«, sondern »die Wahrhaftigkeit selbst« (ipse veritas).

Man hat sich die Eigenschaftslehre der orthodoxen Theologie oft nur als abstrakte Spekulation, als eine gelehrte Ausschmückung des Glaubens vorgestellt. Hier liegt ein Mißverständnis vor. Diese Lehrstücke bringen nämlich in vielen Fällen Grundgedanken zum Ausdruck, die notwendige Voraussetzungen für die Theologie überhaupt sind: Der Allmachtsgedanke bildet zum Beispiel die Voraussetzung für den Vorsehungsglauben, der für die lutherische Frömmigkeit kennzeichnend ist; der Gerechtigkeitsgedanke ist grundlegend für die Versöhnungslehre.

Die *Trinitätslehre* wird in Anlehnung an die patristische Tradition, vor allem an das Symbolum Quicunque (vgl. oben S. 67), entwickelt. Besonderes Gewicht wird dabei dem Schriftbeweis beigemessen. So wird aus dem Alten Testament zum Beispiel die Schöpfungsgeschichte angeführt, in der von Gottes Wort und Geist als »über den Wassern schwebend« die Rede ist; im Neuen Testament wird auf die Darstellung der Taufe Jesu (Matth. 3,16ff.) oder auf den Taufbefehl (Matth. 28,19) verwiesen. Einige der grundlegenden Gesichtspunkte sind: Die innertrinitarische Unterscheidung zwischen den Personen besteht darin, daß der Vater nicht geboren oder geschaffen wurde *(agennesia)*, daß der Sohn vom Vater geboren *(gennesia)* und der Geist weder geboren noch geschaffen ist, sondern vom Vater und vom Sohn ausgeht *(ekporeusis)*. In bezug auf die Heilsgeschichte können die Personen soweit unterschieden werden, daß die Schöpfung in erster Linie dem Vater, die Erlösung dem Sohn und die Heiligung dem Geist zugeschrieben wird. Doch wirken die anderen Personen bei diesen Werken gleichzeitig mit, dem Grundsatz gemäß, daß die Werke der Trinität nach außen hin ungeteilt sind (opera trinitatis ad extra indivisa sunt).

Mit großer Sorgfalt wird der Schriftbeweis für die Göttlichkeit des Sohnes und des Geistes ausgearbeitet, weil diese Frage auch einen der Hauptpunkte im Kampf gegen den Sozinianismus darstellte (vgl. unten S. 250ff.).

Die *Christologie* ist als »Lehre von Person und Werk Christi« dargestellt. In Anlehnung an die altkirchlichen Formulierungen wird von Christus als dem »wahren Gott« und dem »wahren Menschen« gesprochen. Zur entscheidenden Frage wird damit, wie man die Vereinigung der beiden »Naturen« in *einer* Person verstehen soll. Ein Hauptpunkt der Darstellung – wie übrigens das Zentrum der ganzen Christologie – wird daher die Lehre von der »unio personalis«. Die Bilder, die man dabei zur Veranschaulichung der »Personeinheit« zu verwenden pflegt, sind unzureichend, zum Beispiel das Bild von der Einheit des Leibes und der Seele oder des glühenden Eisens als einer Verbindung von Feuer und Eisen. Denn es geht in der Christologie nicht darum, daß zwei Elemente miteinander verschmelzen und ein drittes bilden, sondern Christus ist in sich Gott und Mensch zugleich: Der Leib Christi besteht entsprechend nicht außerhalb des Logos, der göttlichen Natur, und der Logos existiert nach der Menschwerdung nicht außerhalb des Leibes Christi. In diesem Punkt stand man im Gegensatz zum Calvinismus, der den Leib Christi begrenzt im Himmel lokalisierte, Christus als Geist jedoch als allgegenwärtig ansah, dem darum auch außerhalb des Leibes Existenz zukäme (hierauf bezieht sich der Ausdruck »extra calvinisticum«).

Mit dem Begriff »unio personalis« wird angegeben, daß Gott und Mensch in Christus derartig vereinigt sind, daß sie *eine* Person bilden. Die Menschwerdung des Wortes darf dementsprechend nicht als Verwandlung des Fleisches in göttliche Natur verstanden werden. Auch hat sich die Gottheit nicht einfach in der leiblichen Gestalt gezeigt, so daß diese lediglich eine zeitweilige Offenbarungsform wäre, wie es im Alten Testament heißt, daß sich Gott in Menschengestalt offenbarte. Die »Personeinheit« bedeutet vielmehr, daß der Logos, die zweite Person der Gottheit, in sich die »Person« oder Hypostase der menschlichen Natur aufgenommen hat (»actio, qua Filius Dei humanam naturam, propria personalitate destitutam, in personae suae unitatem suscepit« – Gerhard, Loci, Ed. Cotta 3,412a). Man lehnt sich hierbei an Gedankengänge an, die ihre klassische Formulierung bei Johannes Damascenus gefunden haben (die Enhypostasie-Theologie), wenngleich dessen platonisierende Gesichtspunkte abgelehnt werden.

Aus der »unio personalis« folgen eine »communicatio naturarum« und eine »communicatio idiomatum«. Nach dem ersteren Begriff stehen göttliche und menschliche Natur in engster Verbindung miteinander; die göttliche Natur durchdringt und vervollkommnet dabei die menschliche, während diese sich zugleich auf die göttliche überträgt. Infolge dieser »Gemeinschaft« der Naturen kann im Konkreten die eine zur Aussage über die andere benutzt werden. So kann man zum Beispiel sagen: »Gottes Sohn ist Mensch« oder »der Mensch Jesus ist Gott«. Dennoch bleiben die Naturen getrennt, so daß das Göttliche nicht ins Menschliche und das Menschliche auch nicht ins Göttliche übergeht.

Eine entsprechende Aussage wird in der von der früheren Tradition (vgl. oben S. 218f. über die Konkordienformel) übernommenen Lehre von der Gemeinschaft der Eigenschaften (»communicatio idiomatum«) gemacht. Als Konsequenz der »communicatio naturarum« kommen danach auch die verschiedenen Eigenschaften, welche die Naturen kennzeichnen, Christus als Person zu und stehen daher in engster Wechselwirkung miteinander: Die eine Natur hat teil an den Eigenschaften der anderen, und beide Naturen haben teil an den Eigenschaften der Person. Die verschiedenen Varianten der »communicatio idiomatum«, die aus den biblischen Aussagen über Christus herausgelesen werden können, denkt man sich dabei auf drei Arten begrenzt (vgl. Konkordienformel):

Nach der ersten Art kann das Kennzeichen für eine der Naturen gleichzeitig der Person Christi in concreto zugeschrieben werden *(genus idiomaticum)*, etwa wenn es von Christus heißt, er sei »derselbe gestern und heute und in Ewigkeit«, womit ihm eine göttliche Eigenschaft zugeschrieben wird; oder wenn es heißt, »Christus ist geboren von der Jungfrau Maria«, »Christus ist Davids Same«, das heißt, wenn ihm eine menschliche Eigenschaft zugeschrieben wird, z. B. »sie haben den Herrn der Herrlichkeit gekreuzigt« (1. Kor. 2,8).

Die zweite Art, zu der die Lehre von der Ubiquität des Leibes Christi gehört, beinhaltet, daß die göttliche Natur ihre Majestät und Ehre der menschlichen Natur überträgt, obwohl sie selbst frei von den Leiden des Fleisches bleibt *(genus majestaticum)*. Ein Beispiel dafür ist etwa das Wort: »Mir ist gegeben alle Gewalt« . . . (Matth. 28,19) oder Joh. 6,51ff., wo ausgesagt wird, daß das Fleisch Christi lebendig mache. In diesem Fall herrscht keine Gegenseitigkeit; denn man kann zwar sagen, die göttliche Natur teile sich der menschlichen mit, aber die menschlichen Eigenschaften werden nicht auf die Gottheit, die unveränderlich und ewig ist, übertragen.

Die dritte Art schließlich betrifft die Werke, die Christus tut *(genus apotelesmaticum)*: In ihnen ist jede der beiden Naturen nach ihrer Eigenart wirksam, wobei die andere Natur gleichzeitig am Handeln mitbeteiligt ist. Hierher gehören praktisch alle Aussagen vom Amt Christi: daß er für unsere Sünden gestorben ist, daß er lehrt und daß er sich selbst als Opfer vor Gott dargebracht hat.

Eine gewisse Bedeutung bei der Anwendung der Communicatio-Lehre gewinnt die Unterscheidung zwischen dem Stand der Erniedrigung und dem der Erhöhung (status exinanitionis et exaltationis). Zu ersterem zählt man das Erdenleben Jesu, zu letzterem seinen Stand nach dem Kreuzestod, also das Hinabsteigen in das Reich der Toten, die Auferstehung, die Himmelfahrt und das Sitzen zur Rechten des Vaters. Um 1620 kam es zu einem Streit zwischen den Theologenschulen in Tübingen und Gießen darüber, wie man sich die göttlichen Eigenschaften Christi im Stand der Erniedrigung denken soll. Die einen meinten, daß er da bereits im Besitz dieser Eigenschaften war, aber seine Majestät verbarg *(krypsis)*; dieser Standpunkt ist bei den Tübinger Theologen zu finden. In der Schule von Gießen vertrat man dagegen die Meinung, daß Christus in der Erniedrigung die göttlichen Eigenschaften wirklich abgelegt, sich seiner Majestät entkleidet hatte *(kenosis)*. Die schwer lösbare Frage wurde niemals endgültig beantwortet, führte aber auch nicht zu einer tieferen Trennung. Man blieb bei der Vorstellung, daß Christus zwar die ganze Zeit über göttliche Majestät besaß, aber in seinem Erdenleben nicht immer Gebrauch davon machte.

Erst in der protestantischen Tradition (J. Calvin, J. Gerhard) hat man in der Lehre von dem *dreifachen Amt Christi* (König, Priester, Prophet) eine zusammenfassende Beschreibung vom Werk Christi als Mittler und Herr gegeben. In Anknüpfung an zahlreiche biblische Aussagen wird dabei herausgestellt, daß Christus als »König« über die Gläubigen und alles Erschaffene herrscht, daß er als »Priester« das vollkommene Opfer für die Sünden der Welt darbrachte und nun fürbittend für die Seinen wirkt und daß er als »Prophet« Gottes ewigen Heilsratschluß verkündigte und durch das Amt des Wortes unablässig in der Gemeinde wirksam ist.

»Officium regium« (das königliche Amt) wurde ursprünglich als Herrschaft über die Gläubigen und Beschützung der Kirche auf Erden aufgefaßt; in der lutherisch-orthodoxen Tradition hat sich der Begriff dann seit Johann Gerhard zur Herrschaft Christi auch über alles Erschaffene ausgedehnt. Man spricht vom »regnum potentiae« (dem Reich der Allmacht), das sich über Himmel und Erde erstreckt, vom »regnum gratiae« (dem Reich der Gnade), das mit dem Wirken Christi in der Gemeinde zusammenfällt, und vom »regnum gloriae« (dem künftigen Reich der Herrlichkeit).

»Officium sacerdotale« (das hohepriesterliche Amt) umschließt das Versöhnungswerk Christi, die durch die Gesetzeserfüllung und das stellvertretende Leiden (obedientia activa et passiva) vollbrachte Erlösung des Menschengeschlechts und die Genugtuung für die Sünde der Welt (satisfactio vicaria). Zu diesem Amt gehört auch die unablässige Fürbitte Christi für die Menschen vor dem Vater (intercessio).

»Officium propheticum« (das prophetische Amt) umfaßt die Verkündigung Christi, seine Einsetzung des Predigtamtes und der Sakramente sowie das Werk, das er während der Zeit der Kirche bis zu seiner Wiederkunft durch das Predigtamt ausrichtet. – Die drei Ämter beziehen sich nicht auf getrennte Stadien im Werk Christi, sondern bezeichnen verschiedene Seiten des ständig weitergehenden Heilswerkes.

c) Von der Schöpfung und dem Fall des Menschen. Die Werke der sechs Schöpfungstage haben ihren Grund ausschließlich im freien Entschluß des dreieinigen Gottes, der all das aus dem Nichts (ex nihilo) schuf, was existiert, Sichtbares und Unsichtbares. Bei der Schöpfung brachte Gott zuerst eine ungeformte Masse hervor, woraus dann die sichtbare Welt Gestalt bekam und geordnet wurde. Die Schöpfung war von Anbeginn gut; das Schadhafte und Böse an ihr ist erst allmählich entstanden. Zweck der Weltschöpfung war Gottes Ehre wie auch der Nutzen des Menschen.

Der Mensch – die »Krone« der Schöpfung und eine »Zusammenfassung« des Weltalls, ein »Mikrokosmos« – wurde zu einem »Bild, das Gott gleich war« geschaffen (Gen. 1,26). Die beiden biblischen Begriffe, Bild und Gleichheit, sind als zwei Ausdrücke derselben Realität gedeutet worden. Die Gottesebenbildlichkeit (imago Dei) wurde – teilweise in Anlehnung an Eph. 4,24 – als ursprüngliche, miterschaffene Gerechtigkeit und Heiligkeit definiert. Sie beinhaltet Vollkommenheit und Harmonie des ganzen Menschen: im Verstand Weisheit und Gotterkenntnis, im Willen Gerechtigkeit und Übereinstimmung mit Gottes Gesetz. Dazu kam die Unsterblichkeit. Dieser ursprüngliche Zustand war »natürlich«, das heißt in und mit der Schöpfung gegeben, und keine übernatürliche Gabe.

Der Sündenfall, die durch des Teufels List verursachte Übertretung des Gesetzes, zog den Verlust der ursprünglichen Gerechtigkeit (justitia originalis) nach sich. Dadurch trat – da die Vollkommenheit »natürlich« war – eine totale Verderbnis des menschlichen Wesens ein, die infolge der Einheit des Geschlechts durch die leibliche Geburt von Generation auf Generation übertragen wird. An die Stelle der ursprünglichen Gerechtigkeit tritt durch die »Ursünde« (peccatum originis) ein Schuldzustand (reatus) und eine Neigung zum Bösen (concupiscentia). Der Mensch steht somit unter dem Zorn Gottes und ist, wenn er nicht wiedergeboren wird, zeitlicher und ewiger Strafe verfallen. Der Tod gehört unmittelbar zur Sünde. Er herrscht also nicht von Anfang an über den Menschen, ist nicht mit seiner Natur in der Schöpfung gegeben, sondern eine Folge der Übertretung. Das Leben setzt nämlich Gerechtigkeit voraus, innere Harmonie zwischen Seelen- und Leibeskräften sowie ein ungebrochenes Verhältnis zu Gott.

Es gibt genaue Parallelen zwischen der ursprünglichen Gerechtigkeit oder Vollkommenheit, der Verderbnis, die durch den Sündenfall (die Erbsünde) entsteht, und der Neuschöpfung, die durch Wort und Sakrament erfolgt. Das Leben, das durch Adams Fall verlorenging, wird durch das Heilswerk Christi, das man im Glauben annimmt, neu geboren.

d) Von der Vorsehung und der Prädestination. Der orthodoxe Vorsehungsgedanke gehört unmittelbar zur Lehre von der Schöpfung und bildet deren notwendige Ergänzung. Von der einen Seite gesehen, ist die Vorsehung (providentia) nichts anderes als die fortgesetzte Schöpfung (creatio continuata). Denn Gott hat nicht nur am Anfang den Grund der Dinge gelegt, sondern er erhält sie auch in ihrer fortgesetzten Existenz, so daß sie ohne diese Erhaltung (conservatio) nicht bestehen oder ihrer Natur gemäß wirken würde (»Non ex se et suis viribus res creatae subsistunt: sed

›portat Deus omnia verbo virtutis suae‹, Hebr. 1,3« – J. Gerhard, Loci, Ed. Cotta, 4,83a). Die Existenz, die Bewegung und das Wirken der Menschen und Dinge setzen voraus, daß Gott ständig schaffend und erhaltend mitwirkt (continuus influxus verbi creantis et conservantis). Er ist es, der die Sonne aufgehen läßt, dem Brot seine Nährkraft und den Kräutern ihre Heilwirkung gibt; denn ohne diese anhaltende Mitwirkung würde den Dingen ihr natürliches Wirkungsvermögen fehlen.

In gleicher Weise stehen alle Handlungen, ja überhaupt alles, was sich ereignet, völlig unter Gottes direkter Leitung und Aufsicht, so daß nichts ohne seinen Willen geschehen kann. Er lenkt auch alles zu dem Ziel, das er in seinem Ratschluß vorgesehen hat. Dennoch werden die Freiheit des menschlichen Willens und die natürlichen Kausalabläufe damit nicht angetastet. In Gottes Fürsorge für die Schöpfung nimmt der Mensch die oberste Stelle ein, ja, Gottes Absichten mit ihm, der eine »mundi epitome« (Zusammenfassung der Welt) ist, bilden den Mittelpunkt des Weltenlaufs und besonders das Ziel, das den Gläubigen in der Heilsordnung gesetzt ist. Damit wird Bezug auf das Wort genommen, daß »denen, die Gott lieben, alle Dinge zum Besten dienen«. Diese aktive Leitung des Geschehens durch Gott wird – im Unterschied von »conservatio« – »gubernatio« genannt.

Von einer anderen Seite aus betrachtet, schließt die Vorsehung das Vorherwissen (praescientia) ein, nach welchem Gott in einem ständigen »Jetzt« (in perpetuo *nyn*) alles weiß und sieht. Da Gott ewig ist, wird in seinem Wissen die zeitliche Begrenzung aufgehoben. Zugleich ist mit der Präscienz Gottes aktiver Wille verbunden, sich der Schöpfung und des Menschen anzunehmen. Das Vorherwissen ist somit sein ewiger Ratschluß (decretum) hinsichtlich all dessen, was sodann in der Zeit zur Ausführung gelangt.

Die Lehre von der Vorsehung ist – wie so viele Lehrpunkte – in der späteren orthodoxen Tradition in eine Anzahl verschiedener Begriffe und Definitionen aufgespalten worden, wodurch das Gesamtbild aber weiter verdunkelt wurde. Es besteht jedoch kein Zweifel über die wesentliche Bedeutung dieser Lehre für die gesamte lutherische Glaubensauffassung. Sie prägt sowohl das allgemeine Weltbild wie auch die Frömmigkeit des einzelnen.

Besondere Denkschwierigkeiten entstehen bei der Beantwortung der Frage, wie Gott sich zum Bösen verhält. Der calvinistische Gedanke, daß Gott nach seinem verborgenen Willen das Böse vorausbestimmt und gewirkt hat, wird – wie schon bei Melanchthon (zwei einander entgegengesetzte Willen sind bei Gott nicht denkbar) – abgelehnt. Dennoch dürfte Gott – so betont man – in vielerlei unterschiedlicher Weise auch bei den bösen Handlungen aktiv mitwirken können: Er erhält dabei den Menschen und seine natürlichen Fähigkeiten; er erlaubt, daß das Böse geschieht; er verläßt den Menschen, der das Böse tut; schließlich zieht er ihm eine Grenze nach seinem freien Wohlgefallen und kann es zum Guten wenden. Wenn Gott »das Herz des Pharao verhärtet«, dann geschieht dies nicht als »Prädestination« zum Bösen, sondern als Strafe für die Unbußfertigkeit des Herrschers.

Damit sind bereits die Probleme der Prädestination berührt. Sie werden in der lutherischen Orthodoxie hauptsächlich im Einklang mit den Bestimmungen der Konkordienformel gelöst. Die Prädestination oder Erwählung (electio) betrifft nur die Menschen, die zum Glauben an Christus kommen und in diesem Glauben bis ans Ende bleiben. Sie hat Gott vor der Erschaffung der Welt in Christus zum ewigen Leben erwählt. Die Verwerfung (reprobatio) wiederum gilt denen, die bis ans Ende in Unglauben und Unbußfertigkeit verharren. Sie trifft das gerechte Urteil des ewigen Todes. Auch dies hat seinen Grund in einem ewigen »Dekret«.

Aber keines der beiden Dekrete ist bedingungslos: Die Erwählung erfolgt um Christi willen und beruht darauf, daß Gott voraussieht, wer bis ans Ende am Glauben festhalten wird (ex praevisa fide); die Verwerfung wiederum beruht darauf, daß Gott voraussieht, wer bis ans Ende unbußfertig bleiben wird.

Die lutherisch-orthodoxe Prädestinationslehre bleibt bei einer sozusagen gebrochenen, nicht rational durchgeführten Theorie stehen: Einerseits ist Gott der alleinige Grund der Erlösung des Menschen (was in der Prädestination liegt); andererseits ist nicht Gott, sondern die eigene Bosheit des Menschen Ursache der Verwerfung. Von der Frage nach Gottes All-Wirken nimmt man in diesem Zusammenhang bewußt Abstand, was bedeutet, daß die Gesichtspunkte, die Luther in »De servo arbitrio« vorlegte, nicht voll zu ihrem Recht kommen. Die calvinistische Vorstellung einer doppelten Prädestination hat man dagegen in aller Klarheit abgelehnt.

e) Vom freien Willen. Der in der Dogmatik der Orthodoxie bedeutsame Lehrpunkt »Über den freien Willen« (De libero arbitrio) behandelt nicht eigentlich – wie möglicherweise zu erwarten ist – die Frage, wie sich der Wille zur Prädestination verhält, sondern eher das synergistische Problem; entsprechend wird danach gefragt, ob der menschliche Wille vor oder in der Bekehrung irgendwelche Fähigkeiten besitzt, im geistlichen Bereich mitzuwirken. Die Antwort, die hierauf gegeben wird, bestreitet dem Menschen, in dieser Hinsicht über einen freien Willen zu verfügen. Dieser ist vielmehr von der Sünde geknechtet (servum arbitrium), so daß er in geistlichen Dingen nichts Gutes auszurichten vermag und somit bei der Bekehrung nicht mitwirken kann. Hier folgt man also unter Ablehnung jeder Form von Synergismus den Grundsätzen der Konkordienformel (vgl. Art. 2).

Die Frage wird im »Locus de libero arbitrio« jedoch in einen weiteren Zusammenhang gestellt. Behandelt wird eigentlich nicht das deterministische Problem, auch nicht das psychologische der Funktion und Beschaffenheit des Willens, wenn man zuweilen auch solche Fragestellungen tangiert. Was man vor Augen hat, ist eine Gesamtdarstellung des Menschen im Zusammenhang der Heilsordnung: Man spricht im Anschluß an Augustin und die mittelalterliche Tradition vom Menschen »vor dem Fall«, »nach dem Fall«, »vor der Bekehrung«, vom »neugeborenen Menschen« und schließlich vom »Menschen nach der Auferstehung«. Die Freiheit des Willens im oben angeführten Sinne – als Fähigkeit, das zu wirken, was in geistlicher Hinsicht gut ist – wird in diesen getrennten Stadien auf verschiedene Weise bestimmt: im Ursprungszustand war der Mensch frei zum Guten, was in der mitgeschaffenen Gerechtigkeit lag; nach dem Fall herrscht der oben beschriebene Zustand: der Mensch ist völlig unfähig zum Guten; durch die Wiedergeburt wird diese Freiheit teilweise wiederhergestellt (libertas restituta), so daß er mit der Gnade zusammenwirken und gegen die Sünde ankämpfen kann; der Zustand der Vollendung bedeutet die endgültige Befreiung von der Knechtschaft unter der Sünde (vgl. oben S. 103ff.).

In diesem Zusammenhang wird nicht nach der Freiheit als psychologischem Faktum (daß das willensmäßige Handeln »freiwilligen« Charakter hat) gefragt, sondern nach der Freiheit in bezug auf das gewählte Objekt. Dabei unterscheidet man zwischen den körperlichen Dingen (res corporales), das heißt der »niederen Hemisphäre« oder dem »gesellschaftlich Guten«, und den geistlichen Dingen (res spirituales), das heißt der wahren Gottesfurcht, der reinen Liebe usw. Im Bereich der res corporales ist die Freiheit auch nach dem Fall in einem bestimmten Maße erhalten geblieben. Der Mensch kann eine gewisse äußere, bürgerliche Gerechtigkeit erreichen. Aber im Hinblick auf die geistlichen Dinge ist, wie schon gesagt, die Freiheit ganz verlorengegangen, was auch bedeutet, daß der Mensch außerstande ist, etwas zu seiner Erlösung beizutragen oder das auszuführen, was vor Gott gut ist.

f) Von Gesetz und Evangelium; von der Buße. Von dem göttlichen Wort als Gnadenmittel war bereits die Rede. Seine Funktion in der Heilsordnung wird durch die Lehre von Gesetz und Evangelium weiter beleuchtet. Dies geschieht durch die Wirkung von Gesetz und Evangelium – und allein dadurch –, daß ein Mensch bekehrt wird und aus dem Zustand des Todes und des Zornes ins Leben eingeht. Dieses Geschehen wird auch Buße (poenitentia) genannt.

In der Frage des Gesetzesbegriffes hat man sich Melanchthons Definition des Gesetzes als einer »ewigen und unabänderlichen Weisheit und Regel für die Gerechtigkeit bei Gott« zu eigen gemacht. Diese »lex aeterna«, die sich in der Gerechtigkeit des ersten Menschen und dann in dem am Sinai offenbarten Dekalog widerspiegelt, fordert nicht nur äußere Werke, sondern den Einklang des ganzen Menschen mit Gottes Willen (lex spiritualis). Dies Gesetz ist in vollkommener Weise durch den Gehorsam Christi erfüllt worden und bildet so das Muster für das fromme und heilige Leben im Christenstand wie auch für die Vollendung, die im ewigen Leben wartet.

Da der Mensch die Forderungen des Gesetzes nicht zu erfüllen vermag, wird es, statt eine Regel für seinen Wandel zu sein, ihn verklagen und all diejenigen verurteilen, die nicht durch die göttliche Gnade in der Versöhnung Christi von der Verurteilung durch das Gesetz befreit worden sind. Das freisprechende Urteil ist der Inhalt des Evangeliums, der im Gegensatz zum Gesetz der menschlichen Vernunft unbekannt und erst durch das Wort Gottes offenbart worden ist, das an Propheten und Apostel erging. Das Evangelium stellt – als Verkündigung der in Christus vollbrachten Erlösung – eine tröstende und aufrichtende Botschaft dar. Der Gedanke, daß auch das Evangelium die Sünde verurteilt und somit das Gesetz ergänzt, wird abgelehnt. Werden die Begriffe in ihrer strikten Bedeutung verstanden, dann ist das Gesetz das

Wort, das droht, verklagt und verurteilt, während das Evangelium tröstet, aufrichtet und erlöst.

Der evangelische Bußbegriff wird unmittelbar im Anschluß an die Lehre von Gesetz und Evangelium entwickelt. Die *Buße* wird der Bekehrung (conversio) gleichgestellt, dem Akt, durch den der Glaube entzündet wird und der Mensch aus dem Stand des Zornes in den der Gnade hinübergeht. Da dies nur durch das Wort für möglich erachtet wird, ergibt sich daraus folgerichtig, die Buße als Wirkung des Gesetzes und des Evangeliums zu bestimmen. Anstatt der mittelalterlichen Definition der Buße als contritio, confessio und satisfactio wird das entscheidende Geschehen jetzt als contritio und fides, Zerknirschung und Glaube, dargestellt. Contritio wird vom Gesetz, fides vom Evangelium gewirkt: Durch das Gesetz wird der Mensch zur Erkenntnis der Sünde und des Zornes Gottes sowie zur Reue getrieben; durch das Evangelium wird der Glaube oder die Gewißheit der Sündenvergebung um Christi willen entzündet, wodurch das zerknirschte Gewissen aufgerichtet wird. Diesem Glauben folgen gute Werke und die Besserung des Lebenswandels als Früchte des Glaubens. Im Interesse der Klarheit wird die Vorstellung abgelehnt, daß auch die guten Werke der Buße zuzurechnen seien. Diese besteht – im strengen Sinne – nur aus contritio und fides.

Zur Zeit der späteren Orthodoxie wurden diese Vorstellungen von der evangelischen Buße dann durch eine eingehende Behandlung der verschiedenen Akte ersetzt und ergänzt, durch welche der Heilige Geist den einzelnen Menschen zur Erlösung bringt (»gratia Spiritus sancti applicatrix«). Unterschieden wurden dabei in diesem »ordo salutis« folgende Momente: die Berufung (vocatio), die Erleuchtung (illuminatio), die Wiedergeburt und Bekehrung, die Erneuerung (renovatio) und die mystische Vereinigung (unio mystica). Diese Lehre der »Gnadenordnung« leitet teilweise ihren Ursprung von der augustinischen Gnadenlehre her. Ihre eigengeprägte Ausgestaltung erhielt sie jedoch erst in den Dogmatiken der lutherischen Spätorthodoxie und wurde dann in der Theologie des Pietismus zu einem Kardinalpunkt. In der orthodoxen Darstellung wird betont, daß die verschiedenen Begriffe keine verschiedenen Stadien bezeichnen, die zu durchlaufen sind. Begriffe wie justificatio, conversio, regeneratio werden vielmehr nur im logischen Sinne getrennt, um verschiedene Seiten desselben einheitlichen Geschehens zu beleuchten.

g) Von Glauben und Werken. Im Unterschied zur »fides historica«, dem bloßen Fürwahrhalten von Glaubensfakten wird der Glaube, der ein »Instrument« der Rechtfertigung ist (fides justificans), als »notitia«, »assensus« und »fiducia« beschrieben. Denn »Kenntnis« (notitia) bezieht sich auf das in der Schrift niedergelegte göttliche Wort, dem der Glaubende zustimmt (assensus). Als »Vertrauen und Zuversicht« (fiducia) richtet sich der Glaube auf die göttliche Gnade, die in Christus verheißen wird.

Schon im Glauben selbst liegt die Rechtfertigung (justificatio) und die Wiedergeburt (regeneratio). Beide beziehen sich auf die Vergebung der Sünden, nicht aber auf die konkrete Verwandlung, die erst eine Folge des Glaubens ist, die sogenannte Erneuerung (renovatio) oder den neuen Gehorsam (nova oboedientia). In der späteren Orthodoxie spricht man in diesem Zusammenhang von der mystischen Vereinigung (unio mystica) als Höhepunkt des Glaubensvollzuges: In der Wiedergeburt erfolgt eine »substantielle« Vereinigung zwischen Gott und der Seele; die Heilige Dreieinigkeit nimmt Wohnung bei dem Gläubigen.

Die guten Werke sind eine Frucht des Glaubens. Mit der Erneuerung oder dem »neuen Gehorsam« beginnt eine Umgestaltung zu dem Bild hin, nach dem der Mensch einst geschaffen wurde. Was sein Handeln gut macht, ist die Konformität mit dem Gesetz Gottes; da aber niemand dieses Gesetz erfüllen kann, ist ein Werk nur vom Glauben her als im eigentlichen Sinne gut zu bezeichnen. Denn im Glauben wird der Mangel zugedeckt, der dem Menschen noch anhaftet, so daß er vor Gottes Richterstuhl für gerecht angesehen wird. Darum ist nur das Handeln gut, das dem Glauben und einem guten Gewissen entspringt. – Das Muster für die Darstellung einer christlichen Ethik ist der nach den Bedingungen der Zeit und Umwelt ausgelegte Dekalog, der als Zusammenfassung des Gesetzes Gottes und als Ausdruck des moralischen Gesetzes steht.

Die guten Werke zielen auf die Ehre Gottes und das Wohl des Nächsten. Dagegen gewinnt der Mensch durch sie keine Gerechtigkeit; sie erlangt er nur durch den Glauben, der sich an die Barmherzigkeit Gottes hält, die sich in der Versöhnung Christi offenbart.

Glaube und Werke dürfen nicht gegeneinander ausgespielt werden; denn sie gehören zusammen, insofern die Werke Frucht des Glaubens sind. Daß dem Glauben eine stete Erneuerung folgen muß, zeigt sich daran, daß er durch die »Sünde wider das Gewissen« erneut verlorengehen kann. Echter Glaube besteht deshalb dann nicht, wenn infolge »bewußter« Übertretung wahre Erneuerung fehlt.

h) Von den Sakramenten, der Kirche und den letzten Dingen. Die Taufe und das Abendmahl gelten als entsprechende Gegenstücke der alttestamentlichen »Sakramente«, der Beschneidung und des Passamahls. Als Vorbilder (typice) weisen die Sakramente auf den kommenden Messias; die neutestamentlichen Sakramente stellen demgegenüber den im Fleisch offenbarten Christus dar, das heißt jene Wirklichkeit, die in den Prophetien des Alten Testaments verheißen wird (figura – veritas; umbra – corpus). Trotz dieses Unterschiedes sind Zweck und Inhalt des Sakraments in beiden Fällen gleich, nämlich die himmlischen Gaben, die bei der Einsetzung verheißen wurden, zu vermitteln und die Verheißung der Sündenvergebung, die zum Evangelium gehört, dem einzelnen nahezubringen. Diese Verheißung wird bereits im Alten Testament gegeben, obwohl sie dort nur »schattenhaft« kundgetan wird, das heißt in einer unvollkommeneren Weise als im Neuen Testament, das von dem fleischgewordenen Christus kündet. Die Teilhaftigkeit an seinem Versöhnungswerk, an Christi Leib und Blut ist die geistliche Gabe (res coelestis), die kraft des Verheißungswortes in, mit und unter dem äußeren Zeichen (res terrena), dem Wasser in der Taufe, dem Brot und dem Wein im Abendmahl, übermittelt wird.

Christi Gegenwart im Abendmahl wird vor allem in Übereinstimmung mit der Position gedeutet, die von den strengen Lutheranern (Brenz, Chemnitz) und der Konkordienformel geteilt wird.

Die *Kirche* wird im Einklang mit den reformatorischen Ausgangspunkten als »eine heilige Gemeinde« definiert, in der das Wort Gottes rein gepredigt und die Sakramente richtig verwaltet werden. Diese Gemeinde, die über die ganze Menschheit verbreitet und durch das innere Band der Liebe vereint ist, schließt dabei alle ein, die sich zur Lehre des Evangeliums und zu den Sakramenten bekennen. Unter ihnen gibt es solche, die nur äußerlich zur Gemeinschaft der Kirche gehören, neben jenen, die wirklich gläubig sind. Daher unterscheidet man zwischen der sichtbaren Gemeinschaft der Kirche als äußerer Vereinigung und der unsichtbaren Gemeinde derer, die wahre und lebendige Glieder der Kirche sind. Erst am Jüngsten Tag können die wahren Christen äußerlich von denen unterschieden werden, die nur dem Namen nach Christen sind. – Die Kriterien, die entscheiden, ob die Kirche wahr oder falsch ist, sind vor allem die rechte Predigt und die Verwaltung der Sakramente gemäß der Einsetzung Christi.

Kennzeichnend für den lutherisch-orthodoxen Kirchenbegriff ist sein umfassender Charakter, der ihn scharf vom Gemeindegedanken abgrenzt, der später in die protestantische Theologie eindringt. »Die Kirche«, die Gemeinde, ist nicht die Summe von Individuen, die sich zu einem gewissen Zweck zusammengeschlossen haben, sondern eine organische Einheit, in der die einzelnen als Glieder zum gegenseitigen Dienst bestimmt sind. Weiter liegt in der damaligen Grundvorstellung von der Kirche, daß die geistlichen und die weltlichen Zielvorstellungen in denselben äußeren Gemeinschaftsbildungen zusammengekommen sind, sei es in Familie, Lokalgemeinde oder Volk. In diesen natürlichen Gruppen oder Gemeinschaften kommt die Kirche zustande, soweit die menschliche Gemeinschaft von der inneren, unsichtbaren Gemeinschaft des Geistes, der »communio sanctorum«, durchdrungen wird. In der Kirche (im weiteren Sinne) werden drei Ordnungen oder Stände (»ordines« oder »status«) unterschieden: das kirchliche Lehramt (ministerium ecclesiasticum; ordo ecclesiasticus), der politische Stand oder die Obrigkeit (magistratus politicus; ordo politicus) und der Hausstand, konstituiert durch die Ehe (conjugium; ordo oeconomicus). Der erste Stand hat die Aufgabe, die Menschen zur ewigen Seligkeit zu erziehen; der zweite, die äußere Ordnung aufrechtzuerhalten und für den Schutz der Gemeinde zu sorgen; der dritte, das Geschlecht zu mehren und gegenseitigen Beistand zu leisten.

Die Heilsordnung, die ihren Anfang in der Zeit hat, gelangt auch in der Zeit zu ihrem Abschluß. Gleichzeitig hat sie ihren Zweck und ihr Endziel im ewigen Leben, das jenseits der Grenzen der Zeit liegt. Die *Eschatologie*, die Lehre von den letzten Dingen, nimmt in der orthodoxen Dogmatik eine wichtige Stelle ein: Der Endpunkt des Menschen – des Mikrokosmos – ist der *Tod*, bei dem sich der Leib von der Seele trennt und im Grab auflöst. Am Ende der Zeit, am »Jüngsten Tag«, erfolgt die *Auf-*

erstehung der Toten, der das *Endgericht* folgt, bei dem einem jeden nach den Werken seines Erdenlebens vergolten wird. Analog dem menschlichen Leben, das im Tod endet, findet auch die ganze gegenwärtige Weltordnung – der Makrokosmos – sein Ende; dies geschieht durch das Feuer, das alles verzehrt und auflöst (consummatio mundi). In der Ewigkeit, die sich dem Ende der Zeit anschließt, erfolgt für diejenigen, die Böses getan haben, der *ewige Tod*, und das *ewige Leben* erlangen die, die Gutes getan haben. Um diese Hauptpunkte entfalten sich im Anschluß an die biblische Vorstellung Gedanken über das nach damaliger Erwartung bald eintretende Endstadium der Welt wie der Heilsordnung.

Der Kampf gegen den Sozinianismus

Im 16. Jahrhundert verbreitete sich in Mitteleuropa von Italien aus eine antitrinitarische Strömung. Doch lediglich in Siebenbürgen und Polen, wohin kirchliche Verfolgung nicht reichte, führte sie zu festen Gemeinschaftsbildungen. In Polen konnte *Fausto Sozzini* (lat. *Socinus*; gest. 1604), der zugleich der bedeutendste Theologe dieser Richtung war, mehrere Splittergruppen zu einer einheitlichen Gemeinschaft vereinen. Bereits um die Mitte des 17. Jahrhunderts wurde der »Sozinianismus« in Polen verboten und hörte somit auf, als Gemeinschaft weiter zu bestehen. In der Geschichte der Theologie kommt ihm jedoch eine größere Bedeutung zu: Durch seine radikale Dogmenkritik bereitet er die rationalistische Theologie der Aufklärungszeit vor und kündigt auch sonst in vielerlei Hinsicht die Religionsauffassung der neueren Zeit an.

Die Ablehnung der sozinianischen Anschauungen markiert die lutherisch-orthodoxe Tradition überaus deutlich. Dies ist darauf zurückzuführen, daß sich im Sozinianismus, der sich in mehrerlei Hinsicht auf das Erbe des spätmittelalterlichen Nominalismus und Renaissancehumanismus gründet, die Dogmen wie der Inhalt der Schrift – an deren Autorität man formell festhält – vor dem gesunden Menschenverstand rechtfertigen müssen; denn für den Sozinianismus bildet die Vernunft die Norm. Daher werden bei ihm alle Lehrsätze verworfen, die der Vernunft zu widerstreiten scheinen. Entsprechend werden bei der Schriftauslegung die rationale Verständlichkeit und der moralische Nutzen zu den entscheidenden Kriterien gemacht.

Wie schon angedeutet, ist der Sozinianismus antitrinitarisch ausgerichtet: Die Göttlichkeit des Sohnes und des Geistes werden verneint; in Christus sieht man lediglich einen Menschen mit einem prophetischen Auftrag; der Heilige Geist wird nur als göttliche »Kraft« aufgefaßt. Schriftstellen, die dieser Auffassung widersprechen, werden radikal umgedeutet. Gegenüber diesen rationalistischen Tendenzen verteidigen die orthodoxen Theologen mit Schärfe das Schriftprinzip, das ihren theologischen Standpunkt kennzeichnet.

Der Sozinianismus hat ein pelagianisches Menschenverständnis: Adam wurde nicht unsterblich geschaffen; die Gottebenbildlichkeit, die nicht durch den Sündenfall verlorengegangen ist, besteht nur in der Herrschaft des Menschen über die Schöpfung; die Erbsünde wird verneint, dem Menschen der freie Wille zugeschrieben, Gott zu gehorchen; »die Hilfe der Gnade« (auxilium gratiae) wird lediglich als Ausdruck von Drohungen und Verheißungen verstanden, die in der Verkündigung ausgesprochen werden. Daß in allen diesen Punkten die orthodoxe Theologie in einem unversöhnlichen Gegensatz zum Sozinianismus steht, braucht nach dem oben Ausgeführten nicht besonders betont zu werden.

Der vielleicht wichtigste Kontroverspunkt ist die Versöhnungslehre, was in der grundsätzlichen Kritik des Sozinianismus am orthodoxen Satisfaktionsgedanken zum Ausdruck kommt. – Die Sozinianer meinen, daß es bei Gott keinerlei Gerechtigkeit gibt, die eine Sühne der Sünde erforderlich macht. Die Gerechtigkeit ist also keine »wesenhafte« oder zur Natur gehörige Eigenschaft, sondern nur etwas, das Gottes Handeln nach außen kennzeichnet. Gott kann aus freiem Willen und einer »absoluten Güte« vergeben und denen ewiges Leben schenken, die glauben und nach einem Leben in Unschuld streben. Im Einklang hiermit wird dem Gehorsam Christi nicht ein stellvertretender Wert zuerkannt, auch wird sein Tod nicht als Genugtuung für die Schuld des Menschen angesehen. Der Kreuzestod wird lediglich als Beweis für Jesu Gehorsam betrachtet; die Auferstehung bestätigt seine göttliche Sendung. Schriftstellen, die von Versöhnung und Erlösung reden, werden willkürlich umgedeutet. Das Werk Christi, seine »Versöhnung«, besteht nur darin, daß er uns den Weg zu einem besseren Wandel vor Gott zeigt.

Diesen Gedankengängen hält die orthodoxe Theologie folgende Auffassungen entgegen: Bei Gott gibt es eine »wesenhafte« Gerechtigkeit, nach der der Sünder bestraft werden muß. Gleichzeitig will Gott auf Grund seiner Barmherzigkeit das Menschengeschlecht schonen. Dazwischen treten das Verdienst und die Genugtuung Christi. Die von der Sünde erwirkte Strafe wird auf Christus übertragen, wodurch Gott den Sünder in Gnaden annehmen kann, ohne daß seine Gerechtigkeit Einbuße erleidet. So entsteht eine »wunderbare Verbindung von göttlicher Gerechtigkeit und Barmherzigkeit« (mirabile temperamentum justitiae ac misericordiae divinae – J. Gerhard, Loci 7,47b). Christus wird daher als Mittler zwischen Gott und Mensch, als Erlöser, als »Versöhnung für unsere Sünden« dargestellt, der uns vom Fluch des Gesetzes, vom Gotteszorn und vom ewigen Gericht befreit hat. Aus diesem Grund wird Christus als »causa meritoria justificationis« (verdiensthafte Ursache der Rechtfertigung) bezeichnet, der durch sein Verdienst unsere Rechtfertigung bewirkt. Sein Tod ist eine »satisfactio vicaria« (stellvertretende Genugtuung).

In dieser Frage wie in vielen anderen Punkten – man könnte auch die Sakramentslehre erwähnen, bei der die Wirkung der Wiedergeburt in der Kindertaufe sowie die Realpräsenz Christi im Abendmahl verneint werden – übt der Sozinianismus rationalistische Kritik an den Dogmen. In teilweise anderen Formen und unter günstigeren Bedingungen sollte sich diese Kritik in dem neuen Zeitabschnitt, der mit dem Pietismus und der Aufklärung anbricht, oft wiederholen. Im Sozinianismus liegt also eine Deutung des Christentums vor, die wir sonst erst im modernen Protestantismus wiederfinden, wo sie weiterentwickelt wurde.

31 Der Pietismus

Die Stellung des Pietismus in der Geschichte der Theologie

Die sogenannte pietistische Strömung, die sich gegen Ende des 17. Jahrhunderts im lutherischen Bereich verbreitet, trägt erheblich dazu bei, die lutherisch-orthodoxe Tradition von innen heraus umzugestalten und schließlich aufzulösen. Dabei handelt es sich nicht nur um eine Reaktion gegen bestimmte Schwächen des herrschenden Kirchenlebens, hier begegnet vielmehr auf dem Grund des lutherischen Erbes eine neue theologische Konzeption, die sich auf eine veränderte Sicht der Wirklichkeit gründet und in sich den Keim der modernen Anschauung trägt. Die Frage, wie der Pietismus sich zu der vorausgehenden und nachfolgenden Tradition verhält, steht jedoch in der Forschung noch zur Debatte. Einige Gesichtspunkte dazu sollen hier angeführt werden:

Soweit der Pietismus (von »pietas«, Frömmigkeit) nur eine lebendige Frömmigkeit fordert und die Unzulänglichkeit der rein theoretischen theologischen Kenntnis aufzeigt, hat er viele Vorgänger im frühen Luthertum, unter denen hier Johann Arndt und Johann Gerhard am Anfang des 17. Jahrhunderts, Theophil Großgebauer und Heinrich Müller (beide in Rostock) in der zweiten Hälfte desselben Jahrhunderts genannt seien. In Wirklichkeit waren sich die meisten Theologen der Orthodoxie einer praktischen Ausrichtung der Theologie durchaus bewußt. Mehrere der streng Orthodoxen drangen auch auf eine Verbesserung der Sitten und stellten sich positiv zu Speners Reformvorschlägen in den »Pia desideria« von 1675.

Gleichzeitig lassen sich im Pietismus jedoch neue Tendenzen erkennen, die im Widerspruch zu den fundamentalen Voraussetzungen der orthodoxen Theologie stehen. Nach und nach treten die neuen Gedanken mit größerer Deutlichkeit hervor. Die lang anhaltenden und heftigen Kämpfe zwischen Vertretern der Orthodoxie und den Pietisten weisen deutlich auf tiefgehende Unterschiede zwischen den beiden Anschauungen.

Woher kommen nun die neuen Vorstellungen im Pietismus? Man hat hier auf eine Anzahl Gedanken und Strömungen – auch außerhalb des Luthertums – hingewiesen, an welche die pietistische Anschauung anknüpfen konnte, zum Beispiel an die römisch-katholische Mystik sowie an bestimmte Tendenzen innerhalb der reformierten Theologie, wie die Bibelauslegungsprinzipien von Grotius und Coccejus, die Verkündigung Labadies oder den sogenannten Präzisimus in Holland. Wie schon angedeutet, ist eine andere, gewöhnlich übersehene Quelle der Sozinianismus. In diesem Zusammenhang muß man aber auch damit rechnen, daß eine neue Strömung nicht immer restlos aus dem Vergangenen erklärt werden kann, sondern daß ihr Ursprung vielmehr verborgen ist oder daß sie etwas grundsätzlich Neues darstellt.

Bei der Frage nach den Beziehungen des Pietismus zu Richtungen der Folgezeit ist oft darauf hingewiesen worden, daß der Pietismus im wesentlichen noch auf der Position des orthodoxen Luthertums aufbaut, während die Aufklärung den Durchbruch der neuen Zeit kennzeichnet. Die neuere Forschung hat jedoch den engen Zusammenhang des Pietismus mit der Aufklärung betont. Denn obgleich er im allgemeinen den neuen philosophischen Richtungen des 18. Jahrhunderts ablehnend gegenüberstand, hat er den neuen Denkweisen doch in vielen Stücken den Boden bereitet. Innerhalb des Pietismus selbst gibt es ja auch mehrere verschiedene Richtungen, von denen einige mit dem Rationalismus verwandt sind (z. B. der Radikalpietismus), während andere eher Erben der lutherisch-orthodoxen Tradition sind (z. B. der sogenannte Württemberger Pietismus).

Speners Theologie

Als Begründer des Pietismus innerhalb des Luthertums und zugleich als bedeutendster Theologe kann der Berliner Propst *Philipp Jacob Spener* (1635–1705) bezeichnet werden. Die pietistische Anschauung hat er nur in sehr gemäßigter Form vertreten, da er die orthodoxe Lehrgrundlage im großen und ganzen ungestört beibehalten wollte. Es zeigen sich jedoch bei einer Anzahl von Fragen und nicht zuletzt in seiner Darstellungsweise ein neuer theologischer Geist und eine veränderte Deutung der lutherischen Gedanken.

In seiner Schrift »Pia desideria« von 1675 unterbreitete Spener gewisse Reformvorschläge, um dem herrschenden kirchlichen Verfall zu steuern. Unter anderem forderte er ein allgemeines Bibelstudium; zu diesem Zweck empfahl er, sogenannte »collegia pietatis« einzurichten. Das allgemeine Priestertum sollte dabei seine Verwirklichung in gegenseitiger Vermahnung und Seelsorge finden. Weiterhin unterbreitete er in dieser Schrift den Wunsch nach einer Reform des theologischen Studiums, bei dem die Dialektik durch das Lesen der Bibel und Erbauungsliteratur zu ersetzen sei.

Ursprünglich tritt der lutherische Pietismus als eine Reformbewegung mit praktischen Zielen in Erscheinung, sollte allmählich aber auch die theologische Arbeit und das allgemeine Denken in entscheidender Weise umgestalten. Dies zeigt sich bereits bei Spener, der seine Theologie vornehmlich in der großen Sammlung »Theologische Bedenken I–IV« (zuerst 1700) sowie in der Schrift »Die evangelische Glaubenslehre in einem Jahrgang der Predigten« von 1688 dargelegt hat.

Die neue Denkweise kommt schon in der *Erkenntnislehre* zum Ausdruck. Für Spener ist die Erfahrung Grundlage aller Gewißheit, und zwar sowohl auf der Ebene der Natur wie auch der der Offenbarung. Daher ist die persönliche Erfahrung des Frommen die Gewißheitsgrundlage der theologischen Erkenntnis. Nur der Wiedergeborene kann ein rechter Theologe sein und über wirkliche Einsicht in die offenbarte Wahrheit verfügen. Spener unterscheidet zwischen fleischlichem und geistlichem Wissen. Unter dem ersten versteht er das tote Wissen, das auch von denen, die nicht wiedergeboren sind, erlangt werden kann. Die Glaubenslehre ist also für reines äußeres Wissen ohne Hilfe des Geistes zugänglich: Um sie sich aber im wahren Sinne anzueignen, ist persönliche Erfahrung und Wiedergeburt durch den Heiligen Geist erforderlich. Diese Gedankengänge gründen sich auf ganz andere Voraussetzungen als jene, von denen man in der Orthodoxie ausging. Dort rechnete man nämlich damit, daß die Einsicht in die Wahrheit der Offenbarung unter allen Umständen die Erleuchtung des Heiligen Geistes erforderte. Man meinte aber, daß eine solche Erkenntnis auch von dem Nicht-Glaubenden erworben werden könnte. Unter dem Licht des Geistes verstand man nämlich das Licht, das im Worte selbst leuchtete. Die rechte Lehre konnte somit auch von einem nichtwiedergeborenen Lehrer vorgetragen werden. – Daher ist nicht zu verwundern, daß die Orthodoxen Spener vorwarfen, er trenne das »Wort« vom »Geist«. Man betrachtete den Pietismus zuweilen auch als Wiederaufleben der Rahtmannschen Auffassung (vgl. oben S. 237f.).

Ähnlicher Art ist Speners Neuorientierung hinsichtlich des Glaubensbegriffes und der Rechtfertigungslehre. Der Glaube ist für ihn nicht nur Wissen und Zuversicht (notitia, assensus und fiducia), sondern gleichzeitig eine lebendige Kraft, aus der die konkrete Erneuerung hervorgeht. Zwar ist dasjenige, das den Menschen rechtfertigt, nicht diese Kraft oder Tugend; wo sie aber nicht vorhanden ist, da ist auch der Glaube nicht rechtfertigend, weil er dann kein lebendiger Glaube ist. Zwischen dem historischen und dem rechtfertigenden Glauben wird also eine »fides mortua« (toter Glaube) eingeschoben, welche die reine Lehre annimmt, aber nicht gerecht macht.

Das Hauptgewicht wird der Wiedergeburt beigelegt, die von Spener als Verleihung des neuen Lebens verstanden ist. Die Rechtfertigung geht aus der Wiedergeburt wie deren Frucht hervor. Die reine Imputationslehre wird also durch eine Vorstellung ersetzt, in der Rechtfertigung und Heiligung eine Einheit bilden. Der Ausdruck für diese Einheit wird der Begriff Wiedergeburt, der nun nicht mehr – wie in der älteren Tradition – mit dem Begriff Sündenvergebung zusammenfällt, sondern eine innere Wandlung bezeichnet, die ihrerseits Quelle des neuen Wandels ist, der den Christen kennzeichnet.

Bei Spener wird danach – anders ausgedrückt – die Rechtfertigung direkt mit der Einwohnung Christi verbunden. Der Glaube ist somit nicht nur ein Erfassen des Verdienstes Christi, sondern er muß auch bewirken, daß Christus im Herzen des Gläubigen wohnt. Unter den Pietisten kam daher die Redensart auf, der Gläubige müsse von sich sagen können: »Ich bin Christus«, wovon Spener selbst sich jedoch distanzierte. Der Gedanke der persönlichen Vereinigung mit Christus war nicht neu – die Orthodoxie sprach von der »unio mystica« als einer Frucht des Glaubens –; das Neue lag darin, daß Spener diese innere Verwandlung zum Wesentlichen und Grundlegenden des Glaubens machte und den Rechtfertigungsbegriff dahin erweiterte, daß er auch die innere Neuschöpfung umfaßte.

Der Gegensatz zwischen Orthodoxie und Pietismus ist oft als ein solcher zwischen Lehre und Leben bezeichnet worden. Obwohl dies kaum eine Vorstellung von den wirklichen Differenzen vermittelt, wird insoweit darin etwas Richtiges ausgesprochen, als der Pietismus großes Gewicht auf den geheiligten Wandel als Zeugnis des wahren Glaubens legt. In diesem Punkt stimmt er zwar grundsätzlich mit der Lehre des rechtgläubigen Luthertums überein; es begegnet mit der negativen Haltung zum weltlichen Leben aber eine neue Einstellung. So soll das Ersterben der Welt sich im Meiden aller Weltlichkeit äußern, wozu auch zum Beispiel Vergnügen und Zerstreuungen gehören. Spener rechnete zwar nicht mit einer Vollkommenheit der Christen in diesem Leben, meinte aber, daß einzelne Menschen zur Freiheit von allen vorsätzlichen Sünden gelangen könnten. In der Regel führt die pietistische Anschauung mehr oder weniger zu einer doppelten Ethik: An den Christen werden höhere und strengere Anforderungen gestellt als an die Menschen im allgemeinen.

Speners scharfblickende Kritik an den kirchlichen Mißständen seiner Zeit wurde mit einer optimistischen Sicht der zukünftigen Kirche verbunden. Er persönlich schloß sich nicht dem direkten Chiliasmus an (dem Glauben an ein künftiges tausendjähriges Reich auf Erden), den radikalere Pietisten verfochten; er sagte jedoch eine Zeit herrlicher Erfolge der Kirche, die Bekehrung der Juden und den Fall des Papsttums voraus. Hierin weicht er stark von der älteren Tradition ab, die den baldigen Untergang der Welt erwartete und eher mit einem fortschreitenden Verfall und einem zunehmenden Widerstand gegen die christliche Gemeinde rechnete.

Charakteristische Züge des Pietismus

Trotz Speners konservativer Einstellung und seines Festhaltens an der lutherisch-orthodoxen Lehrtradition in den theologischen Hauptfragen zeigt sich jedoch auch bei ihm in vielen Punkten eine Neuorientierung tiefgreifender Art.

Im Pietismus wird die Theologie auf die Heilsfrage konzentriert. Man interessiert sich in erster Linie für die Fragen, die unmittelbar die Heilsordnung und die Bekehrung oder Lebensführung des einzelnen betreffen. Die metaphysischen Probleme werden zurückgestellt, auch der traditionelle philosophische Unterbau wird abgetan. Spener kritisiert die aristotelische Philosophie und lehnt ihre Anwendung in der Theologie ab. – Dem Alten Testament wird zwar kanonische Autorität zuerkannt, doch es wird dem Neuen Testament untergeordnet, da es mehr periphere Wahrheiten enthält. Im Halleschen Pietismus, der von A. H. Francke geprägt ist (vgl. unten), beginnt man sogar, bestimmte Teile daraus als der guten Moral widerstreitend zu kritisieren.

Eine andere charakteristische Eigenart ist, daß man den Ausgangspunkt im subjektiven Geschehen nimmt. Die Rolle der Erfahrung als Grundlage der Gewißheit ist schon betont worden. Was das größte Interesse auf sich lenkt und den Mittelpunkt der theologischen Diskussion bildet, sind die innerseelischen Erscheinungen, das individuelle Erlebnis.

Hier zeigt sich eine neue Einstellung zu den theologischen Fragen: Die Orthodoxie war in ihrer Fragestellung von der objektiven Wirklichkeit ausgegangen und hatte die Gewißheit der theologischen Erkenntnis auf das Schriftprinzip gegründet, das man sich selbstevident und sozusagen selbstschöpferisch hinsichtlich derjenigen Erkenntnis dachte, um die es in der Theologie geht. Der Pietismus geht dagegen von der Erfahrung aus und betrachtet das Erlebnis des einzelnen als grundlegend für die religiöse Erkenntnis. Die theologische Darstellung befaßt sich daher hauptsächlich mit dem empirischen religiösen Geschehen; auch hierbei meint man, daß die Erfahrung des Wiedergeborenen für die Aneignung der theologischen Erkenntnis vorauszusetzen ist.

Schon der konservative Pietismus hat somit in mancherlei Hinsicht die Denkweise der modernen Zeit auf kirchlichem und theologischem Gebiet eingeleitet. In seiner subjektivistischen Wissensauffassung sowie seinem Interesse für die Moral und die empirischen Fakten der Religion trägt der Pietismus in sich Tendenzen, die dann in der Gedankenwelt der Aufklärung sowohl auf profanem Gebiet wie auch in der Theologie zur vollen Entfaltung gelangen.

Der Hallesche Pietismus

Entscheidend für die Entwicklung des Pietismus wurde der Umstand, daß an der neugegründeten Universität von Halle (1694) mehrere Lehrstühle mit pietistischen Dozenten besetzt wurden. Seit 1692 wirkte hier *August Hermann Francke* (gest. 1727), der Begründer des bekannten Hallenser Waisenhauses, der bald zum Führer des Pietismus wurde. Die Theologen *Anton Breithaupt* und *Anastasius Freylinghausen* sowie *Joachim Lange*, die sämtlich der Fakultät von Halle angehörten, vertraten die gleiche Richtung. Auf dem Gebiet der Bibelauslegung und Predigt übte der in Gießen lehrende *Johann Jakob Rambach* (gest. 1735) großen Einfluß aus.

Für die theologische Wissenschaft brachte der Pietismus in Halle eine durchgreifende Wandlung. Das praktische, in den Dienst der Erbauung gestellte Bibelstudium wurde zum Zentrum der theologischen Arbeit. Dabei wurde auch die Auslegungsmethode weiterentwickelt, unter anderem mit Regeln für die praktische Anwendung (applicatio) ergänzt: Man entfernte sich von der orthodoxen Auffassung eines einzigen, buchstäblichen Sinnes und setzte einen doppelten oder sogar auch dreifachen Sinn der Schrift voraus: den buchstäblichen, den geistlichen und den mystischen. Auf diese Weise konnte leichter interpretiert werden, was man im Alten Testament anstößig fand. – Das dogmatische Studium wurde zu etwas Nebensächlichem eingeschränkt. Man begnügte sich mit einer kompendienartigen Wiederholung des orthodoxen Lehrsystems, in welches nun die von Spener formulierten Abweichungen eingefügt wurden. Der philosophische Begriffsapparat wurde gänzlich abgeschafft.

In gewissen Besonderheiten weicht der Hallesche Pietismus von Speners Anschauung ab, vor allem in der Lehre vom Bußkampf und in der gesetzlichen Einstellung zur Weltlichkeit. Während Spener daran festhielt, daß Gott in der Bekehrung mit den verschiedenen Menschen auf unterschiedliche Weisen handelt, stellt Francke als Regel auf, daß der Christ eine fest abgegrenzte Bekehrung angeben könne, der eine durch die Predigt des Gesetzes hervorgerufene innere Krise (Bußkampf) vorausging. In diesem Zustand wird der Mensch dazu geführt, mit dem Geist der Welt zu brechen und ein neues Leben zu beginnen, worauf ihm der Glaube geschenkt wird, durch den die Vergebung der Sünden erlangt wird.

Den neuen Wandel, der eine Frucht des Glaubens ist, kennzeichnen strenge Selbstprüfung und Unterdrückung der natürlichen Affekte. Das Leben soll in allen Einzelheiten vom Geist oder dem neuen Affekt des Glaubens geführt werden. Das Natürliche wird dabei als etwas Sündhaftes angesehen; entsprechend muß der Fromme weltliche Vergnügen und Zerstreuungen meiden. Tanz, Spiel und Theater werden für sündhaft erklärt. – Spener vermied demgegenüber auch in diesem Punkt gesetzliche Vorschriften.

Radikale Ausprägungen des Pietismus

Dem konservativen Pietismus folgte auch eine radikale Richtung, die ihrer Ausprägung nach dem sogenannten Schwärmertum der Reformationszeit und dem Sozinianismus verwandt ist. In ihr verband sich, wie auch sonst oft, eine schwärmerische, mystische Religiosität mit einer rationalistischen Kritik an der Kirchenlehre. Der Einfluß der theosophischen Philosophie des Schusters *Jakob Böhme* ist hierbei in gewissen Fällen zu verspüren (z. B. bei Dippel).

J. W. Petersen (gest. 1727) vertritt eine ausgeprägte chiliastische Auffassung. Die Rede vom Tausendjährigen Reich Christi im 20. Kapitel der Offenbarung wird nicht, wie in der älteren Tradition, mit Hinweis auf die Weltherrschaft der Kirche gedeutet (von Konstantin d. Gr. bis hin zu Gregor VII.), sondern im Einklang mit der jüdischen Auffassung als eine Prophetie über ein künftiges Reich, in dem die Gläubigen tausend Jahre mit Christus regieren werden. Spener lehnte diesen Chiliasmus nicht völlig ab, hatte aber, wie oben schon erwähnt, selbst eine etwas andere Vorstellung.

Zu den radikalen Pietisten kann man auch *Gottfried Arnold* (gest. 1714) rechnen, den Verfasser der bekannten »Unparteyischen Kirchen- und Ketzerhistorie«. In diesem Werk, das von 1699 bis 1700 entstand, stellt er sich bei seiner Schilderung der Kirchengeschichte über die Konfessionen (»unparteyisch«) und behandelt sie mit überlegener Kritik; in seinen Augen sind sogar fast immer die Sekten die Träger des wahren Christentums gewesen.

Der am stärksten eigengeprägte unter den Radikalpietisten ist *Konrad Dippel* (gest. 1734). Er richtete seine Kritik in erster Linie gegen die orthodoxe Versöhnungslehre. Nach seiner Ansicht würde eine objektive Genugtuung der Liebe Gottes widerstreiten, der die Sünde ohne weiteres ungestraft hingehen läßt und das Herz neu erschafft. Überhaupt ist alles in der Religion für Dippel etwas Immanentes, Subjektives. Wie Böhme lehrt er die Erneuerung aller Dinge. Er schließt sich ebenfalls dem Chiliasmus an; das Tausendjährige Reich war für ihn gleichsam die Befreiung von der Herrschaft der Kirche und des Staates. Dippels Anschauung, die vor allem in der Schrift »Vera demonstratio evangelica« von 1729 dargelegt ist, rief heftige Auseinandersetzungen hervor, auch in Schweden, wo Dippel sich eine Zeitlang aufhielt.

Die herrnhutische Bewegung

Während radikale Ausprägungen des Pietismus in der Regel nur als gelegentliche schwärmerische Bewegungen oder private Anschauungen in Erscheinung traten, entwickelte sich die von Graf *Nikolaus von Zinzendorf* im Jahre 1727 in der Kolonie Herrnhut (Oberlausitz) gegründete Brüdergemeine zu einer festen Gemeinschaftsorganisation. Im Gegensatz zur radikalen Form des Pietismus ist die Herrnhuter Bewegung kirchenfreundlich eingestellt. Sie gründet sich auf das Augsburger Bekenntnis, betrachtet jedoch die Gemeinschaftsgrenzen als unwesentlich, weshalb sie nicht nur Lutheraner, sondern auch Glieder anderer Konfessionen umfaßt.

Zinzendorf konzentriert seine ganze theologische Verkündigung auf einen einzigen Punkt: das durch die Betrachtung des Kreuzes gewonnene Gefühl der Christusgemeinschaft. Die Theologie hat für ihn keinerlei Beziehung zur Philosophie oder Allgemeinbildung. Auch rechnet er nicht mit irgendeiner natürlichen Gotterkenntnis. Nur im Gekreuzigten ist für ihn Wissen von Gott. Das übrige ist heidnische Spekulation. Diese Kreuzestheologie hat eine völlig subjektive, gefühlsmäßige Prägung. Durch die Betrachtung des Kreuzes, des Blutes und der Wunden wird das Gefühl erweckt, daß Christi Kampf und Leiden uns von der Strafe befreien und eins werden lassen mit dem für uns hingegebenen Erlöser, der zugleich der Vater und der Schöpfer ist.

Im Herrnhuter Pietismus ist nicht mehr, wie im älteren Pietismus, die Rede vom Bußkampf unter der Wirkung des Gesetzes. Überhaupt wird das ganze Bekehrungsschema durch das Erlebnis des Kreuzes und der Versöhnung ersetzt. Die evangelische

Verkündigung vom Kreuz wird damit zum ein und alles, so daß die herrnhutische Verkündigung eine antinomistische Prägung erhält.

Trotz der überbetont evangelischen Einstellung wird keineswegs – wie bei den radikalen Vertretern des Pietismus – die orthodoxe Versöhnungslehre aufgehoben. Das stellvertretende Strafleiden Christi und der Loskauf von der Sünde gehören im Gegenteil zum Zentrum des Herrnhuter Glaubens.

Das Verständnis der Versöhnung wird jedoch ein ganz anderes als in der älteren Tradition. Der Akzent wird auf das gefühlvolle *Erleben* des Leidens Christi gelegt; der Subjektivismus ist hier geradezu auf die Spitze getrieben. Entsprechend wird das Verhältnis zu Gott und Christus mit Ausdrücken menschlicher Vertraulichkeit geschildert, oft in einer für moderne Begriffe geschmacklosen und anstößigen Weise.

Indem der Herrnhuter Pietismus zweifellos einem zentralen Gedanken der lutherischen Anschauung gerecht zu werden sucht, ist er gleichzeitig durch seine subjektivistische Prägung stark zeitbedingt. Seine Frömmigkeit trägt dabei auch eine weichliche und sentimentale Prägung. – Nicht nur die Männer der Orthodoxie, sondern auch die konservativen Pietisten (z. B. Bengel) distanzierten sich von der Herrnhuter Bewegung.

Der Württembergische Pietismus

Johann Albrecht Bengel (gest. 1752) und *Magnus Friedrich Roos* (gest. 1803), beide als Verfasser von Erbauungsschriften weit über ihre Heimat hinaus bekannt, sind die wichtigsten Namen des Württemberger Pietismus. Diese Richtung ist ihrer Haltung nach streng kirchlich und lehnt sich stärker an das orthodoxe Erbe an als die übrigen Zweige des Pietismus.

Bengels große Bedeutung liegt auf dem Gebiet der Erforschung der Bibel. Seine Ausgabe des griechischen Neuen Testaments, in der er erstmalig die Handschriften ihrer Herkunft nach in Gruppen einteilt, bildet den Ausgangspunkt für die moderne Textkritik. Der Kommentar, der seine am weitesten verbreitete Arbeit geworden ist – Gnomon Novi Testamenti (1742) –, zeichnet sich durch klare Beobachtung und tiefsinnige Reflexionen über Textdetails aus. Als Ideal sucht Bengel dabei eine konkrete, historische Auslegung ohne allen philosophischen oder doktrinären Formalismus zu verwirklichen. In der Auslegung der Offenbarung hat er eine prophetische Historienauslegung durchzuführen versucht; er vertrat sogar die Meinung, daß der Weltuntergang für ein bestimmtes Jahr feststellbar sei (1836).

Roos ist bei seiner Schriftauslegung in Bengels Schule gegangen und steht in bezug auf die Lehre im wesentlichen auf der Grundlage der orthodoxen Theologie. Seine Anschauung wird von den pietistischen Grundgedanken wie vom Kampf gegen den zeitgenössischen Rationalismus geprägt. Zu den bekanntesten Roosschen Schriften gehört sein »Christliches Hausbuch«, tägliche Bibelmeditationen für das ganze Jahr.

Der Streit um den Pietismus

Schon sehr früh stieß die pietistische Bewegung auf heftige Opposition von seiten der orthodoxen Theologen. Sie wurde dabei in einer großen Anzahl von Streitschriften, die in den Jahrzehnten um die Wende zum 18. Jahrhundert gewechselt wurden, beschuldigt, allen möglichen Irrtümern Raum zu gewähren und durch ihren Indifferentismus die Grenzen der reinen Lehre zu verwischen.

Zu den bedeutendsten Gegnern der Pietisten zählten einige Mitglieder der Wittenberger Fakultät, weiterhin der in Leipzig wirkende *Benedikt Carpzov* sowie der von Karl XII. geschätzte Greifswalder Professor *J. Friedrich Mayer* (gest. 1712). Sie fanden im Pietismus eine platonisierende Auffassung, die in einer schwärmerischen Einstellung zu Wort und Sakrament wie auch in einer »osiandrischen« Rechtfertigungslehre konkretisiert wurde. Auch andere Streitfragen standen auf der Tagesordnung. Erwähnt wurden bereits: die Frage der Wirkungskraft des Wortes und des Verhältnisses zwischen Wort und Geist, die Frage der »theologia regenitorum«, der »fides mortua«, der gesetzlichen Auffassung der Heiligung (die negative Einstellung zum Natürlichen und zu den Adiaphora). Zu nennen ist noch der von den Pietisten vertretene Chiliasmus.

Der sogenannte terministische Streit entstand durch die unter den Pietisten vertretene Meinung, die Zeit der Gnade oder die Möglichkeit der Bekehrung könnten für gewisse, offenkundig sich gegen Gott wendende Menschen bereits vor dem Tod aufhören (terminus gratiae).

Die theologisch gesehen wichtigste Konfrontation zwischen orthodoxer und pietistischer Auffassung erfolgt in dem Lehrstreit zwischen dem Dresdener Generalsuperintendenten *Valentin Ernst Löscher* (gest. 1749) und dem Hallenser Theologen *Joachim Lange*. Löscher übte dabei in seinem »Timotheus Verinus« (1711–1717) vom orthodoxen Standpunkt aus eingehende Kritik an der Anschauung des Pietismus, streckte gleichzeitig aber die Hand zur Versöhnung aus. Seine Darstellung wurde von Lange mit einer heftigen, doch sachlich schwachen Polemik beantwortet. Löscher kämpfte jedoch nicht nur gegen eine gelegentliche Strömung, deren Mängel er nachweisen konnte, sondern auch gegen jenen neuen Zeitgeist, der mit seinen Tendenzen zum »Enthusiasmus« und Indifferentismus von innen her auflösend auf die Voraussetzungen des orthodoxen Denkens wirkte. Daher erreichte er mit seiner Kritik nicht den beabsichtigten Zweck.

Im Pietismus löste danach eine am einzelnen orientierte anthropozentrische Einstellung die objektivierende Wirklichkeitsauffassung ab, die ihren Ausdruck in der alten Schulphilosophie und in der lutherisch-orthodoxen Theologie gefunden hatte. In seinem Urteil über den Pietismus drückt Löscher diesen Sachverhalt so aus: Der »habitus religionis« (das heißt die Religion als subjektiver Zustand) wird zur Religion und zur Erlösung überhaupt gemacht.

32
Die Aufklärung

Die allgemeinen Voraussetzungen

Wenn man den Begriff Aufklärung im weiteren Sinne versteht, dann fällt die Zeit der Aufklärung in Mitteleuropa im großen und ganzen mit dem 18. Jahrhundert zusammen, einer Zeit, in der sich eine durchgreifende wissenschaftliche und kulturelle Umbildung vollzieht, die auch die Bedingungen der theologischen Arbeit verändert.

Die Wurzeln für das Denken der Aufklärungszeit sind vor allem im Humanismus der Renaissance und im Sozinianismus sowie im Deismus zu suchen, der sich im 17. Jahrhundert in England entwickelt hatte. Die philosophischen Systeme, die in der zweiten Hälfte des 17. Jahrhunderts die ältere philosophische Bildung durch andere Denkweisen zu ersetzen beginnen *(Cartesius, Locke, Leibniz)*, haben auf ihre Weise ebenfalls den Boden für die Aufklärung bereitet. Neue Entdeckungen und Theorien auf dem Gebiet der Naturwissenschaft *(Newton)* und Rechtswissenschaft *(Grotius, Pufendorf)* tragen dazu bei, die moderne Anschauung zu formen, die im 18. Jahrhundert allmählich allgemeine Verbreitung erlangt. Auf dem Gebiet der Theologie hat der Pietismus in gewisser Hinsicht dieselbe Entwicklung gefördert.

Die Epoche, die nun behandelt wird, bezeichnet den Durchbruch der neueren Zeit. Eine veränderte Weltanschauung bahnt sich den Weg zur führenden Stellung im Kulturleben, neue Denkvoraussetzungen entstehen. Um Klarheit über die Bedeutung dieser durchgreifenden Wandlung zu gewinnen, ist es wichtig, in gewissen Punkten Vergleiche mit der älteren Tradition und ihrer wissenschaftlichen Grundlage anzustellen.

Das philosophische Denken wird von Grund auf durch die großen philosophischen Systeme und auch durch die neue Schulphilosophie umgestaltet, die im 18. Jahrhundert die aristotelische Scholastik an den deutschen Universitäten ablöst *(Chr. Thomasius, Wolff)*.

Die Metaphysik der substantiellen Formen wird durch eine empirische und atomistische Wirklichkeitsauffassung ersetzt. Nachdem zuvor die geistliche Welt, in Gott (ens supremum) zusammengefaßt, als die höchste und primäre Wirklichkeit betrachtet worden war, wenden sich die Blicke nunmehr der empirisch verstandenen Sinnenwelt in ihrer Vielfalt zu. Die ältere, objektiv ausgerichtete Philosophie wird durch eine praktische und nützlichkeitsbetonte Lebensweisheit ersetzt, deren wichtigster Zweck darin besteht, den Menschen zu lehren, seine Umwelt zu begreifen und zu beherrschen sowie diesseitiges Glück zu erlangen (die sogenannte Hofphilosophie).

Das ältere Denken ging vom Objekt aus: Die Metaphysik war auf die objektive Kenntnis der innersten Wirklichkeitszusammenhänge gerichtet. Die neue Philosophie betrachtet das Subjekt als das Primäre im Erkenntnisprozeß. Das Selbstbewußtsein, das innere Erleben wird dabei als fundamentaler und evidentester

Faktor betrachtet – dem denkenden und fühlenden Subjekt unmittelbar gegenwärtig. Die Tendenz eines rationalistischen Denkens ist damit gegeben: eine Welterklärung von den Prinzipien der menschlichen Vernunft her zu geben.

Eine der wichtigsten Voraussetzungen für die Anschauung der Aufklärungszeit und das moderne Denken überhaupt ist die *Auffassung von der Wissenschaft.* Man betrachtet die Philosophie nicht mehr als die »ancilla theologiae« (Magd der Theologie). Die Wissenschaft befreit sich vielmehr von der Abhängigkeit von Theologie und Schulmetaphysik und stützt sich auf sinnlich erfahrbare Beobachtungen und rationale Prinzipien. So entsteht – teilweise schon im 17. Jahrhundert – das sogenannte natürliche Wissenschaftssystem, bei dem sich humanistisches Wissen, Religion und Moral, Recht und Staatslehre auf bestimmte, in der Vernunft niedergelegte Prinzipien aufbauen, die allen Menschen und allen Zeiten eigen sind. Dieses Vernunftwissen wird als autonom betrachtet, nicht durch die menschliche Blindheit verdunkelt, sondern allen unmittelbar und in voller Evidenz zugänglich.

Noch durchgreifender wurde vielleicht die Veränderung, die auf dem Gebiet der Naturwissenschaften vor sich ging. Man beginnt nun, sich der mechanisch-mathematischen Methode zu bedienen, wobei man sich weitgehender als früher auf die empirische Beobachtung stützt.

Die neue Naturwissenschaft hat ein verändertes *Weltbild* zur Folge. Das empirische Erforschen der Welt wird zum Hauptinteresse. Die schon im 16. Jahrhundert von Kopernikus dargelegte Auffassung vom Sonnensystem gewinnt erst in der Aufklärungszeit allgemeine Zustimmung. Die Erde ist nicht länger der Mittelpunkt: Der Mensch wird in der neuen Perspektive zu einem Staubkorn im Universum – in einem Universum, das er gleichzeitig durch seine Vernunft erforschen und dadurch bewältigen kann. – Die aristotelische Formbetrachtung wird durch die mechanisch-atomistische Welterklärung ersetzt: Das Dasein besteht aus dem unveränderlichen Raum, die Dinge setzen sich aus Partikeln zusammen, die einander beeinflussen und den Raum füllen. Die substantiellen Formen werden nicht mehr als Grundelemente des Weltenbaus betrachtet, sondern lediglich die materiellen Einheiten. Ein prinzipieller Gegensatz zwischen Endlichem und Unendlichem, Materie und Geist, Sinnlichem und Übersinnlichem ist Folge dieser mechanischen Naturerklärung, die sich dadurch nicht nur von der älteren Schulmetaphysik weit entfernt hat, sondern auch das Weltbild des ursprünglichen Luthertums mit dessen »finitum capax infiniti« veränderte.

Hinter dem neuen Weltbild steht die Überzeugung von der Kompetenz der menschlichen Vernunft, das Dasein zu überblicken und zu beherrschen und die Gesetze für das Geschehen des Daseins wie auch die Regeln für das menschliche Zusammenleben zu erkennen. Als Konsequenz der neuen Einstellung, die auch eine fortschrittliche Entwicklung in Erkenntnis und Ethik des Menschen annimmt, bilden sich eine rationalistische Naturerklärung und Morallehre heraus. Ein naiver Glaube an den Menschen und seine ihm verfügbaren Möglichkeiten ist bezeichnend für die Aufklärung.

Auf dem Gebiet der *Rechtsauffassung* wird ein neuer Weg angebahnt von *Hugo Grotius* (gest. 1645) und *Samuel Pufendorf* (gest. 1694), die beide das moderne Naturrecht begründen. Auch die ältere protestantische Tradition sprach von einem Naturrecht oder natürlichem Gesetz. Aber darunter verstand man das Wissen vom Rechten, das bei der Schöpfung dem Menschen ins Herz gelegt worden war und von dem sich nach dem Sündenfall auch noch schwache Reste vorfanden. Der Gedanke des natürlichen Gesetzes war also in den Zusammenhang der Offenbarung und der biblischen Sicht des Menschen eingefügt. Das Naturrecht der Aufklärungszeit ist demgegenüber emanzipiert. Es gründet sich auf die Vorstellung, daß bestimmte Rechtsprinzipien in der menschlichen Vernunft vorhanden sind und eine für alle gemeinsame Grundlage der staatlichen Rechtspflege bilden. Die Moral gründet sich auf die autonome Vernunft. Durch diese Rechtsauffassung wird das Band zwischen der Offenbarung und dem natürlichen Gesetz abgeschnitten.

Ein ähnlicher Wandel vollzieht sich hinsichtlich der *Staatsauffassung*. Während in der lutherischen Tradition die Obrigkeit als eine göttliche Stiftung mit dem Auftrag betrachtet wurde, »custos utriusque tabulae« (Wächter beider Tafeln) zu sein, tritt nun an die Stelle der älteren Vorstellung der Gedanke des säkularisierten Staates, der als auf einen menschlichen Vertrag gegründet betrachtet wird *(Thomas Hobbes)* und dessen Zweck die »salus publica«, die allgemeine Wohlfahrt, ist. In dem Staat der absoluten Fürstenmacht werden die politischen Interessen den kirchlichen übergeordnet; die Kirche verliert damit ihre Selbständigkeit. Die neue Staatsauffassung stützt sich ebenfalls auf einen optimistischen Vernunftglauben, mit dem es im Vermögen des Menschen steht, das Staatsleben so zu gestalten, daß es dem allgemeinen Besten dient.

Es dauerte lange, bis die eigentlichen Ideen der Aufklärung ernstlich in die *Theologie* eindrangen. Erst in der zweiten Hälfte des 18. Jahrhunderts findet man in der protestantischen Welt Deutschlands eine neologische oder rationalistische Theologie. Der allgemeine Umschwung in der Denkweise hinterließ jedoch schon früher deutliche Spuren auf diesem Gebiet.

Die einflußreichste der neuen Ideen, die zur Theologie der Aufklärungszeit gehören, ist die einer natürlichen Religion. Sie entwickelte sich bereits im englischen Deismus des 17. Jahrhunderts. *Herbert von Cherbury* unterbreitet in einer Schrift »De veritate« von 1625 die Auffassung, daß es unabhängig von der Offenbarung eine für alle Menschen gemeinsame natürliche Religion gibt, durch die der Mensch auch ohne Kenntnis der Offenbarung selig werden kann. Christus wird als ein weiser Lehrer betrachtet, vor allem als Beispiel der Tugend. Der Inhalt der natürlichen Religion wird in folgenden fünf Sätzen angegeben: Es gibt einen Gott, ein höchstes Wesen. Dieses höchste Wesen ist zu verehren, ihm muß man dienen. Diese Verehrung geschieht vor allem durch Frömmigkeit und Tugend. Abweichung von der Tugend (Sünde) ist zu bereuen, und durch die Reue gewinnt man Vergebung. Strafe für das Böse und Belohnung des Guten harren unser im künftigen Leben. – Die in der

Aufklärung mit besonderer Vorliebe gehegte Vorstellung, daß die Lehre von »Gott, Tugend und Unsterblichkeit« die Hauptsumme der Religion ausmache, begegnet uns also schon hier.

Im 18. Jahrhundert tritt der Deismus in einer radikaleren Form auf, zum Beispiel in der bekannten Arbeit von *M. Tindal* »Christianity as Old as the Creation« von 1730, bei den französischen Aufklärungsphilosophen und im deutschen Rationalismus (z. B. in den von *Lessing* herausgegebenen »Wolfenbüttler Fragmenten«, verfaßt von *Reimarus*).

Die Aufklärungskultur ist von einer fortschreitenden Tendenz zur Säkularisierung gekennzeichnet. Die Naturwissenschaft in ihrer neuen Gestalt ist auf eine bestimmte Welterklärung ausgerichtet. Eine weltliche Kultur bildet sich heraus, unabhängig von der Kirche und den Konfessionen. Der Staat wird ebenfalls frei von religiösen Zielen und losgelöst von der Verbindung mit den christlichen Konfessionen gesehen.

Dieser Säkularisierungsprozeß bedeutet in der Regel keine Ablehnung des Christentums oder der Religion; aber die Voraussetzungen für eine christliche Theologie und Verkündigung werden dadurch in einer durchgreifenden Weise umgestaltet.

Diese Umwandlung zeigt sich unter anderem in folgenden Tendenzen, die sich durchweg in der Theologie des Aufklärungszeitalters geltend machen:

1. Die Theologie gerät mehr oder weniger in die Abhängigkeit von der Philosophie und dem Vernunftwissen. Selbst in den Darstellungen, in denen man nicht die Offenbarung durch eine natürliche Religion ersetzen will, sondern völlig auf der Grundlage der christlichen Tradition zu stehen glaubt, stellt man gewöhnlich die Vernunftargumente neben die Offenbarung, als ihr ebenbürtig. Die Forderung einer Unterwerfung der Vernunft unter das Zeugnis der Schrift wird dabei durch einen festen Glauben an die vollkommene Harmonie zwischen den rationalen Prinzipien und der Offenbarung ersetzt, was zur Folge hat, daß man immer bestrebt ist, die Offenbarung der Vernunft gegenüber zu legitimieren.

2. Parallel zur Rationalisierung der Theologie läuft ihre Moralisierung. Für die moderne, rationale Lebensauffassung ist die Moral näherliegender als die Religion. Die Förderung der guten Sitten wird als vornehmster Zweck des Christentums betrachtet, das ethische Element gilt als der Kern seines Inhalts.

3. Die Vorstellung, daß sich die Religion vorzugsweise auf Prinzipien aufbaut, die in der menschlichen Vernunft niedergelegt sind, fördert eine individualistische Auffassung: Die Religion wird Sache des einzelnen, ihre Gewißheit gründet sich auf sein persönliches Erleben oder seine Erfahrung.

4. Eine Grundtendenz der Theologie der Aufklärungszeit ist die »Humanisierung« des Christentums und ihre Einfügung in einen anthropozentrischen Rahmen. Von der Theologie verlangt man dabei, daß sie die Wohlfahrt der Menschen fördert und ihre Wahrheiten mit dem allgemein anerkannten Vernunftprinzip harmonieren. Entsprechend sucht man vornehmlich innerweltliche Zwecke wie etwa irdisches Glück und vernunftgemäße Moralität – durch die Religion zu gewinnen.

Englische Theologie in der Aufklärungszeit

Die neue Denkweise verschaffte sich innerhalb der englischen Theologie schon frühzeitig Geltung. Gegen Ende des 17. Jahrhunderts wurde sie von dem sogenannten Latitudinarismus – einer liberalen theologischen Bewegung – gefördert. Die Vertreter dieser damals in der Theologie tonangebenden Richtung gingen davon aus, daß sich die Offenbarung in völliger Übereinstimmung mit der Vernunft und mit den darin enthaltenen religiösen Grundideen befand. Damit wollten sie aber nicht – wie der Deismus – das traditionelle Christentum durch eine natürliche Religion ersetzen, sie erblickten vielmehr in der Vernunft die beste Stütze eben für offenbarte Religion. Der Glaube wurde als eine Überzeugung verstanden, die sich auf vernünftige Überlegungen gründete. Irgendein »Beweis« für die Wahrheiten der Religion war so natürlich nicht zu erbringen. Man konnte jedoch zu einer moralischen Gewißheit gelangen, indem man voraussetzte, daß die Bibel glaubwürdig ist und die Wunder ihre Autorität bekräftigten. Einer der bedeutendsten Vertreter dieser Richtung innerhalb der englischen Theologie war der durch seine Predigten berühmte *John Tillotson* (1630–1694), der 1691 Erzbischof von Canterbury wurde. Das Neue des Latitudinarismus, dessen Ideen nicht als radikal oder umstürzend anzusprechen sind, lag in der Befreiung von der metaphysischen Beweisführung der Scholastik und in dem ungebrochenen Vertrauen zur Vernunftargumentation als Stütze des christlichen Glaubens. Letztlich wurde aber das entscheidende Gewicht auf einen rechtschaffenen Wandel als Beweis des Glaubens gelegt. Der moralische Aspekt wurde damit dem religiösen übergeordnet.

In den Beiträgen des großen Philosophen *John Locke* (1632–1704) zu den Fragen von Glauben und Wissen begegnet uns ein verwandter Geist. Er macht einen klaren Unterschied zwischen Offenbarung und Vernunft und nimmt für die Glaubenssätze ein gänzlich anderes Fundament als für die Vernunftwahrheiten an. Die unmittelbare Offenbarung, wie sie etwa Aposteln und Propheten zuteil wurde, ist mit einer Gewißheit verbunden, die der einer evidenten Erkenntnis ebenbürtig ist. Nach der Zeit der Apostel haben wir aber nicht mit einer unmittelbaren Offenbarung, sondern mit einer durch die Sprache und den menschlichen Verstand vermittelten zu rechnen. Darum muß der christliche Glaubensinhalt, so wie wir ihn verstehen, immer zu einem gewissen Grade von der Vernunft beurteilt werden; akzeptabel ist er nur dann, wenn er den einleuchtenden Vernunftprinzipien nicht widerstreitet. In der Schrift »The Reasonableness of Christianity« (1693) versuchte Locke, unabhängig von der Theologie und den Glaubensartikeln der Kirche, zu einem rein biblischen Christentum zu gelangen. Er lehnt die Trinitätslehre nicht ab, stellt aber die Frage nach den biblischen Grundlagen ihrer Formulierungen. Bei Locke lassen sich zwei Tendenzen in mustergültiger Form erkennen, die für die englische Aufklärungstheologie kennzeichnend werden sollten: die Vernünftigkeit (reasonableness) des Christentums nachzuweisen und zu einer biblischen Lehre, die man als echt und unverfälscht ansah, zurückzukehren.

Neben dem Latitudinarismus, der den christlichen Traditionsstoff weithin beibehalten wollte, trat ein neuer radikaler Deismus; dieser entwickelte in neuer Form einige der Gedanken, die schon von *Herbert von Cherbury* vertreten worden waren (vgl. oben S. 263). Die 1696 veröffentlichte Arbeit *John Tolands* »Christianity not Mysterious« wählte im Christentum gewisse Grunddogmen über Gott und die Unsterblichkeit aus, die man als das Wesentliche und Vernunftgemäße verstand, während das »Mysteriöse« im christlichen Glauben abgelehnt wurde. – *Matthew Tindal* entwickelte in der obenerwähnten Arbeit »Christianity as Old as the Creation« (1730) die These, daß das Evangelium nur eine Wiederholung der ursprünglichen natürlichen Religion sei. Indem ihr Inhalt dabei wesentlich als die Verkündigung eines reinen und sittlichen Lebens eingeschätzt wird, das der Ehre Gottes und der Glückseligkeit des Menschen förderlich sei, wird die These von einer vernunftgemäßen Religion mit der Vorstellung von der Moral als dem Zweck der Religion kombiniert. Das reduzierte Christentum, das man auf diese Weise dem Evangelium entnimmt, ist danach mit der natürlichen Religion der Vernunft identisch und wird somit als die Religionsform verstanden, die Sittlichkeit und Glück am besten fördert.

Gegen die Deisten wandte sich der Geistliche *Joseph Butler* (1692–1752), der Bischof in Durham war, in seinem berühmten apologetischen Werk »The Analogy of Religion, Natural and Revealed, to the Constitution and Course of Nature« (1736). Da seine Analogielehre den Glauben an einen höchsten Urheber der Welt voraussetzt, finden sich in diesem Buche keine Äußerungen gegen den Atheismus. Butler will vielmehr den Glauben wahrscheinlich machen und sucht dementsprechend dessen Übereinstimmung mit der Vernunft denjenigen aufzuzeigen, die Gott als Schöpfer bereits anerkennen. Gegenüber den Deisten tritt Butler für die Notwendigkeit der Offenbarung ein; diese wird durch die natürliche Religion keineswegs überflüssig.

In dem Abschnitt über die Offenbarungsreligion findet sich folgende Schlußfolgerung: Wenn wir annehmen, daß die Heilige Schrift von Gott, dem Urheber der Natur, herrührt, dann können wir erwarten, in den Glaubenswahrheiten etwas von gleicher Struktur und gleicher Schwierigkeit hinsichtlich der Erklärung des Gesamtzusammenhangs wie in der Ordnung der Natur zu finden. Dies ist, was Butler eine Analogie zwischen der Religion und der Welt der Natur nennt. Er meint nicht, daß wir eine solche Analogie überall finden können; dafür sind uns nur sporadische Beispiele gegeben. Aber solche Beispiele sind für ihn ausreichend, denn ein exakter Beweis der Glaubenssätze ist ja nicht zu erwarten. Wahrscheinlichkeit ist vielmehr das Höchste, was je erreicht werden kann. Butler will einen solchen Wahrscheinlichkeitsbeweis etablieren, indem er ausführlich auf die Analogie hinweist, die zwischen der Natur und der Religion besteht. In vielerlei Hinsicht nähert er sich damit dem deistischen Grundgedanken von der Übereinstimmung der natürlichen Religion mit dem Christentum; im Unterschied zum Deismus will er aber die spezifisch christliche Offenbarung verteidigen. Dies kommt auch bei der Versöhnungslehre zum Ausdruck. Während die Deisten die Versöhnung für überflüssig hielten, da Gottes Barmherzigkeit ja an und für sich genügte, um dem Reuigen die Sünden zu vergeben, weist er nachdrücklich auf das stellvertretende Leiden Christi als Grundlage der Versöhnung und zeigt, daß man auch hierfür Analogien in der Umwelt finden kann.

Butlers Auseinandersetzung mit dem Deismus war nicht ohne Widersprüche, aber man konnte in seinem Werk die Konturen eines neuen Verständnisses der Offenbarung erkennen. Sein Einfluß auf die englische Theologie sollte im 19. Jahrhundert noch größer werden als zu seiner eigenen Zeit.

Der Kampf gegen den Deismus nahm in der englischen Theologie des 18. Jahrhunderts eine wichtige Stelle ein. Er wurde aber bald von einem anderen Faktor überschattet, dem Siegeszug des *Methodismus* seit Ende der 30er Jahre des 18. Jahrhunderts. Hier ist nicht der Ort für eine Darstellung der Geschichte des Methodismus oder seiner kirchlichen und sozialen Wirkungen, sondern es geht lediglich um die Aufzeichnung einiger seiner theologischen Grundgedanken.

John Wesley (1703–1791) war Pfarrer der englischen Staatskirche und wurde frühzeitig zum Führer einer hochkirchlichen Bewegung in Oxford. Durch seine Mutter war er in einer niederkirchlichen (latitudinarischen) und sozinianischen Tradition verwurzelt. Während einer zweijährigen Missionsreise nach Georgia hatte er dann unmittelbare Eindrücke von der Herrnhuter Verkündigung empfangen. Durch diese Berührung mit dem Herrnhuter Pietismus wurde das Vertrauen auf das Verdienst Christi für ihn zum einzigen Grund unserer Erlösung; in den sogenannten Homilien der englischen Kirche, die der Reformationszeit entstammen , fand er diese Lehre bestätigt. Seine Bekehrung im Jahr 1738, die der Ausgangspunkt der methodistischen Erweckung wurde, beschreibt er selbst als eine plötzlich auferweckte innere Gewißheit der allein durch Christus erworbenen Sündenvergebung. Ein Text, der für Wesley bei dieser Gelegenheit entscheidend wurde, war Luthers Vorrede zum Römerbrief. Sein Bruder, Charles Wesley, wurde übrigens durch das Studium von Luthers Galaterbriefkommentar zu einer Bekehrung ähnlicher Art geführt. – Nach der Bekehrung John Wesleys wurde unter dem Einfluß reformatorischer Theologie die Rechtfertigung durch den Glauben allein (sola fide) zum Mittelpunkt seiner Verkündigung. Die reformatorische Rechtfertigungslehre war unter der zeitgenössischen Geistlichkeit ziemlich unbekannt; Wesley brach daher in seiner Verkündigung mit einer in der englischen Theologie verbreiteten Vorstellung von den guten Werken als Zweck des Glaubens und notwendige Bedingung für die Erlösung. Nachdrücklich betonte er, daß die Heiligung nicht mit der Rechtfertigung verwechselt werden dürfe. Als Frucht des Glaubens sei die Heiligung eine Folge der Rechtfertigung. Kennzeichnend für den Methodismus wurde demgemäß auch, daß die Wiedergeburt nicht mit der Taufe, sondern mit der Rechtfertigung verbunden wurde, das heißt konkret, mit der Bekehrung oder der Entstehung des bewußten Glaubens identifiziert wurde.

Seine Verkündigung war ganz und gar darauf ausgerichtet, einen aktiven Glauben in Verbindung mit einem geheiligten Leben zu erwecken und zu fördern. Das Interesse für theoretische Lehrfragen war natürlich nur gering. Überhaupt suchte er – so weit wie möglich – Lehrstreitigkeiten zu vermeiden. Dennoch entstanden auch im Methodismus allmählich ziemlich tiefgehende Meinungsverschiedenheiten. Die Lehre vom Glauben und von den Werken entwickelte Wesley späterhin in einer Richtung, die ihn von der reformatorischen Position weiter wegführte und einer allgemeinen englischen Auffassung näherbrachte. Er betonte die Werke als notwendige Bedingung (condition) der Rechtfertigung. Dadurch geriet er in Konflikt mit den strengen Calvinisten, die Christi Verdienst als die einzige Grundlage der Erlösung eines Menschen annahmen.

Ein anderer Kontroverspunkt war die Prädestinationslehre. Wesley verkündigte auf arminianische Weise die universale Gnade, während er den Gedanken einer göttlichen Verwerfung heftig bekämpfte. – *George Whitefield*, neben den Brüdern Wesley der bedeutendste Führer des Methodismus, folgte statt dessen dem strengen Calvinismus und predigte eine doppelte Prädestination. Der Gegensatz führte zur Bildung zweier Richtungen innerhalb der methodistischen Bewegung.

Der Methodismus scheint der schärfste Kontrast zu dem allgemeinen theologischen Denken der Aufklärungszeit mit seinem ausgesprochenen Interesse an Vernunftargumentation und harmonischer Verbindung von Philosophie und Religion zu sein. In ihm begegnet eine ganz andere Antwort auf die Fragen des Deismus, als man sie zum Beispiel in Butlers kühl argumentierender Apologie findet. Aber gerade in seiner Reaktion gegen den Rationalismus fehlt dem Methodismus nicht die Verbindung mit der sonstigen Gedankenentwicklung der Aufklärungszeit innerhalb der englischen Kirche.

Die Übergangstheologie

Unter dieser Bezeichnung faßte man eine Anzahl deutscher Theologen aus der ersten Hälfte des 18. Jahrhunderts zusammen, die eine konservative Haltung zur älteren lutherischen Tradition mit dem philosophischen Standpunkt der beginnenden Aufklärungszeit und der theologischen Einstellung des Pietismus verbanden. Im Gegensatz zu den eigentlichen Pietisten haben sie ihr Interesse weitgehend der systematischen und historischen Theologie gewidmet und auf diesen Gebieten bedeutende Arbeiten zustande gebracht.

Johann Franz Buddeus (gest. 1729) war Professor der Theologie in Halle und Jena, wirkte jedoch zugleich auch als Philosoph; er versuchte in einigen sehr verbreiteten Lehrbüchern die aristotelische Schulphilosophie durch eine »eklektische« Philosophie zu ersetzen. Das Hauptgewicht wird dabei auf das praktisch nützliche Wissen gelegt. Die Metaphysik wird auf die Erklärung gewisser in der Theologie verwendbarer Begriffe beschränkt, während eine empirische Einstellung und Methode sich nach und nach Bahn bricht. Der bedeutendste Vertreter dieser neuen Richtung ist

Christian Thomasius (gest. 1728), Professor in Halle. Er ist übrigens der erste, der den neuen Zeitgeist philosophisch vertrat. Er hielt als erster Vorlesungen in deutscher Sprache und gab die erste deutsche wissenschaftliche Zeitschrift heraus.

In der Theologie von Buddeus (Institutiones theologiae dogmaticae, 1723) ist die lutherisch-orthodoxe Tradition von einem neuen Ferment durchdrungen. Der praktische Zweck wird stark betont, indem die ganze Theologie auf die Darstellung dessen ausgerichtet wird, was der sündige Mensch wissen muß, um das Heil zu erlangen. Neben die Offenbarung tritt die natürliche Religion, das heißt eine Fähigkeit im Innersten des Menschen, Gott als das höchste Gute wahrzunehmen und zu fühlen. Vor dieser natürlichen Gotterkenntnis, die nicht nur theoretisch, sondern vor allem praktisch, willensmäßig geprägt ist, muß sich nun auch die Wahrheit der Offenbarung legitimieren. Sie kann nichts enthalten, was der natürlichen Religion widerspricht, sie kann diese lediglich vervollständigen.

Buddeus schreibt als erster eine Geschichte des Alten Testaments und der apostolischen Zeit, Ausdruck seiner Bemühung, den theologischen Stoff rein historisch zu verstehen. Einer seiner bedeutendsten Schüler auf diesem Gebiet ist *Johann Georg Walch*, bekannt als Kirchenhistoriker und Herausgeber der Schriften Luthers.

Zu den weiteren Übergangstheologen zählt vor allem *Christoph Matthäus Pfaff* (gest. 1760), Professor in Tübingen und Gießen, der ebenfalls vom Pietismus wie auch von den deistischen Gedanken einer natürlichen Vernunftreligion, der gegenüber sich die Offenbarung zu legitimieren hat, beeinflußt ist; daneben ist *Lorenz von Mosheim* (gest. 1755), Professor in Helmstedt und Göttingen, zu nennen, der den neuen Wissenschaftsbegriff erstmalig auf theologischem Gebiet anwandte. Seine »Institutiones historiae ecclesiasticae novi testamenti« von 1726 und 1737 behandeln die Geschichte der Kirche von profanhistorischen Ausgangspunkten her. Derselbe historische Aspekt wird auch der Bibel gegenüber geltend gemacht, deren Wahrheiten die Dogmatik wissenschaftlich darzustellen hat.

Der theologische Wolffianismus

Christian Wolff (gest. 1754), Professor der Mathematik und später auch der Philosophie in Halle und Marburg, versucht mit der Mathematik als Vorbild ein rationales schulphilosophisches System aufzubauen. In seiner Metaphysik baut er nicht nur auf dem Gesetz der Gegensätzlichkeit auf – »Ein und dieselbe Sache kann nicht gleichzeitig sein und nicht sein« –, sondern auch auf dem von Leibniz aufgestellten Satz vom hinreichenden Grund (»Alles, was existiert, muß einen hinreichenden Vernunftgrund haben« und »nichts existiert ohne hinreichenden Vernunftgrund«). Während die ältere Schulphilosophie die Vielfalt des Seins mehr empirisch nuanciert behandelte, zielt Wolffs Demonstrationsmethode auf eine Darstellung, in der eine Bestimmung von der anderen in streng logischem Zusammenhang abgeleitet wird;

denn die Wissenschaft soll sich auf klare und deutliche Begriffe gründen und nichts ohne Beweise darstellen. Dies ist einer der Grundsätze des Wolffschen Systems.

Verglichen mit der Übergangstheologie bedeutet der Wolffianismus eine Rückkehr zu einer objektivierenden Betrachtungsweise: Denn nach seiner Ansicht bildet die Theologie unabhängig von praktischen Zwecken und subjektiver Erfahrung ein logisch konsequentes, der vollständigen rationalen Argumentation zugängliches System. – Wie diese Philosophie für die sonstige zeitgenössische Bildung normierende Bedeutung erlangte, so sollte sie von den 20er Jahren des 18. Jahrhunderts an die theologische Arbeit mehrere Jahrzehnte lang stark beeinflussen. Das Urteil über ihren Wert war natürlich unterschiedlich: Von manchen Leuten, unter anderen den Pietisten, wurde sie als gefährlicher Rationalismus bekämpft, von anderen wiederum als die Lösung der Probleme der Wissenschaft auch hinsichtlich der Theologie betrachtet.

Zu denjenigen, die Wolffs Methode direkt auf die Dogmatik anzuwenden versuchten, gehören vor allem *I. G. Canz* (gest. 1753), Professor in Tübingen, und *Jakob Carpov* (gest. 1768), der in einem großen dogmatischen Lehrbuch (»Theologia revelata methodo scientifica adornata«, 1737–1765) die Wolffschen Methoden streng durchzuführen versuchte.

Einer der bedeutendsten Systematiker um die Mitte des 18. Jahrhunderts, der stark vom Wolffianismus beeinflußt ist, gleichzeitig aber die Tradition der Orthodoxie und des Pietismus fortsetzt, ist *Sigmund Jakob Baumgarten* (gest. 1757), Professor in Halle. Bei der Darstellungsweise läßt er sich von der Forderung einer freien wissenschaftlichen Forschung leiten. Seine »Evangelische Glaubenslehre« (1759/1760), übrigens die erste größere Dogmatik in deutscher Sprache, ist von einer nüchternen Verstandesmäßigkeit und einer minutiös durchgeführten logischen Einteilung des Stoffes geprägt. Harmonie zwischen Vernunft und Offenbarung wird vorausgesetzt; bereits die natürliche Gotteserkenntnis führt zu dem Gedanken einer besonderen Offenbarung, und die rationalen Beweise für die Wahrheit der Schrift überzeugen davon, daß die Bibel die Quelle dieser Offenbarung ist. Ihr Inhalt vervollständigt die natürliche Religion. Baumgarten steht mit seiner Auffassung und mit der Forderung einer freien wissenschaftlichen Untersuchung in der Theologie in der Mitte zwischen der älteren Tradition des 18. Jahrhunderts und der eigentlichen Neologie, die er in gewisser Hinsicht vorbereitet, ohne jedoch von der reinen lutherischen Lehre abweichen zu wollen.

Die Neologie

Mit dem Ausdruck Neologie wird die theologische Entwicklung der Aufklärungszeit bezeichnet, in der der englische Deismus Eingang in deutsches Kulturleben gewinnt und die typischen Ideen der Aufklärung die protestantische Theologie zu durchdringen beginnen.

Während der Wolffianismus die traditionelle Kirchenlehre mit Hilfe der Vernunft verteidigen will, kommt es in der Neologie durch Anwendung der historisch-kritischen Methode auf die Lehraussagen der Kirche zu einer bewußten *Dogmenkritik.* Dabei werden besonders die Erbsündenlehre sowie die Trinitätslehre und die Christologie aus der aktuellen Theologie ausgesondert. Infolge der geschichtlichen Betrachtungsweise erscheint die christliche Dogmatik nunmehr als eine veränderliche, in die historische Entwicklung eingefügte Größe, wodurch ihr Inhalt, jetzt dem historischen Aspekt untergeordnet, zwangsläufig relativiert wird. Es entsteht damit eine Distanz zwischen den Dogmen und der gegenwärtig betriebenen Theologie.

Die wohl eingreifendste Veränderung erfolgt nun dadurch, daß die gleiche historische Betrachtungsweise auch auf die *Heilige Schrift* angewandt wird. Denn damit wird die Bibel in den Rahmen der menschlichen Entwicklung gestellt. Entsprechend wird das Alte Testament – als einem »niedrigeren« Stadium angehörig – vom Neuen Testament getrennt. Von modernen Normen ausgehend, unterzieht man dann auch den Inhalt der Kritik.

Trotz dieser Kritik hält man aber – ebenso wie beim Wolffianismus – in der Neologie die Offenbarung für notwendig. Während der Wolffianismus das Dogma zum logischen und mathematisch berechnenden Verstand in Beziehung setzt und dabei das Dogma im großen und ganzen akzeptiert, geht die Neologie von einem erweiterten Vernunftbegriff aus, wobei Gemüt und moralisches Bewußtsein in den Vordergrund gerückt werden. Der Vernunftbegriff wird so verstanden, daß er auch diese Seiten der seelischen Veranlagung umfaßt. Die Religion wird nach dem praktischen Nutzen und dem »seelischen Bedürfnis« beurteilt. Das Dogma hingegen wird für weithin wirkungslos oder in moralischer Hinsicht sogar für schädlich gehalten, aus welchem Grunde man es einer radikalen Reduzierung unterwirft oder eine Umdeutung vornimmt.

Dieser »moralisierende Psychologismus« der Neologie verband sich mit einer optimistischen Sicht des Menschen. In der Erbsündenlehre erblickte man folglich einen Widerspruch zur Idee von der Würde des Menschen. Einen Sündenfall hatte es überhaupt nicht gegeben. Viel wichtiger als die Sünde zu betonen schien es, den Menschen zur Erkenntnis der ihm innewohnenden Güte anzuleiten. – Die Trinitätslehre und die Christologie wurden ebenfalls einer eingehenden Kritik unterworfen: Christus wurde nicht als der Sohn Gottes, sondern als der vom Vater ausgesandte Erlöser betrachtet; Begriffe wie Versöhnung oder Genugtuung wurden aus der Heilslehre entfernt; den Heiligen Geist faßte man lediglich als eine Kraft auf, das Gute zu tun.

Unter den Neologen steht *Johann Friedrich Wilhelm Jerusalem* (gest. 1789) an erster Stelle. Schon in seinen Predigten im Jahr 1745 kritisierte er die Erbsündenlehre und entwickelte nach und nach eine auf die neuen Gedanken aufbauende und konsequent durchdachte Auffassung, vor allem in seinen »Betrachtungen über die vornehmsten Wahrheiten der Religion« (1769–1779). Weitere Vertreter der Neologen sind *Johann Joachim Spalding* (gest. 1804), *Johann Gottlieb Töllner* (gest. 1774) und *Johann Christoph Döderlein* (gest. 1792).

Von der Neologie ist der sogenannte Naturalismus zu unterscheiden, der in seiner Anschauung dem englischen Deismus entspricht. Wie dieser bestreitet er die Notwendigkeit der Offenbarung und setzt an ihre Stelle eine natürliche Religion.

Obwohl die Neologie in allen wesentlichen Punkten auf frühere Ansätze aufbaut, verdient sie insofern ihren Namen »die neue Lehre«, als der moderne Geist hier erstmalig in einer bis zum Ende durchdachten theologischen Anschauung zum Ausdruck kommt. Von dieser Zeit an kann man von einem »Neuprotestantismus« als einer dominierenden Strömung im Gegensatz zum älteren Protestantismus reden.

Johann Salomo Semler (gest. 1791), Professor in Halle, pflegt oft zu den führenden Neologen gerechnet zu werden, da er die Entwicklung der »neuen Lehre« durch eine Anwendung seiner historisch-kritischen Methode auf die Bibel wie auch auf die Dogmengeschichte kräftig gefördert hat. Er verhält sich jedoch gegenüber den neuen Strömungen in gewisser Hinsicht kritisch und verwendet sich entschieden gegen den Naturalismus, wie er ihm bei dem Theologen K. F. Bahrdt oder bei Reimarus begegnete. Denn Semler war ein Schüler Baumgartens und suchte deshalb trotz seiner radikalen neuen Ideen die Tradition des älteren Luthertums zu wahren. Zur Begründung seines Standpunktes glaubte er sich sogar auf Luther berufen zu können. Doch bleibt auf Grund seiner vermittelnden Haltung seine Stellung in vielerlei Hinsicht unklar und durch Kompromisse geprägt.

Wie eben schon betont wurde, besteht Semlers Bedeutung vor allem in der Anwendung der historisch-kritischen Methode. Durch eine vorurteilsfreie Kritik wollte er die Theologie aus dogmatischen Fesseln befreien und erneuern. Die historische Betrachtung wurde für ihn daher zu einem Mittel, vom Dogma loszukommen.

Semler hat die Dogmengeschichte als Disziplin begründet. Er ist auch einer der ersten Vertreter der sogenannten Bibelkritik, indem er die Methode der kritischen Geschichtsforschung auch auf die Heilige Schrift anwandte.

Ebenfalls kann die neutestamentliche Literarkritik auf Semlers Forschungen zurückgeführt werden, wenn wir etwa an seine Untersuchung der Sprache in den johanneischen Schriften denken. Da der Kanon für ihn nur eine Sammlung von der Kirche angenommener Schriften bedeutet, kann für ihn nicht mehr von einer ursprünglichen kanonischen Autorität die Rede sein. Er markiert auch sehr stark die Unterscheidung zwischen Altem und Neuem Testament. Der Inhalt der Schrift wird durchgehend an einem moralischen Maßstab gemessen.

Um die mangelnde Übereinstimmung zwischen dem Neuen Testament und der moralischen Religion zu erklären, die Semler der Bibeldeutung zugrunde legt, nimmt er an, Jesus und die Apostel haben sich bewußt den Vorstellungen ihrer Zeit angepaßt (die sogenannte Akkommodationstheorie). Das Christentum muß sich deshalb über den Standpunkt der Bibel hinaus entwickeln (seine Perfektibilität), um den Voraussetzungen einer neuen Zeit entsprechen zu können. Die Offenbarung deckt sich nicht mit der Heiligen Schrift. Wesentlich sind ihre Grundwahrheiten, die direkt auf die moralische Besserung des Menschen abzielen und ethische Wirkungen zeitigen können: Gott als Vater, Jesus als Lehrer, der Heilige Geist als Urheber einer neuen Gesinnung.

Semlers Versuche, seine neuen Gedanken darzulegen, ohne die ältere Tradition ganz zu verwerfen, finden in seiner Unterscheidung zwischen *Theologie* und *Religion* sowie zwischen *privater* und *öffentlicher Religion* ihren Ausdruck. Die Theologie wird dabei nicht, wie früher, der Lehre der Schrift oder dem Inhalt der Offenbarung gleichgestellt, sondern bezeichnet nur die Fachkenntnisse, über die der theologische Lehrer verfügt. Sie ist somit eine menschlich-historische Angelegenheit, die ihrem Inhalt nach hinsichtlich verschiedener Zeiten, Orte und Religionsparteien einem Wechsel unterworfen ist. Der Theologie wird die Religion gegenübergestellt, die die lebendige Frömmigkeit bezeichnet, welche mit dem allgemeinen religiösen Bewußtsein übereinstimmt, sich jedoch zugleich auf die christliche Offenbarung stützt. Die Theologie hat gegenüber der Religion eine historisch-kritische Aufgabe. Die enge Verbindung zwischen der Theologie und dem Glauben der Kirche, durch welche die ältere Tradition sich auszeichnet, wird bei Semler durch eine scharfe Grenzziehung zwischen beiden ersetzt.

Semler unterscheidet jedoch auch zwischen privater und öffentlicher Religion. Während der einzelne sein unmittelbares, mit dem moralischen Bewußtsein zusammengehörendes religiöses Gefühl zu verwirklichen hat, muß die Gesellschaft um der äußeren Ordnung und der einheitlichen Religionsausübung willen an einem bestimmten Bekenntnis und entsprechenden Lehrsätzen festhalten, denen die Intentionen der individuellen Frömmigkeit jedoch nicht immer ganz entsprechen müssen.

Der Weg, den Semler der theologischen Entwicklung vorzeichnet, ist somit kein Umsturz des Alten und Bestehenden, sondern eine behutsame Reform und eine sich gradweise vollziehende Vervollkommnung.

Trotz der Unklarheit, die Semlers Position kennzeichnet, sind seine Gedanken für die folgende Entwicklung sehr bedeutend geworden. Vor allen anderen ist Friedrich Schleiermacher (siehe unten) in vielerlei Hinsicht sein Erbe. Er führt zum Beispiel den Gedanken der historischen Entwicklung der Kirchenlehre weiter. Die Freiheit von der Autorität der Schrift in ihrem früheren Sinne, die Dogmenkritik und die subjektivierende Bestimmung der Religion sind weitere Kennzeichen, die Schleiermacher mit Semler – wie auch mit der Neologie überhaupt – verbinden.

Johann August Ernesti (gest. 1781), Professor in Leipzig, nimmt eine konsequentere Haltung als Semler ein. Seine hauptsächlichen Leistungen liegen auf dem Gebiet der Hermeneutik. Die Methode, die er seiner theologischen Arbeit zugrunde legen will, ist die grammatisch-historische Exegese. Die Auslegung der Bibel erfolgt danach in derselben Weise wie bei jeder anderen historischen Literatur, so daß die Schrift auf die gleiche Stufe wie andere historische Texte gerückt ist. Der Ausgangspunkt ist die philologische Arbeit. Auf diese Weise will Ernesti zu einer vom

Dogma freien Exegese kommen, die wirklich »neutral« ist. Entsprechend schließt er sich auch nicht der Forderung der Pietisten nach persönlicher Frömmigkeit des Auslegers an. Trotz seiner konservativen Einstellung steht Ernesti der traditionellen Theologie kritisch gegenüber; er lehnt zum Beispiel die orthodoxe Lehre von den drei Ämtern Christi ab.

Der Rationalismus und der Supranaturalismus

Sofern die gesamte Aufklärungszeit als Rationalismus bezeichnet wird, wie das bisweilen geschieht, stellt das eine ziemlich undifferenzierte Verallgemeinerung dar. Denn die Frage von Vernunft und Offenbarung wird während dieser Zeit in verschiedenen Richtungen auf unterschiedlichste Art beantwortet. Die Bezeichnung Rationalismus pflegt man darum mit größerem Recht einer besonderen Strömung vorzubehalten, welche die Vernunft und das begriffliche Denken als Hauptgrund der Erkenntnis betrachtet, ohne dabei jedoch das christliche Erbe völlig beiseite zu schieben, wie es der Deismus tat (vgl. oben die Ausführungen über den Naturalismus). Man setzt voraus, daß die Offenbarung eine gänzlich auf der Vernunft basierende Religion impliziert, zu der sie sich auch allmählich entwickeln wird. Diese Auffassung findet sich bei *Gotthold Ephraim Lessing* (gest. 1781) bereits um die 70er Jahre des 18. Jahrhunderts; sie ist bezeichnend für seine doppelte Frontstellung gegen die Orthodoxie und gegen die Neologie. Denn auch die letztere Richtung betrachtete die Thesen der natürlichen Religion als von der Offenbarung garantiert, während Lessing die Offenbarung für ein überwundenes Stadium ansah, denn er meinte, daß ihr wesentlicher Inhalt ohne weiteres in vernunftgemäße Wahrheit umgesetzt werden konnte.

Am ausgeprägtesten findet man einen theologischen Rationalismus in *Immanuel Kants* (gest. 1804) Arbeit »Die Religion innerhalb der Grenzen der bloßen Vernunft« von 1793. Nach Kants Präzisierung der Begriffe unterscheidet sich der Rationalismus vom Naturalismus (dem radikalen Deismus) darin, daß er die Offenbarung nicht ablehnt. Der Rationalismus macht jedoch geltend, daß nur eine moralische Vernunftreligion notwendig ist. Wesentlich für die Religion ist die Sinnesänderung, bei der das »radikal Böse« im Menschen überwunden und das Gute hervorgebracht wird. Sie kommt durch Strafe und Besserung zustande. Die Kirche und das Christentum können Impulse zu einer solchen »Erlösung« geben. Ihre Lehren sind im Einklang mit den moralischen Gesichtspunkten auszulegen, die allein allgemeingültig sind und mit der Vernunftreligion übereinstimmen. Kant bricht mit dem Eudämonismus der Aufklärungszeit: An Stelle der Glückseligkeit wird die absolute ethische Forderung an die erste Stelle gerückt. Dagegen behält er ihre pelagianische Heilslehre und ihre moralische Religionsauffassung bei. Das deistische Schema (Gott – Tugend – Unsterblichkeit) bildet ein festes Element seiner Theorie.

Der bedeutendste Dogmatiker des Rationalismus ist *J. A. L. Wegscheider* mit seiner Hauptarbeit »Institutiones theologiae christianae«, 1815. Die christlichen Grundlehren werden darin umgedeutet oder abgelehnt, die Wunder und alles Übernatürliche geleugnet; die Bekehrung ist pelagianisch verstanden, und die Sakramente werden als Symbole genommen. Das führt z. B. dazu, Christi Auferstehung als die Auferweckung eines Scheintoten zu erklären, Christi Tod als ein Symbol dafür zu fassen, daß die Opfer abgeschafft sind. Eine Versöhnung gibt es natürlich nicht; die Himmelfahrt Christi gilt als Sage, der Gedanke der Erbsünde ist eine dunkle Wahnvorstellung, die Besserung das eigene Werk des Menschen, die Taufe eine Einweihungshandlung, das Abendmahl eine Gedächtnismahlzeit. – Der Kirchenlehre etwas näher steht *K. G. Bretschneider*, der durch sein »Handbuch der christlichen Dogmatik« (1814) bekannt geworden ist.

Im bewußten Gegensatz zum Rationalismus steht der *Supranaturalismus*, der von der Notwendigkeit der Offenbarung und der Autorität der Schrift ausgeht. Wie der Name andeutet, will man das Übernatürliche, das der Vernunft Fremde, im Christentum verteidigen. Eins haben jedoch beide Richtungen gemeinsam: die intellektualistische Auffassung der Religion. Ihr Inhalt wird als eine Summe von Lehrsätzen dargestellt, die entweder in der Vernunft enthalten oder nur in der Offenbarung gegeben sind. Auch der Supranaturalismus ist von nüchterner Verstandesmäßigkeit geprägt. Mit Vernunftargumenten sucht man die Glaubwürdigkeit der Schrift zu beweisen und den Inhalt der Offenbarung zu verteidigen. Vertreter dieser Richtung sind vor allem *G. Chr. Storr* (gest. 1805), der in Tübingen lehrte, und *F. V. Reinhard* (gest. 1812).

Der Gegensatz zwischen Rationalismus und Supranaturalismus – den übrigens verschiedene vermittelnde Richtungen zu überbrücken suchten – wurde durch Schleiermachers neuen Religionsbegriff und durch die Romantik mit ihrem neuentdeckten Gefühl für das Historische in der Religion wie auch für das Unmittelbare und das Übersinnliche aufgehoben. Wenn man die Religion nun nicht mehr als eine Summe von Lehren, sondern als ein Element des persönlichen Seelenlebens auffaßte, stand man nicht länger vor der Alternative: Rationalismus oder Supranaturalismus, sondern konnte beides unter einheitlichem Aspekt vereinen. Für die neuen Strömungen des beginnenden 19. Jahrhunderts ging die Religion nicht mehr wie in der Aufklärungstheologie in Moral und Metaphysik auf, sondern wurde als selbständige Äußerung des menschlichen Geisteslebens gefaßt.

33
Entwicklungslinien im 19. Jahrhundert

Schleiermacher

Friedrich Schleiermacher (gest. 1834), seit 1810 Professor in Berlin, wurde im Geist der Brüdergemeine erzogen, brach aber als Neunzehnjähriger mit dem Herrnhuter Glauben. In seinen früheren Schriften, vor allem in den berühmten »Reden über die Religion an die Gebildeten unter ihren Verächtern« von 1799, knüpfte er an die Romantik an und gab ihrem neuerwachten Gefühl für das Religiöse Ausdruck.

Die Bedeutung Schleiermachers in der Geschichte der Theologie liegt vor allem darin, die Eigenart der Religion als Funktion des menschlichen Seelenlebens darzustellen. Gegen den Rationalismus betont er in den »Reden«, daß die Religion nicht im Intellektuellen oder Moralischen aufgeht, sondern sich auf ein selbständiges Gebiet des Geisteslebens bezieht. Sie ist nicht Wissen oder Handeln, sondern »das unmittelbare Bewußtsein von dem allgemeinen Sein alles Endlichen im Unendlichen und durch das Unendliche, alles Zeitlichen im Ewigen und durch das Ewige«. Er definiert die Religion in dieser frühen Darstellung als »Anschauung des Universums«. Im unmittelbaren Bewußtsein des Einsseins mit allem Sein erfährt der Mensch das Göttliche. Die Gottesidee deckt sich also mit dem Gefühl einer universalen Einheit und Identität mit dem Unendlichen. Dieses Gefühl denkt man sich als unmittelbar in der Menschenseele gegeben.

In dem Werk »Der christliche Glaube« (1820–1822), Schleiermachers dogmatischer Hauptarbeit, wird die Religion als »das schlechthinige Abhängigkeitsgefühl« definiert. Mit diesem Ausdruck ist kein »Gefühl« im gewöhnlichen Sinne gemeint, sondern etwas zum unmittelbaren Selbstbewußtsein Gehöriges. Der Mensch erlebt sich selbst als absolut abhängig vom Unendlichen. Darin liegt das Religiöse, und es ist dieses Abhängigkeitsgefühl, das den Menschen als »Geist« kennzeichnet. – Es wäre unrichtig, diesen Religionsbegriff als rein subjektivistisch zu betrachten. Eher sucht Schleiermacher in diesem Zusammenhang den Gegensatz zwischen subjektiv und objektiv aufzuheben: Das höchste Menschliche fällt mit dem Göttlichen und Unendlichen zusammen. In seinem innersten und unmittelbaren Bewußtsein seiner selbst erlebt sich der Mensch als mit dem All identisch. Das Objektive und das Subjektive laufen hier in eins zusammen.

Von Schleiermachers Religionsbegriff ist dagegen zu sagen, daß er allen Dualismus aufhebt: Gott und die Welt werden letztlich als identisch verstanden. Ein pantheistischer Zug kennzeichnet seinen Standpunkt, vor allem in den »Reden«. – Das Böse ist nicht denkbar als etwas Gott Feindliches. Der Gedanke eines Teufels oder böser Geistesmächte ist beseitigt. Der Geist ist das Höchste im Menschen und kann nicht als etwas Böses gedacht werden. Schleiermachers Anschauung ist also monistisch.

Das Christentum ist für Schleiermacher der höchste, wenn auch nicht einzig wahre Ausdruck des religiösen Bewußtseins. Nach einer Definition in der Schrift »Der christliche Glaube« ist es »eine monotheistische Frömmigkeitsrichtung teleologischer Art, worin alles auf die durch Jesus von Nazareth vollzogene Erlösung bezogen wird« (§ 11). – Erlösung bedeutet in diesem Zusammenhang, daß das fromme Selbstbewußtsein (das schlechthinige Abhängigkeitsgefühl) verwirklicht wird. Es besteht danach also ein direkter Zusammenhang zwischen Schleiermachers allgemeinem Religionsbegriff und seiner Vorstellung vom Wesen des Christentums.

Zu Unrecht hat man bisweilen gemeint, daß die gesamte christliche Glaubenslehre von diesem schlechthinigen Abhängigkeitsgefühl abgeleitet werden könnte. Die Glaubenslehre baut sich jedoch nicht nur auf allgemeinen Prinzipien auf. Die christliche Dogmatik enthalte vielmehr sowohl einen historischen als auch einen spekulativen Aspekt. Schleiermacher legt nicht mehr die Idee einer natürlichen Religion zugrunde, sondern weist auf die historisch gegebenen, positiven Religionen hin. Die Theologie setzt die empirisch vorhandene Glaubensgemeinschaft voraus, die man die christliche Kirche nennt.

Aufgabe der Dogmatik, die zur historischen Theologie gerechnet wird, ist es, die in der Kirche zu einem gewissen Zeitpunkt herrschende Glaubenslehre zu beschreiben. Entsprechend sucht Schleiermacher in seinem dogmatischen Werk »Der christliche Glaube« den in der evangelischen Kirche vorhandenen Glauben darzustellen. Das spekulative Element der dogmatischen Theologie liegt darin, daß die Glaubenssätze ständig auf das schlechthinige Abhängigkeitsgefühl zurückgeführt werden, also auf das Religionsprinzip, das der allgemeinen Vernunftwissenschaft – der »Ethik« nach Schleiermachers Sprachgebrauch – entliehen ist.

Die Glaubenssätze selbst stellen kein objektives Wissen dar, sondern sind Äußerungen des frommen Selbstbewußtseins. Sie beschreiben demgemäß nicht den Glaubensgegenstand, sondern die persönliche Glaubensfunktion. Die christlichen Glaubenslehren legitimieren sich durch ihr Vermögen, dem christlich frommen Glaubensbewußtsein oder der inneren Erfahrung der Christen zu entsprechen (§ 61,1). Die Aufgabe der Dogmatik ist danach nicht das Aufstellen von Glaubenssätzen, sondern lediglich die historische Wiedergabe der in der Kirche in ihrer Gesamtheit oder innerhalb einer bestimmten Kirchenpartei faktisch vorhandenen Glaubensauffassung.

Von diesen Grundsätzen ausgehend, hat Schleiermacher ein einheitliches System aufgebaut, das die verschiedenen Zweige der Religionswissenschaft und der Theologie umfaßt. Als Vorstufen der Theologie auf dem allgemein philosophischen Gebiet gelten die beiden Wissenschaften, die er als Ethik und Religionsphilosophie bezeichnet. Die *Ethik* ist die zur Naturwissenschaft parallele spekulative Darstellung der Vernunftwissenschaft. In ihr stößt man auf die allgemeine Bestimmung des Religionsbegriffs. Die konkrete Darstellung der Religionen wird in der *Religionsphilosophie* gegeben. Die *Theologie* – die Wissenschaft, die zur Leitung der Kirche erforderlich ist – wird in philosophische, praktische und historische Theologie eingeteilt. Erstere – ihrerseits wieder unterteilt in Apologetik und Polemik – hat das Wesen und die Eigenart des Christentums darzustellen. Die *Dogmatik* schließlich, die zur historischen Theologie gerechnet wird, beschreibt den christlichen Glauben, wie ihn zu einem bestimmten Zeitpunkt eine bestimmte Kirchengemeinschaft zum Ausdruck bringt.

Aus dem Werk »Der christliche Glaube« – wie oben schon gesagt, Schleiermachers eigene Darstellung der evangelischen Kirchenlehre – sollen hier einige Hauptgedanken skizziert werden.

1. In der *Gotteslehre* schließt sich Schleiermacher eng an die philosophischen Ausgangspunkte an. Das Bewußtsein von Gott ist im frommen Selbstbewußtsein eingeschlossen. Sich selbst als absolut abhängig zu fühlen ist dasselbe, wie sich bewußt zu sein, daß man in Beziehung zu Gott steht (§ 4). In diesem unmittelbaren Selbstbewußtsein fallen das Sein Gottes und das eigene Sein des Menschen zusammen. Die Frage nach der Existenz Gottes entfällt damit, denn die Dogmatik hat nur mit dem Gottesbewußtsein zu rechnen, das mit dem frommen Selbstbewußtsein zusammenfällt.

In entsprechender Weise ist die Lehre von der *Schöpfung* und der *Erhaltung* Ausdruck dafür, daß Gott und der Naturzusammenhang eins sind. Die Welt ist absolut abhängig von Gott. Dies ist im Schöpfungsgedanken begründet, der kein Geschehen in der Zeit meint. Die Vorsehungslehre drückt das Bewußtsein aus, daß die Abhängigkeit des Menschen vom Naturzusammenhang mit seiner Abhängigkeit von Gott zusammenfällt. Die Vorstellung eines göttlichen Eingreifens, eines Wunders oder einer Offenbarung im eigentlichen Sinne wird abgelehnt. Wie bereits in anderem Zusammenhang dargelegt, kann diese Schöpfungslehre auch nicht mit dem Gedanken an eine böse Geistesmacht verbunden werden. Dem Teufel kommt folglich weder Realität noch Einfluß zu.

2. Auf Grund von Schleiermachers Konzeption muß die christliche *Sündenlehre* in seinem System gleichfalls gewisse Probleme aufwerfen. Die Sünde wird auf das Unlustgefühl bezogen, das stets im frommen Gottesbewußtsein vorhanden ist; dies ist darauf zurückzuführen, daß es von der Sinnlichkeit gehemmt wird. Die Sünde kann danach als der Kampf des Fleisches gegen den Geist bezeichnet werden, als das, was das Gottesbewußtsein hemmt. Dagegen wird der Gedanke der Sünde als einer Übertretung von Gottes Gesetz abgelehnt. Sie wird auf das Gebiet des frommen Gefühls und nicht das des Willens verlegt. Auch kann man nicht von einem Sündenfall reden, auch nicht davon, daß die Sünde ihren Ursprung in einer freiwilligen Handlung hat. Die Sünde wird vielmehr als etwas Ursprüngliches im Menschen betrachtet, die dadurch gegeben ist, daß das Abhängigkeitsgefühl noch nicht vollkommen ist. Die Erbsünde – der Begriff wird als unbefriedigend beiseite geschoben – wird als eine gemeinsame und ursprüngliche Sündhaftigkeit der Menschheit oder ihre Unfähigkeit zum Guten angesehen.

Der Sündenbegriff verliert bei Schleiermacher seinen ethischen Charakter; denn die Sünde wird nicht einfach als etwas Böses betrachtet, sie ist vielmehr in das Gottesbewußtsein als notwendige Voraussetzung für das Heilsbedürfnis einbezogen und damit auch für das Entstehen eines höheren Gottesbewußtseins wichtig. Das Sündenbewußtsein stellt demgegenüber ein niedrigeres Stadium in der Entwicklung des Guten dar. Dadurch wird der Gegensatz zwischen Gott und der Sünde ausgelöscht, denn es liegt offenbar an Gottes Ordnung, daß das Sündenbewußtsein der Erlösung vorausgehen muß. Die Sünde ist entsprechend die unentwickelte Natur. Sie steht nicht im Gegensatz zur Schöpfung, sondern ist darin einbegriffen. Schleiermachers Sündenlehre ist danach ein Versuch, Harmonie zwischen den christlichen Begriffen und dem monistischen Weltbild, von dem er ausgeht, zu stiften.

3. Die *Erlösung* bezeichnet den Übergang in ein höheres, von der Sinnlichkeit nicht mehr gehemmtes Gottesbewußtsein, das in der christlichen Gemeinde verwirklicht wird. Zustande kommt es durch den Glauben an Jesus Christus, der ein vollkommenes Gottesbewußtsein besitzt, dessen Kraft und Seligkeit er auf die Menschennatur überträgt. Christus ist der zweite Adam, das Urbild der neuen Menschheit. Sein ungebrochenes Gottesbewußtsein bezeichnet die Vollendung der Schöpfung. In der menschlichen Natur war die Anlage zu dieser Einheit mit Gott von Anfang an vorhanden, obgleich sie bei dem durch die Sünde gehemmten Menschen nicht verwirklicht werden konnte. Die Wirkung, die die Person Christi auf den Menschen ausübt, ist von gleicher Art wie andere geistliche Wirkungen. Es ist also nicht von einer Versöhnung im eigentlichen Sinn die Rede.

Der Begriff »Versöhnung« kommt bei Schleiermacher zwar vor, hat jedoch eine ganz andere Bedeutung. Am ehesten bedeutet er eine Mitteilung der Seligkeit Christi. Wichtig sind überhaupt für Schleiermacher nicht Christi Werk und Leiden, Sterben und Auferstehung, sondern allein seine Person, die das vollkommene Gottesbewußtsein verkörpert, die für die Erlösung Relevanz hat. So wird auch nicht die Sündenvergebung als Inhalt der Erlösung betrachtet, sondern die Umgestaltung des Menschen zu einem ungebrochenen Frömmigkeitsgefühl. Dem Leiden Christi am Kreuz kann in diesem Zusammenhang, wie gesagt, keinerlei Bedeutung beigemessen werden. Die Passionsgeschichte dient lediglich als vorbildliches Beispiel für Standhaftigkeit im Leiden. Die Auferstehung betrachtet Schleiermacher als die Auferweckung eines Scheintoten; die Himmelfahrt wird als der wirkliche Tod Christi bezeichnet. Die Erlösung bezieht sich allein auf »das Sein Gottes in Christo« und den Eindruck, den seine Person hinterläßt – nicht auf Tod und Auferstehung Christi.

4. In Schleiermachers *Christologie* hat seine allgemeine Auffassung vom Verhältnis zwischen Gott und dem Menschen einen Niederschlag gefunden. So erlangt die Einheit von Göttlichem und Menschlichem ihren vollkommenen Ausdruck in der Person Jesu Christi. Im Verhältnis zu der vorausgehenden Menschheit bezeichnet er zwar etwas Neues, jedoch stellt er nur die höchste Entwicklung des Menschlichen

dar. Schöpfung und Erlösung sind also nur getrennte Stadien in ein und demselben Naturprozeß. Schleiermacher kennt keine Heilsgeschichte in gewöhnlichem Sinn. Seine Umdeutung des Evangeliums von Jesu Tod und Auferstehung – die schon berührt wurde – liegt auf derselben Linie. Mit dieser Umwandlung der Christologie in eine religionsphilosophische Idee erinnert Schleiermachers Theologie an den Gnostizismus. So ist zum Beispiel die geringe Einschätzung von Tod und Auferstehung Jesu eine charakteristische Auffassung, die er mit jener in der urchristlichen Zeit begegnenden Konzeption teilt.

Die gleiche Einheit von Göttlichem und Menschlichem, die bei Christus in einer *Person* in Erscheinung tritt, ist in der Kirche als einer *Gemeinschaft* vorhanden. Nach Schleiermachers Auffassung bildet die Kirche sogar die direkte Fortsetzung des Auftretens Christi, insofern sie eine neue Menschheit verkörpert, für die Christus das Urbild ist. Die Vorstellung von der Weltherrschaft Christi wird bei Schleiermacher dagegen abgelehnt, da allein im Innern des Menschen und in der Gemeinschaft der Kirche eine Beziehung zu Christus besteht.

5. Der *Trinitätslehre* räumt Schleiermacher nicht eine so herausragende Stellung wie Hegel ein (vgl. unten). Da ihre Aussagen dem christlich frommen Selbstbewußtsein überhaupt keinen direkten Eindruck vermitteln, befürwortet Schleiermacher eine durchgreifende Umgestaltung der kirchlichen Trinitätslehre. Er selbst schließt sich am ehesten dem sabellianischen Gedankengang an (siehe oben S. 55f.). Gott ist ein einziges, unteilbares Wesen. Der Sohn und der Heilige Geist sind nur Offenbarungsformen dieses Wesens. Der Heilige Geist wird mit dem allgemeinen Geist identifiziert, der die Gemeinschaft der Gläubigen beseelt.

6. Die *eschatologischen* Aussagen können ebensowenig wie die Trinitätslehre direkt auf das fromme Selbstbewußtsein zurückgeführt werden, da sie sich auf ein künftiges Geschehen beziehen. Sie werden jedoch am Ende seiner Dogmatik als »prophetische Lehrstücke« behandelt. Da der Gedanke einer ewigen Verdammnis mit dem christlichen Gefühl unvereinbar erscheint, wird er ausgeschieden; statt dessen macht sich Schleiermacher zum Fürsprecher der Lehre von der Erneuerung aller Menschenseelen kraft der Erlösung. Diese Anschauung stimmt auch am ehesten mit seiner naturalistischen Umdeutung der Heilsgeschichte und seinem monistischen Weltverständnis überein.

7. »Der christliche Glaube« nimmt auffällig wenig Bezug auf die *Heilige Schrift*. Dies ist grundlegend motiviert: Es soll der Glaube, wie er in der frommen Erfahrung zu finden ist, beschrieben werden. Die Schrift kommt dabei nur als Ausdruck eines bestimmten Glaubensbewußtseins zur Sprache. Dennoch kann das Neue Testament in bestimmter Hinsicht sogar als Norm betrachtet werden. Das Alte Testament dagegen gehört nur wegen seines historischen Zusammenhangs mit dem Neuen Testament in den Kanon; denn es kann nicht als Ausdruck des christlichen Geistes gelten. Aus diesem Grund ist ihm auch eine eigentliche Lehrautorität abzusprechen.

Wenn nun auch das Neue Testament als Maßstab anzusehen ist, gilt es doch in erster Linie, danach zu fragen, inwieweit es mit dem christlich frommen Bewußtsein übereinstimmt. Das in der Kirche vorhandene Glaubensbewußtsein ist nämlich für diese Theologie eine oberste Instanz. Hinzu kommt eine kirchliche Evolutionsidee: Was sich in der Entwicklung zu behaupten vermag, ist als wahre Lehre anzusehen. Man hat davon geredet, daß Schleiermacher das Schriftprinzip durch ein »evolutionistisches Traditionsprinzip« ersetzte. Die Bibel wird mit der christlichen Tradition auf eine Stufe gestellt, nur daß sie zeitliche Priorität besitzt und die sachlich wichtigste Darstellung der frommen Erfahrung enthält.

Die Autorität der Schrift kann den Glauben nicht begründen, sie setzt vielmehr voraus, daß der Glaube bereits vorhanden ist. Der Gedanke der Selbstevidenz der Schrift oder die Fähigkeit des Wortes, Glauben zu schaffen, ist entfallen. Offenbarung ist in diesem Zusammenhang mit dem frommen Selbstbewußtsein, das Gottes Gegenwart im Menschen bezeichnet, gleichbedeutend.

Die allgemeinen Religionsbegriffe werden also der Schrift und dem Wort übergeordnet. Der Schriftbeweis hat darum in der Dogmatik nur eine Berechtigung, wenn er einen bestimmten Lehrsatz als legitimen Ausdruck für das Wesen der christlichen Frömmigkeit herauszustellen vermag.

Schleiermachers theologisches System bringt eine völlige Umgestaltung der traditionellen Dogmatik. Es ist ein Versuch, ein neues Fundament für die theologische Wissenschaft zu legen. Aus diesem Grunde beginnt man auch erst seit Schleiermacher die Theologie als eine Wissenschaft zu betrachten, die den profanen Wissenszweigen völlig gleichwertig ist. Die Dogmatik wird zur historisch deskriptiven Darstellung des christlich frommen Selbstbewußtseins. Gegenüber dem Rationalismus und dem Supranaturalismus wird die Religion als ein eigenes Gebiet neben dem intellektuellen und moralischen dargestellt. Die theologischen Aussagen haben als Ausdruck des frommen Gefühls ihren besonderen Charakter.

Obgleich Schleiermacher die Theologie auf die Höhe der Bildung seiner Zeit geführt und neue Formeln zur Lösung ihrer wissenschaftlichen Aufgaben gefunden hat, erweist sich sein Lehrsystem – unter rein inhaltlichen Gesichtspunkten betrachtet – im Verhältnis zur ursprünglichen evangelischen Glaubenslehre doch als im Grunde wesensfremd. Die auf seiner Theologie von dem unmittelbaren Selbstbewußtsein als Fundament der Religion aufgebaute Dogmatik führt in Wirklichkeit zu einem gnostischen, monistischen System, dessen Verknüpfung mit dem historischen Christentum nicht verhindern kann, daß der Inhalt des christlichen Glaubens in zentralen Punkten umgedeutet und entstellt wird.

Wenngleich Schleiermacher wenig direkte Schüler hatte, so war die Bedeutung seiner Theologie doch überaus weitreichend, und zwar nicht nur im 19. Jahrhundert, als die meisten der Theologenschulen in höherem oder geringerem Grade von ihm beeinflußt wurden, sondern auch in unserem.

Eine durchgreifende, wenn auch zuweilen etwas irreführende Kritik an Schleiermachers Position ist in der Dialektischen Theologie von seiten Emil Brunners, Karl Barths u. a. zum Ausdruck gekommen, wo man mit jener Tradition zu brechen versuchte, deren Begründer und bedeutendster Vertreter er gewesen war.

Hegel und die spekulative Theologie

Georg Wilhelm Friedrich Hegel (gest. 1831), seit 1818 Professor an der neugegründeten Universität in Berlin, war der bedeutendste Philosoph des deutschen Idealismus. Auch in der Geschichte der Theologie hat er durch seine religionsphilosophischen Grundgedanken und durch seinen weitgehenden Einfluß auf die Theologie und Geschichtsforschung des 19. Jahrhunderts eine wichtige Rolle gespielt.

Hegel opponiert gegen Schleiermacher und die Romantiker, die die Religion in der unmittelbaren Anschauung oder im Gefühl des Absoluten manifestiert finden. Für Hegel hat das Religiöse, wie das Geistesleben überhaupt, seine Erscheinungsform im Denken oder im Begriff. Das Gefühl ist der niedrigste Ausdruck für das Bewußtsein – das Denken der höchste, das übrigens auch den Menschen vom Tier unterscheidet. »Wenn Gott sich dem Menschen offenbart, dann tut er das wesentlich für den Menschen als denkendes Wesen ... den Tieren schreiben wir keine Religion zu« (Die Vernunft in der Geschichte). Hegels System gibt dem Lehrmäßigen und Spekulativen in der Theologie weiten Raum. Der Unterschied zwischen ihm und Schleiermacher kann zum Teil auf ihre unterschiedliche religiöse Herkunft zurückgeführt werden: Während Schleiermacher aus der Herrnhuter Welt hervorging, wurde Hegel in altprotestantischer Umgebung (Schwaben) erzogen.

Für Hegel fällt der Begriff oder das wissenschaftliche Denken mit der Wirklichkeit zusammen. Die Wahrheit liegt in dem System, das dem reflektierten Denken, das zum Bewußtsein seiner selbst gekommen ist, Ausdruck gibt. Es wird auch »der Geist« genannt. Er ist das Absolute, das einzig Wirkliche.

Die ideale Wirklichkeit, die Hegel voraussetzt, ist keine statische Formenwelt wie im platonischen Idealismus, sondern schließt die räumliche Wirklichkeit und die zeitliche Entwicklung ein. Charakteristisch für Hegel und vielleicht das Bedeutendste in seiner philosophischen Konzeption ist, daß er die historische Entwicklung als Thema behandelt. Er verbindet die philosophische Spekulation mit einem tiefen Verständnis für die historische Wirklichkeit.

Das Absolute, die wahre Wirklichkeit und das voll ausgebildete Wissen beziehen stets eine Entwicklung ein, die nach Hegels Meinung dialektischer, logischer Art ist, gleichzeitig jedoch als zeitliche Veränderung verstanden wird. Daher gründet sich Hegels System auf eine sogenannte dialektische Methode: Jeder Begriff weist über sich hinaus auf einen anderen, konträren Begriff; der Gegensatz wird in einer höheren Einheit aufgehoben. Diese Entwicklung (These – Antithese – Synthese) bildet das Muster für die Ausbildung des Begriffs wie auch für das historische Geschehen. Sie liegt auch dem universalen System zugrunde, in dem Hegel Wissen und Wirklichkeit zusammenzufassen sucht.

Das Absolute tritt als der reine Begriff in Erscheinung. Hieraus konstituiert sich die *Logik*, die den ersten Teil der Philosophie darstellt. Weiter geht das Absolute in sein Gegenteil über: das einzelne, Partikulare, Dingliche (das Anders-Sein). Dieser Teil des Wissens wird in der *Naturphilosophie* behandelt. Schließlich kehrt das Absolute in das Bewußtsein seiner selbst zurück und wird zum Geist. Die *Geistesphilosophie* wird eingeteilt in die Lehre vom subjektiven Geist (Anthropologie; Phänomenologie, das heißt die Lehre von der Entwicklung des Bewußtseins und des Wissens; Psychologie), vom objektiven Geist (Moralität; Recht; Staatslehre) sowie die Lehre vom absoluten Geist (Kunst, Religion und Philosophie). Dabei nimmt Hegel an, daß das Absolute von der Religion unter der Form der Vorstellung und von der Philosophie unter der Form des Begriffs betrachtet wird.

In Hegels System herrscht völlige Harmonie zwischen Religion und Philosophie. Beide haben das gleiche Objekt, das Absolute. Das endgültige Stadium der Religion ist das Christentum. Diesem entspricht in der Philosophie, was dort als Vollendung der Entwicklung betrachtet wird – das Hegelsche System.

Das Christentum wird von Hegel als die absolute Religion dargestellt. In der Trinitätslehre findet er das dialektische Schema wieder. Das Göttliche entwickelt sich in drei Formen. Gott ist seine ewige Idee (Reich des Vaters), er offenbart sich im Endlichen, in Bewußtsein und Vorstellungen (Reich des Sohnes) und kehrt zu sich selbst zurück im Einklang mit dem Endlichen in der Gemeinde (Reich des Geistes).

Hegels Einfluß erstreckt sich viel weiter als nur auf die direkten Hegelianer. So hat zum Beispiel seine dialektische Methode die theologische wie die profane Geschichtsschreibung in hohem Grade beeinflußt und auch neue Gesichtspunkte für die Darstellung der Dogmengeschichte beigesteuert.

Zu seiner Zeit betrachtete man Hegels System zuweilen als die endgültige Lösung der Probleme der Theologie. Man meinte darin eine Möglichkeit finden zu können, den ganzen theologischen Lehrgehalt mit der höchsten Bildung der Zeit zu versöhnen. Entsprechend wurden die christlichen Lehrsätze in den Rahmen des Hegelschen Systems eingefügt. Die Offenbarung stellte man dem absoluten Geist gleich, dem spekulativen Wissen, das gleichzeitig als Wissen Gottes und Kenntnis des Menschengeistes vom Absoluten betrachtet wurde.

Vertreter dieses orthodoxen Hegelianismus – gewöhnlich als »spekulative Theologie« bezeichnet – waren *Karl Daub* (gest. 1836), der als Professor in Heidelberg lehrte, und *Philipp Konrad Marheinecke* (gest. 1846), Professor in Berlin. Letzterer stand Schleiermacher kritisch gegenüber, da er dessen Bestimmung der Religion für einseitig ansah. Für die Hegelianer war die Religion nicht nur Leben, Gefühl, sondern vor allem Erkenntnis der Wahrheit. Man betrachtete die Hegelsche Philosophie darum auch als die wissenschaftliche Darstellung des christlichen Glaubens.

Von Hegel kommt jedoch auch eine Richtung her, die aus seinem System gänzlich andere Konsequenzen zog: die sogenannte Hegelsche Linke, die unter anderem von *David Friedrich Strauß* (gest. 1874) vertreten wurde, der in seinem Werk »Das Leben Jeus« von 1835 die Evangelien für einen Mythos erklärte. Statt der Person Christi nahm er »die Idee der Menschheit« als Mittelpunkt des religiösen Glaubens an und bezog dementsprechend die christologischen Aussagen auf diesen kollektiven Begriff. In dem historischen Jesus erblickte er nur einen gewöhnlichen Menschen, einen Lehrer der Religion und Sittlichkeit.

Zu der gleichen Gruppe von Hegelianern gehörte auch der Philosoph *Ludwig Feuerbach* (gest. 1872). Bei ihm ist die Vorstellung von der Religion als einem Phänomen des menschlichen Geistes in die direkte Leugnung der Existenz des Göttlichen übergegangen. Gott ist danach nur Inbegriff der Eigenschaften des Menschen, der Gottesglaube ein Ergebnis menschlichen Wunschdenkens.

Die Restaurationstheologie

In den 30er und 40er Jahren des 19. Jahrhunderts, als die Blütezeit der Romantik und des deutschen Idealismus bereits vorüber war, beginnt dann ein Wandlungsprozeß, dessen Wirkungen sich bis in unsere Gegenwart erstrecken. Mit Sozialismus und Materialismus entstehen neue Ideologien, welche eine ganz andere Stellung im Verhältnis zur Religion einnehmen. In ihrem Gefolge kommt es dann erneut zu einer rationalistischen Auffassung des Christentums.

Gleichzeitig erfolgt eine Veränderung der gesellschaftlichen Verhältnisse, die mit den Begriffen Industrialisierung und Liberalismus bezeichnet wird. Die patriarchalische Ordnung beginnt sich aufzulösen, und der moderne Staat, der für das Wohl seiner Bürger sorgt, entsteht – mit neuen politischen Idealen und unter stark veränderten sozialen Bedingungen.

Nicht geringer ist die Umbildung auf dem Feld der Wissenschaft: Die exakte Geschichtsschreibung, die moderne Naturwissenschaft, der Rückgang der Universalbildung durch eine auf Spezialisierung ausgerichtete Forschung, der Aufschwung der Technik sind einige der Erscheinungen, welche die zu dieser Zeit beginnende Epoche charakterisieren. Sie hat die Theologie vor die Aufgabe gestellt, die Fragen vom Verhältnis des Christentums zu Wissenschaft und Kultur unter neuen Bedingungen zu beantworten, eine Aufgabe, die ihr bis in unsere Tage immer aufs neue gestellt und wohl selten befriedigend gemeistert worden ist.

Zahlreiche Lösungsversuche sind in dem Zeitabschnitt unternommen worden, der nun zunächst behandelt werden soll. Kennzeichnend für sie ist, daß sie entweder auf eine ältere Tradition zurückgreifen, um so die Kirchenlehre unbelastet zu erhalten (die Restaurationstheologie), oder sich dem Zeitgeist unter Preisgabe fundamentaler Teile des Glaubensinhalts gänzlich unterordnen (die »freie« oder »liberale« Theologie). Zu einer übergreifenden Synthese von Christentum und Bildung wie in den Systemen Hegels und Schleiermachers konnte man nicht mehr gelangen.

Zur Restaurationstheologie, das heißt zu den Richtungen, die die Ziele der Theologie hauptsächlich durch Rückgriff auf eine ältere, vorrationalistische Tradition zu verfolgen suchen, kann man die bereits am Anfang des Jahrhunderts aufkommende »Erweckungsbewegung« zählen. Sie ist ein Erbe des älteren Pietismus, vor allem in seiner Württemberger Form, hängt aber auch eng mit dem neuerwachten religiösen Interesse der Romantik und des deutschen Idealismus zusammen. Man knüpfte gern an Luther an. Das Reformationsjubiläum 1817, womit die Erweckung oft verbunden wird, aktualisierte die reformatorischen Gedanken. Den Unterschieden zwischen lutherischer und reformatorischer Theologie maß man aber wenig Gewicht zu. Das dogmatische Interesse war in dieser Richtung nicht besonders stark; historische Theologie und Bibelwissenschaft lagen ihr näher. Die Erweckungsbewegung hat überhaupt größere Bedeutung durch ihren Einfluß auf das kirchliche Leben als durch Leistungen auf dem systematisch-theologischen Gebiet gehabt.

Die sogenannte Repristinationstheologie – ein anderer Zweig der Restaurationstheologie – betrachtete als ihr Ziel, die altprotestantische Theologie wieder ins Leben zu erwecken. Darin sah man nämlich eine für die evangelische Kirche maßgebende, sachgemäße Auslegung von Bibel und Bekenntnisschriften. Die bedeutendsten Vertreter dieser Richtung waren *Ernst Wilhelm Hengstenberg* (gest. 1869), bekannt durch seine Arbeit »Die alttestamentliche Christologie«, und *Friedrich Adolf Philippi* (gest. 1882), der eine sechsbändige »Kirchliche Glaubenslehre« verfaßte. Der Anwendung der modernen Philosophie auf die Theologie standen die Theologen dieser Richtung ablehnend gegenüber, weil sie darin eine idealistische Umformung des Christentums als unausweichliches Ergebnis sahen.

Die Theologie der Repristination gewann, wie auch die Erweckung, große Bedeutung für das kirchliche Leben, und ihr Versuch, die ältere Tradition für ihre Zeit wiederzubeleben, war sowohl für die Kirche als auch für die Forschung in vielerlei Hinsicht fruchtbar. Ein Nachteil war aber, daß man sich nicht eingehender für die Theologie Luthers interessierte, wie auch, daß man den Unterschied in den eigentlichen Denkvoraussetzungen zu übersehen schien, der zwischen dem Altprotestantismus und dem 19. Jahrhundert bestand. Bei der Übernahme der altprotestantischen Theologie legte man unbewußt die Voraussetzungen der eigenen Zeit zugrunde und geriet dadurch in Widersprüche. Eine konsequente »Repristination« erwies sich als unmöglich. Es zeigt sich auch, daß man in bestimmten Punkten von der älteren lutherischen Auffassung abwich. Den Unterschied zwischen Luthertum und Calvinismus meinte man ausgleichen zu können, und Hengstenberg z. B. vertrat die Sache der Union. Mit ihrer scharfen Opposition gegen Pietismus und Aufklärungsdenken wie auch gegen Schleiermacher und den Idealismus hat diese theologische Richtung jedoch dazu beigetragen, die ältere lutherische Tradition im 19. Jahrhundert lebendig zu erhalten. Hengstenbergs Bemühungen, dem Alten Testament im kirchlichen

Leben wieder zu seiner Stellung zu verhelfen, verdienen dabei ebenfalls Erwähnung. Die vielbenutzte Zusammenstellung der altlutherischen Theologie von Heinrich Schmid, »Die Dogmatik der evangelisch-lutherischen Kirche« von 1843 (mit mehreren späteren Auflagen) bildet ein Beispiel der restaurativen Theologie des vorigen Jahrhunderts.

Von der eigentlichen Repristinationstheologie pflegt man das »Neuluthertum« als besondere Richtung zu unterscheiden. Auch dieses ist streng konfessionell ausgerichtet und steht in scharfem Gegensatz zum Zeitgeist. Von der vorherrschenden subjektiven Erklärung der Religion aus suchte man zu einer nachweisbaren objektiven Realität zu gelangen, die die Wahrheit des Christentums und seinen Fortbestand gewährleisten konnte. Dieses objektive Fundament fand man dabei nicht – wie der ältere Protestantismus – im Wort und im Glauben, sondern in der Kirche, die als eine »Institution« betrachtet wurde, durch die die Heilsgaben der Menschheit von Geschlecht zu Geschlecht vermittelt werden.

Der Jurist *Friedrich Julius Stahl* (gest. 1861) gab die rechtliche Grundlage für dieses neue Kirchenverständnis durch seine Theorien über den Staat und die Kirche als von Gott gestiftete Anstalten, in die der einzelne eingefügt und deren Autorität er sich unterzuordnen verpflichtet ist. Unter Theologen und Männern der Kirche, die hochkirchliche Gedanken über Kirche, Pfarramt und Bekenntnis dargelegt und in die Praxis umzusetzen versucht haben, sind vor allem zu nennen: *Theodor Kliefoth* (gest. 1895), der einmal als Oberkirchenrat der Landeskirche vorstand, andererseits die Universität Rostock leitete, *Wilhelm Löhe* (gest. 1872), Gründer der Neuendettelsauer Anstalten, sowie *August Friedrich Christian Vilmar* (gest. 1868), Marburger Theologieprofessor und Literaturhistoriker. Von ihnen werden die Sakramente betont als die objektiven Grundlagen der Kirche herausgestellt, teilweise auf Kosten der Lehre vom Wort und vom Glauben. Diese theologische Richtung wollte in der Kirchenfrage – wie auch sonst – die ursprüngliche lutherische Auffassung zu neuem Leben erwecken und nicht wie die Erweckungstheologen lediglich auf die voll ausgebildete lutherische Orthodoxie zurückgehen. Stark ablehnend verhielt man sich gegen die Reformierten wie gegen die vordringende freikirchliche Anschauung.

Die Neulutheraner betonen die Einheit von sichtbarer und unsichtbarer Kirche – der objektiven Anstalt und der geistlichen Gemeinschaft der wahrhaft Gläubigen – und kritisieren deren Spaltung, die für die pietistische Anschauung kennzeichnend ist. Obgleich man damit eine lutherische Intention vertritt, folgt man bei der Formulierung eines Kirchenverständnisses jedoch teilweise Gedankenlinien, welche das ursprüngliche Luthertum sonst nicht kennzeichnen. Kirche und Sakramente werden als institutionelle Ordnungen betrachtet, die gewissermaßen in ihrem Verhältnis zum Wort eine bestimmte Selbständigkeit haben.

Die konservative Strömung forderte nun auch eine biblische Verankerung der Theologie. Eine derartige *Bibeltheologie* besonderer Prägung ist die von dem

Tübinger Professor *Johann Tobias Beck* (gest. 1878) entwickelte. Er verbindet die ältere württembergische Tradition von Johann Albrecht Bengel und Friedrich Christoph Oetinger mit starken Einschlägen idealistischer Philosophie. Dementsprechend zeichnet sich Becks Theologie durch einen stark spekulativen Zug aus. Der Inhalt der Bibel wird als ein einheitliches göttliches Begriffssystem betrachtet, das Träger der Lebenskraft des Heiligen Geistes und überweltlicher Realitäten des Gottesreiches ist. Der Becksche Biblizismus hatte großen Einfluß in Finnland wie auch in anderen Gebieten.

In Schweden wurde ein mit dem deutschen Neuluthertum eng verwandter Standpunkt von den Lundenser Theologen *Ebbe Gustaf Bring* (gest. 1884), *Wilhelm Flensburg* (gest. 1897) und *Anton Niklas Sundberg* (gest. 1900) entwickelt. Ihr Sprachrohr war die »Svensk Kyrkotidning« (Schwedische Kirchenzeitung) 1855–1863.

Zu den restaurativen Richtungen kann man auch den für die Kirche und Kultur Dänemarks so bedeutsamen Grundtvigianismus rechnen, obwohl er in vielen Stücken seine eigene Prägung hat, sowohl im Vergleich mit den zeitgenössischen Strömungen wie auch sonst. Der dänische Pastor, Geschichtsforscher und Dichter *Nikolai Frederik Severin Grundtvig* (1783–1872), auf den diese Richtung zurückgeführt wird, ist vom Rationalismus der Aufklärungszeit und später von der Romantik und dem deutschen Idealismus beeinflußt worden. Früh wurde sein Interesse auch für die nordische Mythologie wach, die für seine Symbolbildung und für seine Ausgestaltung der Theologie eine wichtige Rolle spielen sollte. Während einer seiner Entwicklungsperioden vertrat er eine strenge lutherische Orthodoxie, wurde jedoch vor allem durch seinen stark ausgeprägten Sinn für das Historische zu Zweifeln an der orthodoxen Inspirationslehre veranlaßt. Er machte, wie er selbst sagte, eine »mageløse Opdagelse« (unvergleichliche Entdeckung), nach der das Fundament des Christenglaubens nicht in der Heiligen Schrift – als »Schrift« betrachtet – lag, sondern in dem lebendigen Wort in der Kirche, in den Sakramenten und in dem mit der Taufe verbundenen Bekenntnis. Von diesem Ausgangspunkt entwickelt Grundtvig seine Vorstellung von der Kirche. Sein Ideal ist eine freie Staatskirche, die ohne organisatorische Enge oder Glaubenszwang verschiedene Richtungen umfassen kann. – In der ursprünglichen volkstümlichen Religiosität, symbolisiert in der nordischen Mythologie, sah Grundtvig eine Vorbereitung zum Christentum. Das Nationale und das Christliche liefen dabei für ihn in eins zusammen.

In vielen Punkten empfing Grundtvig seine Inspiration aus der Theologie des Irenäus, etwa in seiner Auffassung von der zentralen Stellung des Credo oder in der dominierenden Bedeutung, welche die Kategorien »Tod – Leben« (statt »Schuld – Vergebung«), »Schöpfung – Erneuerung« in seiner Heilslehre erhalten. Grundtvig opponierte gegen die allgemein vertretene Erbsündenlehre und setzte eine im Menschen verbleibende Gottgleichheit voraus, an welche die christliche Unterweisung und Erziehung anknüpfen konnten.

Die Vermittlungstheologie
Die christologische Frage

Schleiermachers Tradition wurde am ehesten in der »Vermittlungstheologie« weitergeführt. Sie trat im Jahre 1827 zum ersten Mal öffentlich in Erscheinung, als die Zeitschrift »Theologische Studien und Kritiken« ins Leben gerufen wurde. Ihr Programm sollte, wie es hieß, zwischen biblischem Glauben und modernem wissenschaftlichem Geist vermitteln. Während man also gleichzeitig nach einer Harmonie von Christentum und Wissenschaft suchte, strebte diese Theologenschule andererseits eine Vermittlung zwischen verschiedenen Richtungen an. Man folgte dabei vor allem Schleiermacher, betonte aber auch eine starke Bindung an die ältere Tradition, die Erweckungsbewegung und bisweilen auch an Hegel.

Vertreter dieser Theologie sind in erster Linie die unmittelbaren Schüler Schleiermachers, wie *Karl Immanuel Nitzsch* (gest. 1868), dessen »System der christlichen Lehre« von 1829 zu den am meisten benutzten Dogmatiken seiner Zeit gehörte, und *August Detlev Christian Twesten* (gest. 1876). Weiter ist *Isaak August Dorner* zu nennen (gest. 1884), der mit Hilfe hegelscher Gedankengänge eine neue Darstellung der Christologie zu geben suchte: »Entwicklungsgeschichte der Lehre von der Person Christi« (1839ff.)

In Dorners Christologie wurde die Schwierigkeit, das historische Bild der Person Jesu, das die moderne Zeit geschaffen hatte, mit der alten Zweinaturenlehre in Einklang zu bringen, offenbar. Er lehnt den Enhypostasiegedanken (siehe oben S. 78f.) ab und nimmt die menschliche Natur als eine selbständige Person. Die Göttlichkeit Christi wird dabei entsprechend als eine sich gradweise vollziehende Entwicklung der Einheit mit dem Vater gedacht. Im großen und ganzen bedeutet dieser Gedankengang die Preisgabe des Inkarnationsgedankens der älteren Tradition. Denn sofern die Göttlichkeit Christi als seine für die Menschheit repräsentative und vorbildliche Gemeinschaft mit Gott dargestellt wird, geht es nicht mehr um die Menschwerdung des Logos oder um einen wirklichen »Gottmenschen«.

Ein anderer Versuch zur Lösung der christologischen Frage besteht in der sogenannten *Kenotik*, vor allem von dem Erlanger Theologen *Gottfried Thomasius* (gest. 1875) vertreten, der durch seine Schrift »Christi Person und Werk« (1852–1861) bekannt wurde. Dieser steht Dorner sehr kritisch gegenüber und will im Gegensatz zu ihm an der traditionellen Zweinaturenlehre festhalten. Nach seiner Auffassung hat sich der Logos bei seiner Menschwerdung all dessen entäußert *(Kenosis)*, was über ein menschliches Bewußtsein hinausgeht, und hat die göttlichen Eigenschaften abgelegt, welche die Beziehung zur Welt beinhalten: Allmacht, Allgegenwart usw. In seiner Verherrlichung hat Christus diese Eigenschaften dann wieder angenommen. Durch diese Überlegung wird versucht, unter gleichzeitiger Beibehaltung der alten Definitionen der menschlichen Seite Christi gerecht zu werden. Es ist jedoch nicht zu übersehen, daß diese Kenosislehre von der älteren Tradition abweicht: In der klassischen Christologie schreibt man nicht dem göttlichen Logos zu, sich seiner selbst zu entäußern; das dort Ausgesagte bedeutet vielmehr, daß die mit dem Logos vereinte menschliche Natur Christi auf den Gebrauch der göttlichen Eigenschaften verzichtet; denn diese sind Christus auch im irdischen Leben noch eigen, nämlich in der göttlichen Person.

Durch die kenotische Fragestellung wird ein Problem, das in der Theologie des 19. Jahrhunderts ständig wiederkehrt, ins helle Licht gerückt. Wie sind die Definitionen der alten Kirchenlehre mit der neuen Zeit in Einklang zu bringen? Bei der Beantwortung dieser Frage zeigt sich, daß es auch für die konservativen und bewußt kirchlich eingestellten Richtungen schwierig wird, an der älteren Tradition in unverkürzter Weise festzuhalten.

Zu den Vermittlungstheologen gehört auch der Däne *Hans Lassen Martensen* (gest. 1884), der übrigens nicht nur von Schleiermacher, sondern auch von Hegel und einer theosophischen Mystik beeinflußt ist, die ihre Spuren vor allem in der Lehre von den Sakramenten hinterlassen hat. Er schließt sich bei der Entfaltung der christologischen Fragen jedoch der kenotischen Christologie an, die er in mustergültiger Weise entwickelt hat.

Ein profilierter Theologe dieser Richtung ist *Richard Rothe* (gest. 1867), der teilweise im Anschluß an Hegel und Schleiermacher ein vollständiges religionsphilosophisches System aufgebaut hat, das er in seinem Werk »Theologische Ethik« (1845–1848) darlegte. Er sucht über die Grenzen der Vermittlungstheologie hinauszugelangen und nähert sich dabei dem Standpunkt der liberalen Theologie. Nach seiner Ansicht wird die Kirche später verschwinden und in den Staat aufgehen.

Die Erlanger Schule

Eine selbständige theologische Prinzipienlehre wurde von den sogenannten Erlanger Theologen ausgearbeitet, die ansonsten eher dem konfessionellen Lager zuzurechnen sind. Der Begründer der Richtung ist *Adolf Harless* (gest. 1879), der seine Theologie weitgehend auf dem Studium Luthers aufbaut. Er hat den Gedanken entwickelt, daß der Inhalt der Schrift und die persönliche Heilserfahrung des einzelnen Christen einander entsprechen. Diese Voraussetzung wurde dann für die theologische Methode der Erlanger Schule entscheidend.

Der bekannteste Theologe dieser Schule ist *Johann Christian Konrad von Hofmann* (gest. 1877), der seine bedeutendsten Beiträge auf dem Gebiet der Bibelauslegung geleistet hat. In seiner großen Arbeit »Weissagung und Erfüllung« (1841–1844) versucht er nachzuweisen, daß die Prophetie keine bloße Voraussage oder Vorahnung, sondern eine vertiefte Deutung des gegenwärtigen Geschehens darstellt; ihre Prämisse ist, daß die Geschichte über sich hinaus auf das weist, das einmal vollendet werden soll. Dementsprechend wird die ganze Schrift als eine einheitliche Heilsgeschichte gedeutet, in der das Alte Testament auf Christus und das Neue Testament auf die Vollendung zielt. In einer weiteren großen Arbeit, »Der Schriftbeweis« (1852–1856), hat Hofmann die Grundzüge seiner theologischen Methode angeführt.

Das theologische System, das mit dem heilsgeschichtlichen Zusammenhang übereinstimmen muß, den die Schrift herstellt, kann nach Hofmanns Ansicht an den drei objektiven Instanzen geprüft werden, die den theologischen Aussagen zugrunde liegen: Erfahrung der Wiedergeburt, Kirche und Heilige Schrift. Er selbst hat sich vor allem dem Schriftbeweis zugewandt.

Seine prinzipielle Methode zielt darauf ab, daß die Theologie von dem Ereignis der Wiedergeburt her die darin vorausgesetzte »Heilsgeschichte« entwickeln soll; die Zeugnisse der Erfahrung und die Schrift sollen sich also gegenseitig stützen.

Der Gedankengang ist etwa dieser: Was einen Menschen zum Christen macht, ist ein für die Theologie unmittelbar zugängliches Faktum, nämlich die persönliche Gemeinschaft von Gott und Mensch, vermittelt durch Jesus Christus. Im Schlußsatz seines Werkes formuliert Hofmann: »Ich, der Christ, bin mir, dem Theologen, eigenster Stoff meiner Wissenschaft.« Die persönliche Glaubenserfahrung schließt den ganzen Zusammenhang ein, den die biblische Heilsgeschichte beschreibt: das Ewige als Voraussetzung für das Historische, für das zeitliche Geschehen, das sich von der Schöpfung bis zur Vollendung erstreckt. Ob diese Methode in der Dogmatik haltbar ist, hat man oft in Frage gestellt. Sie wurde auch nicht von Hofmann selbst in der konkreten Darstellung der Glaubenslehre durchgeführt.

Der erfahrungsgemäße und subjektive Ausgangspunkt von Hofmanns Methode bringt ihn in enge Berührung mit der Erweckungsbewegung wie auch mit Schleiermacher. Wichtiger für die Zukunft wurde aber seine bibeltheologische Arbeit, mit der er an den württembergischen Biblizismus (Bengel, Beck) anknüpft. Was seine Bibelauslegung vor allem auszeichnet, ist die von ihm dabei angewandte heilsgeschichtliche Grundanschauung. Überhaupt bezeichnet Hofmanns Theologie den Übergang von einer mehr philosophisch-spekulativen zu einer mehr historischen Betrachtungsweise in der Theologie. Hofmann suchte die orthodoxe Versöhnungslehre durch eine neue Konzeption zu ersetzen: Das Leiden und der Tod Christi waren lediglich ein Beweis seines Gehorsams und seiner Sünde und Tod überwindenden Liebe; um eine Versöhnung im eigentlichen Sinne handelte es sich aber nicht. Da dieser Gedankengang starke Opposition auch unter den ihm nahestehenden Theologen hervorrief, suchte Hofmann seine Auffassung nun durch eine Berufung auf Luther zu verteidigen. Er meinte zeigen zu können, daß der Reformator im Gegensatz zum späteren Luthertum einen entsprechenden Gedanken vertreten hatte. Dieser Versuch, Luthers Theologie in seiner von dem späteren Luthertum abweichenden Eigenart herauszuarbeiten, stellt in gewissem Sinn einen Anfang der modernen Lutherforschung dar. In Opposition zu diesen Tendenzen schrieb übrigens *Theodosius Harnack* seine große Darstellung »Luthers Theologie« (1862–1886).

Im allgemeinen nimmt die Erlanger Schule eine konservative Haltung mit starker Anlehnung an ältere Traditionen ein. *Gottfried Thomasius*, dessen kenotische Auffassung schon berührt wurde, bietet in seinem Werk »Die christliche Dogmengeschichte« (1874–1876) ein Beispiel dafür. Er bezeichnet die Theologie der Konkordienformel als den abschließenden Höhepunkt der Dogmengeschichte, auf die hin die ganze vorausgehende Lehrentwicklung gerichtet ist.

Kierkegaard

Die Bedeutung Kierkegaards für die theologische Entwicklung in der Gegenwart rechtfertigt es, seinen Gedanken und Stellungnahmen einen besonderen Abschnitt der Geschichte der Theologie im 19. Jahrhundert einzuräumen.

Sören Kierkegaard (1813–1855) betrieb umfassende ästhetische und philosophische Studien. Obgleich er auch eine theologische Ausbildung genossen hatte, verwaltete er nie ein kirchliches Amt, sondern widmete sich ganz seiner schriftstellerischen Tätigkeit. Seine glänzende literarische Schaffenskraft stellte er in den Dienst einer eingehenden Ideenkritik, die sich in erster Linie gegen die Romantik und das Hegelsche System richtete, die beide nach seiner Ansicht noch nicht zum Ernst des Lebens und zu einer existentiellen Entscheidung vorgedrungen waren. Er sah nämlich die Entscheidung als unerläßliche Bedingung dafür an, daß der Mensch »sich in seiner ewigen Gültigkeit selbst verwirklicht«. Das Hauptziel seines literarischen Schaffens ist nach seiner eigenen Sicht die Darstellung des wahren Christentums. »Also, die ganze schriftstellerische Tätigkeit dreht sich darum: Christ in der Christenheit zu werden« (Gesammelte Werke XIII,616). Während der ersten Periode des schriftstellerischen Schaffens bis zur »Afsluttende uvidenskabelig Efterskrift« (Abschließende unwissenschaftliche Nachschrift) von 1846 sucht er den Weg zum christlichen Stadium in einer Konfrontation mit den Lebensidealen zu schildern, die er als das ästhetische und das ethische Stadium bezeichnet. In seiner späteren Periode verschärft Kierkegaard das religiöse Ideal und sieht schließlich im Kirchenwesen seiner Zeit einen Verrat am ursprünglichen neutestamentlichen Christentum. Er stellt das letztere schließlich vor allem als Nachfolge Christi in der Anfechtung des Leidens und der Einsamkeit dar.

Durch eine nähere Erklärung gewisser Grundkategorien, auf die Kierkegaard immer wieder zurückgreift, sowie durch eine Beschreibung der »Stadien«, die er als kennzeichnend für die Lebensentwicklung des Menschen ansieht, soll im folgenden seine Kritik der spekulativen Philosophie und des kirchlichen Gemeingeistes seiner Zeit beleuchtet werden. Unter den Grundkategorien seiner Anschauung sind es vor allem die Begriffe »Existenz« und »der einzelne«, worauf wir unsere Aufmerksamkeit lenken wollen.

Was Kierkegaard mit dem Begriff »*Existenz*« meint, geht vielleicht am besten aus seinen Schriften »Enten – eller« (Entweder – oder) von 1843 und »Stadier paa Livets vej« (Stadien auf dem Weg des Lebens) von 1845 hervor, in denen er die »Stadien« des Menschenlebens beschreibt.

Die drei »Stadien« – das ästhetische, das ethische und das religiöse – bezeichnen nicht so sehr eine persönliche, individuelle Entwicklung als vielmehr drei verschiedene Standpunkte oder Lebenseinstellungen. Der Hauptzweck der Darstellung dieser Stadien ist, so genau wie möglich zu definieren, was es bedeutet, ein Christ zu sein. Ohne Kenntnis dieses Grundanliegens kann Kierkegaards Menschenschilderung oder »Existenz«-Auffassung nicht verstanden werden. In diesem Punkt unterscheidet sich die heutige »Existenzphilosophie« grundlegend von ihrem vermeintlichen Lehrmeister.

Die verschiedenen Standpunkte werden nicht durch abstrakte Formeln beschrieben, sondern auf die Weise, wie sie sich in verschiedenen fingierten Individualitäten widerspiegeln, die Kierkegaard in einigen seiner pseudonymen Schriften auftreten läßt (Johannes der Verführer, Assessor Wilhelm, Anti-Climacus usw.). Indem Kierkegaard sich hinter den verschiedenen Pseudonymen, die über den meisten seiner Schriften stehen, verbirgt, sucht er auf indirektem Wege den Leser in die existentielle Situation zu führen, in der es um eine konkrete Entscheidung geht. Schon durch diese Methode – der sokratischen »Maieutik« vergleichbar – sucht Kierkegaard von einem objektivierenden Denken und einer historisierenden Betrachtung wegzukommen, die er an sich nicht verwerfen will, jedoch für ungeeignet hält, wenn das Christentum charakterisiert werden soll. Es gibt auch andere Motive, die Kierkegaard veranlaßt haben, eine Anzahl seiner Schriften unter fingierten Namen herauszugeben; doch dieses dürfte das wichtigste sein.

Das *ästhetische* Stadium kennzeichnet den äußerlichen Genußmenschen, der ausschließlich für die sichtbaren, zeitlichen und zufälligen Ziele lebt und das Dasein nach dem Gesichtspunkt der Schönheit beurteilt. Der Ästhetiker steht der ethischen Entscheidung, jeder »Wahl«, die auf mehr als das Wahrnehmbare zielt, fremd gegenüber, da er in seiner Beschränkung auf das Äußere, Endliche auch unfähig ist, das Ewige mit dem Zeitlichen zu verbinden, das heißt, die Synthese von Zeit und Ewigkeit zu finden, die das Christentum kennzeichnet. Im ästhetischen Stadium befindet sich auch der spekulierende Mensch, der durch objektives Denken gleichfalls der Entscheidungssituation entflieht.

Das *ethische* Stadium liegt erst dann vor, wenn der Mensch in Beziehung zum Absoluten, zu Gottes bedingungsloser Forderung, in die »Wahl« zwischen Gut und Böse tritt. Denn das Ethische besteht nicht in festgelegten, allgemeinen, vernünftigen Ordnungen – wie Hegel meinte –, sondern in der absoluten Gewissensforderung, die den einzelnen vor ein »Entweder – Oder« stellt. In der ethischen »Wahl« erfaßt das Individuum sich selbst »in seiner ewigen Gültigkeit«; es erreicht oder verliert die Bestimmung, die Gottes Wille seinem Leben setzt. In dem Werk »Frygt og Baeven«

(Furcht und Zittern) von 1843 wird Abrahams Opfer als Beispiel eines Menschen in der Situation der Wahl angeführt: Abrahams Glaube besteht darin, sich in demütigem Gehorsam der Forderung Gottes zu beugen, die aller Vernunft widerstreitet.

Die ethische – unerfüllbare – Forderung treibt den Menschen dazu, seine Existenz in einem Ernst zu begreifen, der von dem Ewigkeitsgewicht der Entscheidung geprägt ist. Die Situation, in die er dadurch versetzt wird, ist die »Reue«, die Erkenntnis der eigenen Unzulänglichkeit hinsichtlich der Forderung der Ewigkeit. Damit geht das ethische Stadium unmittelbar in das religiöse über, mit dem es sich teilweise deckt. Denn in und mit der »ethischen« Entscheidung wird Gott dem Menschen bewußt. Deshalb ist es die Reue, die Erkenntnis der eigenen Sündhaftigkeit, die das religiöse Stadium vom ethischen unterscheidet.

Kierkegaard differenziert zwischen einem allgemeinen religiösen Standpunkt, »die Religiosität A« genannt, und dem eigentlichen christlichen Stadium, der »Religiosität B«. Letzteres wird durch die Offenbarung Christi (Gott in der Zeit) wie durch das *Sünden*bewußtsein (Bewußtsein der totalen Sündhaftigkeit im Unterschied von einem allgemeinen *Schuld*bewußtsein) und den Glauben an die Sündenvergebung konstituiert, die kraft der Versöhnung Christi geschieht.

In dem christlichen Stadium, das einen paradox-religiösen Charakter trägt, wird die Synthese von Ewigkeit und Zeit verwirklicht, welche die Lebensbestimmung des Menschen ist. Das geschieht jeweils im »Augenblick«, das heißt im ständig gegenwärtigen »Jetzt«, in dem die Ewigkeit in die Zeit eingeht. Indem der einzelne hierbei der ästhetischen Unmittelbarkeit erstirbt, vor Gott ein Nichts wird und im Bewußtsein der eigenen Nichtigkeit angesichts der Forderung der Ewigkeit den im Glauben gegenwärtigen Christus erfaßt, vollzieht sich die »Synthese«, so daß er in der Existenz lebt.

Man muß Kierkegaards Äußerung, daß »die Subjektivität die Wahrheit ist«, vom Existenzbegriff her sehen – mag man ihn nun in seinem allgemeinen Charakter fassen oder in seiner spezifisch christlichen Bedeutung verstehen. Das objektivierende Denken, die Spekulation, ist danach eine Flucht aus der Existenz, aus der Entscheidung. Denn nur, wenn die Erkenntnis in Beziehung zur Existenz des Individuums tritt, zur eigenen Entscheidung des denkenden Subjekts, zur Synthese des Endlichen mit dem Unendlichen kommt, nur dann dringt sie zur Wahrheit vor. Um »Subjektivismus« im gewöhnlichen Sinne geht es also nicht. Wahre Erkenntnis setzt vielmehr voraus, daß das Individuum in der Beziehung der Existenz zu seinem Objekt steht. Was Kierkegaard hiermit meint, wird am besten durch seine Beschreibung des christlichen Gottesverhältnisses illustriert. Eine allgemeine philosophische Theorie über die existentielle Erkenntnis hat er dabei kaum beabsichtigt. Unter dem »Existentiellen« versteht Kierkegaard vor allem die Synthese von Zeitlichem und Ewigem, »das in Leidenschaft unendliche Interesse an der persönlichen ewigen Seligkeit«, das die Bedingung des Glaubens ist (Samlede Vaerker VII,47).

Kierkegaard betont oft, daß er sich mit seinem literarischen Schaffen an »den einzelnen« wendet. Die ethisch-religiöse Entscheidung bezieht sich stets nur auf den einzelnen. Entsprechend dürfen das Allgemeine, die Menge, das Menschengeschlecht keine Zwischenglieder zwischen dem einzelnen und dem Absoluten bilden; denn Christentum wird nur im individuellen Glauben realisiert. Christus ist der immer Gegenwärtige, mit dem der Mensch im Glauben »gleichzeitig« wird; das geschieht nicht durch einen historischen Rückgriff auf den Jesus, der über die Erde ging, sondern dadurch, daß der einzelne im »Augenblick«, in der jetzt vorhandenen Situation durch Einswerden mit Christus seine Gegenwart empfängt. Die »Gleichzeitigkeit« ist also einer der Hauptbegriffe, die Kierkegaard zur Beschreibung des christlichen Glaubens verwendet, zum Beispiel in der Schrift »Indøvelse i Christendom« (Einübung ins Christentum) von 1850.

Wenn Kierkegaard dann das christliche Leben als »Nachfolge« charakterisiert, so ist darunter nicht eine »Imitatio« – ein Nachahmen – im mittelalterlichen Sinne, sondern eine Nachfolge Christi im versöhnenden Leiden und in seiner überwindenden Liebe zu verstehen; man vergleiche dazu seine Ausführungen in »Kjerlighedens Gjerninger« (Werke der Liebe) von 1847 und die schon erwähnte »Indøvelse i Christendom«.

Während des erbitterten Kampfes gegen die Kirche, der das dramatische Ende der literarischen Tätigkeit Kierkegaards bildet, betont er immer schärfer die Notwendigkeit des Anstoßes; Haß und Verfolgung sind für den Christen unumgänglich. Die Forderung der »Nachfolge« wird dabei ins Extreme gesteigert. In der von ihm verfaßten Flugschriftenreihe »Øjeblikket« (Der Augenblick) von 1855 äußert Kierkegaard dann auch die Überzeugung, daß das Christentum des Neuen Testaments nicht mehr zu finden ist, das »offizielle« Christentum vielmehr eine schändliche Verfälschung darstellt. Deshalb sei ein radikaler Bruch mit dem Bestehenden die unerläßliche Forderung für den, der Christ sein wolle.

Kierkegaards Einfluß war zu seinen Lebzeiten gering. Seine Gedanken standen in allzu starkem Kontrast zu den herrschenden Tendenzen seiner Zeit, als daß sie in der damaligen Situation wirksam werden konnten. In unserem Jahrhundert, vor allem in den letzten Jahrzehnten, ist Kierkegaards literarischer Arbeit jedoch eine ungewöhnlich große und weit ausgedehnte Aktualität zuteil geworden. Dies hat seinen Grund teilweise in der Nutzung des Gedankengutes dieses dänischen Denkers durch die »Existenzphilosophie«; aber auch in der Theologie hat man in ziemlich weitgehendem Maße die reich fließenden Quellen aus Kierkegaards literarischen Werken zu erschließen versucht. Sie sind in ihrer denkerischen und literarischen Originalität wie auch in ihrer eindringlichen Forderung auf Verinnerlichung ohne Gegenstück in der Geschichte der Theologie.

Ritschl und seine Schüler

Neben den konservativen Strömungen tritt im 19. Jahrhundert auch ein »liberaler« oder freisinniger Protestantismus in vielen verschiedenen Formen und unterschiedlichen Zusammenhängen in Erscheinung. Seinen Ursprung leitet er in den meisten Fällen von den deistischen und rationalistischen Anschauungen der Aufklärungszeit her. Vor allem findet man ihn bei einigen Theologen, die die historisch-kritische Methode in der Theologie in vollem Umfang zur Geltung bringen wollen, wie der schon obenerwähnte *David Friedrich Strauß* (vgl. oben S. 284) und der Tübinger Professor *Ferdinand Christian Baur* (gest. 1860). Beide sind bekannte Vertreter der historischen Bibelkritik; der letztgenannte hat auch durch seine dogmengeschichtlichen Arbeiten großen Einfluß ausgeübt. Eine solche »liberale« Theologie wird in einer zum Teil erneuerten und eigenartigen Gestalt bis in das 20. Jahrhundert hinein von dem Göttinger Professor *Albrecht Ritschl* (gest. 1889) entfaltet.

Ritschl knüpft weitgehend an Kant und Schleiermacher an. Das Wesen der Religion findet er dabei jedoch nicht in dem absoluten Abhängigkeitsgefühl, sondern in den für religiöse Gemeinschaften kennzeichnenden Ideen, die auf eine Änderung des Willens und auf eine Erlösung und Seligkeit des Menschen abzielen. Eine Offenbarung im eigentlichen Sinn gibt es für Ritschl nicht; sie fällt mit den positiven Religionen zusammen. Die »christliche Religion« ist an die christliche Gemeinde und die Person Jesu gebunden. Die Theologie hat nur die Aufgabe, die Art der Gottesgemeinschaft zu beschreiben, die im historischen Christentum zum Ausdruck kommt.

Es war die Absicht Ritschls, einen festen wissenschaftlichen Grund für die Theologie zu legen und damit ihre Position den Angriffen der damaligen Naturwissenschaft gegenüber zu befestigen. Dabei war sein Ausweg, auf die positive Religion als greifbares historisches Faktum hinzuweisen. Der Dogmatik fiel dann die Aufgabe zu, eine nachträgliche historische Beschreibung des Glaubens zu sein.

Der Auffassung gegenüber, das Christentum habe nur Bezug auf das in Jesus Christus übermittelte Heil, betont Ritschl, daß man es mit zwei dominierenden Gedanken zu tun habe: dem »Reich Gottes«, als dem gemeinsamen sittlichen Endziel verstanden, und der *Erlösung* des einzelnen. Das Christentum kann er deshalb mit einer Ellipse vergleichen, die von zwei Brennpunkten beherrscht wird.

Entscheidend sind für Ritschl die ethischen Gesichtspunkte. Denn die Funktion der Religion besteht vor allem darin, das in den Kategorien der Sittlichkeit verstandene Endziel, das Reich Gottes, zu fördern und zu verwirklichen.

Die Erlösung, die als »Rechtfertigung« oder als »Sündenvergebung« bestimmt wird, stellt die durch die Sünde gehemmte sittliche Freiheit wieder her. Durch den Glauben wird das gestörte Verhältnis zu Gott gegen Vertrauen und Kindschaft ausgetauscht. Daraus erfolgt eine innere Umwandlung des Willens: Der Mensch wird zu Gottes Willen hin umgestimmt und damit für ein gutes Handeln prädisponiert. Diese innere Umwandlung wird von Ritschl *»Versöhnung«* genannt, die ihrerseits gute äußere Werke zur Folge hat. Die Erlösung bezweckt nicht nur die Seligkeit des einzelnen, sondern auch ein gemeinsames sittliches Ziel: die Verwirklichung des Reiches Gottes, das höchste Gut der Menschheit.

Sofern man will, kann man die »Erlösung« auf die Religion und das »Reich Gottes« auf die Ethik beziehen; es ist jedoch dabei zu beachten, daß beide Größen sich nach Ritschl gegenseitig bedingen. Eher kann man sagen, das Religiöse werde dem Ethischen untergeordnet, obwohl beide Größen als die zwei »Brennpunkte« Bestandteile dessen sind, was Ritschl die christliche Religion nennt.

Der traditionelle Lehrstoff wird kräftig beschnitten oder in Übereinstimmung mit den »ethischen« oder »geistlichen« Grundgedanken umgebildet, die für den einzig wesentlichen Inhalt der Offenbarung gehalten werden. Die *Sünde* wird nicht als allgemeine Verderbnis, nicht als ein Zustand der Schuld vor Gott gehalten, sondern Ritschl sieht darin nur einzelne Abweichungen vom Guten, was auf mangelnder Kenntnis des gemeinsamen Besten beruht, das zugleich das sittlich Gute ist. – Die *sittliche Freiheit*, mit der der Mensch von Natur ausgestattet ist, muß daher gestärkt und vervollkommnet werden, was durch die neue Gottesgemeinschaft geschieht, die sich dem Menschen durch den Glauben an Christus und sein Heil in ihm eröffnet. – *Christus* kann nur im übertragenen Sinne Gott genannt werden: Seine Göttlichkeit besteht in der Einheit des Willens mit Gott, in der vollkommenen Gottesgemeinschaft, bekundet in seinem Berufungsgehorsam. Leiden und Sterben Christi sind nur der äußerste Beweis dieses Gehorsams. Für die Erlösung haben sie nur als Beispiele des Gehorsams Bedeutung, durch den Christus auch andere in die gleiche Beziehung zu Gott als dem Vater versetzen kann, in der er selber steht (»Unterricht in der christlichen Religion«, § 42). Der Gedanke eines stellvertretenden oder versöhnenden Strafleidens wird abgelehnt. – Nach Ritschl ist *Gott* nur Liebe; Zorn, Rache oder verdammende Gerechtigkeit sind seinem Wesen gänzlich fremd. Strafe und Zucht bezwecken lediglich die Erziehung des Menschen.

Die Aufgabe der Theologie, wie Ritschl sie sieht, besteht entsprechend darin, das traditionelle Christentum in Einklang mit dem »Weltbewußtsein« des zeitgenössischen Menschen zu bringen; denn es geht in der Religion nicht um eine Welterklärung oder um theoretische metaphysische Beurteilungen, sondern um Werturteile. Das Ziel ist eine »christliche Philosophie«, die der Forderung nach einer vollkommenen sittlichen und geistlichen Religion entspricht.

Sein System hat Ritschl vor allem in der großen dreibändigen Arbeit »Die christliche Lehre von der Rechtfertigung und Versöhnung«, 1870–1874, niedergelegt. (Band III enthält die grundsätzliche Darstellung.) Eine kurzgefaßte Zusammenstellung liegt in seinem »Unterricht in der christlichen Religion« von 1875 vor.

Ritschl hat in seinen Schriften einer nüchternen bürgerlichen Religionsform Ausdruck verliehen, die der zeitgenössischen kulturellen Einstellung in hohem Grade entgegenkam. In ihrer Verstandesmäßigkeit und praktischen Ausrichtung erinnert seine Anschauung an den Sozinianismus und andere ähnliche Formen des Rationalismus. Der ethische Ernst des Christentums wird unterstrichen, sein Inhalt jedoch gleichzeitig auf Weltanschauung und Sittlichkeit reduziert. Der weitreichende Einfluß, dessen sich die Ritschlschen Gedanken erfreuten, hat seinen Grund weniger in der Tiefe der Ideen oder in ihrer Originalität als in ihrer Eigenschaft, den Forderungen eines allgemeinen Zeitgeistes zu entsprechen und solche Probleme zu aktualisieren, die dem zeitgenössischen theologischen Denken am nächsten lagen.

Von Ritschls Anhängern ist in erster Linie der auch über den deutschen Sprachbereich hinaus wirkende Marburger Professor *Wilhelm Herrmann* (gest. 1922) zu nennen, der die Ideen seines Lehrmeisters in vielerlei Hinsicht vertiefte und erweiterte. Die Grenzziehung zwischen Theologie und Metaphysik wird bei Herrmann schärfer als bei Ritschl durchgeführt: Die Glaubensaussagen sind Urteile, die unmittelbar an das persönliche Gotteserlebnis anknüpfen, weshalb sie auf einer anderen Ebene liegen als alle philosophischen und metaphysischen Aussagen. Beide Arten von Urteilen werden als unvereinbar betrachtet. Bei Herrmann konzentriert sich der gesamte Inhalt des Christentums auf die Offenbarung in Jesus Christus. Während Ritschl den Glaubensinhalt rationaler und nüchterner von dieser Offenbarung ableitet, betont Herrmann das persönliche Erlebnis der Christusgestalt als Ausgangspunkt des Glaubens. Es handelt sich für ihn um einen »inneren Akt des reinen Vertrauens«; das Evangelium erweckt den Glauben durch den Kontakt mit dem »inneren Leben Jesu«. Die Wirklichkeit des Religiösen leuchtet dem Menschen erst dann entgegen, wenn er durch den Imperativ der sittlichen Forderung zur Erkenntnis seiner eigenen Ohnmacht und Schuld gekommen ist. Der sittlich ernste Mensch wird in seinem Innern durch den Eindruck der Person Jesu »bezwungen« und dadurch zum Glauben geführt. Der Gedanke einer allgemeinen Offenbarung wird abgelehnt. Das Bindeglied zwischen dem natürlichen Menschen und dem christlichen Gottesglauben liegt im Ethischen. – Die bekanntesten Arbeiten Herrmanns sind »Der Verkehr des Christen mit Gott« (1886) sowie »Ethik« (1901).

Zu Ritschls Anhängern kann man auch den bekannten Berliner Dogmengeschichtler *Adolf von Harnack* (gest. 1930) rechnen. Seine theologische Konzeption wird im Zusammenhang mit der Theologie der Jahrhundertwende in einem der folgenden Abschnitte behandelt.

Englische Theologie im 19. Jahrhundert

Im England des 19. Jahrhunderts wird die theologische Entwicklung vor allem von drei Faktoren beherrscht: die hochkirchliche Oxfordbewegung, die durch eine Synthese von Platonismus und Christentum gekennzeichnete einheimische philosophische Tradition sowie der Einfluß der sich immer stärker markierenden kritischen Geschichtsauffassung.

Die Oxfordbewegung ging von einem Kreis von Theologen in Oxford aus. Unter ihnen befand sich *John Keble* (1792–1866), dessen bekannte Predigt über den »nationalen Abfall« 1833 scharfe Kritik an der liberalen Parlamentspolitik seiner Zeit übte, die sich Eingriffe in Angelegenheiten der Kirche erlaubte und kraft eines säkularisierten Staatsideals die Selbständigkeit der Kirche bedrohte. Diese Predigt Kebles pflegt man als den Ausgangspunkt der Oxfordbewegung anzusehen. Zu ihren bedeutendsten Vertretern gehörten außer Keble noch *Edward Pusey* (1800–1882) und *John Henry Newman* (1801–1890). Seit 1833 gab Newman die Zeitschrift »Tracts for the Time« heraus, in der das Programm der Hochkirchenbewegung – zum Teil in einer stark romanisierenden Richtung – entfaltet wurde. In diesem Programm betonte man die apostolische Sukzession als grundlegend für das Amt. Das Sakraments- und Kirchenverständnis wurde ebenfalls in starker Anlehnung an das römische Vorbild entwickelt. In dem Traktat Nr. 90 (herausgegeben 1841) suchte Newman zu zeigen, daß die 39 Artikel der anglikanischen Kirche (vgl. oben S. 225f.) so gedeutet werden konnten, daß sie im Einklang mit den Beschlüssen des Konzils von Trient standen. Ursprünglich lag in der Oxfordbewegung die Bestrebung, den katholischen Aspekt der anglikanischen Kirche zu betonen und auf diese Weise eine Erneuerung der eigenen Gemeinschaft zu gewinnen, aber Newman und nach ihm andere Theologen zogen aus ihrer Position die Konsequenz, zur römischen Kirche überzutreten (Newman tat dies im Jahr 1845). Die Bewegung setzte sich jedoch fort und ging allmählich in eine allgemeinere anglokatholische Strömung über, die entscheidende Bedeutung für das kirchliche Leben und die Theologie Englands in der neueren Zeit gewann. Der Traditionalismus ist einer ihrer charakteristischen Züge. Das theologische Programm umfaßt die Rückkehr zur Theologie der Urkirche und zur klassischen anglikanischen Theologie des 16. und 17. Jahrhunderts. Nicht zuletzt daher hat das Studium der Kirchenväter eine zentrale Stellung in der englischen Theologie eingenommen. Ebenfalls erfolgte auf hochkirchliche Initiative hin eine umfassende Publikationstätigkeit, die unter anderem die »Library of Anglo Catholic Theology« (88 Bände, 1841–1866) hervorbrachte.

Der Dichter und Philosoph *Samuel Taylor Coleridge* (1772–1834) hat trotz des Fragmentarischen seiner philosophischen und theologischen Ausführungen weitgehenden Einfluß auf die englische Theologie ausgeübt. Beeinflußt von der deutschen Romantik und dem deutschen Idealismus wie auch von der platonisierenden Tradition Englands – den Cambridge-Platonisten des 17. und 18. Jahrhunderts – opponierte er gegen den Deismus und schuf eine Synthese von Theologie und Philosophie. Das Religiöse war für ihn eine geistliche, mystische Wirklichkeit, in welche die Vernunft kraft ihrer Teilhaftigkeit an der göttlichen Natur immer tiefer einzudringen vermochte. Eine gewisse Neigung zum Pantheismus charakterisiert seine Anschauung. Durch sein Nachdenken über die Grenzfragen zwischen Philosophie und Theologie hat er den Horizont der Theologie erweitert und eine Alternative zu den negativen Haltungen des Deismus und Utilitarismus gegenüber dem Christentum geschaffen.

Unter dem Einfluß von Coleridge und anderen hat *Frederick Denison Maurice* (1805–1872) die platonisierende Linie der englischen Theologie vollendet. Seine theologische Anschauung erweist sich als ein »christianisierter Platonismus«, wobei die Verbindung des Göttlichen mit dem höchsten Menschlichen, die sich in Christus, »the Son of God an the Son of Man«, manifestiert, den Mittelpunkt bildet. Diese Verbindung gründet in der Liebe Gottes und drückt sich auch in dem einem jeden innewohnenden Logos aus, der die Quelle einer progressiven Offenbarung ist, die in Christus ihre Vollendung findet. Maurice legte »die Ewigkeit« – so wie die dazu gehörenden Ausdrücke »ewiges Leben«, »ewige Strafe« – nicht durch zeitliche, sondern durch qualitative Kategorien aus, was starke Opposition hervorrief und dazu führte, daß er eine Professur in Oxford aufgeben mußte. Maurice vertritt einen christlichen Idealismus, der die historische Wahrheit des Christentums nicht leugnet, vor allem aber an das Herz, an das höchste Menschliche appelliert.

Der vorstehend erwähnte S. T. Coleridge hat als erster der englischen Theologie die historisch-kritische Bibelauffassung vermittelt, die in Deutschland bereits Boden gewonnen hatte. Er rät dazu, die Bibel wie ein gewöhnliches Buch zu studieren. Solche Tendenzen erregten natürlich sowohl bei den Hochkirchlichen wie auch bei den Evangelikalen anfangs größeren Widerstand, allmählich aber wurde die Position der kritischen Geschichtsauffassung stärker. Die neuen Entwicklungstheorien, vorgetragen von Charles Darwin in seinem Werk »On the Origin of Species« (1859) wie auch von Herbert Spencer, waren hierbei nicht ohne Bedeutung, obwohl ihnen von theologischer Seite noch lange Zeit starker Widerstand entgegengebracht wurde.

Eine Manifestation der liberalen Ideen waren auch die im Jahr 1860 herausgegebenen »Essays and Reviews«, die unter anderem für das Recht der freien Forschung in der Theologie plädierten und die Forderung einer historisch-kritischen Bibelauffassung erhoben. Noch größere Bedeutung gewann in diesem Zusammenhang die Publikation des Sammelwerkes »Lux Mundi« von 1889. Sie ging nicht aus liberalen Kreisen hervor, sondern ist der entscheidende Ausdruck dafür, daß man auch auf hochkirchlicher Seite die kritische Geschichtsauffassung als unerläßliche Voraussetzung der Theologie akzeptiert hatte. Der Zweck der Essaysammlung war, »das christliche Glaubensbekenntnis in sein richtiges Verhältnis zur modernen Entwicklung unserer naturwissenschaftlichen, historischen und kritischen Erkenntnisse und zu modernen Problemen der Ethik und Politik zu bringen«.

Der Herausgeber von »Lux Mundi« war *Charles Gore* (1853–1932), der die anglikanische Hochkirche vertrat, aber ihre Autoritätsprinzipien mit der Übernahme wissenschaftlicher Normen in die Theologie zu vereinbaren suchte. Gore entwickelte seinen Standpunkt in Verbindung mit einer Vorlesungsreihe über die Inkarnation. Nicht zuletzt durch seinen Einfluß hat die anglikanische Theologie ihren Mittelpunkt in der Inkarnation behalten, im Unterschied etwa von der Anschauung der

Evangelikalen, die die Versöhnung als den Mittelpunkt des Christentums betrachten. Bezeichnend für Gore ist seine Kenosis-Lehre, nach der Christus in der Inkarnation seine göttlichen Attribute abgelegt und sich menschlichen Begrenzungen unterworfen hatte. Es besteht ein gewisser Zusammenhang zwischen diesem Gedanken und Gores Versuch, die göttliche Autorität der Schrift mit einer kritischen Bibelauffassung zu vereinen.

Durch Charles Gore entwickelte sich die hochkirchliche Bewegung nach neuen, mehr modernistischen Linien; Gore selbst wurde der Führer einer Strömung, die als liberale Hochkirche bezeichnet wird.

Römisch-katholische Theologie im 19. Jahrhundert

Nach einer Periode des Niedergangs, welche die Kultur der Aufklärung auch für die römisch-katholische Kirche mit sich brachte, ließ das anbrechende 19. Jahrhundert auch bei der katholischen Kirche einen beginnenden Aufschwung und ein neuerwachtes Interesse für Kirche und Theologie erkennen. Unter anderem war es die Romantik, die dieses Interesse durch ihre allgemeine Einstellung weckte und förderte. So betrachtete man etwa die mittelalterliche Kirche, die während der Aufklärung in so dunklen Farben gemalt worden war, jetzt mit Bewunderung und Wertschätzung.

Für die Erneuerung, die die römisch-katholische Theologie im 19. Jahrhundert erfuhr, wurde die sogenannte Tübinger Schule bahnbrechend. Ihr bedeutendster Vertreter ist *Johann Adam Möhler* (gest. 1838), der unter anderem durch seine »Symbolik« bekannt wurde, in der eine gründliche Konfrontation mit der protestantischen Theologie erfolgt. Vor allem wird die historische Theologie durch diese Schule gefördert. Zu einem tieferen Verständnis der patristischen und mittelalterlichen Tradition hat sie dabei wichtige Beiträge geleistet. In ihrer klassischen Tradition ist die römisch-katholische Kirchenlehre von einer positiven Einschätzung des Erkenntnisvermögens der Vernunft als Voraussetzung für die Glaubenserkenntnis ausgegangen. Im 19. Jahrhundert treten dann zwei Richtungen hervor, die einen entgegengesetzten Standpunkt vertreten: der sogenannte *Traditionalismus* betrachtete die Offenbarung und den Glauben nicht nur als Quelle religiöser, sondern auch natürlicher Erkenntnis innerhalb der Metaphysik und Moral; der *Ontologismus*, den unter anderem *Henri Maret* (gest. 1884) vertrat, der aber frühere Vorbilder in der augustinischen Tradition hatte, nahm eine intuitive Gotteserkenntnis als Grund für alle Wahrheitserkenntnis an. Beide Standpunkte wurden durch offizielle Dekrete abgelehnt, ersterer 1840 und 1855, letzterer 1861.

Auf ganz andere Weise als in den beiden eben erwähnten Richtungen wurde die Frage von Vernunft und Offenbarung in der theologischen Strömung beantwortet, die seit Mitte des 19. Jahrhunderts die vorherrschende werden sollte: die *Neuscholastik* oder, wie man sie auch noch nennt, der *Neuthomismus*. Durch zahlreiche französische und italienische Theologen wie auch durch die Tübinger Schule in Deutschland und den hervorragenden Theologen *Joseph Kleutgen* (gest. 1893) rückte die mittelalterliche Scholastik in den Mittelpunkt des Interesses, nicht nur innerhalb der historischen Theologie, sondern vor allem auf dem Gebiet der Dogmatik. Eine Bestätigung der dominierenden Stellung, die diese Richtung nun einnimmt, ist die Enzyklika von Papst Leo XIII. »Aeterni Patris« von 1879, in welcher die Philosophie Thomas von Aquins als Grundwissenschaft der höheren Unterweisung der Kirche empfohlen wird. In der heutigen römisch-katholischen Theologie gilt entsprechend dieser Theologe als der führende Kirchenlehrer. Durch eine Bestimmung des kirchlichen Gesetzbuches (Cod. iur. can. 1366) wird vorgeschrieben, daß an katholischen Lehranstalten Studium und Unterweisung in Philosophie wie auch in Theologie im Einklang mit den Gedanken und Prinzipien des Aquinaten erfolgen sollen.

Als bedeutendster Dogmatiker des 19. Jahrhunderts auf römisch-katholischem Gebiet ist wohl *Matthias Joseph Scheeben* (gest. 1888) anzusehen, der in seinen literarischen Werken ebenfalls einen Beleg für die Bedeutung gibt, die der klassischen Tradition der Kirchenväter wie auch der mittelalterlichen Scholastik beigemessen wird. Seine Dogmatik schöpft er aus diesen Quellen und sucht das Erbe dieser älteren Tradition in einer eigenständigen, tiefschürfenden Analyse zu beleben. Scheeben betont hierbei vor allem die unterschiedliche Art des christlichen Glaubens gegenüber dem nur Vernunftgemäßen oder Naturgegebenen. In diesem Zusammenhang prägt er den Ausdruck »Übernatur«, mit dem er das Übersinnliche, das der Vernunft Unzugängliche in der Glaubenslehre bezeichnet (»Die Mysterien des Christentums«, 1865).

Durch die Bulle »Ineffabilis Deus« von 1854 proklamierte Pius IX. das Dogma von der »Unbefleckten Empfängnis der Jungfrau Maria«, nach der Maria durch ein besonderes Privileg vor der Erbsünde bewahrt blieb. Diese Deklaration, die eine Konzession an die volkstümliche Marienverehrung war, bekundete eine neue Auffassung vom Wesen des Dogmas, da hier die sonst übliche Forderung nach der biblischen oder apostolischen Begründung der Kirchenlehre unberücksichtigt blieb. Die Proklamierung dieses Dogmas setzte die Befugnis des höchsten kirchlichen Lehramtes voraus, neue Lehrsätze, die für die Kirche verpflichtend sind, zu autorisieren. Das Erste Vatikanische Konzil 1869–1870, von Rom als das zwanzigste ökumenische gezählt, bestätigte eine solche Lehre und proklamierte das Dogma vom unfehlbaren Lehramt des Papstes: Wenn der Papst in seinem Amt einen für die ganze Kirche gültigen Lehrsatz über Glauben oder Sitte definiert, verfügt er über die Unfehlbarkeit, die der Heiland seiner Kirche verheißen hat.

In einer im Jahr 1864 herausgegebenen Zusammenstellung von »errorum modernorum«, genannt »Syllabus«, verdammte Pius IX. Zeiterscheinungen wie Pantheismus und Rationalismus, Sozialismus und Indifferentismus ebenso wie die kritische und die agnostische Philosophie. Ähnliche Stellungnahmen zu verschiedenen Formen der Anschauung der modernen Zeit erfolgten bei anderen Gelegenheiten. Sie wurden dann in dem langen und unter dogmatischen Gesichtspunkten schicksalsschweren Kampf gegen den Modernismus um die Wende zum 20. Jahrhundert entwickelt und vertieft. Der *Modernismus* war eine umfassende theologische Bewegung, deren Vertreter den römisch-katholischen Glauben auf verschiedene Weise mit modernem Kulturbewußtsein in Einklang zu bringen suchten. So befürworteten sie die kritische Geschichtsauffassung in der Bibelfrage, wandten sich in philosophischer Hinsicht gegen die vorherrschende Scholastik und versuchten eine moderne philosophische Betrachtungsweise einzuführen. Ein Hort dieser neuen Ideen wurde das »Institut catholique« in Paris, wo unter anderem *Alfred Loisy* (gest. 1940) eine Zeitlang als Lehrer tätig war und das Programm der kritischen Bibelforschung vortrug. In einer Enzyklika »Providentissimus Deus« von 1893 unterstrich Leo XIII. zwar die Bedeutung der Wissenschaft für das Bibelstudium, warnte jedoch vor einer kritischen Geschichtsauffassung von der Art, wie Loisy sie verfocht. Letzterer ging seines Amtes verlustig, betätigte sich jedoch auch weiterhin als Fürsprecher des Modernismus, vor allem mit der kleinen Schrift »L'évangile et l'église« (1903), einer Gegenschrift gegen Harnacks »Wesen des Christentums« (vgl. unten S. 307f.). In ihr verteidigt Loisy Kult und Dogmen der Kirche gegen Harnack, betont jedoch gleichzeitig, daß Kult und Dogmen nicht auf das Evangelium zurückgeführt werden können, sondern eine spätere Schöpfung darstellen und eine notwendige Entwicklung in der Gemeinde nach der ausgebliebenen Parusie bezeichnen. Loisys Buch wurde auf den Index der katholischen Kirche gesetzt; er selber wurde 1908 exkommuniziert.

Zur bedeutendsten Auseinandersetzung mit dem Modernismus kam es durch die Bulle Papst Pius X. »Pascendi Domini gregis« von 1907, in der die vielen wechselnden Tendenzen und Anschauungen, die im »Modernismus« beheimatet sind, einer eingehenden Analyse unterzogen und als häretisch verdammt werden. Von demselben Geist ist dann auch die 1910 erhobene Forderung bestimmt, nach der alle Lehrer und Pfarrer ein Bekenntnis zur katholischen Glaubenswahrheit ablegen und dabei die Irrlehren des Modernismus verwerfen sollen (der Antimodernisteneid).

Trotz anfänglicher Ablehnung des kritischen Bibelverständnisses hat die wissenschaftliche Arbeit mit der Bibel auf römisch-katholischem Gebiet ebenso Boden gewonnen wie in anderen christlichen Gemeinschaften. In unseren Zeitabschnitt fällt die eben erwähnte Bulle »Providentissimus Deus« von 1893, in dem eine wissenschaftliche Behandlung der Bibel innerhalb gewisser Grenzen befürwortet wird. Man kann hiermit die fünfzig Jahre später erlassene Enzyklika »Divino afflante Spiritus« (1943) vergleichen, in der einer wissenschaftlichen, kritischen Betrachtungsweise weitgehende Konzessionen gemacht werden. Die einige Jahre später proklamierte Bulle »Humani generis« (1950) lehnt den Modernismus in neueren Formen – den man gleichfalls für eine Bedrohung des katholischen Glaubens erachtet – jedoch scharf ab.

In dem Maße, wie sich innerhalb der römisch-katholischen Theologie die Einstellung zur Bibelfrage im 19. Jahrhundert offensichtlich veränderte, hat sich auch in der heutigen römischen Theologie die Traditionsauffassung gewandelt – eine Entwicklung, die bereits im 19. Jahrhundert zu verspüren war. In der nachtridentinischen Theologie verstand man unter der Tradition eine Offenbarungsquelle neben der Heiligen Schrift, vom niedergeschriebenen apostolischen Zeugnis abgegrenzt, dieses jedoch vervollständigend (vgl. oben S. 221). Der enge Kontakt zur urkirchlichen und mittelalterlichen Theologie, der im 19. Jahrhundert dann erwuchs, führte ebenfalls zu einer neuen Deutung des Traditionsinhalts. Vorläufer waren hierbei unter anderem die bereits erwähnten Theologen Johann Adam Möhler und Matthias Josef Scheeben sowie Kardinal Newman. Sie betrachteten Schrift und Tradition als eine organische Einheit; die Tradition verstanden sie dabei als eine dynamische Größe, die das ganze Lehramt der Kirche einbegriff. Insofern war auch die Schrift in gewisser Hinsicht Tradition, als man betonte, daß die Bibel nicht ohne Tradition ausgelegt werden könne. Entsprechend betrachtete man die Tradition nicht länger als neue Offenbarungsquelle neben der Schrift, sondern als fortlaufende Entwicklung der Offenbarung.

Die neue Einstellung zur Tradition bildet eine wichtige Voraussetzung für die heutige theologische Diskussion, nicht zuletzt für die Konfrontation mit der Auffassung der evangelischen Kirchen. Beim Zweiten Vatikanischen Konzil 1962–1965 wurde die Frage ausführlich behandelt (vgl. unten S. 330).

Die Erweckungsbewegungen des 19. Jahrhunderts

In der zweiten Hälfte des 19. Jahrhunderts breiteten sich vor allem in der angelsächsischen Welt, aber auch in den skandinavischen Ländern äußerst aktive Erweckungsbewegungen aus. Aufgabe der Kirchengeschichte ist es, die Entwicklung der verschiedenen Richtungen und ihrer führenden Persönlichkeiten zu schildern. In diesem Zusammenhang sollen jedoch nur einige der geistigen Grundzüge der Erweckungsbewegungen Gegenstand unserer Aufmerksamkeit werden.

Zu Erweckungsbewegungen im weiteren Sinne wird man Erscheinungen wie den Grundtvigianismus in Dänemark oder die Oxfordbewegung in England zählen müssen, in der Regel ist jedoch der Begriff im engeren Sinne gebraucht. Auch unter den charakteristischen Erweckungen gibt es markante Unterschiede zwischen den freikirchlich ausgerichteten Strömungen, die in diesem Zusammenhang ausführlicher behandelt werden sollen, und den rein innerkirchlichen Erweckungen, die im Rahmen bestehender Kirchengemeinschaften unter Beibehaltung ihrer Ordnungen entstanden.

Wie die schon früher erwähnte sogenannte »Erweckung« in Deutschland (vgl. oben S. 285) gab es auch in Skandinavien verschiedene innerkirchliche Bewegungen ähnlicher Art, die alle trotz einer mehr oder weniger markanten Prägung vom Pietismus her durch ein bewußtes Festhalten am altlutherischen Erbe charakterisiert sind.

Zu diesen Bewegungen gehören der Haugianismus in Norwegen, vom Laienprediger *Hans Nielsen Hauge* (gest. 1824) hervorgerufen und geleitet, sowie der vor allem an der Westküste Schwedens verbreitete Schartauanismus, der auf den Lundenser Pfarrer *Henrik Schartau* (gest. 1825) zurückzuführen ist; in Finnland waren unter anderem *Paavo Ruotsalainen* (gest. 1852) und *Fredrik Gabriel Hedberg* (gest. 1893) als Leiter der Erweckung bekannt. In Nordschweden wie in Finnland gewann die von *Lars Levi Lästadius* (gest. 1861) ausgehende Bewegung große Verbreitung.

Eine mittlere Stellung zwischen der früheren pietistischen Erweckung und der freikirchlichen Bewegung des 19. Jahrhunderts nimmt die sogenannte neuevangelische Bewegung ein, die sich in Schweden mit dem Namen von *Karl Olof Rosenius* (gest. 1868) verbindet. Dieser einflußreiche Laienprediger knüpfte in seiner Verkündigung vor allem an Luther an, war aber auch vom innerkirchlichen Pietismus und von der Herrnhuter Theologie beeinflußt. Seine Wirksamkeit war ebenso in vieler Hinsicht von der methodistischen und reformierten Verkündigung seiner Zeit abhängig. Trotz seiner Ablehnung des Separatismus bildet er damit geistig gesehen ein Bindeglied zwischen gewissen Teilen der kirchlichen Erweckung und den freikirchlichen Verbindungen, die im folgenden geschildert werden.

Der Baptismus, der im vorigen Jahrhundert in lutherischen Gebieten aufkam, kann von der baptistischen Bewegung in England und Amerika hergeleitet werden. Diese hatte ihre Vorläufer bereits im Wiedertäufertum der Reformationszeit und in einer Täuferbewegung in Holland, deren Anhänger dann nach dem im 16. Jahrhundert lebenden holländischen Priester *Menno Simons* Mennoniten genannt werden.

Ein anderer Zweig der Erweckung im 19. Jahrhundert bewegte sich auf den Spuren des englischen Methodismus und wurde von Männern dieser Gemeinschaft getragen. Außerdem entstanden neue methodistische Kirchengemeinschaften, zum Beispiel in den skandinavischen Ländern.

In Amerika hatte die weit ausgedehnte Erweckung im 19. Jahrhundert in »the Great Awakening« (seit 1734) eine unmittelbare Vorläuferin gehabt, deren Urheber der hervorragende Theologe und Prediger *Jonathan Edwards* war, der zu den Kongregationalisten zu zählen ist (gest. 1758). Bedeutende Führer der Erweckung im 19. Jahrhundert waren unter anderen *Charles Grandison Finney*, der in Amerika wie auch in Großbritannien tätig war (gest. 1875), und der amerikanische Verkünder *Dwight Lyman Moody* (gest. 1899), der gemeinsam mit dem methodistischen Sänger *Ira David Sankey* (gest. 1908) bei mehreren Gelegenheiten auch Großbritannien besuchte und dort große Erweckungskampagnen durchführte. – Der vor allem in London am Metropolitan Tabernacle tätige Baptistenprediger *Charles Haddon Spurgeon* (gest. 1892) gewann ebenfalls sehr großen Einfluß auf die Erweckung, auch weit über die Grenzen seiner Gemeinschaft hinaus.

Der Schwedische Missionsbund (Svenska Missionsförbundet) von *Paul Peter Waldenström* (gest. 1917), ursprünglich als Missionsgesellschaft gegründet, hat sich in der Tat zu einer freikirchlichen Gemeinschaft kongregationalistischer Art entwickelt, in der Lehrauffassung stark von reformierten und liberal-theologischen Tendenzen geprägt.

Bezüglich ihrer Lehrweise wie ihrer Struktur lassen die vorstehend genannten freikirchlichen Erweckungsbewegungen eine Anzahl Gemeinsamkeiten wahrnehmen. Am deutlichsten ist vielleicht die Erweckungstheologie in ihrer Eigenart zu erkennen, wenn man genauer untersucht, was in diesen Richtungen 1. über die Wiedergeburt und Heiligung, 2. über die Kirche und ihre Organisation sowie 3. über die Sakramente gelehrt wird.

1. Wie schon erwähnt, hat der Methodismus bezüglich der Rechtfertigungslehre das Erbe Luthers angetreten, insofern er die Rechtfertigung als Vergebung der Sünden und Zurechnung der Gerechtigkeit Christi faßt. In anderen Richtungen aber wird die Rechtfertigung in der Regel mit der Wiedergeburt gleichgestellt und als erfahrbare Veränderung des menschlichen Gemüts beschrieben. »Rechtfertigung« muß bedeuten – meint man –, daß der Mensch wirklich »gerecht gemacht wird«, was so verstanden wird, daß er eine innere Umwandlung erfährt.

Der obengenannte Waldenström entwickelte Anfang der 70er Jahre des 19. Jahrhunderts den Gedanken, daß die Versöhnung im neutestamentlichen Sinn nicht die Besänftigung des Vaters durch den Sohn bedeuten könne, da Gott unveränderlich barmherzig und liebevoll sei. Die »Versöhnung« bestehe statt dessen in einer Sinnesänderung des Menschen. Da diese Auffassung der traditionellen Versöhnungslehre entschieden widersprach, kam es in der folgenden Zeit zu einer heftigen Debatte über diese Probleme. Der Vorstellung von der Versöhnung als einer moralischen Umwandlung des Menschen (»subjektive« Versöhnung) wurde die herkömmliche kirchliche Anschauung entgegengesetzt, nach der die Versöhnung eine Abwendung des gerechten Gotteszornes von dem Sünder durch das Opfer Christi bedeute (»objektive« Versöhnung). Waldenström baute seine Versöhnungslehre zwar auf gewisse Beobachtungen des neutestamentlichen Sprachgebrauchs auf – »es steht geschrieben« war sein ständig wiederkehrendes Argument –, seine Gedanken lagen aber in der Linie der einflußreichen liberalen Tradition des 19. Jahrhunderts; sie stellten eben die Konsequenz einer rationalen und moralisierenden Christentumsdeutung dar, die er vertrat.

Die Heiligung – als ein Vollzug der mit der Rechtfertigung verbundenen Wiedergeburt oder inneren Umwandlung verstanden – ist der Punkt, der in der Theologie und Verkündigung der Erweckung in der Regel am stärksten betont wird. Der Christ ist verpflichtet, im Einklang mit dem neuen Gesetz Christi zu leben, das nicht nur als eine Erklärung und Wiederholung des von Beginn an gegebenen Gesetzes oder als das allgemeingültige Gesetz der Zehn Gebote betrachtet wird, sondern als eine höhere sittliche Ordnung, der nachzuleben allerdings nur dem Gläubigen möglich ist. Die

Heiligung gründet sich auf die Rechtfertigung durch den Glauben, ist ihrerseits aber die Voraussetzung dafür, daß der Mensch die Seligkeit erlangt, wie sie auch die Voraussetzung für eine weitere Mitgliedschaft in der christlichen Gemeinde ist.

2. Die Vorstellung von der in der Kirche gegebenen Gemeinschaft und ihren Funktionen ist ebenso wie die Lehre von der Heiligung in bestimmten Grundzügen bei der freikirchlichen Erweckung einheitlich: Die Kirche stellt den konkreten Zusammenschluß der Gläubigen dar. Nur wer seinen Glauben bekannt und seinen Willen, ein geheiligtes Leben zu führen, erklärt hat, wird als Glied der Gemeinde aufgenommen.

Die äußeren Organisationsformen können bei den einzelnen Richtungen der Erweckung dagegen wechseln: Der Methodismus etwa hat eine bestimmte Ordnung für die Aufnahme in die Kirche festgelegt; er bildet auch eine internationale Kirchengemeinschaft mit einer streng durchgeführten Organisation. Andere Erweckungsbewegungen dagegen, wie der Baptismus und der Schwedische Missionsbund, sind im Prinzip konkregationalistisch, das heißt, sie gehen davon aus, daß jede örtliche Gemeinde selbständig ist und als solche die Kirche Christi repräsentiert. Sie soll für alle Gläubigen offen sein, während alle Nichtgläubigen auszuschließen sind. So wie der einzelne in seiner Heiligung im Kampf gegen das Fleisch unter ständiger Befreiung durch den Geist leben soll, so muß auch die Gemeinde in Heiligkeit wachsen und durch eine strenge Kirchenzucht diejenigen ausschließen, die im Unglauben leben oder offenkundig gegen die Regeln der Gemeinschaft verstoßen.

3. Was schließlich die Sakramentslehre betrifft, so herrschen hier bei verschiedenen Fragen divergierende Standpunkte, desgleichen in der angewandten Praxis.

Die Baptisten sehen in der Taufe nur eine symbolische Handlung, in welcher der Christ seinen Glauben bekennt und in die Gemeinde aufgenommen wird. Die Forderung der Erwachsenentaufe ist die Konsequenz dieser Auffassung. Die Bedeutung, die man der Taufe beimißt, ist in verschiedenen Richtungen des Baptismus unterschiedlich, man betrachtet aber weder Taufe noch Abendmahl als Gnadenmittel in dem Sinne, daß sie die Vergebung der Sünden vermitteln.

Auch in anderen Zweigen der freikirchlichen Erweckung begegnet uns ein gleichartiger reformierter Standpunkt, während sich zum Beispiel Waldenström von der baptistischen und symbolischen Auffassung der Sakramente entschieden distanziert. Im Schwedischen Missionsbund herrschen jedoch eine wechselnde Auffassung und Praxis.

Betrachtet man die Entwicklung in der Gegenwart, so kann man feststellen, daß es viele Verschiebungen bezüglich der lehrmäßigen Voraussetzungen gegeben hat und daß die Unterschiede zwischen den großen Kirchengemeinschaften und den Freikirchen nicht mit derselben Schärfe wie früher betont werden. Das kann in einzelnen Fällen mit einer lehrmäßigen Nivellierung zusammenhängen, dürfte jedoch auch andere Gründe haben. Auf beiden Seiten steht man in ständiger Arbeit, dem Ausdruck zu geben, was man als das Wesentliche am Christentum erachtet, und sucht aus diesem Grunde nach einfacheren und sachgemäßeren Formulierungen. Auf diese

Weise werden manche alten Streitpositionen überholt oder haben nur noch historisches Interesse. Eine Folge davon sind die ökumenischen Gespräche zwischen Kirche und Freikirchen, die in unseren Tagen weithin geführt werden. Die Verhandlungen zwischen der Methodistenkirche und der Anglikanischen Kirche in England, die auf eine völlige Einigung abzielen, sind dafür vielleicht das bedeutendste Beispiel.

34
Die Theologie des beginnenden 20. Jahrhunderts
Moderne Geistesströmungen

Theologen um die Jahrhundertwende

Adolf von Harnack (gest. 1930), bereits als Schüler Albrecht Ritschls erwähnt, wurde vor allem als Kirchen- und Dogmengeschichtler berühmt. Er nahm in seiner Zeit eine dominierende Stellung auf diesem Gebiet ein und beherrschte wie kein anderer das weite patristische und exegetische Feld. Seine berühmteste Arbeit, das dreibändige »Lehrbuch der Dogmengeschichte« (1886–1890), war die reife Frucht seiner vielseitigen historischen Forschungsunternehmungen.

In seiner berühmten Berliner Vorlesungsreihe im Jahre 1900, im Druck dann unter dem Titel »Das Wesen des Christentums« erschienen, versuchte Harnack ein zusammenfassendes Bild dessen zu geben, was er für den hauptsächlichen Inhalt des Evangeliums hielt. Wenn Wilhelm Herrmann (siehe oben S. 297f.) den Ton vor allem auf die innere persönliche Erfahrung der Person Jesu legte, erweckt durch die Verkündigung der Bibel, so betonte Harnack stärker das Christentum als historische Erscheinung. Das Zeitlose in seiner Botschaft, der eigentliche Inhalt des Glaubens fiel dabei mit der ursprünglichen Lehre Jesu zusammen, die man aus den Evangelien herauslesen konnte; den Inhalt dieser Lehre aus den Dokumenten zu gewinnen war für Harnack eine rein historische Aufgabe, und dementsprechend betrachtete er die Evangelien als in der Hauptsache dafür zuverlässige Texte. Die Verkündigung Jesu faßte er in den folgenden drei Gedankenkreisen zusammen, von denen jeder einzelne das gesamte Evangelium einbezieht.

1. Das Reich Gottes als eine im Innern des Menschen schon jetzt offenbarte Wirklichkeit;

2. Gott als Vater und absoluter Wert des Menschen;

3. Die höhere Gerechtigkeit, die Jesus verkündigte, das heißt das Liebesgebot.

Diese »einfache Lehre Jesu«, durch die historische Methode den Evangelien entnommen, konnte als ein Konzentrat der höchsten idealen religiösen Wahrheiten betrachtet werden. Harnack verankerte somit das Christentum in der Geschichte, stellte es aber gleichzeitig als eine zeitlose, allgemeingültige Religion dar. Das christliche Dogma setzte er dabei in Gegensatz zum ursprünglichen Evangelium und betrachtete es als die Frucht einer späteren Entwicklung, die durch den Einfluß der griechischen Philosophie bedingt ist: eine »Schöpfung des hellenischen Geistes auf dem Boden des Evangeliums«.

Harnacks Konzeption des Christentums war ebenso wie die Wilhelm Herrmanns von starkem apologetischem Interesse getragen; in einer Zeit, als die Wissenschaft den Glauben an das christliche Dogma zu untergraben schien, wollte man auf etwas verweisen, was unabhängig von aller wissenschaftlicher Kritik im Christentum als bleibend angesehen werden konnte. Eine Ironie des Schicksals war es, daß Harnacks historische Deutung des Christentums in vielen Punkten ausgerechnet von der exegetischen und patristischen Forschung widerlegt werden sollte, die sich in den ersten Jahrzehnten des 20. Jahrhunderts herausbildete.

Damit stellte sich die Frage, die zu den brennendsten des theologischen Denkens um die Jahrhundertwende gehörte: Welche Bedeutung hat die Geschichte, mit der uns die Bibelwissenschaft vertraut macht, für den christlichen Glauben? Wir haben schon gesehen, wie Herrmann und Harnack, die beide der liberalen Richtung angehörten und Schüler Albrecht Ritschls waren, zu unterschiedlichen Antworten auf diese Frage gelangten. Für Herrmann lag der Grund des Glaubens in dem Vertrauensverhältnis, das sich dann bildete, wenn das Bild vom »inneren Leben Jesu« dem Menschen durch das Wort der Bibel lebendig gemacht wurde. Er wies somit von der historischen auf die zeitlose persönliche Erfahrung der Begegnung mit Jesus. Harnack verstand das Christentum vor allem als eine historische Wirklichkeit. Nach seiner Auffassung könnte man durch historische Wissenschaft zum Evangelium als einer ursprünglichen Verkündigung Jesu gelangen, die in ihrer historischen Verankerung gleichzeitig eine zeitlose Wahrheit, die ideale Religion darstellte.

Im Jahr 1892 gab der Hallenser Professor *Martin Kähler* (gest. 1912) eine kleine Schrift mit dem Titel »Der sogenannte historische Jesus und der geschichtliche biblische Christus« heraus, in der die Frage des Glaubens und der Geschichte in einer Weise behandelt wurde, die neue Ansätze in der Theologie verhieß. Kähler wandte sich gegen die Versuche der liberalen Theologie, ein Bild des historischen Jesus zu konstruieren; denn ein solches Bild würde in Wirklichkeit eine Fälschung werden, da die erhaltenen Quellen, das heißt in erster Linie die Evangelien, keine Jesus-Biographie im modernen Sinne sein wollten, sondern die Grundlagen für die Verkündigung der Kirche von Christus bildeten. Nicht die wissenschaftliche Schilderung einer Person, sondern die kirchengründende und glaubenschaffende Predigt sei der Zweck der Evangelien. Der Christus, den der Glaube erfasse, sei identisch mit dem »geschichtlichen« Christus, von dem die ganze Bibel Zeugnis ablege. Wenn Kähler zwischen »historisch« und »geschichtlich« unterscheidet, so meint er mit »historisch« das zu kennzeichnen, was die historische Forschung mit ihren Mitteln festzustellen vermag, eben einfache Tatsachen, die dem Geschichtsbild eingegliedert werden. Mit dem Wort »geschichtlich« wird das historische Phänomen in seiner Bedeutung für die Menschheit und den jetzt lebenden Menschen charakterisiert, weshalb es hier um die Erfassung des vergangenen Geschehens in seiner Bedeutung für die Person geht, die durch ebendiese Geschichte bestimmt wird. Nach Kähler bezieht sich der Glaube nicht auf das Historische, sondern auf etwas »Übergeschichtliches«, eben das Ewige, für das Heil Entscheidende, das jedoch in dem historischen Geschehen offenbart wurde, von dem die Bibel Zeugnis ablegt.

Kählers Buch hat seine Aktualität im gesamten 20. Jahrhundert behalten, da sich in ihm mehrere theologische Tendenzen ankündigen, die danach zur Geltung gelangen sollten. Herausgestellt wurde, daß das Evangelium auf Grund seiner Art im Dienst der Verkündigung steht und auf die Predigt von Christus in der christlichen Gemeinde ausgerichtet ist. Dieser Gedanke, der dann von der »Formgeschichtlichen Schule« aufgenommen wurde, sollte zur »kerygmatischen« Theologie führen, die von Karl Barth, Rudolf Bultmann und einem weiten Kreis von ihnen beeinflußter Theologen vertreten wurde.

Kählers Gesichtspunkten war eine idealistische Tendenz eigen, die etwa in seiner Betonung des »Überhistorischen« zum Tragen kommt. An und für sich wäre dieser Begriff nur auf das Transzendente, Ewige abzielend zu deuten, auf das »jenseits« der Geschichte Liegende. Dies ist jedoch nicht der Fall. Kähler glaubt das für den Glauben Bedeutsame gerade in der Geschichte, im geschichtlichen Jesus der Bibel (»totus Christus«) zu finden, nicht nur in Jesu innerem Leben (Herrmann), auch nicht nur in gewissen zeitlosen religiösen Gedanken seiner Verkündigung (Harnack).

Die historische Bibelkritik, die am Ende des vorigen Jahrhunderts zwar nicht neu war, da sie schon eine lange Geschichte hinter sich hatte, wurde erst in dieser Zeit zu einer in der Theologie allgemein vorherrschenden Methode. In weiten Kreisen wurde ihr zur Last gelegt, sie zerstöre den christlichen Glauben; für die Theologen um die Jahrhundertwende war dies eines der großen Probleme, mit denen sie zurechtzukommen hatten.

Wie Martin Kähler in einem Punkt die Schwierigkeiten zu lösen versuchte, haben wir schon gesehen: Der vermeintliche »historische« Jesus ist eine neuerliche Konstruktion, die eine Verfälschung der Evangelien darstellt; der wirkliche biblische Christus ist vielmehr zugleich der verkündigte, der in der Gemeinde als der lebendige Herr gegenwärtig ist. Es ist ein und derselbe Christus, von dem die Evangelien zeugen und an den die Christen glauben. Man kann nämlich durch historische Kritik der Texte niemals weiter als bis zu den ursprünglichen Glaubenszeugnissen zurückgehen, die von Anfang an einen Teil der Verkündigung in der ersten Gemeinde bildete.

Gleichartige Probleme wurden von dem schwedischen Theologen *Einar Billing*, Professor in Uppsala, Bischof in Västerås (gest. 1939), aufgegriffen. Er betonte, was damals ziemlich neu war, daß die biblische Offenbarung mit historischen Fakten, an Gottes Handeln mit seinem auserwählten Volk und an die Geschichte Jesu fest gebunden war. Sie stand dadurch in klarem Widerspruch zur Weisheit der Griechen, die sich in einem allgemeinen Begriffswissen ausgestaltete. Die Entdeckung des sogenannten »dynamischen« Offenbarungsgedankens in der Bibel wurde von großer Bedeutung für das Bibelverständnis wie auch für die Auffassung von der Aufgabe der Theologie. Nicht in einem geschlossenen System lag das Ideal der Glaubenslehre; sie hatte vielmehr die Aufgabe, auf diese oder jene Weise dem Historischen und Dynamischen in der biblischen Offenbarung gerecht zu werden.

Billings Theologie wurde auch in anderer Hinsicht wegweisend für die damalige Diskussion. In Auseinandersetzung mit den freikirchlichen Bewegungen gab er dem lutherischen Kirchenverständnis einen neuen Ausdruck, indem er den sogenannten »religiös motivierten Volkskirchengedanken« formulierte. Die territorialen, das ganze Land und Volk umfassenden Kirchspiele waren ein Ausdruck des freien göttlichen Gnadenangebots und eine Folgerung aus dem Auftrag, für das ganze Volk das Evangelium zu verkündigen. In den neueren, aus ganz anderen Prämissen geführten Diskussionen über das Verhältnis zwischen Kirche und Staat spielten Billings Gedanken in Schweden dann auch eine erhebliche Rolle.

Mit einer Abhandlung über Luthers Lehre vom Staat (1900) hat Einar Billing weiter die neuere skandinavische Lutherforschung eingeleitet.

Das erneuerte Interesse für die Reformationsforschung, die in Deutschland vor allem durch die Kirchenhistoriker Karl Holl und Heinrich Böhmer eingeleitet und gefördert wurde, hat auch in hohem Grade die Entwicklung der systematischen Theologie auf lutherischem Gebiet beeinflußt. Zu den führenden Systematikern auf diesem Gebiet gehörten im Anfangsstadium der sogenannten Luther-Renaissance unter anderen Carl Stange, Rudolf Hermann und Paul Althaus.

Die religionsgeschichtliche Schule

Als Adolf von Harnack über das »Wesen des Christentums« las, glaubte er durch eine rein historische Untersuchung der ursprünglichen Verkündigung Jesu eine allgemeingültige Darstellung der christlichen Religion geben zu können. In derselben Zeit machte sich jedoch in der exegetischen Forschung eine andere Tendenz geltend, welche die Voraussetzung Harnacks und der liberalen Theologie aufzuheben schien; sie begegnet uns in der sogenannten religionsgeschichtlichen Schule. Ein Hauptgedanke dieser Richtung ist folgender: Untersucht man die Religionsgeschichte der urchristlichen Zeit mit Hilfe der historischen Methode, dann wird man keine allgemein verbindliche Religion finden, sondern eine größere Anzahl von Ideen und Voraussetzungen, die der heutigen Denkweise so fremd sind, daß man sie verständlicherweise nicht in unsere Zeit übertragen und zu Aussagen religiöser Unterweisung machen kann.

Zu diesen fremden religiösen Aussagen jener Zeit gehören vor allem die Eschatologie und Apokalyptik, die Jesus und seine Jünger als Erbe vom Judentum übernommen hatten. In einer Schrift über den Reich-Gottes-Gedanken in der Verkündigung Jesu (»Die Predigt Jesu vom Reich Gottes«) von 1892 wies ein junger Neutestamentler, *Johannes Weiß* (gest. 1914), auf rein exegetischem Wege nach, daß Jesu Predigt vom Reich Gottes eine künftige eschatologische Gottesherrschaft zum Gegenstand hatte, die am Ende dieses Äons unvermittelt hereinbrechen sollte.

Damit wurde der liberale Reich-Gottes-Gedanke, wie er zum Beispiel bei Ritschl vertreten wurde (vgl. S. 295f.), ernstlich in Frage gestellt, da man dort das Reich Gottes als eine innerweltliche, im Glauben bereits verwirklichte und in der christlichen Gesellschaft sich immer stärker manifestierende Größe betrachtete.

Nachdem Johannes Weiß sowie andere Wissenschaftler auf die aus orientalischen Religionen und frühjüdischen Glaubensauffassungen stammenden Einflüsse im ursprünglichen Christentum hingewiesen hatten, begann man sich nun für die religionsgeschichtlichen Zusammenhänge zu interessieren. Im christlichen Glauben erblickte man ein Glied einer Entwicklung, die aus der altorientalischen wie auch aus der hellenistisch-jüdischen Religionsgeschichte gespeist wurde. Für die christlichen Gemeinden, aber auch für die religionsgeschichtliche Forschung stellte sich damit die Frage, ob man mit dieser Grundanschauung noch am Christentum als einer der Gegenwart angemessenen und den neueren religiösen Empfindungen entsprechenden Religion festhalten könne; denn die religionsgeschichtliche Schule trug mit ihrem wissenschaftlichen Interesse dazu bei, verschiedene Vorstellungen der liberalen Verkündigung von einem dem neueren Denken angepaßten Christusglauben zu zerstören.

Wissenschaftlich gesehen liegt die Bedeutung der religionsgeschichtlichen Schule darin, daß sie in vielen Punkten den Blick für die Eigenart des Christentums schärfte; denn angesichts eines vertieften religionsgeschichtlichen Studiums erwies es sich als sinnvoll, das Christentum in seiner historischen Eigenart zu untersuchen, ohne dabei neuere rationalistische Voraussetzungen zu berücksichtigen. Die religionsgeschichtliche Schule konnte durch ihre Forschung die geschichtlichen Verhältnisse jener Zeit weiter klären; man kann jedoch nicht behaupten, daß sie zu gesicherten und für die Zukunft wesentlichen Resultaten gelangt wäre. In der Praxis landeten vielmehr mehrere ihrer Vertreter bei geläufigen liberaltheologischen Ideen, sobald es darum ging, die Botschaft des Christentums in ihrem systematischen Zusammenhang darzustellen.

Daß das Programm nicht zu den erwarteten Ergebnissen führte, beruhte vielleicht in erster Linie darauf, daß das Bild, das man sich von der religionsgeschichtlichen Entwicklung machte, im hohen Grade eine Konstruktion blieb.

Das Ziel, eine Religionsgeschichte Israels und des Urchristentums zu schildern, war mit der ursprünglichen Intention der Texte wenig konform. Deshalb lag in diesem Programm nicht nur die Stärke, sondern auch die Schwäche der religionsgeschichtlichen Methode.

Die neue, von Johannes Weiß formulierte Eschatologie, wonach das Reich Gottes in der Verkündigung Jesu dem kommenden Äon angehörte, wurde von *Albert*

Schweitzer (gest. 1965) weiter ausgebaut. In seiner 1906 veröffentlichten Untersuchung »Von Reimarus zu Wrede« (spätere Auflagen unter dem Titel »Die Geschichte der Leben-Jesu-Forschung«) führte er aus, daß nicht nur ein Teil der Verkündigung, sondern das gesamte Wirken Jesu darauf abzielte, den Fall der gegenwärtigen Weltordnung und das Kommen des Gottesreiches zu beschleunigen.

Da nun aber die Erwartung der Wiederkunft Jesu und des baldigen Anbruches des Gottesreiches nicht in Erfüllung ging, änderte sich allmählich der Inhalt der christlichen Botschaft. Entsprechend muß die ganze Kirchenlehre wie auch die Verkündigung des Neuen Testaments im Lichte dieser ursprünglich bald erwarteten, dann aber ausgebliebenen eschatologischen Umwälzung gedeutet werden.

Da diese These von »der konsequenten Eschatologie« auf einer unzureichenden exegetischen Grundlage basierte, wurde sie von der Forschung fallengelassen; sie erhielt aber durch die Diskussion, die sie hervorrief, eine große Bedeutung. Hier wurde so deutlich wie möglich unterstrichen, daß die vermeintlich ursprüngliche Verkündigung Jesu für die heutige Zeit nicht einfach zu übernehmen sei, weil sie einem uns fremden apokalyptischen Milieu angehörte.

Schweitzers Auffassung vom Christentum als einer existentiellen Religion steht aber auch in keinem Zusammenhang mit den Ergebnissen seiner eigenen Erforschung des Urchristentums. Statt dessen griff er Ideen des deutschen Idealismus und Humanismus auf und machte den Gedanken der »Ehrfurcht vor dem Leben« zum Ausgangspunkt der Religion.

Schweitzer war der entschiedenste Vertreter des religionsgeschichtlichen Programms; das Anliegen der religionsgeschichtlichen Schule wurde jedoch von einer weiteren Anzahl bedeutender Forscher vertreten, zum Beispiel von *Hermann Gunkel* (gest. 1932), der vor allem in einem Kommentar zur Genesis (1901) wichtige Beiträge zur Literaturgeschichte des Alten Testaments leistete, und *Wilhelm Bousset* (gest. 1920), der die urkirchlichen Christusvorstellungen von den neuen religionsgeschichtlichen Ausgangspunkten her untersuchte. Hier ist besonders sein Werk »Kyrios Christos – Geschichte des Christusglaubens von den Anfängen des Christentums bis auf Irenäus« (1913) zu nennen.

In einer Linie mit diesen Beiträgen der religionsgeschichtlichen Schule auf dem Gebiet der Bibelforschung lag das aufkommende Interesse an der allgemeinen Religionsgeschichte und der Religionspsychologie. Unter den Religionsgeschichtlern sind besonders *Nathan Söderblom*, der vor allem durch sein Eintreten für ökumenische Beziehungen (Kongreß Stockholm 1925) bekannt geworden ist, sowie auch *Eduard Lehmann* zu nennen. Zum Thema Religionspsychologie brachte *William James* eine Arbeit heraus – »The Varieties of Religious Experience« (1902), die grundlegend für die moderne empirische Religionsforschung wurde.

Unter den hervorragenden Historikern und Religionsphilosophen ist der Heidelberger Professor *Ernst Troeltsch* (gest. 1923) einzureihen, der ebenfalls zur religionsgeschichtlichen Schule gezählt werden kann. Indem er dem Christentum den

Absolutheitsanspruch bestritt, es vielmehr nur als die – historisch gesehen – höchste Form der Persönlichkeitsreligion betrachtet, zog er die Konsequenzen aus einem radikal religionsgeschichtlichen Verständnis des Christentums. Er rang mit dem Problem der Offenbarung und der Geschichte; entsprechend war es für ihn eine Kernfrage, wie man mit einer konsequent historischen Deutung des Christentums dennoch seine Heilsbedeutung und seine Rolle in der aktuellen Verkündigung verteidigen könne. So war er bestrebt, eine Synthese mit der Kultur zu finden, und knüpfte an den Gedanken der natürlichen Religion an. Nach seiner Meinung fußen alle Werturteile, religiöse wie moralische, auf gewissen gegebenen Voraussetzungen der menschlichen Vernunft (religiöses Apriori).

Troeltsch hatte einen klaren Blick für die Bedeutung der persönlichen Entscheidung, die aus einer persönlichen Freiheit resultiert; es blieb bei ihm jedoch ein ungelöstes Problem, wie man diese mit der kritischen, empirisch-induktiven Geschichtsauffassung verbinden könnte. Mit diesen Gedanken greift er aber der späteren Entwicklung vor und weist auf Tendenzen, die in der Folgezeit mit unvergleichlicher Mächtigkeit hervorbrachen. Erstens wird das Christentum als eine verkündigte Botschaft betont, die den einzelnen jeweils vor die Entscheidung stellt (die dialektische Theologie), zum anderen kommt es zu einer anhaltenden Diskussion über die Berechtigung und Bedeutung der historischen Christentumsdeutung in der Theologie.

Die folgende Zeit machte deutlich, daß die systematischen Gedanken der religionsgeschichtlichen Schule wenig zukunftsträchtig waren und darum im großen und ganzen bald in Vergessenheit gerieten. Von bleibendem Wert waren dagegen die Arbeitsmethoden und die rein historischen Forschungen, die sich innerhalb dieser Richtung entwickelten.

Die dialektische Theologie

Unmittelbar nach dem ersten Weltkrieg erschien ein Kommentar zum Römerbrief (1919, Vorwort 1918), verfaßt von einem Schweizer Pfarrer namens *Karl Barth* (gest. 1968), der das Denken in Theologie und Kirche entscheidend prägen sollte.

Was in diesem Buch ausgeführt wurde, bedeutete einen scharfen Protest gegen die allgemeine Theologie jener Zeit wie auch gegen die gesamte neuere Tradition, die – schon seit Schleiermacher – das Christentum auf menschliche Erfahrung gründete und den Glauben für ein Phänomen des menschlichen Geisteslebens ansah. Es war auch ein Protest gegen die Schulen, die die Theologie in Religionswissenschaft verwandelten und keine andere Bibelauslegung als die historisch-kritische kannten. Barths Römerbriefkommentar erschien einige Jahre später in einer zweiten Auflage (1922, Vorwort 1921), und diese völlig umgearbeitete Version kann als Ausgangspunkt der Richtung betrachtet werden, die man dann die dialektische Theologie zu nennen pflegt. Karl Barths Name blieb auch für sie bestimmend. Sein engster Geistesverwandter ist der spätere Baseler Professor *Eduard Thurneysen* (geb. 1888). Zur selben Richtung gehörte auch der Züricher Professor *Emil Brunner* (gest. 1966), der wie Barth reformierter Theologe ist, sowie der lutherische Theologe *Friedrich Gogarten* (gest. 1967), der später Professor in Göttingen wurde.

Sowohl Brunner als auch Gogarten und andere Vertreter dieser Schule distanzierten sich während der 30er Jahre von Karl Barth, so daß man von dieser Zeit an nicht mehr von der dialektischen Theologie als einer einheitlichen Richtung reden kann.

Karl Barth war eine Zeitlang Professor in Bonn, seine Lehrtätigkeit in Deutschland wurde aber von der NS-Diktatur untersagt (1934), so daß er gezwungen war, nach Basel zu gehen. Dort hielt er auch nach seiner Emeritierung noch Vorlesungen.

In unserem Zusammenhang wollen wir uns nun einigen Grundgedanken von Barths literarischer Tätigkeit widmen.

Zu seinem ungewöhnlich reichen Werk gehören außer dem bereits genannten Römerbriefkommentar vor allem folgende Arbeiten: »Das Wort Gottes und die Theologie« (1925, eine Sammlung von Aufsätzen, die für die beginnende dialektische Theologie sehr aufschlußreich sind), »Christliche Dogmatik – Prolegomena« (1927, die erste, nicht abgeschlossene Version seiner Dogmatik), »Fides quaerens intellectum« (1931, ein Kommentar zu Anselms Theologie), »Kirchliche Dogmatik« (1932ff., die große, nicht vollendete Dogmatik, deren dreizehnter Band 1967 erschien).

Da Barth eine der führenden Persönlichkeiten der deutschen Bekennenden Kirche im Kampf gegen den Nationalsozialismus war, werden in seinen Schriften auch politische Fragen berührt. Stets liegen dabei aber theologische Entscheidungen zugrunde, die vor allem aus einer von Calvin bestimmten Tradition entstammen. In diesem Zusammenhang ist besonders auf die Theologische Erklärung von Barmen (1934) hinzuweisen, die sich gegen die Verfälschung der christlichen Botschaft durch die sogenannte »völkische Theologie« wandte. Der Text dieser Bekenntnisurkunde der Bekennenden Kirche war zum großen Teil von ihm verfaßt worden. Weiterhin ist der Brief an Josef Hromádka aus dem Jahre 1938 zu nennen, in dem Barth auf die drohende Kriegsgefahr hinwies. Auch in späteren Jahren hat Barth, der bereits in seiner Zeit als Pfarrer in Safenwil sich für sozialistische Interessen einsetzte, von der Kirche größere Aufgeschlossenheit gegenüber der marxistischen Lehre gefordert (»Eine Schweizer Stimme«, 1945). Er selbst trat dem »Nationalkomitee Freies Deutschland« bei.

In einem vielbeachteten Beitrag zur Tauffrage, »Die kirchliche Lehre von der Taufe« von 1943, distanziert sich Barth – von der reformierten Tradition ausgehend – von der Kindertaufe und empfiehlt die Erwachsenentaufe.

Die Dialektische Theologie ist aus der Kulturkrise hervorgegangen, die dem ersten Weltkrieg folgte; einige ihrer Vertreter formulieren eine kritische Reaktion gegen die von der religionsgeschichtlichen Schule vertretene Theologie. Dennoch lag es Barth fern, die historisch-kritische Bibeldeutung zu verwerfen; er ist aber der Meinung, daß sie vielfach zum Selbstzweck geworden ist und so ihr Ziel verfehlt hat, indem sie eben bei dem Äußeren stehenbleibt und die Sache selbst nicht erfaßt, von der der Text handelt. Die nur philologische und historische Auslegung will er in seinem Römerbriefkommentar deshalb durch eine vertiefte »dialektische« Darstellung der Sache selber ersetzen. Seine Vorbilder findet er vor allem in der alten klassischen christlichen Tradition, zum Beispiel bei den Männern der Reformation, Luther und Calvin. Barths Bibelauslegung ist jedoch kein Kopieren der reformatorischen Auslegung: die Dialektik des Textes ist für ihn nicht wie bei Luther ein Gegensatz zwischen Gottes Zorn und Gottes Gnade, zwischen der Sünde des Menschen und der von Gott geschenkten Gerechtigkeit, sondern ein prinzipieller Gegensatz zwischen Ewigkeit und Zeit, zwischen Gott als Gott und dem Menschen als Menschen. »Wenn ich ein ›System‹ habe, so besteht es darin, daß ich das, was Kierkegaard den ›unendlichen qualitativen Unterschied‹ von Zeit und Ewigkeit genannt hat, in seiner negativen und positiven Bedeutung möglichst beharrlich im Auge behalte. ›Gott ist im Himmel und du bist auf Erden.‹ Die Beziehung dieses Gottes zu diesem Menschen, die Beziehung dieses Menschen zu diesem Gott ist für mich das Thema der Bibel und die Summe der Philosophie in Einem« (»Der Römerbrief«, Vorwort zur 2. Auflage).

Barth will der göttlichen Offenbarung – dem »ganz Anderen« – Raum geben. Gegen die rein menschliche als ein Teil des Geisteslebens aufgefaßte Religion setzt er das göttliche Wort, von dem die Schrift und die Predigt Zeugnis geben und das dem Menschen, der sich selbst verneint und in Demut das Evangelium empfängt, offenbart, das heißt, von außen her erteilt wird.

Was Barth über die Offenbarung oder das Wort Gottes sagt – die Behandlung dieser Themen füllt die ersten zwei Bände der »Kirchlichen Dogmatik« (1932–1938) –, ist von Beginn an vom Gegensatz Zeit und Ewigkeit bestimmt. Diese Voraussetzung stellt einen idealistischen Bestandteil in Barths Theologie dar, die sich ansonsten als ein Protest gegen jede idealistische Tradition erweist. »Ewigkeit« bedeutet in diesem Zusammenhang nicht Ewigkeit als Verlängerung der Zeit oder Ewigkeit im biblischen Sinne als ein neues Zeitalter. Der Terminus bezeichnet vielmehr das rein Transzendente, das mit der Zeit nichts zu tun hat und daher auch stets gegenwärtig sein kann. Entsprechend wird das Verhältnis zwischen Gott und Mensch als direkte Parallele zu dem Gegensatz Ewigkeit – Zeit verstanden.

Aus diesem Grunde können Gottes Wort und Gottes Handeln niemals mit dem menschlichen Wort oder dem historischen Geschehen der Bibel identifiziert werden, sie werden vielmehr als etwas rein Transzendentes betrachtet. Hinsichtlich der Theologie bedeutet das unter anderem, daß jegliche »natürliche Theologie« strikt abgelehnt wird. Das Göttliche bedeutet eine Negation des Menschlichen schlechthin, folglich ist es undenkbar, daß Göttliches in die Natur des Menschen eingefügt ist oder in ihr überhaupt einen Anknüpfungspunkt haben kann. Weiter werden die Bibel und die Heilsgeschichte nur als Analogien des transzendenten Gotteswortes und Gotteshandelns sowie als deren Zeugnis betrachtet. Das verkündigte und das geschriebene Wort – das die einzige Vermittlung zwischen Gott und Mensch darstellt – bedeutet nur einen Hinweis auf die eigentliche Gottesoffenbarung, das heißt auf das Wort Gottes in seiner absoluten und transzendenten Bedeutung.

Dies ist auch der Grund dafür, daß Barth sich einer »dialektischen Methode« bedient, bei der man verschiedene Standpunkte und Aussagen einander gegenüberstellt, damit die Sache, die man beschreiben will, beidseitig beleuchtet wird. Nach seiner Meinung kann man den Inhalt der Offenbarung nicht in beschreibender Weise direkt zum Ausdruck bringen – dies wäre eine »dogmatische« Methode –, sondern nur dadurch, daß man gegensätzliche Aussagen ständig konfrontiert. Es kommt damit zu einem Balancieren zwischen Aussagen, die eine entsprechende Behauptung zugleich verneinen und bejahen, so daß man die Frage zur Antwort und die Antwort zur Frage macht. »So bleibt nur übrig . . . beides, Position und Negation, *gegenseitig aufeinander* zu beziehen. Ja am Nein zu verdeutlichen und Nein am Ja, ohne länger als einen Moment in einem starren Ja *oder* Nein zu verharren, also z. B. von der Herrlichkeit Gottes in der Schöpfung nicht lange anders zu reden als . . . unter stärkster Hervorhebung der gänzlichen Verborgenheit, in der sich Gott in der Natur für unser Auge befindet, vom Tod und von der Vergänglichkeit nicht lange anders als in Erinnerung an die Majestät des ganz anderen Lebens, das uns gerade im Tod entgegentritt . . .« (»Das Wort Gottes als Aufgabe der Theologie«, S. 172).

Der Gedanke der Verkündigung – oder des »Kerygmas«, wie die Bezeichnung oft lautet – als Ausgangspunkt der Theologie ist bei Barth grundlegend; er wurde übrigens auch außerhalb der Grenzen der dialektischen Schule von jüngeren Theologen übernommen.

Barth war Gemeindepfarrer, als er als theologischer Autor hervortrat; er ist auch der Meinung, daß die Theologie voll und ganz im Dienst der Verkündigung stehen muß. Näher bestimmt ist ihre Aufgabe, die Verkündigung kritisch zu prüfen und den Prediger entsprechend anzuleiten. Vor allem gilt dies für die Dogmatik, deren Aufgabe folgendermaßen definiert wird: »Dogmatik ist als theologische Disziplin die wissenschaftliche Selbstprüfung der christlichen Kirche hinsichtlich des Inhalts der ihr eigentümlichen Rede von Gott« (KD I,1, § 1).

Die Verkündigung ist nun aber nicht nur Voraussetzung für die Theologie; ihre zentrale Stellung beruht vor allem darauf, daß das Wort Gottes die hörende Gemeinde im Hier und Jetzt trifft und damit die Begegnung zwischen Gott und Mensch zustande kommt, zur Entscheidung und zum Glauben auffordernd. Dieser Grundgedanke ist bei vielen Theologen der Gegenwart mit einer Anknüpfung an die Existentialphilosophie kombiniert worden, im besonderen Maße in der Schule Bultmanns. Im Unterschied zu einer mehr historisch ausgerichteten Forschung und einer Theologie, die ihre Aufgabe hauptsächlich in einer deskriptiven oder kritischen Analyse der christlichen Tradition sieht, spricht man bei Bultmann von einer »kerygmatischen« Theologie.

Barths Lehre vom Wort Gottes leitet zur Christologie über: Das Wort Gottes begegnet dem Menschen als die verkündigte Botschaft, zugleich weist diese aber zurück auf das geschriebene Wort – das heißt die Bibel – als Norm für die Verkündigung und als Kriterium, wonach diese Verkündigung sich messen lassen muß. Doch auch die Schrift ist nicht Gottes Wort im eigentlichen Sinne, denn sie weist ihrerseits auf das »offenbarte« Wort, auf das Hervortreten des verborgenen Gottes in Christus. Die Bibel »bezeugt« somit die in Christus geschehene Offenbarung. »Bezeugen« bedeutet in diesem Zusammenhang, »in einer bestimmten Richtung über sich selbst hinaus und auf ein anderes hinweisen« (KD I, 1,114). Das Göttliche darf demgemäß in keinerlei Weise mit Zeitlichem oder Menschlichem gleichgestellt werden; das letztere kann daher nur auf das erstere »hinweisen«.

Die Kluft zwischen Gott und Mensch ist an einem einzigen Punkt überbrückt worden: in der Inkarnation, mit der Gottes ewiges Wort in Jesus Christus menschliches Wesen erwählt und angenommen hat. Dies ist ausschließlich als ein Akt der göttlichen Freiheit zu verstehen, was Barth durch die Jungfrauengeburt illustriert findet: Ohne die Mitwirkung des Mannes ist das Wunder der Inkarnation geschehen.

Auf Grund all dieser Prämissen nimmt die Christologie in Barths Dogmatik eine zentrale Stellung ein. Da kein anderer Kontakt zwischen Göttlichem und Menschlichem möglich ist als der in der Inkarnation verwirklichte, sind alle Fragen der Dogmatik auf die Christologie zurückzuführen. So wird das Verhältnis zwischen Gott und Mensch – das Hauptthema der Theologie (siehe oben S. 315) – durch Christus in vorbildlicher Weise dargestellt; denn in ihm spiegeln sich sowohl Gottes Handeln mit dem Menschen wie der Gehorsam des Menschen und seine Erhöhung in die Gottebenbildlichkeit wider. Dementsprechend hat die Schöpfung keine andere Bedeutung, als das Gotteshandeln zu präformieren, das in Christus verwirklicht wird. Die Lehre von der Kirche und die Ethik werden ebenfalls in Einklang mit dem christologischen Schema entwickelt; denn auch bei ihnen wird angenommen, daß sie das Verhältnis zwischen Gott und Mensch darlegen, das in der Person und dem Werk Christi veranschaulicht wird.

Besonders aufschlußreich ist die Art und Weise, in der die Prädestinationslehre in Barths Denken mit der Christologie verbunden wird. Wie die reformierte Tradition, in der er steht, vertritt er eine doppelte Prädestinationslehre. Der Ausdruck »Prädestination« bedeutet bei ihm jedoch nicht, daß etliche Menschen zum Heil erwählt und andere zur Verdammnis verurteilt sind; er bezieht sich statt dessen auf Christus, der zugleich Erwählung und Verwerfung des Menschen durch Gott verkörpert. Christi Schicksal spiegelt dabei ein ewiges innertrinitarisches Geschehen wider, bei dem Gott den Sohn und in ihm den Menschen erwählt, indem er den Sohn verwirft und ihn sich dem Tod unterwerfen läßt, um ihn alsdann in und mit der Auferstehung zu ewiger Herrlichkeit zu erhöhen. Die Prädestination ist also ein ewiger Ratschluß Gottes, nach der dem Menschen – allen Menschen – die Erlösung zuteil wird, während in der Gestalt des Sohnes Gott selbst die Verdammnis auf sich nimmt. Aus all diesem geht hervor, daß die neutestamentliche Erzählung von Jesus von Nazareth in der Auslegung Barths an und für sich keine Heilsbotschaft, sondern nur ein Hinweis auf ein Geschehen – oder ein Abbild davon – ist, das sich in der ewigen Sphäre innerhalb der Gottheit vollzieht. Die Erlösung ist universal und wird vornehmlich als ein transzendentaler Ablauf verstanden, von dem das verkündigte Wort lediglich Zeugnis geben kann.

Jesu Tod und Auferstehung werden von Barth als Analogie eines ewigen Geschehens angesehen, in dem Gott den Sohn verwirft und erwählt. Dem irdischen Leben Jesu dürfte mit einer solchen Auslegung nur untergeordnete Bedeutung eingeräumt werden. Erst sein Tod illustriert die Verwerfung, wie seine Auferstehung die ewige Erwählung abbildet.

Zugleich ist das, was sich an Christus vollzieht, als Paradigma für die Erlösung der gesamten Menschheit geschehen. Anteil am ewigen Heil gewinnt der Mensch durch die Erkenntnis des Heilsgeschehens. Diese Erkenntnis wird ihm durch das von Christus Gesagte, also durch das verkündigte Wort vermittelt.

Barths Christologie mündet somit in eine universale Heilslehre spekulativer Art ein. Zieht man Vergleiche mit den verschiedenen christologischen Positionen in der alten Kirche, wird man finden, daß Barths Konzeption ziemlich einzigartig ist; denn sie enthält sowohl eine doketische als auch eine nestorianische Tendenz. Eine doketische Tendenz liegt insofern vor, als das im Neuen Testament begegnende Zeugnis nur zur Illustration eines innertrinitarischen, ganz und gar göttlichen Geschehens wird; eine nestorianische Tendenz dagegen besteht, insofern die menschliche Seite Christi niemals mit seiner Göttlichkeit identifiziert, sondern nur als Analogie zum Göttlichen verstanden wird. Mit einer anderen Terminologie kann es auch so ausgedrückt werden, daß dem Historischen – das heißt dem Christuszeugnis des Neuen Testaments – nur soweit Bedeutung zugemessen wird, als es ein Ausdruck dafür ist, was Barth »die Urgeschichte« nennt: ein zeitloses Geschehen innerhalb der Gottheit, das Handeln des Vaters mit dem Sohn.

Die »christozentrische« Tendenz der Barthschen Theologie bringt es mit sich, daß Barth jede Form »natürlicher« Theologie radikal ablehnt. Bereits im Kommentar zum Römerbrief griff er die menschliche Religiosität an, die allein auf menschlicher Erfahrung fußt und die Religion als einen Teil dieser Erfahrung betrachtet. Alles, was dem Menschen zu eigen ist, muß zunichte werden vor dem göttlichen Wort, das »senkrecht von oben« in das Dasein des Menschen eingreift und ihn vor die Entscheidung stellt.

Als Emil Brunner in der Schrift »Natur und Gnade« (1934) darauf hinwies, daß es beim natürlichen Menschen doch einen Anknüpfungspunkt für das verkündigte Wort geben müsse, damit es eine Wirkungsmöglichkeit habe, antwortete Barth darauf mit einem kategorischen Nein. Nicht nur von der natürlichen Theologie in ihrer traditionellen Form – nach der der Mensch eine gewisse Kenntnis darüber besitzt, daß es einen Gott gibt, sowie ein natürliches Wissen von Recht und Unrecht hat –, sondern auch von Brunners Vorstellung vom »Anknüpfungspunkt« nahm er in seiner 1934 erschienenen Schrift mit dem Titel »Nein« Abschied. Die Kontroverse führte zur unüberbrückbaren Trennung zwischen den beiden, die sich in der dialektischen Theologie einst vereinigt hatten. Barths Ablehnung der »natürlichen Theologie« hinterließ jedoch starken Eindruck bei zeitgenössischen Theologen, auch außerhalb der dialektischen Schule, und kam unter anderem in der Barmer Erklärung von 1934 zum Ausdruck (vgl. oben S. 314).

Zu Beginn seiner wissenschaftlichen Tätigkeit betonte Barth, daß er besonders auf den Gedanken Kierkegaards und Dostojewskis aufbaue. In einer etwas früheren Periode seiner Entwicklung lehnte er sich stark an die zeitgenössische Existenzphilosophie an; als er die »Christliche Dogmatik« (1927) und dann »Die Kirchliche Dogmatik« (1933ff.) schrieb, nahm er jedoch bewußt Abstand von jeglicher Anknüpfung an die Philosophie. Wie das Wort bei der Verkündigung von sich aus Verständnis bei dem zu erwecken vermag, der es hört, ohne daß man irgendeinen Anknüpfungspunkt beim Empfänger der Botschaft anzunehmen braucht, so soll auch die Theologie – als eine Theologie des Wortes – weder an philosophische Lehren noch an Systeme anknüpfen.

Barths Lehre vom Wort und seine Christologie entsprechen einander genau, wenn man die Struktur der Gedanken betrachtet. Gottes Wort begegnet uns in der Heiligen Schrift, die Schrift aber ist nicht im eigentlichen Sinne Gottes Wort; sie zeugt nur davon und verweist auf das ewige Gotteswort. In gleicher Weise ist der irdische Christus weder Gottessohn noch Menschensohn im eigentlichen Sinne. Er »illustriert« das Handeln des ewigen Gottessohnes, stellt es in analoger Weise dar und zeigt das Handeln des Menschen gegenüber Gott in vorbildlicher Form. Man kann sogar sagen, daß Christus – als historische Person – nicht eigentlich die Erlösung in der Zeit verwirklicht, sondern nur das ewige Heil uns verkündigt, das in Gottes Ratschluß Wirklichkeit ist (vgl. R. Prenter in »Studia theologica«, Bd. XI 1957, S. 1ff.).

Eine Folge dieser Auffassung ist, daß das Heil vor allem von der erkenntnismäßigen Seite her gesehen wird: Tod und Auferstehung Christi machen dem Menschen das ewige Heil bekannt, das darin besteht, daß der Vater den Sohn verwirft und erhöht. Wer dies erkennt, wird mit Gott versöhnt. Die Heilsgeschichte der Bibel ist nur ein Abbild jener ewigen »Heilsgeschichte«, die der Mensch durch das Zeugnis der Schrift kennenlernt. In diesem Erkennen besteht – nach Barth – die Versöhnung. Die Vergebung der Sünden, die Rechtfertigung des Sünders bilden eine Analogie zum entsprechenden ewigen Geschehen, die sie hier in der Zeit repräsentiert. Der einzige Grund des Glaubens und sein eigentlicher Gegenstand ist das ewige Heil.

Paul Tillich

Eine Theologie ganz anderer Struktur, und doch in gewisser Hinsicht mit der Barths verwandt, begegnet uns bei *Paul Tillich* (gest. 1965), der sowohl als Theologe wie als Religionsphilosoph anzusprechen ist. Er war zunächst als Theologieprofessor in Marburg tätig, anschließend als Religionsphilosoph in Dresden. 1929 wurde er Nachfolger von Max Scheler in Frankfurt am Main, mußte im Jahre 1935 dann vor der NS-Diktatur emigrieren und wurde Professor of Philosophical Theology am Union Theological Seminary in New York, später war er zusammen mit Reinhold Niebuhr an der Harvard-Universität.

Tillich nimmt eine ältere deutsche philosophische Tradition auf und verbindet diese unter anderem mit Vorstellungen des Philosophen Edmund Husserl und der Existenzphilosophie und anderen Geistesströmungen zu einem eklektischen System. Hauptproblem seiner literarischen Tätigkeit ist das Verhältnis zwischen Theologie und Philosophie, zwischen Offenbarung und empirischer Wirklichkeit wie auch zwischen Theologie und Kultur.

Schon seit Kierkegaards intensiver Polemik gegen das Hegelsche System hatten sich der Systembau des Idealismus und das Denken von der Existenz des Menschen als unversöhnliche Gegensätze erwiesen. Die Eigenart Tillichs ist es, daß er sich einmal als Systembauer streng idealistischen Stils erweist, sein System andererseits jedoch mit einer »Existenzanalyse« kombiniert ist, in welcher er Impulse des Existenzdenkens verwerten will. Was er über die Situation des Menschen im Verhältnis zu den letzten Fragen des Daseins, über seine »Existenz« sagt, erweist sich jedoch als das genaue Gegenstück zu dem, was den Inhalt des Systems ausmacht. Dies dürfte dahin zu deuten sein, daß das System das Übergeordnete ist, das dann den Inhalt der Existenzanalyse bestimmt.

Das »Objekt« der Theologie ist nach Tillich das, was unsere »letzte Angelegenheit« (ultimate concern) bildet. Um dieses nun darzulegen, bedient er sich der Termini der alten Ontologie; die letzte Angelegenheit ist das, was unser »Sein oder Nicht-Sein« bestimmt. Gott als »das Sein selbst« (the Being itself) ist dabei die Antwort auf die letzten Fragen des Menschen, der im Verhältnis zur echten Wirklichkeit in einer Situation der Entfremdung lebt. Dadurch jedoch, daß Gott in die Existenz des Menschen eingegangen ist, schenkt er ihm die Möglichkeit, das neue Sein (the New Being), zu dem er bestimmt ist, zu finden. Verwirklicht wurde dieses neue Sein in Christus.

Das System ist bei Tillich also auf einer Art Ontologie aufgebaut, von der angenommen wird, daß sie die absolute Antwort auf die Fragen geben kann, die der Mensch in seiner Fremdheit in der Existenz stellt. Daß die Antwort und die Frage, das System und die Existentialanalyse, einander entsprechen (the correlation), ist der Sinn des methodischen Griffes, dessen sich Tillich vor allem bedient.

Der Inhalt des christlichen Dogmas ist in dem System enthalten, verliert dort aber irgendwie seinen genuinen Charakter. Er wird deshalb durchweg zu Symbolen umgedeutet, die den Übergang des Menschen aus der Fremdheit in der Existenz zum neuen Sein illustrieren sollen. Daß die Vereinigung von Gott und Mensch, von Sein und Existenz gerade in dem Bild illustriert wird, welches das Neue Testament von Jesus von Nazareth gibt, ist eigentlich ein Zufall. Es könnte auch auf andere Weise symbolisiert werden. Die Historizität des irdischen Lebens Jesu, sein Tod und seine Auferstehung haben im Zusammenhang des Systems keine Bedeutung (vgl. K. Hamilton, »The System and the Gospel«, 1963).

In einer Zeitsituation, die eine so starke Prägung von dem von Kierkegaard angeregten existentialen Denken einerseits als auch von der Erkenntnis der historischen Verankerung des Christentums andererseits empfing, nimmt sich Tillichs theologisches System wie ein unzeitgemäßes Relikt aus einer älteren idealistischen Tradition aus. Aber hinter seinem Glauben an das absolute System und seinen metaphysischen Spekulationen liegt das apologetische Interesse, das Christentum als einen Weg aus der Zersplitterung des heutigen Daseins zu einem Ganzheitserlebnis aufzuzeigen, da es nach ebendiesem System den tiefsten Bedürfnissen des Menschen entsprechen würde.

Tillich hat mit seiner theologischen Konzeption auch eine Kultursynthese zu schaffen versucht, in der sich Humanismus und Christentum in völliger Harmonie begegnen können. In dieser Hinsicht steht seine Theologie in scharfem Kontrast zum Barthianismus, für den diese Frage irrelevant ist. – Tillichs wichtigste theologische Arbeit ist seine »Systematic Theology« (I–III, 1951ff.). Ein großer Teil seines Schaffens liegt auf dem Gebiet der Religionsphilosophie.

Rudolf Bultmann. Die Debatte über Kerygma und Geschichte

Der zunächst im Jahre 1941 in der Schweiz gehaltene Vortrag des bekannten Marburger Exegeten *Rudolf Bultmann* (gest. 1976) mit dem Titel »Neues Testament und Mythologie«, der dann zusammen mit einem anderen Aufsatz in dem Heft »Offenbarung und Heilsgeschehen« erschien, führte in den folgenden Jahrzehnten zu einer intensiven theologischen Debatte, die weit über den wissenschaftlichen Rahmen hinausging. Diese sogenannte Entmythologisierungs-Diskussion, die eine Anzahl zentraler Fragen der exegetischen wie auch der systematischen Theologie berührte, stellt einen der wichtigsten Beiträge zur theologischen Entwicklung in der Nachkriegszeit dar.

Bultmann ging in seinem Vortrag davon aus, daß das Weltbild des Neuen Testaments wie auch dessen Vorstellungen von Dämonen und übernatürlichen Eingriffen, den Wundern, von der Präexistenz Jesu und den Umwälzungen der Endzeit usw. mit dem Wirklichkeitsverständnis unvereinbar seien, das der heutige Mensch besitzt.

Derartige Elemente im Neuen Testament nannte Bultmann »mythologisch«. Das Problem war, wie bei der heutigen Auslegung die »Mythen« zu deuten seien.

Da nach Bultmanns Auffassung die mythologischen Vorstellungen im Neuen Testament nicht nur periphere Aussagen berühren, sondern zentrale Glaubensfragen betreffen, würde eine Eliminierung des Mythischen – wie es seinerzeit in der liberalen Theologie geschah – keine befriedigende Lösung darstellen, da auf diese Weise lediglich einige sittliche und religiöse Grundgedanken des Neuen Testaments als gültig betrachtet werden. Einem heutigen intellektuell redlichen Menschen ist es andererseits nicht möglich, das Mythische einfach zu akzeptieren, allein weil es in der Bibel steht. Dies würde ein »sacrificium intellectus« (Verzicht auf den Verstandesgebrauch) fordern und den Glauben damit zu einer »Leistung« degradieren. Bultmann fordert deshalb eine »Entmythologisierung« der neutestamentlichen Texte, bei der jedoch nicht – wie vielfach angenommen wird – die Mythologie einfach beseitigt würde. Es soll qvielmehr der eigentliche Sinn der mythologischen Aussagen deutlich gemacht werden; die neutestamentlichen Aussagen sollen in einer solchen Weise interpretiert werden, daß der mythische Rahmen wegfällt und nur der existentielle Inhalt als etwas Bleibendes festgehalten wird.

Nach Bultmann wird die Forderung einer Entmythologisierung bereits von den Mythen selbst erhoben, da diese nicht äußere Geschehnisse oder Fakten beschreiben, sondern etwas über die Existenz des Menschen aussagen wollen. Entsprechend sollen sie nicht kosmologisch, sondern anthropologisch ausgelegt oder – um eine andere von Bultmanns eigenen Ausdrucksweisen anzuwenden – existential interpretiert werden; denn nach Bultmanns Ansicht kann man einer sachgemäßen Deutung der Mythen nur durch eine auf die Existenz des Menschen bezogenen Interpretation gerecht werden.

Dies bedeutet, daß die Beziehung der Botschaft zur Situation des Menschen, der hierbei durch eine echte Anrede vor die Entscheidung gestellt wird, in den Mittelpunkt gerückt ist. Bultmann verbindet bei dieser Interpretation das Anliegen der Kerygma-Theologie mit Gesichtspunkten, die bewußt der Existenzphilosophie seiner Zeit entnommen sind, deren bekannter deutscher Vertreter, Martin Heidegger, eine Reihe von Jahren Bultmanns Kollege in Marburg gewesen war.

Bultmann findet in dieser Philosophie eine Sicht des Menschen, die nach seiner Ansicht sachlich mit der des Neuen Testaments übereinstimmt: In seinem natürlichen Dasein ist der Mensch weltlichen »Mächten«, zeitlichen Interessen und Dingen verfallen, so daß seine Existenz, von der Angst verfolgt, durch die Vergangenheit bestimmt ist. Seine eigentliche Bestimmung dagegen ist, von dieser Abhängigkeit wahrhaft befreit zu werden, so daß er sich nun an der Zukunft orientiert. Diese Veränderung seiner Situation kann aber nicht durch den Aufweis der Existenzmöglichkeiten geschaffen werden, wie es die Existenzphilosophie behauptet, sondern allein durch die Botschaft von Christus geschehen, der durch sein Kreuz die neue Existenzmöglichkeit bringt und so gegenüber der Welt eine neue Existenzweise eröffnet. Das

Kerygma, die Botschaft von Jesu Tod und Sieg über den Tod, schenkt diese Möglichkeit einer Verwandlung der menschlichen Existenz; sie wird verwirklicht in der Glaubensentscheidung, die in Antwort auf die Anrede des Kerygmas erfolgt.

So sieht in großen Zügen die Vorstellung von der Existenz des Menschen aus, von der Bultmann ausgeht. Die existentiale Interpretation zielt nun darauf ab, die Existenzbedingungen des Menschen und seine Möglichkeiten zur Freiheit und zu einer Verwandlung der Existenz zu beschreiben. Das Ziel ist, ihm ein neues Selbstverständnis zu schenken, das nach Bultmann erst in der existentiellen Begegnung mit dem Kerygma erfolgt, wozu die existentiale Interpretation nur hinweisen kann.

Auf diese Weise glaubt Bultmann dem Inhalt des Evangeliums gerecht zu werden und dieses in einer Form darzustellen, die der Vorstellung des heutigen Menschen von sich und seiner Situation entspricht. Die existenzphilosophische Anthropologie vertritt seiner Meinung nach nicht nur die moderne Wirklichkeitsvorstellung, sondern sie stimmt auch mit dem innersten Zweck und Ziel des Neuen Testaments überein.

Bultmann hatte schon früher – ausführlich in seinem »Jesus-Buch« aus dem Jahr 1926 – im Einklang mit dem Programm der formgeschichtlichen Schule betont, daß die Absicht der Evangelien nicht sei, eine Biographie Jesu zu bieten, sondern eine Darstellung der Verkündigung Jesu und der ersten Christengemeinde zu geben. Dieser Gesichtspunkt lag in einer Linie mit dem Grundgedanken der Kerygma-Theologie: Es geschieht durch das verkündigte Wort, daß der Mensch vor die Entscheidung gestellt wird und vom Unglauben zum Glauben kommt. Das Wort trifft ihn als göttliche Anrede, nicht als Information über Tatsachen oder religiöse Ideen.

Bei Bultmann werden die eben genannten beiden Gedankenlinien – der formgeschichtlichen Schule, die er ebenso wie *Martin Dibelius* und *Karl Ludwig Schmidt* durch seine exegetischen Untersuchungen prägte, und der Kerygma-Theologie – kombiniert und mit der existenzphilosophischen Anthropologie verbunden. Aus diesem exegetischen und hermeneutischen Ergebnis seiner Arbeit stellte sich für ihn die Forderung nach einer existentialen Interpretation des Neuen Testaments.

Bultmann hat seine Theorien in mehreren eigenen Beiträgen zu der heftigen Diskussion, die durch seine Programmschrift aus dem Jahr 1941 hervorgerufen wurde, wie auch in anderen Schriften weiterentwickelt und dabei aufgezeigt, welche philosophischen Gesichtspunkte bei der Bibelauslegung bestimmend sind. Die vier Sammelbände »Glauben und Verstehen« sowie der Band »Exegetica« enthalten Bultmanns eigene Aufsätze, verschiedene Bände der Reihe »Kerygma und Mythos« Iff. bieten Dokumente der Entmythologisierungs-Debatte.

Es ist schon deutlich geworden, daß Bultmanns Programm sich in scharfem Gegensatz zu den Versuchen der liberalen Theologie befindet, ein historisches Jesusbild zu schaffen; in gewissen anderen Beziehungen steht er aber der liberalen Tradition nahe, zum Beispiel in der Anwendung des Mythos-Begriffs, die übrigens in seiner Argumentation ein unklares Element bildet, was dann auch die Diskussion über die

»Entmythologisierung« teilweise geprägt hat. Mit »Mythos« bezeichnet Bultmann verschiedenartige Aussagen, die nur das gemeinsam haben, daß sie unserer heutigen wissenschaftlichen Auffassung unannehmbar sind. Man kann sich aber fragen, ob damit ein angemessener Ausgangspunkt gewählt ist, wenn es darum geht, die adäquate Deutung biblischer Texte zu begründen.

Wichtiger noch ist derjenige Teil des Programms, der von der existentialen Interpretation handelt. Wie viele Kritiker betont haben, wird bei Anwendung dieser Methode der Anspruch der Evangelien, Zeugnisse von Geschehnissen und Augenzeugenschilderungen zu bringen, als unwesentlich abgetan; denn für Bultmann ist das Kerygma nur insoweit in der Geschichte verankert, als es auf die Person und Verkündigung Jesu zurückgeht. Dagegen ist der »Inhalt« des Kerygmas seiner Ansicht nach von historischen Fakten unabhängig. Tod und Auferstehung Christi haben lediglich in dem Sinne Bedeutung, daß sie die Veränderung der Existenz symbolisieren, die dem Menschen im Kerygma als Möglichkeit eröffnet wird. Im übrigen hält Bultmann nur den Kreuzestod, nicht aber die Auferstehung für eine historische Tatsache. Die Aussagen über die Auferstehung Jesu sollen lediglich ein Ausdruck dafür sein, daß der Tod Jesu im Glauben der Jünger als ein eschatologisches Geschehen, als die entscheidende Existenzverwandlung verstanden wurde.

Einige von Bultmanns Schülern, unter anderen Günther Bornkamm und Ernst Käsemann, haben später von diesen extremen Konsequenzen seines Programms Abstand genommen und stärker den Zusammenhang zwischen dem historischen Jesus und dem in Kerygma hervortretenden Christus betont. Bei Bultmann selbst nimmt die existentiale Interpretation jedoch trotz der Kritik seiner Schüler weiterhin eine zentrale Stellung ein, was bedeutet, daß der Frage der Historizität der einzelnen Ereignisse, von denen die Evangelien reden, letztlich keine Bedeutung beigemessen wird. Entscheidend wird, was die Berichte – ob sie nun Mythen oder Tatsachenberichte sind – über die Existenz des Menschen zu sagen haben und in welchem Maße sie ihn zur Entscheidung aufrufen können.

Durch Bultmanns konsequente Betonung der Kerygma-Theologie und durch seine Übernahme der Existenzphilosophie ist die Frage der Bedeutung der historischen Zeugnisse für den christlichen Glauben in einer Weise aktualisiert wie nie zuvor in der Geschichte der Theologie. Eine ganze Reihe hervorragender Theologen unserer Zeit hat sich mit diesem Problem unter exegetischen wie auch geschichtsphilosophischen Gesichtspunkten befaßt.

Einer der Theologen, die am gründlichsten und klarsten eine Alternative zu Rudolf Bultmanns Programm aufgestellt haben, ist der französische Exeget *Oscar Cullmann* (geb. 1902), der vor allem in Basel und Paris wirksam gewesen ist. Unmittelbar nach dem zweiten Weltkrieg veröffentlichte er eine Untersuchung mit dem Titel »Christus und die Zeit« (1946). Mit ihr griff Cullmann nicht direkt in die laufende Debatte ein, sondern behandelte die urchristliche Zeitvorstellung unter rein historischen Gesichtspunkten und stellte sie in Gegensatz zu den gnostischen Heilssystemen. Die Ergebnisse, zu denen er dabei gelangte, liefen jedoch der Bultmannschen Bibelexegese strikt zuwider.

Cullmann zeigte unter anderem, daß die biblische Schilderung der Heilsgeschichte – von der Schöpfung bis zur Vollendung – eine lineare Zeitvorstellung voraussetzt – etwa im Gegensatz zu dem zyklischen Schema der Gnostiker – und daß diese Geschichtskonzeption für das Neue Testament konstitutiv ist. Denn in der Botschaft der Evangelien wird das einmalige Geschehen, auf verschiedene Weise angedeutet oder beschrieben, als das Entscheidende dargestellt. Die historischen Geschehnisse, die die Hauptpunkte der Heilsgeschichte bilden, stellen die Grundlage für die Erlösung der Menschheit dar. Zentrum im Weltenlauf sind nach dem Neuen Testament Kreuz und Auferstehung Christi: Sein Schlußpunkt ist die Wiederkunft Christi mit dem Weltgericht und der Vollendung des Reiches Gottes.

Bereits im Urchristentum geriet diese Zeitauffassung mit den gnostischen Heilslehren in Konflikt, die sich als zeitlose Botschaft gaben, denn bei diesen Lehren wurde nicht auf Ereignisse der Vergangenheit als Grundlage der Erlösung hingewiesen, sondern auf allgemeine religiöse Ideen, dargestellt in der Form von Mythen.

In seiner späteren Arbeit »Heil als Geschichte« (1965) hat Cullmann seine Forschungsergebnisse dem theologischen Programm Bultmanns gegenübergestellt und weiter die Bedeutung untersucht, die vergangene historische Geschehnisse der Heilsgeschichte nach neutestamentlicher Auffassung für den Glauben des einzelnen und sein Heil haben. Er hebt dabei vor allem hervor, daß der Bezug auf historische Fakten, der im christlichen Bekenntnis ausgesprochen ist, nicht eine teilnahmslose Objektivierung des Glaubensinhalts bedeutet; es liegt hier vielmehr die Gewißheit vor, daß diese Geschehnisse unmittelbare Relevanz für die Existenz des einzelnen Menschen haben, da im Glauben das Schicksal des einzelnen in die Heilsgeschichte eingefügt wird, von der die Bibel Zeugnis gibt. Eine »existentiale« Interpretation – für die die Zuverlässigkeit der historischen Zeugnisse dagegen nichts bedeutet und die Heilsgeschichte sich demgemäß verflüchtigt – ist dagegen mit einer Umwandlung des Christentums in ein gnostisches oder idealistisches Heilssystem zu vergleichen.

Die gegenwärtige Diskussion über Kerygma und Geschichte berührt Fragen, die für die gesamte Deutung des Christentums entscheidend sind. Wie Cullmann gezeigt hat, vergegenwärtigt sie in gewissen Punkten Gegensätze, die bereits in der Zeit des Neuen Testaments auftraten und die alsdann in unterschiedlichen Formen in der Geschichte der Theologie oft wiedergekehrt sind.

In diesem Zusammenhang ist auch die traditionsgeschichtliche Linie innerhalb der gegenwärtigen Theologie zu erwähnen. Auf exegetischem Gebiet haben der Heidelberger Professor *Gerhard von Rad* (gest. 1971) und seine Schüler das Alte Testament als eine fortlaufende Deutung des Handelns Gottes mit dem Volk Israel dargestellt. Dabei werden nicht einfach historische Feststellungen getroffen, vielmehr wird bei der Exegese des Traditionsgutes die Bedeutung früherer Glaubensbekenntnisse

(Credo) für die späteren Generationen herausgearbeitet. Damit versucht man aufzuzeigen, daß die literarische Tradition gleichzeitig die Kenntnis eines historischen Geschehens vermitteln und seine Bedeutung ausdrücken will. – Eine gleichartige Methode wird von anderen Theologen für die Auslegung des christlichen Glaubens verwendet. Dieses neue Programm hat vor allem der Münchener Systematische Theologe *Wolfhart Pannenberg* (geb. 1928) entwickelt. Die Offenbarung erweist sich nicht als ein übernatürliches Eingreifen an einem einzelnen Punkt der Vergangenheit, auch nicht als ein zeitloses Kerygma, das sich hier und jetzt an den Menschen richtet und seine Existenz verändert (vgl. dazu Barth und Bultmann). Gott offenbart sich vielmehr im Weltgeschehen in seiner Gesamtheit, so wie es in der biblischen Darstellung der Menschheitsgeschichte von der Schöpfung bis zur Vollendung zusammengefaßt wird. Falls jemand zur Kenntnis der Universalgeschichte in ihrem ganzen Verlauf vom Anfang bis zum Ende Zugang hätte, würde er darin eine Quelle der Offenbarung, parallel mit der biblischen, besitzen.

Der christliche Glaube hat aber in der Geschichte, in die der Mensch mit seiner ganzen Existenz hineingestellt ist, seine Wirklichkeitsverankerung. Allen Vorstellungen einer von der empirischen Geschichte getrennten »Übergeschichte« gegenüber wird betont, daß die biblische Geschichte, die mit Hilfe wissenschaftlicher Methoden zugänglich und beurteilbar ist, in sich selbst die Bedeutung einschließt, welche die christliche Tradition diesen Fakten zuschreibt. Die Heilsbedeutung ist nicht etwas, was nachträglich in diese Geschichte hineingelesen wird. Das Christentum ist ganz einer Traditionsgeschichte verhaftet, in der Fakten und Faktendeutung untrennbar zusammengehören.

Gegenüber der dialektischen Theologie und vor allem der Existenztheologie hat Pannenberg demzufolge mit großer Schärfe unterstrichen, daß eine realistische Deutung des Christentums nur dann möglich ist, wenn die historische Perspektive zu ihrem Recht kommt. Sein theologisches Programm ist entsprechend mit geschichtsphilosophischen Argumenten verbunden, die von vielen Seiten der Kritik ausgesetzt waren. Andererseits muß man aber feststellen, daß sich elementare theologische Motive, die in der neueren Theologie vielfach übersehen sind, in diesem Programm in einer neuen Weise geltend gemacht haben – in die geschichtsphilosophische Thematik verwoben.

Sein theologisches Programm ist in verschiedenen Arbeiten entfaltet: »Offenbarung als Geschichte« (2. Aufl. 1963); »Grundzüge der Christologie« (1964); »Grundfragen systematischer Theologie« (1967).

Die Säkularisationstheologie

Wie wir sehen, wurde die Forderung einer »existentialen« Deutung des Neuen Testaments damit begründet, daß die christliche Verkündigung in ihrer traditionellen

Form für den heutigen Menschen unverständlich und deshalb unzugänglich sei. Aus diesem Grunde wurde eine Umdeutung gefordert, nach der diejenigen Aussagen, die mit der heutigen Auffassung unvereinbar seien, symbolisch verstanden werden müßten als Beschreibung der menschlichen Existenz. Ein gleichartiger Gedanke liegt der sogenannten Säkularisationstheologie zugrunde, die sich vor allem in Amerika entwickelte, danach aber auch in Europa Einfluß gewann. Unter anderem haben ihre Gesichtspunkte die ökumenische Diskussion im Weltrat der Kirchen entsprechend geprägt. Einige der Sektionsberichte der Vierten Generalversammlung in Uppsala 1968 wie auch einige der vorbereitenden Dokumente zu diesem Treffen legen davon Zeugnis ab.

Der deutsche Theologe *Friedrich Gogarten* (siehe oben S. 314) entwickelte den Gedanken, daß die Säkularisation nicht nur eine Entchristlichung der Gesellschaft bedeutet, sondern auch eine sachliche Einstellung zur Welt einbeziehen kann, die mit dem Evangelium übereinstimmt, denn der Vergebungsglaube befreite von dem Kult des Irdischen und von einer Furcht vor den »Mächten der Welt«. Die aus Glauben geschenkte Freiheit kann jedoch auch dadurch mißbraucht werden, daß der Mensch sich anstelle Gottes selber zum Herren der Schöpfung macht. Sie verkehrt sich damit jedoch in ihr Gegenteil und gerät so in eine neue und schlimmere Knechtschaft. Gogarten unterschied entsprechend zwischen »Säkularisation«, der eine positive Bedeutung beigelegt wurde, und »Säkularismus«, der die »verkehrte« Freiheit bezeichnete. Ohne den Gesichtspunkten Gogartens sonst zu folgen, haben viele Theologen der Gegenwart seine neue, positive Wertschätzung der Säkularisation übernommen.

Innerhalb dieser neuen Strömungen – von einer einheitlichen Richtung dürfte hier nicht zu reden sein – hat man auch, mit Recht oder Unrecht, an bestimmte Gedankengänge des deutschen Theologen *Dietrich Bonhoeffer* angeknüpft, der einer der führenden Männer der Bekennenden Kirche war und auf Grund seines Widerstandes gegen die Nationalsozialisten von den NS-Machthabern dann inhaftiert und 1945 im KZ Flossenbürg hingerichtet worden ist. Er hat in seinen Briefen und Notizen aus der Haft – die unter dem Titel »Widerstand und Ergebung« postum herausgegeben wurden – Überlegungen über die Zukunft der Kirche und der Theologie niedergeschrieben. Er geht davon aus, daß die Welt »religionslos« geworden sei und der Autorität Gottes nicht mehr bedürfe, weshalb er auch von der »mündigen Welt« spricht. Das bedeutet jedoch nicht, daß die Kirche ihre Bedeutung verloren hat. Sie soll sich auch nicht in ein Ghetto-Dasein zurückziehen oder sich darauf beschränken, Antwort auf letzte Grenzfragen zu geben, sondern sie soll in ihrer irdischen Verflochtenheit zur Welt reden und sich nicht selbst bestätigen, sondern wirkliche »Kirche für andere« sein. Bonhoeffer ist hierbei auf der Suche nach dem, was er eine weltliche – oder »nicht-religiöse« – Interpretation der biblischen Begriffe nennt, die verdeutlichen könnte, was Christentum für eine »mündig gewordene Welt« darstellt.

Die Frage, wie diese »nicht-religiöse« Deutung aussehen soll, hat Bonhoeffer in seinen letzten Aufzeichnungen nicht eindeutig selbst beantwortet. Viele heutige Ausleger haben in seinen Andeutungen aber Wegweisungen dafür gefunden, was man

»säkulare« Auslegung des Evangeliums nennt. Es ist jedoch unwahrscheinlich, daß Bonhoeffer selbst mit einer sachlichen Veränderung des Glaubensinhalts gerechnet hat. Er redet zum Beispiel davon, daß die echten Geheimnisse des Glaubens nötigenfalls durch eine »Arkandisziplin« (das heißt, daß eine Pflicht zur Geheimhaltung besteht) vor einer verständnislosen Welt geschützt werden müßten. Bonhoeffers Gedanken für eine Reduktion des christlichen Glaubens auf ein soziales Evangelium oder eine innerweltliche humane Freiheitslehre zu vereinnahmen dürfte daher sachlich nicht berechtigt sein.

Die Säkularisationstheologie hat sich mancherorts, vor allem in den USA, zu einer Art christlichem »Atheismus« entwickelt. Man geht hierbei von dem Nietzscheschen Satz »Gott ist tot« aus und sucht aus einer vermeintlichen Religionslosigkeit unserer Zeit einen positiven Wert für die christliche Verkündigung zu gewinnen. Das Christentum wird damit auf das Humane beschränkt und von seiner Tradition gelöst. Dementsprechend wird das Gotteswort als ein Wort zum gegenwärtigen Augenblick verstanden, nicht aber als eine in der Geschichte gegebene Offenbarung. Die technisch vollendete Stadtkultur wird ausschließlich positiv beurteilt und als ein Glied in der Verwirklichung des Reiches Gottes betrachtet. Es ist oft schwer zu entscheiden, ob das in einem solchen Zusammenhang Behauptete ernstgemeinte Theorien oder nur provokatorische Auslassungen sind, die in einem dem christlichen Glauben gegenüber sonst gleichgültigen Milieu Aufmerksamkeit erregen wollen.

Es gibt jedoch auch sehr gewichtige Beiträge innerhalb dieser Strömungen, etwa die Versuche, mit Methoden der empirischen Sprachanalyse im Evangelium einen Sinn zu finden, der mit der Wirklichkeitsauffassung des säkularisierten Menschen vereinbar ist. Das gleiche Interesse, das Rudolf Bultmann seinerzeit veranlaßte, die Forderung nach einer existentialen Auslegung des Neuen Testaments zu erheben, hat hier dazu geführt, daß eine humane, empirische Deutung des christlichen Glaubens als der einzige Ausweg angesehen wird, den Inhalt dieses Glaubens unserer Zeit verständlich zu machen. Statt der deutschen Existenzphilosophie ist es die in der englischen Tradition entwickelte empirische Sprachanalyse, die bei dieser Neudeutung des Evangeliums als Werkzeug benutzt wird, so zum Beispiel bei *Paul van Buren*, dessen Werk »The Secular Meaning of the Gospel based on an Analysis of its Language« (1963) für diese Richtung repräsentativ ist. In seinen Ausführungen wird das Hauptgewicht darauf gelegt, Christus als ein Vorbild hinsichtlich der Freiheit und selbstverzehrenden Liebe zu verstehen (»free for other men«). Die Rede von seiner Gottheit ist symbolischer Ausdruck dafür, daß seine Freiheit nicht nur ihm eigen war, sondern auch auf andere übertragen werden kann (»contagious freedom«).

Die Säkularisationstheologie stellt also aufs neue die Frage nach den geistigen Voraussetzungen, von denen die Theologie auszugehen hat. Ihr Ziel ist, die Hauptgedanken der Tradition mit einem modernen Weltbild zu konfrontieren. Problematisch an solchen Lösungsversuchen ist vor allem, daß man meint, ein eindeutiges Wirklichkeitsbild beim säkularen Menschen annehmen zu können, und daß man dieses vorgegebene Bild dann bei der Darstellung des Christentums zur entscheidenden Instanz macht. Das Ergebnis ist nicht nur ein Bruch mit den Ausdrucksformen der Tradition, es bringt weithin auch eine radikale Veränderung des Glaubens mit sich.

Der Gedanke eines säkularen Evangeliums stellt auch aufs neue die Frage nach der Bedeutung der christlichen Tradition; denn oft übersieht man, daß diese Tradition nicht nur Gedanken aus der Vergangenheit, sondern auch die Erkenntnis der Grundstruktur vermittelt, die kennzeichnend für den christlichen Glauben ist. Sie bezeichnet das für verschiedene Christentumsdeutungen während der ganzen Geschichte der Theologie Gemeinsame. Weil das Christentum an seinen eigenen historischen Ursprung gebunden ist, kann sich auch eine seriöse Auslegung seines Inhalts nicht ohne negative Folgerungen von der Tradition, die uns diese ursprüngliche Struktur vermittelt, loslösen.

Das Zweite Vatikanische Konzil

Die Entwicklung der römisch-katholischen Theologie unserer Zeit wird in hohem Grade durch das auf Vorschlag von Papst Johannes XXIII. (gest. 1963) einberufene ökumenische Konzil (dem 21. nach römischer Zählung) bestimmt, das das Zweite Vatikanische Konzil genannt wurde (1962–1965). Sein Ziel war, die Einheit der Christenheit zu fördern und in der Theologie und Praxis der römischen Kirche eine Erneuerung und Anpassung an die Forderungen der Gegenwart (aggiornamento) zu erreichen. Das Ergebnis der eingehenden Verhandlungen und der trotz scharfer Auseinandersetzungen im Konzil in der Regel so gut wie einmütigen Beschlüsse ist unterschiedlich beurteilt worden. Obwohl die Reformen beachtlich seien, ist nach Ansicht der meisten in allen wesentlichen Punkten unverändert an der römischen Kirchenlehre festgehalten worden. Andere haben nicht nur die neuen Ansätze auf gewissen Gebieten konstatiert, sondern auch die Möglichkeit einer Erneuerung und ständigen Überprüfung betont, die aus den Formulierungen der Beschlüsse herauszulesen seien. Die Frage, ob die eine oder die andere Beurteilung zutrifft, hängt weithin davon ab, wie die Beschlüsse des Konzils in der römisch-katholischen Kirche selbst ausgelegt werden und welche Konsequenzen man dort aus seinen Beschlüssen ziehen wird.

Die unter dogmatischen Gesichtspunkten wichtigsten Texte der sechzehn offiziellen Abhandlungen, die den Konzilsbeschluß bilden, sind die Konstitutionen »Über die göttliche Offenbarung« und »Über die Kirche«, das Dekret über die Ökumenik sowie die Pastoralkonstitution »Die Kirche in der Welt von heute«. Wichtige theologische Fragen werden auch in anderen Texten berührt, zum Beispiel in der Konstitution »Über die heilige Liturgie« oder in der Deklaration über das Verhältnis der Kirche zu den nichtchristlichen Religionen.

Bereits fühlbare Veränderungen, die als Folge der Konzilsbeschlüsse zu werten sind, traten auf dem Gebiet des gottesdienstlichen Lebens ein. So gestattet die Konstitution über die Liturgie jetzt, daß die Volkssprache in die Liturgie eingeführt und das Abendmahl in einigen bestimmten Fällen in beiderlei Gestalt ausgeteilt wird. Sodann wird die Bedeutung der Predigt unterstrichen, ja sie wird im Hauptgottesdienst der Gemeinde sogar zur Pflicht gemacht. Die wichtigste dogmatische Grundlage der Liturgie, nämlich die Meßopferlehre, wird dagegen unverändert beibehalten.

In der Konstitution über die Offenbarung geht es vor allem um die Schrift und die Tradition, die den Mittelpunkt der kirchlichen Lehre bilden. Die alte Annahme von den zwei Quellen der Offenbarung, wie man sie in den Formulierungen des Tridentinums las (siehe oben S. 220f.), wird aufgegeben. Statt dessen wird die Einheit von Schrift, Tradition und Lehramt als Instanzen der Glaubensfragen hervorgehoben. – Die Anerkennung der wissenschaftlichen Bibelforschung, die bereits schon früher betrieben wurde (vgl. oben S. 302), kommt erneut zum Ausdruck; die Bedeutung der Übertragung der Bibeltexte in die Volkssprache wird betont.

Da die Konstitution über die Kirche das zentrale Dokument des Konzils bildet, wird die Behandlung dieses Stoffes als eine Hauptangelegenheit des Konzils betrachtet. Während man in der Lehre von der Kirche früher einer hierarchischen Auffassung huldigte oder die Kirche geradezu mit der Hierarchie gleichsetzte, wird in dem erwähnten Text, der im November 1964 angenommen wurde, eine mehr biblisch-historische und dynamische Auffassung vertreten, bei der man die Kirche als das Volk Gottes auf der Wanderung nach dem ewigen Gottesreich versteht. Die Vorherrschaft des Papstes und seine Unfehlbarkeit, einmal auf dem Ersten Vatikanischen Konzil proklamiert, werden bestätigt, gleichzeitig wird den Bischöfen jedoch größere Selbständigkeit eingeräumt. Der Anspruch der römisch-katholischen Kirche, die einzig wahre zu sein, wird in Formulierungen ausgedrückt, die eine positivere Beurteilung anderer Gemeinschaften gestatten.

Diese hier zu beobachtende doppelte Tendenz, die traditionelle Kirchenlehre intakt zu halten, gleichzeitig jedoch die alten Fragestellungen aufzubrechen, um die Kirche einer neuen Zeit anzupassen, findet auch in dem Dekret über die Ökumenik ihren Niederschlag. Neu ist, daß die ökumenischen Bestrebungen mit Beifall begrüßt werden und das Gespräch auf gleicher Basis (par cum pari) mit Vertretern anderer Gemeinschaften als Weg zur Einheit der Christen empfohlen wird. Wenn man nun auch in anderen Gemeinschaften »Elemente der Heiligung und der Wahrheit« wiederfinden kann, so sind die Heilsgaben in ihrem vollen Maße doch nur in der katholischen, von den Nachfolgern Petri und den Bischöfen geleiteten Kirche anzutreffen.

Was die neuen Ansätze für die Arbeit zur Einigung der Kirche in der Zukunft bringen werden, kann man im Augenblick noch nicht überschauen. Es läßt sich aber als Zeichen einer veränderten Einstellung eine Offenheit zugunsten anderer Gemeinschaften konstatieren. Eine ähnliche Offenheit in den Beziehungen zu den nichtchristlichen Religionen wird übrigens in der entsprechenden Deklaration des Konzils ebenfalls gefordert.

Einer der wichtigsten Beschlüsse des Konzils ist die sogenannte Pastoralkonstitution »Die Kirche in der Welt von heute«, in der man sich nicht nur an die Christen, sondern an alle Menschen guten Willens wendet. In ihr werden dabei besonders diejenigen sozialen, wirtschaftlichen und politischen Probleme unserer Zeit behandelt, die auf internationaler Ebene anstehen. Ein Teil der Gesichtspunkte ist später in einer päpstlichen Enzyklika »Populorum progressio« aus dem Jahre 1967 weitergeführt worden; hier wird unter anderem betont, daß die Entwicklungsarbeit in den Ländern der dritten Welt die Voraussetzung für den Frieden ist: »der neue Name des Friedens ist Entwicklung«.

Die hierbei angesprochenen Aufgaben, die eindrücklich fordern, die gemeinsamen Probleme der Menschheit und die Beziehungen der Kirche zur Welt in den Mittelpunkt zu stellen, sind auch für die Arbeit des Ökumenischen Rats der Kirchen kennzeichnend; sie wurden vor allem in den Verhandlungen und Beschlüssen der vierten Generalversammlung in Uppsala (1968) dokumentiert. In der eben erwähnten Pastoralkonstitution wird diese neue Ausrichtung des theologischen Denkens damit begründet, daß die Ziele der Kirche universal sind. Aus diesem Grunde sieht sich die Kirche aufgerufen, mit der Welt über den Sinn des Menschenlebens und des Strebens der Menschen sowie über die Gestaltung der menschlichen Gesellschaft ins Gespräch zu kommen.

35
Die griechisch-orthodoxe Theologie

Die – ältere und neuere – Theologie der griechisch-orthodoxen Kirchen hat in unseren Tagen eine neue Aktualität erlangt und hat auch ein zunehmendes Interesse in der Ökumene geweckt. Da in der obigen Darstellung der neueren Zeit nur die Entwicklung innerhalb der westlichen Theologie behandelt wurde, scheint es deshalb angebracht, hier zum Schluß eine kurze Übersicht über die Entwicklung der Theologie der östlichen orthodoxen Kirchen seit dem Ausgang der Väterzeit hinzuzufügen.

Die Einteilung in Mittelalter und neuerer Zeit ist für die Theologie des Ostens wenig zutreffend. Sie kann auch nicht durch die verschiedenen für die Entwicklung im Westen kennzeichnenden Epochen, Schulbildungen und Strömungen charakterisiert werden. In ihrer starken Bindung an die Kirchenväter wie auch an die alte Liturgie der Kirche hat sie eher eine zeitlose Prägung gehabt; den Entwicklungslinien der westlichen Theologie gegenüber ist sie zum großen Teil selbständig geblieben.

Innerhalb des Byzantinischen Reiches, das, aus der Teilung in Ost- und Westrom entstanden, bis zur Eroberung von Konstantinopel durch die Türken (1453) bestand, wurde das Erbe der griechischen Kirchenväter, vor allem das des Johannes von Damaskus, in ungebrochener Kontinuität weitergeführt. Obwohl man mit dem Bezug auf die Kirchenväter auch an die antike griechische Philosophie anknüpfte, wurde doch eine derartige Assimilierung der systembildenden Gedanken dieser Philosophie (wie in der mittelalterlichen Scholastik) abgelehnt. Die Entwicklung verlief auch völlig unabhängig von der abendländischen Theologie.

Es wäre jedoch falsch, die byzantinische Theologie einzig und allein als eine Konservierung von Gedanken der Kirchenväter anzusehen. Zu jener Zeit gab es durchaus auch in diesem Kulturkreis Theologen, die selbständige Beiträge zum christlichen Denken leisteten; sie blieben im Abendland jedoch relativ unbekannt. Von ihnen seien hier *Simeon der neue Theologe* (949–1022) und der spätere *Gregorius Palamas* (1296–1359) genannt, die beide hauptsächlich die Theologie der griechisch-orthodoxen Mystik entwickelten.

Wenn man in der byzantinischen Theologie darauf verzichtete, philosophische oder juristische Kategorien anzuwenden, welche kennzeichnend für die Scholastik waren, dann geschah dies auf Grund der Überzeugung, daß der Gegenstand der Theologie für die Vernunft unerreichbar ist und daher in anderer Weise als in der formalisierten, schulgemäßen Sprache dargestellt werden muß. Man greift auf die Tradition der Kirchenväter zurück und entwickelt zugleich eine mystische Theologie, die eine spezielle Symbolik verwendet, und ergänzt die sogenannte »kataphatische Theologie« – die direkte Behauptungen aufstellt – mit einer »apophatischen«, die negative, indirekte Aussagen verwendet, um sich über das Unsagbare zu äußern.

Simeon hat sich besonders von der sinnlich wahrnehmbaren Erfahrung leiten lassen, die er mit dem Christusglauben verband, und die Symbolik von Licht und Finsternis entwickelt, der in der Mystik eine so wichtige Rolle zukommt. Sein Beiname »der neue Theologe« weist übrigens darauf hin, daß er Gregorius von Nazianz gleichgestellt wurde, den man ebenfalls »den Theologen« nannte.

Gregorius Palamas ist der wichtigste Vertreter des im 14. Jahrhundert auftretenden Hesychasmus (vom griechischen *hēsychia*, innere Ruhe und Stille). Diese Richtung zeichnet sich dadurch aus, daß man das Jesusgebet (»Jesus Christus, Sohn Gottes, erbarme dich meiner«) ständig wiederholt und eine rituelle Praxis übt, die zuweilen damit verbunden wird.

Gregorius Palamas verteidigte die mystische Theologie gegen Angriffe eines griechischen Gelehrten namens *Barlaam von Kalabrien*, der die direkte Gotteserfahrung der Mystik als eine Illusion ansah und diese Gebetspraxis als eine Form des Aberglaubens bezeichnete. Gregorius unterschied zwischen Gott in seinem Wesen und Gottes »Energien«; er räumte ein, daß Gottes Wesen allem menschlichen Wissen unerreichbar ist, Gottes »Energien« dagegen durch die Inkarnation wie auch durch die Sendung des Geistes in den Sakramenten und in der mystischen Gottesgemeinschaft zugänglich sind. Palamas betonte auch, wie wichtig das Leibliche ist, auch in Verbindung mit dem Gebet und in der Liturgie; die Heiligung betreffe nicht nur den Geist des Menschen, sondern auch seinen Leib, da der ganze Mensch nach dem Bilde Gottes geschaffen und daher auch als Ganzer der Erlösung teilhaftig sei.

Gregorius Palamas, der früher außerhalb seiner eigenen Kirche wenig bekannt war, wird in der Gegenwart auch anderswo häufig als bedeutender Vertreter der Mystik studiert.

Nach der Eroberung des Byzantinischen Reiches durch die Türken trat in der griechisch-orthodoxen Theologie ein Stillstand der geistigen Entwicklung und eine Fixierung der theologischen Begrifflichkeit ein. Fortan war man hauptsächlich auf die Wahrung der patristischen Tradition bedacht; die griechisch-orthodoxen Kirchen wurden so zu einer abgeschlossenen Welt. Da die russisch-orthodoxe Kirche nicht in diese politischen Erschütterungen hereingezogen wurde, verlagerte sich das Schwergewicht der orthodoxen Theologie des Ostens nach Moskau als dem »dritten Rom«. Als gegen Ende des 16. Jahrhunderts die griechisch-orthodoxe Theologie mit der römisch-katholischen Gegenreformation und der protestantischen Theologie konfrontiert wurde, begann eine neue Epoche. Mehrmals wurde in den Jahren 1573 bis 1581 versucht, zwischen lutherischen Theologen und dem Patriarchen Jeremias II. von Konstantinopel Kontakt herzustellen und zu theologischen Gesprächen zu kommen. Ergebnisse von Dauer wurden jedoch nicht erzielt. – Im 17. Jahrhundert traten innerhalb der griechisch-orthodoxen Welt mehrere Geistliche und Theologen hervor, die stark von der abendländischen Theologie beeinflußt waren. Sie suchten die orthodoxe Dogmatik im Anschluß an die römisch-katholische zu formulieren oder protestantische Grundgedanken aufzunehmen. So gab der Patriarch *Cyrillus Lukaris* 1629 ein Glaubensbekenntnis heraus, das deutlich von calvinistischen Gedankengängen geprägt war (zum Beispiel in den Fragen der Prädestination und der Sakramente). Sein Bekenntnis wurde jedoch von mehreren orthodoxen Konzilien im 17. Jahrhundert verworfen. Größeren Erfolg hatte dagegen das Bekenntnis, das von *Petrus Mogilas*, dem Metropoliten von Kiew, ausgearbeitet und von einer Synode in Jassy 1642 ratifiziert worden ist. Von Bedeutung wurde das Bekenntnis von *Dositheus*, dem Patriarchen von Jerusalem, das man auf einer Synode in Jerusalem 1672 bestätigte. Beide Bekenntnisse übernahmen einzelne römisch-katholische Glaubensauffassungen; dies wird besonders erkennbar an gewissen Lehrpunkten, die vordem in orthodoxer Tradition unbekannt waren, wie etwa die Lehre von der Transsubstantiation und dem Fegefeuer.

Dem starken Einfluß abendländischer Theologie, der kennzeichnend für die Periode von den Verhandlungen in den 70er Jahren des 16. Jahrhunderts bis zum Bekenntnis des Dositheus war, folgte alsdann im 18. und 19. Jahrhundert eine Konsolidierung und Weiterentwicklung der genuin orthodoxen Theologie.

Ein Beispiel hierfür ist die Renaissance des Hesychasmus im 18. Jahrhundert. Sie manifestiert sich in einer von zwei griechischen Theologen – *Makarios von Korinth* und *Nicodemus von Athos* – unter dem Namen Philokalia herausgegebenen Anthologie (1782), die mystische Texte wiedergibt und in vielem auf die Theologie des Gregorius Palamas aufgebaut ist.

In Rußland, wo man im 17. und 18. Jahrhundert stark von abendländischer Lehrtradition abhängig war, entfaltete sich im 19. Jahrhundert eine eigenständige, einheimische Theologie. *Chomiakow* (1804–1860) war ein Laientheologe, der für die Ausgestaltung des orthodoxen Kirchenbegriffes maßgebend wurde. Dieser Kirchenbegriff wird zusammengefaßt in dem russischen Wort »sobornost«, das Gemeinschaft und Katholizität zugleich bedeutet. *Philaret* (1782–1867), Metropolit von Moskau, legte einen neuen Grund für die theologische Ausbildung wie auch für eine wissenschaftliche orthodoxe Theologie. Er ging vor allem von den Kirchenvätern aus und betonte die fundamentale Bedeutung der Liturgie für die Theologie.

In unserem Jahrhundert ist die Eigenart der griechisch-orthodoxen Theologie besonders in Schriften einiger emigrierter Theologen zum Ausdruck gekommen. Ihre theologische Wirkung beschränkte sich nicht auf die eigenen Kirchen, sondern ihre Ansichten wurden auch in anderen Gemeinschaften bekannt und machten dort ihren Einfluß geltend. Von diesen können *Wladimir Lossky* (1903–1958) und *George Florowsky* (geb. 1893) erwähnt werden, die beide eine auf das Erbe der Kirchenväter gegründete Dogmatik (»neopatristische Synthese«) vertreten. Von den jüngeren kann *John Meyendorff* (geb. 1926) genannt werden, der ein Standardwerk über Gregorius Palamas geschrieben hat, sowie *Alexander Schmemann* (geb. 1921), der eine liturgische Theologie entwickelte.

In der ökumenischen Bewegung hat die heutige orthodoxe Theologie bedeutenden Einfluß erlangt, nicht zuletzt durch ihre von abendländischer Theologie grundverschiedenen Ausgangspunkte und Urteilsweisen.

Quellennachweis und Literatur

I. Textausgaben

Die bisher größte Textsammlung der patristischen Tradition sind die von J. P. MIGNE herausgegebenen *Patrologiae cursus completus, series latina* (PL; Paris 1844ff.) und *series graeca* (PG; Paris 1857ff.). Die Ausgabe der lateinischen Väter umfaßt 221 Bände sowie einen Ergänzungsband und erstreckt sich bis Innocenz III. (gest. 1216), die griechische Reihe 161 Bände sowie ein Ergänzungs- und Registerband, die bis zum Konzil von Florenz 1438–1439 reichen. – Eine neuere und wissenschaftlich genauere Angabe der ältesten griechischen Kirchenväter wird seit 1897 von einer Kommission der Berliner Akademie der Wissenschaften erarbeitet: *Die griechischen christlichen Schriftsteller der ersten Jahrhunderte*, eine entsprechende Sammlung der lateinischen Väter, *Corpus scriptorum ecclesiasticorum latinorum*, wird seit 1866 von der Akademie der Wissenschaften in Wien erarbeitet. – Vor mehreren Jahren wurde in einem belgischen Kloster eine neue Editionsarbeit begonnen, mit der Mignes Patrologie abgelöst werden soll. Dieses *Corpus Christianorum*, wie die neue Reihe genannt wird, umfaßt bisher eine Anzahl der lateinischen Autoren. Als Vorarbeit für die in Arbeit befindliche Ausgabe ist ein vollständiges Verzeichnis der Schriften und Editionen der lateinischen Kirchenväter publiziert worden: E. DEKKERS, *Clavis Patrum Latinorum* (Steenbrugge 1951). – Die französische Ausgabe *Sources chrétiennes* (Paris 1941ff.) enthält Übersetzungen mit ausführlichen Einleitungen, zu einer Anzahl von Schriften auch Textausgaben.

Zu den Übersetzungen gehören vor allem die deutsche *Bibliothek der Kirchenväter* (Kempten 1911–1939; zwei Reihen, zusammen 81 Bände), die englische *The Ante-Nicene Christian Library* etc. (Edinburgh 1866ff.; 38 Bände) sowie mehrere amerikanische Reihen wie die *Ancient Christian Writers* (Westminster, Maryland, 1946ff.), *Library of Christian Classics* (Philadelphia 1953ff.) und *The Fathers of the Church* (hrsg. von The Catholic University of America, Washington 1947ff.).

Von den mittelalterlichen Autoren liegt bisher keine Gesamtausgabe vor. Über Migne, PL, hinaus gibt es jedoch zahlreiche Editionen einzelner Verfasser und Werke. THOMAS VON AQUINOS Schriften werden seit 1882 in einer vom Heiligen Stuhl autorisierten Ausgabe herausgegeben (*Opera omnia*, editio Leonina, Rom); sie liegen auch in mehreren anderen Ausgaben vor. Von modernen Ausgaben sind zu nennen: PETRUS LOMBARDUS, *Libri IV Sententiarum* (Quaracchi 1916); BONAVENTURA, *Opera omnia* (Quaracchi 1882ff.); DUNS SCOTUS, *Opera omnia* (Rom 1950ff.); WILLIAM OCCAM, *Opera Philosophica et Theologica, cura Instituti Franciscani* 1967ff.; GABRIEL BIEL, *Collectorium circa quattuor libros Sententiarum* (Tübingen 1973ff.); ferner eine Anzahl von Faksimileausgaben vieler wichtiger Arbeiten.

LUTHERS gesammelte Werke, die vordem in mehreren Ausgaben erschienen (Wittenberger, Jenaer und Erlanger Ausgabe), liegen in der 1883 begonnenen und jetzt so gut wie abgeschlossenen »Weimarer Ausgabe« vor (*Werke, Kritische Gesamtausgabe*, Weimar; WA). Eine weitere wissenschaftlich genaue Ausgabe stellen *Luthers Werke in Auswahl* dar (hrsg. von O. Clemen u. a., I–VIII, Neudruck Berlin 1950ff.). Im Erscheinen ist die Martin-Luther-Studienausgabe, die insgesamt sechs Bände umfassen wird (Berlin 1979ff.). – Die Schriften der übrigen Reformatoren (Melanchthon, Calvin und Zwingli) sind in dem 1834 begonnenen und hinsichtlich der Werke Zwinglis noch nicht abgeschlossenen *Corpus Reformatorum* (CR; Bd. 1–28: MELANCHTHON; Bd. 29–87: CALVIN; Bd. 88ff.: ZWINGLI). Von Melanchthons Arbeiten wird z. Z. eine Auswahl in einer »Studienausgabe« herausgebracht, *Melanchthons Werke in Auswahl* (Gütersloh 1951ff.). Eine andere laufende Editionsarbeit hat MARTIN BUCERS *Opera omnia* zum Gegenstand (Paris und Gütersloh).

Von den übrigen Theologen der Reformationszeit wie auch denen der Orthodoxie fehlen in den meisten Fällen neuere Ausgaben. CHEMNITZ' *Examen concilii Tridentini* liegt in einer Ausgabe aus dem 19. Jahrhundert vor (Berlin 1861), desgleichen GERHARDS *Loci theologici* (Berlin 1863–1885; die beste Ausgabe dieses Werkes ist die Edition Cotta, Tübingen 1767–1789). Im übrigen sind größtenteils nur ältere Drucke zugänglich.

Schließlich einige Beispiele von Textsammlungen zur Geschichte der Theologie: *Dogmengeschichtliches Lesebuch*, herausgegeben von J. JÜNGST und H. RINN (Tübingen 1914); R. H. GRÜTZMACHER / G. MURAS, *Textbuch zur deutschen systematischen Theologie und ihrer Geschichte vom 16. bis zum 20. Jahrhundert* (Gütersloh 1955). – H. DENZINGER, *Enchiridion symbololorum* enthält Konzilsbeschlüsse, päpstliche Dekrete und entsprechende Aktenstücke. Über den klassischen Anglikanismus gibt es eine Reihe von Texten, gesammelt in *Anglicanism. The Thought and practice of the Church of England*, hrsg. von P. E. MORE und F. L. CROSS (London 1935, ²1951).

II. Patristische Literaturgeschichte

Die Literaturgeschichte der älteren christlichen Tradition wird ausführlich behandelt in B. ALTANER, *Patrologie* (Freiburg ⁶1958). Eine neuere Arbeit, J. QUASTEN, *Patrology* (I–III, Utrecht 1950–1960; umfaßt die Zeit bis zum Konzil von Chalcedon) bietet auch kurze Analysen einzelner Schriften und den Inhalt erklärende Textauszüge. Ausführliche Literaturhinweise sind in beiden Arbeiten enthalten. Auf der Grenze zu einer dogmengeschichtlichen Darstellung steht F. CAYRÉ, *Patrologie et histoire de la théologie* (I–II, umgearbeitete Auflage Paris 1955); diese Arbeit folgt der Geschichte der Theologie bis in die neuere Zeit. – *Bibliographia Patristica* 1956ff. (Berlin 1959ff.); herausgegeben von W. SCHNEEMELCHER, gibt einen fortlaufenden vollständigen Überblick über Beiträge zur Patristik.

III. Dogmengeschichte

Die wichtigsten Beiträge der letzten Jahrzehnte zur Geschichte der Theologie stellen die zahlreichen neueren Monographien dar, die in vielen Punkten das Bild veränderten, das bisher von der dogmengeschichtlichen Entwicklung gegeben worden war. Es würde zu weit führen, auch nur die Arbeiten hier aufzuzählen, die für die vorliegende Darstellung benutzt wurden. Statt dessen muß auf gewöhnliche theologische Nachschlagewerke verwiesen werden. Hinsichtlich der Patristik enthalten die obenerwähnten Arbeiten Altaners und Quastens so weit als möglich vollständige Literaturhinweise. – Im folgenden werden daher nur einige wichtige Übersichtsarbeiten zur Geschichte der Theologie oder verschiedener ihrer Abschnitte angeführt:

In bezug auf Ausführlichkeit und klärende Erläuterung der verschiedenen Anschauungen ist noch immer R. SEEBERGS *Lehrbuch der Dogmengeschichte* (I–IV, 2. und 3. Aufl. 1908–1920; Neudruck Basel 1953) unübertroffen. Grundlegend für Seebergs Arbeit und straffer komponiert als diese ist G. THOMASIUS', *Die christliche Dogmengeschichte* (I–II, Erlangen 1874–1876). A. HARNACKS berühmtes *Lehrbuch der Dogmengeschichte* (I–III, ¹1886–1890; Tübingen ⁵1931–1932) ist reich an neuen Gesichtspunkten und kühnen Hypothesen, vom theologischen Standpunkt des Autors stark geprägt. Zu den größeren Dogmengeschichten aus derselben Zeit gehört auch F. LOOFS, *Leitfaden zum Studium der Dogmengeschichte* (⁴1906; neue Auflage Halle 1950–1953, neue Auflage von K. ALAND hrsg. Tübingen 1967. W. KÖHLER, *Dogmen-*

geschichte als Geschichte des christlichen Selbstbewußtseins (1–2, Zürich 1938–1951) ist im wesentlichen eine systematische Bearbeitung im Anschluß an frühere Dogmengeschichten.

Unter neueren Handbüchern können folgende erwähnt werden: ALFRED ADAM, *Lehrbuch der Dogmengeschichte I–II* (Berlin 1965–1968, auch spätere Auflagen); BERNHARD LOHSE, *Epochen der Dogmengeschichte* (Stuttgart 1963); *Handbuch der Dogmen- und Theologiegeschichte*, hrsg. von CARL ANDRESEN; zweiter Band: *Die Lehrentwicklung im Rahmen der Konfessionalität* (Göttingen 1980; zwei weitere Bände sind geplant), wie auch auf angelsächsischem Gebiet: J. N. D. KELLY, *Early Christian Doctrines* (London 1958 sowie mehrere spätere Auflagen); JAROSLAV PELIKAN, *The Christian Tradition. A History of the Development of Doctrine* (Chicago 1971ff.); *A History of Christian Doctrine*, hrsg. von Hubert Cunliffe-Jones (London 1978, Philadelphia 1980).

E. GILSON, *La philosophie au moyen âge* (Paris ³1947; engl. Ausgabe 1955 unter dem Titel *History of Christian Philosophy in the Middle Ages*) berührt in hohem Grade auch die Geschichte der Theologie. GILSON-BÖHNER, *Die Geschichte der christlichen Philosophie* (Paderborn ²1952f.) ist eine kürzere Übersicht nach neuen Linien, direkt auf ausführlichen Zitaten aufgebaut. – Die dogmengeschichtliche Entwicklung bis zu Luther wird unter motivgeschichtlichen Gesichtspunkten beleuchtet von A. NYGREN, *Eros und Agape* (Berlin 1955).

Hinsichtlich der Geschichte der Bekenntnisurkunden kann unter anderem verwiesen werden auf: J. N. D. KELLY, *Altchristliche Glaubensbekenntnisse* (Berlin 1972); H. MULERT / E. SCHOTT, *Konfessionskunde* (Berlin 1956); K. ALGERMISSEN, *Konfessionskunde* (Paderborn ⁷1960).

Das römisch-katholische *Handbuch der Dogmengeschichte* (hrsg. von M. SCHMAUS u. a., Freiburg 1951ff.) behandelt jeden Lehrpunkt gesondert in seiner historischen Entwicklung. Das Werk besteht aus einer Reihe von einzelnen freistehenden Übersichten.

Hinsichtlich der mittelalterlichen Theologie kann über die angeführten Arbeiten hinaus verwiesen werden auf: A. LANDGRAF, *Dogmengeschichte der Frühscholastik* (I–IV, Regensburg 1952–1956), die sich zum großen Teil auf vordem unbekanntes Handschriftenmaterial stützt, und hinsichtlich des Spätmittelalters auf H. A. OBERMAN, *The Harvest of Medieval Theology. Gabriel Biel and Late Medieval Nominalism* (Cambridge, Mass., 1963).

Die Dogmengeschichte des Protestantismus in seiner Gesamtheit wird in einigen älteren Darstellungen geschildert: W. GASS, *Geschichte der protestantischen Dogmatik* (I–IV, Berlin 1854–1867), und G. FRANK, *Geschichte der protestantischen Theologie* (I–IV, Leipzig 1862–1905).

O. RITSCHL, *Dogmengeschichte des Protestantismus* (I–IV, Leipzig 1908–1927) behandelt ausführlich gewisse Seiten der Entwicklung im 16. und 17. Jahrhundert. – H. E. WEBER, *Reformation, Orthodoxie und Rationalismus* (I–II, Gütersloh 1937–1951) umfaßt die Theologie des späteren 16. Jahrhunderts und der Orthodoxie. – Eine Darstellung der gesamten kirchlichen Entwicklung innerhalb des Luthertums liegt in dem Werk von W. ELERT, *Morphologie des Luthertums* (I–II, München 1931–1932, Neudruck 1952–1953) vor.

Das Aufkommen und die Entwicklung der modernen Anschauungen (die Zeit von 1648 bis etwa 1848) wird geschildert von E. HIRSCH, *Geschichte der neuern evangelischen Theologie* (I–V, Gütersloh 1949–1954). – Auch für die Geschichte der Theologie erhellend sind M. WUNDTS Untersuchungen über die Schulphilosophie des 17. und 18. Jahrhunderts: *Die deutsche Schulmetaphysik des 17. Jahrhunderts* (Tübingen 1939) und *Die deutsche Schulphilosophie im Zeitalter der Aufklärung* (Tübingen 1945). – Zu den grundlegenden Arbeiten über die Aufklärungszeit gehört K. ANER, *Die Theologie der Lessingzeit* (Halle 1929). Teilweise neue Gesichtspunkte hinsichtlich der Theologie des 18. und 19. Jahrhunderts und der Ideengeschichte überhaupt gibt K. BARTH, *Die protestantische Theologie im 19. Jahrhundert. Ihre Vorgeschichte und ihre Geschichte* (Zollikon-Zürich 1947). Die deutsche Theologie des 19. Jahrhunderts wird weiterhin behandelt in: H. STEPHAN / M. SCHMIDT, *Geschichte der deutschen evangelischen Theologie seit dem deutschen Idealismus* ([3]1973 Berlin); F. KATTENBUSCH, *Die deutsche evangelische Theologie seit Schleiermacher* (Gießen 1924), und M. KÄHLER, *Geschichte der protestantischen Dogmatik im 19. Jahrhundert* (Berlin/München 1962).

Die römische Theologie der neueren Zeit – sowie der früheren Entwicklung – wird in gedrängter Form beschrieben in: M. GRABMANN, *Die Geschichte der katholischen Theologie seit dem Ausgang der Väterzeit* (Freiburg 1933).

Für die englische Theologiegeschichte können unter anderem folgende Werke erwähnt werden: J. HUNT, *Religious Thought in England from the Reformation to the End of the Last Century* (I–III, London 1870–1873); J. HUNT, *Religious Thought in England in the 19th Century*; V. F. STORR, *The Development of English Theology in the 19th Century 1800–1860* (London 1913); CLEMENT C. J. WEBB, *A Study of Religious Thought in England from 1850* (Oxford 1933); N. SYKES, *The English Religious Tradition* (London 1953); A. M. RAMSEY, *From Gore to Temple* (London 1960); J. K. MOZLEY, *Some Tendencies in British Theology from the Publication of Lux Mundi 1889 to the Present Day* (London 1951); J. W. C. WAND, *Anglicanism in History and Today.*

Zur Geschichte der griechisch-orthodoxen Theologie gibt es mehrere neuere Handbücher, z. B. ALEXANDER SCHMEMANN, *The Historical Road of Eastern Orthodoxy* (New York 1963); VLADIMIR LOSSKY, *Die mystische Theologie der morgenländischen Kirche* (Graz/Wien/Köln 1961); JOHN MEYENDORFF, *The Byzantine Theology* (Oxford 1974); KALLISTOS TIMOTHY WARE, *The Orthodox Church* (London 1963); JAROSLAV PELIKAN, *The Spirit of Eastern Christendom* (600–1700) (= The Christian Tradition, Vol. II); REINHARD SLENCZKA, *Ostkirche und Ökumene* (Göttingen 1962), und DERS., *Lehre und Bekenntnis der Orthodoxen Kirche: Vom 16. Jahrhundert bis zur Gegenwart*, in: *Handbuch der Dogmen- und Theologiegeschichte*, hrsg. von Carl Andresen, Band II, Göttingen 1980.

IV. Nachschlagewerke

Unter den theologischen Nachschlagewerken zeichnet sich die *Realencyklopädie für protestantische Theologie und Kirche* (Leipzig [3]1896–1913) durch historische Breite und Ausführlichkeit aus. Mit dem Ziel, die alte Realencyklopädie zu ersetzen, erscheint seit 1977 in Berlin die *Theologische Realenzyklopädie*. Wichtig für die Theologiegeschichte sind auch *Die Religion in Geschichte und Gegenwart*, (Tübingen [3]1957ff.) und das *Evangelische Kirchenlexikon* (Göttingen 1955–1959, [2]1962). Das bedeutendste römisch-katholische Nachschlagewerk ist das *Dictionnaire de théologie catholique* (Paris 1903–1950).

Personenregister

Sachregister

KAISER TASCHENBÜCHER

7 Manfred Josuttis, Der Kampf des Glaubens im Zeitalter der Lebensgefahr, 192 Seiten, kart. ISBN 3-459-01671-X (Originalausgabe)

8 Helmut Gollwitzer, Das hohe Lied der Liebe, 62 Seiten, kart. ISBN 3-459-01675-2

9 Hans Frör, Ich will von Gott erzählen wie von einem Menschen, den ich liebe, 76 Seiten, kart. ISBN 3-459-01676-0

10 Dietrich Bonhoeffer, Nachfolge, 315 Seiten, kart. ISBN 3-459-01677-9

11 Dietrich Bonhoeffer, Lesebuch, hg. von Otto Dudzus, 181 Seiten, kart. ISBN 3-459-01693-0

12 rudolf bohren, heimatkunst, 157 Seiten, kart. ISBN 3-459-01700-7 (Originalausgabe)

13 Hans Frör, Spiel und Wechselspiel. Kommunikationsspiele für Gruppen – Material und Methodik, 176 Seiten, kart. ISBN 3-459-01695-7

14 Helmut Gollwitzer, Ich frage nach dem Sinn des Lebens, 80 Seiten, kart. ISBN 3-459-01696-5

15 Helmut Harsch, Alkoholismus. Schritte zur Hilfe, 164 Seiten, kart. ISBN 3-459-01697-3

16 Jürgen Moltmann, Der gekreuzigte Gott, 320 Seiten, kart. ISBN 3-459-01698-1

17 Dietrich Bonhoeffer, Von guten Mächten, 83 Seiten, kart. ISBN 3-459-01694-9

18 Michael von Brück, Einheit der Wirklichkeit. Gott, Gotteserfahrung und Meditation im hinduistisch-christlichen Dialog, 409 Seiten, kart. ISBN 3-459-01699-X

19 Walter J. Hollenweger, Konflikt in Korinth. Memoiren eines alten Mannes, 93 Seiten, kart. ISBN 3-459-01719-8

20 Manfred Josuttis, Der Pfarrer ist anders. Aspekte einer zeitgenössischen Pastoraltheologie, 232 Seiten, kart. ISBN 3-459-01720-1

21 Eberhard und Renate Bethge (Hg.), Letzte Briefe im Widerstand. Aus dem Kreis der Familie Bonhoeffer, 135 Seiten, kart. ISBN 3-459-01718-X

22 Wolfgang Huber/Heinz E. Tödt, Menschenrechte. Perspektiven einer menschlichen Welt, 244 Seiten, kart. ISBN 3-459-01721-X

23 Wolfgang Huber, Kirche, 240 Seiten, kart. ISBN 3-459-01722-8

24 Gustav W. Heinemann, Es gibt schwierige Vaterländer... Aufsätze und Reden 1919–1969, hg. von Helmut Lindemann, 395 Seiten, kart. ISBN 3-459-01723-6

25 Manfred Josuttis, Praxis des Evangeliums zwischen Politik und Religion. Grundprobleme der Praktischen Theologie, 272 Seiten, kart. ISBN 3-459-01732-5

26 Jürgen Moltmann (Hg.), Friedenstheologie – Befreiungstheologie. Analysen – Berichte – Meditationen, 148 Seiten, kart. ISBN 3-459-01728-7 (Originalausgabe)

44 Helmut Gollwitzer, Mensch, du bist gefragt. Reflexionen zur Gotteslehre, hg. von Peter Winzeler, Ausgewählte Werke Bd. 3, 336 Seiten, kart. ISBN 3-459-01774-0 (Originalausgabe)

45 Helmut Gollwitzer, ... daß Gerechtigkeit und Friede sich küssen. Aufsätze zur politischen Ehtik Bd. 1, hg. von Andreas Pangritz, Ausgewählte Werke Bd. 4, 256 Seiten, kart. ISBN 3-459-01775-9 (Originalausgabe)

46 Helmut Gollwitzer, ... daß Gerechtigkeit und Friede sich küssen. Aufsätze zur politischen Ethik Bd. 2, hg. von Andreas Pangritz, Augewählte Werke Bd. 5, 400 Seiten, kart. ISBN 3-459-01776-7 (Originalausgabe)

47 Helmut Gollwitzer, Umkehr und Revolution. Aufsätze zu christlichem Glauben und Marxismus Bd. 1, hg. von Christian Keller, Ausgewählte Werke Bd. 6, 288 Seiten, kart. ISBN 3-459-01777-5 (Originalausgabe)

48 Helmut Gollwitzer, Umkehr und Revolution. Aufsätze zu christlichem Glauben und Marxismus Bd. 2, hg. von Christian Keller, Ausgewählte Werke Bd. 7, 288 Seiten, kart. ISBN 3-459-01778-3 (Originalausgabe)

49 Helmut Gollwitzer, Auch das Denken darf dienen. Aufsätze zu Theologie und Geistesgeschichte Bd. 1, hg. von Friedrich-Wilhelm Marquardt, Ausgewählte Werke Bd. 8, 432 Seiten, kart. ISBN 3-459-01779-1 (Originalausgabe)

50 Helmut Gollwitzer, Auch das Denken darf dienen. Aufsätze zu Theologie und Geistesgeschichte Bd. 2, hg. von Friedrich-Wilhelm Marquardt, Ausgewählte Werke Bd. 9, 288 Seiten, kart. ISBN 3-459-01780-5 (Originalausgabe)

51 Bibliographie Helmut Gollwitzer, hg. von Christa Haehn, mit einem Essay „Helmut Gollwitzer. Weg und Werk" von Friedrich-Wilhelm Marquardt, Ausgewählte Werke Bd. 10, 176 Seiten, kart. ISBN 3-459-01781-3 (Originalausgabe)

52 James W. Fowler, Glaubensentwicklung. Perspektiven für Seelsorge und kirchliche Bildungsarbeit, eingeführt und herausgegeben von Friedrich Schweitzer. Aus dem amerikanischen Englisch übersetzt von Sieglinde Denzel und Susanne Naumann, 179 Seiten, kart. ISBN 3-459-01797-X (Originalausgabe)

53 Die heilsame Reise. Kurze Geschichten zum Nachdenken, hg. von Ulrich Kabitz mit Lore Graf, Martin Lienhard und Reinhard Pertsch. 170 Seiten, kart. ISBN 3-459-01798-8 (Originalausgabe)

54 Gert Otto, Sprache als Hoffnung. Über den Zusammenhang von Sprache und Leben, 110 Seiten, kart. ISBN 3-459-01799-6 (Originalausgabe)

55 Alfred Walter, AIDS als Versuchung. Christliche Existenz und schwere Krankheit, 185 Seiten, kart. ISBN 3-459-01800-3 (Originalausgabe)

56 Gustav W. Heinemann, Unser Grundgesetz ist ein großes Angebot. Rechtspolitische Schriften, hg. von Jürgen Schmude, 267 Seiten, kart. ISBN 3-459-01801-1 (Originalausgabe)

KAISER TASCHENBÜCHER

57 Frieden und Gerechtigkeit. Auf dem Weg zu einer ökumenischen Friedensethik, hg. von Götz Planer-Friedrich, 234 Seiten, kart. ISBN 3-459-01802-X (Originalausgabe)

58 Hans Frör, Spielend bei der Sache. Spiele für Gruppen, 104 Seiten, kart. ISBN 3-459-01803-8

59 Arnold Gilg, Weg und Bedeutung der altkirchlichen Christologie, 108 Seiten, kart. ISBN 3-459-01804-6

60 Yorick Spiegel, Der Prozeß des Trauerns. Analyse und Beratung, 324 Seiten, kart. ISBN 3-459-01805-4

61 Jürgen Moltmann, Kirche in der Kraft des Geistes. Ein Beitrag zur messisanischen Ekklesiologie, 407 Seiten, kart. ISBN 3-459-01806-2

62 Ulrich Duchrow, Gert Eisenbürger, Joachim Hippler (Hg.), Totaler Krieg gegen die Armen. Geheime Strategiepapiere der amerikanischen Militärs, 256 Seiten, kart. ISBN 3-459-01817-8

63 Konrad Raiser, Ökumene im Übergang. Paradigmenwechsel in der ökumenischen Bewegung, 205 Seiten, kart. ISBN 3-459-01818-6

64 Friedrich Wilhelm Marquardt, Aber Zion nenne ich Mutter... Evangelische Israel-Predigten mit jüdischen Antworten. Herausgegeben von Joachim Hoppe, 171 Seiten, kart. ISBN 3-459-01819-4

65 Jens Müller-Kent, Vermächtnis für die Zukunft. Gespräche mit Helmut Gollwitzer und Kurt Scharf, 178 Seiten, kart. ISBN 3-459-01827-5

66 Ursula Baltz-Otto, Poesie wie Brot, Religion und Literatur: Gegenseitige Herausforderung, 176 Seiten, kart. ISBN 3-459-01828-3

67 Albert H. Friedlander, Ein Streifen Gold. Auf Wegen zur Versöhnung, 175 Seiten, kart. ISBN 3-459-01829-1

68 Erwin Ringel, Selbstmord. Appell an die anderen, 100 Seiten, kart. ISBN 3-459-01831-3

69 Eberhard Bethge, Dietrich Bonhoeffer. Eine Biographie, 1129 Seiten, kart. ISBN 3-459-01830-5

70 Albrecht Grözinger, Erzählen und Handeln. Studien zu einer trinitarischen Grundlegung der Praktischen Theologie, 130 Seiten, kart. ISBN 3-459-01832-1 (Originalausgabe)

71 Das Volk will Ochs und Esel. Ein anderes Weihnachtsbuch. Herausgegeben von Ursula Baltz-Otto, 190 Seiten, kart. ISBN 3-459-01833-X (Originalausgabe)

72 Kirchentag '89. Berichte und Materialien aus Berlin. Deutscher Evang. Kirchentag 1989. Herausgegeben im Auftrag des Deutschen Evangelischen Kirchentages von Rüdiger Runge, 256 Seiten mit 16 Seiten Abbildungen, kart. ISBN 3-459-01835-6 (Originalausgabe)

73 Hans Frör, Wie eine wilde Blume. Biblische Liebesgeschichten, 110 Seiten, kart. ISBN 3-459-01844-5 (Originalausgabe)

KAISER TASCHENBÜCHER

74 Jürgen Moltmann (Hg.), Religion der Freiheit. Protestantismus in der Moderne, 110 Seiten, kart. ISBN 3-459-01845-3 (Originalausgabe)

75 Ulrich H.J. Körtner, Theologie in dürftiger Zeit. Ein Essay, 110 Seiten, kart. ISBN 3-459-01846-1 (Originalausgabe)

76 Keine Zeit für Kinder? Fragen, Einsprüche, Ermunterungen. Herausgegeben im Auftrag des Deutschen Evangelischen Kirchentages von Konrad von Bonin, ca. 160 Seiten, kart. ISBN 3-459-01847-X (Originalausgabe)

77 Bob Goudzwaard/Harry M. de Lange, Weder Armut noch Überfluß. Plädoyer für eine neue Ökonomie. Übersetzt aus dem Holländischen von Paulander Hausmann und Ernst-Albert Scharffenorth. Eingeleitet und für den bundesdeutschen Kontext bearbeitet von Hans Diefenbacher, 130 Seiten, kart. ISBN 3-459-01848-8 (Originalausgabe)

78 Friedrich Siegmund-Schultze, Friedenskirche, Kaffeeklappe und die ökumenische Vision. Texte 1910–1969. Herausgegeben von Wolfgang Grünberg in Zusammenarbeit mit Elisabeth Hesse, Hans Gressel, Klaus Rehbein, Torsten Schweda und Wolfram Weiße. Mit einem Geleitwort von Wolfgang Huber, 440 Seiten, kart. ISBN 3-459-01849-6 (Originalausgabe)

79 Bengt Hägglund, Geschichte der Theologie. Ein Abriß, 355 Seiten, kart. ISBN 3-459-01850-X

80 Walter Kreck, Grundfragen christlicher Ethik, 386 Seiten, kart. ISBN 3-459-01851-8

81 Jacqui Lee Schiff/Beth Day, Alle meine Kinder. Heilung der Schizophrenie durch Wiederholen der Kindheit, 193 Seiten, kart. ISBN 3-459-01852-6

82 Kurt Lückel, Begegnung mit Sterbenden, 240 Seiten, kart. ISBN 3-459-01853-4

83 Jophannes Sløk, Christentum mit Leidenschaft. Ein Weg-Weiser zur Gedankenwelt Søren Kierkegaards. Übersetzt aus dem Dänischen von Ulrich Panzer, 171 Seiten, kart. ISBN 3-459-01854-2 (Originalausgabe)

84 Albert H. Friedlander, Leo Baeck. Leben und Lehre. Mit einem Nachwort in der Taschenbuchauflage von Albert H. Friedlander und Bertold Klappert, ca. 300 Seiten, kart. ISBN 3-459-01855-0

85 Hans-Joachim Iwand – Theologie in der Zeit. Lebensabriß und Briefdokumentation. Bibliographie. Herausgegeben von Peter Sänger und Dieter Pauly, ca. 344 Seiten, kart. ISBN 3-459-01856-9

86 Erhard Eppler, Reden auf die Republik. Deutschlandpolitische Texte 1952–1990. Mit einem einleitenden Beitrag von Joachim Garstecki. Herausgegeben von Wolfgang Brinkel, 176 Seiten, kart. ISBN 3-459-01857-7 (Originalausgabe)